흉노(匈奴)
대(代)
계(薊)
중산(中山)
영수(靈壽)
제(齊)
이석(離石)
형(刑)
임치(臨淄)
기(紀)
진(晉)
한단(邯鄲)
위(衛)
곡부(曲阜)
비(費)
거(莒)
평양(平陽)
조가(朝歌)
조(曹)
노(魯)
황해
곡옥(曲沃)
성복(城濮)
등(滕)
담(郯)
안읍(安邑)
송(宋)
낙양(洛陽)
정(鄭)
상구(商丘)
팽성(彭城)
함곡관
주(周)
서(徐)
진(陳)
오(吳)
상(商)
종리(鐘離)
채(蔡)
수춘(壽春)
광릉(廣陵)
신(申)
성양(城陽)
연릉(延陵)
황(黃)
고소(姑蘇)
등(鄧)
당(唐)
육(六)
수(隨)
초(楚)
서(舒)
회계(會稽)
영(郢)
악(鄂)
양쯔 강
월(越)
구(甌)

장자

명역고전

장자

장자 지음 · 김원중 옮김

Humanist

일러두기

1. 이 책은 곽경번郭慶藩의 《장자집석莊子集釋》(중화서국中華書局, 1991)을 저본으로 삼아 완역한 것이다. 주석은 곽상郭象과 상수向秀의 주석본을 비롯하여 왕선겸王先謙의 《장자집해莊子集解》, 왕수민王叔岷의 《장자교전莊子校詮》 등 널리 알려진 주석본을 참조했고, 제한적인 범위 내에서 교열도 했다.
2. 번역의 원칙은 원문에 충실한 직역 위주로 작업하면서 상세한 주석을 달았으며, 매우 제한된 범위에서 의역을 곁들였다.
3. 이 책의 구성은 전체 해제와 각 편 해설, 각 편 본문으로 이루어졌다. 본문은 소제목과 번역문, 원문, 각주 순으로 구성되었다. 소제목은 역자가 붙인 것으로, 독자가 쉽게 내용을 유추할 수 있게 했다. 또한 참고나 인용에 편리하도록 《장자》 33편으로 구성된 내편·외편·잡편의 편과 장의 일련번호를 표시했다.
4. 《장자》는 해석과 판본의 논란이 있는 부분이 많으므로 각주를 통해 여러 학설을 제시하고 각각의 타당성을 살펴보았다. 이 과정에서 상수와 곽상의 주석본이나 차오추지曹礎基의 《장자천주莊子淺注》 등 다양한 주석서를 참조했으며, 역대 저명한 주석가들의 해설을 두루 참조하고 국내 주요 번역본들의 번역을 비교 분석하면서 해석의 엄밀성과 확장을 시도했다.
5. 각 편의 첫 부분에 붙인 해설은 본문에 나오는 주요 개념이나 각 장의 핵심 내용을 정리하면서 해당 편의 내용을 그려본 것이다. 역자의 독단과 감상을 경계했으며, 본문과의 중복을 피하고자 노력했다.
6. 본문의 단락 구분은 저본에 의거했으나, 한문 읽는 맛을 살리기 위해 '왈曰' 자를 기준으로 나누거나 우리말 번역의 전후 맥락을 고려하여 역자가 구분한 것도 적지 않다.
7. 번역문에서 대괄호 [ ] 안의 문구는 내용 이해를 위해 역자가 추가한 것이고, 더러 첨가한 소괄호 ( ) 안의 내용은 해당 단어에 대한 간단한 설명이다.
8. 각주에서 장자의 발언과 관련 있는 다른 문헌들, 예를 들어 《사기》·《노자》·《논어》 등의 내용을 병기하고 해당 문장의 전후 관계를 살펴본 경우가 있다.
9. 찾아보기는 인명·지명·관직명·주요 개념어 등을 중심으로 비교적 세밀하게 작성했다.

서문

혼돈의 전국시대를 살다 간 자유로운 지성 장자는 패권이 난무하고 모든 폭력이 정당성을 획득했다고 믿는 시대적 분위기 속에서 권력을 둘러싸고 벌어지는 인간의 위선을 풍자하고 비판했다. 장자는 권력으로 점철된 세상의 밖을 지향하고 자연과 어울리며 자유로운 삶을 살려고 소요했다.

그러므로 장자는 시비是非와 차별의 세계를 넘어설 것을 요구하고, 자기가 꿈에 나비가 되었는지 나비가 꿈에 장자가 되었는지를 물으며 자아와 세계의 구분을 부정했다. 천수를 누리려면 어떻게 해야 하는지 구체적으로 말하면서 소를 해체하는 백정인 포정 이야기를 통해 자신의 논리를 입증하기도 했다. 그러면서도 세상에서 천수를 누리지 못하고 권력자의 손에 비운의 운명을 맞이하지 않으려면 세상에서 오히려 별로 쓸모가 없는 사람이 되어야 하며 그러면 더 행복할 수 있음을 이야기했다.

도道 앞에서 어떤 차별도 없고, 삶과 죽음이 분리된 것이 아니며, 몸이 비록 온전하지 못해도 덕德을 갖출 수 있음을 설파했다. 그러기에 장자는 아내가 죽었을 때도 슬퍼하지 않고 오히려 동이를 두드리며 즐겁게 보내는 의식 속에 죽음과 삶의 경계를 초월하는 모습도 보였다. 유가가 시비와 인의仁義를 강조하여 오는 폐단을 지적하며, 자연의 도에서 세상의 모든 근원과 가치를 찾아보라고 외쳤다. 도를 터득한 지인至人의 마음은 마치 거울이 사물의 본모습을 그대로 비추는 것처럼 담담하다. 자신을 내세우지 않기[無己]에 본인의 기준으로 상대를 비판하거나 깎아내릴 필요도 없다. 내가 온전한 삶을 누리고 남도 그런 삶을 누리게 하는 것은 이익이나 욕심에서 벗어나고 명성의 주인이나 모략의 창고가 되지 않는 데 있음을 강조했다.

이런 장자의 사상은 사회적 순응과 그 구속성을 강조한 유가의 입장과 확연히 다르며, 명예나 권력을 추구하는 적극적 사회 참여와도 거리가 멀다. 규범과 제도에 의한 구속이 아니라 인간 본연의 자세를 견지하면서 명예와 명분에 갇혀 있는 인간의 사유를 무너뜨리고자 한다. 그러기에 33편이나 되는 적지 않은 그의 문장은 얼핏 비현실적으로 보이지만, 그 이면에는 세상을 향해 던지는 해학과 풍자, 냉소가 어우러져 있어 유쾌한 책 읽기가 되는 듯하면서도 읽는 이의 간담을 서늘하게 하는 촌철살인의 힘이 시종한다.

장자는 세속의 울타리에 갇혀 부귀를 추구하여 마음이 구차해지고 비굴해지거나, 명분과 명예에 사로잡혀 새장에 갇힌 새의 신세가 되는 것을 경계한다. 한번 날아오르면 구만 리를 날아가는 붕새처럼 되어야 한다고 장자는 강조하고 있다.

장자가 살다 간 전국시대가 아닌 21세기에도 마찬가지다. 오늘날 우리도 대부분 상식과 세속의 시선을 받으며 늘 엄격한 틀 속에서 자기 관리라는 명목으로 자신을 추스르면서 부와 명예라는 성공의 울타리를 벗어나지 못하고 있다. 남들보다 잘살고 좀 더 나은 명성을 떨치는 게 늘 최우선 목표였는지 되새길 필요가 있다.

인간이 스스로 정하거나 성현들에 의해 설정된 가치 기준과 삶의 목표가 얼마나 덧없고 초라한지 한없이 번민하고 회의하게 만드는 힘이 스며들어 있는 책이《장자》이다. 유한한 삶을 위해 허덕이며 사는 우리에게 장자는 '어떤 삶을 살아가면 좋을까?' 하는 질문을 끊임없이 던진다. 그러기에 장자가 던지는 질문을 따라가며 해답을 찾다 보면 우리의 사유는 웅장해지지 않을 수 없다.

이번《장자》작업을 하면서 나는 전에 없이 홀가분해진 느낌이 들었다. 물론 작업 과정은 힘겨웠지만, 유가나 법가, 병가의 고전 작업을 할 때 느꼈던 치열함과는 다른 묘한 신비감과 유쾌함과 긴장감을 느꼈다. 장자의 안목과 통찰력, 우언을 활용한 탁월한 비유와 언변에 놀랐고, 대상이 누구라 할지라도 거침없이 말하는 그의 호방함을 온몸으로 느꼈다. 노자의 계승자이면서도 마냥 추종하지 않고 독자적인 세계를 구축하려는 패기와 자부심도 느껴졌다. 특히 장자가 종횡으로 설파했던 사상에 따스하게 배어있는 인간과 자연,

그리고 비주류적인 삶을 살아가는 세상의 모든 것에 대한 동등한 시선을 마주하게 된 것도 소중한 수확이다.

서문을 쓰면서 30여 년 동안 거의 매일 새벽에 일어나 연구하고 작업해온 과정이 눈에 밟힌다. 그동안 널리 알려진 핵심 고전을 주로 작업했는데, 《장자》의 완역은 이미 출간한 《노자 도덕경》의 후속 작업이자 마무리 작업이다. 모쪼록 《장자》의 진가가 역자의 무딘 붓끝에 의해 다소나마 전달되었으면 하는 마음이 간절하다.

2022년 12월

선효재宣曉齋에서

김원중

차 례

해제

장자는 누구인가

유유자적하며 편안히 노닐면서 자유로운 비상을 꿈꾸고, 열린 마음으로 자유를 갈망한 장자莊子, 그는 누구인가? 정작 장자라는 인물에 관해 살펴볼 수 있는 자료는 지극히 제한적이다.

장자의 이름은 주周이고, 자는 자휴子休이다. 사마천司馬遷이 《사기史記》 〈노자한비열전老子韓非列傳〉에 다음과 같이 기록한 내용이 있다. "장자는 몽蒙 지방 사람으로 이름은 주周이다. 그는 일찍이 몽 지방의 칠원漆園이라는 곳에서 벼슬아치 노릇을 했고 양혜왕梁惠王, 제선왕齊宣王과 같은 시대 사람이다. …… 초楚나라 위왕威王은 장주가 현명하다는 말을 듣고 사신을 보내 많은 예물을 주고 재상으로 맞아들이려고 했다."

위 기록에 근거해서 장자의 생존 연대를 추정할 수 있고, 그가 은둔 생활을 했을 개연성이 크며, 설령 벼슬길에 나갔다고 해도 낮은 벼슬에 머물렀다는 점을 알 수 있다. 장자의 생년은 위에 언급한 왕들의 재위와 생몰 연도에 비추어볼 때 기원전 369년경으로, 그 시점을 크게 벗어나지 않는다.

그렇다면 장자가 사망한 시기는 언제일까? 장자가 책에서 송宋나라 왕을 언급한 것이 여러 차례고 〈설검說劍〉 편에 장자가 친구 혜자惠子의 장례를 치르는 묘사가 있다. 혜자의 사망 시기는 기원전 306년에서 기원전 296년 사이로 추정하는데 혜자보다는 당연히 늦게 사망했을 것이다. 마쉬룬馬叙倫은 이런 내용을 종합하여 장자가 기원전 286년에 세상을 떠났고, 생년은 기원전 369년이라고 고증했다.[1] 또 다른 설은 기원전 372년에 태어나 기원전 289년까지 살았다는 것인데, 마쉬룬의 설과 3년의 시간 차이가 존재하며 맹자의

1) 〈노자한비열전〉에 의거한 마쉬룬의 고증은 이렇다. 초나라 위왕의 원년이 양혜왕 32년, 제선왕 3년(기원전 339년)에 해당되며 위왕은 왕위에 오른 지 만 10년이 되던 해에 세상을 떠났다(기원전 329년). 이 시기 장자의 나이는 대략 30~40대로 추정되며, 이렇게 보면 장자의 생년은 기원전 369년에서 기원전 359년을 벗어나지 않는다는 것이다. 그런데《장자》〈전자방田子方〉 편이나 〈서무귀徐无鬼〉 편을 보면 위魏나라 문후(재위 기원전 445/424~기원전 396)와 무후(재위 기원전 395~기원전 370)에게는 시호로 부르고 위혜왕(재위 기원전 369~기원전 319)에게는 이름이나 왕으로 호칭한다. 이렇게 보면 장자의 생년은 위 문후와 무후의 시대이고 늦어도 위혜왕 초년이라는 이야기로, 그 하한선이 기원전 369년을 벗어나지 않는다는 것이다. 장자가 기원전 369년에 출생했다는 설과 일치하는 지점이다. 필자는 마쉬룬의 설에 따랐는데, 이외에 네 가지 설이 있다. 즉, 생몰 연도에 대해 기원전 355년에서 기원전 275년, 기원전 328년에서 기원전 286년, 기원전 365년에서 기원전 290년, 기원전 375년에서 기원전 295년 등의 설이 그것이다.

생애와 거의 겹친다.

이 시기에 왕들은 대부분 패권 전쟁에 골몰했으며, 백성들은 가혹한 생존 경쟁에 내몰렸다. 장자는 전국시대 초기 중원의 약소국 송나라에서 태어난 것으로 알려졌다. 송나라는 남쪽 초나라, 북쪽 제齊나라, 서쪽 한韓나라 등 주변 강국에 둘러싸여 있어 사방 강국의 침략이 끊이질 않는 현실을 보아야 했다. 그러면서도 장자는 초나라의 낭만적인 풍토와 인정 등에 관심이 많았고, 사상의 형성에도 적지 않은 영향을 받았다. 사마천이 "그의 말은 거센 물결처럼 거침이 없으므로 왕공王公이나 대인大人들에게 등용되지 못했다."(〈노자한비열전〉)고 한 데서 미루어 짐작하건대, 장자가 주요한 관직에 등용되지 않은 것은 확실해 보인다. 사마천은 같은 편에서 다음과 같은 일화를 병기하고 있다.

초나라 위왕威王은 장주가 현명하다는 말을 듣고 사신을 보내 많은 예물을 주고 재상으로 맞아들이려고 했다. 그러나 장주는 웃으며 초나라 왕의 사신에게 이렇게 말했다.

"천 금千金은 막대한 이익이고 재상이라는 벼슬은 높은 지위지요. 그대는 교제郊祭(고대 제왕이 해마다 동짓날에 도성의 남쪽 교외에서 하늘에 올리는 제사를 지낼 때 희생물로 바쳐지는 소)를 보지 못했소? 그 소는 여러 해 동안 잘 먹다가 화려한 비단옷을 입고 결국 종묘로 끌려 들어가게 되오. 이때 그 소가 몸집이 작은 돼지가 되겠다고 한들 그렇게 될 수 있겠소? 그대는 더 이상 나를 욕되게 하지 말고 빨리 돌아가시오. 나는 차라리 더러운 시궁창에서 노닐며 즐길지언정 나라를 가진 제후들에게 얽매이지는 않을 것이오. 죽을 때까지 벼슬하지 않고 내 마음대로 즐겁게 살고 싶소."(사마천, 김원중 옮김, 《사기》 〈노자한비열전〉)

이 글에서는 장자가 세속적 가치인 명성과 부귀, 권력 따위에 관심이 없고 야인의 삶을 살아간 인물임을 강조하고 있다. 물론 처절한 생존 경쟁의 틈바구니에서 절대 자유를 추구하고 '무위無爲'와 '무용無用'의 사상을 견지하는 장자에게 주목한 군주 역시 거의 없었다. 소신대로 거침없는 말을 던진 장자의 삶은 고달팠고 늘 가난과 싸워야만 했다.

장자가 귀족 출신이라는 설도 있다. 하지만 《장자》에 전반적으로 어부·뱃사공·장인·백정·농부 등과의 교류가 많고, 그들의 생활을 잘 이해하는 내용이 적지 않으며, 당시 거느린 제자도 거의 없는 것을 보면 하층의 곤궁한 삶을 산 것으로 보인다. 그가 감하후監河侯에게 식량을 빌리러 갔다가 핑계를 대며 거절하는 감하후의 태도에 화가 나 본인이 오던 길에 만난 성난 붕어의 말을 빌려 훈계했다는 이야기가 《장자》에 수록되어 있을 정도이다(〈외물外物〉 26.2). 심지어 그가 위왕을 만나러 갈 때 온갖 곳을 기운 베옷을 입고 너덜너덜한 신발을 신었다는 이야기도 있다. 물론 이 이야기는 《장자》 내편에는 들어있지 않고 비슷한 논조로 외편과 잡편의 몇 군데에만 수록

된 것에 비추어볼 때 일정한 가공을 거쳐 삽입했을 가능성이 있다. 식량을 빌리러 갈 만큼 삶의 궁지에 내몰렸던 장자를 위로하려는 마음에서 후학이나 누군가가 지어낸 이야기일 가능성도 있다.

장자에 대한 후세의 평가는 어땠을까? 장자를 가장 존경한 인물로 손꼽는 당나라 현종玄宗은 장자를 '남화진인南華眞人'이라고 했으며, 《장자》를 '남화진경南華眞經'이라고 하여 경전의 지위로 끌어올렸다. 그러나 이런 현종과 달리 장자를 혹독히 비판한 당송팔대가 한유韓愈도 있는데, 그는 〈송맹동야서送孟東野序〉에서 장자를 "황당한 문사를 가지고 초나라에서 떠들어댔다[荒唐之辭 鳴於楚]."라고 조롱할 정도였다. 그러나 유학을 국가 이념으로 세웠던 송대에도 여혜경呂惠卿이나 소식蘇軾, 임희일林希逸 등 적지 않은 학자들의 주석서가 나왔는데, 그중 임희일의 《장자구의莊子口義》가 가장 널리 알려져 있다. 장자의 사상은 중국 문화의 저울추와 같은 평형의 역할을 수행하면서 문인과 사상가는 물론 정치가 및 관료 들에게 개인의 자기 표현을 가능하게 한 원동력이 되었다.

우리나라의 경우 조선시대에 유학을 숭앙했음에도 적지 않은 주석서가 유행했는데, 대표적인 것이 임희일의 주석서가 현토본으로 출간된 《장자권재구의莊子鬳齋口義》다. 아울러 주석본이 세종 7년(1425년)에 출간되었고 이어서 1518년에도 곽상주와 육덕명의 주해를 합친 현토본이 출간되는 등 조선시대 중기에 이르러서도 장자의 사상에 대한 우호적인 입장이 있었음을 유추할 수 있다. 조선 후기 급변하는 시대 상황 속에서 사상적 유연성이 중시되면서 도가에 대한 수용성도 커져갔다. 홍석주洪奭周가 자신의 독서 취향서 목록에 《장자》를 집어넣는가 하면, 17세기 후반 출간된 박세당朴世堂의 《남화경주해산보南華經註解刪補》는 당송 주석가들의 오류를 밝히는 등 상당한 수준의 학문적 역량을 드러냈다. 한편 한원진韓元震의 《장자》 해설서인 《장자변해莊子辨解》는 박세당과 달리 노장사상에 대해 상당한 비판적 입장을 견지하고 있지만, 이 책의 출간 역시 조선에서 장자가 무시할 수 없는 텍스트였다는 점을 말해준다.

《장자》는 어떻게 구성되어 있는가

《장자》 33편은 곽상郭象이 주석하면서 분류한 것으로, 현재 통용되는 판본이다. 그런데 사마천은 내편 7편의 제목을 거론하지 않고, 잡편에 수록된 〈어부漁父〉, 〈도척盜跖〉 두 편, 외편에 수록된 〈거협胠篋〉 편 등 세 편을 구체적으로 거론하면서 장자가 지었다고 언급한다.

> 그는 학문이 넓어 통하지 않은 것이 없었는데, 그 학문의 요체는 노자의 말에서 시작하여 노자의 학설로 돌아간다. 십여만 자에 이르는 그의 책은 대부분 우화로 이루어져 있다. 그는 〈어부〉, 〈도척〉, 〈거협〉 편을 지어서 공자 무리를 비판하고 노자의 가르침을 밝혔다. 외루허

畏累虛, 항상자亢桑子 같은 이야기는 모두 사실이 아니라 꾸며낸 이야기다. 장자는 빼어난 문장으로 세상일과 인간의 마음을 살피고 이에 어울리는 비유를 들어 유가와 묵가를 공격했다. 당대의 학문이 무르익은 위대한 학자들도 장주의 공격을 벗어나지는 못했다.(사마천, 앞의 책)

이 글에서 사마천이 장자가 십여만 자의 글을 남겼다고 한 것은, 현존하는《장자》33편의 글자 수인 6만 5천여 자와는 큰 차이가 난다. 사실 사마천은 장자보다 노자에 비중을 두어 〈노자한비열전〉에서도 노자를 장자의 두 배 이상 분량으로 다루었다. 사마천보다 백여 년 뒤의 역사가 반고班固는《한서漢書》〈예문지藝文志〉에서《장자》를 52편이라고 했는데《여씨춘추》에도 52편이라고 언급하고 있으니, 편수에 관한 문제는 상당한 논란거리로 남아 있다. 그런데 적지 않은 연구자들이 외편과 잡편의 상당수가 후인들의 가탁이라고 보는 경향이 있어, 사마천의 시각과는 다소 차이가 있다.

좀 더 살펴보면 15편으로 이루어진 외편과 11편으로 이루어신 잡편은 내편과 많이 다른데, 그 편명만 보더라도 글의 첫머리 글자를 가져온 것이 많다. 더러는 핵심어를 따온 것도 있는데, 각 편의 일관된 주제 의식이 결여된 것이 다수이다. 심지어 진시황의 천하통일 이후, 장자 계통뿐만 아니라 비장자학파 계열의 자료라고 볼 수 있는 편[2]도 편입되어 있으니 말이다.

이렇듯 판본상 논란이 많은《장자》가 세상에 나오고 나서 위진魏晉

현학가 곽상이 최초의 주석본을 출간했다. 위진 대에는 도가를 새롭게 해석한 현학이 성행하여 곽상은 물론 왕필王弼, 하안何晏 등이 노장사상을 풀이했고, 도가적 토대 위에서 유가 경전을 해석함으로써 유가와 도가의 융합을 꾀하기도 했다. 곽상이 분류하고 주석한 《장자》는 모두 33편이며 내편 7편, 외편 15편, 잡편 11편으로 구성되어 있으니, 곽상의 주석본이 현재 통용되는 장자의 원형인 것이다. 곽상은 당시 전해오던 《장자》가 장자의 진의를 왜곡하거나 본말이 전도되는 등 적지 않은 문제점이 있다고 생각해 바로잡은 것이다.

당나라 육덕명陸德明의 《경전석문經典釋文》의 '서록敍錄'에도 나와 있듯이 곽상의 주석본 이외에 최선崔譔의 주석본과 상수向秀의 주석본이 있었다고 기록되어 있다. 사마표司馬彪의 주석본이 52편, 최선의 주석본은 27편, 상수의 주석본은 내편과 외편만 있고 26편이며, 이이李頤의 집해본集解本은 30편 등인데, 중요한 것은 판본마다 편수가 다르다는 점이다. 당대 이후 다른 판본은 실전되고 곽상 본만 전해오고 있다.

장자의 책은 내편, 외편, 잡편 3부로 구성되어 있다. 7편으로 이루어진 내편은 각 편의 내용과 구성이 뚜렷하고 주제가 명확한 일

---

2) 소동파가 말한대로 〈도척〉, 〈설검〉, 〈어부〉, 〈양왕〉 등이 해당된다.

관된 사상을 구축하고 있다. 즉, 장자 사상의 진면목을 드러내며 장자의 풍부한 사상을 여과 없이 보여주고 있다.

외편과 잡편은 편명만 보더라도 주제별로 확실한 의도를 알 수 있는 내편과 판이하게 다르며 문장 구성도 상이하다. 심지어 내편에서는 장주莊周라고 하는 데 반해, 외편과 잡편에서는 존칭이라고 할 수 있는 장자莊子를 쓰고 있다. 이는 외편과 잡편이 내편의 사상을 전달하고 확장하기 위해 부연하거나 해석한 것이라는 추론을 가능하게 하며, 이 편들이 바로 후세의 가탁임을 방증하는 것이기도 하다. 예를 들면, 외편 〈추수秋水〉 편은 앞부분이 명문으로 손꼽히는데, 그 관점은 내편 〈소요유逍遙遊〉 편 첫 장과 〈제물론齊物論〉 편 첫 장에 기대고 있어 이 두 편의 확장 편으로 이해하면 된다. 외편 〈달생達生〉 편은 만물의 자연 섭리에 따르고 사심을 버리는 무위의 삶을 강조하는데, 내편 〈양생주養生主〉 편과 기본적인 맥락이 거의 일치해 그 후속편이라고 할 만하다.

모두 11편으로 구성된 잡편은 제목에서 드러나듯 잡다한 내용으로 구성되어 있다. 장자 사상의 본질보다는 도가의 변형이라고 할 수 있는 황로학黃老學이 주된 내용이다. 즉, 도가 사상을 중심축에 두기는 하되 그 당시 음양가나 법가 및 유가 사상 등이 융합된 사상 체계를 갖고 쓰여진 글이 많다는 의미다. 《장자》의 자서自序라는 평가를 받는 〈우언寓言〉 편은 우언寓言, 중언重言, 치언巵言 등에 관해 설명하면서 시비를 초월한 유유자적의 경지를 강조하며 우회적으로 자신의 글쓰기 방식을 다루고 있다. 천자라는 자리보다 생명이 더 중요하다는 점을 강조하고 있는 〈양왕讓王〉 편과 뒤이은 〈도척〉, 〈설검〉, 〈어부〉 등 네 편은 후세 사람이 써서 끼워 넣었고 글의 내용도 천박하고 고루하다는 부정적 평가도 있으나, 이 또한 장자 사상의 단면을 볼 수 있는 중요한 자료들이다. 그리고 《장자》의 후서後序라고 보면 무방한 〈천하天下〉 편은 다른 편과 달리 우언이 없는데, 두 단락으로 구성되어 있으며 선진시대 도술의 원류와 유파, 즉 고금의 학술 흐름의 사승 관계를 맥으로 짚으면서 요약 정리하고 있다. 유려한 문체에 치밀한 논리가 일품이며 학술 문체의 면면을 잘 보여준다.

요컨대 내편은 치밀하고 장자 특유의 사상이 집약되어 있다고 한다면, 외편은 내편의 사상을 부연 설명하는 방식으로 이루어진 것이 많고, 인의를 주장하는 유가를 비판하기 위한 목적이 강하며, 내편에 비해 풍자하는 논조도 신랄하다. 외편과 더불어 잡편은 장자의 사상을 이어받은 후학들에 의해 지어진 것이 대부분이다.

노님과 양생, 그리고 상대적 가치의 수용

자유분방한 장자의 사상은 '유遊'라는 글자로 표출된다. 책 전체의 첫 편이자 내편의 서막을 여는 〈소요유〉 편을 보면 장자 특유의 개방적 세계관과 구속됨이 없는 자유분방한 비상이 꿈틀거린다. 장자는 무한하고 거시적인 자연의 세계에 비해 한없이 보잘것없는 인간의 한계를 질타하려고 이 편 첫머리에 붕鵬과 곤鯤이라는 가상의 동물을 등장시켜 속세의 좁디좁음을 풍자하면서 인간의 명예욕과 속물근성을 비웃는다.

이런 그의 입장은 인간의 편견과 아집에서 벗어난 모든 사물이 동등하다는 만물제동萬物齊同의 의미를 논의한 편명인 〈제물론〉으로 이어지는데, 어떤 분별이나 차이가 존재하지 않는 만물의 세계를 강조한다. 장자는 "사물은 저것이 아닌 것이 없고, 사물은 이것이 아닌 것도 없다[物无非彼, 物无非是]."라는 '제물齊物'의 논의를 통해 상대적인 가치관의 중요성을 강조한다. "오리는 다리가 비록 짧지만 그것을 이어주면 [오리가] 근심하고, 학은 다리가 비록 길지만 그것을 짧게 끊어주면 [학이] 슬퍼한다."(〈변무騈拇〉 8.2)라는 문장에 나타나듯이, 만물이 타고난 능력을 구속받지 않고 자유롭게 발휘할 때 행복할 수 있다는 균등의 원리가 바로 제물론의 요지다.

이처럼 우언을 통해 이야기를 만들어나가는 장자의 비유는 날카롭다. 저 유명한 '호접몽胡蝶夢', 즉 나비의 꿈 이야기를 보면 이렇다.

> 옛날에 장주가 꿈에 나비가 되었는데, 훨훨 날아다니는 나비였으니 스스로 기뻐하며 뜻에 맞았다! [스스로] 장주임을 알지 못했다. 얼마 있다가 깨어보니 갑자기 장주의 모습이었다. 알지 못하겠으니, 장주의 꿈에 [장주가] 나비가 된 것인가, 나비의 꿈에 [나비가] 장주가 된

것인가? 장주와 나비는 반드시 구분이 있으니, 이것을 만물의 조화[物化]라고 말한다.(〈제물론〉 2.17)

이런 비유적 표현을 통해 장자는 늘 시비를 가리려는 인간의 행태를 경계하며 사물과 자아 사이의 구분이 사라지는 경지를 추구한다.

"우리의 삶에는 한계가 있으나, 앎에는 한계가 없다. 한계가 있는 것으로 한계가 없는 것을 따르게 되면 위태로울 따름이다."(〈양생주〉 3.1)라고 생각한 장자는 병이나 사고로 죽지 않고 주어진 목숨대로 사는 것을 이상으로 삼았다. 생사의 문제와 함께 자연의 섭리인 도에 따라 순리대로 살아가는 방식인 양생의 문제를 거론하면서 소 해체의 달인 포정庖丁 이야기를 전개한다. 포정처럼 인위와 작위의 지점이 아닌 담담한 처신을 견지하면서 달관의 태도로 몰입하면 양생의 도에 이르게 된다고 말한다.

처음 신이 소를 해체할 때는 [눈에] 보이는 것이 전체의 소가 아닌 게 없었습니다. 삼 년이 지난 뒤에는 전체의 소는 보이지 않게 되었으니, 지금은 신이 정신으로 소를 대하고 눈으로 보지 않습니다. 감각기관의 지각이 멈추고 정신이 하고자 하는 대로 움직이면 자연의 이치를 따라 큰 빈틈을 치며, 큰 공간에 칼을 움직여 본래의 상태를 따르니 [칼 쓰는] 기술이 뼈에 붙은 살을 지나는데 조금도 상하게 하지 않으니 하물며 큰 뼈는 어떻겠습니까! …… 지금 신의 칼은 십구 년이 나 되었고, 수천 마리의 소를 해체했는데도 칼날이 숫돌에 새로 갈아 낸 듯합니다.(〈양생주〉 3.2)

우리 인간이 인위와 억지를 부리지 말고, 획일적인 기준을 맹신하지 말고 도에 순응하라는 것이 장자의 시각이니, 본성의 자유로운 계발이 중요하다는 것이다. 장자가 말하는 도는 대립과 모순, 갈등을 포용하는 세계로서 인간의 시비와 미추 및 대소의 관념을 초월한 자유로운 세계를 지칭한다.

자연의 도와 직관으로 세상을 보다

장자는 노자의 도의 원리를 계승하여 "도는 실정이 있고 믿음이 있지만 행위가 없고 형체도 없으니, [마음으로] 전해줄 수는 있지만 받을 수는 없고, 터득할 수는 있지만 볼 수는 없다. 스스로 근본으로 여기고 스스로 근간으로 여기니, 아직 천지가 있기 전에 예로부터 본래 존재한 것이다."(〈대종사大宗師〉 6.1)라고 했다.

장자에게 대도大道란 자연의 여러 가지 작용을 가능하게 하는 근원으로, 모든 존재가 여기에 연결되어 있고 이로부터 생겨난다. 만물은 모두 이 도의 운행에 의해 생겨나고 죽는데, 인간의 생사와 존망도 도의 작용에 의지하므로 이는 어느 누구도 피할 수 없는 숙명이자 운명이다. 곧 삶과 죽음은 하나이니, 기뻐하거나 슬퍼할 필요는 없다.

장자는 '도'를 체득하는 구체적인 과정과 방법을 〈추수〉 편 말미에서 혜시惠施와 호수濠水의 다리 위에서 나누는 대화를 통해 제대로 보여준다.

장자와 혜자가 호수濠水의 다리 위에서 노닐었는데 장자가 말했다.

"피라미가 나와서 한가로이 노니니, 이는 물고기의 즐거움이지."

혜자가 말했다.

"자네는 물고기가 아닌데 어떻게 물고기의 즐거움을 아는가?"

장자가 말했다.

"자네는 내가 아닌데 어떻게 내가 물고기의 즐거움을 알지 못한다는 것을 알겠는가?"

혜자가 말했다.

"내가 자네가 아니니 정녕 자네를 알지 못하네. 자네도 정녕 물고기가 아니니 자네가 물고기의 즐거움을 알지 못하는 것이 확실하지."

장자가 말했다.

"청컨대 그 처음을 돌이켜보게. 자네는 '자네가 어떻게 물고기의 즐거움을 아는가?'라고 말한 것은, 이미 내가 그것을 알고 있다는 것을 알고서 내게 물은 것이네. 나는 호수 위에서 그것을 알았다네."(〈추수〉 17.8)

장자는 동일한 논리로 혜자에게 맞서는 대신 지금까지의 논의의 차원을 훌쩍 벗어나 버린다. 논리를 따지고 있는 혜자에게 이미 논리 이전에 직관적 앎이 존재했음을 일깨우는 것이다. 이 우언의 핵심은 직관의 자명함은 논리를 선행하고, 또한 논리보다 상위적이라는 것을 드러내는 데 있다. 장자의 친구인 혜자, 즉 혜시는 분석적 지성을 갖춘 당대 최고의 변론가이다. 그는 당당하고도 정연한 논리에 입각하여 인식론의 핵심적 문제를 제기하고 있다.

직관이란 의식이 아무 매개 없이 그 대상과 직접 만나는 것을 말한다. 그것은 일체의 지적·논리적 과정이 배제된 상태에서 즉각적이고 순간적으로 얻어지는 앎, 장자의 표현을 빌린다면 '없는 날개로 나는 것'이고, '없는 지혜로 아는 것'이다. 그리고 그것은 언제나 전체로서의 인식이므로 장자는 "자연[天]에 비춘다[照之於天]."(〈제물론〉 2.7)고 표현하고 있다. '거울로서의 자연[天]'은 온갖 상대성을 넘어서서 만물을 고스란히, 즉각 포착해내는 거울의 맑음을 드러낸다. 바로 이것이 도가에서 최고의 인식 수단으로서의 언어를 부정하는 이유이다. 언어야말로 우리의 인식과 인식 대상을 매개해주는 유일한 수단이기 때문이고, 또한 언어를 인식의 매개로 삼는다는 것은 대상에 대한 우리의 경험이 언제나 어떤 질서를 전제하는 개념화를 통해 실현된다는 것을 의미하기 때문이다. 그런 까닭에 본질적으로 언어는 분석적이다. 그 분석적 언어로는 직관적 체험의 선험성先驗性과 전일성全一性을 포착할 수 없을 것이다.

〈대종사〉에 나오는 남백자규南伯子葵와 여우女偊의 대화 내용 중 여우의 다음 말을 살펴보자.

> 나는 오히려 지켜보면서 그에게 알려주었는데, 사흘이 지나고 난 뒤에 천하를 잊게 되었소. 이미 천하를 잊게 된 뒤에 내가 또 그를 지켜보았는데, 이레가 지나고 난 뒤에 만물을 잊게 되었소. 이미 만물을 잊게 된 뒤에 내가 또 그를 지켜보았는데, 아흐레가 지나고 난 뒤에 [자기의] 삶을 잊게 되었소. 이미 삶을 잊고 난 뒤에 아침 햇빛처럼 비출 수 있게 되었소. 아침 햇빛이 비추는 것과 같은 경지에 이른 뒤에 홀로 [그 경지를] 볼 수 있었고, 홀로 [그 경지를] 본 뒤에 옛날과 지금[의 구분]을 다 잊어버릴 수 있었으며, 옛날과 지금[의 구분]을 잊은 뒤에 죽지도 않고 살지도 않는 [초월한] 경지에 들어갈 수 있게 되었소. (〈대종사〉 6.2)

인간 자신을 주제로 삼아 장자 사상의 중심과 목적을 설파한 이 문장들을 통해, 도에 이르는 과정은 한 예술가가 작품을 창작하는 과정의 정신 상태와 조금도 다를 것이 없다는 점을 보여준 것이다.

지식과 기교가 아닌 비움과 무위로 다스려라

장자는 〈인간세〉 편에서 인류 사회를 세 등급으로 나누었다. 성인을 전제로 했을 때, 자신의 과업을 이룰 수 있는 도道가 있는 사회가 있고, 순리적으로 생활해나갈 수 있는 무도無道한 사회가 있으며, 전전긍긍 사회의 박해를 받을 수밖에 없는 지금의 사회가 그것이다. 그리고 장자가 생각하는 이상 사회란 인간과 인간의 평등과 화해가 있고 심지어 인간과 금수 사이에도 일정 부분 평화로움이 자리 잡고 있는 사회로, 등급도 없고 예제와 법도도 없으며, 인의와 충효는 더더욱 없다. 모든 것이 자연스러움과 질박함만 있다. 그러므로 정치는 무위, 즉 인위적으로 하지 않아도 제대로 잘 다스려지는데 바로 이것이 장자가 실현하고자 하는 정치의 강령이기도 하다.

주로 정치에 관한 내용을 다루면서도 정치의 부정을 다루는 편명인 〈응제왕應帝王〉 편에서 장자는 "명성의 주도자가 되지 말고, 꾀의 창고가 되지 마라. 일의 담당자가 되지 말고, 지식의 주인이 되지 마라. 무궁함을 다 체득하여 조짐이 없는 데에서 노닐어라. 하늘로부터 받은 것을 다하고 얻은 것을 드러내지 말아야 하고, 오직 비울 뿐이다."라고 말한다. 이러한 '무위'의 정치사상이 《장자》 전체를 관통하고 있다.

그러므로 장자는 당시의 억압된 사회 정치를 반대하면서 무위의 세상에 근접한 질박하고 편안한 아주 먼 시대로 돌아가려고 했다. 외편 〈재유在宥〉 편에서 장자는 정치란 있는 그대로 내버려두어야 하지 다스리려고 애쓰다 보면 오히려 더 어지럽게 된다는 점을 거론하면서 도덕이나 법에 의해 백성을 구속하고 억압해서는 안 된다는 논리를 편다. 천하를 다스리는 것이 무위자연에 입각해야 하며 어쭙잖은 지식이나 기교를 통해서 하지 말라고 강조한다. 아울러 허정虛靜과 염담恬淡, 적막寂漠과 무위無爲 등의 개념이야말로 천지 만물의 작동 원리가 되어야 한다고 강조한다. 어찌 보면 장자가 추구한 정치는 제齊나라 환공桓公에게 도의 전수 과정을 설명하는 윤편輪扁 우언에 들어 있다.

> 신은 신이 하는 일로 살펴보건대, 수레바퀴를 헐겁게 깎으면 여유로우나 견고하지 못하고, 빠듯하게 깎으면 힘겹기만 해서 들어가지 않으니, 헐겁게 깎지도 않고 빠듯하게 깎지도 않으며, 손에서 터득하여 마음으로 호응하는 것이어서 입으로 말할 수 없지만, 그 사이에 수법이 들어 있습니다. 신은 신의 자식에게 깨우쳐줄 수 없고 신의 자식도 신에게서 전수받을 수 없으니, 이 때문에 나이가 일흔에 이르도록 늙어서까지 수레바퀴를 깎고 있습니다.(〈천도〉 13.10)

스스로를 잊고 자연의 이치에 따르는 윤편의 모습은 자연의 대도를 터득하여 변화에 몸과 마음을 맡기는 무심과 무위의 소유자로서 바로 장자가 말하는 정신세계의 절대자이기도 하다.

그렇다면 장자가 바라본 리더의 모습, 특히 통치자의 자세는 어떠해야 하는가? 장자는 군주가 자기 스스로의 잣대로 정치해서는 안 된다고 말한다. 번잡한 천하를 다스림에 있어 무위를 해야 텅 빔에 노닐게 되며, 유위하면 오히려 혼돈하게 되므로 이는 지양해야 한다는 것이다. 또한 그는 군주가 먼저 자신을 바르게 하여 사람을 등용해야만 제대로 된 정치가 가능하다고 본다. 공자가 제창한 인의와 유가의 우환의식은 가식적이고 음모가 있다고 보는 것이 장자의 시각이다. 장자가 〈응제왕〉 편에서 말한 '명왕지치明王之治', 즉 명왕의 다스림은 교화가 만물에 미치기는 해도 백성들은 그것을 느끼지 않도록 하는 통치를 의미한다. 그러므로 제대로 된 통치자는 '무치지치無治之治', 즉 다스림 없는 다스림의 경지를 실천하고 실현하는 자이다. 장자는 제왕의 작위적인 정치로 인해 백성들은 심대한 영향을 받으므로 먼저 담담한 마음을 갖고 사적 욕망을 배제한 '무위지치無爲之治'를 해야 한다고 강조한다.

왜 《장자》를 읽어야 하는가

《장자》는 약육강식의 생존 전략이 난무하는 전국시대의 사상의 한 축을 담당하는 도가의 책이다. 장자의 시선은 냉정하며 현실적이고 심지어 절실하기까지 하다. 장자가 던지는 화두는 겉으로 보면 추상적이고 뜬구름 잡는 말 같지만 읽다 보면 자신도 모르게 설득당하게 되는 묘한 매력이 있다. 장자가 어떤 동기나 목적도 없이 '무위'의 세계를 소중하게 여겼으며, 권력이나 신분을 초월하고 권위나 탐욕이 없이 오직 자유로운 경지에 머물 것을 강조했기에 가능한 것이리라.

《장자》라는 책을 읽다 보면 근심하거나 안달하는 세속인의 마음이 사그라지고 한없이 여유로워지고 평온해진다. 탁월한 비유와 해학, 풍자와 대비를 통해 세상에 대해 끊임없이 질문을 던지는 장자를 통해 자기 자신을 돌아보고, 장자가 제시한 길을 따라 유쾌한 여행을 떠나면서 미소 짓기도 한다.

이 책에는 험준한 세상을 살아가기 위한 처세의 방법도 제시되어 있다. 장자가 강조한 '무용지용無用之用', 즉 쓸모없음의 쓸모라는 말의 의미를 되새겨보자. 장자는 말한다. "계수나무는 먹을 수 있어서 [사람들이] 베어가고 옻나무는 쓸모가 있어서 [사람들이] 잘라간다. 사람들은 모두 쓸모 있음의 쓰임을 알고, 아무도 쓸모없음의 쓰임을 알지 못한다."(〈인간세〉 4.8)라고 말이다. 너도나도 쓰이기를 바라는 요즘 세태에 적용하면, 지나치게 쓸모 있는 존재를 추구하지 말고 잊힌 존재로 살아가면서 자신에게 주어진 복을 누리면서 살아갈 것을 이야기한다.

이렇듯 장자는 우리의 상식을 늘 파괴하는 사유의 소유자이다. 그의 책은 우리가 그동안 걸어온 삶의 길목에서 한 번쯤 일상의 틀에서 벗어나 자유로운 영혼이 되어 얽매이지 않는 길을 걸어가고픈 마음이 들게 한다.

세상과 시대를 아우르는 장자의 통찰력을 접하면서 독자들 또한 지금까지 고집해온 고정된 틀에서 벗어나 열린 사고 속에서 새로운 가치관을 점검하는 계기를 마련할 수 있다. 이는 혼돈의 시대라고 할 21세기의 오늘, 우리가 배워야 할 소중한 삶의 지침이다.

내편內篇

제1편

소요유逍遙遊

유유자적하며 노닐다

【해설】

이 편은 붕鵬이라는 새와 곤鯤이라는 물고기 이야기로 시작된다. 장자는 상식을 뛰어넘는 해학을 선보이며 시간과 공간을 초월하여 존재하려는 붕새를 형상화한다. 붕새와 뱁새처럼 만물의 크고 작음의 차이가 있으나 저마다 분수에 맞추어 소요할 수 있다는 것으로, 장자가 말하고자 하는 자유의 세계는 절대적이면서도 늘 변화하는 만물의 일부이고, 만물은 결국 하나라는 논지다.

이 편에서 장자는 얽매이지 않는 자유로운 삶을 주장하는데, 특히 '유遊'라는 글자에 그 뜻이 집약되어 있다. 소요유의 세계는 어떤 동기나 목적이 없는 무위와 자연의 경지이고 인위도 없는 세계다. 물론 여기에는 권력이나 신분, 권위나 탐욕이 없고, 오직 자유로운 경지에서 상식적이지 않은 일상에 머물 것을 권유한다. 장자가 우언寓言으로 설정한 대붕의 세계에는 그가 추구하는 호방함이 있다. 늘 근심하고 애달파하는 세속인의 근심도 전혀 없고, 그저 자유로운 경지가 있을 뿐이다.

이 편에는 장자 특유의 개방적 세계관과 구속됨이 없는 자유분방한 경계로의 비상이 꿈틀거린다. 장자는 법규와 제도에 의한 구속이 아니라 욕망과 욕구의 분출을 갈망하고 있다. 명예와 명분에 갇혀 있는 인간의 사유를 이 편에서 무너뜨리고자 하는 장자는 무한적이고 거시적인 자연의 세계에 비해 한없이 보잘것없는 인간의 한계를 질타하려고 첫머리에 붕과 곤을 등장시킨 것이다.

그런데 이어지는 내용에서 쓰르라미와 비둘기의 좁디좁은 시야로 볼 때 붕과 곤의 웅비를 알 도리가 없다. 이는 세속적 인간의 시야가 대인에게 미치지 못함을 풍자한 것이다. 장자의 눈에 비친 인간의 모습 역시 명예나 좇는 속물근성을 버리지 못하는 자들이기에 '지인무기至人無己'라는 말에는 편견을 지양하는 대인의 모습을 담고 있다. 물욕과 탐명애리貪名愛利에서 벗어나야만 결국 만물과 일체가 되는 행운을 누릴 수 있다고 이 편은 강조하고 있다. 요임금의 천하 양도를 거절한 허유의 이야기를 통해 내적으로 충만한 자의 마음을 보여준다.

특히 이 편의 백미는 마지막 두 장 혜시와의 논쟁이다. 조롱박을 사용하지 못하는 혜시에게 '커다란 쓰임[大用]'의 문제를 제시하고 있는데, '무용지용無用之用이 바로 그것이다. 그러면서도 '손 트는 데 바르는 약' 이야기를 통해 장자는 어떤 것이든 누가 어떻게 잘 활용하느냐에 따라 진정한 쓰임이 있다고 거듭 강조하면서 속인들의 작은 쓰임에 연연하는 모습을 비판한다.

기괴한 물고기 1.1

북쪽 바다[1)]에 물고기가 있는데, 그 이름은 곤鯤[2)]이다. 곤의 크기는 몇천 리가 되는지 알지 못한다. [곤이] 변해서[3)] 새가 되는데, 그 이름은 붕鵬이다. 붕의 등[너비]은 몇천 리가 되는지 알지 못한다. [붕이] 힘껏[4)] 날면 그 날개는 마치 하늘가에 드리운 구름[5)]과 같다. 이 새는 바다가 움직이면[6)] 남쪽 바다로 [날아] 옮겨가려고 한다. 남쪽 바다는 '하늘의 연못[天池]'[7)]이다.

《제해齊諧》[8)]는 기괴한 일을 기록한[9)] 것이다. 《제해》에서 하는 말

---

1) 원문의 '북명北冥'을 번역한 것으로 '북명北溟'이라고도 쓴다. 성현영成玄英은 "아득하고 그윽하여 끝이 없다[溟漠無涯]."라고 풀이했다. 북쪽 끝 아득히 먼 곳을 말한다.

2) 곽경번郭慶藩은 "곤은 본래 작은 물고기의 이름인데, 장자는 큰 물고기의 이름으로 만들어 썼다[鯤本小魚之名, 莊子用爲大魚之名]."라고 했다. 단옥재段玉裁는 "물고기가 태어나기 전의 것을 '곤'이라고 한다. '곤'은, 즉 어란魚卵이다[魚子未生者曰鯤. 鯤卽魚卵]."라고 했는데, 곽경번의 설이 타당해 보인다.

3) 원문의 '화化'란 어떤 사물이 그 사물로서는 죽지만 그에 의해서 다른 사물로 태어나는 전생轉生의 의미로 보기도 하는데, 역자는 그보다 더 포괄적인 의미로 인식이나 정신적 깨달음에 의한 성장을 포함한 삶의 커다란 변화를 의미한다고 본다.

4) 원문의 '노怒' 자를 번역한 것으로, 여기서는 '노여워하다'라는 일반적인 의미가 아니고, '힘을 쓰다[用力]'라는 의미(임운명林雲銘 설)이며, 마쉬룬馬叙倫의 풀이대로 '힘쓰다[勉]'라는 의미의 '힘껏'으로 풀이했다. 한편 왕수민王叔岷은 '노怒'를 '노努'로 보았고, '분발하는 모습'의 의미로 풀이했다.

5) 원문의 '수천지운垂天之雲'을 번역한 것으로, 사마표司馬彪가 "마치 구름이 하늘가에 드리운 것과 같다[若雲垂天旁]."라고 풀이한 것을 따랐다. 한편 최선崔譔은 "'수垂'는 가장자리와 같으니, 그 크기가 하늘 한 면과 같은 구름이다."라고 풀이했다.

6) 원문의 '해운海運'인데 '해동海動'이라고도 하며, 여기서 '운運'은 곽경번의 풀이대로 '운행하다[行]'의 의미 영역인 '움직이다'로 풀이했다. 임운명은 "'해운'은 바다의 기운이 움직이는 것이다[海運, 海氣動也]."라고 했다.

이, "붕鵬이 남쪽 바다로 옮겨갈 때는 수면을 치고 삼천 리요, 회오리바람을 선회하고[10] 구만 리를 올라가 여섯 달을 날아간 다음에 숨을 내쉰다."라고 한다.

아지랑이[11]와 티끌[12]은 생물들이 숨 쉬면서 서로 내뿜은 것이다. 하늘이 푸르고 푸른 것은 본래의 빛깔[13]일까? 아니면 멀어서 끝에 이를 바가 없는 것일까? 그것이 내려다보는 것도 이와 같을 뿐이다.

---

7) 원문의 '천지天池'인데, 성현영의 다음과 같은 설명이 유효하다. "큰 바다와 넓은 하천은 무릇 조화에 근원하는 것이고, 사람이 만드는 바가 아니다. 그래서 천지라고 한 것이다[大海洪川, 原夫造化, 非人所作. 故曰天池也]." '천지'가 '북명北冥'의 개념과 같다는 설도 있다(안동림 설).

8) 인명이냐 서명이냐 하는 논란이 있는데, 저본으로 한 《장자집석莊子集釋》에 서명으로 표기되어 있어서 이를 따랐다.

9) 원문의 '지志'를 번역한 것으로, '기록記錄'이라는 뜻이다(육덕명陸德明 설). '알다[識]'라고 풀이하기도 한다(안동림 설).

10) 원문의 '단부요摶扶搖'를 번역한 것으로 '단摶'은 판본에 따라 '박搏' 자로 쓰인 것도 있다. 사마표가 "'단摶'은 '선회하다'이고, '부요扶搖'는 '위로 올라가는 바람'이다."라고 풀이하여, '회오리바람'으로 번역하는 것이 무난하다. 한편 왕수민은 '박搏'은 '치다[拍]'의 의미와 통한다고 보았다. 새가 바람을 타고 힘차게 날아오르는 것을 의미한다.

11) 원문의 '야마野馬'는 '노니는 기운[游氣]'(곽상郭象 설)이라고 하는데, 원래는 말[馬]의 일종으로 야마의 빠른 모습이 아지랑이가 피어오르는 모습과 비슷한 데서 붙여진 이름이다.

12) 원문의 '진애塵埃'를 번역한 것으로, "흙이 날아오른 것을 '진塵'이라 하고, 진의 미세한 것을 '애埃'라고 한다."(성현영 설) 한편 이 글자를 '야마野馬'와 같이 보기도 하는데 설득력은 부족하다. 야마와 진애가 극소할지라도 의지하는 바가 있어야 이동할 수 있다.

13) 원문의 '정색正色'을 번역한 것으로, 여기서의 '정正' 자는 〈제물론齊物論〉 편 2.14의 '정처正處'나 '정미正味'라는 개념과 연계하여 볼 필요가 있다. 물론 2.14에서는 '정색正色'을 '올바른 아름다움'이라고 탄력적으로 번역했다.

北冥有魚, 其名爲鯤. 鯤之大, 不知其幾千里也. 化而爲鳥, 其名爲鵬. 鵬之背, 不知其幾千里也. 怒而飛, 其翼若垂天之雲. 是鳥也, 海運則將徙於南冥. 南冥者, 天池也.

〈齊諧〉者, 志怪者也. 〈諧〉之言曰: "鵬之徙於南冥也, 水擊三千里, 摶扶搖而上者九萬里, 去以六月息者也." 野馬也, 塵埃也, 生物之以息相吹也. 天之蒼蒼, 其正色邪? 其遠而無所至極邪? 其視下也, 亦若是則已矣[14].

큰 배를 띄울 물, 그렇지 않은 물 1.2

게다가[15] 물이 두텁게 쌓이지 않으면 그것이 큰 배를 짊어질 만한 힘이 없다. 잔에 든 물을 깊이 파인 대청[16] 위에 엎지르면 작은 풀[17]은 배가 되지만, 잔을 [그 자리에] 두면 바닥에 붙어버리니, 물이 얕은데 배가 큰 것이다. 바람이 두텁게 쌓이지 않으면 그것이 큰 날개를 짊어질 만한 힘이 없다. 그러므로 구만 리라야 바람이 이렇게 아래에 있게 되니 이제[18] 바람을 탈 수 있다[19]. 푸른 하늘을 등지고

14) '즉이의則已矣'에서 '즉則'은 '이而'와 같으니 '이이의而已矣'와 같다(왕인지王引之 설).

15) 원문의 '차부且夫'를 번역한 것으로, 차례로 전개되는 글의 논의를 이끄는 접속사이다. 한편 '만약[若]'으로 번역하는 설(안동림)도 있다.

16) 원문의 '요당坳堂'을 번역한 것으로, 임희일林希逸이, "요당은 대청 위 깊이 파인 곳이다[坳堂, 堂上坳深處也]."라고 풀이한 것을 따랐다.

17) 원문의 '개芥'인데, 육덕명이 '작은 풀[小草]'로 풀이한 것을 따랐다.

18) 원문의 '이후내금而後乃今'을 번역한 것이다. 안동림은 '이후而後'와 '내금乃今'을 같은 뜻으로 보아 같은 뜻의 말을 두 번 쓴 것은 붕鵬의 남행南行을 강조하는 것으로 보았다.

서 갈 길을 저지하는 것이 없게 되고 나서야 이제 남쪽[바다]으로 향하고자 하는 것이다[20].

且夫水之積也不厚, 則其負大舟也無力. 覆杯水於坳堂之上, 則芥爲之舟. 置杯焉則膠, 水淺而舟大也. 風之積也不厚, 則其負大翼也無力. 故九萬里, 則風斯在下矣, 而後乃今培風. 背負靑天而莫之夭閼者, 而後乃今將圖南.

멀리 가려는 자와 그렇지 않은 자 1.3

매미와 작은 비둘기[21]가 그것을 비웃으며 말했다.

"우리는 있는 힘껏[22] 날아도 느릅나무나 다목나무 가지 위에 도달하고 때로는 간혹 [거기에] 이르지 못하고 땅으로 떨어질[23] 뿐인데, 어째서 [붕새는] 구만 리를 올라가서 남쪽으로 [가려고] 하는가?"

풀이 우거진 교외의 들녘을 가는 자는 세 끼를 먹고 돌아와도 배

19) 원문의 '배培'를 번역한 것으로, 이 글자는 '후厚' 자의 의미(임희일 설)라고도 보는데, 여기서는 '승乘' 자의 의미(곽경번 설)가 타당하다.

20) 원문의 '도남圖南'은 직역하면 "남쪽으로 [날아가는 것을] 도모하게 된다."인데, 여기서 '도圖'는 문맥상 남쪽을 향해 가려는 의지를 보인 것으로 보아 의역했다.

21) 원문의 조여학구蜩與學鳩를 번역한 것으로, '조蜩'는 '매미[蟬]'이고, '학구學鳩'에서 '학學'은 '작은 비둘기'라는 뜻의 '학鷽'과 같다. 〈경상초庚桑楚〉 편 23.8에도 '조여학구蜩與學鳩'라는 구절이 나온다.

22) 원문의 '결기決起'를 번역한 것으로, '남아있는 힘을 남김없이 쓰다[不遺餘力].'라는 뜻이다. '노怒' 자와 같다(임운명 설). 한편 '기起'는 '빠른 모습', '결기決起'는 '빠르게 나는 모습'으로 보기도 한다(이이李頤 설).

23) 원문의 '공控'을 번역한 것으로, 임희일이 '떨어지다[投]'라는 의미로 풀이한 것을 따랐다.

가 여전히 과일처럼 불룩하지만[24], 백 리를 가는 자는 밤에 식량을 찧어놓아야 하고, 천 리를 가는 자는 석 달 동안 식량을 모아야 한다. 이 두 벌레[25]가 또한 [이런 이치를] 어찌 알겠는가!

蜩與學鳩笑之曰: "我決起而飛, 搶[26]楡枋, 時則[27]不至, 而控於地而已矣, 奚以之九萬里而南爲?" 適莽蒼者, 三湌而反, 腹猶果然. 適百里者, 宿舂糧. 適千里者, 三月聚糧. 之[28]二蟲又何知!

하루살이 버섯과 쓰르라미의 짧은 수명 1.4

소소한 지혜는 위대한 지혜에 미치지 못하고, 짧은 수명은 긴 수명에 미치지 못한다. 어째서 그것이 그렇다는 것을 알겠는가? 하루살이 버섯[29]은 그믐과 초하루(한 달)를 알지 못하고, 쓰르라미[30]는

---

24) 원문의 '과연果然'인데, '배부른 모습[飽貌]'을 말한다(성현영 설). 여기서 '과果'는 '과실果實'의 의미로 과일의 형태가 둥그스름한 모습을 배부름으로 비유한 것이다(안동림 설).

25) 원문의 '충蟲'을 번역한 것으로, '이 두 벌레는 매우 작은 것이어서 대붕의 큰일을 알 수가 없다.'라는 의미인데, 그 비웃음의 어감을 살려서 그대로 번역했다.

26) 원문의 '창搶' 자는 '창槍'과 통하며 '이르다', '도달하다'라는 의미다. 이 글자는 '돌진하다'라는 '돌突' 자의 의미도 함축하고 있다.

27) '즉則'은 '혹或'과 같다(왕인지 설).

28) '지之'는 '차此'와 같다(왕수민 설).

29) 원문의 '조균朝菌'은 어둡고 습한 곳에서 아침에 생겨났다가 햇빛을 쬐면 말라버리는 버섯이다. 이 글자와 '조수朝秀'란 말이 같다는 설도 있다. '조수'는 《회남자淮南子》에 나오는데, 주석에 아침에 생겼다가 저녁에 죽는 벌레라고 되어 있다.

30) 원문의 '혜고蟪蛄'를 번역한 것으로 학명이 '쓰름매미'이나 보통 '쓰르라미'로 부른다. 매밋과에 속하는 곤충으로 주로 7월 하순에서 8월 하순경에 나타난다.

봄과 가을(일 년)을 알지 못하는데, 이는 짧은 수명이다.

초나라 남쪽에 명령冥靈[31]이라는 나무가 있는데, 오백 년을 봄으로 삼고 오백 년을 가을로 삼는다. 먼 옛날에 대춘大椿이라는 나무가 있었는데, 팔천 년을 봄으로 삼고 팔천 년을 가을로 삼았다.[32]

그런데 팽조彭祖[33]는 지금 오래 산 것으로 특히 소문이 나서 많은 사람이 그에 필적하고자 하니 또한 슬프지 않은가!

小知不及大知, 小年不及大年. 奚以知其然也? 朝菌不知晦朔, 蟪蛄不知春秋, 此小年也. 楚之南有冥靈者, 以五百歲爲春, 五百歲爲秋. 上古有大椿者, 以八千歲爲春, 八千歲爲秋. 而彭祖乃今以久特聞, 衆人匹之, 不亦悲乎!

작은 메추라기의 비웃음 1.5

[은나라] 탕왕湯王이 극棘(어진 대부 하혁夏革)에게 물은 것도 이런 것이다.

아무것도 나지 않는 불모지[34] 북쪽에 검푸른 바다[冥海]가 있으니

31) 나무 이름인데 신령스러운 거북의 이름이라고 보기도 한다.

32) 이 구절 뒤에, "이는 긴 수명이다[此大年也]."라는 구절이 들어간 판본도 있다.

33) 팽조의 성은 전籛이고, 이름은 갱鏗이다. 전욱顓頊의 손자이고, 육종씨陸終氏의 가운데 아들로서 '축융팔성祝融八姓' 중 팽彭 성의 시조이기 때문에 팽조라고 부른다. 팽조는 예로부터 내려온 양생과 방중술 관련 기록을 집대성한 자로 일컬어진다. 요임금의 신하로서 700년에서 800년 장수했다는 전설 속의 인물이다.

34) 원문의 '궁발窮髮'인데, 최선은 "궁발이란 북극 아래 불모의 땅이다[窮髮, 北極之下, 無毛之地也]."라고 했다.

하늘의 연못이다. [거기에] 물고기가 있는데 그 넓이가 수천 리이고 그 길이[35]는 아는 이가 없는데, 그 이름은 곤鯤이라 한다. [거기에] 새가 있는데, 그 이름은 붕鵬이라 한다. 등은 태산과 같고 날개는 하늘가에 드리운 구름과 같다. 양의 뿔 같은 회오리바람[36]을 타고 구만 리를 오르니, 구름 기운을 끊고 푸른 하늘을 짊어지고 난 다음에 남쪽을 향하여 장차 남쪽 바다로 가려고 한다.

작은 메추라기[37]가 그것을 비웃으며 말하기를, "저것은 장차 어디로 가려는 걸까? 나는 힘껏 날아올라도 몇 길에 지나지 않고 내려와 쑥과 다북쑥 사이를 날아다닐 뿐이고, 이 또한 [내가] 날 수 있는 지극한 [즐거움의] 경지인데, 저것은 장차 어디로 가려는 걸까?"라고 했다.

이것이 바로 소소한 것과 위대한 것의 분별[38]이다.

湯之問棘也是已. 窮髮之北有冥海者, 天池也. 有魚焉, 其廣數千里, 未有知其修者, 其名爲鯤. 有鳥焉, 其名爲鵬, 背若太山, 翼若垂天之

---

35) 원문의 '수修'를 번역한 것으로, 《방언方言》이란 문헌에 "'수脩'는 '길다'는 의미로 진나라와 초나라 사이를 '수'라고 한다[修, 長也. 陳楚之間曰脩]."라는 구절의 의미로 보면 남방의 방언으로 보는 것이 옳다.

36) 원문의 '부요양각扶搖羊角'을 번역한 것인데, 임희일의 "'부요扶搖'는 바람의 형세다. '양각羊角' 또한 바람의 굴곡진 형세다[扶搖, 風勢也. 羊角亦風之屈曲勢也]."라는 주석을 참조할 만하다. '양각'은 양의 뿔처럼 구불구불 돌며 올라가는 회오리바람으로(사마표 설) '부요'와 비슷한 말로 쓰였다.

37) 원문의 '척안斥鴳'은 '작은 메추라기'로서 임희일이 "'척斥'은 작은 못이다. 작은 못의 메추라기는 작은 새다[斥小澤也, 斥澤之鷃, 小鳥也]."라고 한 주석을 참조할 만하다.

38) 원문의 '변辯'은 '변辨'의 가차자로서 《장자莊子》에서 '변辯' 자가 '변辨'과 혼용된 사례가 적지 않다.

雲, 搏扶搖羊角而上者九萬里, 絶雲氣, 負青天, 然後圖南, 且適南冥也. 斥鴳笑之曰: "彼且奚適也? 我騰躍而上, 不過數仞而下, 翺翔蓬蒿之間, 此亦飛之至也. 而彼且奚適也?" 此小大之辯也.

지인, 신인, 성인의 경지 1.6

그러므로 지혜는 한 관직에서 효율적이고, 행실은 한 고을에 알맞으며, 덕은 한 군주의 마음에 들어맞고, 능력은 한 나라에 쓰이는 것이니, 그들이 자신을 보는 것도 이런 부류[메추라기]와 같다.

그런데 송영자宋榮子[39]는 오히려 이들을 비웃는다. 가령 온 세상이 모두 그를 칭송한다고 해도 더 힘쓰지 않고, 온 세상이 모두 그를 비난한다고 해도 더 기가 꺾이지도 않는다. [그러니 그는 자신의] 안과 밖의 분수를 일정하게 하고, 영예와 치욕의 경계를 변별하고 있으니, 이러할 뿐이다. 그는 세상의 평가에 대해 허둥대지[40] 않는다. 비록 그렇지만 여전히 [지극한 덕을] 세우지 못한 것이 있다.

열자列子[41]는 바람을 타고 다니면서 시원스럽게 잘 지내다가 보름이 지난 뒤에야 돌아왔다. 그는 복을 구하는 일[42]에 대해서도 [초

---

39) 송나라의 반전주의자로서 이름은 경牼 혹은 견銒으로 알려져 있으며, 자송자子宋子라고 존칭되기도 했는데,《장자》〈천하天下〉 편에도 등장한다.

40) 원문의 '삭삭數數'을 번역한 것으로, '급급하다[汲汲也]'(성현영 설), '빠르다[速]'(왕수민 설), '촉박하다[迫促]'라는 뜻도 있으니, 허둥지둥하면서 서두른다는 의미다.

41) 춘추 말기와 전국 초기의 정鄭나라 사상가로 이름은 어구禦寇이고,《열자列子》 여덟 편을 저술했다고 알려져 있는데, 그가 실존 인물이 아니라는 설도 있다.

42) 열자는 바람에 의존했으므로 바람이 순조롭기를 바라는 것을 뜻한다.

연하여] 허둥대지 않았다. 이는 비록 걸어 다니는 것에서는 벗어났으나 여전히 의지하는 것이 있다.

하늘과 땅의 바른 기운을 타고 육기六氣[43](날씨)의 변화[44]를 부리는 것으로 말하면 끝없는 경지에 노닐 줄 아는 자이니, 그는 어디에 의존하려 하겠는가! 그러므로 "지인至人에게는 자기가 없고[45], 신인神人에게는 공적이 없으며, 성인聖人[46]에게는 이름이 없다."라고 말하는 것이다.

故夫[47]知效一官, 行比一鄕, 德合一君, 而[48]徵一國者, 其自視也, 亦若此矣. 而宋榮子猶然笑之. 且擧世而譽之而不加勸, 擧世而非之而不加沮. 定乎內外之分, 辯乎榮辱之境, 斯已矣. 彼其於世, 未數數然也. 雖然, 猶有未樹也. 夫列子御風而行, 泠然善也, 旬有五日而後反. 彼於致福者, 未數數然也. 此雖免乎行, 猶有所待者也. 若夫[49]乘天地之正,

43) '육기六氣'는 음陰·양陽·풍風·우雨·회晦·삭朔의 자연현상을 의미한다.

44) 원문의 '변辯' 자는 '변變'의 가차자라고 보는 견해가 있다(곽경번 설).

45) 원문의 '무기无己'를 번역한 것이다. '무기'는 '사심이 없다'라는 의미로서 소요유의 경지를 실천하는 자이므로 이 문장에서 '지인', '신인', '성인'은 개념은 달라도 차등이 없는 것으로 봐야 한다는 견해(안병주·전호근 설)가 있는데, 이 개념이 〈달생達生〉 편 '지인잠행至人潛行'이나 '성인장어천聖人藏於天'의 문장, 〈지북유知北遊〉 편의 '지인무위至人无爲, 대성부작大聖不作'의 문장과 〈어부漁父〉 편의 '피비지인彼非至人……성인존지聖人尊之'와 같은 유사한 예가 있다고 고증했다.

46) 여기서 '성인聖人'은 유가적 개념의 성인이 아니다. 《노자老子》라는 책에도 이 단어가 열아홉 차례 등장한다.

47) '고부故夫'는 중복된 말이니 '부夫'도 '고故'의 의미라고 본다(왕수민 설).

48) 성현영은 원문의 '이而' 자를 접속사로 보는 것을 취했는데, 이와 달리 곽경번은 '능能'과 '이而'의 고음이 비슷하여 통용된다는 의견을 제시하면서 이 글자의 의미를 '능력'이라고 풀이했으며 안동림도 같은 견해를 취했다.

而御六氣之辯, 以遊无窮者, 彼且惡乎待哉! 故曰: "至人无己, 神人无功, 聖人无名."

허유에게 천하가 아무 소용이 없는 이유 1.7

요堯임금이 천하를 허유許由[50]에게 양보하려고 하면서 말했다.

"해와 달이 나왔는데도 관솔불이 꺼지지 않는다면 그 빛이 나기에는 또한 어렵지 않겠습니까! 때맞춰 단비가 내리는데도 오히려 물 긷는 일을 계속한다면 땅을 기름지게 하는 데에 또한 수고롭기만 한 일이 아니겠습니까! 선생께서 [천자의 자리에] 서게 되면 곧 천하가 잘 다스려질 텐데 제가 아직도 천하를 맡고[51] 있으니, 저 자신을 돌이켜보아도 부족하기에[52] 천하를 바치고자 합니다."

허유가 말했다.

"당신이 천하를 다스리고 나서 천하가 이미 잘 다스려지고 있는데, 내가 오히려 당신을 대신한다면 내가 장차 [천자라는] 명분을 위해서 하라는 것인가? 명분이란 실질의 손님인데, 내가 장차 손님이

49) '약부若夫'는 화제를 전환하며, '~에 이르러', '~으로 말하면', '~은'이라고 해석된다. 여기서는 '불각의이고不刻意而高, 무인의이수无仁義而修, 무공명이치无功名而治, 무강해이한无江海而閒, 부도인이수不道引而壽'까지 '약부若夫'에 포괄되는 구문이 된다.

50) 요임금과 동시대의 은자로서 은자의 시조 격인 인물이다. 허유는 요임금이 천하를 양보하려고 하자 귀를 씻었다는 일화로 알려진 인물이다. 〈천지天地〉 편에 요임금의 스승이라 나온다.

51) 원문의 '시尸' 자를 번역한 것인데, '주主'의 의미로 '주재하다', '주인 노릇 하다'라는 뜻이다.

52) 원문의 '결연缺然'인데, 스스로 돌이켜보아 부족한 점이 있는 모습을 말한다. 차오추지曹礎基는 '군주 노릇 할 자격이 모자라는 듯한 모습'이라고 부연했다.

되라는 것인가? 뱁새가 깊은 숲속에 둥지를 틀어도 의지하는 것은 나뭇가지 하나에 지나지 않고, 두더지가 강물을 마시는 것은 [자기] 배를 채우는 정도에 지나지 않소.

돌아가 쉬시게 임금이여, 내게 천하는 아무 소용도 없을 것인저! 숙수熟手(푸줏간을 담당하는 사람)가 비록 주방 일을 잘 못한다고 해도 제사를 주관하는 사람[尸祝]이 술통과 제기[53]를 뛰어넘어 그의 일을 대신하지는 않는 것이오.[54]"

堯讓天下於許由, 曰: "日月出矣而爝火不息, 其於光也, 不亦難乎! 時雨降矣而猶浸灌, 其於澤也, 不亦勞乎! 夫子立而天下治, 而我猶尸之, 吾自視缺然. 請致天下."

許由曰: "子治天下, 天下旣已治也. 而我猶代子, 吾將爲名乎? 名者, 實之賓也. 吾將爲賓乎? 鷦鷯巢於深林, 不過一枝. 偃鼠飮河, 不過滿腹. 歸休乎君, 予无所用天下爲[55]! 庖人雖不治庖, 尸祝不越樽俎而代之矣."

53) 원문의 '준조樽俎'인데, 술과 음식을 담는 그릇이다. 즉, '준樽'은 술을 담는 그릇으로 술통을 말하고, '조俎'는 고기를 담는 그릇으로 제기를 뜻한다.

54) 이 문장에 대한 보충 설명이 필요하다. 원문의 '포인庖人'은 '푸줏간을 담당하는 사람[掌庖廚之人]'(성현영 설)이고, '시축尸祝'의 '시尸'는 태묘太廟 안의 신주神主이며, '축祝'은 귀신의 말을 전하는 사람이다. 즉, '포인'은 요임금을 비유한 것이고, '시축'은 허유가 자신을 여기에 비유한 것이다. 왕수민은 이 구절이 앞의 1.6의 '성인무명聖人无名'을 증거하려는 것이라고 풀이했다.

55) 여기서 '위爲'는 '언焉'과 같이 감탄사로 쓰였다.

앎에도 귀머거리와 장님이 있다 1.8

견오肩吾[56]가 연숙連叔에게 물었다.

"내가 접여接輿[57]에게서 말을 들었는데, 크기는 하나 [사리에] 들어맞지 않았으니[58], [그는] 갔으나 돌아올 줄 몰랐다네. 나는 그 말에 놀라고 두려웠는데, 은하수처럼 끝없고 지름길과 뜰의 [차이가] 심함이 있으니[59], 사람의 정서와 가깝지 않았다네."

연숙이 말했다.

"그 말은 무엇을 말하는 것인가?"

[견오가] 말했다.

"'막고야藐姑射[60]산에 신인들[61]이 살고 있는데, 살결과 피부는 얼

56) 전설 속의 인물로서 춘추 후기의 사람으로 추정되며 현인이면서 도가 계열의 사람이다. 이어 나오는 연숙도 도가 계열의 사람으로《장자》에 한 번 나온다.

57) '접여接輿'는 글자 그대로 "수레를 타고 가다가 스쳐 지나간다."라는 뜻을 지닌 일종의 별칭이다. 초나라 시골에 숨어 살던 선비로 성은 육陸이고 이름은 통通이다. 초나라 소왕昭王 때, 정치가 혼란스러워지자 몸에 옻칠하여 문둥병자로 꾸미고, 머리를 풀어헤쳐 미치광이처럼 보이게 했다고 한다. 당시 사람들은 그를 초광楚狂이라고 했다.

58) 원문의 '무당无當'을 번역한 것인데 내포적 의미는 '성대하기만 하고 실질에 들어맞지 않는 것'을 뜻한다.

59) 원문의 '대유경정大有逕庭'을 번역한 것으로 임희일은 '대유大有'를 '심하게 있다[甚有]'라는 의미로 보았고, 박세당朴世堂이 '경정逕庭'에 대해 "지름길은 좁고 뜰은 넓으니, 그 넓고 좁음이 서로 짝할 수 없음이 심한 것을 말한다[逕狹而庭廣, 言其濶狹甚不相侔]."라고 한 것을 따라 번역했다.

60) 산 이름으로 여기서 '막藐' 자는 '멀다[遠]', '넓다[廣]'는 의미인데, '고야姑射' 두 글자만 산 이름이라고 보는 견해도 있다(육덕명 설).

61) 네 명의 신인으로 구체적으로 허유·설결齧缺·왕예王倪·피의被衣를 가리킨다고 보는 견해가 있고, 이와 달리 신인神人·접여·연숙·견오를 지칭한다는 견해도 있는데, 전자의 설을 취한다.

음과 흰 눈 같고 몸은 가냘픈[62] 처녀 같다. 오곡[63]을 먹지 않고 바람을 들이키고 이슬을 마신다. 구름 기운을 타고 비룡飛龍을 몰아 사해四海[64] 밖에서 노닌다. 신묘한 정기가 모여들면 만물이 상처 나거나 병들지 않게 하고 해마다 곡식이 익게 한다.'라는 말이지. 나는 이 때문에 허황되어서[65] 믿지 못하겠네."

연숙이 말했다.

"그렇다네. 장님은 무늬와 빛깔의 장관을 더불어 할 수 없고 귀머거리는 종이나 북의 소리를 더불어 할 수가 없지. 어찌 몸뚱이만 귀머거리와 장님이 있겠는가? 앎[66]에도 그것이 있다네. 이 말은 바로 자네를 두고 한 말이지.[67]

이[68] 신인, 이 [신인의] 덕은 장차 만물을 섞어 하나로 합치려는 것

62) 원문의 '작약淖約'인데, 나이가 젊어 '몸이 가녀리고 아리따운 모습'을 말한다.

63) 구체적으로 벼[稻]·찰기장[黍]·메기장[稷]·보리[麥]·콩[菽] 다섯 가지의 곡식이다. 원문의 '불식오곡不食五穀'은 피곡辟穀, 즉 곡식을 피하는 양생술의 한 방법이다.

64) 《이아爾雅》〈석지釋地〉에 따르면, 사해四海는 동서남북 변방인 구이九夷·팔적八狄·칠융七戎·육만六蠻을 가리킨다.

65) 원문의 '광狂'을 번역한 것으로, '광誑'의 가차자로 보는 것이 타당하며, 여기서는 상식이나 상궤를 벗어난 것을 포괄적으로 가리킨다.

66) 원문의 '지知'를 번역한 것으로 왕수민은 '지知' 자 앞에 '심心' 자가 빠진 것 같다고 교열하기도 했다.

67) 원문의 '시기언야是其言也, 유시여야猶時女也'를 번역한 것으로 이 말이 접여의 말이라는 견해도 있고, '시녀時女'를 처녀로 해석하기도 하는 등 견해가 분분하다. 안병주·전호근은 '시기언야是其言也'가 '기유형해유농맹재豈唯形骸有聾盲哉, 부지역유지夫知亦有之'를 가리킨다고 했으며, 이런 입장은 오늘날 상당수 통설이 된 것을 따른 것이라고 부연했다. 그 이면의 의미는 "이는 너를 두고 한 말이다." 혹은 "너에 해당한다."라는 의미다. 따라서 여기서 '시時'는 '시是'와 같고, '여女'는 '여汝'와 같다고 보면 무방하다.

68) 원문의 '지之' 자는 '시是', '차此'의 의미다. 그러므로 원문의 '지인之人'은 신인神人을, '지덕之德'은 신인의 덕을 가리킨다(이강수 설).

이니, 온 세상 사람들은 [그가] 다스리기를[69] 바라지만, 누가 수고스럽게 애쓰면서 천하를 다스리는 일을 하겠는가! 이 신인은 아무것에도 손상되지 않으니, 큰 홍수가 하늘에 닿아도 물에 빠지지 않으며, 크게 가물어 쇠와 돌이 녹아 흐르고 흙과 산이 타버려도 뜨거워하지 않네. 이 신인은 자기 몸의 먼지나 때, 쭉정이와 겨로 장차 요임금이나 순舜임금 같은 자를 만들어낼 수 있다고 하니, 누가 기꺼이 만물[다스리는 일]로써 일삼으려 하겠는가!

송나라 사람이 장보章甫라는 갓을 밑천 삼아 월나라로 갔는데, 월나라 사람들이 머리카락을 자르고 몸에는 문신을 하고 있어 그것을 쓸 데가 없었네. 요임금은 천하의 백성을 다스리고 세상의 정치를 고르게 하고서 네 명의 사람[70]을 만나려고 막고야산으로 갔으나, 분수의 북쪽에 와서 멍한 모습[71]으로 자신의 천하를 잊어버렸네."

肩吾問於連叔曰: "吾聞言於接輿, 大而无當, 往而不返. 吾驚怖其言, 猶河漢而无極也. 大有逕庭, 不近人情焉."

連叔曰: "其言謂何哉?"

曰: "'藐姑射之山, 有神人居焉, 肌膚若冰雪, 淖約若處子. 不食五穀, 吸風飮露. 乘雲氣, 御飛龍, 而遊乎四海之外. 其神凝, 使物不疵癘而

69) 원문의 '란亂'을 번역한 것으로 여기서는 통상의 '어지럽다'라는 의미와는 반대로 '다스리다[治]'(임희일 설)의 의미로 보는 것이 무방하다.

70) 원문의 '사자四子'가 앞서 말한 네 명의 신인으로 허유·설결·왕예·피의를 지칭한다고 하는데, 그냥 지인至人으로 봐야 한다는 견해도 있다.

71) 원문의 '요연窅然'은 '멍하여 얼빠진 모습'이다. 요임금이 정치적 수완을 발휘하러 갔다가 쓸모가 없어져 멍해졌다는 문맥적 의미가 있다. 이는 갓 팔러 갔다가 무용지물이 된 현실을 파악한 위 문장과 연결된다.

年穀熟.’ 吾以是狂而不信也.”

連叔曰: “然. 瞽者无以與乎文章之觀, 聾者无以與乎鐘鼓之聲. 豈唯形骸有聾盲哉? 夫知亦有之. 是其言也, 猶時女也. 之人也, 之德也, 將旁礴萬物以爲一世蘄乎亂, 孰弊弊焉以天下爲事! 之人也, 物莫之傷, 大浸稽天而不溺, 大旱金石流土山焦而不熱. 是其塵垢粃糠, 將猶陶鑄堯舜者也, 孰肯以物爲事! 宋人資章甫而適諸越, 越人斷髮文身, 无所用之. 堯治天下之民, 平海內之政, 往見四子邈姑射之山, 汾水之陽, 窅然喪其天下焉.”

비방약을 쓰는 두 가지 방법 1.9

혜자惠子[72]가 장자에게 말했다.

“위왕魏王이 내게 커다란 박씨를 주길래 내가 그것을 심었더니 자라서 열매가 다섯 석石이나 되었지. 물이나 장을 채우려고 담으니 어찌나 무거운지[73] 들 수조차 없었네. 이것을 쪼개 바가지를 만들었더니 납작하고 평평하여[74] 소용이 없었네. 터무니없이 크기만[75] 하고 내게는 쓸모없는 셈이니 [나는] 그것을 깨뜨려버렸네.”

장자가 말했다.

---

72) 성이 혜惠이고, 이름은 시施이다. 송宋나라 사람으로 위魏나라 재상을 역임했다. 명가의 대표 격으로 장자와의 대화에 자주 등장하는 인물이다. 그의 학설이 〈천지〉 편에 상세하며, 〈서무귀徐无鬼〉 편에도 나온다.

73) 원문의 ‘견堅’은 ‘견실하다’는 의미인데 ‘무겁다’로 의역했다.

74) 원문의 ‘호락瓠落’을 번역한 것으로 ‘평평하고 낮다[平淺].’라는 의미다(성현영 설). 한편 ‘확락廓落’과 같아 “너무 커서 쓸모가 없다.”라는 말이다.

75) 원문의 ‘효연呺然’을 번역한 것으로, ‘허황되게 큰 모양[虛大貌]’이다.

"자네는 참으로 큰 것을 쓰는 것에 서툴군. 송나라 사람 중에서 손이 갈라지고 트지[76] 않는 약을 잘 만드는 자가 있었는데, 대대로 [묵은] 솜을 물에 빠는 일[77]을 집안일로 삼았지. 나그네가 그것을 듣고는 그 비방祕方을 백금이나 주고 사겠다고 청했네. 친족들을 모아 놓고 상의하여 말하기를, '우리는 대대로 솜을 빠는 일을 하면서도 [수입은] 겨우 몇 금金에 지나지 않았지. [그런데] 이제 하루아침에 기술을 백금[78]에 팔게 되었으니 그 비방을 줍시다.'라고 했지.

나그네가 비방을 얻어서 오왕吳王에게 유세했다네. 월나라와 전쟁이 일어나자 오나라 왕이 그를 장수로 삼았는데, 겨울에 월나라 군사와 수중전으로 싸워 월나라 군사를 크게 무찔렀네. [그래서 오나라 왕이] 땅을 나누어 그를 봉했지.

손이 갈라지고 트지 않게 할 수 있는 것은 한 가지이나, 어떤 사람은 봉토를 받고 어떤 사람은 솜을 빠는 일을 벗어나지 못하니, 곧 그것을 쓰는 바가 다른 것이네. 이제 자네에게 다섯 석의 박이 있거든 어째서 큰 배[79]를 만들어서 강이나 호수에 띄울 생각을 하지 않고 그것이 납작하고 평평하여 소용이 없다고 근심만 하는가? 자네는 [굽어 꽉 막힌] 쑥[80] 같은 마음을 가지고 있구려!"

---

76) 원문의 '균龜'을 번역한 것인데, 추위에 손발이 갈라지고 튼다는 의미의 '균皸'의 차자이다(이정李楨 설).

77) 원문의 '병벽광洴澼絖'을 번역한 것으로, "병洴은 뜬 것이고, 벽澼은 빠는 것이고, 광絖은 솜이다[洴浮, 澼漂也, 絖絮也]."라는 의미다(성현영 설).

78) 1금金은 오늘날의 단위로 250그램이니 백금은 대략 25킬로그램이다.

79) 원문의 '대준大樽'을 번역한 것으로, 일반적으로 '큰 술독'을 의미하지만, 사마표가 "'준樽'은 술 그릇과 같으나 그것을 몸에 매고 강이나 호수에 띄워서 저절로 건널 수 있다[樽如酒器, 縛之於身, 浮於江湖, 可以自渡]."라고 한 해설에 따랐다. 성현영은 "남쪽 사람들이 이른바 요주라고 하는 것이다[南人所謂腰舟者也]."라고 부연했다.

惠子謂莊子曰: “魏王貽我大瓠之種, 我樹之成而實五石. 以盛水漿, 其堅不能自擧也. 剖之以爲瓢, 則瓠落無所容. 非不呺然大也, 吾爲其无用而掊之.”

莊子曰: “夫子固拙於用大矣. 宋人有善爲不龜手之藥者, 世世以洴澼絖爲事. 客聞之, 請買其方百金. 聚族而謀曰: ‘我世世爲洴澼絖, 不過數金. 今一朝而鬻技百金, 請與之.’ 客得之, 以說吳王. 越有難, 吳王使之將, 冬與越人水戰, 大敗越人. 裂地而封之. 能不龜手, 一也. 或以封, 或不免於洴澼絖, 則所用之異也. 今子有五石之瓠, 何不慮以爲大樽而浮乎江湖, 而憂其瓠落無所容? 則夫子猶有蓬之心也夫!”

도끼에 잘리지 않는 나무의 비결, 쥐 한 마리 못 잡는 소 1.10

혜자가 장자에게 말했다.

“내게 커다란 나무가 있는데 사람들은 그것을 가죽나무[81]라고 말하더군. 그 큰 줄기에 옹이가 울퉁불퉁하게 나 있어[82] 먹줄을 칠 수가 없고 그 작은 가지는 말리고 굽어져서 둥근 자와 네모 자를 댈 수가 없지. 길옆에 [나무가] 서 있는데도 목수가 거들떠보지도 않았

80) 원문의 ‘봉蓬’ 자는 “쑥은 짧아서 펴지지 않는 것이니 왜곡된 인사를 일컫는 것이다[蓬者, 短不暢, 曲士之謂也].”라는 의미다(상수向秀 설). 한편 마중지봉麻中之蓬, 즉 ‘삼밭에 난 쑥’은 삼밭에서는 쑥이 잘 자라므로 “좋은 환경에서 자란 사람은 그 환경의 영향을 받아 선량해진다.”라는 의미다.

81) 원문의 ‘저樗’는 가죽나무로서 “‘저樗’는 북나무나 옻나무 부류이다. 나무의 냄새를 맡으면 심한 냄새가 나는 악목惡木이다[樗栲漆之類, 嗅之甚臭惡木者也].” (성현영 설)

82) 원문의 ‘옹종擁腫’은 나무에 ‘옹이가 울퉁불퉁하게 나 있는 것’을 말하는데, 〈경상초〉 편에서도 “옹종지여거擁腫之與居”라는 구절이 있다.

네. 지금 자네의 말이 커다랗지만 쓸모가 없기에 모두 같이 떠나는 바이네."

장자가 말했다.

"자네는 어찌[83] 너구리나 살쾡이를 보지 못한 것인가? 몸을 낮추고 엎드려서 날뛰는 것을 엿보며[84] 동쪽으로 서쪽으로 거리낌이 없이 함부로 뛰면서 높고 낮은 곳을 피하지 않다가 덫에 맞닥뜨리기도 하고 그물에 걸려 죽기도 하지. [그런데] 지금 저 검은 소는 그 크기가 하늘에 드리운 구름과 같다네. 이 소는 큰일은 할 수 있지만[85] 쥐를 잡을 수는 없지.

이제 자네에게 커다란 나무가 있으면서도 그것의 쓸모없는 것이 걱정된다면 어째서 그것을 아무것도 없는 마을, 드넓은[86] 들판에 심어 두고 그 옆에서 마음 내키는 대로 노닐면서[87] 아무 하는 일 없이 한가로이 그 아래에서 노닐며 낮잠이라도 자려고 하지 않는가. [이 나무는] 도끼에 잘려 나갈 리도 없고 아무도 해칠 자가 없을 것이니 쓸모가 없긴 하지만, 어찌 곤궁하고 괴롭게 여길 바가 있겠는가!"

83) 원문의 '독獨'을 번역한 것으로, 왕수민은 '하何'와 같이 '어찌'를 의미한다고 보았다.

84) 원문의 '후候'는 '엿보다[사伺]'라는 견해(박세당 설)인데, 이리저리 노닐다가 짐승들의 느슨한 경계를 헤집고 들어가 잡아먹는다는 의미를 담고 있다.

85) 원문의 '차능위대의此能爲大矣'를 번역한 것으로, 크기만 큰 것이 아니라 "도량이 큰 자는 겉으로는 엉성해 보일 수 있다."라는 의미를 내포한다.

86) 원문의 '막莫'을 번역한 것으로, 차오추지는 '막漠'과 통용된다고 보았는데 일리가 있다.

87) 원문의 '방황彷徨'은 '방종에 맡긴다[縱任]'라는 의미(성현영 설)와 '이리저리 날아다님[翱翔]'의 의미(육덕명 설)가 동시에 내포된 것이다. 뒤 문장의 '소요逍遙'라는 말과 유사한 개념으로 〈대종사大宗師〉 편과 〈달생達生〉 편에도 같은 표현이 나온다.

惠子謂莊子曰:“吾有大樹, 人謂之樗. 其大本擁腫而不中繩墨, 其小枝卷曲而不中規矩, 立之塗, 匠者不顧. 今子之言, 大而无用, 衆所同去也.”

莊子曰:“子獨不見狸狌乎? 卑身而伏, 以候敖者, 東西跳梁, 不辟高下. 中於機辟, 死於罔罟. 今夫斄牛, 其大若垂天之雲. 此能爲大矣, 而不能執鼠. 今子有大樹, 患其无用, 何不樹之於无何有之鄉, 廣莫之野, 彷徨乎无爲其側, 逍遙乎寢臥其下. 不夭斤斧, 物无害者, 无所可用, 安所困苦哉!”

제2편

제물론齊物論

만물을 고르게 하는 논의

【해설】

《장자》에서 중요하면서도 어렵기로 정평이 난 이 편은 장자가 생각하는 '도道'의 입장에서 보면 현실 세계의 갖가지 구분이나 주관적 판단이 덧없음을 말하고 있다. 제목은 인간의 편견과 아집에서 벗어나 모든 사물이 동등하다는 만물제동萬物齊同의 의미를 논의하는데 초점을 맞추고 있다. 물론 그 주안점은 열린 마음을 통해 사물의 존재 의의를 파악하는 능력에 달려 있다.

1장은 남곽자기와 안성자유의 긴 대화로 진행되는데, "자기 몸을 잃어버린 듯[喪其耦]"이라는 것은 편견에 얽매인 나를 버린다는 개념으로 본연의 나로부터 분리하는 것이다. 여기서 장자는 '삼뢰三籟'의 개념을 등장시키는데, 특히 땅의 소리에 비중을 두어 서술한다. 지뢰地籟는 땅의 소리로서 모든 구멍에서 나온 소리이기도 하다. 물론 하늘의 소리[天籟]에 대해서도 나름 평가를 한 장자는 인뢰人籟, 즉 사람의 소리에 대해서는 낮게 평가한다. 이 대목은 장자 사유의 진수를 알 수 있는 의미 있는 대화로 이루어져 있다. 장자의 빼어난 문장 감각을 보여주는 정수이므로 난해한 문장이지만 글을 읽는 맛이 쏠쏠하다. 명나라 말에 방이지方以智는 '천풍부天風賦'라는 이름을 붙일 만큼 그 문학적 가치에 주목했을 정도이다.

이 편에서 장자는 도道는 '일一'이고 '무無'라는 전제하에 인간의 알량한 지知로 파악하기 불가능한 것임을 분명히 지적하고 있다.

특히 장자는 '사물은 저것이 아닌 것이 없고 이것이 아닌 것이 없다[物无非彼, 物无非是].'라는 논의를 통해 상대적인 가치관의 중요성을 거듭 강조한다. 물론 상대적 관계도 바뀌지만, 우리가 사물을 관조하는 자세를 가지고 나의 입장을 버리고 객관적 상황에서 볼 것을 강조한다. "손가락을 가지고 손가락이 아님을……."이라는 문장이 그것이다. 태산과 팽조도 인간이 부여한 상대적 가치관일 뿐 시야를 확장하여 우주 자연의 시각을 들이대면 전혀 다른 결론에 도달한다는 것이다.

맨 마지막 장은 저 유명한 '호접몽胡蝶夢', 즉 '나비의 꿈' 이야기로서 만물의 조화가 인과적 관계가 아니라 어떤 분별이나 차이가 존재하지 않는 그런 세계임을 말한다. 피차의 관계를 부정하는 데서 이상향이 생겨난다고 장자는 강조한다. 바로 그 경지는 '미시유봉未始有封', 즉 경계가 없는 것이다. 인간이 끊임없이 시비를 가리려 하고 논쟁을 즐기는 행태에 대해 비판하고 있으니 바로 장자가 말한 '망량罔兩', 즉 옅은 그림자와 그 옅은 그림자의 원형과의 구분을 부정하고자 하는 것이다. 장자가 말하는 '물화物化'란 사물과 자아 사이에 구분이 사라지며 융합하는 것을 강조하는 것이 분명하다. 물론 호접몽의 그 경지는 주체와 객체의 상호 융합이 보여주는 예술의 최고 정신이라고 해도 과언이 아닐 것이다.

하늘을 보며 긴 한숨을 내쉬는 이유 2.1

남곽자기南郭子綦[1]가 책상에 기대고 앉아[2] 하늘을 우러러 긴 한숨을 내쉬고 있는데, 무심히[3] 자기 몸[4]을 잃어버린 듯했다. 안성자유顏成子游[5]가 앞에서 모시고 서 있다가 말했다.

"어찌 그러십니까?[6] 육체는 본래 시든 나무와 같게 할 수 있고 마음은 본래 불 꺼진 재와 같게 할 수 있는 것입니까? 지금 책상에 기대신 모습은 예전에 책상에 기대셨던 모습이 아닙니다."

자기가 말했다.

"언偃아, 또한 훌륭하지 않은가, 네가 그것을 묻는 것이! 지금 나

---

1) 초楚나라 소왕昭王의 이복동생이라는 설이 있다.《사기史記》〈초세가楚世家〉에 '자기子綦'라는 인물이 나오는데, 오나라의 침입 때 소왕의 목숨을 구했다고 한다. 한편으로는 실존 인물은 아니고 장자가 설정한 가공한 인물로서 도를 터득한 사람이라는 견해도 있으며, 성곽의 남쪽에 사는 사람으로 유추하기도 하는데, 안성자유와 상대적인 인물로 보면서 한편 유사한 명칭으로 〈인간세人間世〉 편과 〈서무귀〉 편에 나오는 '남백자기南伯子綦'나 〈대종사〉 편의 '남백자규南伯子葵'가 그렇다는 설(안병주·전호근)도 있다.

2) 원문의 '은궤隱机'인데, 여기서 '은隱'이란 '기대다[憑]'라는 뜻이다. '궤机'는 '궤几'라고도 쓴다.

3) 원문의 '답언荅焉'을 번역한 것으로, 여기서 '답荅'은 무심한 모습으로 '멍하다[탑嗒]'는 뜻이다.

4) 원문의 '우耦'는 '몸[身]'을 뜻한다.《석문釋文》에서 "짝이다, 상대다[匹也, 對也]."라는 설도 있다. 이런 주석에 의하면 상대를 의미하는데, 여기서는 취하지 않는다. 참고로 글자의 자의적 의미는 씨를 뿌리고 흙을 덮어주는 것이란 설과 흙덩이를 부수어 고르게 하는 것이라는 설이 있다.

5) 공자孔子의 제자 자유子游를 풍자하려고 내세운 가공인물이라는 설이 있고, 바로 뒤에 이름이 언偃으로 나오는 데서 그 개연성을 찾는다. 물론 사마천의《사기》〈중니제자열전仲尼弟子列傳〉의 서지적 정보와는 다르다.

6) 원문의 '하거호何居乎'를 번역한 것으로, '거居'에 대해 안병주·전호근은 어조사로 '호乎'보다 강하게 회의하는 뜻을 표시한다고 했고, 차오추지와 안동림은 '고故'와 같은 의미라고 했다.

는 나를 잃어버렸는데, 네가 그것을 [어찌] 알겠느냐? 너는 사람의 퉁소 소리[人籟]는 들어봤어도 아직 땅의 퉁소 소리[地籟]는 듣지 못했을 것이다. 너는 땅의 퉁소 소리는 들어봤어도 아직 하늘의 퉁소 소리[天籟]는 듣지 못했을 것이다!"

자유가 말했다.

"감히 그 이치[7]를 여쭙겠습니다."

자기가 말했다.

"대지가 기운을 내쉬면 그것을 바람이라고 말한다. 이것은 오직 일어나지 않으면 그뿐이나 일어나면 모든 구멍이 성난 듯 울부짖는다. 너만 멀리서 불어오는 긴 바람 소리[8]를 듣지 못했느냐? 산의 높은 곳, 백 아름의 큰 나무의 구멍은 콧구멍 같고, 입 같고, 귀 같고, 목이 긴 병[9] 같고, 술잔 같고, 절구통 같고, 깊은 웅덩이 같고, 얕은 웅덩이 같다. 물 부딪치는 소리, 화살 나는 소리, 꾸짖는 소리, 들이마시는 소리, 외치는 소리, 큰 소리로 우는 소리, 굴속을 지나는 소리, 가냘픈 소리다. 앞선 것이 가볍게 소리 내면 따르는 것이 육중하게 소리 낸다. 산들바람이 불면 가볍게 화답하고, [거센] 회오리바람이 불면 크게 화답하는데, 매서운 바람이 잦아들면 모든 구멍이 텅 비게 된다. 너만 [바람에] 나뭇가지가 크게 흔들거리고 나뭇잎이 작게 살랑거리는 것[10]을 보지 못했느냐?"

자유가 말했다.

---

7) 원문의 '방方'인데, '삼뢰三籟'의 이치를 가리킨다. '도리'라고도 한다.

8) 원문의 '료료翏翏'는 '긴 바람 소리[長風之聲]'나 '바람 소리가 멀리서 들려오는 모양[風聲遠聞之貌]'(곽상 설)을 뜻한다.

9) 원문의 '사병似枅'을 번역한 것으로, '기둥 받치는 가로지른 나무'라고 번역하기도 한다.

"땅의 통소 소리는 모든 구멍에서 나온 소리이고, 사람의 통소 소리는 비죽比竹(생황이나 통소 따위의 대나무로 만든 악기를 통틀어 이르는 말)에서 나온 소리군요. 감히 하늘의 통소 소리를 여쭙겠습니다."

자기가 말했다.

"부는 소리는 만 가지로 같지 않으나, 그 스스로 소리 내게 하는 것이다. 모두 각자 제 소리를 취하는데 성난 듯 하는 것은 그 누구인가!"

南郭子綦隱机而坐, 仰天而噓, 荅焉似喪其耦. 顔成子游立侍乎前, 曰: "何居乎? 形固可使如槁木, 而心固可使如死灰乎? 今之隱机者, 非昔之隱机者也."

子綦曰: "偃, 不亦善乎. 而問之也! 今者吾喪我, 汝知之乎? 女聞人籟而未聞地籟, 女聞地籟而未聞天籟夫!"

子游曰: "敢問其方."

子綦曰: "夫大塊噫氣, 其名爲風. 是唯无作, 作則萬竅窺怒呺. 而獨不聞之翏翏乎? 山林之畏佳, 大木百圍之竅穴, 似鼻, 似口, 似耳, 似枅, 似圈, 似臼, 似洼者, 似污者. 激者, 謞者, 叱者, 吸者, 叫者, 譹者, 宎者, 咬者. 前者唱于而隨者唱喁. 泠風則小和, 飄風則大和, 厲風濟則衆竅爲虛. 而獨不見之調調, 之刁刁乎?"

子游曰: "地籟則衆竅是已, 人籟則比竹是已. 敢問天籟."

子綦曰: "夫吹萬不同, 而使其自已也, 咸其自取, 怒者其誰邪!"

---

10) 원문의 '조조調調'와 '조조刁刁'는 모두 흔들리는 모습을 말한다. '조조調調'는 나뭇가지가 크게 흔들리는 것이고, '조조刁刁'는 나뭇잎이 작게 흔들리는 것이다.

큰 지혜와 작은 지혜 2.2

위대한 지혜는 너그럽고 여유롭지만[11] [세속의] 소소한 지혜는 엿보면서[12] 따진다. 위대한 말은 담담하지만[13] 사소한 말은 수다스럽다[14]. [사람은] 잠들어서는 꿈을 꾸고[15], 깨어나서는 형체가 활동하는데 [사물과] 접하여 어지럽게 되니, 날마다 마음속으로 다툰다. 마음이 너그러운 자, 심각한 자, 세심한 자가 있고, 자잘하게 두려운 것에는 깜짝깜짝 작게 놀라지만[16] 크게 두려운 것에는 멍하니 정신을 잃는다[17].

쇠뇌나 활처럼 튕겨 나가는 것은 옳고 그름을 따지는 것을 말하는 것이고, 맹세한 것처럼 고집하는 것은 승리를 지키려는 것을 말

11) 원문의 '한한閑閑'을 번역한 것으로 '관유寬裕', 즉 '너그럽고 여유 있다'라는 설(성현영)을 따랐다. 비슷하게 《석문》에 '넓고 너른 모양[廣博之貌]'이란 주석도 있고, '너그럽고 여유로운 모양[寬暇之貌]'(박세당 설)이라는 설이 대체로 일치한다. 이와 달리 '사납고 사납다'라는 의미의 '한한悍悍'의 가차자로 보아야 한다는 견해도 있다.

12) 원문의 '간간閒閒'을 번역한 것으로, '엿보다'는 의미로 시비를 가리고 분석하는 모습을 의미한다.

13) 원문의 '염염炎炎'은 '담담淡淡'과 같다(이이 설). '아름답고 성대한 모습[美盛貌]'이라는 견해도 있다(육덕명 설).

14) 원문의 '첨첨詹詹'을 번역한 것으로, '말을 허비하는 것[詞費]'이란 의미가 있고 '자잘한 변론의 모습[小辯之貌]'이라는 뜻도 있다.

15) 원문의 '혼교魂交'인데, 꿈속에서 "정신이 어지럽게 뒤섞이는 것이다[精神交錯也]."(육덕명 설). 대인大人은 마음이 항상 안정되므로 꿈을 꾸지 않고, 소인小人은 마음이 안정되지 않아서 낮에 외물의 자극을 받아 여러 가지 형상이 꿈에 나타나는 것이다(안동림 설).

16) 원문의 '췌췌惴惴'를 번역한 것으로, '두렵고 슬프다'라는 뜻의 '출척怵惕'이라고 주석한 견해(성현영 설)도 있다.

17) 원문의 '만만縵縵'을 번역한 것으로, '정신을 잃는 것[沮喪]'을 말한다.

하는 것이며, 가을과 겨울처럼 쇠약해가는 것은 날로 기운이 없어지는 것을 말하는 것이니, [탐욕이] 하는 일에 빠져들면 되돌릴 수 없다. 묶인 것처럼 억눌린다는 것은 늙어서 더욱 심해지는 것을 말한 것이니, 죽음에 가까이한 마음은 다시 회복될 수 없다.

기쁨·노여움·슬픔·즐거움, 억측·탄식·변덕·고집[18], 경박·방자·과시·허세는 [마치] 음악 소리가 텅 빈 곳에서 나오고 수증기가 버섯을 키우는 것처럼 [감정이] 밤낮으로 앞에서 서로 바뀌지만, 그것이 싹트는 것을 알지 못한다. 그만두자, 그만두자! [어느] 아침저녁에 [문득] 이것을 터득하니 아마도[19] 말미암은 바가 있어서 생긴 것인저!

大知閑閑, 小知間間. 大言炎炎, 小言詹詹. 其寐也魂交, 其覺也形開, 與接爲搆, 日以心鬬. 縵者, 窖者, 密者. 小恐惴惴, 大恐縵縵. 其發若機栝, 其司是非之謂也. 其留如詛盟, 其守勝之謂也. 其殺若秋冬, 以言其日消也. 其溺之所爲之, 不可使復之也. 其厭也如緘, 以言其老洫也. 近死之心, 莫使復陽也. 喜怒哀樂, 慮嘆變慹, 姚佚啓態. 樂出虛, 蒸成菌. 日夜相代乎前, 而莫知其所萌. 已乎, 已乎! 旦暮得此, 其所由以生乎!

18) 원문의 '여탄변접慮嘆變慹'에 대한 성현영의 주석이 일품이다. "'여慮'는 오지 않은 것에 대한 억측, '탄嘆'은 이미 지나간 것 대한 탄식, '변變'은 옛일에 대해 바꾸고 고치는 것, '집慹'은 벗어나지 못하는 것에 대해 굴복하는 것이다[慮則抑度未來, 嘆則咨嗟已往, 變則改易舊事, 慹則屈服不伸]."

19) 왕수민의 설에 따라 '기其' 자를 '태殆'의 의미로 번역했다.

저것 아니면 내가 없다 2.3

저것[20]이 아니면 내가 없고, 내가 아니면 [감정을] 취할 것이 없다. 이것은 [참됨에] 가까운 것인데도 그렇게 하도록 시키는 것을 알지 못한다. 참된 주재자[21]가 있는 것 같지만 그 조짐을 전혀[22] 알 수 없으며, 작용은 이미 믿을 수 있지만 그 형체는 드러나지 않으니, 실정은 있으나 형체가 없는 것이다.

[사람의 몸은] 백 개의 뼈마디와 아홉 개의 구멍과 여섯 개의 장기를 갖고서 살아가는데, 나는 어느 것과 가장 친한가? 그대는 그것들을 모두 좋아하는가? 그것에[23] 사사로운 마음이 있는가? 이와 같다면 모두 신하나 첩으로 삼을 수 있는가? 그 신하나 첩이 서로 다스리는 것이 부족한가? 그들은 번갈아 가며 서로 군주가 되고 신하가 되는가? 아니면 참된 군주는 [따로] 존재하고 있는 것인가? 그 실정을 알든지 모르든지 간에 그 진실에는 더해지거나 덜어지는 것이 없다.

非彼无我, 非我无所取. 是亦近矣, 而不知其所爲使. 若有眞宰, 而特不得其眹. 可行已信, 而不見其形, 有情而无形. 百骸九竅六藏, 賅而

20) 원문의 '피彼'는 위 구절(〈제물론〉 편 2.2)의 '단모득차旦暮得此'에서 '차此'를 가리킨다. 즉, '희로애락喜怒哀樂' 등의 감정을 말한다.

21) 원문의 '진재眞宰'란 참된 도를 지칭한다. 우주의 지배자인 조물주라고 보는 견해도 있다(안동림 설).

22) 원문의 '특特'을 번역한 것이다. 육덕명은 "조사이다[辭也]."라고 하여 뜻이 없는 어조사로 보기도 한다.

23) 원문의 '기其'를 번역한 것으로, 여기서는 선택적 반어사로 '아니면'의 의미로 보아 '억抑'과 같은 뜻으로 번역했다. 왕수민도 같은 의견이다. 이 구절에 유독 '기其'를 활용한 문장 표현이 다채로운데, 지시어나 반어사 외에도 번역을 생략하기도 하고 '아마도' 등의 의미로 유연하게 번역해보았다.

存焉，吾誰與爲親？汝皆說之乎？其有私焉？如是皆有爲臣妾乎？其臣妾不足以相治乎？其遞相爲君臣乎？其有眞君存焉？如求得其情與不得，无益損乎其眞.

나만 아둔한가, 그렇지 않은가 2.4

[사람이] 일단 그 완성된 형체를 받았으면 손상되지 않으면서 다하기를 기다려야 한다.[24] [헛되이] 사물과 맞서고 쓰러져서[25] 그 행동이 말달리는 것과 같아서 멈추지 못하면 또한 슬프지 않은가! 죽을 때까지 발버둥 치며 수고로우면서도[26] 그 성공은 보지 못하고 고달픈 모양[27]으로 발버둥 치듯 애쓰면서도 그 돌아갈 바를 알지 못하니 어찌 슬프지 않은가! 남이 그를 죽지 않았다고 말한다고 해서 무슨 도움이 되겠는가! 그 형체가 변하면 그 마음도 더불어 그렇게 될 것이니 어찌 큰 슬픔이라 말하지 않을 수 있겠는가? 사람의 삶이란 진실로 이처럼 아둔한[28] 것인가? 아니면 나만 아둔하고 사람들 가운데 또 아둔하지 않은 자가 있는 것인가?

24) 이 구절은 〈전자방田子方〉 편에도 나오는데, '망忘' 자가 '화化' 자로 쓰여 있어서, 이 편의 구절도 '화化'가 되어야 한다는 설이 있다(《장자집해莊子集解》). 여기서의 '망忘'은 '망亡'과 통하며, 기력이 손상되어 결국은 죽는다는 의미도 있다.

25) 원문의 '미靡'를 번역한 것인데, '따르다[順]'라는 설도 있으나(성현영 설) 취하지 않는다.

26) 원문의 '역역役役'을 번역한 것으로, 몸을 쉬지 않고 수고롭게 하는 모습을 말한다.

27) 원문의 '날연苶然'을 번역한 것으로, '고달픈 모양'이다.

28) 원문의 '망芒'을 번역한 것으로, '어둡고 어리석음[闇昧]'이다. 즉, 어리석어 사리에 어두운 것이다.

一受其成形，不忘以待盡．與物相刃相靡，其行進如馳，而莫之能止，不亦悲乎！終身役役而不見其成功，苶然疲役而不知其所歸，可不哀邪！人謂之不死，奚益！其形化，其心與之然，可不謂大哀乎？人之生也，固若是芒乎？其我獨芒，而人亦有不芒者乎？

마음에서 완성되지 않았는데 시비를 따진다면 2.5

고정된 마음[成心][29]을 따라 그것을 스승으로 삼으면 누가 설마 장차 스승이 없겠는가? 어찌 반드시 변화의 이치를 터득해서 마음에 스스로 취하는 자만 이것이 있겠는가? 어리석은 자도 함께 지니고 있다. [이렇듯] 아직 마음에서 완성되지 않았는데 시비를 따진다면 이는 "오늘 월나라에 갔는데 어제 도착했다."라는 말과 같다. 이것은 있지도 않은 것을 있다고 하는 격이다. 있지도 않은 것을 있다고 하는 것은 비록 신령스러운 우임금이라도 또한 알 수 없을 것이니, 내가 설마 장차 어찌하겠는가!

---

29) 원문의 '성심成心'은 "마음이 충분히 한 몸의 작용을 통제할 수 있는 것을 일컬어 성심成心이라고 한다[夫心之足以制一身之用者，謂之成心]."라는 곽상의 해설을 염두에 둘 만하다. 이와 달리 "한쪽의 치우침을 고집하는 것을 일컬어 성심이라고 한다[執一家之偏見者，謂之成心]."라는 성현영의 견해도 있다. 여하튼 '성심'을 긍정적으로 보느냐 부정적으로 보느냐에 따라 해석의 방향은 달라지는데, 이어지는 문장 '미성호심未成乎心'과 대비하여 긍적적으로 보아야 한다는 설(안병주·전호근)도 나름대로 설득력이 있다. 그러나 '성심成心' 뒤에 '우자여유언愚者與有焉'의 맥락을 살펴보면 부정적으로 보는 것이 자연스러운 번역인 듯하여 '성심成心'을 '완성된 마음이나 고정된 마음'으로 풀이하고, '미성호심未成乎心'을 '아직 마음에서 완성되지 않은'으로 번역하면 무난할 듯하다. 한편 '성심成心'이란 용어를 그대로 두고 번역하지 않는 경우도 있다(이강수 설).

夫隨其成心而師之, 誰獨且无師乎? 奚必知代而心自取者有之? 愚者與有焉. 未成乎心而有是非, 是今日適越而昔至也. 是以无有爲有. 无有爲有, 雖有神禹, 且不能知, 吾獨且奈何哉!

자신의 기준으로 따지지 마라 2.6

무릇 말[言]이란 [바람] 부는 소리가 아니니[30] 말이라는 것은 말[뜻]이 있는데 그 말하려는 바가 다만 정해져 있지는 않은 것이다. 그렇다면 과연 말이 있다는 것인가, 아니면 일찍이 말이 있지 않다는 것인가? 그것이 새끼 새 소리와 다르다고 하지만 또한 분별이 있다는 것인가, 아니면 분별이 없다는 것인가?

도는 어디에 숨었기에 참됨과 거짓이 있는가? 말은 어디에 숨었기에 옳음과 그름이 있는가? 도는 어디로 가든지 존재하지 않겠는가? 말은 어디에 있든지 되지 않겠는가? 도는 작은 성취에 숨어있고, 말은 화려함에 숨어있다. 그러므로 유가와 묵가의 시비가 있으니, [상대방이] 옳다고 하는 것은 그르다 하고 그르다고 하는 것은 옳다고 하는 것으로써 옳다고 하는 것은 그르다고 하고 그르다고 하는 것은 옳다고 하려면 '밝음[明]'으로써 하는 것만 한 것이 없다[31].

---

30) 원문의 '부언비취야夫言非吹也'를 번역한 것으로, 차오추지는 "앞의 두 단락은 모두 피리 소리로 백가쟁명을 비유하고 말하는 것을 바람 부는 것과 동등하게 보았다."라고 했다.

31) 원문의 '막약이명莫若以明'을 번역한 것으로, 박세당의 주석처럼 "천 리의 밝음으로써 그것을 비춰보는 것보다 나은 것은 없다[莫若照之以天理之明]."라는 의미다.

夫言非吹也, 言者有言, 其所言者特未定也. 果有言邪, 其未嘗有言邪? 其以爲異於鷇音, 亦有辯乎, 其無辯乎? 道惡乎隱而有眞僞? 言惡乎隱而有是非? 道惡乎往而不存? 言惡乎存而不可? 道隱於小成, 言隱於榮華. 故有儒墨之是非, 以是其所非而非其所是. 欲是其所非而非其所是, 則莫若以明.

모든 것은 상대적이다 2.7

사물은 [상대적이라] 저것이 아닌 것이 없고, 사물은 이것이 아닌 것도 없다. 저것에서는 볼 수 없어도 아는 것에서는 그것을 알 수 있다. 그러므로 "저것은 이것에서 나오고 이것 또한 저것에서 말미암는다."라고 말한 것이다. 저것과 이것이라는 말은 함께 생겨난다는 이야기다. 비록 그렇지만 삶이 있으면 죽음이 있고, 죽음이 있으면 삶이 있다. 가능한 것이 있으면 불가능한 것이 있고, 불가능한 것이 있으면 가능한 것이 있다. 옳은 것으로 말미암아 그릇되기도 하고, 그른 것으로 말미암아 옳은 것이 되기도 한다.

이 때문에 성인은 [이런 것에] 의거하지 않고 자연[天]에 비춘다. [이것이] 또한 옳은 것에 말미암는 것이다. 이것이 또한 저것이고, 저것이 또한 이것이다. 저것도 하나의 옳고 그른 것이고, 이것도 하나의 옳고 그른 것이다. 과연 이것과 저것이 있다는 것인가? 과연 저것과 이것이 없다는 것인가? 저것과 이것이 그 상대가 있지 않은 것, 그것을 '도의 지도리[道樞]'[32]라고 말한다. 지도리가 비로소 그 고리 한가운데[33]에서 [쓰임을] 얻게 되면 [변화에] 응하는 것이 끝없을 것이다. [이렇게 되면] 옳은 것도 하나의 끝없는 것이고, 그른 것도 하나의 끝없는 것이다. 그러므로 "'밝음[明]'으로써 하는 것만 한 것이 없다."라고 말한 것이다.

物无非彼, 物无非是. 自彼則不見, 自知則知之. 故曰: "彼出於是, 是亦因彼." 彼是方生之說也, 雖然, 方生方死, 方死方生. 方可方不可, 方不可方可. 因是因非, 因非因是. 是以聖人不由, 而照之於天, 亦因是也. 是亦彼也, 彼亦是也. 彼亦一是非, 此亦一是非. 果且有彼是乎哉? 果且无彼是乎哉? 彼是莫得其偶, 謂之道樞. 樞始得其環中, 以應无窮. 是亦一无窮, 非亦一无窮也. 故曰: "莫若以明."

손가락을 가지고 손가락이 아님을 비유하지 마라 2.8

손가락으로 손가락이 손가락 아닌 것을 비유하는 것은 손가락 아닌 것으로 손가락이 손가락 아닌 것을 비유하는 것만 못하고, 말[馬]로써 말이 [진짜] 말 아닌 것을 비유하는 것은 말이 아닌 것으로 말이 말 아닌 것을 비유하는 것만 못하다. 천지는 한 개의 손가락이

32) 원문의 '도추道樞' 개념은 이것과 저것의 대립이 사라지고 모든 차별성을 초월하여 그대로 인정하고 포용하는 도의 입장을 의미한다.

33) 원문의 '환중環中'은 지도리의 한가운데 구멍으로 절대적인 '일一'의 경지가 되어 현상계에 대응하게 된다는 의미가 있다. 이 개념은 《노자》 11장 "서른 개의 바큇살이 하나의 바퀴통에 모여 있어 그 없음으로 해서 수레의 쓰임이 있다[三十輻共一轂, 當其無有車之用]."라는 구절을 염두에 둘 수 있다.

고, 만물은 한 마리의 말이다.

[자신을 기준으로] 되는 것은 할 수 있고, 안 되는 것은 할 수 없다. 길은 [사람이] 걸어 다녀서 만들어진 것이고[34], 사물은 그렇게 이름해서 그렇게 [불리게] 된 것이다. 어찌 그러한가? 그렇다고 하는 데서 그러한 것이다. 어찌 그렇지 않은가? 그렇지 않다고 하는 데서 그렇지 않은 것이다. 사물은 진실로 그러한 것이 있으며 사물은 진실로 될 만한 것이 있으니, 사물은 그렇지 않은 것이 없으며 사물은 되지 않는 것이 없다.

그러므로 이로 하여 작은 풀줄기와 굵은 기둥, 문둥이와 서시[35], [온갖] 이상한 것과 진귀한 것을 들어도, 도는 공통적이어서 하나가 된다. 그 나뉜 것은 [다른 편에서 보면] 이루어진 것이고, 그 이루어진 것은 손상된 것이다. 사물은 이루어진 것과 손상된 것이 없고, [도에 의해] 다시 통해서 하나가 된다.

오직 통달한 자만이 통해서 한 가지가 됨을 안다. [그는] 옳다고 하는 것을 쓰지 않고, [모든] 한결같음[36]에 맡긴다. 한결같음은 작용이고, 작용은 통합이며, 통합은 터득이다. 알맞게 터득하면 거의 [도에] 가깝게 된다. 이를 따를 뿐이다. 이미 그러한데도 그것이 그렇게 된 것을 알지 못하는 것을 '도道'라고 말한다.

34) 원문의 '도행지이성道行之而成'을 번역한 것으로, "도는 행해져서 이루어진다."라고 번역하여도 무방하다.

35) 원문의 '거정여영擧莛與楹, 여여서시厲與西施'에서 '거정擧莛'과 '영楹'은 '약한 것과 강한 것[弱强]' 또는 '크거나 작은 것'의 차이라는 견해도 있으며, '여厲'와 '서시西施'는 '추함과 아름다움[醜美]'을 가리킨다.

36) 원문의 '용庸'을 번역한 것인데, '상常'과 같다. '일상적이고 한결같다'는 의미다.

以指喩指之非指, 不若以非指喩指之非指也. 以馬喩馬之非馬, 不若以非馬喩馬之非馬也. 天地一指也, 萬物一馬也.

可乎可, 不可乎不可. 道行之而成, 物謂之而然. 惡乎然? 然於然. 惡乎不然? 不然於不然. 物固有所然, 物固有所可. 无物不然, 无物不可. 故爲是擧莛與楹, 厲與西施, 恢恑憰怪, 道通爲一. 其分也, 成也. 其成也, 毁也. 凡物无成與毁, 復通爲一. 唯達者知通爲一, 爲是不用而寓諸庸. 庸也者, 用也. 用也者, 通也. 通也者, 得也. 適得而幾矣. 因是已. 已而不知其然, 謂之道.

아침에 세 개, 저녁에 네 개 2.9

정신과 심사를 수고롭게 하여 하나[편견]를 만들려고 하지만, 그것이 [본래] 같음을 알지 못하니, '아침에 세 개'라고 말한다. 무엇을 '아침에 세 개'라고 말하는가? 원숭이 주인이 도토리를 [원숭이들에게] 나누어주면서 말하기를, "아침에 세 개, 저녁에 네 개다."라고 하자, 원숭이들이 모두 화를 냈다. [그래서 다시] 말하기를, "그렇다면 아침에 네 개, 저녁에 세 개다."라고 하자 원숭이들이 모두 기뻐했다.[37]

명분과 실질에 손상이 없는[38]데도 기뻐하고 화내는 마음이 작용했으니 역시 그 [같지 못함] 때문이다. 이 때문에 성인은 옳고 그름을

---

37) 이 '조삼모사朝三暮四'의 고사는《열자》〈황제黃帝〉 편에도 나온다.

38) 원문의 '명실미휴名實未虧'를 번역한 것으로, '아침에 세 개, 저녁에 네 개' 혹은 '아침에 네 개, 저녁에 세 개'라도 모두 일곱 개라는 숫자에는 변함이 없다. 즉, 일곱 개라는 명분과 실질에는 변함이 없다는 의미다.

조화롭게 해서 자연의 균형(천균天鈞: 만물제동의 이치)에서 쉬게 되니, 이것을 '양행兩行'[39]이라고 말한다.

勞神明爲一而不知其同也, 謂之朝三. 何謂朝三? 狙公賦芧, 曰: "朝三而暮四." 衆狙皆怒. 曰: "然則朝四而暮三." 衆狙皆悅. 名實未虧而喜怒爲用, 亦因是也. 是以聖人和之以是非而休乎天鈞, 是之謂兩行.

옳고 그름은 도에 근거하라 2.10

[도를 터득한] 옛사람은 그 지혜가 지극한 데에 이른 바가 있었다.[40] 어디까지 지극한 데에 이르렀는가? 처음에는 사물이 있지 않다고 생각한 자가 있었으니, 지극하고 극진하여 [이보다] 더 나을 수 없었다. 그다음으로는 사물이 있기는 하지만 아직 구별(경계)[41]은 없다고 생각했으며, [또] 그다음은 [사물과 사물의] 구별은 있지만 아직 옳고 그름은 없다고 생각했다고 한다. 옳고 그름이 드러나는 것은 도가 손상되는 원인이고, 도가 손상되는 것은 [사사로운] 애정이 이루어지는 원인이다. [그렇다면] 과연 이루어지는 것과 손상되는 것은 있는 것인가? [아니면] 과연 이루어지는 것과 손상되는 것은 없는 것인가?

39) '양행兩行'에서 '양兩'은 '물아物我'를 말한다. 즉, '양행'은 사물과 내가 막힘없이 통하는 상태다. 대립하는 쌍방이 함께 가는 것을 말한다.

40) 원문의 '유소지의有所至矣'를 번역한 것인데, 여기서 '지至'의 의미는 성현영의 주석대로 "지극한 곳에 나아간다는 명명[造極之名]."의 설을 취한다.

41) 원문의 '봉封'을 번역한 것으로, '경계하다[界]'와 같은 뜻으로 사물과 사물을 구별하는 것이다.

이루어지는 것과 손상되는 것이 있는 것은, 즉[42] 소씨昭氏[43]가 거문고를 뜯은 것이고, 이루어지는 것과 손상되는 것이 없는 것은, 즉 소씨가 거문고를 뜯지 않은 것이다. 소문昭文이 거문고를 뜯고, 사광師曠이 거문고 채를 조율하고[44], 혜자가 오동나무 안석에 기댄 채[45], 그들 세 선생의 지혜는 거의 모두 훌륭한 것에 다가섰다. 그래서 후세까지 [그 명성이] 실려 있는 것이다.

다만 그들이 그것을 좋아하는 점이 남들과 다르다고 생각하여 그들이 그것을 좋아하는 것을 [남에게도] 밝히려고 했다. 남들에게 밝힐 것이 아닌 것을 가지고 밝히려고 했기에 견백堅白[46] 같은 어리석은 것으로 일생을 마쳤다. 그리고 그 아들 또한 [아버지] 소문의 거문고 줄만으로 일생을 마쳐 죽을 때까지 [도를] 이루지 못했다. 이와 같이 하고도 이루었다고 말할 수 있는가? 비록 [그렇다면] 나 또

42) 원문의 '고故' 자는 '즉則'이라는 글자로 풀이했다. 위 구절과 연결하여 '사事'로 풀이하든지 '고固'로 풀이하든지 해야 한다는 설도 있는데, 안동림은 선영宣穎의 설을 따라 '고古'의 뜻과 같다고 보았다.

43) 성은 소昭이고, 이름은 문文이다. 옛날에 거문고를 잘 연주한 사람이다(성현영 설). 소문을 《열자》 〈탕문湯問〉 편에 나오는 정鄭나라 사문師文이라고 보는 설도 있다.

44) 원문의 '지책枝策'을 번역한 것으로, '채[策]'를 '가지[枝]'로 삼아서 음악에 귀기울여 조절하는 것이다. 사광은 진晉나라 평공平公 때의 태사太師로서 거문고의 조율에 뛰어나 "사광은 음율을 신묘하게 알았다[師曠妙知音律]."(성현영 설)라는 평을 들었다.

45) 원문의 '거오據梧'를 번역한 것으로, 본래 원문의 '오梧' 자는 '오동나무'인데, 그 의미에 대해 성현영은 "'거오據梧'란 오동나무로 만든 안석에 기대어 논설을 말한 것으로 '은궤隱几'와 같은 것이다[言據梧者, 只是以梧几而據之談說, 猶隱几者也]."라고 좀 더 구체적으로 설명했다.

46) '견백'은 전국시대 조趙나라 공손룡公孫龍이 주장한 '견백론'으로, 만져보았을 때의 '굳고[堅]' 눈으로 보았을 때의 '흰[白]' 돌을 두고 '견백堅白'이 동시에 존재할 수 없다고 변론한 것으로, 즉 궤변이다.

한 이루었다고 할 수 있을 것이다. 이와 같이 하고서 이루었다고 말할 수 없는가? [그렇다면] 세 사람[47]과 우리 모두 이루었다고 할 수 없는 것이다.

이 때문에 올바른 도를 어지럽히는 흐릿한 빛[48]은 성인조차도 비루하게 여긴 것이다. [그는] 옳다고 하는 것을 쓰지 않고, [모든] 한결같은 것에 맡기는 것으로, 이것을 '밝음[明]'이라고 말하는 것이다.

古之人, 其知有所至矣. 惡乎至? 有以爲未始有物者, 至矣, 盡矣, 不可以加矣. 其次以爲有物矣, 而未始有封也. 其次以爲有封焉, 而未始有是非也. 是非之彰也, 道之所以虧也. 道之所以虧, 愛之所以成. 果且有成與虧乎哉? 果且无成與虧乎哉? 有成與虧, 故昭氏之鼓琴也. 無成與虧, 故昭氏之不鼓琴也. 昭文之鼓琴也, 師曠之枝策也, 惠子之據梧也, 三子之知幾乎, 皆其盛者也, 故載之末年. 唯其好之也, 以異於彼, 其好之也, 欲以明之. 彼非所明而明之, 故以堅白之昧終. 而其子又以文之綸終, 終身无成. 若是而可謂成乎? 雖我亦成也. 若是而不可謂成乎? 物與我無成也. 是故滑疑之耀, 聖人之所圖也. 爲是不用而寓諸庸, 此之謂以明.

47) 원문의 '물物'인데, 구체적으로 소문과 사광, 혜시 세 사람을 가리킨다.

48) 원문의 '활의지요滑疑之耀'를 번역한 것으로 '활의'에 대해 사마표는 '어지럽다[亂]'라고 했다. '활의지요'에 대해서는 여러 해석이 있는데, 안동림은 '흐릿한 속에 빛이 나옴'이라고 하여 노자의 '화광동진和光同塵'과 같은 뜻으로 보는 설을 아울러 소개했다. 안병주·전호근은 사마표의 풀이처럼 '어지럽다[亂]'라고 부정적인 의미로 볼 것이 아닌 '인간의 작은 지혜로 밝힐 수 없는 혼돈의 상태'를 표현한 것으로 긍정적인 의미로 보아야 한다고 주장했다. 김학주는 노장사상에서는 드러나지 않는 빛을 자연스러운 것으로 본다는 설명을 덧붙여 '올바른 도를 어지럽히는 흐릿한 빛'이라고 풀이했다.

모든 변론을 삼가라 2.11

지금 여기에 또 어떤 말이 있는데[49] 알지 못하겠으니, 그것이 이것(명지明知: 밝은 지혜)과 비슷한가? 그것이 이것과 비슷하지 않은가? 비슷한 것과 비슷하지 않은 것을 서로 비슷한 것으로 간주하면 저것[궤변][50]과 다를 것이 없을 것이다. 비록 그렇지만, 청컨대 시험 삼아 한번 말해보기로 하겠다.

시작이 있다는 것은 아직 시작되지 않았던 때가 있을 것이고, 시작되지 않았던 때의 그 이전도 아직 시작되지 않았던 때가 있다는 것이다. 있음이 있다는 것은 없음이 있다는 것이고, 이전에 아직 있음과 없음이 시작되지 않았던 때가 있으며, 시작되지 않았던 때의 그 이전도 이전에 아직 있음과 없음이 시작되지 않았던 때가 있는 것이다.[51] 갑자기 있음과 없음이 되는데, 있음과 없음은 과연 어느 것이 있음이고 어느 것이 없음인지 알 수가 없다. 지금 내가 이미 말한 것이 있는데, 내가 말한 것이 아마도 과연 말한 것이 있음인가, 아니면 과연 말한 것이 없음인가?

今且有言於此, 不知其與是類乎? 其與是不類乎? 類與不類, 相與爲類, 則與彼无以異矣. 雖然, 請嘗言之. 有始也者, 有未始有始也者, 有

49) 장자 특유의 이 화법에는 자신의 의견이 시비를 일삼는 세속의 경우와는 다른 차원임을 은연중에 강조하기 위한 어투이다.

50) 원문의 '피彼'인데 앞의 '시是', 즉 '밝은 지혜[明知]'와 상대적 관념으로 보아야 한다.

51) 이 부분의 논법이 언어의 논리적 구성에 의해 생겼고 일종의 순환 이론이라는 것으로, 이런 논법은 세속의 궤변론자들과는 그 경지가 다르다는 것이다(안동림 설).

未始有夫未始有始也者. 有有也者, 有无也者, 有未始有无也者, 有未始有夫未始有无也者. 俄而有无矣, 而未知有无之果孰有孰无也. 今我則已有謂矣, 而未知吾所謂之其果有謂乎, 其果无謂乎?

태산도 작으며 팽조도 요절한 것이다 2.12

천하에는 가을의 짐승 털끝보다 큰 것이 없고, [모두가 크다고 여기는] 태산은 작다고 여기며, 아주 일찍 죽은 자식[52]보다 장수한 사람이 없고 [모두가 장수했다고 여기는] 팽조[53]는 일찍 죽은 사람이라고 여길 수 있다. 천지는 나와 함께 생겨나고, 만물은 나와 하나가 된다. 이미 하나가 되었으니 또 말이 있을 수 있겠는가? 이미 하나라고 말했으니 또 말이 없을 수 있겠는가? 하나와 말[言]은 둘이 되고 둘과 하나는 셋이 된다.[54] 이로써 [계속 셈하여] 나아간다면 셈에 뛰어난 자[55]라도 할 수 없는데, 하물며 평범한 사람은 어떻겠는가!

그러므로 무无에서 유有로 나아가는데 셋에 이르니, 하물며 유에서 유로 나아가는 것은 어떻겠는가! 나아가는 것이 없어야 할 것이니 이것을 따를 뿐이다.[56]

52) 원문의 '상자殤子'는 아주 일찍 요절한 자식을 가리키는데, "사람이 태어나 포대기에 싸인 채로 죽은 아이를 상자殤子라고 말한다[人生在於襁褓而亡, 謂之殤子]."(성현영 설)라는 말을 염두에 둘 만하다. 한편 19세 이전에 죽은 아이를 가리킨다는 설도 있다.

53) 〈소요유〉 편 1.4에 나온다. 장수한 전설의 인물이다.

54) 이 문장의 원문은 《노자》 42장 "도는 일을 낳고, 일은 이를 낳으며, 이는 삼을 낳고, 삼은 만물을 낳는다[道生一, 一生二, 二生三, 三生萬物]."라는 문장과 비교해서 읽어봐야 한다.

55) 원문의 '교력巧曆'인데, '력曆'은 역법으로 (천문)역법에 관한 계산에 능한 사람을 말한다.

天下莫大於秋毫之末, 而大山爲小. 莫壽於殤子, 而彭祖爲夭. 天地與我竝生, 而萬物與我爲一. 旣已爲一矣. 且得有言乎? 旣已謂之一矣, 且得无言乎? 一與言爲二, 二與一爲三. 自此以往, 巧曆不能得, 而況其凡乎! 故自无適有以至於三, 而況自有適有乎! 无適焉, 因是已.

말의 여덟 가지 덕[八德] 2.13

도는 처음부터 구별[57]이 있지 않았고, 말은 처음부터 일정한 것이 있지 않았다. 이 때문에 [말에는] 경계가 있게 되었으니 그 경계에 대해서 말해보고자 한다. [말에는] 왼쪽이 있고 오른쪽이 있으며, 논하는 것이 있고 의론이 있으며[58], 구분이 있고 분별이 있으며, 경쟁이 있고 다툼이 있으니[59], 이것을 '여덟 가지 덕[八德]'[60]이라고 말

---

56) 원문의 '무적언无適焉, 인시이因是已'를 번역한 것으로 시비의 상대적인 데로 나아가지 말고 절대적인 도의 세계로 나아가야 함을 결론적으로 강조한 것이다.

57) 원문의 '봉封' 자를 번역한 것으로 앞의 〈제물론〉 편 2.10에도 나온다. '봉역', '구별', '한계' 등의 의미로서 "아득하여 있지 않은 곳이 없다[冥然無不在也]." (곽상 설)라는 주석을 참조할 만하다. 뒤에 나오는 '경계'라고 번역한 '밭두둑 진畛' 자와 유사한 개념이다.

58) 원문의 '유윤유의有倫有義'를 번역한 것으로, '윤倫'은 곽상의 풀이대로 '리理' 자의 뜻으로 보아 '사물의 이치'라는 개념을 염두에 두고 번역했다. '윤倫'을 '유類' 자로 보아 말의 유사한 주장과 각기 다른 주장으로 풀이한 설도 있다. 안동림은 '유론유의有論有議'설을 취하여 '논論'으로 보아 '줄거리를 말하다'라는 의미에서 '대강'으로 번역했으며, 바로 뒤에 나오는 '의義' 자는 '논論'의 상대 개념인 '상세하다[議]'로 풀이했다. 역자는 문맥상 '윤倫'은 '논論'과 통용된 것으로 보고, '의義'는 '의議'와 통용된 것으로 보아, 각각 번역은 '논함'과 '의론'으로 번역했다.

59) 원문의 '유경유쟁有競有爭'인데, '경競'은 '나란히 좇는 것[竝逐]'이고, '쟁爭'은 '맞서서 변론하는 것[對辯]'이다(곽상 설).

60) '팔덕八德'이란 좌左·우右·윤倫·의義·분分·변辯·경競·쟁爭이다.

한다.

육합六合(천지사방)의 밖에 대해 성인은 있는 그대로 두고 논하지 않았고, 육합의 안에 대해 성인은 논하기만 하고 의론하지는 않았다. 《춘추春秋》에 나오는 세상을 다스린 선왕들의 기록에 대해서는 성인은 의론하기만 하고 분별하지는 않았다. 그러므로 구분한다는 것에는 구분되지 않는 것이 있고, 분별하는 것에는 분별하지 않는 것이 있다. 말하자면, 무엇을 말하는 것인가? 성인은 그것을 품고 있으나, 많은 사람은 그것을 분별해서 서로 보인다. 그러므로 분별하는 자는 보지 못하는 것이 있다고 말하는 것이다.

큰 도는 일컫지 않고, 큰 변론[61]은 말하지 않으며, 큰 인仁은 인하지 않고[62], 큰 청렴은 [의도적으로] 겸손하지 않으며, 큰 용맹은 [남을] 해치지 않는다. 도가 밝게 드러나면 도답지 못하고, 말이 변론하면 [근본에] 미치지 못한다. 인이 일정하면 이루어지지 않고, 청렴이 맑아지면 믿지 못하게 되며, 용맹이 해치게 되면 이루어지지 못한다. 이 다섯 가지[63]는 동글어지려는데 거의 네모난 데로 나아가는 것이다.

그러므로 지혜가 알지 못하는 바에 멈추게 되면 지극한 것이다. 누가 말 없는 변론과 도道라고 말하지 않는 도를 아는가? 만일 알 수 있다면 이것을 '자연의 창고[天府]'라고 말할 것이니, 부어도 차지 않고 퍼내도 마르지 않는데 그 유래를 알지 못하니, 이를 '빛을

---

61) 원문의 '대변大辯'인데, 여기서의 '변辯'은 앞의 '유분유변有分有辯'의 '분별하다[辯]'의 의미와는 다르다고 한 안동림의 설이 일리가 있다.

62) 원문의 '대인불인大仁不仁'은 "참된 인은 몰인정하고"라는 번역(안동림 설)과 "큰 사랑은 가까이하지 않고"라는 식의 번역(김창환 설)도 있다.

63) 도道·언言·인仁·염廉·용勇을 말한다.

감춘다[葆光]'[64]라고 말한다.

그러므로 옛날에 요임금이 순에게 말했다.

"내가 종나라·회나라·서오족[65]을 정벌하고자 하는데 천하를 다스리는 군주인데도 마음이 편치 않으니 그 연고가 무엇인가?"

순이 말했다.

"이 세 나라는 아직도 [황폐한] 쑥더미 사이에 있는데 [군주께서] 편치 않은 것 같으니, 무엇 때문입니까? 옛날에는 열 개의 태양이 나란히 떠올라 만물을 모두 비추었는데, 하물며 덕이 태양보다 더 나은 사람은 어떻겠습니까!"

夫道未始有封, 言未始有常, 爲是而有畛也, 請言其畛, 有左, 有右, 有倫, 有義, 有分, 有辯, 有競, 有爭, 此之謂八德. 六合之外, 聖人存而不論, 六合之內, 聖人論而不議. 春秋經世先王之志, 聖人議而不辯. 故分也者, 有不分也. 辯也者, 有不辯也. 曰: 何也? 聖人懷之, 衆人辯之以相示也. 故曰辯也者有不見也. 夫大道不稱, 大辯不言, 大仁不仁, 大廉不嗛, 大勇不忮. 道昭而不道, 言辯而不及, 仁常而不成, 廉淸而不信, 勇忮而不成. 五者园而幾向方矣, 故知止其所不知, 至矣. 孰知不言之辯, 不道之道? 若有能知, 此之謂天府. 注焉而不滿, 酌焉而不竭, 而不知其所由來, 此之謂葆光.

故昔者堯問於舜曰: "我欲伐宗膾胥敖, 南面而不釋然. 其故何也?" 舜

64) 이 개념은 《노자》 56장의 "그 빛을 조화시키고, 그 먼지에 동화돼라[和其光, 同其塵]."란 문장과 그 맥락이 비슷하다.

65) 원문의 '종회서오宗膾胥敖'인데, '종회'·'서'·'오'의 세 나라로 보는 견해도 있다.

曰: "夫三子者, 猶存乎蓬艾之間. 若不釋然, 何哉? 昔者十日竝出, 萬物皆照, 而況德之進乎日者乎!"

자신이 알고 있다는 착각을 하지 마라 2.14

설결齧缺이 왕예王倪[66]에게 여쭈었다.

"선생님께서는 만물이 같이 옳다고 하는 것을 알고 계십니까?"

[왕예가] 말했다.

"내가 어찌 그것을 알겠는가!"

"선생님께서는 선생님이 알지 못한다는 것을 알고 계십니까?"

[왕예가] 말했다.

"내가 어찌 그것을 알겠는가!"

"그렇다면 만물에 대해 아는 것이 없습니까?"

[왕예가] 말했다.

"내가 어찌 그것을 알겠는가! 비록 그러하나 시험 삼아 말해보겠다. 어찌 내가 안다고 말하는 것이 알지 못하는 것이 아닌 것을 알겠으며, 어찌 내가 알지 못한다고 말하는 것이 아는 것이 아닌 것을 알겠는가? 또 내가 시험 삼아 네게 물어보겠다. 사람은 축축한 데서 자면 허리병이 도지고 한쪽이 [마비되어] 죽는데, 미꾸라지도 그렇던가? [사람은] 나무에 머물면 벌벌 떨며 두려워하게 되는데, 원숭이도 그렇던가? 셋 중에서 누가 올바른 거처를 아는 것인가? 사람

66) 〈천지〉 편 12.5에 "요임금의 스승은 허유라고 하고, 허유의 스승은 설결이라고 하며, 설결의 스승은 왕예라고 하고, 왕예의 스승은 피의라고 한다[堯之師曰許由, 許由之師曰齧缺, 齧缺之師曰王倪, 王倪之師曰被衣]."라고 했다.

은 소와 양, 개와 돼지[67]를 먹고, 사슴은 풀을 먹고, 지네는 뱀을 잘 먹고, 솔개와 까마귀는 쥐를 즐긴다. 이 넷 중에서 누가 올바른 맛을 아는 것인가?

원숭이는 편저猵狙[68]를 자신의 짝으로 여기고, 사슴은 사슴 부류와 교미하며, 미꾸라지는 물고기와 함께 헤엄친다. 사람들이 모장과 여희[69]를 아름답다고 하는 바이지만, 물고기가 그들을 보면 [물속으로] 깊이 들어가고, 새가 그들을 보면 높이 날아가며, 사슴이 그들을 보면 재빨리 달아난다. 이 넷 중에서 누가 천하의 올바른 아름다움을 아는 것인가?

내가 보기에 인의의 단서와 옳고 그름의 길은 복잡하게 얽히고 섞여서 혼란스럽다. 내가 무엇으로써 그 분별을 알 수 있겠는가!"

설결이 말했다.

"선생님께서 이로움과 해로움을 알지 못하시면 지인至人도 진실로 이로움과 해로움을 알지 못하는 것입니까?"

왕예가 말했다.

"지인은 신묘하도다! 큰 못가가 불타도 [그를] 뜨겁게 하지 못하고, 황하나 한수가 얼어붙더라도 [그를] 춥게 하지 못하고, 빠른 우레가 산을 쪼개고 바람이 바다를 뒤흔들지라도 [그를] 놀라게 하지

---

67) 원문의 '추환芻豢'을 번역한 것으로, '추芻'는 풀을 먹는 짐승인 소와 양 등을 말한 것이고, '환豢'은 곡식을 먹는 짐승인 개와 돼지 등을 말한 것이다.

68) 원숭이의 일종으로 머리는 개와 비슷하고 암컷 원숭이를 짝으로 삼는다고 한다.

69) 원문의 '모장毛嬙'은 월왕이 총애하던 희첩이고 '여희麗姬'는 진晉나라 헌공獻公이 총애한 부인인데, '여희驪姬'라고도 한다. 이 두 사람이 병칭되는 경우는 드물고 오히려 서시西施가 모장과 병칭되는 경우가 많은데, 이어서 여희가 나오는 것을 보면 잘못 들어간 것이라는 고증도 일리가 있다.

못한다. 그 같은 자는 구름 기운을 타고 해와 달을 몰아서 사해의 밖에서 노닌다. 죽음과 삶도 자기를 변화시키지 못하는데 하물며 이로움과 해로움의 말단은 어떻겠는가!"

齧缺問乎王倪曰: "子知物之所同是乎?"

曰: "吾惡乎知之!"

"子知子之所不知邪?"

曰: "吾惡乎知之!"

"然則物无知邪?"

曰: "吾惡乎知之!

雖然, 嘗試言之. 庸詎知吾所謂知之非不知邪? 庸詎知吾所謂不知之非知邪?

且吾嘗試問乎女: 民濕寢則腰疾偏死, 鰌然乎哉? 木處則惴慄恂懼, 猨猴然乎哉? 三者孰知正處? 民食芻豢, 麋鹿食薦, 蝍蛆甘帶, 鴟鴉嗜鼠, 四者孰知正味? 猨猵狙以爲雌, 麋與鹿交, 鰌與魚游. 毛嬙麗姬, 人之所美也. 魚見之深入, 鳥見之高飛, 麋鹿見之決驟. 四者孰知天下之正色哉? 自我觀之, 仁義之端, 是非之塗, 樊然殽亂, 吾惡能知其辯!"

齧缺曰: "子不知利害, 則至人固不知利害乎?"

王倪曰: "至人神矣! 大澤焚而不能熱, 河漢沍而不能寒, 疾雷破山風振海而不能驚. 若然者, 乘雲氣, 騎日月, 而遊乎四海之外. 死生無變於己, 而況利害之端乎!"

논쟁에서 이겼다고 과연 이긴 것인가 2.15

구작자瞿鵲子가 장오자長梧子에게 물었다.

"제가 선생께[70] 듣기로, '성인은 [세속의] 일에 힘쓰지 않고, [사사로운] 이익에 나아가지 않으며, 해로움을 피하지 않고, 구하는 데 기뻐하지 않으며, 도에 연연하지 않고, 말없이도 말함이 있고, 말하는 듯하지만 말이 없어서 인간 세상 밖에서 노닌다.'라고 하시는데, 선생은 이를 허튼 말[71]이라고 하시겠지만 저는 오묘한 도를 실천하는 것이라고 생각합니다. 당신은 어떻게 생각하십니까?"

장오자가 말했다.

"이것은 황제가 들어도 미혹되었을[72] 법한데, 나[73] 같은 사람이 무엇을 충분히 알 수 있겠는가! 게다가 당신도 너무 빨리 단정하고 있으니 달걀을 보고 새벽을 알리기를 바라며, 탄환을 보고 새 구이를 찾는 셈이다. 내가 시험 삼아 당신을 위하여 마음대로 말해보겠으니, 당신도 마음대로 들어보는 것이 어떻겠는가?

[성인은] 해와 달을 곁에 두고 우주를 끼고서 [틈 없이] 그 입술을 합한 듯하여[74] 어지럽고 혼돈한 것에 놓아두고 [천한] 노예로서 존

---

70) 원문의 '부자夫子'는 누구를 가리키는지 정확히 알 수 없다. 구작자와 장오자에 대해서도 이설이 분분하다. 장오자의 제자가 구작자라는 설이 있고, 구작자를 공자의 제자로 보는 설, 장오자를 공자로 보는 설 등이 있는데, 이들은 모두 가공인물이다. 박세당은 "위아래의 부자는 한 사람이 아닌 것 같다[上下夫子疑非一人]."라고 하여 서로 다른 인물로 보았는데 취하지 않는다.

71) 원문의 '맹랑지언孟浪之言'인데, '맹랑孟浪'이란 터무니없고 거짓된 것을 말한다.

72) 원문의 '청형聽熒'을 번역한 것으로, 듣고도 미혹하여 알지 못하는 것이다.

73) 여기서는 장오자로 보아야 하는데, 한편으로는 중니를 가리키는 것으로 보아야 한다는 견해도 있다.

귀한 자를 [똑같이] 상대한다오. 대부분 발버둥 치며 고생하는데 성인은 어리석고 아둔하여 만년의 세월을 합쳐서 하나로 하고 순수함을 이루지. 만물이 모두 그러한데 이로써 서로 감싼다네.

내가 어찌 삶을 좋아하는 것이 미혹된 것이 아닌지 알 수 있겠는가! 내가 어찌 죽음을 싫어하는 것이 마치 젊어서 고향을 잃고 고향으로 되돌아갈 줄 모르는 자가 아닌지 알 수 있겠는가! 여희는 애 땅 봉읍의 관문지기 딸이었는데, 진晉나라에서 처음 그 여자를 얻었을 때는 옷깃을 눈물로 적시며 울다가, 왕의 처소에 이르러 왕과 함께 큰 침대를 같이 쓰고 소와 양, 개와 돼지를 먹게 되자, 자신이 [처음에] 운 것을 뉘우쳤다네. 내가 어찌 죽은 사람이 애초에 살기를 바란 것을 뉘우치지 않는지 알 수 있겠는가!

꿈속에서 술을 마시던 사람이 아침이 되어 소리 내어 울고, 꿈속에서 소리 내어 울던 사람이 아침이 되어 사냥하러 간다네. 꿈을 꿀 때는 그것이 꿈인지 알지 못하여 꿈속에서 그 꿈을 점치다가 깨어난 뒤에는 그것이 꿈인지 알 수 있게 된다네.

또 큰 깨달음이 있어야만 그런 뒤에야 이것이 큰 꿈이라는 사실을 알 것이네. 어리석은 사람은 스스로 깨어있다고 여기고 아는 척하면서[75] [스스로] 지혜롭다고 여겨 [고귀한] 임금이시여, [하찮은] 목동이여 하니 고루하다네! 나와 당신도 모두 꿈을 꾸는 것이고 내가 당신에게 꿈이라고 말하는 것도 꿈이라네. 이 말은 그[어리석은 사람]

74) 원문의 '문합脗合'을 번역한 것으로 "만물과 하나로 틈 없이 붙어있다."라는 의미다.

75) 원문의 '절절연竊竊然'을 번역한 것으로, '절절竊竊'은 '찰찰察察'과 같다. 지나치게 따지고 살펴 아는 척하는 것이다.

들이 이름하기로는 '지극히 괴이한 것'[76]이라 한다네. [이러한 깨달음은] 만 세대가 지난 뒤에 큰 성인을 한 번 만나서 그 풀이를 알게 되더라도 아침저녁으로 [짧은 시일에 깨달음과] 만난 셈이네.

만약 내가 당신과 변론했는데 당신이 나를 이기고 내가 당신을 이기지 못했다면 당신은 과연 옳고 나는 과연 틀렸다는 말인가? 내가 당신을 이기고 당신이 나를 이기지 못했다면 나는 과연 옳고 당신은 과연 틀렸다는 말인가? [아니면] 어느 한쪽이 옳고 또 다른 한쪽이 틀렸다는 말인가? [아니면] 양쪽이 모두 옳거나 양쪽이 모두 틀렸다는 말인가? 나와 당신이 서로 알 수 없다면, 사람은 본래 [각자의] 어둠 속에 빠지는 것을 받은 것이니 내가 누구로 하여금 그것을 바로잡도록 하겠는가?

당신과 의견이 같은 사람으로 올바르게 할 수 있겠는가? 이미 그 사람은 당신과 같으니 어찌 올바르게 할 수 있겠는가! 나와 의견이 같은 사람으로 올바르게 하겠는가? 이미 나와 같으니 어찌 올바르게 할 수 있겠는가! 나와 당신과 의견이 다른 사람으로 올바르게 하겠는가? 이미 나와 당신과 다르니 어찌 올바르게 할 수 있겠는가! 나와 당신과 의견이 같은 사람으로 하여금 올바르게 하겠는가? 이미 나와 당신과 의견이 같으니 어찌 올바르게 할 수 있겠는가! 그렇다면 나와 당신, 다른 사람도 모두 서로 알 수 없을 것이니, 아니면 [또] 저 [어떤]것을 기다려야 하는가?

무엇을 '자연의 도[77]로 조화한다'라고 하는가? 말하자면, 옳은 것

---

76) 원문의 '적궤弔詭'는 일반 사람들이 이해하기 어려운 말인데, 〈천하〉 편에 나오는 '숙궤諔詭'와 같은 개념이다(장병린章炳麟 설). "'적弔'은 음이 적(的)이고 뜻은 '지극하다[至]'"라고 육덕명은 부기했다.

과 옳지 않은 것, 그러한 것과 그렇지 않은 것이 있다네. 이 옳음이 과연 옳다면 이 옳음이 옳지 않다고 하는 것과 다른 것임은 또한 분별할 것도 없지. 그러한 것이 과연 그렇다면 그러한 것이 그렇지 않다고 하는 것과 다른 것임은 또한 분별할 것도 없지. 변하는 소리에 서로 기대하는 것은 서로 기대하지 않는 것과 같다네. 자연의 도로 조화하며, 모든 변화에 그대로 맡기는 것이 타고난 수명을 다하는 방법이지. 나이를 잊고 의로움을 잊어[78] 지경 없는[79] 경지에서 떨친다네. 그러므로 지경 없는 경지에 맡긴다네."

瞿鵲子問乎長梧子曰: "吾聞諸夫子, 聖人不從事於務, 不就利, 不違害, 不喜求, 不緣道. 无謂有謂, 有謂无謂, 而遊乎塵垢之外. 夫子以爲孟浪之言, 而我以爲妙道之行也. 吾子以爲奚若?"

長梧子曰: "是皇帝之所聽熒也, 而丘也何足以知之! 且女亦大早計, 見卵而求時夜, 見彈而求鴞炙.

予嘗爲女妄言之, 女以妄聽之, 奚? 旁日月, 挾宇宙, 爲其脗合, 置其滑涽, 以隸相尊. 衆人役役, 聖人愚芚, 參萬歲而一成純. 萬物盡然, 而以是相蘊.

予惡乎知說生之非惑邪! 予惡乎知惡死之非弱喪而不知歸者邪! 麗之姬, 艾封人之子也, 晉國之始得之也, 涕泣沾襟. 及其至於王所, 與王同筐床, 食芻豢, 而後悔其泣也. 予惡乎知夫死者不悔其始之蘄生乎!

---

77) 원문의 '천예天倪'를 곽상은 '자연의 구분[分]'으로 풀이하기도 한다.

78) 나이는 '삶과 죽음[生死]'에 관한 문제이고, 의義는 '옳고 그름[是非]'의 문제로 이것을 초월한 경지로 풀이한 김창환의 설을 참조할 만하다.

79) 원문의 '무경无竟'을 번역한 것으로 '경竟'은 '지경[境]'을 가리킨다. 한정된 경계 없이 무한하게 나아가는 것이다.

夢飮酒者, 旦而哭泣. 夢哭泣者, 旦而田獵. 方其夢也, 不知其夢也. 夢之中又占其夢焉, 覺而後知其夢也. 且有大覺而後知此其大夢也. 而愚者自以爲覺, 竊竊然知之. 君乎, 牧乎, 固哉! 丘也與女, 皆夢也. 予謂女夢, 亦夢也. 是其言也, 其名爲弔詭. 萬世之後而一遇大聖, 知其解者, 是旦暮遇之也.

旣使我與若辯矣, 若勝我, 我不若勝, 若果是也, 我果非也邪? 我勝若, 若不吾勝, 我果是也, 而果非也邪? 其或是也, 其或非也邪? 其俱是也, 其俱非也邪? 我與若不能相知也, 則人固受其黮闇. 吾誰使正之? 使同乎若者正之? 旣與若同矣, 惡能正之! 使同乎我者正之? 旣同乎我矣, 惡能正之! 使異乎我與若者正之? 旣異乎我與若矣, 惡能正之! 使同乎我與若者正之? 旣同乎我與若矣, 惡能正之! 然則我與若與人俱不能相知也, 而待彼也邪?

何謂和之以天倪? 曰: 是不是, 然不然. 是若果是也, 則是之異乎不是也亦无辯. 然若果然也, 則然之異乎不然也亦无辯. 化聲之相待, 若其不相待. 和之以天倪, 因之以曼衍, 所以窮年也. 忘年忘義, 振於无竟, 故寓諸无竟."

그림자는 과연 지조가 없는가 2.16

열은 그림자[80]가 그림자에게 말했다.

"지난번에는 그대가 걷더니 지금은 그대가 멈췄네. 지난번에는

80) 원문의 '망량罔兩'인데, 그림자 곁의 옅은 그림자이다. 곽상은 "그림자 밖의 희미한 그늘이다[景外之微陰也]."라고 했다.

그대가 앉아있더니 지금은 그대가 일어섰네. 어찌 그렇게 한결같은 지조[81]가 없는가?"

그림자가 말했다.

"내가 기대고 있는 것이 있어서 그런 것인가? 내가 기대고 있는 바도 또 무언가 기대고 있는 바가 있어서 그런 것인가? 나는 뱀의 비늘이나 매미의 날개와 같은 것에 기대는가? 어찌 그런 까닭을 알겠는가! 어찌 그렇지 않은 까닭을 알겠는가!"

罔兩問景曰: "曩子行, 今子止. 曩子坐, 今子起. 何其无特操與?"

景曰: "吾有待而然者邪? 吾所待又有待而然者邪? 吾待蛇蚹蜩翼邪? 惡識所以然! 惡識所以不然!"

내가 나비인가, 나비가 나인가 2.17

옛날에 장주가 꿈에 나비가 되었는데, 훨훨 날아다니는[82] 나비였으니 스스로 기뻐하며 뜻에 맞았다! [스스로] 장주임을 알지 못했다. 얼마 있다가 깨어보니 갑자기[83] 장주의 모습이었다. 알지 못하겠으니, 장주의 꿈에 [장주가] 나비가 된 것인가, 나비의 꿈에 [나비가] 장주가 된 것인가? 장주와 나비는 반드시 구분이 있으니, 이것을 만물의 조화[物化][84]라고 말한다.

---

81) 원문의 '특조特操'를 번역한 것으로, '특特'은 '일一'과 같은 뜻이다.

82) 원문의 '허허연栩栩然'을 번역한 것으로, '허허栩栩'를 '기쁜 모양'이라고 풀이하기도 한다.

83) 원문의 '거거연蘧蘧然'을 번역한 것인데, 역자와 달리 '유유자적한 모양', '형태가 뚜렷한 모양'이라고 풀이한 설도 있다.

昔者莊周夢爲胡蝶, 栩栩然胡蝶也, 自喩適志與! 不知周也. 俄然覺, 則蘧蘧然周也. 不知周之夢爲胡蝶與, 胡蝶之夢爲周與? 周與胡蝶, 則必有分矣. 此之謂物化.

84) 원문의 '물화物化'는 사물과 사물이 변하여 하나가 되는 것이다. 즉, 만물의 조화이다.

제3편

양생주養生主

삶을 기르는 것을 주로 삼다

【해설】

꽤 짧은 편폭의 이 편은 자연에 따라 사물에 거역하지 않고 순리대로 살아가는 방식을 언급하고 있다. 그중 포정 이야기가 백미인데, 앞뒤의 이야기가 이 포정 이야기를 축으로 전개된다. '양생養生'은 삶을 기른다는 뜻이니, 병이나 사고로 죽지 않고 주어진 목숨대로 사는 것이다.

이 편에서 장자는 지식과 욕망, 욕망과 지식의 상관관계를 특유의 해학과 풍자로 분석하고 있는데, 인간의 행복을 저해하는 요소 가운데 하나가 지식에 대한 터무니없는 욕망 탓이라고 지적한다. 자신의 지킴이란 자연에 부합되는 데서 찾아야 한다고 장자는 강조한다. 즉, 장자는 선악과 시비를 무력화시키는 경지인 '연독緣督'을 삶의 근본원리[經]로 삼아야 함을 설명하고 있다.

2장의 포정이라는 자의 기술 속에 담겨있는 양생의 비결은 결국 겉으로 드러난 어설픈 기교의 차원이 아니라, 자연의 섭리인 도에 순응하는 데 있다고 본다. 그러고 나서 3장에서 자유로움을 찾아가는 것이 양생의 필요충분조건임을 다시 풍자하고 있다. 특히 장자는 4장에서 '안시처순安時處順'의 우화를 통해 삶에 집착하지도 말고 죽음을 두려워하지도 말라고 하면서 다시 한번 자연의 도에 따를 것을 요청하며 이 장을 맺는다.

자연의 근본에 따라 지식보다는 마음의 문제에 접근해야 한다고 믿는 장자는 포정해우庖丁解牛의 이야기를 통해 인간이 은연중에 추구하는 주체와 객체의 대립 문제에서 벗어날 것을 요구한다. 마치 포정처럼 인위적이고 작위의 지점이 아니라 시대의 변화에 편안히 처신하는 담담한 자세를 강조하면서 인생이 이러한 달관의 경지에서 멀지 않다는 평범한 사실을 알려주고 있다. 즉, 인간의 생명 보존은 무리하지 않고 자연에 맡기는 지점에 있음을 강조하는 것이다.

삶은 한계가 있으나 앎은 한계가 없다 3.1

우리의 삶에는 한계가 있으나, 앎에는 한계가 없다. 한계가 있는 것으로 한계가 없는 것을 따르게 되면 위태로울 따름이다. 이미 그런데도 알려고 하는 것은 [더] 위태로울 따름이다. 선한 일을 행하여 명성을 가까이하지 않고, 악한 일을 행하여 형벌을 가까이하지 않아야 한다. 중도의 경지[1]를 따라 [그것을] 근본원리로 삼으면 몸을 보전할 수 있고, 생명을 온전하게 할 수 있으며, 어버이를 봉양할 수 있고, 타고난 수명을 다할[2] 수 있다.

吾生也有涯, 而知也无涯. 以有涯隨无涯, 殆已. 已而爲知者, 殆而已矣. 爲善无近名, 爲惡无近刑. 緣督以爲經, 可以保身, 可以全生, 可以養親, 可以盡年.

소를 해체하는 백정의 신기한 기술 3.2

포정庖丁[3]이 문혜군文惠君[4]을 위해 소를 해체하는데, [포정의] 손이

---

1) 원문의 '독督'은 사람의 등 한가운데를 통하는 혈관인 '독맥督脈'을 뜻하여 여기서는 '중간', '중앙'의 의미로 통한다. 즉, '중도中道', '중용中庸'의 경지다.

2) 원문의 '진년盡年'을 번역한 것으로, 하늘로부터 부여받은 나이대로 다 사는 것이다.

3) 푸줏간을 담당하는 사람이란 의미로서 〈소요유〉 편 1.7에 나왔던 '포인庖人'이란 말과 같으며, 《맹자孟子》 〈만장萬章 하下〉에도 '포인'이란 말이 나온다. 《여씨춘추呂氏春秋》 〈정통精通〉 편에 "송나라의 포정이 소를 해체하는 것을 좋아했다[宋之庖丁好解牛]."라는 기록이 있다.

4) 실존 인물이 아니지만 양나라 혜왕惠王이란 설도 있다. 물론 여기서 다루는 내용은 우언으로 가공의 상황이다.

닿는 곳, 어깨가 기대는 곳, 발이 밟는 곳, 무릎이 구부려지는 곳마다 서걱서걱 소리[5]가 나고, 칼을 움직이면 쐭쐭 소리[6]가 나며 음률에 맞지 않는 것이 없었다. [탕왕 때 음악인] 상림의 무악에 합치했으며, [요임금 때의 음악인] 경수의 박자[7]에도 맞았다.

문혜군이 말했다.

"아, 훌륭하구나! 기술이 어찌하면[8] 여기까지 이를 수 있느냐?"

포정이 칼을 놓고 대답했다.

"신이 좋아하는 바는 도로서 기술보다 앞선 것입니다. 처음 신이 소를 해체할 때는 [눈에] 보이는 것이 전체의 소가 아닌 게 없었습니다. 삼 년이 지난 뒤에는 전체의 소는 보이지 않게 되었으니, 지금은 신이 정신으로 소를 대하고 눈으로 보지 않습니다. 감각기관의 지각이 멈추고 정신이 하고자 하는 대로 움직이면 자연의 이치를 따라 큰 빈틈을 치며[9], 큰 공간에 칼을 움직여 본래의 상태를 따르니 [칼 쓰는] 기술이 뼈에 붙은 살[10]을 지나는데[11] 조금도 상하게 하지 않으니 하물며 큰 뼈는 어떻겠습니까!

기술 좋은 백정은 해마다 칼을 바꾸는데 [살을] 베기 때문이고, 보

5) 원문의 '획연향연砉然嚮然'을 번역한 것으로, '획연砉然'과 '향연嚮然' 모두 칼로 소의 뼈와 살을 해체할 때 나는 소리를 말한다.

6) 원문의 '획연騞然'인데, 앞의 '획연砉然'보다 더 큰 소리를 형용한 것이다.

7) 원문의 '회會'를 번역한 것으로, 절주 또는 음절의 뜻인 '절節'과 같은데, 리듬을 말한다. 임운명은 "소리가 모이는 것이다[音之聚也]."라고 했다.

8) 원문의 '합蓋'을 번역한 것으로, '개'로 읽지 않고 '합盍' 자와 통용되는 글자로 보면 '어찌 ~하지 않는가?'라는 의미인데, 여기서는 '어찌하다'라는 뜻이다.

9) 원문의 '비대각批大郤'을 번역한 것으로, '비' 자는 '격擊' 자로 '치다'는 뜻이고, '각郤'은 '극隙'의 가차자로 '뼈마디의 빈 곳[骨節空處]'(성현영 설)이다. 즉, 뼈와 힘줄 사이의 틈을 말하며, '극郤'과 통한다.

10) 원문의 '긍계肯綮'를 번역한 것으로 '뼈에 붙어있는 살'을 말한다.

통의[12] 백정은 달마다 칼을 바꾸는데 [뼈를] 자르기 때문입니다. 지금 신의 칼은 십구 년이나 되었고, 수천 마리의 소를 해체했는데도 칼날이 숫돌에 새로 갈아낸 듯합니다. 소의 뼈마디에는 틈이 있고 칼날은 두께가 없습니다. 두께가 없는 것을 가지고 틈이 있는 데로 들어가기 때문에 넓디 넓어서 칼날을 놀리는 데 반드시 여지가 있습니다. 이 때문에 십구 년이나 칼날이 숫돌에서 새로 갈아낸 듯합니다. 비록 그렇지만 매번 뼈에 붙은 살과 힘줄이 모인 곳에 이르면, 저는 그 일이 하기 어려움을 보고 두려워하며 경계하여 시선을 거기 모으고, 천천히 손을 움직여 칼의 움직임을 아주 미묘하게 합니다. [살코기가 뼈에서] 털썩하고 떨어지는 소리가 흙덩이가 땅에 떨어지듯 합니다. 칼을 잡고 서서 사방을 돌아보며 머뭇머뭇하다가 마음이 흡족해지면 칼을 잘 챙겨 간직해둡니다."

문혜군이 말했다.

"훌륭하구나! 나는 포정의 말을 듣고 '삶을 기르는[養生] 도'를 터득했도다."

庖丁爲文惠君解牛, 手之所觸, 肩之所倚, 足之所履, 膝之所踦, 砉然嚮然, 奏刀騞然, 莫不中音. 合於桑林之舞, 乃中經首之會.

文惠君曰: "譆, 善哉! 技蓋至此乎?"

庖丁釋刀對曰: "臣之所好者道也, 進乎技矣. 始臣之解牛之時, 所見

---

11) 원문의 '경經'을 번역한 것인데, 원문의 '기경技經'의 '기技'는 '지枝'의 오류라고 하여 '지맥[枝]'과 '경맥[經]'으로 보아야 한다는 유월兪樾의 설을 참조할 만하다.

12) 원문의 '족族'을 번역한 것으로 '잡雜' 또는 '중衆' 자와 같은 의미다. 모두 '보통', '일반적인'이라는 뜻이다.

无非全牛者. 三年之後, 未嘗見全牛也. 方今之時, 臣以神遇而不以目視, 官知止而神欲行. 依乎天理, 批大郤, 導大窾, 因其固然. 技經肯綮之未嘗, 而況大軱乎! 良庖歲更刀, 割也. 族庖月更刀, 折也. 今臣之刀十九年矣, 所解數千牛矣, 而刀刃若新發於硎. 彼節者有閒, 而刀刃者无厚. 以无厚入有閒, 恢恢乎其於遊刃必有餘地矣, 是以十九年而刀刃若新發於硎. 雖然, 每至於族, 吾見其難爲, 怵然爲戒, 視爲止, 行爲遲. 動刀甚微, 謋然已解, 如土委地. 提刀而立, 爲之四顧, 爲之躊躇滿志, 善刀而藏之."

文惠君曰: "善哉! 吾聞庖丁之言, 得養生焉."

외발이의 말 한마디 3.3

공문헌公文軒[13)]이 우사右師[14)]를 보고 놀라서 말했다.

"이 사람은 어떤 사람인가? 어째서 외발[15)]인가? 하늘이 그런 것인가? 아니면 사람이 그런 것인가?"

[우사가] 말했다.

"하늘이 그런 것이지 사람이 그런 것은 아니오. 하늘이 나를 낳으실 적에 외발이 되도록 한 것이오. 사람의 모습은 [양발로] 더불어 있으니, 이 때문에 하늘이 그런 것이지 사람이 그런 것이 아니라는 것을 알 수 있소. 연못가의 꿩은 열 걸음에 한 번 쪼아 먹으며 백 걸

13) 성이 공문公文이고, 이름이 헌軒이며, 송宋나라 사람이라고 하는데, 혹자는 화려한 수레를 타고 다녀 붙여진 이름이라고도 한다.

14) 관직명인데, 송나라 사람으로 보기도 한다.

15) 원문의 '개介'인데, '월刖' 또는 '독獨'으로 풀이하기도 하며, 모두 한쪽 발이 없는, 즉 외발을 의미한다.

음에 한 번 마시지만 새장 속에서 길러지기를 바라지는 않소. 정신은 비록 왕성하더라도 [마음으로는] 좋게 여기지 않기 때문이오."

公文軒見右師而驚曰: "是何人也? 惡乎介也? 天與, 其人與?"
曰: "天也, 非人也. 天之生是使獨也, 人之貌有與也. 以是知其天也, 非人也. 澤雉十步一啄, 百步一食, 不蘄畜乎樊中. 神雖王, 不善也."

친구의 장례에 곡만 하고 나온 자 3.4

노담老聃[16]이 죽자, 진일秦失[17]이 조문하러 가 세 번 큰 소리로 곡하고 나왔다.

[노담의] 제자가 [괴이하게 생각하여] 말했다.

"선생님의 친구가 아닙니까?"

[진일이] 대답했다.

"맞다."

[제자가 말했다.]

"그런데 조문하는 것을 이처럼 [소략하게] 하셔도 괜찮습니까?"

[진일이] 말했다.

"괜찮다. 처음 내가 [지인至人이] 그 사람[18]이라고 생각했는데 지금은 아니다. 아까 내가 들어가서 조문했는데, 나이 든 자는 마치 자기 자식을 잃은 듯 곡하며, 젊은이들은 마치 자기 어머니를 여윈 듯

16) 노자老子를 말한다. 성은 이李이고, 자가 담聃이며, 이름은 이耳다.
17) 가공의 인물로, '실失'은 판본에 따라 '일佚'로도 쓰였으며, '일佚'로 읽어야 한다.

곡했다. 노담이 그들을 모이게 한 것은 반드시 [위로의] 말하기를 바라지는 않았을지라도 말이 있었고, 곡하기를 바라지 않았을지라도 곡이 있었다. 이것은 자연의 이치를 어기고 인정에 거슬러 그가 받은 바[분수]를 잊은 것이니, 옛날에는 이것을 '자연의 이치를 어긴 죄'라고 일컬었다. 마침 [이 세상에] 온 것은 [노담] 선생이 [올] 때가 된 것이고, 마침 [이 세상을] 떠난 것은 선생이 [자연의 이치를] 따른 것이다. [올] 때를 편안히 하고 [갈 때를] 따르기를 슬픔이나 즐거움이 끼어들 수 없다. 옛날에는 이것을 '하늘의 속박에서 풀려난 것'이라고 말했다."

땔나무 태우는 일을 다 하면 불은 옮겨붙으니 그것이 다할 줄 모른다는 것을 가리킨다.[19)]

老聃死, 秦失弔之, 三號而出.

弟子曰: "非夫子之友邪?"

曰: "然."

"然則弔焉若此, 可乎?"

---

18) 원문의 '기인其人'이 지인至人으로 된 판본도 있는데, 안동림은 이 훌륭한 인물, 즉 노담을 가리킨다고 보았다. 한편 '중인衆人', 즉 뭇사람으로 봐서 뭇사람이 노담을 흠모하여 모여들어 소리 내어 울면서 슬퍼했다는 의미를 지닌다는 견해도 있다. 즉, 장자가 보기에 노담이라면 죽음 따위에 슬퍼하지 않고 자연의 도에 따라 생사를 초월한 심경에 있었다는 시각을 갖고 있어 노담을 칭찬하는 문장으로 봐야 한다는 것이다.

19) 장자의 문장 가운데 가장 난해한 구절로 꼽히는데, "지궁어위신指窮於爲薪, 화전야火傳也, 부지기진야不知其盡也." 이 문장이 이 장에 있어야 하는지 아니면 별도의 장으로 묶어야 하는지에 대한 논란의 여지가 있었으며, 이 문장의 의미는 땔나무가 다 타버려도 불은 다른 사물로 옮겨가므로 꺼지지 않는다(안병주·전호근 설)는 의미로서 양생의 도를 터득하여 생명을 연장할 수 있다는 시각이 담겨 있으며, 이는 곽상과 성현영 등의 해석에 동조한 것이다.

曰:“然. 始也吾以爲其人也, 而今非也. 向吾入而弔焉, 有老者哭之, 如哭其子. 少者哭之, 如哭其母. 彼其所以會之, 必有不蘄言而言, 不蘄哭而哭者. 是遁天倍情, 忘其所受, 古者謂之遁天之刑. 適來, 夫子時也. 適去, 夫子順也. 安時而處順, 哀樂不能入也, 古者謂是帝之懸解.”

指[20]窮於爲薪, 火傳也, 不知其盡也.

20) 원문의 '지指'에 대해, 주계요朱桂曜는《장자내편증보莊子內篇証補》에서 '지脂'와 통하며 기름으로 촛불을 만드는 주요한 재료로 보았으나, 여기서는 취하지 않는다. 또한 '지指' 자를 글자 그대로 '손가락'으로 보기도 한다.

제4편

인간세人間世

사람 사는 세상

【해설】

혼돈의 전국시대를 살다 간 장자는 늘 지식인의 비극 의식과 그들이 지닌 혜안에 주목했다. 패권이 난무하고 모든 폭력이 정당성을 획득했다고 믿는 사회적 분위기 속에서, 장자는 군주와 신하의 상하 관계에 주목하면서 권력을 둘러싸고 벌어지는 인간의 위선을 날카롭게 비판했다.

그러기에 장자가 이 편에서 제시하고자 하는 해법은 무위자연의 처세 방식에 있다. 이 편은 인간 세상에서 잘 살아가기 위한 방법을 논하는 것으로 집약된다. 어지럽고 위험한 세상에서 자신의 목숨을 보존하려고 장자는 안회나 중니(공자)와의 대화를 빌려 위나라 태자의 선생으로 떠나는 제자에 대한 당부의 말을 하면서 당시 직언을 했다가 죽임을 당한 충신의 사례를 통해 군주 앞에서 처신하는 것이 얼마나 어려운 일인지 말하고 있다. 아울러 장자는 그 당시 군주의 잔악함을 폭로하며 공자의 충고를 듣지 않고 자신의 소신대로 행하는 안회의 행태를 거듭 거론하면서 인간 세상의 삶의 방식도 크게 다르지 않다고 분석한다.

여기서 장자가 제안하는 수양법은 '심재心齋'인데, 무념과 달관의 경지가 되어야 가능한 것으로, 어찌 보면 무도한 통치 세력에 대한 무언의 항거라는 의미도 담고 있다. 또한 섭공자고와 중니, 안합과 거백옥 등의 대화를 통해 어지러운 세상에서 살아나가는 것의 위험함과 삶을 보존하는 방법을 제시하고 있는데, 물론 여기서도 초월자로서 심미적인 마음을 통해 가능함을 설파하고 있다.

1장에서는 안회에게 세상사에 관심을 접고 마음을 비우는 경지인 심재를 제시하고 있고, 맨 마지막 장은 무용지용無用之用의 경지로 요약된다. 특히 3장에서 권력자 앞에서 앞발을 치켜드는 사마귀가 되지 말 것을 충고하면서 장자는 호랑이를 기르는 것처럼 군주를 보필해야 한다는 점을 강조하고 있으니, 그 당시 지식인의 처세가 얼마나 어려운지 웅변하고 있다. 4장 장석과 제자의 대화, 5장 남백자기와 나무의 만남에서 쓸모없음의 쓸모를 언급하고 있는데, 장자 특유의 상대와의 거리 두기를 말하고 있다. 7장 지리소의 삶의 모습을 통해 불구자의 삶이 오히려 더 생존에 유리한 현실을 풍자하면서 결국 육신을 잊고 덕을 잊는 것은 세속적 가치와의 결별을 의미한다고 말한다. 장자는 결국 너무 쓸모가 있는 존재를 추구하지 말고 잊힌 존재로 자신의 타고난 수명을 누릴 것을 제시하고 있다.

마지막 8장에서 장자는 《논어論語》〈미자微子〉 편에 나오는 미치광이 접여의 이야기와 노래를 변형한다. 당시 사회의 혼란 속에서 각종 추악한 현상을 목도한 데서 온 결론을 분명히 제시하고 있으니, 이상주의자는 어쩔 수 없이 비극으로 치달을 수밖에 없기에 차라리 미치광이처럼 달관하며 살 것을 주창하는 것이다.

여행 떠나는 안회에게 던진 재계의 방법 4.1

안회顔回가 중니仲尼[1]를 뵙고 떠나겠다고 청했다. [중니가] 말했다.

"어디로 가는 것이냐?"

[안회가] 말했다.

"위衛나라에 가고자 합니다."

[중니가] 말했다.

"무엇을 하려는 것이냐?"

[안회가] 말했다.

"제가 듣기로 위나라 군주[2]가 나이는 젊고 행동은 독단적[3]이라고 합니다. 그래서 자신의 나라를 함부로 다스리고, 자신의 허물을 보지 못한다고 합니다. 백성들의 죽음을 가볍게 여겨 죽은 자들이 [많아서] 나라의 늪에 가득한[4] 것이 [무성한] 잡초 같아서 백성들은 어쩌지 못한다고 합니다. 제가 일찍이 선생님께 듣기로, '잘 다스려지는 나라를 떠나 어지러운 나라로 가야 한다. 의사 집에는 병든 사람이 많다.'라고 하셨습니다. 바라건대 들은 바를 가지고 그[위나라 군주]에게 실천할 방법을 생각하니 아마도 그 나라는 고쳐질 수 있을 것입니다!"

---

1) 중니는 공자의 자字이다. 여기서 다루는 문답은 가공의 상황이다.

2) 위衛나라 장공莊公인 괴외蒯聵를 가리킨다는 설과 장공이 노魯나라에 들어왔을 때는 안회가 세상을 떠난 뒤였으므로 출공出公 첩輒으로 보아야 한다는 설이 있다.

3) 원문의 '독獨' 자를 번역한 것으로 '스스로 전횡하다[自專]'라는 의미다. '남과 다르다[與人異也]'라는 의미로 보기도 한다(상수 설).

4) 원문의 '양量'을 번역한 것으로, 고유高誘는 《여씨춘추》의 주석에서 '가득하다[滿]'로 풀이한 것을 따랐다.

중니가 말했다.

"아! 네가 간다면 형벌을 받게 될 뿐이다! 도는 번잡해지는 것을 바라지 않으니, 번잡해지면 [일이] 많아지고 많아지면 어지러워지며, 어지러워지면 근심하게 되고 근심하게 되면 [남을] 구원하지 못한다.

옛날의 지인至人은 먼저 [도를] 자기에게서 보존하고 난 다음에 남에게 보존하도록 했다. 자기에게서 보존되어야 할 것이 아직 안정되지 않았는데, 어느 틈에 난폭한 사람[5]의 행실에 이르겠는가[6]!

게다가 너는 또 저 덕이 흔들려 어지러운[7] 바와 지식이 나오게 되는 까닭[8]을 아느냐? 덕은 명성 때문에 요동치고 지식은 다툼에서 [이기려고] 나오는 것이다. 명성이라고 하는 것은 서로 충돌하는 것이고, 지식이라고 하는 것은 다투는 도구이다. 이 두 가지는 흉악한 도구이니 행동을 지극히 할 만한 일이 아닌 것이다.

또 덕이 두텁고 믿음이 굳세더라도 아직 남의 기운에 도달하지는 못했고, 명성을 다투지는 않더라도 아직 남의 마음에 도달하지는 못했다. 그런데 억지로 인의와 법도에 맞는 말로 난폭한 사람 앞에서 변설한다면, 이는 남의 악함으로써 자신의 훌륭함을 팔려는[9]

5) 원문의 '폭인暴人'인데, 위나라 군주를 가리켜 한 말이다.

6) 원문의 '지至'를 번역한 것인데, '간섭하다'로 해석하기도 한다(안동림 설).

7) 원문의 '탕蕩'은 '흔들려 어지러운 모양'이다. 김학주는 왕수민의 설에 따라 "진실함을 잃다."라고 풀이했고, 안동림은 "녹아 흘러서 상실되다."라고 풀이했는데 참조할 만하다.

8) 원문의 '소위所爲'를 번역한 것으로 '까닭[所以]'으로 풀이한 왕수민의 설을 따랐다.

9) 원문의 '유有'를 번역한 것으로 최선본에 '육育'으로 되어 있고, '육'은 '팔다[鬻]'의 의미다.

것이니, 명명하여 '치인菑人(남에게 재앙을 끼치는 사람)'이라고 말한다. 치인은 남들도 반드시 돌이켜 그에게 재앙을 끼치게 되니, 너는 아마도 남에게 재앙을 당할 것이다!

또 만약 [위나라 군주가] 어진 이를 좋아하고 어리석은 이를 싫어한다면 무엇 때문에 너를 등용하여 특별한 일을 구하게 하겠는가? 너는 오직 말로 따지지 않아야 할 것이니[10], 위나라 임금은 반드시 너를 업신여겨 말로 다투려 할 것이다. [그러면] 너의 눈은 미혹되게 될 것이고, 얼굴빛은 [짐짓] 화평하게 꾸미게 될 것이며, 입은 변명만 할 것이고, 겉모습은 거짓으로 꾸미게 될 것이며, 마음도 그를 이루게 할 것이다. 이것은 불을 가지고 불을 끄려 하고 물을 가지고 물을 막으려는 격이니, 이름하여 '더 많이 보태는 것[益多]'이라고 말한다. 처음부터 따르게 되면 끝이 없을 것이고, 네가 아마도 [상대가] 믿어주지 않는데 두터이 말을 [계속] 하면 반드시 난폭한 사람 앞에서 죽게 될 것이다!

또 옛날에 걸桀은 관용봉關龍逢을 죽였고, 주紂는 왕자 비간比干[11]을 죽였는데, 이들(관용봉과 비간)은 모두 그 자신을 닦은 아랫사람으로서 다른 사람의 백성을 어루만져 따르게 했으나, 아랫사람으로서 그 윗사람을 거스른 자들이었으니, 그러므로 그들의 임금들은 그들이 수양한 것에 근거하여 그들을 제거한 것이다. 이들은 명성을 좋아한 [것 때문에 죽은] 사람들이었다.

---

10) 원문의 '약유무조若唯無詔'를 번역한 것으로, '약若'은 2인칭으로 '너'이고 '조詔'는 '아뢰다[告]', '말하다[言]'라는 의미다.

11) 폭군 주紂의 숙부로서 폭정을 직언하다가 심장이 도려지는 형벌로 죽임을 당한 자이다.

옛날에 요임금이 총지叢枝와 서오胥敖를 공격했고, 우임금은 유호有扈를 공격했는데, 이 나라들은 잿더미가 되었고 군주 자신도 형벌로 죽임을 당했으니, [이는] 그들이 병사를 동원하는 일을 그치지 않고 그 실리를 추구하는 것을 그치지 않았기 때문이다.

이는 모두 명성과 실리를 추구한 [좋지 않은] 사례들인데, 너는 어찌 그런 것들을 듣지 못한 것인가? 명성과 실리는 성인도 [유혹을] 감당하지 못하는데 하물며 너는 어떻겠는가! 비록 그렇지만 너에게 반드시 방법이 있을 것이니, 시험 삼아 내게 말해보거라!"

안회가 말했다.

"단정하면서도 [마음을] 비우고[12], 애를 써서 일관되면 가능하겠습니까?"

[중니가] 말했다.

"아! 어찌 가능하겠느냐! 그는 굳센 성향으로 가득 채워서 크게 떨치고 얼굴빛이 안정되지 않으니 평범한 사람들이 어길 수 없는 것이며[13], 남의 감정을 억누르고 자기 마음을 스스로 즐거워하기를[14] 추

12) 원문의 '단이허端而虛'를 번역한 것인데, '단端' 자는 '자기 몸을 단정하게 하는 것[端正其形]'이고 '허虛' 자는 '마음과 생각을 비우고 넉넉히 함[虛豁心慮]'이라는 성현영의 설이 타당하다. 여기서 '단' 자에는 정직이라는 의미와 '허' 자에는 자신을 잊어버린다는 의미가 있다는 점을 부연한다.

13) 이 문장은 《논어》 〈자로子路〉 편에서 "사람들의 말에, '나는 임금 노릇 하는 것이 즐거운 것이 아니라, 오직 내가 하는 말에 아무도 감히 거스르지 못한다는 것을 즐거워한다.'라는 것이 있습니다. …… 만일 [그 말이] 선하지 않은데 아무도 거스르지 못한다면, 거의 한마디 말로 나라를 망하게 할 수 있지 않겠습니까[人之言曰 '予無樂乎爲君, 唯其言而莫予違也.' …… 如不善而莫之違也, 不幾乎一言而喪邦乎]?"라는 구절과 비교해 읽어볼 만하다.

14) 원문의 '용여容與'를 번역한 것으로, "스스로 즐거워한다는 뜻[自快之意]"(임희일 설)의 의미를 살린다.

구한다. 이름하여 '날마다 젖어드는 [작은] 덕도 이루지 못한다.'라고 말하는데 하물며 큰 덕은 어떻겠는가! [그는] 아마 고집을 부리고 교화되지 않아서 바깥으로는 합하면서도 안으로는 헤아리지[15] 못할 것이니 그것이 어찌 가능하겠는가!"

[안회가 말했다.]

"그렇다면 저는 안으로 올곧게 하면서도 밖으로 굽히면서 [마음으로] 완성된 것으로 옛사람과 견주겠습니다[16]. 안으로 올곧은 자는 하늘과 같은 무리가 된 것입니다. 하늘과 같은 무리가 된 자는 천자와 자기가 모두 하늘이 자식으로 여기는 것을 알고 있으니, 어찌 자기 말을 남이 좋게 여기길 바라거나 [자기 말을] 남이 좋지 않게 여기기를 바라겠습니까? 이와 같은 자는 사람들이 '동자童子(어린이)'라고 말하는데, 이것을 하늘과 같은 무리가 되었다고 말합니다.

밖으로 굽히는 자는 남들과 같은 무리가 된 것입니다. [홀을] 높이 들거나 무릎 꿇고 구부리는 것은 남의 신하 된 자의 예법으로 남들이 모두 이것을 하는데, 제가 감히 하지 않을 수 있겠습니까! 남들이 하는 것을 따르는 자는 남들 또한 헐뜯지 않을 것이니, 이것을 다른 사람과 같은 무리가 되었다고 말합니다.

[마음으로] 완성된 것으로 옛사람과 견주는 사람은 옛사람과 같은 무리가 되는 것입니다. 그 말이 비록 가르침이지만 꾸짖는 실정

---

15) 원문의 '자訾'는 여기서는 '양量' 자와 같은 의미로 '재다', '헤아리다'라는 뜻이다. 이 글자로 인해 이 구절의 번역은 논란거리가 많다.

16) 원문의 '비比' 자는 '견주다'라는 의미로 번역했는데, 그 내포적 의미는 "자기의 견해를 위로 옛사람들에게 들어맞게 하는 것이니, 옛사람으로 증거를 삼는 것을 말한다[以自己之成說而上合於古人, 言古人以爲證也]."(임희일 설)라는 것으로 취할 만하다.

인 것입니다. 옛날부터 있던 것이지 제가 가지고 있던 것이 아닙니다. 이와 같은 자는 비록 올곧아도 병폐는 아닐 것이니 이것을 옛사람과 한 무리가 되었다고 말합니다. 이와 같이 하면 가능하겠습니까?"

중니가 말했다.

"아! 어찌 가능하겠는가! [남을] 바로잡는 방법이 많고 법도로 하고 치우치지 않으니 비록 진실로 또한 죄는 없겠다. 그렇다고 해도 여기에 그칠 정도지, 어찌 교화하는 데까지 미치겠는가! 여전히 [하늘에 견주는 완성된] 마음을 스승으로 여기기 때문이다."

안회가 말했다.

"저는 [더는] 진보할 수 없습니다. 감히 그 방법을 여쭙겠습니다."

중니가 말했다.

"재계하여라, 내가 장차 너에게 말해주겠노라! [삿된] 마음을 갖고 재계하려고 하면 그것이 쉬운 일이겠느냐? 그것을 쉽게 여기는 자는 밝은 하늘이 마땅하게 여기지 않을 것이다."

안회가 말했다.

"저의 집이 가난해서 오로지 술을 마시지 않았고, 채소도 먹지 못한 지 몇 달이 되었습니다. 이와 같으면 재계했다고 할 수 있지 않습니까?"

[중니가] 말했다.

"이것은 제사 지낼 때의 재계이지 '마음의 재계[心齋]'가 아니다."

안회가 말했다.

"감히 '마음의 재계'를 여쭙겠습니다."

중니가 말했다.

"너는 뜻을 한결같이 하여 귀로 듣지 말고 마음으로 들어야 할 것이며, 마음으로 듣지 말고 기氣로 들어야 할 것이다! 귀는 듣는 데에 그치고 마음은 지각에서 그치지만, 기는 텅 비우고 사물을 응대하는 것이다. 오직 도만이 비우는 것에 모이는 것이다. 비우는 것이 '마음의 재계'이다."

안회가 말했다.

"제가 처음에 재계하지 않았을 때는 실은 저 자신이었습니다. 재계하고 난 다음에는 애초에 제가 있지 않게 되었습니다. [이제] 텅 비웠다고 말할 수 있겠습니까?"

중니[夫子]가 말했다.

"다했도다.[17] 내가 네게 말해주겠다! 네가 그 [위나라의] 울타리에 들어가 노닐면서도 그 명성에는 무감각해지니 [군주의 귀에] 들어가면 소리 내고 들어가지 않으면 멈춘다. 문도 없고 담[18]도 없이 [도를 거처로 삼고] 하나의 집에 어쩔 수 없을 때만 기탁할 수 있다면 거의 [도에] 가까울 것이다.

발자취를 끊는 것은 쉽지만, 땅을 걸어 다니지 않는 것은 어렵다. 남에게 부림을 받게 되면 거짓을 일삼기 쉬우나, 하늘의 부림을 받

---

17) 원문의 '진의盡矣'를 번역한 것으로, 안회가 도달한 '허虛'의 경지로서 '허무의 도를 능히 다함[虛無之道能盡]'(박세당 설)이라는 의미가 있다.

18) 원문의 '독毒'인데 '담'의 의미를 지닌 '성채 도壔' 자와 같은 뜻으로 쓰였다. '다스리다[治]'로 풀이하기도 한다.

게 되면 거짓을 일삼기 어렵다. 날개를 가지고서 난다는 것은 들었으나, [자연에 맡긴 채] 날개도 없이 난다는 것은 듣지 못했다.[19] 앎이 있음으로써 안다는 것은 들었지만, 알지 못함으로써 안다는 것은 듣지 못했다. 저 빈 집을 보아라, 빈집[20]이 밝아졌으니, 길조가 고요한데 머무는 것이다. 또한 [마음이] 멈추지 않는 것이니, 이것을 '[몸은] 앉아있는데 [마음은] 달려가는 것'[21]이라고 말한다.

눈과 귀에 의지하여 안으로 통하고 '마음의 앎[心知]'을 바깥으로 하면 귀신도 장차 머물게 될 터인데 하물며 사람은 어떻겠는가! 이것이 만물의 조화이며, 우임금과 순임금이 결부된 바이며, 복희伏戱[22]와 궤거几蘧[23]가 일생을 마칠 때까지 행하던 바인데, 하물며 [이들보다 못한] 속된 자는 어떻겠는가!"

顔回見仲尼, 請行.

---

19) 이 문장의 의미는 새가 반드시 날개를 갖고 있어서 나는 것은 사실이나 날개 없이 저절로 빨리 날게 되는 경지에 도달하는 것을 지향하고 있음을 알아야 한다. 물론 그것은 자연에 맡기지 않으면 절대 이루어질 수 없는 경지다. 바로 이어지는 "앎이 있음으로써 안다는 것은 들었지만, 알지 못함으로써 안다는 것은 듣지 못했다."라는 문장의 맥도 마찬가지로 보통 사람의 경지는 앎으로 아는 것이지만 신인의 경지는 무지無知의 지知라는 점을 강조한 것이다.

20) 원문의 '허실虛室'을 번역한 것으로 "'실室'은 마음을 비유한 것으로 마음이 공허하면 순백함이 홀로 생긴다[室比喩心, 心能空虛, 則純白獨生也]."(사마표 설)라는 뜻이다.

21) 원문의 '좌치坐馳'는 '좌망坐忘'(〈대종사〉 편 6.7)과 상대적 개념으로 "몸은 이곳에 앉아있지만 마음은 저곳으로 달려가는 것[身坐於此而心馳於彼]."(석덕청釋德淸 설)의 주석이 합리적이다. 한편으로 "마음이 머무르지 않는 것[心之不止]"이라고 주석한 박세당의 설도 타당하다.

22) 고대 전설상의 임금. 삼황三皇 중 한 사람으로 팔괘와 문자를 만들었다고 한다. 사람 머리에 뱀의 몸을 지녔다고 알려진 인물이다.

23) 삼황 이전의 군주라는 설 등이 있으나, 관련된 정보가 별로 없는 인물이다.

曰: "奚之?"

曰: "將之衛."

曰: "奚爲焉?"

曰: "回聞衛君, 其年壯, 其行獨. 輕用其國, 而不見其過. 輕用民死, 死者以國量乎澤若蕉, 民其无如矣. 回嘗聞之夫子曰: '治國去之, 亂國就之, 醫門多疾.' 願以所聞思其(所行)[24]則, 庶幾其國有瘳乎!"

仲尼曰: "譆! 若殆往而刑耳! 夫道不欲雜, 雜則多, 多則擾, 擾則憂, 憂而不救. 古之至人, 先存諸己而後存諸人. 所存於己者未定, 何暇至於暴人之所行!

且若亦知夫德之所蕩, 而知之所爲出乎哉? 德蕩乎名, 知出乎爭. 名也者, 相札也. 知者也, 爭之器也. 二者凶器, 非所以盡行也.

且德厚信矼, 未達人氣, 名聞不爭, 未達人心. 而强以仁義繩墨之言術暴人之前者, 是以人惡有其美也, 命之曰菑人. 菑人者, 人必反菑之, 若殆爲人菑夫! 且苟爲悅賢而惡不肖, 惡用而求有以異? 若唯无詔, 王公必將乘人而鬪其捷. 而目將熒之, 而色將平之, 口將營之, 容將形之, 心且成之. 是以火救火, 以水救水, 名之曰益多. 順始无窮, 若殆以不信厚言, 必死於暴人之前矣!

且昔者桀殺關龍逢, 紂殺王子比干, 是皆修其身以下傴拊人之民, 以下拂其上者也, 故其君因其修以擠之. 是好名者也. 昔者堯攻叢枝胥敖, 禹攻有扈, 國爲虛厲, 身爲刑戮, 其用兵不止, 其求實无已. 是皆求名實者也, 而獨不聞之乎? 名實者, 聖人之所不能勝也, 而況若乎! 雖然,

24) 강남江南, 이씨李氏본에 '기其' 자 뒤에 '소행所行' 두 글자가 빠져 있음을 지적하여 교감한 내용을 참고하여 부기했다.

若必有以也, 嘗以語我來!"

顔回曰: "端而虛, 勉而一, 則可乎?"

曰: "惡! 惡可! 夫以陽爲充孔揚, 采色不定, 常人之所不違, 因案人之所感, 以求容與其心. 名之曰日漸之德不成, 而況大德乎! 將執而不化, 外合而內不訾, 其庸詎可乎!"

"然則我內直而外曲, 成而上比. 內直者, 與天爲徒. 與天爲徒者, 知天子之與己皆天之所子, 而獨以己言蘄乎而人善之, 蘄乎而人不善之邪? 若然者, 人謂之童子, 是之謂與天爲徒. 外曲者, 與人爲徒也. 擎跽曲拳, 人臣之禮也, 人皆爲之, 吾敢不爲邪! 爲人之所爲者, 人亦無疵焉, 是之謂與人爲徒. 成而上比者, 與古爲徒. 其言雖教, 讁之實也. 古之有也, 非吾有也. 若然者, 雖直而不病, 是之謂與古爲徒. 若是則可乎?"

仲尼曰: ""惡! 惡可! 大多政, 法而不諜, 雖固亦无罪. 雖然, 止是耳矣, 夫胡可以及化! 猶師心者也."

顔回曰: "吾无以進矣, 敢問其方."

仲尼曰: "齋, 吾將語若! 有而爲之, 其易邪? 易之者, 皞天不宜."

顔回曰: "回之家貧, 唯不飮酒不茹葷者數月矣. 如此, 則可以爲齋乎?"

曰: "是祭祀之齋, 非心齋也."

回曰: "敢問心齋."

仲尼曰: "若一志, 无聽之以耳而聽之以心, 无聽之以心而聽之以氣! 聽止於耳, 心止於符. 氣也者, 虛而待物者也. 唯道集虛. 虛者, 心齋也."

顔回曰: "回之未始得使, 實自回也. 得使之也, 未始有回也. 可謂虛乎?"

夫子曰: "盡矣. 吾語若! 若能入遊其樊而無感其名, 入則鳴, 不入則止. 無門無毒, 一宅而寓於不得已, 則幾矣.

絕迹易, 无行地難. 爲人使易以僞, 爲天使難以僞. 聞以有翼飛者矣, 未聞以无翼飛者也. 聞以有知知者矣, 未聞以无知知者也. 瞻彼闋者, 虛室生白, 吉祥止止. 夫且不止, 是之謂坐馳. 夫徇耳目內通而外於心知, 鬼神將來舍, 而況人乎! 是萬物之化也, 禹舜之所紐也, 伏戲[羲]几蘧之所行終, 而況散焉者乎!"

사신으로 떠나려는 섭공자고에게 한 중니의 당부 4.2

섭공자고葉公子高[25)]가 장차 제나라에 사신으로 가려고 할 때 중니에게 물었다.

"[초나라] 왕이 저를 사신으로 삼은 것은 매우 막중한데, 제나라가 사신을 응할 때 대체로 대단히 정중한 듯하지만 [속으로는 이 일을] 다급하게 여기지 않을 것입니다. 평범한 사내라고 해도 오히려 움직일 수 없는데, 하물며 제후는 어떻겠습니까! 저는 이를 몹시 두려워하고 있습니다.

선생께서는 항상[26)] 제게 말씀하시길, '모든 일은 작은 것 같고 큰

---

25) 초나라 장왕莊王의 현손玄孫인 윤성자尹成子를 지칭한다. 성은 심沈이고, 이름은 제량諸梁이며, 자는 자고子高이다.

26) 원문의 '상常'을 번역한 것으로 판본에 따라 '상嘗'으로 쓰여 '일찍이'라고 해석하는 경우도 있다.

것 같아도 도리에 어긋나고서 기쁘게 이루어지기란 드물다. 일이 설령 이루어지지 않으면 반드시 인간 도리상[형벌 따위]의 근심이 있게 되고, 일이 설령 이루어지면 반드시 [자연 이치상의] 음양[기쁨과 슬픔 따위]의 근심이 있을 것이다. 이루어지든 이루어지지 못하든 간에 그 나중에 근심이 없는 것은 오직 덕이 있는 사람만이 할 수 있다.'라고 하셨습니다.

저는 먹을 때는 거친 음식을 고집하고 맛있는 것을 먹지 않으며, [밥을] 지을 때도 [불을 그리 쓰지 않아] 식는 것을 바랄 것도 없을 정도였습니다. 지금 제가 아침에 명을 받고서 저녁에 얼음을 마셨는데도 저는 제 [몸] 안이 뜨겁습니다! 저는 일의 실정에 미치지 않았는데도 음양의 근심이 생겼는데, 일이 만약 이루어지지 못하면 반드시 인간 도리상의 근심이 있게 될 것입니다. 이는 [근심이] 겹친 격으로, 남의 신하 된 자로서 감당할 수가 없으니, 선생께서는 제게 말씀을 해주십시오!"

중니가 말했다.

"천하에는 크게 경계해야 할 것이 두 가지가 있으니, 그중 하나는 운명이고, 또 다른 하나는 의로움이다. 자식이 어버이를 사랑하는 것은 운명이니 마음으로 풀어버릴 수 없고, 신하가 군주를 섬기는 것은 의로움이니 [어디에] 가더라도 군주 없는 곳이 없으니, 천지 사이에 달아날 곳이 없다. 이것을 '크게 경계해야 할 것'이라고 말한다.

이 때문에 어버이를 섬기는 자는 처지를 가리지 않고 어버이를 편안히 해드리는 것이니 효도의 지극한 것이고, 군주를 섬기는 자는 일을 가리지 않고 군주를 편안히 해드리니 충성의 훌륭한 것이며, 스스로 자신의 마음을 섬기는 자는 슬픔과 즐거움이 앞에서 베풀어지는 것으로 바뀌지 않고, 그것을 어찌할 수 없음을 알아서 편안히 운명을 따르니 덕의 지극한 것이다. 남의 신하와 자식 된 자는 본래 어찌할 수 없는 바가 있는 것이다. 일의 실정을 행하면서 그 자신을 잊으니 어느 겨를에 삶을 좋아하고 죽음을 싫어하는 데에 이르겠는가! 그대는 아마 떠나는 것이 좋겠구나!

내가 들은 바로 알려주고자[27] 한다. 교유는 가까우면 반드시 서로 믿음으로써 맺고, 멀면 반드시 말로써 충실해야 하는데, 말은 반드시 누군가 전하게 된다. 양쪽이 기뻐하고 노여워할 말을 전하는 것은 천하에 어려운 것이다. 양쪽이 기쁠 때는 반드시 칭찬하는 말이 넘치게 많고, 양쪽이 노여워할 때는 악담하는 말이 넘치게 많다. 넘치게 하는 부류는 거짓이니, 거짓되면 그 믿음이 없게 되고 [믿음이] 없어지면 말을 전한 사람이 재앙을 입는다. 그러므로 법언에 '그 떳떳한 감정을 [그대로] 전하고, 그 넘치는 말을 전하지 않으면 거의 안전하다.'라고 말했다.

또한 기교로 힘을 다투는 자는 서로 즐거운 데[陽]서 시작하지만 항상 노여워하는 데[陰]서 끝나며[28], [이것이] 극에 달하면 기이한 기

27) 원문의 '복復'을 번역한 것으로 '알리다', '아뢰다'의 의미인 '고告' 자와 통한다(박세당 설). 왕수민은 '말하다'의 뜻으로 보았다. 한편, 선영은 '재차 알려주다'의 뜻으로 풀이했으며, 육덕명도 '다시'라는 의미의 '부復'로 읽어야 한다고 보았다.

28) 원문의 '시호양始乎陽, 상졸호음常卒乎陰'을 번역한 것으로, 안동림은 '양陽'을 '정정당당하게'로, '음陰'을 '음모를 꾸미게'로 풀이했는데 타당해 보인다.

교가 많아지게 된다. 예법대로 술을 마시는 자는 다스리는 데서 시작하다가 항상 어지러워지는 것으로 끝나며, [이것이] 극에 달하면 기이한 쾌락이 많아지게 된다. 모든 일이 또한 그러하다. 좋은 마음에서 시작하지만 항상 비루함으로 끝나게 되며, 그것이 간단한 데서 시작되었지만 그것은 장차 반드시 거대한 일로 끝나게 된다.

말이란 바람이나 파도이다. 행동이란 얻음과 잃음이다. 거센 바람이나 파도는 움직이기 쉽고 얻음과 잃음은 위태로워지기 쉽다. 그러므로 분노가 일어나는 것은 다름 아니라 교묘한 말이나 치우친 말투 때문이다. 짐승이 죽을 때는 목소리를 가리지 않고, 숨소리는 거칠어지며, 여기에 아울러 거친 마음이 생겨난다.

엄격한 다그침이 지나치게 이르면[29] 반드시 어리석은 마음으로 그것에 대응하지만, 그것이 그렇게 된 이유를 [상대방은] 알지 못한다. 진정으로 그것이 그러한 이유를 알지 못한다면 누가 그것이 마치는 바를 알겠는가!

그러므로 법언에 '명령을 옮기지 말고, 힘써 이루려고 하지 말아야 할 것이니, 정도를 넘으면 더함이 된다.'라고 말했다. 명령을 옮기고 힘써 이루려는 것은 일을 위태롭게 하는 것이니, [일을] 잘 이루려면 오래 걸리고, 나쁘게 이루어진 것은 고칠 수도 없으니 삼가지 않을 수 있겠는가!

29) 원문의 '극핵태지剋核大至'를 번역한 것으로 '극剋'은 '급박하다[急]'의 뜻이고, '핵核'은 '핵覈'의 가차자로 '엄하다'라는 뜻이다(마쉬룬 설). '대大'는 '태'로 읽고, '지나치다'의 의미다. 김학주는 '극핵'을 '각박한 것'이라고 풀이하고 '극핵태지'에 대해 "각박함이 너무 지나치게 되면"이라고 번역했다. 이강수는 "핍박이 지나치게 심한 것"이라고 보았고, 안동림은 "너무 준엄하게 다그치면"이라고 번역했다. 또한 안병주·전호근은 "엄한 문책이 극에 달하면"이라고 번역했는데, 모두 참조할 만하다.

또한 만물에 흐름을 타고 마음을 노닐게 해서 어쩔 수 없음에 맡겨 속마음을 기르면 지극해질 것이다. 어찌 조작해서 보고할 것이겠는가! 명령을 그대로 전달하는 것보다 좋은 것은 아무것도 없다. 이것은 아마도 어려울 것이다."

葉公子高將使於齊, 問於仲尼曰: "王使諸梁也甚重, 齊之待使者, 蓋將甚敬而不急. 匹夫猶未可動, 而況諸侯乎! 吾甚慄之. 子常語諸梁也曰: '凡事若小若大, 寡不道以懽成. 事若不成, 則必有人道之患. 事若成, 則必有陰陽之患. 若成若不成而後无患者, 唯有德者能之.' 吾食也執粗而不臧, 爨无欲清之人. 今吾朝受命而夕飮冰, 我其內熱與! 吾未至乎事之情, 而既有陰陽之患矣. 事若不成, 必有人道之患. 是兩也, 爲人臣者不足以任之, 子其有以語我來!"

仲尼曰: "天下有大戒二, 其一, 命也. 其一, 義也. 子之愛親, 命也, 不可解於心. 臣之事君, 義也, 无適而非君也, 无所逃於天地之間. 是之謂大戒. 是以夫事其親者, 不擇地而安之, 孝之至也. 夫事其君者, 不擇事而安之, 忠之盛也. 自事其心者, 哀樂不易施乎前, 知其不可奈何而安之若命, 德之至也. 爲人臣子者, 固有所不得已. 行事之情而忘其身, 何暇至於悅生而惡死! 夫子其行可矣!

丘請復以所聞, 凡交近則必相靡以信, 遠則必忠之以言, 言必或傳之. 夫傳兩喜兩怒之言, 天下之難者也. 夫兩喜必多溢美之言, 兩怒必多溢惡之言. 凡溢之類妄, 妄則其信之也莫, 莫則傳言者殃. 故法言曰: '傳

其常情, 无傳其溢言, 則幾乎全.'

且以巧鬪力者, 始乎陽, 常卒乎陰, 大至則多奇巧. 以禮飮酒者, 始乎治, 常卒乎亂, 大至則多奇樂. 凡事亦然. 始乎諒, 常卒乎鄙. 其作始也簡, 其將畢也必巨.

言者, 風波也. 行者, 實喪也. 夫風波易以動, 實喪易以危. 故忿設无由, 巧言偏辭. 獸死不擇音, 氣息茀然, 於是竝生心厲. 剋核大至, 則必有不肖之心應之, 而不知其然也. 苟爲不知其然也, 孰知其所終! 故法言曰: '无遷令, 无勸成, 過度益也.'遷令勸成殆事, 美成在久, 惡成不及改, 可不愼與! 且夫乘物以遊心, 託不得已以養中, 至矣. 何作爲報也! 莫若爲致命. 此其難者."

권력자 수레바퀴 앞에서 앞발 치켜든 사마귀 4.3

안합顔闔[30]이 위衛나라 영공靈公[31]의 태자의 사부가 되어 거백옥蘧伯玉[32]에게 물었다.

"어떤 사람이 여기에 있으니, 그의 덕은 선천적으로 살기가 있습니다. 그와 더불어 도리에 맞지 않는 짓을 하면 곧 제 나라를 위험에 빠뜨릴 것이고, 그와 더불어 올바른 일을 한다면 곧 제 몸을 위

30) 노나라의 현인이며 〈양왕讓王〉 편과 〈열어구列御寇〉 편에도 등장하는 인물이다.

31) 나중에 위나라 장공인 괴외로 천부적으로 난폭하고 각박한 사람으로 소문이 자자했다.

32) 성은 거蘧이고, 이름은 원瑗이며, 자는 백옥伯玉이다. 위나라의 현인이며 〈칙양則陽〉 편에도 등장한다. 《논어》 〈헌문憲問〉 편과 〈위령공衛靈公〉 편에도 등장한다.

험에 빠뜨릴 것입니다. 그의 지혜는 다만 남의 허물을 아는 데 족할 뿐, 자신의 허물을 알지 못합니다. 만약 그러하다면, 제가 어떻게 하면 좋겠습니까?"

거백옥이 말했다.

"훌륭합니다, 질문이! 삼가고 삼가며 당신의 몸을 바르게 하십시오! 몸은 [그를] 따르는 것보다 좋은 것이 없고, 마음은 그와 화합하는 것보다 좋은 것이 없습니다.

비록 그렇지만 이 두 가지를 취해도 우환이 있을 것입니다. 따르더라도 끌려 들어가지 않게 하고 화합하더라도 밖으로 드러나지 않게 해야 할 것입니다. 몸으로 따르다가 끌려 들어가게 되면 [스스로] 엎어지고 파멸하며 무너지고 넘어지게 됩니다. 마음이 화합하다가 밖으로 드러나면 소문이 나고 이름이 알려져 화를 입고 재앙을 당할 것입니다. 그가 아이 같으면 당신도 그와 같이 아이처럼 하고, 그가 분수없이 행동하면 당신도 그와 같이 분수없이 행동하며, 그가 종잡을 수 없이 행동하면 당신도 그와 같이 종잡을 수 없는 행동을 해야 할 것입니다. 이렇게 통달하게 되면 허물이 없는 데에 들어가게 될 것입니다.

당신은 저 사마귀를 알지 못합니까? 사마귀는 앞발을 치켜들고 수레바퀴 앞에 막아서서 자신이 감당할 수 없다는 것을 알지도 못하고 있으니, 이는 자신의 재주가 훌륭하다고 믿기 때문입니다. 경계하고 삼가시오! 자신의 훌륭함을 뽐내면서 남을 거스르면 위태롭게 됩니다.

당신은 호랑이를 기르는 자를 알지 못합니까? 살아있는 것을 함부로 주지 않는 것은 호랑이가 그것을 죽이려고 성낼까 두려워하기 때문입니다. 또한 통째로 함부로 주지 않는 것은 호랑이가 그것을 찢으려고 성낼까 두려워하기 때문입니다. 호랑이의 배고픔과 배부름에 때맞게 음식을 주어 호랑이의 성내는 마음을 달래주어야 합니다. 호랑이가 사람과는 다른 부류지만 자신을 기르는 자를 잘 따르는 것은 [호랑이의 본성을] 잘 따르기 때문입니다. 그러므로 호랑이가 [자신을] 기르는 자를 죽이는 것은 [호랑이의 본성을] 거스르기 때문입니다.

말[馬]을 아끼는 자는 광주리에 말똥을 담고 큰 조개껍데기에 말 오줌을 둡니다. 마침 모기나 등에가 말 등에 붙어있는 것[33]을 보고 불시에 말을 때리면 [말은] 재갈을 끊고 [자신을 기르는 자의] 머리를 훼손하고 가슴을 부술 것입니다.[34] [말에 대한 행동에] 뜻이 지극한 바가 있어도 아낌이 잘못되는 바가 있으니 삼가지 않을 수 있겠습니까!"

顔闔將傅衛靈公太子, 而問於蘧伯玉曰: "有人於此, 其德天殺. 與之爲无方, 則危吾國. 與之爲有方, 則危吾身. 其知適足以知人之過, 而不知其所以過. 若然者, 吾奈之何?"

---

33) 원문의 '복연僕緣'은 '말 위에 붙어있다'라는 의미인데, '복僕'은 '붙어있다[附]'라는 뜻으로 본 왕염손王念孫의 설과 '친다[拍]'라는 뜻으로 본 성현영의 설이 대립한다. 여기서는 전자로 번역했다.

34) 원문의 '훼수쇄흉毁首碎胸'을 번역한 것으로, 주체를 기르는 사람으로 보기도 하고 말로 보기도 하는데, 역자는 후자의 설을 따랐다. 즉, 말이 놀라서 직접 재갈을 끊고 머리를 훼손하고 가슴을 부순다는 의미다.

蘧伯玉曰: "善哉問乎! 戒之, 愼之, 正女身也哉! 形莫若就, 心莫若和. 雖然, 之二者有患. 就不欲入, 和不欲出. 形就而入, 且爲顚爲滅, 爲崩爲蹶. 心和而出, 且爲聲爲名, 爲妖爲孽. 彼且爲嬰兒. 亦與之爲嬰兒. 彼且爲无町畦, 亦與之爲无町畦. 彼且爲无崖, 亦與之爲无崖. 達之, 入於无疵.

汝不知夫螳螂乎? 怒其臂以當車轍, 不知其不勝任也, 是其才之美者也. 戒之, 愼之! 績伐而美者以犯之, 幾矣.

汝不知夫養虎者乎? 不敢以生物與之, 爲其殺之之怒也. 不敢以全物與之, 爲其決之之怒也. 時其飢飽, 達其怒心. 虎之與人異類而媚養己者, 順也. 故其殺者, 逆也.

夫愛馬者, 以筐盛矢, 以蜄盛溺. 適有蚊虻僕緣, 而拊之不時, 則缺銜[衝]毀首碎胸. 意有所至而愛有所亡, 可不愼邪!"

어마어마한 크기의 나무가 된 이유 4.4

장석匠石이 제나라에 가다가 곡원曲轅에 이르렀는데, [토지신] 사당에 심어진 참나무를 보았다. 그 크기가 수천 마리의 소를 뒤덮을 만했고, 그것을 재어보니 백 아름이나 되었으며, 그 높이가 산을 내려다볼 수 있었고, 열 길을 지난 뒤에 비로소 가지가 있었으며, 그것으로 배를 만들 수 있었으니 거의 수십 척이나 되었다. [나무를] 보려는 자들이 [몰려들어] 저잣거리 같았는데, 장석은 돌아보지도 않고 그대로 가던 길을 멈추지도 않았다.

[장석의] 제자는 마음껏 보고는 달려가 장석에게 말했다.

"제가 도끼를 잡고 선생님을 따라다니고부터 목재가 이와 같이 아름다운 것을 보지 못했습니다. 그런데도 선생님께서는 달갑게 보려 하지도 않고 가던 길을 멈추지도 않고 가시는 이유는 무엇 때문입니까?"

[장석이] 대답했다.

"그냥 두어라, 그 나무를 말하지 마라! 쓸모없는 나무[35]이니 배를 만들면 가라앉고, 널과 덧널을 만들면 빨리 썩으며, 그릇을 만들면 빨리 훼손되는 데다, 문을 만들면 진액이 흘러나오고, 기둥을 만들면 좀먹는다. 이는 재목이 되지 않는 나무이니 쓸 만한 데가 없어서 이와 같은 수명을 누릴 수 있었던 것이다."

장석이 돌아왔는데 사당의 참나무가 꿈에 나타나 말했다.

"그대는 나를 어떤 것과 견주려고 하는가? 그대는 나를 문채가 있는 나무와 견주려 하는가? 아가위나무, 돌배나무, 귤나무, 유자나무는 과일이 열리는 나무로, 과실이 익으면 잡아당겨 뜯게 되고, 잡아당겨 뜯게 되면 욕을 당하게 되니, 큰 가지는 꺾이고 작은 가지는 휘어진다. 이것은 자기 능력으로 자기 삶을 고통스럽게 하는 격이니, 그러므로 타고난 수명을 마치지 못하고 중도에 일찍 죽게 되어 스스로가 세속으로부터 물리침을 받는 것이다. 만물이 이와 같지 않은 것이 없다.

35) 원문의 '산목散木'인데, '산散'은 '쓸모없다'라는 의미다. 성현영은 '재목으로 쓰이지 않는 나무[不材之木]'라고 풀이했다. 뒤에 나오는 '산인散人'의 '산'도 마찬가지다. '산목'은 '문목文木'과 상대적인 개념이다.

또한 나는 쓸 만한 바가 없어지기를 구한 지 오래되었는데 거의 죽을 지경에서 이제야 [쓸모없음의] 쓸모를 얻었으니, 그것이 나의 커다란 쓸모이다. 가령 내가 쓸모가 있었다면 이처럼 커다랗게 될 수 있었겠는가? 또 그대와 나는 모두 사물인데, 어찌 상대를 사물로 할 수 있겠는가? 그대도 거의 죽을 지경의 흩어질 사람이니 또한 어찌 흩어질 나무를 알겠는가!"

장석이 깨어나 그 꿈에 대해 점을 치자[36] 제자가 말했다.

"뜻이 쓸모없음을 취했다면 사당의 나무가 된 것은 어찌 된 일입니까?"

[장석이] 말했다.

"입을 꽉 닫거라! 너는 말하지 마라! 저 참나무 또한 [사당에] 의탁했을 뿐인데, 자기를 알아주지 않는 사람에게 욕을 심하게 먹는다고 생각할 것이다. 사당의 나무가 되지 않았더라도 또한 어찌하여 잘리게 될 일이 있었겠는가! 게다가 저 참나무는 가진 것이 보통 것들과는 다른데, [사당 나무가 된] 의리로써 그것을 기린다면 또한 요원하지 않은가!"

匠石之齊, 至於曲轅, 見櫟社樹. 其大蔽數千牛, 絜之百圍, 其高臨山十仞而後有枝, 其可以爲舟者旁十數. 觀者如市, 匠伯不顧, 遂行不輟.

36) 원문의 '교이진기몽覺而診其夢'을 번역한 것으로, 성현영의 견해대로 '진診'자를 '점치다[占]'라는 의미로 볼 것인가, 아니면 왕염손의 견해대로 '진畛'의 의미인 '알리다[告]'라는 의미로 볼 것인가의 문제다. 역자는 전자를 따랐는데 안병주·전호근도 그렇다. 안동림은 장석과 제자가 꿈을 점치는 일이 없을 것이라고 하여 후자의 의미가 타당하다고 했고, 김학주도 '고하다'의 의미로 보아 후자를 따랐다.

弟子厭觀之, 走及匠石, 曰: "自吾執斧斤以隨夫子, 未嘗見材如此其美也. 先生不肯視, 行不輟, 何邪?"

曰: "已矣, 勿言之矣! 散木也, 以爲舟則沈, 以爲棺槨則速腐, 以爲器則速毁, 以爲門戶則液樠, 以爲柱則蠹. 是不材之木也, 无所可用, 故能若是之壽."

匠石歸, 櫟社見夢曰: "女將惡乎比予哉? 若將比予於文木邪? 夫柤梨橘柚, 果蓏之屬, 實熟則剝, 剝則辱. 大枝折, 小枝泄. 此以其能苦其生者也, 故不終其天年而中道夭, 自掊擊於世俗者也. 物莫不若是. 且予求无所可用久矣, 幾死, 乃今得之, 爲予大用. 使予也而有用, 且得有此大也邪? 且也若與予也皆物也, 奈何哉其相物也? 而幾死之散人, 又惡知散木!"

匠石覺而診其夢. 弟子曰: "趣取無用, 則爲社何邪?"

曰: "密! 若无言! 彼亦直寄焉, 以爲不知己者詬厲也. 不爲社者, 且幾有翦乎! 且也彼其所保與衆異, 而以義譽之, 不亦遠乎!"

쓸모없는 나무의 특이한 쓸모 4.5

남백자기가 상구商丘에서 노닐 때 큰 나무를 보았는데 특이했다. 네 필의 말을 맨 수레 천 대가 그 나무의 그늘에 덮여 가릴 수 있을 정도였다. [남백]자기가 말했다.

"이것은 무슨 나무이던가? 이것은 반드시 특이한 재목으로 쓸모가 있겠구나!"

머리를 들어 가지들을 살펴보니 구불구불해서 대들보가 될 수 없었다. 머리를 숙여 큰 뿌리를 보았더니 한가운데가 갈라져 널이나 덧널이 될 수도 없었다. 그 잎을 핥아보니 입이 얼얼해지고 상처가 났다. 그 냄새를 맡아보니 사람에게 매우 어지럽게 취하게 하여 사흘이나 그치지 않았다.

[남백] 자기가 말했다.

"이 나무는 과연 재목이 되지 않는 나무라서 이처럼 크게 자라게 되었구나.

아아, 신인[37]들도 이처럼 재목이 아닌 것이구나!"

南伯子綦遊乎商之丘, 見大木焉有異, 結駟千乘, 隱將芘其所藾. 子綦曰: "此何木也哉? 此必有異材夫!" 仰而視其細枝, 則拳曲而不可以爲棟梁[樑]. 俯而視[38]其大根, 則軸解而不可以爲棺槨. 咶其葉, 則口爛而爲傷. 嗅之, 則使人狂醒, 三日而不已.

子綦曰: "此果不材之木也, 以至於此其大也. 嗟乎神人, 以此不材!"

쓸모없는 것이 상서롭다 4.6

송나라에 형씨荊氏라고 하는 곳이 있는데, 가래나무, 잣나무, 뽕나무가 잘 자랐다. 그 둘레가 한두 줌[39] 이상 되는 것은 원숭이를 매

---

37) 지인과 진인 등 이상적인 인간을 뜻한다. 〈소요유〉 1.6에도 관련 내용이 나온다.

38) 판본에 따라 '견見'으로 쓰인 경우도 있다.

어두는 말뚝을 찾는 사람이 베어갔다. 서너 아름 되는 나무는 높고 큰 집안의 대들보를 찾는 사람이 베어갔다. 일고여덟 아름 되는 나무는 [신분이] 귀한 사람이나 잘사는 상인의 집에서 널감을 찾는 사람이 베어갔다. 그러므로 타고난 수명을 다 마치지 못하고 중도에 도끼에 의해 요절했으니, 이것이 재목의 근심이다.

제사[40]를 지낼 때, 소 중에 이마가 흰 것[41]과 돼지 중에 코가 하늘을 바라보는 것과 사람 중에 치질을 앓고 있는 자는 황하에 [제물로] 들어맞을[42] 수 없다고 한다. 이것은 모두 무당이나 축관들이 이미 알고 있어서 그것들을 상서롭지 못하다고 여기는 까닭이다. [그러나] 이는 곧 신인이 크게 상서롭다고 여기는 까닭이다.

宋有荊氏者, 宜楸柏桑. 其拱把而上者, 求狙猴之杙者斬之. 三圍四圍, 求高名之麗者斬之. 七圍八圍, 貴人富商之家求樿傍者斬之. 故未終其天年, 而中道之夭於斧斤, 此材之患也. 故解之以牛之白顙者與豚之亢

39) 원문의 '공파拱把'를 번역한 것으로, "'공拱'은 '두 손을 감쌀 수 있는 것[兩手所圍也]', '파把'는 '한 손으로 감쌀 수 있는 것이다[一手所握也].'"(주희朱熹 설)

40) 원문의 '해解'인데, 신에게 제사를 지내면서 재앙이나 화근을 없애는 의식으로 '해제解除'라고도 한다.

41) '백상白顙'은 '흰 이마'로서 흉색을 의미한다.《예기禮記》〈단궁檀弓 상上〉 편과 〈명당위明堂位〉 편 등의 기록에 나타난 내용을 보면 하대에는 흑색, 은대에는 백색, 주대에는 적색을 희생으로 썼는데, 은나라 탕왕이 검은 수소[玄牡]를 희생으로 썼다는 기록도 있다. 여하튼 여기서 보이는 문맥상 의미는 흉한 의미다.

42) 원문의 '적하適河'를 번역한 것인데, "사람을 황하에 빠뜨려 제사 지내는 것이다[沈人於河祭也]."(사마표 설)라는 설도 있으며, 유사한 맥락에서 이 경우 '적' 자는 '가다[往]'라는 의미로 보아야 한다는 설도 있다. 즉, 현토본에서 "'적適'은 '왕往'이니 이것으로써 황하에 가서 제사 지내서는 안 됨을 말한다[適者往也, 言不可以之往祭於河也]."라고 했다.

鼻者, 與人有痔病者不可以適河. 此皆巫祝以知之矣, 所以爲不祥也. 此乃神人之所以爲大祥也.

불구자 지리소의 세상 살아가기 4.7

지리소支離疏[43]라는 자는 [모습은] 턱이 배꼽에 숨어있고, 어깨가 정수리보다도 높으며, 상투[44]는 하늘을 가리키고, 오장이 위에 있으며, 두 넓적다리가 겨드랑이에 [붙어] 있다. [그러나 능력이 있어] 바늘로 꿰매는 것과 헌 옷을 빠는 것으로 입에 풀칠할 수 있으며, [곡식을] 키질하고 쌀을 잘 찧는 것으로 열 식구를 먹여 살릴 수 있다.

나라에서 병사를 징집하면 지리소는 팔을 걷어 올리고 그 사이를 노닐었다. 나라에 큰 부역이 있으면 지리소는 늘 병을 지니고 있으므로 일을 받지 않았다. 나라에서 병자에게 곡식을 주게 되면 세 종鍾의 곡식과 열 묶음의 땔나무를 받았다.

자기 몸을 온전하지 못하게 만든 사람도 오히려 그 몸을 잘 보양하고 타고난 수명을 다 마치는데, 또 하물며 그 덕을 온전하지 못하게 만든 자[45]는 어떻겠는가!

---

43) 이 이름 역시 가공으로서 지支는 '사지[肢]', 리離는 '떨어져있다'라는 의미이고, '소疏'가 이름인데, 이 또한 세상과 괴리되어 소외되어 있다는 의미가 내포되어 있으니, 이 이름은 간단히 지체장애인을 말한다. 다른 편명에도 비슷한 이름이 보이는데, 〈지락至樂〉 편의 '지리숙支離叔'이나 〈열어구〉 편의 '지리익支離益'이다.

44) 원문의 '괄최會撮'를 번역한 것으로 '상투'를 뜻한다. 〈대종사〉 편 6.3에 '구췌句贅'라는 단어와 같은 의미다.

45) 장자 특유의 냉소가 돋보이는 이 구절에서 유가의 허식과 형식을 비판하면서 날카롭게 풍자하고 있다.

支離疏者, 頤隱於臍, 肩高於頂, 會撮指天, 五管在上, 兩髀爲脅. 挫鍼治繲, 足以餬口. 鼓筴播精, 足以食十人. 上徵武士, 則支離攘臂而遊於其間. 上有大役, 則支離以有常疾不受功. 上與病者粟, 則受三鍾與十束薪. 夫支離其形者, 猶足以養其身, 終其天年, 又況支離其德者乎!"

접여가 공자의 숙소 앞에서 한 노래 4.8

공자가 초나라에 갔는데, 초나라의 미치광이 접여[46]가 [공자의 숙소] 문에서 노닐면서 말했다.

"봉황[47]이여, 봉황이여, 어찌 그토록 [당신의] 덕이 쇠락했는가!
오는 세월은 기대할 수 없고, 지나간 세월은 좇아갈 수 없구나.[48]
천하에 도가 있으면 성인은 그것을 이루지만,
천하에 도가 없으면 성인은 그저 살아갈 뿐이라네.
지금 세상에서는 겨우 형벌을 면할 것이네.
복福은 깃털보다 가벼운데, 아무도 실을 줄 모르며,
화禍는 땅덩이보다 무거운데 아무도 피할 줄 모르는구나.
그만두자꾸나, 그만두자꾸나, 덕으로 내세움이여!
위태롭구나, 위태롭구나, 땅에 선 긋고 달려가는구나!

46) 〈소요유〉 편에도 나오는 인물이다.

47) 여기서 봉황은 공자를 비유한 것인데, 당연히 풍자와 조소가 배어있는 말이다. 《논어》〈미자〉 편에도 원문의 순서와 글자가 일부 바뀌어 비슷하게 나온다.

48) 원문이 《논어》〈미자〉 편에 "지나간 것은 [도리어] 간언할 수 없고, 오는 것은 오히려 좇아갈 수 있네[往者不可諫, 來者猶可追]."라고 되어 있는데, 지나간 일은 이미 덧없고 미래도 암울하다는 한탄이 배어있다.

가시나무여[49], 가시나무여, 내가 가는 길을 해치지 마라!

내가 가는 길을 감추기도 하고 돌아가기도 하여[50] 내 발을 다치게 하지 말지니!"

산의 나무는 스스로를 해치고, 기름불은 스스로를 태운다. 계수나무는 먹을 수 있어서 [사람들이] 베어가고, 옻나무는 쓸모가 있어서 [사람들이] 잘라간다. 사람들은 모두 쓸모 있음의 쓰임을 알고, 아무도 쓸모없음의 쓰임을 알지 못한다.

孔子適楚, 楚狂接輿遊其門曰: "鳳兮鳳兮, 何如德之衰也! 來世不可待, 往世不可追也. 天下有道, 聖人成焉. 天下无道, 聖人生焉. 方今之時, 僅免刑焉. 福輕乎羽, 莫之知載. 禍重乎地, 莫之知避. 已乎已乎, 臨人以德! 殆乎殆乎, 畫地而趨! 迷陽迷陽, 无傷吾行! 吾行郤曲, 无傷吾足!"

山木自寇也, 膏火自煎也. 桂可食, 故伐之. 漆可用, 故割之. 人皆知有用之用, 而莫知无用之用也.

49) 원문의 '미양迷陽'을 번역한 것인데 '가시가 많은 풀'이란 의미로서 남쪽 초나라에는 가시풀이 많았다는 설로 왕응린王應麟의 주장이기도 하다. 그런데 이 단어가 '망양亡陽'의 의미로서 '덕을 감추다'라는 뜻으로 보기도 하는데, 곽상과 성현영 등이 그러하다. 안병주·전호근은 왕씨의 설을 따랐고, 역자 역시 이 설에 동의한다.

50) 원문의 '극곡郤曲'을 번역한 것으로 '판본에 따라 '극郤'이 '각卻'으로 쓰여 있기도 하여 '물러나 구불구불하게 위험을 피하다'라는 의미로 보기도 한다. 왕수민은 '회적晦迹', 즉 '종적을 희미하게 해버리는 것'이라는 의미로 풀이했다.

제5편

덕충부德充符

덕이 충만한 징험

【해설】

본래 '덕德'이란 '도道를 얻는다[得]'라는 의미로서 대도大道 정신을 구현하는 것을 뜻한다. 말하자면 자연의 도를 체득한 인간의 내면이 충만하여 그 조짐이 밖으로 나타난다는 의미인데, 불완전한 외형을 초월하여 덕을 갖춘 삶을 살아가라는 장자의 충고가 이 편의 핵심이다. 즉, 이 편에서 장자는 인간이 집착하는 형해形骸를 초월한 경지에서 살아가는 자들의 모습을 그리고 있으니 외모가 괴상망측한 자들, 즉 발 잘린 절름발이나 꼽추, 언청이 같은 사람들을 통해 오히려 그들의 삶의 방식을 배우라고 한다.

2장은 정鄭나라 자산과 같은 세속적 출세의 모습은 오히려 그런 부귀와 영화가 소용없고 그와 대비되어 비천함과 욕됨의 상징인 신도가 같은 사람이 더 낫다는 내용이며, 우리 인간이 설정한 가치 기준이 얼마나 허구적임을 설파하고 있다. 한 걸음 더 나아가 백혼무인같이 덕이 충만한 자가 진정한 삶을 잘 살아가는 자이다. 특히 4장에서 곱사 애태타 이야기를 통해 왜 그토록 장자가 형상을 초월하여 변화무쌍한 실재에 맡기고 만물과 일심동체가 되어야 하는지를 다시 한번 강조한다. 그는 우리가 추구하는 권세도 없고, 재산도 없으며, 외모는 더더욱 추하고, 언변도 없고, 지식이나 사려도 없다. 그런데 그자가 많은 사람의 선망의 대상이 된 이유는 어디에 있을까? 심지어 중니조차 애태타에게 감탄하는 모습을 통해 우리가 추구하는 욕망의 문제를 되짚어보게 한다.

장자는 인간의 영혼이 육신보다 중요하고 마음이 외형보다 중요함을 이 편에서 보여준다. 겉모습은 좀 다르지만, 인간이라는 본질적인 측면에서 보면 모두가 같다는 시각을 보여주고 있다.

이 편에 등장하는 숙산무지가 공자가 이상적으로 생각하는 온전한 덕을 갖춘 인물로 그려지고 있고, 바로 공자가 제기한 '지인'이란 점 역시 자연의 본성을 잃지 않는 본연의 모습을 간직하고 있어야 함을 말하는 것이다. 추한 외모보다는 덕이 깊은 인물이야말로 애태타의 예에서 보듯이 누구든 다가서고자 하는 대상임이 분명하다.

그러기에 이 편에 등장하는 중니는 조소의 대상이요 비판의 대상이며, 심지어 냉소와 풍자의 대상 그 이상도 그 이하도 아니다. 장자는 자연에 비해 한없이 초라한 인간이 왜 그토록 욕망에 몰입하는지를 비판한다. 특히 6장에 보이는 '무정无情'에 관한 토론에서 장자는 인간이 늘 좋고 싫음의 감정을 표출하는 데서 자신을 손상하고 타인과의 관계를 좀먹고 있음을 강조하고 있다.

요컨대 이 편에서 장자는 우리 인간이 늘 신경 쓰는 외모와 육신의 문제는 결국 감정에 치우치지 않고 자연의 본성에 따라감으로써 덕이 충만한 사람으로 승화된다는 논지를 펼치고 있다.

발 잘리는 형벌을 받은 자에게 배우려는 이유 5.1

노나라에 발이 잘리는 형벌을 받은 자[1]인 왕태王駘[2]가 있었는데, 그를 좇아 따르는 사람들이 중니와 서로 비슷했다. 상계常季[3]가 중니에게 여쭈었다.

"왕태는 발[뒤꿈치가] 잘리는 형벌을 받은 자임에도 그를 좇아 따르는 자들이 선생님과 노나라를 양분하고 있습니다. 서서 가르치지도 않고 앉아서 논의하는 것도 아닌데, 비우고 가서 가득 채우고 돌아옵니다. 진실로 말하지 않는 가르침이 있으니 형체가 없으면서도 마음으로 이루는 것이 있는 겁니까? 이 사람은 무엇하는 사람입니까?"

중니가 말했다.

"그분은 성인이니, 나는 단지 [머뭇거리다가] 뒤처져 있어 아직 찾아가지 못했을 뿐이다. 나도 장차 그를 스승으로 삼으려 하는데 하물며 나만 못한 사람은 어떻겠는가! 어찌 단지 노나라에 그치겠는가! 나는 천하 사람을 이끌고 가서 함께 그를 따를 것이다."

상계가 말했다.

"그는 발[뒤꿈치가] 잘리는 형벌을 받은 자인데도 선생님보다 더 훌륭하다고[4] 하시니, 아마도 평범한 사람과는 또한 차이가 나는 자

1) 원문의 '올자兀者'를 번역한 것으로 성현영은 "한쪽 발이 잘리는 형벌을 '올'이라고 한다[刖一足曰兀]."라고 했다. 이이의 견해대로 '올兀' 자와 '개介' 자를 같은 자로 보아도 무방하다. '개' 자는 〈양생주養生主〉 편 3.3에 나온다.

2) 실존 인물인지 가공인물인지 불분명하다. 성현영은 "성은 왕王이고, 이름은 태駘이며, 노나라 사람이다[姓王, 名駘, 魯人也]."라고 했는데, '태駘' 자가 '노둔하다'라는 뜻이 있으니 가공인물로 봐도 무방하다.

3) 공자의 제자로 노나라의 성현이라고 알려진 인물인데, 실존 인물인지는 불분명하다. 《사기》〈중니제자열전〉 편에 그 이름이 보이지 않는다.

인가 봅니다. 그와 같은 자는 마음 쓰는 것이 대체 어떻습니까?"

중니가 말했다.

"죽고 사는 것도 큰 것이지만 그를 변하게 할 수 없고, 비록 하늘이 무너지고 땅이 꺼진다고 해도 또한 그를 버려지게 하지 못한다. 거짓 없는 도를 살펴 만물과 함께 옮겨 다니지 않고, 만물의 조화를 운명으로 여기고[5] 그 근본을 지키는 것이다."

상계가 말했다.

"무엇을 말씀하시는 겁니까?"

중니가 말했다.

"그 [서로] 다른 점으로 보면 간과 쓸개도 초나라와 월나라[처럼 먼 것] 같고, 그 같은 점으로 보면 만물이 모두 하나인 것이다. 이와 같은 자는 또한 귀와 눈이 마땅하다고 여기는 바를 알지 못하고, 마음을 덕의 조화 속에서 노닐게 하며, 만물을 하나의 경지에서 바라보고, 그가 잃어버린 바를 알지 못하니, 자기 발 잃어버리는 것을 마치 흙덩이를 버리는 것처럼 하는 것이다."

상계가 말했다.

"그는 자신을 위해 자신의 앎으로 자신의 마음을 체득했고, 자신의 마음으로 자신의 일정한 마음[6]을 체득한 것인데, 대중[7]이 무엇

---

4) 원문의 '왕王'을 번역한 것으로 '왕旺' 자와 뜻이 통한다(왕수민 설).

5) 원문의 '명命'을 번역한 것으로, 역자는 원문의 원의에 의거해서 번역했다. 이강수는 차오추지 설을 따라 '주재하다'라는 뜻으로 보았다. 김학주는 '따르는 것', '믿는 것'으로 풀이했으며, 안동림은 "[자연의] 운명으로 알고 그대로 따르면서도"라고 번역하고 해동奚侗이 풀이한 '믿다[信]'의 설을 부기했는데, 참조할 만하다.

6) 원문의 '상심常心'인데, 《노자》 49장에 "성인은 일정한 마음을 갖지 않고, 백성의 마음을 [자신의] 마음으로 삼는다[聖人無常心, 以百姓心爲心]."라고 했다.

때문에 그에게 모이게 되는 겁니까?"

중니가 말했다.

"사람은 흐르는 물을 거울로 여기지 않고 멈추어 있는 물을 거울로 여긴다. 오직 멈추어 있는 것만이 멈출 수 있어 대중을 멈추게 한다. 땅에서 목숨을 받은 것 중에서는 오직 소나무와 잣나무만이 바르니, 겨울이든 여름이든 푸르고 푸르다. 하늘에서 목숨을 받은 것 중에서 오직 순임금만이 홀로 바르니, 다행히 삶을 바르게 할 수 있어서 대중의 삶을 바르게 할 수 있었다.

처음(도를 가리킴)을 보전하려는 징험은 두려워하지 않는 것의 실정이다. 용감한 병사 한 명이 대군 속으로 영웅처럼 들어가 장차 명성을 바라고 매달리는 자도 오히려 이와 같은데, 하물며 천지를 주관하고 만물을 굽어보아서 단지 육신六身을 기탁하는 것으로 여기고, 눈과 귀를 허상으로 여기며 지식으로 아는 바를 하나로 여겨 마음이 일찍이 죽은 적이 없는 자이겠는가! 그는 장차 날을 택하여 이승을 떠날 것이니, 사람들은 이러한 점을 따른다. 그가 장차 어찌 외물을 일거리로 삼겠는가!"

魯有兀者王駘, 從之遊者與仲尼相若. 常季問於仲尼曰: "王駘, 兀者也, 從之遊者與夫子中分魯. 立不教, 坐不議, 虛而往, 實而歸. 固有不言之教, 无形而心成者邪? 是何人也?"

仲尼曰: "夫子, 聖人也, 丘也直後而未往耳. 丘將以爲師, 而況不若丘

---

7) 원문의 '물物'을 번역한 것으로 여기서는 '중인衆人'의 뜻으로 보아 '대중'으로 번역했다. 한편 임희일은 '인물人物'이라고 풀이했는데, 안병주·전호근은 이 설을 따라 '다른 사람'이라고 풀이했다.

者乎! 奚假魯國! 丘將引天下而與從之."

常季曰: "彼兀者也, 而王先生, 其與庸亦遠矣. 若然者, 其用心也獨若之何?"

仲尼曰: "死生亦大矣, 而不得與之變, 雖天地覆墜, 亦將不與之遺. 審乎无假而不與物遷, 命物之化而守其宗也."

常季曰: "何謂也?"

仲尼曰: "自其異者視之, 肝膽楚越也. 自其同者視之, 萬物皆一也. 夫若然者, 且不知耳目之所宜, 而遊心乎德之和. 物視其所一而不見其所喪, 視喪其足猶遺土也."

常季曰: "彼爲己以其知, 得其心以其心. 得其常心, 物何爲最之哉?"

仲尼曰: "人莫鑑於流水而鑑於止水, 唯止能止衆止. 受命於地, 唯松柏獨也在冬夏靑靑. 受命於天, 唯舜獨也正, 幸能正生, 而正衆生. 夫保始之徵, 不懼之實. 勇士一人, 雄入於九軍. 將求名而能自要者, 而猶若是, 而況官天地, 府萬物, 直寓六骸, 象耳目, 一知之所知, 而心未嘗死者乎! 彼且擇日而登假, 人則從是也. 彼且何肯以物爲事乎!"

자네는 머물러 있고 내가 먼저 나가겠네 5.2

신도가申徒嘉[8]는 발이 잘리는 형벌을 받은 자인데, 정鄭나라 자산子産[9]과 함께 백혼무인伯昏无人[10]을 스승으로 삼았다. [함께 가는 것이

8) 성姓은 신도申徒이고, 이름은 가嘉로, 정鄭나라 현인이라고 알려진 인물이다. 가공인물로 보기도 한다.

9) 성은 공손公孫이고, 이름은 교僑이며, 자는 자산子產이다. 정나라의 명재상으로 알려진 사람으로 공자도 칭송한 자이다. 물론 여기에 기록된 문답은 정나라가 이미 전국시대 초에 한韓나라에 멸망했으므로 시기가 맞지 않는다.

마뜩잖아] 자산은 신도가에게 말했다.

"내가 먼저 나가면 그대는 머물러 있고, 그대가 먼저 나가면 내가 머물러 있겠네."

그 이튿날 다시 방에 모여 자리를 같이하고 앉아 있게 되었다. 자산이 신도가에게 말했다.

"내가 먼저 나가면 그대는 머물러 있고, 그대가 먼저 나가면 내가 머물러 있겠다고 했었네. 지금은 내가 나가려고 하니, 그대가 남아 주겠는가, 안 되겠는가? 게다가 그대는 정사를 집행하는 자인 나를 보고도 피하지 않으니, 그대가 정사를 집행하는 자와 [신분이] 같다고 여기는가?"

신도가가 말했다.

"선생의 문하에 본래 이와 같은 정사를 집행하는 자니 하는 구분이 있었는가? 그대라는 사람은 자신이 정사를 집행한다고 하여 남을 업신여기는 사람이었는가? 듣기로, '거울이 깨끗하면 먼지나 때가 남아있지 않고, [먼지나 때가] 남아있으면 밝게 비추지 못한다. 오랫동안 어진 이와 함께 있으면 허물이 없어진다.'라고 하니, 지금 그대가 큰 덕으로 여길 분은 선생이신데, 여전히 이 같은 말을 하니 또한 허물이 아니겠는가!

자산이 말했다.

"그대는 이미 이와 같은 몸이 되었는데도 오히려 요임금과 더불어 훌륭함을 다투려 하니, 그대의 덕을 헤아려보면서 스스로 반성

10) 가공인물로서 〈열어구〉 편에 백혼무인伯昏瞀人으로 한자가 다르지만 동일 인물로 보인다. 〈전자방〉 편에는 같은 한자로 되어 있다.

할 줄 모르는가?"

신도가가 말했다.

"스스로 자신의 허물을 변명하며 [발을] 잃은 것이 부당하다고 생각하는 자는 많고, 자신의 허물을 변명하지 않고 [발이] 남아있게 되는 것이 [오히려] 부당하다고 여기는 자는 적다네. 어찌할 수 없다는 것을 알고 편안하게 운명과 같이[11] 여기는 것은 오직 덕이 있는 자만이 할 수 있네. 예羿가 활의 과녁 안에서 노닌다면, 그 과녁의 한가운데는 [화살이] 적중하는 곳이지만, 그런데도 화살에 맞지 않는 것은 운명이지.

세상 사람 중에는 자기 발이 온전하다고 해서 내 온전하지 못한 발을 비웃는 자가 많으니, 나는 화를 발끈 내다가도 선생이 계신 곳에 가면 [화가] 사라져 없어지고 [본래의 마음으로] 돌아오게 된다네. 알지 못하지만, 선생의 훌륭한 덕으로 나를 씻어준 것일까?

내가 선생을 따른 지 십구 년이 되었지만, 내가 절름발이인 것을 의식한 적이 없었다네. 지금 그대는 나와 육체의 안[12]에서 노닐고 있는데도, 그대는 나를 육체의 밖에서 찾고 있으니, 또한 허물이 아니겠는가!"

자산이 놀라서 얼굴색을 고치고 용모를 바로잡으며 말했다.

"그대는 더는 거론하지 말게!

11) 원문의 '약若'을 번역한 것으로 '순順'과 같다고 풀이하는 경우(이강수 설)도 있는데, 참조할 만하다.

12) 원문의 '형해지내形骸之內'를 번역한 것으로 '형해'는 육체를 말한다. 즉, 육체의 내부인 마음 또는 덕을 의미한다.

申徒嘉, 兀者也, 而與鄭子產同師於伯昏无人. 子產謂申徒嘉曰: "我先出則子止, 子先出則我止." 其明日, 又與合堂同席而坐. 子產謂申徒嘉曰: "我先出則子止, 子先出則我止. 今我將出, 子可以止乎, 其未邪? 且子見執政而不違, 子齊執政乎?"

申徒嘉曰: "先生之門, 固有執政焉如此哉? 子而說子之執政而後人者也? 聞之曰: '鑑明則塵垢不止, 止則不明也. 久與賢人處則無過.' 今子之所取大者, 先生也, 而猶出言若是, 不亦過乎!"

子產曰: "子旣若是矣, 猶與堯爭善, 計子之德不足以自反邪?"

申徒嘉曰: "自狀其過以不當亡者衆, 不狀其過以不當存者寡. 知不可奈何而安之若命, 唯有德者能之. 遊於羿之彀中. 中央者, 中地也. 然而不中者, 命也. 人以其全足笑吾不全足者多矣, 我怫然而怒. 而適先生之所, 則廢然而反. 不知先生之洗我以善邪? 吾與夫子遊十九年矣, 而未嘗知吾兀者也. 今子與我遊於形骸之內, 而子索我於形骸之外, 不亦過乎!"

子產蹴然改容更貌曰: "子无乃稱!"

중니를 찾아온 절름발이가 던진 말 5.3

노나라에 발이 잘리는 형벌을 받은 자인 숙산무지叔山無趾[13]가 중니에게 이르러[14] 만났다. 중니가 말했다.

"그대는 이전에 삼가지 않아 이미 죄를 범하여 이렇게 되었지. 비

13) '숙산叔山'이 자이고 월형을 당해 발이 없어서 이름이 '무지無趾'다. 참고로 '지趾'는 복사뼈 이하의 발가락 부분이다(안동림 설).

록 지금 내게 와서 배운들 무슨 방도가 있겠는가!"

[숙산]무지가 말했다.

"나는 단지 [세상일에] 힘쓸 줄 모르고 내 몸을 가볍게 써서 이렇게 발을 잃었습니다. 지금 내가 온 것은 오히려 발보다 더 존귀한 것이 남아있어서 나는 그것을 힘써 보전하려고 합니다. 하늘은 덮어주지 않는 것이 없고, 땅은 실어주지 않는 것이 없습니다. 나는 선생을 하늘과 땅이라고 생각했는데, 선생이 이와 같을 줄은 몰랐습니다!"

공자가 말했다.

"내가 [생각이] 고루했소. 그대는 어찌 들어오지 않소? 들은 것을 말해주고자 하오!"

[숙산]무지가 나가버리자 공자가 말했다.

"제자들이여, 힘써야 한다! 저 [숙산]무지는 절름발이인데도 오히려 배움에 힘써 이전에 지은 악행을 보충하는데, 하물며 온전한 덕을 지닌 사람은 어떻겠는가!"

[숙산]무지가 노담에게 말했다.

"공구孔丘(중니)는 지인至人에 아마도 이르지 못한 것이겠지요? 그는 어째서 자주 선생님에게 배우려고 하는 걸까요? 그는 또 속임수

14) 원문의 '종현踵見'을 번역한 것인데 '종踵'의 의미가 '자주[頻]'라고 보는 설(곽상·성현영)도 있고, 이 글자의 의미대로 "발가락이 없기 때문에 발뒤꿈치로 걸어간 것[無趾故踵行]."(최선 설)이라고 보기도 하며, 한 걸음 더 나아가 '잇다[繼]', '이르다[至]', '따라가다[追]' 등 다양하게 있는데, 안병주·전호근의 경우 《맹자》〈등문공滕文公 상上〉 편의 '종문이고문공踵門而告文公'이라는 구절의 주에, '종문踵門'이 "발이 문에 이르다[足至門也]."라는 주희의 주석을 근거로 들어 '이르다'라는 의미로 풀이했다. 일리가 있어 취한다.

와 기괴한[15] 명성으로 소문나기를 바라는데, 지인은 그런 명성을 자신의 차꼬나 수갑으로 여긴다는 것을 모르는 걸까요?"

노담이 말했다.

"단지 그에게 죽고 사는 것을 하나의 조목으로 여기도록 하고, 옳고 옳지 않은 것을 하나의 조리로 여기도록 하는 것이 그 차꼬와 수갑을 풀게 하는 일로 아마 가능하지 않겠는가?"

[숙산]무지가 말했다.

"하늘이 그에게 형벌을 내렸는데, 어떻게 풀 수 있으리오!"

魯有兀者叔山无趾, 踵見仲尼. 仲尼曰: "子不謹前, 旣犯患若是矣. 雖今來, 何及矣!"

无趾曰: "吾唯不知務而輕用吾身, 吾是以亡足. 今吾來也, 猶有尊足者存, 吾是以務全之也. 夫天無不覆, 地無不載, 吾以夫子爲天地, 安知夫子之猶若是也!"

孔子曰: "丘則陋矣. 夫子胡不入乎, 請講以所聞!"

无趾出. 孔子曰: "弟子勉之! 夫无趾, 兀者也, 猶務學以複補前行之惡, 而況全德之人乎!"

无趾語老聃曰: "孔丘之於至人, 其未邪? 彼何賓賓以學子爲? 彼且蘄以諔詭幻怪之名聞, 不知至人之以是爲己桎梏邪?"

老聃曰: "胡不直使彼以死生爲一條, 以可不可爲一貫者, 解其桎梏, 其

---

15) 원문의 '숙궤환괴諔詭幻怪'를 번역한 것으로 매우 기괴하다는 의미인데, 이 역시 이설이 있다. 역자는 육덕명이 '숙궤諔詭'를 '기이한 것[奇異]'이라고 본 것에 의거했는데, 그 의미는 법도나 정상에서 벗어난 것을 의미한다. 〈천하〉 편의 '숙궤諔詭'와 〈제물론〉 편의 '적궤弔詭'를 같은 것으로 보는 설(장병린)도 있는데, 일리가 있다.

可乎?"

无趾曰: "天刑之, 安可解!"

온전한 덕을 갖추면 못생긴 사람도 누구에게나 사랑받는다 5.4

노나라 애공哀公[16]이 중니에게 물었다.

"위나라에 못생긴 사람[17]이 있는데, 애태타哀駘它[18]라고 합니다. 사내들이 그와 함께 지내게 되면 [그를] 사모하여 떠나지 못합니다. 여인들은 그를 보면 부모에게 '다른 사람의 아내가 되느니 차라리 그분의 첩이 되겠습니다.'라고 하는데, 그 수가 수십 명 선에서 그치지 않는다고 합니다.[19] [그러나] 그는 [앞서] 주창하는 것을 들어본 적이 없고, 늘 남들과 화합할 뿐입니다.

군주 된 사람의 자리에서 사람들의 죽음을 구제할 수 없고, 녹봉을 모아 사람들의 배를 채워줄 수도 없습니다. 게다가 그 못생긴 몰골은 천하 사람들을 놀라게 할 정도이고, 화합하기만 하고 주창하지 않으며, 지식이 사방의 남들보다 뛰어난 것도 아닌데, 남녀들이 그 앞에 모

16) 노나라 군주로 정공定公의 아들이며, 이름은 장蔣이고, 기원전 494년부터 기원전 468년까지 재위했다. 공자가 애공을 만난 시기는 68세 이후로 추정되는데, 여기의 문답 역시 가설로 설정한 것이다.

17) 원문의 '악인惡人'을 번역한 것으로, '악'은 '추醜'와 같은 뜻으로 추남을 의미한다. 한편으로 '악' 자가 '곱사등이[亞]'의 의미가 있다고 보기도 한다.

18) '애태哀駘'가 성이고 '타它'가 이름인데, 낙타처럼 등에 혹이 있어 구부정한 등을 가진 사람으로 가공인물로 보는 것이 타당하다. 여기서 '타' 자도 '낙타'를 의미하는 '타駝' 자로 보기도 한다.

19) 원문의 '십수이미지야十數而未止也'를 번역한 것으로, 역자와 달리 이강수는 '십수十數'를 '열 손가락'으로 보아 "열 손가락으로 셀 수 없을 정도였습니다."라고 번역했는데, 참조할 만하다.

여듭니다. 이 사람은 반드시 남들과는 다른 점이 있는 자일 것입니다.

과인이 불러서 그를 관찰해보니 과연 못생긴 몰골이 천하 사람들을 놀라게 할 만했습니다. [그런데] 함께 지낸 지 한 달도 안 되어 과인은 그의 사람됨에 끌렸고, 일 년이 채 되기 전에 과인은 그를 믿게 되었습니다. 나라에 재상이 없어서 과인이 그에게 나랏일을 맡기려고 했습니다. [그는] 한동안 무심하게 있다가[20] 대답했는데, 아무 일도 아닌 듯한 마음으로 마다했습니다.[21] 과인은 갑자기 그에게 나랏일을 맡기려고 한 것을 부끄럽게 여겼습니다. 얼마 안 되어 과인을 떠나버렸습니다. 과인이 근심스러워하면서[22] [무언가를] 잃어버린 것 같았으며, 이 나라의 즐거움을 함께할 사람이 없어진 듯했습니다. 그는 어떤 사람입니까?"

중니가 말했다.

"제가 초나라에 사신으로 간 적이 있었는데, 마침 새끼 돼지들이 죽은 어미의 젖을 먹는 것을 보았는데, 조금 있다가 놀라며 모두 그 어미를 버리고 달아났습니다. [이는] 자기들을 보살펴주지 않고, 본래의 모습과 같지 않았기 때문입니다. 그들이 어미를 사랑하는 것은 그 육신을 사랑하는 것이 아니라, 그 육신을 부리게 하는 [무형의] 것을 사랑했기 때문입니다.

전쟁하다가 죽은 자는 그 사람의 장례에 삽翣(장식물)[23]을 쓰지 않

---

20) 원문의 '민연悶然'을 번역한 것으로, '무심하여 지각이 없는 것'을 가리킨다.

21) 원문의 '범이약사氾而若辭를 번역한 것으로 〈전자방〉 편의 '범연이사泛然而辭'와 같은 의미다.

22) 원문의 '술언卹焉'을 번역한 것인데, '술卹'은 '휼恤' 자와 통한다(왕수민 설). '언焉'은 '연然' 자와 통한다. 박세당은 "술卹은 마음에 근심하는 바가 있는 것이다[卹者 心有所憂也]."라고 주를 달았다.

으며, 발이 잘리는 형벌을 받은 자는 신을 아끼지 않으니, 모두 그 근본이 없어졌기 때문입니다. 천자의 후궁이 된 자들은 손톱을 [짧게] 자르지 않고[24], [귀걸이 하려고] 귀를 뚫지 않으며, 아내를 얻은 자는 [궁궐] 밖에 머물게 하고 다시 [숙직을] 부리지 않습니다. 몸이 온전한 경우에도 이와 같이 하는데 하물며 온전한 덕을 지닌 사람은 어떻겠습니까!

지금 애태타는 말을 하지 않아도 믿음을 주고, 공적이 없어도 친근하며, 사람들이 자기 나라를 내주면서도 오직 그가 받지 않을까 두려워하게 하니, 이 사람은 반드시 재능이 온전하고 덕이 드러나지 않은 자일 것입니다."

애공이 말했다.

"무엇을 재능이 온전하다고 말합니까?"

중니가 말했다.

"죽음과 삶, 존재와 패망, 곤궁과 영달, 가난과 부유, 현명과 어리석음, 헐뜯음과 명예, 배고픔과 목마름, 추위와 더위, 이런 것은 사물의 변화이며 운명의 유행입니다. 밤낮으로 앞에서 바뀌는데, 지각으로는 그 시작을 살필 수 없습니다. 그러므로 조화로움을 어지럽히기에는 부족하고, 마음속으로 들어오지 않도록 해야 하며, 그것으로 하여금 온화하고 기쁘고 통달하게 하여 기쁨을 잃지 않게 하고, 밤낮으로 틈 없이 만물과 함께 어울리게[25] 만드니, 이것은 [만

---

23) 발인할 때 영구의 앞뒤에 세우는 제구의 의미인데, 《설문해자說文解字》에 '관에 달린 새의 깃털[棺羽飾]'이라는 자의에 의거하기도 한다. 역자는 '관의 장식물', 즉 제구의 일종으로 보았다.

24) 원문의 '불조전不爪翦'을 번역한 것으로 '불전조不翦爪'의 도치로 보인다(왕수민 설).

물과] 접하여 마음에서 때에 맞게 하는 것이니, 이것을 '재능이 온전하다[才全]'고 말합니다."

[애공이 말했다.]

"무엇을 덕이 드러나지 않는다고 말합니까?"

[중니가] 말했다.

"평평함이란 물이 머무르고 있는 것이 훌륭한 것입니다. 그것이 법이 될 수 있으니, 안으로는 보전되고 밖으로는 요동치지 않기 때문입니다. 덕이란 완성된 조화를 닦은 것입니다. 덕이 드러나지 않는 사람은 사물이 떠날 수 없습니다."

애공이 다른 날, 민자閔子[26]에게 알려주며 말했다.

"처음에 나는 천하에 군주 노릇 하며 백성들의 기강을 잡고 그들이 죽을까 근심하면서 나 스스로 최고의 도에 이르렀다고 생각했소. 지금 내가 지인至人에 관한 말을 듣고는 내가 그런 실질은 없이 내 몸을 가볍게 써서 내 나라를 망치게 할까 두려워하오. 나와 공구는 군주와 신하의 사이가 아니라 덕으로 벗하는 사이일 뿐이오."

魯哀公問於仲尼曰: "衛有惡人焉, 曰哀駘它. 丈夫與之處者, 思而不能去也. 婦人見之, 請於父母曰: '與爲人妻寧爲夫子妾'者, 十數而未止也. 未嘗有聞其唱者也, 常和人而已矣. 无君人之位以濟乎人之死, 无聚祿以望人之腹. 又以惡駭天下, 和而不唱, 知不出乎四域, 且而雌雄

25) 원문의 '춘春'을 번역한 것으로 김학주는 《설문해자》의 '추推'와 의미가 통한다고 보아 '추이하다', '어울려 가다'로 풀이했는데, 타당한 견해다. 임희일은 '춘' 자가 앞의 '기쁘다[兌]'와 같다고 보았다.

26) 공자의 제자인 민자건閔子騫을 말한다.

合乎前. 是必有異乎人者也. 寡人召而觀之, 果以惡駭天下. 與寡人處, 不至以月數, 而寡人有意乎其爲人也. 不至乎期年, 而寡人信之. 國无宰, 寡人傳國焉. 悶然而後應, 氾而若辭. 寡人醜乎, 卒授之國. 無幾何也, 去寡人而行, 寡人卹焉若有亡也, 若無與樂是國也. 是何人者也?"

仲尼曰: "丘也嘗使於楚矣, 適見㹠子食於其死母者, 少焉眴若皆棄之而走. 不見己焉爾, 不得類焉爾. 所愛其母者, 非愛其形也, 愛使其形者也. 戰而死者, 其人之葬也不以翣資. 刖者之屨, 无爲愛之. 皆无其本矣. 爲天子之諸御, 不爪翦, 不穿耳. 取妻者止於外, 不得復使. 形全猶足以爲爾, 而況全德之人乎! 今哀駘它未言而信, 无功而親, 使人授己國, 唯恐其不受也, 是必才全而德不形者也."

哀公曰: "何謂才全?"

仲尼曰: "死生存亡, 窮達貧富, 賢與不肖毁譽, 飢渴寒暑, 是事之變, 命之行也. 日夜相代乎前, 而知不能規乎其始者也. 故不足以滑和, 不可入於靈府. 使之和豫, 通而不失於兌. 使日夜无郤[27]而與物爲春, 是接而生時於心者也. 是之謂才全."

"何爲德不形?"

曰: "平者, 水停之盛也. 其可以爲法也, 內保之而外不蕩也. 德者, 成和之修也. 德不形者, 物不能離也."

哀公異日以告閔子曰: "始也吾以南面而君天下, 執民之紀而憂其死, 吾自以爲至通矣. 今吾聞至人之言, 恐吾無其實, 輕用吾身而亡其國. 吾與孔丘, 非君臣也, 德友而已矣."

27) 판본에 따라 '극郤'으로 쓰인 것도 있다.

온전한 사람은 외형을 초월한다 5.5

인기지리무신闉跂支離無脤[28]이 위나라 영공에게 유세하러 가자, 영공이 기뻐했다. [영공이] [장애가 없는] 온전한 사람을 보니, 그의 목이 가늘고 긴[29] 모습이었다. 옹앙대영甕盎大癭[30]이 제나라 환공에게 유세하러 가자, 환공이 기뻐했다. [환공이] 온전한 사람을 보니, 그의 목이 가늘고 긴 모습이었다. 그러므로 덕에 뛰어난 바가 있으면 육체는 잊어버리는 바가 있는데 사람들은 잊어야 할 바는 잊지 않고 잊지 말아야 할 바를 잊어버리니, 이것을 '진실한 잊음'[31]이라고 말한다.

그러므로 성인은 노닐면서 앎을 거추장스러운 것[32]으로 보며, 약속을 아교처럼 여기고, 덕을 [억지로] 이어 붙이는 것[33]으로 여기며, 기술을 장사꾼으로 여긴다. 성인은 도모하지 않으니 어디에 지식을 쓰겠는가? [장식하기 위해] 깎지 않으니 어디에 아교를 쓰겠는가? [도

28) 장애인을 지칭하여 부른 것으로, 절름발이에 곱사등이, 게다가 언청이로 물론 가공인물이다. '인闉'은 '구부러지다', '기跂'는 '지肢'의 가차자로서 '절름발이'라는 의미이고, '지리支離'는 네 팔다리가 저마다 떨어져 있다는 의미다. 〈인간세〉 편에도 나온다. '무신無脤'의 '신'은 '입술[脣]'과 같은데, '입술이 없다'라는 뜻으로 '언청이'를 말한다.

29) 원문의 '두견견脰肩肩'을 번역한 것으로, '두脰'는 목[頸]의 의미이고, '견견肩肩'은 '야위고 작은 모양[羸小貌]' 또는 '가늘고 긴 모양[細長之貌]'이라는 의미다.

30) 항아리 크기의 혹이 붙은 인물로서 '옹甕'과 '앙盎'은 '항아리[瓦器]'를 의미한다. 구체적으로 목 아래의 혹이 항아리 정도나 되는 기괴한 모양의 인물이다.

31) 원문의 '성망誠忘'인데, 이 개념에 관해 "이것이 덕이 밖으로 드러나지 않는다는 뜻이다[斯德不形之義也]."라고 풀이한 성현영의 주석에 따라 상당수의 주석가들이 긍정의 의미로 보았으나, '진실로 잊어버림'이라는 의미의 부정적 의미로 보는 학자도 있다(안병주·전호근 설).

32) 원문의 '얼孼' 자로 '서자'를 의미하는데, 여기서는 '곁가지로 나온 나머지' 정도로 봐도 무방하다.

道를] 잃어버리지 않으니 덕을 어디에 쓰겠는가? 팔지 않으니 어디에 장사꾼의 속성을 쓰겠는가? 이 네 가지[34]는 '하늘의 기름[天鬻]'이다. 하늘의 기름이란 하늘이 먹여주는 것이다. 이미 하늘에서 먹을 것을 받았으니 또 어디에 인위적인 것을 쓰겠는가!

[성인은] 사람의 형체를 가지고 있으나, 사람의 감정은 없다. 사람의 형체를 지니고 있기에 사람들과 무리를 지어서 살고, 사람의 감정이 없기에 옳고 그름의 분별이 몸에 붙지 못한다. 작디작은 것은 사람에게 속한 것이구나! 높고도 크도다, 그 하늘의 덕을 홀로 이룬 것인저!

闉跂支離无脤說衛靈公, 靈公說之. 而視全人, 其脰肩肩. 甕盎大癭說齊桓公, 桓公說之. 而視全人, 其脰肩肩. 故德有所長而形有所忘, 人不忘其所忘而忘其所不忘, 此謂誠忘. 故聖人有所遊, 而知爲孽, 約爲膠, 德爲接, 工爲商. 聖人不謀, 惡用知? 不斲, 惡用膠? 无喪, 惡用德? 不貨, 惡用商? 四者, 天鬻也. 天鬻者, 天食也. 旣受食於天, 又惡用人! 有人之形, 无人之情. 有人之形, 故群於人, 无人之情, 故是非不得於身. 眇乎小哉, 所以屬於人也! 謷乎大哉, 獨成其天!

33) 원문의 '덕위접德爲接'을 번역한 것으로, '접接'은 성현영의 풀이대로 덕을 내세워 백성과 교제한다는 의미에서 '교제의 수단'으로 볼 것인가, 아니면 선영의 풀이대로 '접속接續'의 뜻으로 보아 중간에 끊어진 것을 다시 이어 붙인다는 의미로 볼 것인가의 문제다. 필자는 후자에 따라 번역했는데, 안병주·전호근은 후자의 설에 따라 '억지로 기워 붙이는 것'으로 보았다. 안동림의 경우는 전자의 설을 취했고, 김학주는 '덕'을 '득得' 자로 보아 '소득'·'이득'의 뜻으로 보고, '접'은 '첩捷'의 뜻으로 보아 '소득이란 것은 다른 것을 더 추구하는 것'이라고 풀이했다.

34) 원문의 '불모不謀', '불착不斲', '무상無喪', '불화不貨' 등을 말한다.

감정이 있어야만 사람인가 5.6

혜자가 장자에게 일러 말했다.

"사람은 본래 감정이 없는가?"

장자가 말했다.

"그렇지."

혜자가 말했다.

"사람인데도 감정이 없다면 어찌 그를 사람이라고 말하는가?"

장자가 말했다.

"도가 그에게 [외적인] 모습을 주었고 하늘이 그에게 형체를 주었으니[35] 어찌 그를 사람이라고 말하지 못하겠는가?"

혜자가 말했다.

"이미 그를 일컬어 사람이라고 한다면 어찌 감정이 없을 수 있는가?"

장자가 말했다.

"이것은 내가 일컫는 바의 감정이 아니지. 내가 감정이 없다고 말한 바의 것은 사람이 좋아하는 것과 싫어하는 것으로써 안으로는 그 자신을 해치지 않고 늘 자연에 순응하면서 삶을 보태려 하지 않는 것일세."

혜자가 말했다.

"삶을 보태려 하지 않으면서 무엇으로써 자신의 몸이 존재할 수

---

35) 원문의 '도여지모道與之貌, 천여지형天與之形'을 번역한 것으로 '모貌'와 '형形'에 대해 왕수민은 '부여받은 것의 자연스러움[稟之自然]'이라고 보았다.

있겠는가?"

장자가 말했다.

"도가 그에게 모습을 주었고 하늘이 그에게 형체를 주었으니, 좋아하니, 싫어하니, 하면서 안으로 그 몸을 상하게 하지 않지. 지금 자네는 자네의 정신을 밖으로 하여 자네의 정신을 수고롭게 해서, 나무에 기대 신음하며 마른 오동나무에 의지해 졸고 있다네. 하늘이 자네의 형체를 갖추어주었는데[36] 자네는 견堅이니, 백白이니 하면서 울려대고 있다네!"

惠子謂莊子曰: "人故无情乎?"

莊子曰: "然."

惠子曰: "人而无情, 何以謂之人?"

莊子曰: "道與之貌, 天與之形, 惡得不謂之人?"

惠子曰: "旣謂之人, 惡得无情?"

莊子曰: "是非吾所謂情也. 吾所謂无情者, 言人之不以好惡內傷其身, 常因自然而不益生也."

惠子曰: "不益生, 何以有其身?"

莊子曰: "道與之貌, 天與之形, 无以好惡內傷其身. 今子外乎子之神, 勞乎子之精, 倚樹而吟, 據槁梧而瞑. 天選子之形, 子以堅白鳴!"

36) 원문의 '선選'을 번역한 것으로 왕수민은 '선僎'의 가차자로 보았는데, '선僎'은《설문해자》에 '갖추다[具]'의 뜻으로 나온다.

제6편

대종사大宗師

크게 받드는 스승

【해설】

‘대종사大宗師’는 ‘도道를 스승으로 모시는 진인眞人’을 지칭한다. 진인은 참된 앎[眞知]이라는 개념 바로 앞에 등장하는데, 만물의 변화나 운행의 참모습을 의미한다. 첫 장부터 다양한 진인이 등장한다. 희위씨부터 견오, 황제黃帝, 전욱, 서왕모, 팽조 등 십여 명이 나오는데, 부열 등 〈열선전列仙傳〉을 방불케 하는 흥미진진한 인물들이 등장한다. 물론 ‘진인’의 범상치 않은 모습을 통해 장자는 아무 데도 얽매이지 않는 진인의 모습이 자연과 합일되어 있음을 강조하고 있다.

장자 특유의 화법은 거의 예외 없이 등장한다. 득도자의 입장에서 볼 때 어지러운 세상에서 인간들이 서로를 위해 감싸주는 행위는 부자유의 굴레를 피할 수 없는 하찮은 몸부림에 지나지 않음을 역설적으로 표현하고 있다. 삶과 죽음의 문제는 밤낮의 바뀜처럼 늘 존재하는 자연의 법칙이라는 시각은 여전히 장자가 거대한 자연 앞에서 고립적으로 존재할 수 없음을 알려준다.

물론 이 편의 기본적인 흐름은 노자의 ‘도道’론을 그대로 계승하고 있는데, 장자가 말하는 도의 체득 과정은 ‘삼관三關’을 넘어서서 ‘사오四悟’를 체득하는 과정으로 요약될 수 있겠다. 2장의 남백자규와 여우의 대화도 주목해서 볼 부분인데, 이 부분에서 장자는 도의 체득이 배움보다는 수행에서 얻어질 수 있는 것으로 보면서, 그 과정은 지적 영역이 아닌 감성의 영역인 문자언어와 시각과 청각을 총동원하는 데에서 출발함을 강조하고 있다. 이 장에 나오는 첨명瞻明·섭허聶許·수역需役·어구於謳·현명玄冥·참료參寥·의시疑始 등의 개념은 바로 도의 경지로 나아가는 주요한 실천의 방식이며, 정신적 경지라는 중요한 메시지를 담고 있다.

그리고 3장에 나오듯이 자사·자여·자리·자래·자상호·맹자반 등의 인물들이 중니와 자공 등에게 던지는 해학도 눈여겨볼 부분이다. 어찌 보면 고통을 딛고 살아가는 무기력함 속에서 태연한 감정을 유지하고자 하는 지난한 노력은 이들의 운명이 비극적이며, 결국에는 현실과 유리될 수 없는 비극임을 암시하고 있다. 또한 7장에서 중니와 안회의 대화

속에 등장하는 좌망坐忘이란 개념은 왜 이 편이 주목받아야 하는지 그 이유를 충분히 말해준다.

덧붙여 이 편은 신선술이나 심지어 법가 사상까지 섞여 있다는 오해를 불러일으킬 만큼 내편의 다른 편들에 비해 문장의 구성이 이질감이 있다. 이 점에서 장자의 초기 작품이거나 장자를 배우는 제자들이 가필한 것으로 의심된다는 설도 있다.

진인의 다양한 모습 6.1

하늘[자연][1]이 하는 바를 알고 사람이 하는 바를 아는 자는 지극해진다. 하늘이 하는 바를 아는 자는 타고난 수명대로 산다. 사람이 하는 바를 아는 자는 자신의 지식이 아는 바로 자신의 지식으로 알지 못하는 것을 기르는데, 그 타고난 목숨을 다 마치고 중도에 일찍 죽지 않으니 이것이 지식의 훌륭한 것이다.

비록 그러하지만 근심거리가 있다. 지식이란 의거하는 바[표준]가 있고 난 뒤에야 판단이 서게 되니, 그 의거하는 바가 다만 확정되지 않았다. [그런데] 어찌 내가 말하는 하늘이 인위가 아닌 것을 알겠는가? [또 내가] 말하는 바의 인위가 하늘이 아닌 것을 알겠는가?

바로 진인眞人이 있고 난 뒤에야 참된 앎이 있게 된다. 무엇을 진인이라고 말하는가? 옛날의 진인은 적은 일이라고 해서 거스르지 않았고, 성취했다고 해서 내세우지 않았으며, [인위적인] 일을 꾀하지도 않았다. 그와 같은 자는 잘못되어도 후회하지 않고, 타당해도 스스로 만족하지 않는다. 그와 같은 자는 높은 곳에 올라가서도 두려워하지 않고, 물에 빠져서도 젖지 않으며, 불에 들어가서도 뜨거워하지 않는다. 이것은 지식이 도에 도달할 수 있는 자라야만 이와 같은 것이다.

옛날의 진인은 잠을 자도 꿈을 꾸지 않았고, 깨어나서도 근심하지 않았으며, 먹어도 맛있어하지 않았고, 숨 쉴 때는 깊고 깊게 했

1) 원문의 '천天'은 '자연自然'을 말한다는 곽상과 성현영 등의 설을 따랐다. 이 장의 '하늘'이라는 번역어는 곧 '자연'을 의미한다.

다. 진인은 발뒤꿈치로 숨을 쉬지만[2], 많은 사람은 목구멍으로 숨 쉬니, 굴복당한 자는 그 목멘 소리가 마치 토해내는 것 같고, 즐기고 욕망이 깊은 자는 타고난 기지[天機]가 얕다.[3]

옛날의 진인은 삶을 기뻐하는 것을 알지 못했고, 죽음을 싫어하는 것을 알지 못했으니, 생겨나온 것을 기뻐하지 않았고, 죽는 것을 거역하지도 않았다. 거리낌 없이 가고, 거리낌 없이 올 뿐이었다. 그 시작된 곳을 잊지 않고, 그 끝나는 곳을 추구하지 않았다. [삶을] 받으면 기뻐하고, 잃으면 [자연으로] 돌아가니, 이것을 "마음으로 도를 버리지 않고, 인위적인 것으로 하늘의 도를 조장하지 않는다."라고 말한다. 이런 자를 진인이라고 말한다.

이와 같은 자는 그 마음이 뜻하는 바가 있고, 그 모습이 고요하며, 그 이마는 널찍하니, 서늘하기가 가을 같고 따스하기가 봄 같아 기뻐하고 성내는 것이 사계절에 통하여 사물과 적당할 수 있었으니, 그 궁극을 아무도 알지 못한다.

그러므로 성인이 군대를 움직여서 나라를 멸망시켜도 인심(민심)을 잃지 않았고, 이익과 은택이 만세에 베풀어져도 남(백성)을 [사사로이] 친하다고 여기지 않았다.

그러므로 만물에 통하는 것을 즐거워하면 성인이 아니고, 친한 것이 있으면 인자仁者가 아니며, 하늘의 때로 살피려고 하면 현자賢

2) 일종의 호흡법인 '종식법踵息法'으로, 발뒤꿈치로부터 숨을 일으켜 온몸에 퍼지게 하는 방식이니 매우 깊은 숨쉬기로서 바로 진인眞人과 '많은 사람[衆人]'과의 깊고 얕음의 차이를 말한 것이다.

3) 원문의 '기기욕심자其耆欲深者, 기천기천其天機淺'을 번역한 것으로, '기욕耆欲'과 '천기天機'가 상대어로 쓰여 즐기고 욕망하는 것을 줄여 타고난 기지를 잘 유지하라는 메시지다.

者가 아니다. 이익과 해침에 상통하지 않으면 군자가 아니고, 명성을 추구하여 자기를 잃으면 선비가 아니며, 몸을 망치고 진실되지 못하면 남을 부리는 자가 아니다. 호불해狐不偕[4], 무광務光[5], 백이伯夷, 숙제叔齊, 기자箕子[6], 서여胥餘[7], 기타紀他[8], 신도적申徒狄과 같은 사람들은 남의 일에 부려지고 남의 즐거움을 즐겼으나, 스스로는 자신의 즐거움을 즐기지 못한 자들이다.

옛날의 진인은 그 모습이 우뚝하면서도[9] 무너지지[10] 않았고, 부족한 듯하지만 [남들에게] 받는 것이 없었다. 홀로 몸가짐이 법도에 맞는데도 고집스럽지 않았다. 넓고 크게 비운 듯했어도 화려하지 않았다. 밝고 밝아 기쁜 듯했다! 재촉하여 어쩔 수 없는 듯했다! 가득하여 안색을 드러내었고, 여유롭게 자신의 덕에 머물렀으며, 드넓어 큰 듯했다! 아득하여 제어할 수 없는 듯했으며, 연이어 [입이] 닫혀있는 것을 좋아하는 듯하지만, 멍하여 그 말을 다 잊었다.

4) 현인으로 알려진 인물로 요임금의 선양을 받지 않고 황하에 몸을 던져 죽었다고 한다.《한비자韓非子》〈설의說疑〉 편의 '호불계狐不稽'라는 인물과 동일인이다.

5) 황제 때의 사람으로 키가 7척이고 양생술을 익혔으며 거문고 타기를 즐겨했는데 탕湯이 천하를 선양하려고 했으나 사양하고 스스로 돌을 짊어지고 여수廬水에 빠져 죽었다. 무광에 대한 기록은 〈외물外物〉 편과 〈양왕〉 편에도 보인다.

6) 은나라 주왕의 현신으로 주왕의 무도함을 직언했으나 듣지 않자 노예가 되었다. 〈외물〉 편에도 나온다.

7) 기자의 이름이라고도 하는데, 초나라 대부 오사伍奢의 아들인 오자서伍子胥를 말한 것이라는 설도 있어 이설이 분분하다.

8) 성은 기紀이고, 이름이 타他이며, 탕왕 때의 은자이다. 탕이 무광에게 선양했다는 소식을 듣고는 자신에게 미칠까 두려워하다가, 마침내 제자들을 이끌고 관수窾水에 빠져 죽었다는 사람이다. 〈외물〉 편에도 그의 이야기가 수록되어 있다.

9) 원문의 '의義'를 번역한 것으로 ' 아峨' 자의 가차자인데, 〈천도〉 편의 '이장의연而狀義然'에서 '의연義然'과 의미가 통한다(유월 설).

10) 원문의 '붕朋'인데, '붕崩' 자와 같다.

형벌을 몸체로 삼고, 예의를 날개로 삼으며, 지식을 때맞추는 것으로 삼고, 덕을 따르는 것으로 삼았다. 형벌을 몸체로 삼은 것은 그 [죄인] 죽이는 것을 너그럽게 하는 것이고[11], 예의를 날개로 삼은 것은 세상에 [널리] 실행하기 위한 까닭이다. 지식을 때맞추는 것으로 삼은 것은 일에서 마지못해 한 것이다. 덕을 따르는 것으로 삼은 것은 발이 있는 자와 함께 언덕에 이르게 될 것을 말하는 것이다. 그러나 사람들은 참으로 부지런히 실행해야 이르게 될 것이라고 생각한다.

그러므로 그가 좋아하는 것도 하나이고, 그가 좋아하지 않는 것도 하나이다. 그가 하나 되는 것도 하나이고, 그가 하나 되지 않는 것도 하나이다. 그 하나 되는 것은 하늘과 무리가 되는 것이고, 그 하나 되지 않는 것은 사람과 무리가 되는 것이다. 하늘과 사람이 서로 이기지 않으니, 이를 진인이라고 말한다.

죽음과 삶은 운명이고, 거기에는 밤과 낮처럼 항상 하는 것이 있어 자연스러운 것이다. 사람이 간여할 수 없는 바가 있으니, 모두 만물의 실정이다. 저들은 특별히 하늘을 부모로 여겨 자신이 그를 사랑하는데 하물며 그보다 더 탁월한 것은 어떻겠는가! 사람들은 특별히 군주를 자기보다 낫다고 생각하여 자신이 그를 위해 죽는데 하물며 진인에게는 어떻겠는가!

샘물이 말라 물고기들이 함께 땅 위에 모여 있으면서 서로 물을 내뿜어주고 서로 물거품으로 적셔주는 것은 강이나 호수에서 서로

11) 원문의 '작호綽乎'를 번역한 것으로, 참고로 김학주는 장병린의 설을 따라 '작綽'이 '작焯'과 통하는 것으로 보아 형벌을 쓰는 것을 밝게 하는 의미로 풀이했다.

를 잊는 것만 못한 것이다. 요임금을 기리고 걸왕을 비난하기보다는 둘 다 잊고 도道와 조화가 되는 것만 못한 것이다.

대지는 나를 형체로써 실어주고, 나를 삶으로써 수고롭게 한다. 나를 늙음으로써 편안하게 해주며, 나를 죽음으로써 쉬게 한다. 그러므로 내 삶을 좋게 생각하는 것은 곧 내 죽음을 좋게 생각하는 것이다.

배를 골짜기에 감춰두고 그물[12)]을 연못 속에 감춰두고는 견고하게 했다고 말한다. 그러나 한밤중에 힘 있는 자가 그것을 지고 달아나면 잠든 자[13)]는 알지도 못한다. 작은 것과 큰 것을 감추는 데는 각기 적당한 곳이 있어도 오히려 [그것을 가지고] 달아날 곳이 있다. 만약에 천하를 천하 속에 감춘다면 달아날 곳이 없게 된다. 이것이 바로 만물의 큰 실정이다. [사람들은 태어나면서] 단지 사람의 형체를 훔친 것으로도 오히려 기뻐한다. [그러나] 그 사람의 형체와 같은 것은 만 가지로 변하여 애초에 끝이 없는 것이니, 그 즐거움을 다 헤아릴 수 있겠는가! 그러므로 성인은 만물을 [가지고] 달아날 수 없는 [도의] 경지에서 노닐고 모두 존속한다.

일찍 죽는 것도 좋게 여기고 오래 사는 것도 좋게 여기며, 삶이 시작되는 것도 좋게 여기고 죽음도 좋게 여기니, 사람들은 이것을 본받고자 하는데, 또한 하물며 만물이 얽매여 있고 한결같은 조화가 의거하는 것은 어떻겠는가!

---

12) 원문의 '산山'을 번역한 것으로, 산汕의 가차자로 풀이한 유월의 설에 따라 번역했다. 한편 곽상과 성현영은 모두 '산'이라는 본래 글자의 의미에 따라 풀이했다.

13) 원문의 '매자昧者'를 번역한 것으로, 성현영의 풀이대로 '심령心靈이 우매愚昧한 사람'을 비유한 것이라 하겠다.

도는 실정이 있고 믿음이 있지만 행위가 없고 형체도 없으니, [마음으로] 전해줄 수는 있지만 받을 수는 없고, 터득할 수는 있지만 볼 수는 없다. 스스로 근본으로 여기고 스스로 근간으로 여기니, 아직 천지가 있기 전에 예로부터 본래 존재한 것이다. 귀신을 신령스럽게 여기고 상제를 신령스럽게 여기며, 하늘을 낳고 땅을 낳았다. 태극의 위에 있으면서도 높게 여기지 않았고, 육극[깊은 땅속] 아래에 있으면서도 깊게 여기지 않았으며, 하늘과 땅보다 먼저 생겼으면서도 오래되었다고 여기지 않았고, 태고보다 오래되었으면서도 늙었다고 여기지 않았다.

희위씨狶韋氏는 그것을 터득해서 하늘과 땅을 거머쥐었고, 복희씨伏戲氏는 그것을 터득해서 기운의 근원을 이어받았다. 북두성北斗星[14]은 그것을 터득해서 영원히 어그러지지 않았고, 해와 달은 그것을 터득해서 영원히 쉬지 않았다. 감배堪坏[15]는 그것을 터득해서 곤륜산崑崙山으로 들어갔고, 풍이馮夷[16]는 그것을 터득해서 황하에서 노닐었다. 견오[17]는 그것을 터득해서 태산에 머물렀고, 황제는 그것을 터득해서 구름 위의 하늘에 올랐다. 전욱[18]은 그것을 터득해

14) 원문의 '유두維斗'를 번역한 것으로, "뭇별의 매단 밧줄이라는 의미 때문에 이것을 일컬어 유두라고 한다[爲衆星綱維 故謂之維斗]."라는 성현영의 설에 의해 북두성이라고 번역했다.

15) 곤륜산의 신을 말하는데, 사람 얼굴에 짐승 모습을 한 것으로 알려져 있다.

16) 황하의 신 하백河伯을 말하는데《목천자전穆天子傳》에는 '무이無夷'로도 나온다.

17) 태산의 신으로 "도道를 얻었으므로 동악에 머물러 태산의 신이 되었다[得道, 故處東岳爲太山之神]."라고 주석한 성현영의 설이 있다. 견오가 다른 편에도 몇 군데 나오는데 일반 사람의 의미로 나온다. 여기서는 신선화된 이미지가 강하다.

서 현궁에 머물렀고, 우강禺强[19]은 그것을 터득해서 북극의 바다에 섰다. 서왕모西王母[20]는 그것을 터득해서 소광산小廣山[21]에 앉아서 아무도 그 시작을 알 수 없었고 아무도 그 끝을 알 수 없었다. 팽조는 그것을 터득해서 위로는 유우씨有虞氏(순임금)에게 미치고 아래로는 오패에 이르렀다. 부열傅說[22]은 그것을 터득해서 무정武丁을 도와 천하를 다[23] 갖게 되었으며, 동유성東維星을 타고 [하늘로 올라가 별자리] 기수와 미수를 타고서 [죽어서는] 여러 별과 나란했다.

知天之所爲, 知人之所爲者, 至矣. 知天之所爲者, 天而生也. 知人之所爲者, 以其知之所知以養其知之所不知, 終其天年而不中道夭者, 是知之盛也.

雖然, 有患. 夫知有所待而後當, 其所待者特未定也. 庸詎知吾所謂天之非人乎? 所謂人之非天乎?

且有眞人而後有眞知. 何謂眞人? 古之眞人, 不逆寡, 不雄成, 不謨士.

---

18) 북방의 신으로 오제 중 한 명이다. 황제의 손자인 제고양帝高陽이며 현제玄帝라고도 한다.

19) 전설의 신으로 《산해경山海經》에 "사람의 얼굴에 새의 몸[人面鳥身]을 가진 북해北海의 신神"으로 묘사되어 있다. 《회남자》 〈추형훈墜形訓〉에 '우강隅强'으로 나오는데 동일 인물로 보인다.

20) 《산해경》에 "모습은 사람과 같은데 개의 꼬리, 쑥대강이 모양으로 머리를 장식했으며, 휘파람을 잘 불고, 바다 물가의 끝에 살았다[狀如人狗尾, 蓬頭戴勝, 善嘯, 居海水之涯]."라고 기록되어 있다.

21) 소광少廣은 천하의 서쪽 끝에 있다고 하는 산의 이름으로 혹자는 동굴 이름으로 보기도 한다.

22) 은殷나라 고종의 신하인데, 꿈에서 본 뒤 그림을 가지고 찾아낸 인물이라는 설이 있다.

23) 원문의 '엄奄' 자를 번역한 것으로, '다[盡]'라는 의미인데 '복覆'이란 의미로 보기도 하고 마쉬룬馬敍倫처럼 '엄弇'의 가차자로 보기도 한다.

若然者, 過而弗悔, 當而不自得也. 若然者, 登高不慄, 入水不濡, 入火不熱. 是知之能登假於道者也若此.

古之眞人, 其寢不夢, 其覺無憂, 其食不甘, 其息深深. 眞人之息以踵, 衆人之息以喉, 屈服者, 其嗌言若哇. 其耆欲深者, 其天機淺.

古之眞人, 不知說生, 不知惡死. 其出不訢, 其入不距. 翛然而往, 翛然而來而已矣. 不忘其所始, 不求其所終. 受而喜之, 忘而復之, 是之謂不以心損道, 不以人助天. 是之謂眞人.

若然者, 其心志, 其容寂, 其顙頯. 凄然似秋, 煖然似春, 喜怒通四時, 與物有宜而莫知其極.

故聖人之用兵也, 亡國而不失人心. 利澤施乎萬世, 不爲愛人. 故樂通物, 非聖人也. 有親, 非仁也. 天時, 非賢也. 利害不通, 非君子也. 行名失己, 非士也. 亡身不眞, 非役人也. 若狐不偕.務光.伯夷.叔齊.箕子.胥餘.紀他.申徒狄, 是役人之役, 適人之適, 而不自適其適者也.

古之眞人, 其狀義而不朋, 若不足而不承. 與乎其觚而不堅也, 張乎其虛而不華也. 邴邴乎其似喜乎! 崔乎其不得已乎! 滀乎進我色也, 與乎止我德也. 厲乎其似世乎! 謷乎其未可制也. 連乎其似好閉也, 悗乎忘其言也. 以刑爲體, 以禮爲翼, 以知爲時, 以德爲循. 以刑爲體者, 綽乎其殺也. 以禮爲翼者, 所以行於世也. 以知爲時者, 不得已於事也. 以德爲循者, 言其與有足者至於丘也. 而人眞以爲勤行者也. 故其好之也一, 其弗好之也一. 其一也一, 其不一也一. 其一與天爲徒, 其不一與人爲徒. 天與人不相勝也, 是之謂眞人.

死生, 命也, 其有夜旦之常, 天也. 人之有所不得與, 皆物之情也. 彼特以天爲父, 而身猶愛之, 而況其卓乎! 人特以有君爲愈乎己, 而身猶死之, 而況其眞乎!

泉涸, 魚相與處於陸, 相呴以濕, 相濡以沫, 不如相忘於江湖. 與其譽堯而非桀也, 不如兩忘而化其道. 夫大塊載我以形, 勞我以生, 佚我以老, 息我以死. 故善吾生者, 乃所以善吾死也.

夫藏舟於壑, 藏山於澤, 謂之固矣. 然而夜半有力者負之而走, 昧者不知也. 藏小大有宜, 猶有所遯. 若夫藏天下於天下而不得所遯, 是恒物之大情也. 特犯人之形而猶喜之. 若人之形者, 萬化而未始有極也, 其爲樂可勝計邪! 故聖人將遊於物之所不得遯而皆存. 善夭善老, 善始善終, 人猶效之. 又況萬物之所係, 而一化之所待乎!

夫道, 有情有信, 无爲无形. 可傳而不可受, 可得而不可見. 自本自根, 未有天地, 自古以固存. 神鬼神帝, 生天生地. 在太極之先而不爲高, 在六極之下而不爲深, 先天地生而不爲久, 長於上古而不爲老. 狶韋氏得之, 以挈天地. 伏戲[羲]氏得之, 以襲氣母. 維斗得之, 終古不忒. 日月得之, 終古不息. 堪坏得之, 以襲崑崙. 馮夷得之, 以遊大川. 肩吾得之, 以處大山. 皇[24]帝得之, 以登雲天. 顓頊得之, 以處玄宮. 禺强得之, 立乎北極. 西王母得之, 坐乎少廣, 莫知其始, 莫知其終. 彭祖得之, 上及有虞, 下及五伯. 傅說得之, 以相武丁, 奄有天下, 乘東維, 騎箕尾, 而比於列星.

24) 판본에 따라 '황黃'으로 쓰인 것도 있다.

나이는 많은데 얼굴빛이 어린애 같은 이유 6.2

남백자규南伯子葵[25)]가 여우女偊에게 물었다.

"그대는 나이가 많으신데도 얼굴빛은 마치 어린아이 같으니 어째서입니까?"

[여우가] 말했다.

"나는 도를 들었기 때문이오."

남백자규가 말했다.

"도는 배움으로 터득할 수 있는 것입니까?"

[여우가] 말했다.

"아! 어찌 [배움으로 터득하는 것이] 가능하겠소! 그대는 그럴 만한 사람이 아니오. 복량의卜梁倚[26)]라는 사람은 성인의 재질은 지녔으나 성인의 도는 없소. 나는 성인의 도는 지녔으나 성인의 재질은 없소. [그래서] 내가 그에게 [도를] 가르쳐주고자 했으니, 그가 진정 성인이 되기를 바랐기 때문이오! 그렇게 되지 않더라도 성인의 도를 가지고 성인의 재질이 있는 사람에게 알려주는 것은 또한 쉬운 것이오.

나는 오히려 지켜보면서 그에게 알려주었는데, 사흘이 지나고 난 뒤에 천하를 잊게 되었소. 이미 천하를 잊게 된 뒤에 내가 또 그를 지켜보았는데, 이레가 지나고 난 뒤에 만물을 잊게 되었소. 이미 만물을 잊게 된 뒤에 내가 또 그를 지켜보았는데, 아흐레가 지나고 난

25) 〈제물론〉 편의 남곽자기南郭子綦와 〈인간세〉 편이나 〈서무귀〉 편에 나오는 남백자기南伯子綦와 같은 사람으로 추정된다.

26) 성은 복량卜梁이고, 이름이 의倚이다(이이 설).

뒤에 [자기의] 삶을 잊게 되었소. 이미 삶을 잊고 난 뒤에 아침 햇빛처럼 비출 수 있게 되었소. 아침 햇빛이 비추는 것과 같은 경지에 이른 뒤에 홀로 [그 경지를] 볼 수 있었고, 홀로 [그 경지를] 본 뒤에 옛날과 지금[의 구분]을 다 잊어버릴 수 있었으며, 옛날과 지금[의 구분]을 잊은 뒤에 죽지도 않고 살지도 않는 [초월한] 경지에 들어갈 수 있게 되었소.

살아있는 것을 죽이려 하는 것은 죽지 않고, 살아있는 것을 살게 하는 것은 살지 않소. 그것은 사물을 위하여 보내지 않는 것이 없고, 맞이하지 않는 것이 없으며, 훼손하지 않는 것이 없고, 이루지 않는 것이 없소. 그 이름을 영녕攖寧[27)]이라 하오. 영녕이란 어지러운 뒤에 [조화롭게] 이루어지는 것이오."

남백자규가 말했다.

"당신은 유독 어디에서 그것을 들은 것입니까?"

[여우가] 말했다.

"나는 그것을 부묵副墨[28)]의 아들에게서 들었고, 부묵의 아들은 그것을 낙송洛誦[29)]의 손자에게서 들었으며, 낙송의 손자는 그것을 첨

27) 여기서 '영攖'은 외부의 사물과 어지럽게 얽히고설켜서 함께 어울린다는 뜻이고, '녕寧'은 그렇게 함으로써 외부의 사물과 조화로운 관계를 유지한다는 뜻(안병주·전호근 설)으로, 한편 성현영이 말한 대로 "비록 어지러워도 성인의 마음은 편안하다[雖攖而寧]."라는 견해를 취한 것이다. 말하자면 어지러운 가운데 평화를 유지한다는 의미 정도이다.

28) 사람 이름으로 먹[墨]을 의인화한 표현이며 '부副' 자는 '부차적인'이라는 뜻으로서 '책을 읽는다'는 의미를 담고 있다. 물론 부묵 이외의 여덟 명은 실존 인물이 아니고 우의적으로 전달하려고 설정된 인명이며, 모두 이름에 그 의미가 내포되어 있다.

29) 모든 것을 줄줄이 외울 정도의 인물이라는 뜻이다. 성현영은 '책을 등지다[背文]'라는 의미로 보았는데 흥미로운 해석이다.

명瞻明[30]에게서 들었고, 첨명은 그것을 섭허聶許[31]에게서 들었으며, 섭허는 그것을 수역需役[32]에게서 들었고, 수역은 그것을 오구於謳[33]에게서 들었으며, 오구는 그것을 현명玄冥[34]에게서 들었고, 현명은 그것을 참료參寥[35]에게서 들었으며, 참료는 그것을 의시疑始[36]에게서 들었소."

南伯子葵問乎女偊曰: "子之年長矣, 而色若孺子, 何也?"

曰: "吾聞道矣."

南伯子葵曰: "道可得學邪?"

曰: "惡! 惡可! 子非其人也. 夫卜梁倚有聖人之才而无聖人之道, 我有聖人之道而无聖人之才, 吾欲以教之, 庶幾其果爲聖人乎! 不然, 以聖人之道告聖人之才, 亦易矣. 吾猶告而守之[37], 參日而後能外天下. 已外天下矣, 吾又守之, 七日而後能外物. 已外物矣, 吾又守之, 九日而後能外生. 已外生矣, 而後能朝徹. 朝徹, 而後能見獨. 見獨, 而後能无古今. 无古今, 而後能入於不死不生. 殺生者不死, 生生者不生. 其爲物, 无不將也, 无不迎也. 无不毁也, 无不成也. 其名爲攖寧. 攖寧也者, 攖而後成者也."

---

30) '밝은 눈으로 도를 보고 아는 사람'이라는 뜻을 담고 있다.

31) '도를 귀로 들어 아는 사람'이라는 의미다. '섭聶'의 의미가 '귀에 대고 사사로이 말하는 것[附耳私語]'이라는 인상적인 성현영의 주석이 있다.

32) '도를 기다렸다가 들어서 알고 실행에 옮기는 사람'이라는 의미다.

33) '도를 즐기면서 감탄하고 노래 부르는 사람'이라는 의미다.

34) 높은 경지에 오른 자로서 그 의미는 '심오하고 경지에 이른 사람'이라는 뜻이다.

35) '공허하면서 아무런 작용이 없는 도에 이른 경지'를 의미한다.

36) '시작이 있는 듯해 보이면서도 없는 듯해 보인다'는 의미다.

37) '고이수지告而守之'는 판본에 따라 '수이고지守而告之'로 쓰인 것도 있다.

南伯子葵曰: "子獨惡乎聞之?"

曰: "聞諸副墨之子, 副墨之子聞諸洛誦之孫, 洛誦之孫聞之瞻明, 瞻明聞之聶許, 聶許聞之需役, 需役聞之於謳, 於謳聞之玄冥, 玄冥聞之參寥, 參寥聞之疑始."

삶과 죽음은 자연의 한 현상이다 6.3

자사子祀, 자여子輿, 자리子犁, 자래子來 네 사람[38]이 서로 대화하다가 말했다.

"누가 무无를 머리로 여기고 삶을 척추로 여기며 죽음을 꽁무니로 여길 수 있겠는가? 누가 삶과 죽음, 생존과 멸망이 한 몸인 것을 아는가? 나는 그와 벗하고 싶다."

네 사람이 서로 바라보고 웃으며 마음에 거슬리는 것이 없게 되었으니, 마침내 서로 벗이 되었다.

얼마 뒤에 자여가 병에 걸리자, 자사가 가서 문병했는데, [자여가] 말했다.

"위대하구나, 조물주가 아마 나를 이처럼 구부정하게 만든 것이다! 굽은 곱사등이 등에 생겼고, 오장이 위에 있으며, 턱은 배꼽에 숨어있고, 어깨는 정수리보다도 높으며, 상투[39]는 하늘을 가리키고 있다네."

---

38) 이 네 사람은 다른 편에는 나오지 않고 여기에만 나오는 인물로서, 몸이 그다지 건강하지 않은 가공인물로 보는 것이 적절하다.

39) 원문의 '구췌句贅'인데, 〈인간세〉 편 4.7에 나오는 '괄최會撮'와 같은 뜻으로 '상투'를 말한다.

[자여는] 음양의 기氣가 어지러워졌는데도, 그 마음은 한가로워 [매사에] 일삼지 않았는데, 비틀거리며 걸어가 우물에 비추어보고는 말했다.

"아아! 저 조물주여, 또다시 나를 이처럼 구부정하게 만들었구나!"

자사가 말했다.

"그대는 그것을 싫어하는가?"

[자여가] 말했다.

"아니지, 내가 어찌 싫어하겠는가! 나의 왼팔을 변화시켜 닭으로 만들어준다면, 나는 그것에 따라 새벽을 알려주기를 바랄 것이네. 나의 오른팔을 변화시켜 탄환으로 만들어준다면, 나는 그것에 따라 올빼미 구이를 바랄 것이네. 나의 꽁무니를 변화시켜 수레바퀴를 만들어주고, 나의 정신을 말[馬]로 만들어준다면, 나는 그것에 따라 수레를 탈 것이오. 어찌 따로 [타려고] 수레에 멍에를 매겠는가!

또한 [삶을] 얻는 것은 때가 된 것이고, 잃는 것도 [천명을] 따르는 것이니, [때가 된] 때를 편안해하고 [천명을] 따르는 것에 머물면 슬픔과 즐거움이 들어올 수 없다네. 이것이 옛날의 '매달렸다가 풀려난다.'라고 말하는 것이라네. 그러나 스스로 풀려날 수 없던 것은 사물이 그것을 묶어서라네. 또한 사물이 하늘을 이기지 못한 지 오래되었으니 내가 또 어찌 싫어하겠는가!"

얼마 뒤에 자래가 병이 나서 숨을 헐떡이며 죽으려 하자, 그의 아내와 자식들이 둘러싸고 울고 있었다. 자리가 문병 가서 말했다.

"이보게! 피하시오! [죽음의] 변화에 놀라지 마시오!"

자리가 문에 의지하여 그에게 말했다.

"위대하구나, 조화造化(조물주)여! 또한 장차 그대를 무엇으로 만들려고 하고, 그대를 어디로 데려가려고 하는가? 그대를 쥐의 간으로 만들 것인가? 그대를 벌레의 팔다리로 만들 것인가?"

자래가 말했다.

"자식은 부모에게 있어[40] 동서남북 어디로든지 오직 명을 따를 뿐이네. 음양은 사람에게 있어 부모일 뿐만이 아니네. 저 음양이 나를 죽음에 가까워지게 하는데, 내가 듣지 않으면 나는 사나운 자가 될 뿐이니 저 음양에 무슨 잘못이 있겠는가!

대지는 나를 형체로써 실어주고, 나를 삶으로써 수고롭게 하며, 내게 늙음으로써 편안하게 해주고, 나를 죽음으로써 쉬게 만드네. 그러므로 내 삶을 좋게 생각하는 것은 바로 내 죽음을 좋게 생각하기 위한 것이네.

지금 훌륭한 대장장이가 쇠를 부어 주물을 만드는데, 쇠가 튀어 올라 '나는 장차 반드시 [명검]막야鏌鋣가 되겠다.'라고 한다면, 훌륭한 대장장이는 반드시 상서롭지 못한 쇠라고 생각할 것이네. 이제 한 번 사람의 형체를 가지고 나와서도 '사람일 뿐이다. 사람일 뿐이다.'라고 말한다면, 저 조물주는 반드시 상서롭지 못한 사람이라고 생각할 것이네. 지금 한 번 천지를 큰 용광로로 삼고, 조화造化를 훌

40) 원문의 '부모어자父母於子'를 번역한 것으로, 선영이 '자어부모子於父母'의 도치라고 본 관점에 의거하여 번역했다.

릉한 대장장이로 여기니, 어디로 가든 [무엇이] 가능하지 않겠는가!"

[자래는] 편안하게 잠들었다가 문득 [다른 모습으로] 깨어날 것이다.[41)]

子祀子輿子犁子來四人相與語曰: "孰能以无爲首, 以生爲脊, 以死爲尻, 孰知死生存亡之一體者, 吾與之友矣."

四人相視而笑, 莫逆於心, 遂相與爲友.

俄而子輿有病, 子祀往問之.

曰: "偉哉夫造物者, 將以予爲此拘拘也! 曲僂發背, 上有五管, 頤隱於齊, 肩高於頂, 句贅指天."

陰陽之氣有沴, 其心閒而無事, 跰𨇤而鑑於井, 曰: "嗟乎! 夫造物者又將以予爲此拘拘也!"

子祀曰: "女[42)]惡之乎?"

曰: "亡, 予何惡! 浸假而化予之左臂而爲鷄, 予因以求時夜. 浸假而化予之右臂以爲彈, 予因以求鴞炙. 浸假而化予之尻以爲輪, 以神爲馬, 予因以乘之, 豈更駕哉! 且夫得者, 時也, 失者, 順也. 安時而處順, 哀樂不能入也. 此古之所謂縣解也, 而不能自解者, 物有結之. 且夫物不勝天久矣, 吾又何惡焉!"

俄而子來有病, 喘喘然將死, 其妻子環而泣之. 子犁往問之, 曰: "叱!

41) 원문의 '성연매成然寐, 거연각蘧然覺'을 번역한 것으로, 이 구문까지를 포함하여 자래의 말로 보기도 하는데, 역자는 저본에 따랐다. 앞 구절의 '성연매成然寐'는 편안히 잠드는 모양이나 간문제簡文帝, 왕수민 등은 점차 숨을 거두는 과정으로 확장하여 풀이했으니, 그렇다면 뒤 구절의 '거연각蘧然覺'은 다시 세상에 태어나는 과정을 표현한 것이라는 설도 의미가 있다고 하겠다.

42) 판본에 따라 '여汝'로 쓰인 것도 있다.

避! 无怛化!"

倚其戶與之語曰: "偉哉造化! 又將奚以汝爲, 將奚以汝適? 以汝爲鼠肝乎? 以汝爲蟲臂乎?"

子來曰: "父母於子, 東西南北, 唯命之從. 陰陽於人, 不翅於父母. 彼近吾死而我不聽, 我則悍矣, 彼何罪焉! 夫大塊載我以形, 勞我以生, 佚我以老, 息我以死. 故善吾生者, 乃所以善吾死也. 今大冶鑄金, 金踊躍曰: '我且必爲鏌鋣'大冶必以爲不祥之金. 今一犯人之形, 而曰: '人耳人耳', 夫造化者必以爲不祥之人. 今一以天地爲大鑪, 以造化爲大冶, 惡乎往而不可哉!" 成然寐, 蘧然覺.

시신을 앞에 두고 노래하는 자와 자공의 대화 6.4

자상호子桑戶, 맹자반孟子反, 자금장子琴張 세 사람[43]이 서로 더불어 벗하며 말했다.

"누가 서로 함께한다는 생각조차 없는 것에서 서로 함께할 수 있으며[44], 서로 위한다는 생각조차 없는 것에서 서로 위할 수 있는가? 누가 하늘에 올라 안개 속에서 노닐고 끝없는 경지에서 자유롭게 움직여 삶을 잊으면서 끝나고 다 하는 바가 없게 할 수 있겠는가?"

세 사람이 서로 보고 웃으며 마음에 거슬리는 바가 없게 되자, 드

43) 이 세 사람은 공자와 동시대의 인물이다. 그중 '자상호'는《논어》〈옹야雍也〉편에도 나오는 인물로 노나라 사람이라고 주희는 주해했다.《초사楚辭》에는 '자상호子桑扈'로 나온다. 이어 등장하는 '맹자반'은 '맹지반孟之反'이라고 되어 있는 인물과 동일인이다. '자금장'은《맹자》〈진심盡心 하下〉편에 나오는 인물로 '금장琴張'이라고 되어 있는 인물이다.

44) 차오추지는 "서로 사귄다는 생각조차 없는 가운데 사귀는 것이니 '군자는 친구를 물처럼 담담하게 사귄다'는 뜻과 같다."라고 했다

디어 서로 벗이 되었다.

조용히 얼마 있다가 자상호가 죽었다. 장례를 치르지도 않았는데, 공자가 그 소식을 듣고 자공을 보내 일을 도와주도록 했다. 어떤 사람은 누에 발을 만들고 있고, 어떤 사람은 노래 부르고, 어떤 사람은 거문고 타면서 서로 화답하며 노래했다.

"아아, 상호여! 아아, 상호여! 그대는 이미 그 참된 경지로 돌아갔는데, 우리는 오히려 사람으로 [살아]있구나![45]"

자공이 빠른 걸음으로 나아가 말했다.

"감히 여쭙겠는데, 시신을 두고 노래 부르는 것이 예입니까?"

두 사람이 서로 보고 웃으면서 말했다.

"저 사람이 어떻게 예의 뜻을 알겠는가!"

자공이 돌아와 공자에게 아뢰어 말했다.

"저들은 무엇을 하는 사람들입니까? 행실을 닦는 일도 없고, 자기 육체를 도외시하며 시신을 앞에 두고 노래하면서도 얼굴빛이 변하지 않으니, 명명할 수가 없습니다. 저들은 어떤 사람들입니까?"

공자가 말했다.

"저들은 [구속이 없는] 세속의 밖에서 노니는 자들이고, 나는 세속의 안에서 노니는 사람이다. 밖과 안은 서로 상관하지 않는데 내가 너로 하여금 가서 그를 조문하게 했으니, 내가 고루했다. 저들은 이제 막 조물주와 더불어 벗[46]하며 하늘과 땅의 한 기운 사이에서 노

45) 원문의 '의猗'는 '혜兮'와 같은 의미로서 감탄어기사이다.

46) 원문의 '인人'을 번역한 것으로 '우偶' 자와 같다. 즉, 여기서는 '벗'을 가리킨다.

닐고 있다. 저들은 삶을 몸에 붙어있는 혹으로 여기고, 죽음을 등창이나 악성 종기로 여긴다. 그와 같은 자들이 또 어떻게 삶과 죽음, 앞과 뒤의 있는 바를 알겠는가! 다른 사물을 빌림으로써 같은 몸에 맡겼으니 간과 쓸개를 잊고, 귀와 눈을 버려두었다. 삶과 죽음이 되풀이되어도 그 끝을 알 수 없고, 무심한 모습으로 인간 세상 밖에서 무위의 경계에서 한가로이 노닐고 있다. 저들이 또 어찌 어수선하게 세속의 예를 따라서 뭇사람의 귀와 눈에 보여주려 하겠는가!"

자공이 말했다.

"그렇다면 선생님께서는 어느 쪽을 따르시겠습니까?"

공자가 말했다.

"나는 하늘이 형벌을 내린 사람이다. 비록 그러하나 나는 자네와 그에게 향할 것이다."

자공이 말했다.

"감히 그 방도를 여쭙겠습니다."

공자가 말했다.

"물고기는 서로 물에서 편안해하고, 사람은 서로 도에서 편안해한다. 서로 물에 나아가는 것들은 연못을 퍼내면 기를 수 있고, 서로 도에 나아가는 자들은 일이 없으면 삶이 안정되는 것이다. 그러므로 '물고기는 강과 호수에서는 서로를 잊고, 사람은 도술道術에서는 서로를 잊는다.'라고 말하는 것이다."

자공이 말했다.

"감히 기인畸人에 대해 여쭙겠습니다."

[공자가] 말했다.

"기인이란 사람들과는 다르지만 하늘에게는 짝이 될 만하다. 그러므로 '하늘의 소인은 인간 세상의 군자이고, 하늘의 군자는 인간 세상의 소인이다.'라고 말하는 것이다."

子桑戶孟子反子琴張三人相與友, 曰: "孰能相與於无相與, 相爲於无相爲? 孰能登天遊霧, 撓挑无極. 相忘以生, 无所終窮?" 三人相視而笑, 莫逆於心, 遂相與爲友.

莫然有間而子桑戶死, 未葬. 孔子聞之, 使子貢往侍事焉. 或編曲, 或鼓琴, 相和而歌曰: "嗟來 桑戶乎! 嗟來桑戶乎! 而已反其眞, 而我猶爲人猗!" 子貢趨而進曰: "敢問臨尸而歌, 禮乎?"

二人相視而笑曰: "是惡知禮意!"

子貢反, 以告孔子, 曰: "彼何人者邪? 修行无有, 而外其形骸, 臨尸而歌, 顔色不變, 无以命之. 彼何人者邪?"

孔子曰: "彼, 遊方之外者也. 而丘, 遊方之內者也. 外內不相及, 而丘使女往弔之, 丘則陋矣. 彼方且與造物者爲人, 而遊乎天地之一氣. 彼以生爲附贅縣疣, 以死爲決𤴯潰癰, 夫若然者, 又惡知死生先後之所在! 假於異物, 托於同體. 忘其肝膽, 遺其耳目. 反覆終始, 不知端倪. 芒然彷徨乎塵垢之外, 逍遙乎无爲之業. 彼又惡能憒憒然爲世俗之禮, 以觀衆人之耳目哉!"

子貢曰: "然則夫子何方之依?"

孔子曰: "丘, 天之戮民也. 雖然, 吾與汝共之."

子貢曰: "敢問其方."

孔子曰: "魚相造乎水, 人相造乎道. 相造乎水者, 穿池而養給. 相造乎道者, 无事而生定. 故曰: '魚相忘乎江湖, 人相忘乎道術.'"

子貢曰: "敢問畸人."

曰: "畸人者, 畸於人而侔於天. 故曰: '天之小人, 人之君子. 人之君子, 天之小人也.'"

어머니의 장례에 슬퍼하지도 곡도 하지 않은 자 6.5

안회가 중니에게 여쭈었다.

"맹손재孟孫才는 그의 어머니가 돌아가셨는데, 곡을 하면서 눈물을 흘리지 않았고, 마음속으로 슬퍼하지 않았으며, 상을 치르면서도 애통해하지도 않았습니다. 이 세 가지가 없었는데 상을 잘 치렀다는 것으로 [그 소문이] 노나라를 뒤덮었습니다. 진실로 그 실정이 없는 데도 명성을 얻은 것입니까? 저는 유독 그것을 이상하다고 생각합니다."

중니가 말했다.

"맹손씨는 상례를 극진히 했으니 [상례를] 아는 것에서 더 앞선 것이다. 비록 간소하게 하고자 했어도 할 수 없었으니, 이미 간소하게 한 바가 있는 것이다. 맹손씨는 생겨난 까닭을 알지 못했고, 죽는 까닭도 알지 못했다. 생겨나기 전의 모습을 알지 못했고, 죽고 난 뒤의 모습도 알지 못했다. 변화에 따라 사물이 되고, 그가 알지 못하는 변화를 기다릴 따름이다! 또 이제 막 변하면서 어찌하여 변하지 않았던 것을 알겠는가? 아직 변하지 않은 때에 어찌하여 이미 변했다는 것을 알겠는가? 나와 너는 단지 아마도 애초에 꿈에서 깨어나지 못하고 있는 자로다!

게다가 그는 몸이 놀라더라도 마음을 훼손시키는 일은 없었고, 몸이 놀라는 일[47]은 있지만 정신이 죽는 일은 없었으며, 맹손씨만이 유독 깨어있어서 남들이 곡을 하면 [자신도] 또한 곡을 했으니, 이것은 스스로 그가 그렇게 했던 까닭이다.

또한 서로 함께하는 것을 [지금의 몸을] 자신의 것으로 여기지만, 어찌 내가 말하는 내가 나인지 어찌 알겠는가?

게다가 너는 꿈속에서 새가 되어 하늘에 이르고, 꿈속에서 물고기가 되어 연못에 빠지기도 하니, 알 수 없지만 지금 말하고 있는 자는 [꿈속에서] 깨어난 것인가, 아니면 아직도 꿈을 꾸고 있는 것인가? 잠깐의 즐거움은 웃는 것보다 좋은 것이 없고, 웃음을 드러냄은 [만물의] 추이를 따르는 것보다 좋은 것이 없으니, 추이에 따라 편안히 하며 변해간다면, 곧 적막한 하늘과 하나가 되는 경지에 들어갈 것이다."

47) 원문의 '단택旦宅'인데, '단'은 '놀라다[怛]'와 같으며, '택'은 '마음(정신)이 머무는 집[神之舍]'(곽상 설)이란 뜻이다. 즉, '몸'을 말한다.

顔回問仲尼曰:“孟孫才, 其母死, 哭泣无涕, 中心不戚, 居喪不哀. 无是三者, 以善處喪蓋魯國. 固有无其實而得其名者乎? 回壹怪之.”

仲尼曰:“夫孟孫氏盡之矣, 進於知矣. 唯簡之而不得, 夫已有所簡矣. 孟孫氏不知所以生, 不知所以死. 不知就先, 不知就後. 若化爲物, 以待其所不知之化已乎! 且方將化, 惡知不化哉? 方將不化, 惡知已化哉? 吾特與汝, 其夢未始覺者邪! 且彼有駭形而無損心, 有旦宅而無精[48]死. 孟孫氏特覺, 人哭亦哭, 是自其所以乃. 且也相與吾之耳矣, 庸詎知吾所謂吾之非吾乎? 且汝夢爲鳥而厲乎天, 夢爲魚而沒於淵. 不識今之言者, 其覺者乎, 其夢者乎? 造適不及笑, 獻笑不及排, 安排而去化, 乃入於廖天一.”

인의와 시비보다 도의 경지에서 노닐다 6.6

의이자意而子가 허유許由를 만나자, 허유가 말했다.

“요임금은 어떠한 것으로 그대를 도와주었는가?”

의이자가 말했다.

“요임금이 제게 이르시기를 ‘그대는 반드시 몸소 인의를 따르고, 옳고 그른 것을 명확하게 말하도록 하라.’라고 하셨습니다.”

허유가 말했다.

“그대는 어째서 온 것인가? 저 요임금이 이미 인의로써 그대 이마에 먹물 새기는 형벌을 내렸고, 옳고 그름으로써 그대 코를 베는

---

48) 판본에 따라 ‘정情’으로 쓰인 것도 있다.

형벌을 내렸으니, 그대는 장차 어찌 멋대로 자유롭고 거리낌 없이 행동하는 길에서 노닐 수가 있겠는가?"

의이자가 말했다.

"비록 그렇기는 해도 저는 그 [도의] 울타리 안에서라도 노닐고 싶습니다."

허유가 말했다.

"그렇지 않을 것이다. 장님은 눈썹과 눈, 얼굴빛의 아름다움에 함께할 수 없고, 장님은 푸른색과 노란색, 수를 놓은 문양을 보는 데 함께할 수가 없다."

의이자가 말했다.

"무장无莊이 자신의 아름다움을 잃고, 거량據梁[49]이 자신의 힘을 잃으며, 황제黃帝가 자신의 앎을 잊어버린 것은 모두 화로를 단련하여 그릇을 만드는 사이(도의 경지)에 들어와서일 따름입니다. 어찌 조물주가 제게 새겨진 먹물 문신을 지워주고 저의 베인 코를 다시 붙여 제게 완전한 것을 갖추게 해서 선생을 따르게 할 것을 알겠습니까?"

허유가 말했다.

"아! [도의 경지는] 알 수 없도다. 내가 그대를 위해 그 대략적인 것을 말해주겠다. 내 스승(도道)이여! 내 스승이여! 만물을 만들어내고 의롭다고 여기지 않고, 은택이 만세에 미쳐도 인하다고 여기지 않으며, 멀고 오랜 옛날보다 더 오래되었으면서도 늙었다고 여기지

49) '무장'은 미인이고, '거량'은 힘이 센 역사力士를 가리키는데, 모두 가공의 인물이다.

않고, 하늘을 덮고 땅을 실으며 온갖 모습을 다 새기고 조각하고도 기교라고 여기지 않으니, 이것이 노니는 곳[도의 경지]일 뿐이다."

意而子見許由. 許由曰: "堯何以資汝?"

意而子曰: "堯謂我:'汝必躬服仁義而明言是非.'"

許由曰: "而奚來爲軹? 夫堯旣已黥汝以仁義, 而劓汝以是非矣, 汝將何以遊夫遙蕩恣睢轉徙之塗乎?"

意而子曰: "雖然, 吾願遊於其藩."

許由曰: "不然. 夫盲者无以與乎眉目顔色之好, 瞽者无以與乎青黃黼黻之觀."

意而子曰: "夫无莊之失其美, 據梁之失其力, 黃帝之亡其知, 皆在鑪捶之間耳. 庸詎知夫造物者之不息我黥而補我劓, 使我乘成以隨先生邪?"

許由曰: "噫! 未可知也. 我爲汝言其大略. 吾師乎! 吾師乎! 整萬物而不爲義, 澤及萬世而不爲仁, 長於上古而不爲老, 覆載天地刻彫衆形而不爲巧. 此所遊已."

육체나 지식의 한계를 초월한 경지 좌망 6.7

안회가 말했다.

"저는 더 진보[50]했습니다."

중니가 말했다.

"무엇을 말하는 것이냐?"

[안회가] 말했다.

"저는 인의를 잊게 되었습니다."

[중니가] 말했다.

"괜찮지만 아직은 아니다.[51)]"

다른 날 다시 뵙고 [안회가] 말했다.

"저는 더 진보했습니다."

[중니가] 말했다.

"무엇을 말하는 것이냐?"

[안회가] 말했다.

"저는 예악을 잊게 되었습니다."

[중니가] 말했다.

"괜찮지만 아직은 아니다."

다른 날 다시 뵙고 [안회가] 말했다.

"저는 더 진보했습니다."

50) 원문의 '익益'에 대한 번역으로, 이 말의 의미는 배움의 진보가 아니라 도를 터득하는 데 진보, 즉 인위적인 지식을 덜어낸다는 역설적 의미를 담고 있다. 바로《노자》48장에 "학문을 행하면 날로 더해지고, 도를 행하면 날로 덜어진다. 덜어지고 또 덜어져 무위에 이른다[爲學日益 爲道日損 損之又損 以至於無爲]."라고 한 말의 의미를 연계시켜보면 도움이 된다. 즉, 도道를 구하여 무위無爲의 경지에 나아가는 것[進]을 노자는 '손損' 자로 표현했는데, 곽상이 이 구절을 "덜어낸 것을 더함이라고 말한 것이다[以損之爲益也]."라고 한 주석을 참조해야 한다.

51) 원문의 '가의유미야可矣猶未也'를 번역한 것으로 다음과 같은 주희의 주석이 도움이 된다. "겨우 괜찮고 아직 다하지 못했다는 말이다[僅可而有所未盡之辭]."

[중니가] 말했다.

"무엇을 말하는 것이냐?"

[안회가] 말했다.

"저는 좌망坐忘[52]에 이르렀습니다."

중니가 놀라 얼굴빛을 고치며 말했다.

"무엇을 좌망이라고 말하는가?"

안회가 말했다.

"사지와 몸뚱이를 다 버리고, 눈과 귀의 작용을 물리치고, 몸을 떠나고 지각을 없애서 위대한 도와 통하게 되니, 이것을 좌망이라 말합니다."

중니가 말했다.

"[위대한 도와] 같아지면 좋아하는 것이 없게 되며, 변하게 되면 일정한 것을 추구하는 것이 없어지게 되니, 너는 과연 현명한 것 같구나! 나는 너의 뒤를 따르고자 청한다."

顏回曰: "回益矣."

仲尼曰: "何謂也?"

曰: "回忘仁義矣."

曰: "可矣, 猶未也."

他日, 復見, 曰: "回益矣."

---

52) 이 의미는 "앉은 채 모든 것을 잊는 것"이란 의미로 이어지는 안회의 말에 풀이가 되어 있듯이, 온갖 감각 작용과 지각 작용을 없애 인위적이거나 차별적인 지식을 잊는 상태를 의미한다. 〈인간세〉 편에 나오는 '좌치坐馳'와는 상대적인 말이다. '좌망'과 관련되는 개념은 〈제물론〉 편의 '오상아吾喪我', 〈인간세〉 편의 '심재心齋', 〈대종사〉 편의 '조철朝徹' 등이다(안병주·전호근 설).

曰: "何謂也?"

曰: "回忘禮樂矣."

曰: "可矣, 猶未也."

他日, 復見, 曰: "回益矣."

曰: "何謂也?"

曰: "回坐忘矣."

仲尼蹴然曰: "何謂坐忘?"

顏回曰: "墮肢體, 黜聰明, 離形去知, 同於大通, 此謂坐忘."

仲尼曰: "同則无好也, 化則无常也. 而果其賢乎! 丘也請從而後也."

병든 집 문 앞에서 들려오는 노랫소리와 거문고 소리 6.8

자여가 자상子桑과 벗했는데, 장맛비가 열흘이나 내리자, 자여가 말했다.

"자상이 아마 병이 났을 것이다!"

밥을 싸 가서 그에게 먹여주려고 했다. 자상의 집 문에 이르니, [집 안에서] 마치 노래 부르는 듯 곡하는 듯 거문고를 타며 읊조렸다.

"아버지인가! 어머니인가! 하늘인가! 사람인가!"

소리 내기도 힘겨운 듯 시를 재촉하여 중얼거리고 있었다.

자여가 들어가 말했다.

"그대가 시를 노래하는 것이 무슨 연고로 이와 같은가?"

[자상이] 말했다.

"나는 나를 이런 곤궁[53]에 이르게 한 것을 [아무리] 생각해도 알 수가 없네. 부모라고 해서 어찌 내가 가난해지길 바라셨겠는가? 하늘은 사사로이 덮어주는 일이 없고, 땅은 사사로이 실어주는 일이 없으니, 하늘과 땅이라고 해서 어찌 사사로이 나를 가난해지길 바랐겠는가? 이렇게 만든 것을 찾아보았지만 [도무지] 알 수 없었네. 그러니 내가 이런 곤궁에 이르게 된 것은 운명이리라!"

子輿與子桑友, 而霖雨十日. 子輿曰: "子桑殆病矣!" 裹飯而往食之. 至子桑之門, 則若歌若哭.

鼓琴曰: "父邪! 母邪! 天乎! 人乎!" 有不任其聲而趨擧其詩焉.

子輿入, 曰: "子之歌詩, 何故若是?"

曰: "吾思夫使我至此極者而弗得也. 父母豈欲吾貧哉? 天无私覆, 地无私載, 天地豈私貧我哉? 求其爲之者而不得也. 然而至此極者, 命也夫!"

53) 원문의 '극極'을 번역한 것으로 '곤困'과 뜻이 통한다(왕수민 설). '막다른 골목에 몰린다'는 의미다.

제7편

응제왕應帝王

제왕에 어울림

【해설】

이 편의 의미는 자연의 변화에 무심히 순응하는 것이 제왕의 자격에 어울린다는 것으로, 앞 편인 〈대종사〉가 내성內聖의 도를 서술한 것이라면 이 편은 외왕外王의 도를 서술한 것으로 보인다. 물론 장자가 말하는 초월자요 절대자이자 세상의 최고 존재로서 제왕은 세상에 함부로 응하기보다는 고요한 모습으로 차별 없이 사물에 대응하는 자이다. 그러므로 유가에서 말하는 덕치와 인치는 비판의 대상이며, 궁극적으로는 무치주의의 속성을 지향하면서 통치에 있어서도 간섭보다는 자율에 맡기는 것이 제왕의 기본 자질에 해당한다고 본다.

4장에 보이는 명왕지치明王之治, 즉 명왕의 다스림은 교화가 만물에 미치기는 해도 백성들은 그것을 애써 느끼지 않는 그런 경지를 의미하므로 무치지치無治之治, 즉 다스림 없는 다스림의 경지라고 할 만하다. 이어서 등장하는 5장의 호자 이야기 역시 그가 장자가 말하는 제왕의 자격에 해당한다는 점을 역설한다. 호자와 대비되는 계함은 허풍을 떨 뿐 통치할 능력이 없는 자인데, 바로 이러한 겉치레를 버리고 순박함을 지키는 것이 통치의 시작이요 끝임을 장자는 말하고자 하는 것이다.

물론 장자가 말하는 제왕은 세속적 의미의 군주가 아니다. 바로 이 편의 앞부분부터 연속해서 나오는 태씨, 성인聖人, 천근, 명왕, 지인至人처럼 도를 터득한 사람을 의미한다. 장자가 말하는 이상적인 통치자의 모습은 무아無我 즉 자신을 고집하지 않는 것이며, 심지어 법을 제정함에 있어서도 그물과 화살처럼 백성들을 옭아매는 방식은 안 된다는 논리를 펼친다. 장자는 천하를 다스리지 않고 자연의 흐름에 내버려두는 정치를 해야 한다고 하는데 이런 것이 제왕의 정치 방식이라는 것이다. 인간의 인위나 어설픈 지식으로 백성을 구속하거나 압박하지 말아야 한다고 일갈한다.

담담한 마음과 사적 욕망을 배제한 정치가 필요하다는 것이 장자의 논지이기에 마지막 장에 나오는 '혼돈칠규渾沌七竅'의 지경에 이르는 방법은 의외로 단순하다는 점을 지적하고 있다. 이 장에 나오는 숙儵과

홀忽이라는 이름이 주는 의미도 남다른데, 모두 '빠르다'라는 의미로서 시간적으로 유한한 인간에 대비하려고 쓰인 인물로 혼돈混沌이라는 개념과 함께 봐야 한다. 바로 혼돈의 죽음이 의미하는 것은 작위적인 정치가 백성들에게 끼치는 심각한 폐해라고 해도 과언이 아닌데, 장자는 결국 이런 우언을 통해 자신의 무위지치의 효과를 강조하는 것이다.

자신조차 잊어버린 태씨 7.1

설결이 왕예에게 물었는데, 네 번이나 물었으나 네 번 [다] 알지 못한다[1]고 했다. 설결이 이에 날뛰며 대단히 기뻐하고는 포의자蒲衣子에게 가서 알려주었다.

포의자가 말했다.

"너는 지금에서야 그것을 알았느냐? 유우씨(순임금)도 태씨泰氏(복희씨)[2]에게는 미치지 못했으니, 유우씨는 오히려 인仁을 간직하고서 사람들에게 [인을] 요구하므로 또한 사람[의 마음]을 얻긴 했어도 애초에 사람들을 비난하는 데서 벗어나지 못했다.[3] 태씨는 그가 누워서는 편안했고, 그가 깨어나서는 어리석어서[4], 한편으로는 자신이 말[馬]이라 하고, [다른] 한편으로는 자신이 소라고 했다.[5] 그 지혜는 진정 믿을 만했고, 그 덕은 매우 진실했으니, 애초에 사람들을 비난

---

1) 원문의 '사문이사부지四問而四不知'를 번역한 것으로, 〈제물론〉 편 2.14에서 설결이 세 번 묻고 왕예가 세 번 다 알지 못한다고 한 대화에서 나온 것이다,

2) '태씨'는 성현영에 의하면 '태호복희太昊伏羲'로, 즉 '복희씨'를 지칭한다.

3) 원문의 '미시출어비인未始出於非人'을 번역한 것인데, '비인非人'을 '물物'로 풀이하는 일반론을 따라 번역했다. 물론 이 문장의 의미는 유우씨가 인을 표방하여 마음을 어느 정도 얻는 데 성공했지만 외물의 얽매임을 벗어나지 못했다는 뜻(천구잉陳鼓應 설)이다. 안동림은 "아직 시비의 영역에서 벗어나지 못했다[未出於是非之域]."라고 한 성현영의 해석을 취하여 "아직 조금도 남을 헐뜯는 입장에서 벗어나지 못했다."라고 번역했다. 다른 해석으로는 '비인'을 '천天'으로 보는 견해도 있다.

4) 원문의 '서서徐徐'와 '우우于于'는 각기 "편안하고 한가롭고 스스로 득의하다[安閑自得]."와 "어리석고 우매하고 무지하다[愚昧無知]."라고 풀이한 일반론을 따랐다.

5) 원문의 '일이기위마一以己爲馬, 일이기위우一以己爲牛'라는 말의 의미는 어떤 경우라도 자신을 말이라고 하든지 소라고 하든지 내버려두고 따지지 않는다는 것이다.

하는 데에 들어가지 않았다."

齧缺問於王倪, 四問而四不知. 齧缺因躍而大喜, 行以告蒲衣子. 蒲衣子曰: "而乃今知之乎? 有虞氏不及泰氏. 有虞氏, 其猶藏仁以要人. 亦得人矣, 而未始出於非人. 泰氏其臥徐徐, 其覺于于. 一以己爲馬, 一以己爲牛. 其知情信, 其德甚眞, 而未始入於非人."

새와 생쥐에게서 배우는 생존 비법 7.2

견오가 미치광이 접여를 만나자, 미치광이 접여가 말했다.

"지난날에 중시中始[6]가 네게 무엇을 말했는가?"

견오가 말했다.

"제게 알려주시기를, '군주 된 자가 자기 스스로 법도를 드러내면[7] 사람 중에서 누가 감히 교화되지 않겠는가!'라고 했습니다."

미치광이 접여가 말했다.

"이것은 덕을 속이는 것이니, 그것은 천하를 다스림에 있어 마치 바다를 [발로] 건너고, 하천을 [손으로] 파며[8], 모기에게 산을 지게 하는 것과 마찬가지다. 성인의 다스림이 바깥을 다스리는 것이겠느

6) 장자가 설정한 허구의 인물인데 견오의 스승으로 알려져 있다.

7) 원문의 '출경식의도出經式義度'를 번역한 것으로 '경經', '식式', '의義', '도度' 모두 '법도'를 가리킨다(왕수민 설). 한편 이강수는 '출出'을 '행行'과 같다고 보는 설(사마표)과 '식式'을 '용用'과 같다고 보는 견해(최선)를 취하여 "법도를 행하고 법도를 사용하면"이라고 번역했는데, 참조할 만하다.

8) 《논어》〈술이述而〉 편에 "맨손으로 호랑이를 잡으려 하고 맨몸으로 강물을 건너려 하다[暴虎憑河]."라는 구절이 나오는데, 이처럼 무모한 일을 말한다.

냐? [자신을] 바르게[9] 한 뒤에 행하여 확실히 그 일을 제대로 하는 것일 뿐이다. 새는 높이 날아 주살의 해로움을 피하고, 생쥐는 신단 아래에 구멍을 깊숙히 파서 [사람들이] 연기를 피우거나 구덩이를 파헤치는 우환을 피하는데, 너는 어찌 이 두 벌레만큼도 알지 못하는가!"

肩吾見狂接輿. 狂接輿曰: "日中始何以語女?"

肩吾曰: "告我君人者以己出經式義度, 人孰敢不聽而化諸!"

狂接輿曰: "是欺德也. 其於治天下也, 猶涉海鑿河而使蚊負山也. 夫聖人之治也, 治外乎? 正而後行, 確乎能其事者而已矣. 且鳥高飛以避矰弋之害, 鼷鼠深穴乎神丘之下以避熏鑿之患, 而曾二蟲之无如!"

다스림은 만물의 자연스러움에 따르라 7.3

천근天根[10]이 은산殷山 남쪽에서 노니는데, 요수蓼水 가에 이르자 때마침 무명인無名人[11]을 만나 물었다.

"천하를 다스리는 것을 여쭙고자 청합니다."

무명인이 대답했다.

---

9) 원문의 '정正'의 의미는 요임금과 순임금이 다스리는 경지를 말하는 것으로 〈덕충부德充符〉 편에서 "하늘에서 목숨을 받은 것 중에서 오직 요임금과 순임금만이 홀로 바르니, 만물의 우두머리에 자리 잡고, 다행히 [스스로의] 삶을 바로 세워 뭇사람의 삶을 바로잡을 수 있었다[受命於天 唯堯舜 獨也正 在萬物之首 幸能正生 以正衆生]."라는 문장과 연계된다.

10) 자연의 근원을 의인화한 가공인물로 추정되는데 더러는 실존 인물로 보기도 한다.

11) 장자가 설정한 허구 인물로서 〈소요유〉 편의 '성인무명聖人無名'이란 구절 속의 그 개념이니 세속적인 명성을 추구하지 않는 인물이다.

"가시오! 그대는 [세속의 명성을 추구하는] 하찮은 사람이구려. 어찌 물음이 유쾌하지[12] 못한가! 나는 한창 조물주와 벗[13]했다가 싫어지면 다시 아득히 멀리 보이는[14] 새를 타고 육극六極[15]의 밖으로 나가서 아무것도 없는 마을[16]에서 노닐고 끝없이 넓은 들판에 머물려고 하는데, 그대는 또 무슨 까닭으로 천하를 다스리는 일로 나의 마음을 움직이려 하는가?"

또다시 물었다.

무명인이 말했다.

"그대는 마음을 담담한 데서 노닐고 기운을 적막한 데에 합쳐지게 해서 만물의 자연스러움을 따르고 사사로움을 받아들이지 않으면 천하는 다스려지게 될 것이다."

天根遊於殷陽, 至蓼水之上, 適遭無名人而問焉, 曰: "請問爲天下."

无名人曰: "去! 汝鄙人也, 何問之不豫也! 予方將與造物者爲人, 厭, 則又乘夫莽眇之鳥, 以出六極之外, 而遊无何有之鄉, 以處壙埌之野. 汝又何帠以治天下感予之心爲?"

12) 원문의 '예豫' 자는 '열悅' 자의 의미인데, 질문하는 태도와 내용이 탐탁하지 않음을 비꼰 것이다.

13) 원문의 '인人'을 번역한 것으로 '우偶'와 같다. 조물주와 짝이 되는 사람으로, 즉 '벗'을 가리킨다(안동림 설).

14) 원문의 '망묘莽眇'는 "바라보이는 것이 그다지 분명하지 않은 깊고 먼 곳이다[望之不甚分明之深遠處也]."라고 주석한 유무劉武의 설에 따랐다.

15) '육극'은 상하동서남북上下東西南北을 의미하며 〈제물론〉 편에 나오는 '육합六合'이란 말과 같은 개념이다.

16) 원문의 '무하유지향无何有之鄉'은 〈소요유〉 편 1.10에도 나오고, 〈응제왕〉 편 7.3에도 나오며, 〈열어구〉 편 32.3에도 나온다.

又復問.

无名氏曰: "汝遊心於淡, 合氣於漠, 順物自然而无容私焉, 而天下治矣."

최고의 다스림은 하는 일이 없는 듯이 하는 것 7.4

양자거陽子居[17]가 노담을 만나 말했다.

"어떤 사람이 이곳에 있는데, 재빠르고 굳건하며[18], 사물의 이치에 밝게 트였고, 도를 배우는 데에 게으르지 않으니, 이러한 자를 현명한 왕에 비할 수 있습니까?"

노담이 말했다.

"이와 같은 자는 성인에 비하면[19] 하급 관직의 잡일이나 기술에 매여 몸을 수고롭게 하고 마음을 불안하게 하는 자이다. 또 호랑이와 표범은 문채로 인해 사냥꾼을 오게 하고, 재빠른 원숭이나 살쾡이를 잡는 개는 줄에 묶여 끌려다니는 법이니, 이와 같은 자를 현명한 왕에 비할 수 있는가?"

양자거가 놀라서[20] 말했다.

"감히 현명한 왕의 다스림을 여쭙겠습니다."

17) 성현영이 "성은 양陽이고, 이름은 주朱이며, 자는 자거子居이다[姓陽 名朱 字子居]."라고 한 주석에 따랐는데, 양자거가 노담과 나눈 문답은 〈우언寓言〉 편 27.6에도 있다. 그리고 아래의 문답 내용은 〈천지〉 편 12.9에도 나온다.

18) 원문의 '강양强梁'은 이이가 주석한 대로 "민첩하고 빠른 것이 마치 메아리 같다[敏疾如響也]."라는 의미이고, '강량强良'의 의미도 있으며, 강건剛健의 의미도 있다. 〈산목山木〉 편에 '종기강양從其强梁'이라는 말이 있고, 《노자》 42장에도 "굳세고 강한 자는 제 명대로 살 수 없다[彊梁者, 不得其死]."라는 문장이 있다.

19) 원문의 '시어성인야是於聖人也'를 번역한 것으로 '어於' 자를 '어찌[烏]'와 통용된다고 보아 의문문으로 풀이한 경우도 있는데, 여기서는 취하지 않는다.

노담이 말했다.

"현명한 왕의 다스림이란 공적이 천하를 덮을지라도 자기가 한 것이 아닌 것처럼 하고, 가르침이 만물에 베풀어지더라도 백성들이 믿기지 않도록 하며, [공적이] 있는데도 이름을 드러내지 않고, 만물로 하여금 저마다 기뻐하게 하며, 헤아릴 수 없는 데에 서서, [어떤 것도] 없는 데에서 노니는 것이다."

陽子居見老聃, 曰: "有人於此, 嚮疾强梁, 物徹疏明, 學道不勸. 如是者, 可比明王乎?"

老聃曰: "是於聖人也, 胥易技係, 勞形怵心者也. 且也虎豹之文來田, 猨狙之便執斄之狗來藉. 如是者, 可比明王乎?"

陽子居蹴然曰: "敢問明王之治."

老聃曰: "明王之治, 功蓋天下而似不自己, 化貸萬物而民弗恃. 有莫擧名, 使物自喜, 立乎不測, 而遊於无有者也."

도의 최고 경지를 자유자재하게 보여준 호자 7.5

정나라에 신묘한 무당이 있는데 계함季咸이라고 했다. 사람의 죽음과 삶, 재앙과 복, 장수와 요절[21]을 알아 연월일까지 맞추는 것이 귀신같았다. 정나라 사람들은 그를 보면 모두 피하고 달아났다. 열

---

20) 원문의 '축연蹴然'은 육덕명의 주석대로 '얼굴빛을 고치는 모습[改容之貌]'인데, 〈대종사〉 편 6.7에도 나오며, 〈덕충부〉 편 5.2에도 "놀라서 얼굴색을 고치고 용모를 바로잡았다[蹴然改容更貌]."라는 표현이 있다.

21) 원문의 '요夭'를 번역한 것으로 판본에 따라 '천天'으로 쓰인 것도 있다.

자가 그를 보고는 흠뻑 취하여 돌아와 호자壺子[22)]에게 말했다.

"처음에 저는 선생님의 도를 지극하다고 여겼는데, 더 지극한 자가 있습니다."

호자가 말했다.

"나는 너에게 그 [도] 중에 드러나는 것만 다 주었지, 그 실질은 아직 다 [일러]주지도 않았는데, 너는 굳이 도를 터득했다고 하는 것이냐? 암컷이 많아도 수컷이 없는데 또한 어찌 알을 부화하겠는가! 너는 [네 알량한] 도로써 세상과 맞서는 것을 꼭 믿고 있느냐? 그러니 다른 사람이 네 관상을 알아맞히게 하는 것이다. 시험 삼아 데려와서 그에게 나를 보게 하거라."

이튿날 열자는 계함과 함께 호자를 만났는데, 나와서 열자에게 말했다.

"아! 그대의 선생은 [곧] 죽을 것이다! 살아날 가망이 없으니 열흘을 헤아리지 못할 것이다! 나는 이상한 것을 보았으니, [그에게서] 젖은 재를 보았다."

열자가 들어와 옷깃을 적시며 울면서 호자에게 알리자 호자가 말했다.

"방금 전에 나는 그에게 땅의 문양을 보여주었는데, 가만히 움직이지 않고 [그렇다고] 그치지도 않았다. 이는 아마도 내가 생기[23)]를

---

22) 이름은 임林이고 정鄭나라 사람이다. 열자의 스승으로 알려진 인물로 《여씨춘추》 〈하현下賢〉 편에도 나오는데, 정나라 자산子產이 호구자림壺丘子林의 제자로 들어갔다는 기록이 나오며, 이 장에 소개된 내용은 《회남자》 〈정신훈精神訓〉 편과 《열자》 〈황제〉 편에도 들어있는 내용이다.

23) 원문의 '덕기德機'를 번역한 것으로 차오추지는 "'덕기德機'는 '생기生氣'로, 곧 '기기氣機'로 인체 내의 기가 운행하는 것을 가리킨다."라고 했다. '덕을 막는 조짐'이라고 해석(안동림)하기도 하나 취하지 않는다.

막은 것을 본 것이지. 시험 삼아 또 함께 오거라."

이튿날 또 계함과 함께 호자를 만났는데, 나와서 열자에게 말했다.

"다행이군, 그대의 선생은 나를 만나서 병이 다 나았으니 완연하게 생기가 있다! [어제는] 내가 그 [생기를] 막은 것이 변하는 것을 보았다."

열자가 들어와 호자에게 알리자 호자가 말했다.

"방금 전에 나는 그에게 하늘과 땅을 보여줬는데, 명분과 실질이 [마음에] 들어갈 수 없고, 생기가 뒤꿈치에서 발생하니, 이는 아마도 내가 좋아진 것이 생기임을 본 것이다. 시험 삼아 또 함께 오거라."

이튿날 또 계함과 함께 호자를 만났는데, 나와서 열자에게 말했다.

"그대의 선생은 [관상이] 가지런하지 않아서 내가 관상을 볼 수가 없다. 가지런하게 되면 다시 관상을 보겠다."

열자가 들어와 호자에게 알리자 호자가 말했다.

"방금 전에 나는 그에게 커다랗게 텅 비어 더할 수 없는 경지[24]를 보여주었다. 이는 아마도 조절된 기의 생기를 본 것이다. 고래가 헤엄치는 소용돌이도 연못이 되고, 고요한 소용돌이도 연못이 되며, 흐르는 소용돌이도 연못이 된다. 연못은 아홉 가지[25]가 있는데, 이

24) 원문의 '태충막승太沖莫勝'을 번역한 것으로 '충沖'은 '허虛'와 같다(성현영 설). '막승莫勝'은 장병린의 고증에 의하면, 《열자》〈황제〉 편에 '막승'은 '막짐莫朕'으로 쓰여 있어, 이를 풀이하면 "조짐이 아무것도 없다."라고 해석할 수 있는데, 참조할 만하다.

25) 원문의 연못의 아홉 가지는 《열자》〈황제〉 편에 나오는 순서대로 나온 것인데, 이 세 가지 이외에 남수濫水, 옥수沃水, 구수氿水, 옹수雍水, 신수汧水, 비수肥水 등이 있다. 덧붙여 여기서 세 가지가 연못을 가리키지 않는다는 설도 타당성이 있다.

것은 세 가지에 해당한다. 시험 삼아 또 함께 오거라."

이튿날 또 계함과 함께 호자를 만났다. [자리를 잡고] 서기도 전에 [계함이] 저절로 실색하면서 달아났다. 호자가 말했다.

"그를 쫓아가라!"

열자가 그를 쫓아갔지만 잡지 못하고 돌아와 호자에게 말했다.

"이미 사라져버려 놓쳤습니다. 제가 따라잡지 못했습니다."

호자가 말했다.

"방금 전에 나는 아직 내 근본이 본래부터 나오지 않은 상태를 보여주었다. 내가 마음을 비우고 맡겨두었으므로 그는 누구인지 무엇인지 알지 못했으므로, 바람 따라 나부낀다고 여기고, 물결 따라 흐른다고 여겼기 때문에 달아난 것이다."

그런 뒤에, 열자는 스스로 아직 애초에 배우지 못한 것으로 여기고 집으로 돌아가서 삼 년 동안 나오지 않았다. 자신의 아내를 위해 밥을 지었고, 돼지 기르는 것을 사람 먹이듯이 했으며, 일에 더불어 친한 것[을 따지는 일]이 없었고, 깎고 쪼는 것은 소박한 데로 회복하여 아무 생각 없이 홀로 서서 어지러운데도 지키고서 한결같이 이렇게 일생을 마쳤다.

鄭有神巫曰季咸, 知人之死生存亡, 禍福壽夭, 期以歲月旬日, 若神. 鄭人見之, 皆棄而走. 列子見之而心醉, 歸, 以告壺子, 曰: "始吾以夫子之道爲至矣, 則又有至焉者矣."

壺子曰: “吾與汝旣其文, 未旣其實, 而固得道與? 衆雌而无雄, 而又奚卵焉! 而以道與世亢, 必信夫, 故使人得而相汝. 嘗試與來, 以予示之.”

明日, 列子與之見壺子. 出而謂列子曰: “噫! 子之先生死矣! 弗活矣! 不以旬數矣! 吾見怪焉, 見濕灰焉.”

列子入, 泣涕沾襟以告壺子. 壺子曰: “鄕吾示之以地文, 萌乎不震不正. 是殆見吾杜德機也. 嘗又與來.”

明日, 又與之見壺子. 出而謂列子曰: “幸矣子之先生遇我也! 有瘳矣, 全然有生矣! 吾見其杜權矣.”

列子入, 以告壺子. 壺子曰: “鄕吾示之以天壤, 名實不入, 而機發於踵. 是殆見吾善者機也. 嘗又與來.”

明日, 又與之見壺子. 出而謂列子曰: “子之先生不齊, 吾无得而相焉. 試齊, 且復相之.”

列子入, 以告壺子. 壺子曰: “吾鄕示之以太沖莫勝. 是殆見吾衡氣機也. 鯢桓之審爲淵, 止水之審爲淵, 流水之審爲淵. 淵有九名, 此處三焉. 嘗又與來.”

明日, 又與之見壺子. 立未定, 自失而走. 壺子曰: “追之!”

列子追之不及. 反, 以報壺子曰: “已滅矣, 已失矣, 吾弗及已.”

壺子曰: “鄕吾示之以未始出吾宗. 吾與之虛而委蛇, 不知其誰何, 因以爲弟靡, 因以爲波流, 故逃也.”

然後列子自以爲未始學而歸, 三年不出. 爲其妻爨, 食豕如食人. 於事无與親, 雕琢復朴, 塊然獨以其形立. 紛而封哉, 一以是終.

그대로 비춰주는 거울처럼 7.6

명성의 주도자[26]가 되지 말고, 꾀의 창고가 되지 마라. 일의 담당자가 되지 말고, 지식의 주인이 되지 마라. 무궁함을 다 체득하여 조짐이 없는 데에서 노닐어라. 하늘로부터 받은 것을 다하고 얻은 것을 드러내지 말아야 하고, 오직 비울 뿐이다.

지인이 마음씀은 거울 같아 보내려 하지도 않고 맞이하려 하지도 않으며, 호응하기는 하나 간직하지는 않으니, 그러므로 만물을 이겨낼[27] 수 있으면서도 [스스로를] 손상하지 않게 하는 것이다.

无爲名尸, 无爲謀府. 无爲事任, 无爲知主. 體盡无窮, 而遊无朕. 盡其所受乎天, 而无見得, 亦虛而已. 至人之用心若鏡, 不將不迎, 應而不藏, 故能勝物而不傷.

이레 만에 혼돈이 죽은 이유 7.7

남해의 제왕은 숙儵이고 북해의 제왕은 홀忽이며 중앙의 제왕은 혼돈混沌이다.[28] 숙과 홀이 수시로 서로 혼돈의 땅에서 만났는데, 혼돈이 그들을 매우 잘 대우했다. 숙과 홀이 혼돈의 덕에 보답하고자

---

26) 원문의 '시尸'를 번역한 것으로 '주主'와 뜻이 통한다(성현영 설).

27) 원문의 '승勝' 자는 만물 위에 군림한다는 의미가 있는데, 바로 《노자》 73장에 나오는 "하늘의 도는 다투지 않으면서도 잘 이긴다[天之道, 不爭而善勝]."에 나오는 '승' 자와 같은 맥락이다.

28) 이들은 모두 장자가 설정한 가상 인물로 자연스러운 본성을 따를 것과 내 처지에서 옳다고 하는 것이 과연 상대에게도 옳은지 생각하게 한다.

의논하여 말했다.

“사람이란 모두 일곱 개의 구멍[29)]이 있어서 [그것으로] 보고 들으며 먹고 숨을 쉬는데, 이 혼돈만 있지 않으니 시험 삼아 구멍을 뚫어주자.”

날마다 한 구멍씩 뚫었는데, 이레가 되어서 혼돈은 죽고 말았다.

南海之帝爲儵, 北海之帝爲忽, 中央之帝爲混沌. 儵與忽時相與遇於混沌之地, 混沌待之甚善. 儵與忽謀報混沌之德, 曰: “人皆有七竅以視聽食息, 此獨无有, 嘗試鑿之.” 日鑿一竅, 七日而混沌死.

29) 원문의 ‘칠규七竅’를 번역한 것으로 이耳·목目·구口·비鼻의 일곱 개의 구멍을 가리킨다.

외편外篇

제8편

변무騈拇

붙은 발가락

【해설】

외편 첫머리에 해당하는 이 편의 제목은 맨 앞의 두 글자를 따서 붙인 것이다. 내편이 치밀하고 장자 특유의 사상이 집약되어 있다고 한다면, 외편은 내편의 사상을 부연 설명하는 방식으로 이루어져 있다. 또한 인위적인 것이 아니라 자연스러운 상태를 주창하는데, 인의를 주장하는 유가를 비판하기 위한 목적이 강하며, 장자의 사상을 이어받은 후학들에 의해 지어진 것으로 보는 것이 설득력을 지닌다.

'변무駢拇'는 엄지발가락과 둘째 발가락이 붙은 자이고, '지지枝指'는 육손이를 가리키며, 모두 쓸모가 없는 것을 가리킨다. 바로 유가의 인仁과 의義가 인간의 본성을 따르기보다는 오히려 삶을 옥죄는 수단일 뿐이라는 비유이다. 유명한 2장에서 오리의 다리와 학의 다리를 인간의 관점에서 보고 안타까운 마음으로 길게 하거나 짧게 하면 오리나 학의 입장에서는 오히려 슬플 수밖에 없으니 본성과 어긋나기 때문이라는 논지는 장자가 일관되게 주장하는 핵심적 사고의 한 예시다. 도척과 백이는 큰 도적과 의인이라는 차별점이 극명하게 드러나는 인물로서 사람들은 백이를 칭송하고 도척을 비난하지만, 두 사람 다 재물과 명예라는 것에 현혹되어 자신만의 삶을 살다 간 공통점이 있으니 별 차이가 없다고 장자는 생각한다. 아울러 어떤 이상적인 세계를 규정하고 거기에 맞추어 나가는 것을 비판하는데, 오히려 우리가 쓸모없다고 여기는 것이 역설적으로 쓸모 있다고 말하고 있다.

이 편은 이어지는 〈마제馬蹄〉, 〈거협胠篋〉, 〈재유在宥〉 편과 세트를 이루는 것으로, 인의도덕의 잣대를 들이대는 유가 사상을 비판하는 것을 중심으로 하며, 철저히 인간 본연의 자세에 입각하여 처신하면 세상에서 두려울 것이 없다는 도가적 인성론의 면모를 잘 드러내고 있다.

붙은 발가락과 육손이와 사마귀의 쓸모 8.1

엄지발가락[과 둘째 발가락]이 붙은 자[1]와 육손이[2]는 타고난 것인저! 하지만 보통 사람이 가진 것보다는 많다.[3] [크게] 붙거나 [자잘하게] 매달린 사마귀[4]는 몸에 [후천적으로] 생겨난 것인저! 하지만 [타고난] 본성보다는 많다. 인의를 다방면으로[5] 하여 쓰는 자들은 [인의로] 오장에 배열하는 것인저![6] 하지만 도덕의 바름[7]이 아니다. 이 때문에 발에 [발가락이] 붙은 것은 쓸모없는 살이 이어 붙은 것이고, 손에 [손가락이] 가지 친 것은 쓸모없는 손가락이 심어진 것이다. 오

---

1) 원문의 '변무騈拇'를 번역한 것으로, '변騈'은 '합하다[合]'라는 뜻이고, '무拇'는 '엄지발가락'을 뜻한다. 두 발가락이 붙었는데 '보통 사람이 가진 것보다 많다' 라고 한 것은 발가락 개수를 센 것이 아니라, 이어지는 본문의 내용처럼 '쓸모 없는 살이 붙은 것'을 말한 것이다.

2) 원문의 '지지枝指'를 번역한 것으로, 성현영은 "엄지손가락 옆에 곁가지로 한 손가락이 생겨서 여섯 손가락이 되는 것을 말한다[謂手大拇指傍枝生一指, 成六指也]."라고 했다. 즉, 육손이를 말한다.

3) 원문의 '출호성재이치어덕出乎性哉而侈於德'을 번역한 것으로 선천적인 기형이라는 뜻이다. 임희일은 "'변무騈拇'와 '지지枝指'는 모두 병이다. 본래 자연에서 나왔지만, 사람들이 같이 얻는 것에 비하면 많은 것이 된다. '치侈'는 '남다'라는 뜻이다. 여기서의 '성'과 '덕'은 글자 뜻이 모두 성현이 말하는 것과 조금 다르다[騈拇枝指, 皆病也. 本出於自然, 比人所同得者, 則爲侈矣. 侈, 剩也. 似此性德字義, 皆與聖賢稍異]."라고 했다. 또한 '치侈'에 대해 '많다[多]'(성현영 설), '많은 모양[多貌]'(곽상 설), '넘치다[溢]'(사마표 설), '지나치다[過]'(최선 설) 등이 있다. '덕'은 '득得' 자로 보아 '보통 사람이 얻은 것'이라는 의미다. 한편 '덕德'에 대해서는 "너그러움과 같다[猶容也]."(최선 설)라고 하거나, "인·의·예·지·신의 '다섯 가지 덕[五德]'을 말한다[謂仁義禮智信五德也]."(성현영 설)라고 풀이하기도 하는데, 취하지 않는다.

4) 원문의 '부췌현우附贅縣疣'를 번역한 것으로, 여기서 '부附'와 '현縣'은 붙어있거나 매달려있다는 의미이고, '췌贅'와 '우疣'는 사마귀인데, "작은 것을 '우肬'라 말하고, 큰 것을 '췌贅'라 말한다[小曰肬, 大曰贅]."(왕수민 설)

5) 원문의 '다방多方'을 번역한 것으로, '방方'을 '도술道術'로 풀이(성현영 설)하기도 하지만, 여기서는 따르지 않는다.

장의 성정性情에 다방면으로 붙이고 가지 친 것은 인의의 행동에 지나치고 치우치게 총명을 쓰는 데에 다방면으로 하는 것이다.

이 때문에 눈 밝음에 지나친 자는 다섯 가지 색깔[五色]로 어지럽고[8] 무늬로 지나치니, 청색과 황색의 수놓은 예복의 밝게 빛나는 것[9]이 아니겠는가? 이주離朱[10]가 이런 사람이다.

귀 밝음에 지나친 자는 다섯 가지 소리[五聲][11]로 어지럽고 육률六律[12]로 지나치니, 쇠·돌·실·대나무로 만든 악기와 황종·대려 소리가 아니겠는가? 사광이 이런 사람이다.

인에 가지를 친 자는 [사람의] 덕을 뽑아버리고 [타고난] 본성을 막으면서 명성을 거두려고 천하 사람들로 하여금 생황을 불어 현혹시키니[13] 미치지도 못하는 법도를 받들게 하는 것이 아니겠는가?

6) '인의예지신仁義禮智信'이라는 오상五常을 순서대로 오장의 '간폐심신비肝肺心腎脾'에 해당하는 식으로 연결지었다는 의미다. 《백호통白虎通》〈성정性情〉 편에도 "간肝은 인이고, 폐肺는 의이며, 심心은 예이고, 신腎은 지智이며, 비脾는 신信이다[肝仁, 肺義, 心禮, 腎智, 脾信也]."라는 말이 있다.

7) 원문의 '정正'을 번역한 것으로, 역자는 원문의 원의에 따라 번역했으며, 방용方勇과 육영품陸永品은 '본연本然'이라는 뜻으로 풀이하기도 했다.

8) 《노자》 12장에 "다섯 가지 색깔이 사람의 눈을 멀게 한다[五色令人目盲]."라는 문장과 같은 맥락인데, 이어지는 문장에서 장자는 노자와 마찬가지로 '오색五色', '오음五音', '오미五味'라는 감각적 단어를 통해 인간이 추구하는 지나친 감각적 탐미를 질타했다.

9) 원문의 '황황煌煌'을 번역한 것으로, '밝게 빛나는 모양'이다. 성현영은 "눈이 부시는 모습[眩目貌]"이라고 풀이했다.

10) 《맹자》〈이루離婁〉 편의 조기趙岐 주注에 다음과 같은 기록이 있다. "황제가 검은 구슬을 잃어버리고 이주에게 그것을 찾게 했는데, 이주는 곧 이루離婁이다[黃帝亡其玄珠, 使離朱索之, 離朱則離婁也]."

11) 오성은 궁宮·상商·각角·치徵·우羽를 말한다.

12) 육률은 이설이 있으나 황종黃鐘·태주太簇·고세姑洗·유빈蕤賓·이칙夷則·무역無射을 말한다.

증삼曾參과 사추史鰌[14])가 이런 사람이다.

변론에 지나친 자는 [쓸데없이] 기와를 쌓고[15]) 노끈을 묶어 매듭 만들듯 문구를 수정하여 고쳐서[16]) 견堅이냐 백白이냐, 같은가[同] 다른가[異] 사이에서 마음을 노닐게 하니, 하찮은 명예나 쓸모없는 말에 피폐해지는 것이 아니겠는가? 양주楊朱와 묵적墨翟이 이런 사람이다.

그러므로 이들은 모두 많이 지나치고 곁가지의 방도이니, 천하의 지극한 바름이 아니다.

駢拇枝指, 出乎性哉! 而侈於德. 附贅縣疣, 出乎形哉! 而侈於性. 多方乎仁義而用之者, 列於五藏哉! 而非道德之正也. 是故駢於足者, 連无用之肉也. 枝於手者, 樹无用之指也. 多方駢枝於五藏之情者, 淫僻於仁義之行, 而多方於聰明之用也.

是故駢於明者, 亂五色, 淫文章, 青黃黼黻之煌煌非乎? 而離朱是已. 多於聰者, 亂五聲, 淫六律, 金石絲竹黃鐘大呂之聲非乎? 而師曠是已.

13) 원문의 '황고簧鼓'를 번역한 것으로, "'황고'는 생황을 말한다. '고'는 진동하는 것이다[簧鼓, 謂笙簧也. 鼓, 動也]."(육덕명 설) 시끄럽게 떠드는 말로 사람들을 현혹하는 것을 비유한 말이다.

14) 둘 다 공자의 제자로서 "증삼은 인을 행했고, 사추는 의를 행했다[曾參行仁, 史鰌行義.]."라고 육덕명은 주해했다. 사추는 춘추 말기 위衛나라 대부로《논어》〈위령공衛靈公〉 편에 "정직하구나, 사어史魚여. 나라에 도가 있을 때도 화살과 같이 곧았고, 나라에 도가 없을 때도 화살과 같이 곧았다[直哉史魚, 邦有道如矢, 邦無道如矢]."라는 구절이 있는데 바로 사어가 사추이다.

15) 원문의 '유와纍瓦'를 번역한 것으로, '유纍'는 '쌓다[累]'와 같다. 한편 육덕명은 '와瓦'가 '환丸'의 오자라고 보았고, 왕수민도 '유와'는 〈달생達生〉 편 19.3의 '누환累丸'과 같다고 하면서 동조했다. 일리가 없는 것은 아니지만, 역자는 원문대로 번역했다.

16) 원문의 '찬구竄句'를 번역한 것으로, '찬竄'은 '수정하여 고치는 것[脩改]'(임희일 설)이다.

枝於仁者, 擢德塞性以收名聲, 使天下簧鼓以奉不及之法非乎? 而曾史是已. 駢於辯者, 纍瓦結繩竄句, 遊心於堅白同異之閒, 而敝跬譽無用之言非乎? 而楊墨是已. 故此皆多駢旁枝之道, 非天下之至正也.

짧은 오리 다리, 긴 학 다리를 보며 걱정하지 마라 8.2

저 지극히 바른[17] 자는 자신의 [타고난] 본성과 목숨의 실정을 잃지 않는다. 그러므로 합쳐진 것을 붙은 발가락이라 하지 않고, 가지 친 것을 육발이[18]라고 하지 않으며, 긴 것을 남는 것이 있다고 하지 않고, 짧은 것을 부족하다고 하지 않는다. 이 때문에 오리는 다리가 비록 짧지만 그것을 이어주면 [오리가] 근심하고, 학은 다리가 비록 길지만 그것을 짧게 끊어주면 [학이] 슬퍼한다. 그러므로 본성이 긴 것은 [일부러] 끊을 것이 아니고, 본성이 짧은 것도 이어줄 것이 아니니, 근심하여 없앨 것이 없다.

아, 인의는 사람의 실정이 아니로다! 저 인한 사람은 어찌 그리 근심이 많은가?

게다가 엄지발가락에 붙은 것은 갈라버리면 [아파서] 눈물 흘리

---

17) 원문의 '지정至正'을 번역한 것으로, '지정'이 '정정正正'으로 된 판본도 있다. 곽상은 "사물이 각기 본성에 맡기니 곧 '바르고 바름'이다[物各任性, 乃正正也]."라고 했다. '정정'을 '지정至正'의 오기로 보는 설에 따라 역자는 교열하고 번역했다.

18) 원문의 '지跂'를 번역한 것으로 8.1 구절에서 '지지枝指', 즉 육손이를 가리킨 것과 유사한 표현이다. 8.1에서 육손이를 설명할 때 성현영이 '무拇' 자를 쓴 것을 보더라도 손가락과 발가락 어느 것을 지칭한 것이어도 무방하며, 장자가 똑같은 표현을 피하여 다양하게 구사한 점을 염두에 둔다면 번역에 융통성을 좀 두어도 무방하다.

고, 손에 [육손으로] 가지 친 것은 깨물어버리면 울부짖는다. 둘은 어떤 것은 [보통의] 수보다 남음이 있고 어떤 것은 수보다 부족하지만, 자신의 근심하는 것에 있어서는 한 가지다.

지금 세상의 인한 사람은 걱정스러운 눈으로 세상의 우환을 근심하고, 인하지 못한 사람은 [타고난] 본성과 목숨의 실정을 끊어내면서 부귀를 탐한다. 그러므로 생각하건대 인의는 아마도 사람의 실정이 아니로다! 삼대 이후로부터 천하가 어찌 그다지도 [시끄럽게] 떠들어대는가?

彼至正者, 不失其性命之情. 故合者不爲駢, 而枝者不爲跂. 長者不爲有餘, 短者不爲不足. 是故鳧脛雖短, 續之則憂. 鶴脛雖長, 斷之則悲. 故性長非所斷, 性短非所續, 無所去憂也. 意[19]仁義其非人情乎! 彼仁人何其多憂也?

且夫駢於拇者, 決之則泣. 枝於手者, 齕之則啼. 二者, 或有餘於數, 或不足於數, 其於憂一也. 今世之仁人, 蒿目而憂世之患. 不仁之人, 決性命之情而饕貴富. 故意仁義其非人情乎! 自三代以下者, 天下何其囂囂也?

본래 그러함을 간직하게 하라 8.3

곱자와 먹줄, 둥근 자와 네모 자에 의지하여 바로잡는 것은 그 본

---

19) 감탄사 희嘻와 통한다.

성을 깎아내는 것이다. 노끈과 새끼줄, 아교와 옻에 의지하여 견고하게 하는 것은 그 [본래] 덕을 침해하는 것이다. 예악으로 굽히고 꺾으며, 인의로 깨우치게 하여 천하 사람들의 마음을 위로하는 것, 이것은 자신의 떳떳한 그러함[常然]을 잃는 것이다.

천하에는 떳떳한 그러함이 있으니, 떳떳한 그러함이란 굽은 것은 곱자를 가지고 하지 않고, 곧은 것은 먹줄을 가지고 하지 않으며, 둥근 것은 둥근 자를 가지고 하지 않고, 네모난 것은 네모 자를 가지고 하지 않으며, 붙이는 것은 아교와 옻을 가지고 하지 않고, 묶는 것은 노끈과 새끼줄을 가지고 하지 않는다.

그러므로 천하는 자연스럽게 모두 생겨나지만, 그 생겨나는 까닭을 알지 못하고 같이 모두 [저마다의 모습을] 얻지만 그 얻는 까닭을 알지 못한다.

따라서 옛날과 지금이 다르지 않아서 이지러뜨릴 수 없다. 인의는 또한 어찌하여 아교와 옻, 노끈과 새끼줄처럼 연이어서 도덕의 사이에 노닐게 하겠는가? 천하 사람들을 미혹하게 할 뿐이로다!

且夫待鉤繩規矩而正者, 是削其性者也. 待繩約膠漆而固者, 是侵其德者也. 屈折禮樂, 呴俞仁義, 以慰天下之心者, 此失其常然也. 天下有常然. 常然者, 曲者不以鉤, 直者不以繩, 圓者不以規, 方者不以矩, 附離不以膠漆, 約束不以纆索. 故天下誘然皆生而不知其所以生, 同焉皆得而不知其所以得. 故古今不二, 不可虧也. 則仁義又奚連連如膠漆纆索而遊乎道德之間爲哉, 使天下惑也!

백이만 옳고 도척은 그른가 8.4

사소한 미혹은 방향을 바꾸고, 커다란 미혹은 본성을 바꾼다. 어찌하여 그것이 그러함을 아는가? 우씨虞氏가 인의를 불러들여 천하를 어지럽힌 뒤로부터 천하 사람들이 인의에 목숨 바쳐 내달리지 않는 이가 없었으니, 이것이 인의로써 그 본성을 바꾸는 것이 아니겠는가?

그러므로 시험 삼아 그것을 논해보자면, 삼대 이후로부터 천하에 사물로써 그 본성을 바꾸지 않은 자가 없었다. 소인(백성)은 자신을 이익에 목숨 바쳤고, 선비는 자신을 명성에 목숨 바쳤으며, 대부는 자신을 집안에 목숨 바쳤고, 성인은 자신을 천하에 목숨 바쳤다. 그러므로 이 몇 사람은 한 일이 같지 않고 명성이 다르게 불리지만, 자신의 본성을 상하게 하면서 자신을 목숨 바치게 하는 것에 있어서는 한 가지다.

장臧과 곡穀[20] 두 사람이 양을 길렀는데 자신들의 양을 둘 다 잃어버렸다. 장에게 어찌 된 일인지 물으니 채찍을 끼고서 글을 읽고 있었다고 하고, 곡에게 어찌 된 일인지 물으니 주사위를 가지고 [노름하며] 놀고 있었다고 했다. 두 사람이 한 일은 같지 않지만 양을 잃어버린 것은 같다. 백이는 수양산首陽山 아래에서 명성을 위해 죽

20) 장자가 설정한 가공의 인물이다. 한편 '장'은 남자 하인, '곡'은 여자 하인으로 해석하기도 한다. 이름과 그 인물의 특성을 연관 짓는 장자의 재치는 언어 발생 이후 동서양 모두에 자연스럽게 보이는 특징이라 하겠다.

었고, 도척은 동릉산東陵山 위에서 이익을 위해 죽었는데, 두 사람이 죽은 이유는 같지 않지만, 자신의 생명을 해치고 본성을 상하게 한 것은 같으니, 어찌 반드시 백이가 옳고 도척은 그르다고 하겠는가!

천하 사람들은 다 [자신을 희생하여] 목숨 바친다. 저들이 자신의 목숨 바친 것이 인의이면 세속에서는 그를 군자라고 말하고, 자신의 목숨 바친 것이 재물이면 세속에서는 그를 소인이라고 말한다. 자신의 목숨 바친 것은 한 가지인데, 군자가 있고 소인이 있다. 만일 자신의 생명을 해치고 본성을 훼손하는 것이면 도척도 백이일 뿐이니 또 어찌하여 그 사이에서 군자와 소인을 [차별하여] 구분할[21] 것인가!

夫小惑易方, 大惑易性. 何以知其然邪? 自虞氏招仁義以撓天下也, 天下莫不奔命於仁義, 是非以仁義易其性與? 故嘗試論之, 自三代以下者, 天下莫不以物易其性矣. 小人則以身殉利, 士則以身殉名, 大夫則以身殉家, 聖人則以身殉天下. 故此數子者, 事業不同, 名聲異號, 其於傷性以身爲殉, 一也. 臧與穀, 二人相與牧羊而俱亡其羊. 問臧奚事, 則挾筴讀書. 問穀奚事, 則博塞以遊. 二人者, 事業不同, 其於亡羊均也. 伯夷死名於首陽之下, 盜跖死利於東陵之上, 二人者, 所死不同, 其於殘生傷性均也, 奚必伯夷之是而盜跖之非乎! 天下盡殉也. 彼其所殉仁義也. 則俗謂之君子. 其所殉貨財也, 則俗謂之小人. 其殉一也, 則有君子焉, 有小人焉. 若其殘生損性, 則盜跖亦伯夷已, 又惡取君子小人於其間哉!

---

21) 원문의 '취取'를 번역한 것으로 '가르다', '구분하다'의 의미다.

귀 밝은 것은 스스로를 듣기 위함이고, 눈 밝은 것도 스스로를 보기 위함이다 8.5

무릇 자신의 본성을 인의에 속하게 하는 자는 비록 증삼이나 사추처럼 [인의에] 통달했더라도 내가 말하는 좋은 것이 아니다. 자신의 본성을 다섯 가지 맛에 속하게 하는 자는 비록 유아兪兒[22]처럼 [맛에] 통달했더라도 내가 말하는 좋은 것이 아니다. 자신의 본성을 다섯 가지 소리에 속하게 하는 자는 비록 사광처럼 [음률에] 통달했더라도 내가 말하는 귀 밝은 것이 아니고, 자신의 본성을 다섯 가지 색깔에 속하게 하는 자는 비록 이주처럼 [눈 밝기가] 통달했더라도 내가 말하는 눈 밝은 것이 아니다.

내가 말하는 좋은 것이란 인의를 말하는 것이 아니라 그것이 덕에 좋은 것일 뿐이고, 내가 말하는 좋은 것이란 인의를 말하는 것이 아니라 그것이 [타고난] 본성과 목숨의 실정에 맡기는 것일 뿐이다. 내가 말하는 귀 밝은 것이란 그것이 남의 소리를 듣는 것을 말하는 것이 아니라 스스로를 듣는 것일 뿐이고, 내가 말하는 눈 밝은 것이란 자신이 남을 보는 것을 말하는 것이 아니라 스스로를 보는 것일 뿐이다.

스스로 보지 못하고 남을 보며 스스로 얻지 못하고 남의 것을 얻는 자는, 남이 얻는 것은 얻지만 자신이 얻어야 하는 것은 스스로 얻지 못하고, 남이 즐거워하는 것은 즐거워하지만 자신이 즐겁고자

---

22) 제나라 사람으로 미각이 뛰어나서 음식 맛을 잘 구별했다고 한다.

하는 것은 스스로 즐거워하지 못한다.

남이 즐거워하는 것을 즐거워하지만 자신이 즐겁고자 하는 것을 스스로 즐거워하지 못하면 비록 도척과 백이라도 이는 똑같이 지나치고 치우친 것이 된다. 나는 도덕에서 부끄러우니 이 때문에 위로는 감히 인의를 붙잡지 않고, 아래로도 감히 지나치고 치우친 행동을 하지 않는다.

且夫屬其性乎仁義者, 雖通如曾史, 非吾所謂臧也. 屬其性於五味, 雖通如兪兒, 非吾所謂臧也. 屬其性乎五聲, 雖通如師曠, 非吾所謂聰也. 屬其性乎五色, 雖通如離朱, 非吾所謂明也. 吾所謂臧者, 非仁義之謂也, 臧於其德而已矣. 吾所謂臧者, 非所謂仁義之謂也, 任其性命之情而已矣. 吾所謂聰者, 非謂其聞彼也, 自聞而已矣. 吾所謂明者, 非謂其見彼也, 自見而已矣. 夫不自見而見彼, 不自得而得彼者, 是得人之得而不自得其得者也, 適人之適而不自適其適者也. 夫適人之適而不自適其適, 雖盜跖與伯夷, 是同爲淫僻也. 余愧乎道德, 是以上不敢爲仁義之操, 而下不敢爲淫僻之行也.

제9편

마제馬蹄

말의 발굽

【해설】

상당히 짧은 편폭으로 구성된 이 편은 앞 편을 이어받고 있다. 인위적인 군더더기가 소용없다는 의미를 지녔으니, 인간의 판단으로 함부로 작위하며 오히려 말[馬]의 본성을 꺾으면서 말을 잘 다룬다고 생각하는 백락伯樂과 같은 자들에 의해 잘못되기 시작했다고 언급하고 있다. 사람도 마찬가지로 오히려 인의를 내세우는 자들로 인해 더욱더 잘못된다는 생각을 피력하고 있다.

말이 잘 달리는데도 오히려 말을 못 달리게 만들고 도공과 목수에 의해 사물이 파괴되는 것을 장자는 비판하고 있으니, 결국 자연 그대로 놔두는 것이 중요하다는 것이다. 2장에서는 지덕至德이 있는 정치의 세계를 추구하고 있는데 무정부주의에 가까운 세상을 만들려는 견해를 피력한 것이라고 할 수 있다. 물론 이런 시각의 이면에는 인위적인 예와 악으로 인해 백성들에게 끼치는 부정적 영향이 결코 예사롭게 볼 일이 아니라는 것이다.

요컨대, 이 편에서 장자는 인의에 입각해 천하를 다스리기보다는 자연 그대로의 인간을 존중하면서 그들의 입장으로 돌아가 다스리지 않으면 결국 위정자나 백성 모두가 비극으로 치닫게 된다는 교훈을 던지고 있다.

백락처럼 말을 다루려 하지 마라 9.1

말은 말굽으로 서리와 눈을 밟을 수 있고, 털로 바람과 추위를 막을 수 있으며, 풀을 뜯어 먹고 물을 마시며 발을 [치켜]들어[1] 뛰어다닌다[2]. 이것이 말의 진짜 본성이니, 비록 높은[3] 누대나 큰[4] 침상이 있더라도 쓸 데가 없다. 결국 백락伯樂[5]에 이르러서는 말하기를, "내가 말을 잘 다룬다."라고 하여 털을 태우고 깎으며, 말굽을 깎고 낙인을 찍고[6], 잇달아 굴레를 잡아매고 먹이통과 마구간에 묶어두니, 말이 죽는 것이 열 마리 중에 두세 마리였다.

말을 굶기고 목이 마르게 하여 내달리게 하고 갑자기 뛰게 하며, [마구를] 정돈시키고 가지런하게[7] 하는데, 앞에는 재갈이나 장식으로 괴로움이 있고, 뒤에는 가죽 채찍이나 대나무 채찍의 위협이 있으니, 말이 죽는 것이 이미 반을 넘었다.

도공이 말하기를, "내가 찰흙을 잘 다룬다. 둥근 것은 둥근 자에

1) 원문의 '교족翹足'을 번역한 것으로, '교翹'는 '교蹻'의 가차자로서 '들다[擧]'라는 뜻이다.

2) 원문의 '육陸'을 번역한 것으로, '뛰다[踛]'라는 뜻으로 보면 된다.

3) 원문의 '의義'를 번역한 것이다. '높다'라는 뜻으로 '외巍'와 통하는 가차자로 보기도 한다. '의식' 혹은 '예의'라는 의미로 보는 견해도 있다.

4) 원문의 '노路'를 번역한 것이다. '크다'라는 뜻으로 '대大'와 통한다.

5) 《열자列子》에도 나오며, 진秦나라 목공穆公 때 사람 손양孫陽으로 말을 잘 감정하고 훈련시켰다고 한다. 한편으로 백락은 하늘의 별 이름으로 천마天馬를 담당했는데, 손양孫陽이 말을 잘 부렸기 때문에 삼은 이름이라는 설도 있다.

6) 원문의 '각지낙지刻之雒之'를 번역한 것으로 《경전석문經典釋文》을 보면 "'각刻'은 그 굽을 깎는 것을 말한다[謂削其甲鬣]."라고 되어 있다. '낙雒'은 '낙烙'의 가차자로 '불도장[火印]을 찍어 표지로 삼는 것'을 말한다.

7) "정돈시키는 것은 가로대와 멍에로 하는 것이고 가지런하게 하는 것은 재갈과 고삐로 하는 것[整之以衡扼, 齊之以鑣轡]"이라는 성현영의 주석을 부기한다.

들어맞고, 네모난 것은 네모 자에 들어맞는다."라고 하고, 장인은 말하기를, "내가 나무를 잘 다룬다. 굽은 것은 네모 자에 꼭 들어맞고, 곧은 것은 먹줄에 들어맞는다."라고 하는데, 진흙이나 나무의 본성이 어찌 둥근 자, 네모 자, 곱자, 먹줄에 들어맞기를 바라는 것이겠는가?

그런데도 대대로 일컬어 말하기를, "백락은 말을 잘 다루고, 도공과 장인은 진흙과 나무를 잘 다룬다."라고 하니, 이 또한 천하를 다스리는 자의 허물이다.

馬, 蹄可以踐霜雪, 毛可以禦風寒, 齕草飮水, 翹足而陸, 此馬之眞性也. 雖有義臺路寢, 無所用之. 及至伯樂, 曰: "我善治馬." 燒之, 剔之, 刻之, 雒之, 連之以羈馽, 編之以阜棧, 馬之死者十二三矣. 飢之, 渴之, 馳之, 驟之, 整之, 齊之, 前有橛飾之患, 而後有鞭筴之威, 而馬之死者已過半矣. 陶者曰: "我善治埴, 圓者中規, 方者中矩." 匠人曰: "我善治木, 曲者中鉤, 直者應繩." 夫埴木之性, 豈欲中規矩鉤繩哉? 然且世世稱之曰: "伯樂善治馬而陶匠善治埴木." 此亦治天下者之過也.

소박하게 있는 그대로 내버려두어라 9.2

내가 생각하건대, 천하를 잘 다스리는 자는 그렇게 하는 것이 아니다. 저 백성[8]은 [저마다의] 떳떳한 본성[常性]이 있어서 길쌈질 하

8) 원문의 '피민彼民'은 '검은 머리[黎首]'를 가진 백성을 뜻한다.

여 옷을 입고 밭을 갈아 밥을 먹는데, 이를 '같은 덕[同德]'[9]이라고 말한다. 한 가지이면서 무리를 짓지 않으니 명명하여 '하늘이 놓아 둔 것[天放]'이라고 말한다.

그러므로 지극한 덕의 세상은 그 행동이 단정하고 편안하며, 그 시선은 한결같은 모습이다. 이때는 산에는 오솔길이나 굴이 없었고, 연못에는 배나 다리도 없었다. 만물[백성]이 무리 지어 살면서 그들의 고을을 이어지도록 했으며, 새와 짐승도 무리를 이루었고 초목도 순조롭게 자랐다. 그 때문에 새와 짐승은 굴레를 매어 노닐 수 있었고, 새들의 둥지를 휘어잡고 기어올라 엿볼 수 있었다.

지극한 덕의 세상은 짐승들과 같이 살았고 무리 지어 만물과 나란히 했으니, 어찌 군자와 소인의 분별을 헤아렸겠는가! 알지 못하는 것으로 같으니 그 덕이 떠나지 않았고, 욕심 없는 것으로 같으니 이를 '소박素樸'[10]이라고 말한다. 소박하여 백성의 본성을 얻었다. 성인에 이르러 억지로[11] 인을 행하고 힘써 발돋움하여 의를 행함에 이르러서는 천하 사람들이 의심하기 시작했고, 방종하게 음악을 연주했으며, 어지럽고 치우친 예를 행하여 천하 사람들이 나뉘기 시작했다.

9) 임희일에 의하면 "'동덕'이란 하늘에서 똑같이 얻은 것이다[同德者, 得之於天者同然]."라고 했는데 '타고나면서 얻은 덕'이라는 의미다.

10) 순수함을 간직한 통나무로서 "온전한 나무[全木]"라고 주석한 성현영의 설이 탁월하다.

11) 원문의 '별설蹩躠'을 번역한 것으로, 원래 의미는 '억지로 걷는 모양'인데, '힘을 쓰는 모양[用力之貌]'이라고 주석한 설(성현영)도 있고, '억지로 행하는 모양[勉强而行之貌]'이라고 주석한 설(임희일)도 있는데 후자를 따랐다. 이 단어는 바로 뒤 구절의 '제기踶跂'라는 말과 유사한데, 이 단어의 의미는 '발을 들어 힘쓰는 모양[起足用力貌]'이라는 뜻이다.

그러므로 순수한 통나무가 손상되지 않고서 누가 희생에 쓰이는 술통[12]을 만들겠는가! 백옥이 훼손되지 않고서 누가 규장珪璋[13]을 만들겠는가! 도덕이 없어지지 않고서 어찌 인의를 취하겠는가![14] [타고난] 본성과 성정이 떠나지 않고서 어찌 예악을 쓰겠는가! 다섯 가지 색깔에 어지러워지지 않고서 누가 문채를 만들겠는가! 다섯 가지 소리에 어지러워지지 않고서 누가 육률六律을 맞추겠는가! 통나무를 손상하여 그릇을 만든 것은 장인의 죄이고, 도덕을 훼손하여 인의를 만든 것은 성인의 허물이다.

吾意善治天下者不然. 彼民有常性, 織而衣, 耕而食, 是謂同德. 一而不黨, 命曰天放. 故至德之世, 其行塡塡, 其視顚顚. 當是時也, 山无蹊隧, 澤无舟梁. 萬物群生, 連屬其鄕. 禽獸成群, 草木遂長. 是故禽獸可係羈而遊, 烏鵲之巢可攀援而闚.

夫至德之世, 同與禽獸居, 族與萬物並, 惡乎知君子小人哉! 同乎无知, 其德不離. 同乎无欲, 是謂素樸. 素樸而民性得矣. 及至聖人, 蹩躠爲仁, 踶跂爲義, 而天下始疑矣. 澶漫爲樂, 摘僻爲禮, 而天下始分矣. 故純樸不殘, 孰爲犧樽! 白玉不毁, 孰爲珪璋! 道德不廢, 安取仁義! 性情不離, 安用禮樂! 五色不亂, 孰爲文采! 五聲不亂, 孰應六律! 夫殘樸以爲器, 工匠之罪也, 毁道德以爲仁義, 聖人之過也.

---

12) 원문의 '희준犧樽'은 희생소의 머리를 장식물로 그려놓은 술통을 말한다.

13) '규珪'는 '규圭' 자와 같은데 귀인이 본인의 신분을 나타내기 위한 옥으로 윗부분이 뾰족하고 아랫부분은 긴 장방형이다. '장璋'은 규珪를 세로 방향으로 절반 자른 모양의 홀笏이다.

14) 원문은 《노자》 18장에 "위대한 도가 없어지자 인의가 생겨났다[大道廢, 有仁義]."라는 문장과 연계된다.

예악으로 천하를 바로잡으려는 성인의 허물 9.3

말은 뭍에 살면서 풀을 뜯어 먹고 물을 마시며, 기쁘면 목을 맞대고 서로 비비며, 성나면 등을 지고 서로 발길질한다. 말이 아는 것은 여기에 그친다. [그런데 말에게] 가로대와 멍에를 더하고 [이마에] 달 모양의 장식을 붙여 가지런히 하면서 말이 쐐기를 끊어버리고[15] 멍에를 구부리며 수레 덮개를 치받고 재갈을 뱉어내며[16] 고삐를 물어뜯을[17] 줄 알게 되었다. 그러므로 말의 지능으로 행태가 [사람에게] 덤비는[18] 것에 이르게 된 것은 백락의 죄이다.

혁서씨赫胥氏[19]의 시대에 백성들은 집에 있으면서 해야 할 것을 알지 못했고, 길을 가면서도 갈 곳을 알지 못했으며, 실컷 먹고 기뻐하며 배를 두드리면서 노닐었으니, 백성이 할 수 있는 것이 이 정도였다. 결국 성인에 이르러서는 예악으로 굽히고 꺾어 천하 사람들의 몸을 바로잡으려 하고 인의를 힘써 매달아 천하 사람들의 마음을 위로하니, 백성이 이에 아는 것을 좋아하기를 힘써 발돋움하기 시작했고, 다투어 이익에 귀결하는 것을 그만둘 수 없었으니, 이

15) 원문의 '개예介倪'를 번역한 것이다. '개介'는 '올兀'의 오기로 '끊다[折]'의 뜻이고, '예倪'는 '예輗'의 가차자로 '끌채 끝의 쐐기'를 말하며 그냥 '끌채'로 보기도 한다.

16) 원문의 '궤詭'를 번역한 것으로 '뱉어내다[吐出]'라는 뜻이다. 한편 '훼손하다[毁]'라는 설도 있다.

17) 원문의 '절竊' 자를 번역한 것으로 '[이빨로] 물어뜯다'라는 의미로 보아야 한다.

18) 원문의 '도盜'를 번역한 것이다. '덤비다'의 뜻으로 '범犯'과 통한다.

19) 〈거협〉 편에도 나오고, 《열자》에도 나오는 인물이다. 화서씨華胥氏라고 하는 상고시대의 제왕 이름으로, 염제炎帝, 즉 신농씨神農氏로 보는 설(육덕명)도 있다.

또한 성인의 허물이다.

夫馬, 陸居則食草飮水, 喜則交頸相靡, 怒則分背相踶. 馬知已此矣. 夫加之以衡扼, 齊之以月題, 而馬知介倪闉扼鷙曼詭銜竊轡. 故馬之知而態至盜者, 伯樂之罪也.

夫赫胥氏之時, 民居不知所爲, 行不知所之, 含哺而熙, 鼓腹而遊, 民能以此矣. 及至聖人, 屈折禮樂以匡天下之形, 縣跂仁義以慰天下之心, 而民乃始踶跂好知, 爭歸於利, 不可止也. 此亦聖人過也.

제10편

거협胠篋

작은 상자를 열다

【해설】

1장의 서두에서 두 글자를 딴 이 편의 제목은 '작은 상자를 열다.'라는 뜻으로 '도둑이 상자나 궤짝을 열어 물건을 훔쳐간다.'는 의미 뒤에 큰 도둑이 있음을 암시한다. 즉, 큰 도둑은 상자나 궤짝을 통째로 들고 도망하니 오히려 궤짝의 자물쇠가 단단하지 못할까 걱정할 뿐이라는 것이다. 이런 식의 장자 화법은 사람들이 말하는 지혜가 결국 좀도둑이나 막는 정도에 불과하다는 언설이다. 더 나아가 세상의 도덕과 규범이 혼란을 가중하고 갖은 명분으로 전쟁을 벌여 침탈하는 세태의 비판마저 비유하고 있다.

이 편은 앞 두 편인 〈변무〉와 〈마제〉 편과의 연관성이 깊다. 유가에서 말하는 인과 의의 문제가 일종의 가식이라는 것이 장자의 일관된 관점으로, 이런 가식을 버리고 이상적인 시대로 돌아가야 한다고 말한다. 이 편에서 주목할 부분이 있는데, '고왈故曰' 뒤에 《노자》에서 따온 구절인 "물고기는 연못을 벗어나서는 안 되고, 나라의 이로운 기물은 남에게 보여주어서는 안 된다[魚不可脫於淵, 國之利器不可以示人]."(36장)와 "큰 기교는 졸렬한 것 같다[大巧若拙]."(45장) 등이 그것으로, 장자의 후학에 의해 노자의 글을 가져온 듯한 흔적이 있다.

'절성기지絶聖棄知'라는 단어는 노자가 즐겨 사용한 핵심어인데 3장에 나온다. 말하자면, '성인을 끊어버리고 지혜를 버리지 않으면 나라를 제대로 다스리기 어렵다.'라는 논지로, 이 장의 구절 "성인이 죽지 않으면 큰 도둑이 그치지 않는다[聖人不死, 大盜不止]."라는 첫머리의 발언에서 확인되듯 성인들로 인해 도둑들이 활개 친다는 논리로 확장된다. 덧붙여 4장에서 말하는 자급자족 경제의 중요성을 말한 대목은 노자의 해당 부분 내용과 거의 일치한다는 점도 염두에 둘 만하다.

작은 도둑과 큰 도둑의 근본적 차이 10.1

장차 작은 상자[1]를 열고 주머니를 뒤지며 궤짝을 여는 도둑을 지키고 막아내기 위해서는 반드시 노끈과 새끼줄을 가지고 묶고[2], 자물쇠와 고리를 단단하게 채우니, 이것이 세속에서 말하는 [도둑을 막는] 지혜[知]이다. 그러나 큰 도둑이 오면 궤짝을 등에 지고서 작은 상자를 들고 주머니를 어깨에 메어 달아나면서 오직 노끈과 새끼줄, 자물쇠와 고리가 단단하지 못할까 두려워한다. 그렇다면 앞에서[3] 지혜라고 말한 것은 큰 도둑을 위해 쌓아둔 셈이 아니겠는가?

그러므로 시험 삼아 그것을 논해보자면, 세속에서 지혜라고 말하는 것이 큰 도둑을 위해 쌓아둔 셈이 아닌 것이 있겠는가? 성인[聖]이라고 말하는 자는 큰 도둑을 위해 지켜주는 사람이 아닌 자가 있겠는가?

무엇으로써 그것이 그러하다는 것을 아는가? 옛날 제나라에서는 이웃 마을이 서로 바라보이며 닭과 개의 [울고 짖는] 소리가 서로 들렸으며[4], 그물이 쳐지는 곳과 쟁기와 보습이 일구는 곳이 사방 이

---

1) 원문의 '협篋'은 작은 상자를 말하는데, 참고로 "큰 것이 '상箱'이고, 좁고 긴 것이 '협篋'이라고 한다[大曰箱, 狹而長曰篋]."라는 마쉬룬의 설이 있다.

2) 원문의 '섭함등攝緘縢'을 번역한 것으로, '섭攝'은 '묶다', '얽어매다'는 뜻이고, '함緘'과 '등縢'은 모두 '노끈[繩]', 새끼줄 정도의 의미다.

3) 원문의 '향鄕' 자를 번역한 것으로 판본에 따라 '향向' 자로 된 것도 많으며, '이전에', '지난번에', '앞서'라는 의미다.

4) 《노자》 80장에 "이웃 나라가 서로 바라보고, 닭 울고 개 짖는 소리가 서로 들릴지라도 백성들은 늙어 죽을 때까지 서로 오고 가지 않는다[隣國相望, 鷄犬之聲相聞, 民至老死不相往來]."라는 문장과 비슷하다. 《맹자孟子》 〈공손추公孫丑 상上〉에도 "닭 우는 소리와 개 짖는 소리가 서로 들려서 사방의 국경에 닿았다[雞鳴狗吠相聞, 而達乎四境]."라는 유사한 문장이 나온다.

천여 리나 되었다. 온 사방 나라 안에 종묘와 사직을 세우고 읍邑·옥屋·주州·여閭·향鄕·곡曲[5]을 다스리는 것은 어찌 일찍이 성인을 본받지 않았겠는가!

그런데도 전성자田成子[6]는 하루아침에 제나라 군주를 죽이고 그 나라를 훔쳤다. 훔친 것이 어찌 그 나라뿐이겠는가? 아울러 그 성인과 지혜의 법도도 함께 훔친 것이다.

그러므로 전성자는 도적이라는 이름은 있었지만, 몸은 요堯임금과 순舜임금처럼 편안함에 처하여 작은 나라가 함부로 비난하지 못했고, 큰 나라도 감히 주벌하지 못해서 열두 세대 동안 제나라를 유지했다. 이는 제나라를 훔쳤을[7] 뿐만 아니라 그 성인과 지혜의 법도도 함께 훔쳐 그 도적의 몸을 지켜준 것이 아니겠는가?

將爲胠篋探囊發匱之盜而爲守備, 則必攝緘縢, 固扃鐍, 此世俗之所謂知也. 然而巨盜至, 則負匱揭篋擔囊而趨, 唯恐緘縢扃鐍之不固也. 然則鄕之所謂知者, 不乃爲大盜積者也?

故嘗試論之, 世俗之所謂知者, 有不爲大盜積者乎? 所謂聖者, 有不爲大盜守者乎? 何以知其然邪? 昔者齊國隣邑相望, 鷄狗之音相聞, 罔罟

---

5) 행정구역의 대소를 나누는 단위인데, "25가가 여閭가 되고, 2,500가가 주州가 되며, 1만 2,500가가 향鄕이 된다[二十五家爲閭, 二千五百家爲州, 萬二千五百家爲鄕.]."(정현鄭玄, 《주례주周禮注》)라는 말을 참고할 만하다.

6) 제나라 대부 전상田常을 말하며, 진陳나라에서 제나라로 도망친 전완田完의 손자로 제나라 군주 간공簡公을 죽이고 간공의 아우였던 오驁를 추대하여 평공을 세우고 국정을 전횡한 자이다.

7) 원문의 '도기국盜其國'을 번역한 것이데, 전성자가 그렇게 한 것이 아니고 제나라 탈취 계획의 장본인이 전성자임을 강조하기 위한 말이다. 즉, 전성자의 증손자인 전화田和가 나라를 차지했기 때문이다.

之所布, 耒耨之所刺, 方二千餘里. 闔四竟之內, 所以立宗廟社稷, 治邑屋州閭鄉曲者, 曷嘗不法聖人哉! 然而田成子一旦殺齊君而盜其國. 所盜者豈獨其國邪? 竝與其聖知之法而盜之. 故田成子有乎盜賊之名, 而身處堯舜之安, 小國不敢非, 大國不敢誅, 十二世有齊國. 則是不乃竊齊國, 竝與其聖知之法以守其盜賊之身乎?

성인이 죽어야 천하가 평온해진다 10.2

시험 삼아 그것을 [더] 논해보자면, 세속에서 '지극한 지혜[至知]'라고 말하는 것이 큰 도둑을 위해 쌓아둔 셈이 아닌 것이 있겠는가? '지극한 성인[至聖]'이라고 말하는 자는 큰 도둑을 위해 지켜주는 사람이 아닌 자가 있겠는가?

무엇으로써 그것이 그러하다는 것을 아는가? 옛날 용봉龍逢[8]은 목이 잘렸고, 비간比干[9]은 [가슴이] 도려내졌으며, 장홍萇弘은 [창자가] 끊겼고[10], 자서子胥는 [시신이 강물에] 썩어 문드러졌다.[11] 그러므로 네 사람의 현명함도 몸이 죽임을 당하는 것에서 벗어나지 못했다.

그러므로 도척의 무리가 도척에게 물었다.

---

8) 용봉은 관용봉關龍逢으로 〈인간세人間世〉 편 4.1에도 나오고, 〈외물外物〉 편 26.1에도 나온다.

9) 비간에 관한 내용은 〈인간세〉 편 4.1에도 나오고, 〈거협〉 편 10.2에도 나오며, 〈산목山木〉 편 20.6과 〈외물〉 편 26.1, 〈도척盜跖〉 편 29.1에도 나온다.

10) 원문의 '이胣' 자를 번역한 것으로 '창자를 끊다'라는 의미다.

11) 이에 관한 사안을 《사기史記》 〈오자서열전伍子胥列傳〉에서 사마천은 이렇게 기록한다. "오나라 왕은 [오자서가 스스로 목을 찔러 죽었다는] 말을 듣고 몹시 화가 나서 오자서의 시체를 가져다가 말가죽으로 만든 자루에 넣어 강에 내던져버렸다. 오나라 사람들은 그를 가엾게 여겨 강 언덕에 사당을 세우고 서산胥山이라고 불렀다."

"도둑질에도 도가 있습니까?"

도척이 말했다.

"어디엔들 도가 있지 않겠느냐? 방 안에 감추어진 것을 바라보고도 짐작하는[12] 것이 성聖이고, 먼저 들어가는 것이 용勇이며, 뒤에 나오는 것이 의義이고, 가능한지 아닌지 아는 것이 지知이며, 골고루 나누는 것이 인仁이다. 다섯 가지를 갖추지 않고서 큰 도둑이 된 자는 천하에 아직 있지 않았다."

이로 말미암아 보면, 선한 사람이 성인의 도를 얻지 못하면 설 수 없고, 도척도 성인의 도를 얻지 못하면 [도둑질을] 실행하지 못한다. 천하에는 선한 사람이 적고 선하지 않은 사람이 많으니, 성인이 천하를 이롭게 하는 것은 적고 천하를 해롭게 하는 것은 많다.

그러므로 "입술이 없어지면 이가 시리고, 노나라 술이 묽어지면 한단邯鄲이 포위되며[13], 성인이 생겨나면 큰 도둑이 일어난다."라고 말하는 것이다. 성인을 내치고 도적들을 멋대로 내버려두어야 천하가 비로소 다스려진다. 냇물이 말라버리면 계곡이 비게 되고, 언덕이 무너지면 깊은 연못이 채워진다. 성인이 이미 죽고 나서는 큰 도

12) 원문의 '망의妄意'를 번역한 것으로, 여기에서의 '망妄'은 멀리서 바라본다는 의미의 '망望'과 통용된다.

13) 술이 묽은 것과 한단이 포위된 것의 상관성이 없어 보인다. 전혀 상관이 없을 것 같은 두 가지 일이 사실은 서로 연관되어 일어난다는 뜻으로 뜻밖의 인과관계로 인한 사건의 전개를 비유한다. 좀 소개하면 이렇다. 초楚나라가 제후들과 회맹할 때 노나라와 조나라가 초나라 왕에게 술을 바쳤는데 노나라의 술은 묽었고 조나라의 술이 좋았다. 초나라에서 술을 담당하는 관리가 조나라에 술을 요구했으나 조나라가 주지 않았다. 그 때문에 초나라 관리가 노하여 조나라의 좋은 술과 노나라의 맛없는 묽은 술을 바꿔서 초나라 왕에게 바쳤다. 이에 초나라 왕은 조나라가 바친 술이 시원찮다고 여겨서 노여워하면서 조나라의 수도 한단을 포위했던 것이다.

둑이 일어나지 않으니, 천하는 평안하고 사고도 없어진다.

嘗試論之, 世俗之所謂至知者, 有不爲大盜積者乎? 所謂至聖者, 有不爲大盜守者乎? 何以知其然邪? 昔者龍逢斬, 比干剖, 萇弘胣, 子胥靡, 故四子之賢而身不免乎戮.

故跖之徒問於跖曰: "盜亦有道乎?"

跖曰: "何適而无有道邪! 夫妄意室中之藏, 聖也. 入先, 勇也. 出後, 義也. 知可否, 知也. 分均, 仁也. 五者不備而能成大盜者, 天下未之有也."

由是觀之, 善人不得聖人之道不立, 跖不得聖人之道不行. 天下之善人少而不善人多, 則聖人之利天下也少而害天下也多. 故曰: "脣竭則齒寒, 魯酒薄而邯鄲圍, 聖人生而大盜起." 掊擊聖人, 縱舍盜賊, 而天下始治矣. 夫川竭而谷虛, 丘夷而淵實. 聖人已死, 則大盜不起, 天下平而无故矣.

좀도둑은 벌을 받지만 나라 훔친 자는 제후가 된다 10.3

성인이 죽지 않으면 큰 도둑이 그치지 않는다. 비록 성인을 존중하면서 천하를 다스릴지라도 이는 도척을 존중하고[14) 이롭게 하는 일이다. 되를 만들어 [곡식의] 양을 헤아리면 아울러 되도 함께 훔치고, 저울을 만들어 무게를 달면 아울러 저울도 함께 훔친다. 부새符璽(국권의 상징으로 국가적 문서에 사용하던 임금의 도장)를 만들어 믿음이

14) 원문의 '중重'을 번역한 것으로, 학자에 따라 '거듭', '많다', '더욱' 등으로도 해석한다.

있게 하면 아울러 부새도 함께 훔치고, 인의로 해서 바로잡으려 하면 아울러 인의도 함께 훔친다.

무엇으로써 그것이 그러하다는 것을 아는가? 저 혁대 고리를 훔친 자는 죽게 되지만 나라를 훔친 자는 제후가 되고, 제후들의 가문에 인의가 있다면, 이는 인의와 성지聖知도 훔친 것이 아니겠는가?

그러므로 큰 도둑[의 방법]을 좇아 제후[의 지위]를 거머쥐고 인의와 아울러 되와 저울, 부새의 이로움을 훔친 자는 비록 높은 벼슬의 수레와 예관이 상으로 있어도 [선을] 권할 수 없고 사형의 위협으로도 [도둑질을] 막을 수 없다. 이는 도척 같은 도둑을 존중하고 이롭게 하여 막을 수 없게 하는 것이니, 이것이 바로 성인의 허물이다.

그러므로 "물고기는 연못을 벗어날 수 없고, 나라의 이로운 기물은 남에게 보일 수 없다."라고 말하는 것이다. 저 성인이란 자도 천하의 이로운 기물이니 천하에 밝힐 것이 아니다. 그러므로 [성인의] 성스러움을 끊고 지혜를 버려야 큰 도둑이 이에 그치고, 옥을 던지고 구슬을 부숴야 좀도둑이 일어나지 않으며, 부절을 태우고 도장을 깨야만 백성이 소박해진다. 되를 쪼개고 저울을 부러뜨려야 백성이 다투지 않으며, 천하의 성스러운 법도를 모조리 없애야 백성이 비로소 서로 논의할 수 있다.

육률을 소란하고 어지럽게 하고, 악기를 불로 지지고 없애며, 사광의 귀를 막아야 천하에 비로소 사람들이 그 귀 밝음을 머금는다. 무늬를 없애고, 다섯 가지 문채를 흩어버리며, 이주의 눈을 아교로 붙여야 천하에 비로소 사람들이 그 눈 밝음을 머금는다. 곱자나 먹줄을 부수고 끊어버리고, 둥근 자와 네모 자를 버리며, 공수工倕[15]의 손가락을 꺾어야 천하에 비로소 사람들이 그 기교를 지닌다. 그러므로 "큰 기교는 졸렬한 것 같다."라고 말하는 것이다. 증삼과 사추의 행실을 없애고, 양주와 묵적의 입을 막으며, 인의를 물리쳐야 천하의 덕이 비로소 현묘하게 같아진다.

사람이 자기의 눈 밝음을 머금으면 천하가 불로 지져지지 않고, 사람이 자기의 귀 밝음을 머금으면 천하가 얽매이지 않는다. 사람이 자기의 지혜를 머금으면 천하가 미혹되지 않고, 사람이 자기의 덕을 머금으면 천하가 치우치지 않는다.

저 증삼과 사추, 양주와 묵적, 사광과 공수와 이주는 모두 그들의 덕을 밖으로 내세워 천하를 현혹하고 어지럽게[16] 한 자들이니, 법도로는 쓸모가 없다.

聖人不死, 大盜不止. 雖重聖人而治天下, 則是重利盜跖也. 爲之斗斛以量之, 則竝與斗斛而竊之. 爲之權衡以稱之, 則竝與權衡而竊之. 爲之符璽以信之, 則竝與符璽而竊之. 爲之仁義以矯之, 則竝與仁義而竊之. 何以知其然邪? 彼竊鉤者誅, 竊國者爲諸侯, 諸侯之門而仁義存焉, 則是非竊仁義聖知邪? 故逐於大盜, 揭諸侯, 竊仁義竝斗斛權衡符璽之利者, 雖有軒冕之賞弗能勸, 斧鉞之威弗能禁. 此重利盜跖而使不可

15) 순임금 때 공공共工이라는 벼슬을 한 인물인데 실존은 아니고 가공인물이다.

16) 원문의 '약란爚亂'을 번역한 것으로 '약爚' 자는 "불빛이 사그라지다[火光銷]."(육덕명 설), "불이 어지럽게 날아다니다[火亂飛]."(선영 설) 등의 의미를 함축하고 있다.

禁者, 是乃聖人過也.

故曰: "魚不可脫於淵, 國之利器不可以示人."

彼聖人者, 天下之利器也, 非所以明天下也. 故絶聖棄知, 大盜乃止. 擿玉毁珠, 小盜不起. 焚符破璽, 而民朴鄙. 掊斗折衡, 而民不爭. 殫殘天下之聖法, 而民始可與論議. 擢亂六律, 鑠絶竽瑟, 塞瞽曠之耳, 而天下始人含其聰矣. 滅文章, 散五采, 膠離朱之目, 而天下始人含其明矣. 毁絶鉤繩而棄規矩, 攦工倕之指, 而天下始人有其巧矣. 故曰: "大巧若拙." 削曾史之行, 鉗楊墨之口, 攘棄仁義, 而天下之德始玄同矣. 彼人含其明, 則天下不鑠矣. 人含其聰, 則天下不累矣. 人含其知, 則天下不惑矣. 人含其德, 則天下不僻矣. 彼曾史楊墨師曠工倕離朱, 皆外立其德而以爚亂天下者也, 法之所无用也.

성인이나 지혜가 세상을 어지럽힌다 10.4

그대는 어찌 지극한 덕의 세상을 알지 못하는가? 옛날에 용성씨容成氏·대정씨大庭氏·백황씨伯皇氏·중앙씨中央氏·율육씨栗陸氏·여축씨驪畜氏·헌원씨軒轅氏·혁서씨赫胥氏·존노씨尊盧氏·축융씨祝融氏·복희씨伏羲氏·신농씨神農氏[17] 같은 [제왕의] 시대가 있었으니, 백성이 노끈을 묶어 매듭을 만들어 그것을 썼고, 자신들의 음식을 달게 먹었으며, 자신들의 옷이 아름답다고 여겼고, 자신들의 풍속에 대해 즐거워했으며, 자신들의 사는 곳을 편안해했다. 이웃 나라가 서로 바라

17) "이 열두 명은 모두 고대 제왕이다[此十二氏皆古帝王]."(사마표 설). 《장자》의 다른 편명에도 이들의 이름이 보이는 경우가 많다.

보이고 닭과 개의 [울고 짖는] 소리가 서로 들려도 백성은 늙어 죽음에 이르도록 서로 왕래하지 않았다.[18] 이 같은 시대가 지극히 다스려진 시대일 따름이다.

그런데 지금은 백성이 목을 길게 늘여 뒤꿈치를 들고 말하기를, "어떤 곳에 현명한 자가 있다."라고 하면 식량을 짊어지고[19] 재촉하여 가는 것에 이르렀다. 그리하면 안으로는 그 어버이를 버리고 밖으로는 그 군주[를 섬기는] 일을 버려 발자취가 [다른] 제후의 국경에 접하게 되고 수레바퀴 자국이 천 리 밖에 이어지게 되면 이것은 윗사람이 지혜를 좋아한 데서 오는 허물이다. 윗사람[군주]이 진실로 지혜를 좋아하되 도가 없으면 천하는 크게 어지러워질 것이다.

무엇으로써 그것이 그러하다는 것을 아는가? 활과 쇠뇌, 그물과 주살 따위의 속임수를 쓰는[20] 지혜가 많아지면 새는 하늘에서 어지

18) 원문의 내용은 《노자》 80장에 나오는 문장, "백성으로 하여금 다시 새끼를 꼬아서 쓰게 한다. 그 [먹던] 음식을 달게 여기고, 그 [입던] 옷을 아름답게 여기며, 그 사는 것을 편안히 여기고, 그 풍속을 즐거워하게 하니, 이웃 나라가 서로 바라보고, 닭 울고 개 짖는 소리가 서로 들릴지라도 백성들은 늙어 죽을 때까지 서로 오고 가지 않는다[使民復結繩而用之, 甘其食, 美其服, 安其居, 樂其俗, 隣國相望, 鷄犬之聲相聞, 民至老死不相往來]."와 거의 일치한다.

19) 왕염손은 '메다[攋]'라는 의미로 보았고, 마쉬룬은 '짊어지다[負]'라는 의미로 보았다. 〈경상초庚桑楚〉 편 23.1에도 '영량贏糧'이라는 단어가 보인다.

20) 원문의 '필익기변畢弋機變'을 번역한 것으로, '필익'에서 '필畢'은 '그물', '익弋'은 '주살'을 말하는데, '필'이 토끼그물이냐 새그물이냐로 설이 나뉜다. 이이李頤는 "토끼그물[兎網]"이라고 했으나, 뒤 구절에 '새[鳥]'가 나오는 것으로 보아 '새그물'로 보는 것이 설득력 있어 보인다. 성현영은 '필'에 대해 "그물이 작고 빛나며, 모양은 필성과 비슷하기 때문에 '필'이라고 이름한 것이다[網小而炳, 形似畢星, 故名爲畢]."라고 했다. '기변機變'은 '방아쇠와 그물'이라는 의미인데, "쇠뇌의 방아쇠를 말한다[弩牙曰機]."라는 설이 있다. 《맹자》 〈진심盡心 상上〉에 '위기변지교자爲機變之巧者'라는 구절이 있어 "속임수를 쓰는 것[變詐]"(임희일 설)이라는 번역을 따랐다.

럽게 날게 되고, 낚싯바늘과 미끼, 그물과 어망, 반두와 통발 따위의 지혜가 많아지면 물고기는 물에서 어지럽게 헤엄친다. 울타리와 새 잡는 그물, 짐승 잡는 그물과 올가미, 토끼그물과 [짐승을] 덮치는 그물[21] 따위의 지혜가 많아지면 짐승들이 늪에서 어지럽게 뛰어다니고, 지혜와 속임수, 험하고 해로움, 겁략하고 교활한[22] 견백堅白과 불결함을 나누는 동이同異의 궤변[23]이 많아지면 세속은 변론에 미혹된다. 그러므로 천하가 일마다[24] 크게 어지러워지는데 [그] 죄는 지혜를 좋아하는 것에 있다.

그러므로 천하 사람들이 모두 자신이 알지 못하는 것을 구하는 것만 알고, 자신이 이미 아는 것을 구하는 것은 알지 못하며, 모두 좋지 못한 것을 비난하는 것만 알고, 자신이 이미 좋은 것을 그르다고 하는 것은 알지 못하니, 이 때문에 크게 어지러워진다. 따라서 위로는 해와 달의 밝음을 거스르고, 아래로는 산천의 정기를 녹여버리며[25], 중간에서는 사계절의 베풂을 무너뜨려 땅 위를 꿈틀대는 가냘픈[26] 벌레와 작은 날개의 미물도 모두 자신의 본성을 잃지 않은 것이 없다. 심하도다, 지혜를 좋아하는 것이 천하를 어지럽히

---

21) 원문의 '저부罝罘'를 번역한 것으로 역자는 토끼그물과 짐승그물로 보았는데, 육덕명은 "토끼그물을 '저罝'라 한다[兎罟謂之罝]."라고 했고, 성현영은 '저부罝罘'를 '토끼그물[兎網]'이라고 보았다.

22) 원문의 '힐골頡滑'을 번역한 것으로 〈서무귀徐无鬼〉 편에도 나온다.

23) 원문의 '해구解垢'를 번역한 것으로, 육덕명의 "속이고 왜곡하는 말[詭曲之辭]"이란 주석에 따랐다.

24) 원문의 '매매每每'를 번역한 것으로, 이이는 "어둡고 어두운[昏昏]"이라고 보아 '어두운 모양'으로 번역하기도 하는데, 취하지 않는다.

25) 원문의 '삭爍'을 번역한 것으로, '역櫟'으로 풀이하는 경우(최선, 향수 등)도 있으나, 마쉬룬이《설문해자說文解字》에 근거하여 '[쇠를] 녹이다[鑠]'의 뜻으로 본 것을 따랐다.

는 것이여! 삼대 이후로부터 이러했을 뿐이니, 저 저마다의[27] 백성을 버리고 저 경박한 아첨을 좋아하며, 저 편안하고 담박하여 억지로 하는 것이 없음을 놓아버리고 말이 많은[28] 뜻을 좋아하니, 말이 많으면 천하가 어지러워지는구나!

子獨不知至德之世乎? 昔者容成氏大庭氏伯皇氏中央氏栗陸氏驪畜氏軒轅氏赫胥氏尊盧氏祝融氏伏羲氏神農氏, 當是時也, 民結繩而用之, 甘其食, 美其服, 樂其俗, 安其居, 隣國相望, 鷄狗之音相聞, 民至老死而不相往來. 若此之時, 則至治已. 今遂至使民延頸擧踵曰: "某所有賢者", 贏糧而趣之, 則內棄其親而外去其主之事, 足跡接乎諸侯之境, 車軌結乎千里之外. 則是上好知之過也.

上誠好知而無道, 則天下大亂矣. 何以知其然邪? 夫弓弩畢弋機變之知多, 則鳥亂於上矣. 鉤餌罔罟罾笱[29] 之知多, 則魚亂於水矣. 削格羅落罝罘之知多, 則獸亂於澤矣. 知詐漸毒頡滑堅白解垢同異變多, 則俗惑於辯矣. 故天下每每大亂, 罪在於好知. 故天下皆知求其所不知而莫知求其所已知者, 皆知非其所不善而莫知非其所已善者, 是以大亂. 故

---

26) 원문의 '췌연惴耎'을 번역한 것으로, '췌惴'는 '천喘', '연耎'은 '연蝡'으로 하여 '헐떡이며 꿈틀대는' 의미로 번역하기도 한다.

27) 원문의 '종종種種'을 번역한 것으로, '순박한' 또는 '어리석고 우둔한' 의미로 번역하기도 한다.

28) 원문의 '순순啍啍'을 번역한 것으로, 수다스럽게 '말이 많은 모양'을 말한다. 한편 곽상은 '자기가 다른 사람을 가르치는 모양[以己誨人之貌]'이라고 했고, 사마표司馬彪는 '하찮은 지혜를 부리는 모양[小智貌]'이라고 풀이했으며, 해동奚侗은 '순諄' 자와 같이 "자세하게 일러준다[告曉之孰也]."라는 뜻으로 풀이했다.

29) 원문의 '망고증구罔罟罾笱'는 큰 그물과 작은 그물, 어망과 통발을 의미한다. 여기서는 '그물과 어망, 반두와 통발 따위'라고 번역했다.

上悖日月之明, 下爍山川之精, 中墮四時之施. 惴耎之蟲, 肖翹之物, 莫不失其性. 甚矣夫好知之亂天下也! 自三代以下者是已, 舍夫種種之民而悅夫役役之佞, 釋夫恬淡无爲而悅夫啍啍之意, 啍啍已亂天下矣!

제11편

재유在宥

있는 그대로 두라

【해설】

이 편의 제목 역시 앞 장의 두 글자를 따서 붙인 것으로, 장자는 정치란 있는 그대로 내버려두어야 하지 다스리려고 애쓰다 보면 오히려 더 어지럽게 된다*는 점을 거론하면서 도덕이나 법에 의해 백성을 구속하고 억압해서는 안 된다는 논리를 편다. 즉, 노자가 말하는 무위無爲의 정치가 바로 유위有爲의 정치에 비해 더 잘 되어간다는 점에서 군주의 간섭이 결코 백성의 삶에 도움이 되지 않는다는 입장을 거듭 예시로 강조한다.

1장은 노자의 말을 풀어쓴 듯한 느낌이고**, 2장에서는 노담과 최구의 대화를 통해 "사람의 마음을 구속"하는 것을 삼가라는 발언을 하고 있으며, 3장에서는 광성자라는 자를 만난 황제 이야기를 통해 "지극한 도에 통달"하는 것이 다스림의 초석임을 다루고 있다. 4장에서는 홍몽과 운장의 대화로 3장의 내용을 이어받았고, 5장과 6장에서는 억지로 자신의 주장을 남에게 강요하는 것을 경계하고 있으며, 맨 마지막 7장에서는 인위적인 조장이나 얽매임을 지양하고 자연의 법도에 따르다 보

---

* 이 편의 제목인 '재유在宥'에서 '재在'는 '자재自在'라는 의미이고, '유宥'는 '너그러움[寬]'(육덕명 설)이라는 의미다. 즉, 이 제목의 의미는 "있는 그대로 놔두면 다스려지고, 다스리려 하면 어지러워진다[宥使自在則治, 治之則亂也]."라고 한 곽상의 주석을 참조할 만하다.

** 《노자》 57장을 인용하면 이렇다. "천하에 꺼리고 피하는 것이 많아지면 백성들은 더욱 가난해지고, 백성들이 이로운 기물을 많이 갖게 되면 국가는 점점 더 혼란해지며, 사람들에게 기교와 사치가 많아지면 기이한 물건들이 점점 더 많아지고, 법령이 더욱 드러날수록 도적이 많아지게 된다. 그러므로 성인은 말한다. '내가 하는 일을 없애니 백성이 저절로 교화되고, 내가 고요함을 좋아하니 백성이 저절로 올바르게 되며, 내가 일거리를 만들지 않으니 백성이 저절로 부유해지고, 내가 욕심을 없애니 백성이 저절로 순박해진다'[天下多忌諱, 而民彌貧, 民多利器, 國家滋昏, 人多伎巧, 奇物滋起, 法令滋彰, 盜賊多有. 故聖人云, '我無爲而民自化, 我好靜而民自正, 我無事而民自富, 我無欲而民自樸']."

면 모든 다스림이 가능해진다는 논리를 펴고 있다.

이 편에 등장하는 요임금이나 걸왕, 황제 등의 통치 방식이 어떤 결과를 낳았는지 독자들에게 확연히 보여주고 있다. 물론 걸왕은 예외지만, 선정善政한다고 다들 노력하나 그 노력만으로는 원하는 결과를 얻을 수 없다는 점을 장자는 말하고 있다. 그러니 법석 떨지 말고 그냥 내버려두라는 것이다.

덧붙여 비교적 긴 편폭으로 이루어진 이 편의 끝부분에서 장자는 인위를 가하지 말 것을 주창하면서도 인의와 예절 등에 대해 다소 긍정적인 태도를 보여주고 있어, 이 편이 후인의 가탁이라는 의심을 불러일으키기에 충분하다.

천하를 내 방식대로 다스리려 하지 마라 11.1

천하를 있는 그대로 놔둔다는 말은 들었으나 천하를 다스린다는 말은 듣지 못했다. 있는 그대로 두는 것은 천하 사람들이 자신의 본성을 어지럽힐까 두려워해서이고, 놔두는 것은 천하 사람들이 자신의 덕을 옮겨갈까[1] 두려워해서이다. 천하 사람들이 자신의 본성을 어지럽히지 않고 자신의 덕을 옮겨가지 않으면 천하를 다스릴 일이 있겠는가!

옛날에 요임금은 천하를 다스리는데 천하 사람들을 기쁘게 하여 사람이 자신의 본성을 즐거워하게 했으나, 이는 편안하지 못한 것이고, 걸桀이 천하를 다스리는데 천하 사람들을 고달프고 괴롭게 하여 사람이 자신의 본성을 괴롭게 했으니, 이는 유쾌하지 못한 것이다. 편안하지 못하고 유쾌하지 못한 것은 덕이 아니다. 덕이 아니면서 오래가는 것은 천하에 없을 것이다.

사람이 너무 기뻐하는가? 양기에 치우친[2] 것이다. 너무 성내는가? 음기에 치우친 것이다. 음양이 둘 다 손상되면 사계절이 이르지 않고, 춥고 더운 조화가 이루어지지 않아, 아마도 도리어 사람의 몸을 상하게 할 것인저! 사람들로 하여금 기쁨과 성냄의 균형을 잃게 하고, 사는 곳이 일정하지 않게 하며, 생각이 스스로 터득하지 못하게 하여 중용의 도를 잘 이루지 못하게 한다. 이에 천하 사람들이 비로소 스스로를 높이며 남을 호되게 책망하고 고립되어 사

---

1) 원문의 '천遷' 자를 번역한 것인데, "외물에 의해 옮겨가는 것이다[爲外物所遷移也]."라고 풀이한 임희일의 주석이 적절하다.

2) 원문의 '비毗'를 번역한 것으로, '치우치다', '손상되다'의 의미다.

나우니[3], 나중에 도척이나 증삼, 사추와 같은 행실이 있게 되었다.

그러므로 천하가 그 선한 자를 상 주려고 해도 부족하고, 천하가 그 악한 자를 벌주려고 해도 부족하다. 그러므로 천하의 광대함도 상 주고 벌주기에는 부족한 것인데, 삼대 이후로부터 앞다투어 좇아가[4] 끝내 상벌을 일삼으니, 저들이 어느 겨를에 자신이 [타고난] 본성과 목숨의 자연스러운 실정에 편안히 머물 수 있겠는가!

이러한데도 눈 밝은 것에 기뻐하겠는가? 이는 [아름다운] 채색에 빠진 것이다. 귀 밝은 것에 기뻐하겠는가? 이는 [아름다운] 소리에 빠진 것이다. 인에 기뻐하겠는가? 이는 덕에 어지러운 것이다. 의에 기뻐하겠는가? 이는 이치에 어긋나는 것이다. 예에 기뻐하겠는가? 이는 기교를 도와주는[5] 것이다. 음악에 기뻐하겠는가? 이는 빠져드는 것을 도와주는 것이다. 성스러운 것에 기뻐하겠는가? 이는 세속의 학문을 도와주는 것이다. 지혜에 기뻐하겠는가? 이는 결함을 도와주는 것이다. 천하 사람들이 자신이 [타고난] 본성과 목숨의 실정으로 편안하고자 하면 이 여덟 가지[6]는 있어도 되고 없어도 된다.

3) 원문의 '교힐탁지喬詰卓鷙'를 번역한 것으로, 앞의 두 단어는 고압적인 태도로 책망하는 것이고, 뒤의 두 단어는 홀로 뽐내면서 사납게 대하는 것이다. 구체적으로 성현영은 "'교喬'는 속이는 것이고, '힐詰'은 꾸짖는 것이며, '탁卓'은 홀로이고, '지鷙'는 사나움이다. …… 속이고 꾸짖으며 무리 짓지 않고 홀로 사나운 마음을 품고 다른 사람을 가볍게 대하고 업신여기는 것이다[喬, 詐僞也. 詰, 責問. 卓, 獨. 鷙, 猛也. …… 喬僞詰責, 卓爾不群, 獨懷鷙猛, 輕陵於物]."라고 설명했다.

4) 원문의 '흉흉匈匈'을 번역한 것으로 "시끄럽게 떠드는 것으로 앞다투어 좇아가는 것을 말한다[讙譁也, 競逐之謂也]."(성현영 설)라는 풀이에 따랐다. 한편, "'흉詾'은 '소송하다'이다[詾, 訟也]."라고 《설문해자》에 풀이한 것을 보면 이 글자의 의미에 법리적으로 다툰다는 의미가 있음을 알 수 있다.

5) 원문의 '상相'을 번역한 것으로 '돕다'라는 뜻 외에도 '함께하다가 스스로를 잃게 되다'라는 의미와도 통한다.

천하 사람들이 자신의 [타고난] 본성과 목숨의 실정에 편안히 머물러 있지 못한다면, 이 여덟 가지는 이에 비로소 오그라지게 말리고 어지럽게 묶여[7] 천하를 어지럽힌다. 그리하여 천하 사람들은 이에 비로소 그것을 높이고 애석해하니 심하구나, 천하 사람들의 미혹됨이여! 어찌 다만 지나쳐서 가겠는가!

이에 재계하고 그것을 말하고, 꿇어앉아 그것을 바치며, 북 치고 노래하며 춤을 추니, 내가 이와 같은 것을 어찌하겠는가!

그러므로 군자가 부득이하게 천하에 군림하게 된다면 [억지로] 하지 않은 것보다 좋은 것이 없다. [억지로] 하지 않은 후에 자신이 [타고난] 본성과 목숨의 실정에 편안하다. 그러므로 자기 몸을 천하를 위하는 것보다 귀하게 여기면 천하를 맡길 수 있고, 자기 몸을 천하를 위하는 것보다 아끼면 천하를 맡길 수 있다.[8]

그러므로 군자가 진실로 자신의 오장을 흐트러지지 않게 할 수 있고, 자신의 총명을 드러내어 쓰지 않을 수 있다면, 주검처럼 있어도 용으로 보이고, 깊은 연못에 말없이 있어도 우레 소리가 나는 것

---

6) '눈 밝은 것[明]', '귀 밝은 것[聰]', '인仁', '의義', '예禮', '음악[樂]', '성스러운 것[聖]', '지혜[知]' 여덟 가지를 말한다.

7) 원문의 '연권창낭臠卷獊囊'을 번역한 것으로, '연권臠卷'과 '창낭獊囊'은 첩운자이다. 물론 "'연攣'은 '엮임'이다[攣, 係也]."(《설문해자》)라는 자해를 참고해야 하는데, "'연권臠卷'은 펴지지 못한 상태[臠卷, 不申舒之狀]"라는 주석도 있고 '구속된 모양[拘束之貌]'이라는 주석도 있다. 그리고 '창낭獊囊' 두 글자에 대해 "'창獊'은 쌓여서 흩어지지 않음이고, '낭囊'은 맺혀서 풀리지 않는 것이다[獊, 積而不散. 囊, 結而不解]."라는 주석도 있다.

8) 이 문장은 《노자》 13장에 나오는 "그러므로 몸을 천하처럼 귀하게 여겨야 천하에 기탁할 수 있는 것처럼, 몸을 천하 아끼듯 해야 천하를 맡길 수 있는 것과 같다[故貴以身爲天下, 若可寄天下, 愛以身爲天下, 若可託天下]."라는 문장과 유사하다.

이니, 정신이 움직이면 자연이 따라서 억지로 하지 않아도 만물이 저절로 움직일 것이다. 내가 또한 어느 틈에 천하를 다스릴 수 있겠는가!

聞在宥天下, 不聞治天下也. 在之也者, 恐天下之淫其性也. 宥之也者, 恐天下之遷其德也. 天下不淫其性, 不遷其德, 有治天下者哉! 昔堯之治天下也, 使天下欣欣焉人樂其性, 是不恬也. 桀之治天下也, 使天下瘁瘁焉人苦其性, 是不愉也. 夫不恬不愉, 非德也. 非德也而可長久者, 天下無之.

人大喜邪? 毗於陽. 大怒邪? 毗於陰. 陰陽竝毗, 四時不至, 寒暑之和不成, 其反傷人之形乎! 使人喜怒失位, 居處無常, 思慮不自得, 中道不成章, 於是乎天下始喬詰卓鷙, 而後有盜跖曾史之行. 故擧天下以賞其善者不足, 擧天下以罰其惡者不給, 故天下之大, 不足以賞罰. 自三代以下者, 匈匈焉終以賞罰爲事, 彼何暇安其性命之情哉!

而且說明邪? 是淫於色也. 說聰邪? 是淫於聲也. 說仁邪? 是亂於德也. 說義邪? 是悖於理也. 說禮邪? 是相於技也. 說樂邪? 是相於淫也. 說聖邪? 是相於藝也. 說知邪? 是相於疵也. 天下將安其性命之情, 之八者, 存可也, 亡可也. 天下將不安其性命之情, 之八者, 乃始臠卷獊囊而亂天下也. 而天下乃始尊之惜之, 甚矣天下之惑也! 豈直過也而去之邪! 乃齋戒以言之, 跪坐以進之, 鼓歌以儛之, 吾若是何哉!

故君子不得已而臨莅天下, 莫若无爲. 无爲也而後安其性命之情. 故貴以身爲天下, 則可以託天下. 愛以身爲天下, 則可以寄天下. 故君子苟能无解其五藏, 无擢其聰明. 尸居而龍見, 淵黙而雷聲, 神動而天隨, 從容无爲而萬物炊累焉. 吾又何暇治天下哉!

성스러움을 끊고 지혜를 버려야 다스려진다 11.2

최구崔瞿[9]가 노담老聃에게 물었다.

"천하를 다스리지 않으면서 어찌 사람의 마음을 선하게[10] 합니까?"

노담이 말했다.

"자네는 사람의 마음을 잡아매지[11] 않게 삼가게. 사람의 마음은 밀쳐 내리면 더하여 올라가고, 오르락내리락하면서 쇠잔해지며[12], 부드럽고 연약한[13] 것으로 강한 것을 유연하게 만든다네. 날카로운 것으로 새기고 쪼아 상처를 내니, 그 뜨거움은 불같이 타오르며 그 차가움은 얼음처럼 언다네. 그 빠르기는 고개를 숙였다 드는 사이에 두 번이나 사해 밖을 덮을[14] 정도이니, 그것이 [그대로] 있으면

9) 성이 최崔이고 이름이 구瞿인데, 누군지 알 수 없는 가공인물로 보는 것이 적절하다.

10) 원문의 '장臧'을 번역한 것으로 '선하다[善]'라는 번역 외에도 '좇다[備]'라는 의미로 번역하기도 한다.

11) 원문의 '영攖'을 번역한 것으로 '접촉하다[觸]', '끌어당기다[引]', '노끈으로 묶다[繞]'의 의미로 풀이하는데, '흔들어대다'라고 해석하기도 하나 취하지 않는다.

12) 원문의 '상하수쇄上下囚殺'를 번역한 것으로, '수쇄'는 직역하여 '죄수의 괴로운 모양'이라는 의미 외에 '슬프고 낮음[噍殺]', '파리하게 여윔[顦顇]'의 의미로도 번역한다. 물론 '수살'로 읽어 '가두어 죽이다'라는 의미로도 보는데, 이 경우 '상하上下'는 '윗사람과 아랫사람'으로 번역된다.

13) 원문의 '탁약淖約'을 번역한 것으로, 성현영이 "부드럽고 연약함[柔弱]"이라고 한 풀이에 따랐는데, 이 단어는 〈소요유逍遙遊〉 편에도 나온다.

깊은 연못인 듯 고요하고 움직이면 하늘에 매달린다네. 세차게 내달려서 매어둘 수 없는 것이 아마도 오직 사람의 마음이로다!"

옛날에 황제가 애초에 인의로 사람들의 마음을 잡아매었으니, 요임금과 순임금이 이에 넓적다리에 살이 없고 정강이에 털이 없어지도록 [힘써] 천하 사람들의 몸을 길렀으며, 그 오장을 시름겹게 하면서 인의를 행하고, 그 혈기를 괴롭히면서 법도를 만들었다. 그러나 오히려 뛰어넘지 못하는 것이 있어서 요임금은 이에 환두讙兜를 숭산崇山에 추방하고, 삼묘三苗[15]를 삼위三峗로 보냈으며, 공공共工을 유도幽都[16]에 유배했으니, 이것은 천하를 뛰어넘지 못해서이다.

삼왕三王[17]에 미쳐서는 천하가 크게 놀라게 되었다. 아래로는 걸이나 도척이 있었고, 위로는 증삼이나 사추가 있었으며, 유가와 묵가가 죄다 일어났다. 이에 기뻐하거나 성내면서 서로를 의심하고, 어리석거나 지혜로우면서 서로를 속이며, 옳으니 그르니 하면서 서로를 비난하고, 속이거나 믿으면서 서로를 나무라니, 천하가 쇠약해졌다. 대덕大德[18]이 같지 않아서 [타고난] 본성과 목숨이 문드러지고 어지러워졌고, 천하 사람들이 지식을 좋아하여 백성이 끝까지 추구했다. 이에 [형벌을 집행하는] 자귀나 톱으로 제재하고, 먹줄로 죽이며, [육형을 집행하는] 몽치나 끌로 결판내었는데, 천하가 혼잡하여 크게 어지러워졌으니, 잘못은 사람의 마음을 잡아맨 데에 있다. 그

14) 원문의 '무撫'를 번역한 것으로, '덮다[幠]'라는 글자로서《설문해자》에 '복覆'이라고 풀이했다.

15) 진운씨縉雲氏의 아들로 '도철饕餮'이라고 하며 난을 자주 일으킨 자이다.

16) '유주幽州'라고도 한다.

17) 하夏·은殷·주周 삼대三代의 성왕聖王으로 우禹·탕湯·문文을 말한다.

18) 이 개념은 〈마제〉 편과 〈거협〉 편의 '지덕至德'과 같은 개념으로 보아야 한다.

러므로 현명한 자들은 큰 산이나 험준한 바위 아래 숨게 되고, 만승의 군주는 조정에서 근심하며 떨게 되었다.

지금 세상에는 참수로 죽은 자가 서로 베개를 삼고, 차꼬를 차고 칼을 쓴 자가 서로 밀치며, 형벌로 도륙을 당한 자가 서로 마주 보는데, 유가와 묵가들은 차꼬와 수갑 사이에서 팔을 걷어붙이고 뛰어다니며 뽐내고 있다. 아, 심하구나! 그들은 부끄러움이 없고 치욕을 모르는 것이 심하구나!

나는 성스러움과 지혜가 차꼬나 칼의 빗장이 되지 않는지, 인의가 질곡을 채우는 자물쇠가 되지 않는지 알지 못하겠는데, 어찌 증삼이나 사추가 걸이나 도척의 효시[19]가 된 것이 아닌지 알겠는가! 그러므로 '성스러움을 끊고 지혜를 버려야만 천하가 크게 다스려진다.'라고 말하는 것이다.

崔瞿問於老聃曰: "不治天下, 安臧人心?"

老聃曰: "女愼無攖人心. 人心排下而進上, 上下囚殺, 淖約柔乎剛彊. 廉劌彫琢, 其熱焦火, 其寒凝冰. 其疾俛仰之間而再撫四海之外, 其居也淵而靜, 其動也懸而天. 僨驕而不可係者, 其唯人心乎!"

昔者黃帝始以仁義攖人之心, 堯舜於是乎股無胈, 脛無毛, 以養天下之形, 愁其五藏以爲仁義, 矜其血氣以規法度. 然猶有不勝也, 堯於是放讙兜於崇山, 投三苗於三峗, 流共工於幽都, 此不勝天下也. 夫施及三王而天下大駭矣. 下有桀跖, 上有曾史, 而儒墨畢起. 於是乎喜怒相疑,

19) 원문의 '효시嚆矢'란 '소리 내는 화살'이라는 의미로서 증삼과 사추가 걸과 도척을 위해 먼저 소리를 내어 그 울림의 방향을 제시한 것이다.

愚知相欺, 善否相非, 誕信相譏, 而天下衰矣. 大德不同, 而性命爛漫矣. 天下好知, 而百姓求竭矣. 於是乎釿鋸制焉, 繩墨殺焉, 椎鑿決焉. 天下脊脊大亂, 罪在攖人心. 故賢者伏處大山嵁巖之下, 而萬乘之君憂慄乎廟堂之上.

今世殊死者相枕也, 桁陽者相推也, 刑戮者相望也, 而儒墨乃始離跂攘臂乎桎梏之間. 噫, 甚矣哉! 其無愧而不知恥也甚矣! 吾未知聖知之不爲桁楊接槢也, 仁義之不爲桎梏鑿枘也, 焉知曾史之不爲桀跖嚆矢也! 故曰: '絶聖棄知而天下大治.'

천이백 년이나 건장한 광성자가 황제에게 한 조언 11.3

황제가 천자로 세워진 지 십구 년[20]이 되어 정치적 명령이 천하에 행해졌는데, 광성자廣成子[21]가 공동空同[22]이라는 산에 있다는 소문을 듣고 일부러 그를 찾아뵙고 말했다.

"내가 들으니 선생께서는 지극한 도에 통달하셨다고 하는데, 감히 지극한 도의 정수를 여쭙겠습니다. 나는 천지의 정수를 취하여

20) 실제적인 기간이라기보다는 상징성이 강한 기간으로 이미 〈양생주養生主〉 편의 포정庖丁이 칼을 다룬 기간도 십구 년이라는 점을 염두에 둘 필요가 있다.

21) 노자를 가리킨다는 설도 있는데, 장자가 설정한 가공인물로도 보이며, 도를 의인화한 표현으로 간주하여 "광성자란 도에 이르러 온전해진 것이다[廣成者則至於道而全也]."라고 본 여혜경呂惠卿의 주석이 합당하다.

22) '공동崆峒', '공동空橦'이라고 된 판본도 있는데 북두성을 머리에 이고 있는 산으로 구체적으로 말하기도 하나, "'공'은 사물이 없다는 것이고, '동'은 크게 통한다는 뜻으로 공동의 위라는 것은 사물도 없이 크게 통해서 그곳에 더 올려놓을 것이 없는 곳이다[空則無物, 同則大通, 空同之上, 則無物大通, 而無以加之之處也]."라고 한 여혜경의 설이 합당하니, 장자가 설정한 우의적 표현이라고 보면 된다.

오곡을 도와 백성들을 기르고, 나는 또 음양을 주관하여 모든 생명을 기르고자[23] 하는데 어찌해야 하겠습니까?"

광성자가 말했다.

"그대가 묻고자 하는 바는 사물의 본질인데, 그대가 주관하고자 하는 바는 사물을 해치는[24] 것이구려. 그대가 천하를 다스리고 나서부터 구름 기운은 모이기를 기다리지 않고 비로 내렸고, 풀과 나무는 누렇게 되기를 기다리지 않고 떨어졌으며, 해와 달의 빛도 더욱 거칠어졌네. 그대는 남에게 아첨이나 하는 마음이 좁은 자이니, 또 어찌 지극한 도를 말하기에 충분하겠는가!"

황제는 물러나서 천하를 내팽개치고는[25] [재개하는] 특실[26]을 짓고서 흰 띠풀[27]를 깔고 석 달 동안 조용히 지내고 나서 다시 가서 그를 만났다.

광성자는 머리를 남쪽으로 두고 누워 있었는데, 황제가 아랫목을 따라 무릎으로 기면서 나아가 두 번 절하고 머리를 조아리며 물었다.

---

23) 원문의 '수遂'를 번역한 것으로 왕수민이 '기르다'라는 의미의 '육育'으로 풀이한 것을 따랐다.

24) 원문의 '잔殘' 자의 해석에 이론이 있으니 "사물을 해치는 일[害物之事]"(임희일 설)이 비교적 타당한데, 자의적 개념을 살려 '찌꺼기'라고 번역할 수도 있으나, 여기서는 취하지 않는다. 안동림은 '사물의 잔해'라고 번역하여, 사물이 파괴되어 흩어진 뒤의 남은 것으로, 즉 도가 빠져나간 뒤의 잔해라고 풀이했다. 덧붙여 김학주는 '잔'을 '나머지', '찌꺼기'로 보았다.

25) 원문의 '손損' 자는 천자의 자리를 버리고 천하를 그대로 '내팽개치다'라는 개념이다.

26) 원문의 '특실特室'은 '재개하는 별궁[齋宮]'의 개념으로 도교에서 말하는 '정실靖室'과 유사한 개념이다. '타인과의 교제를 끊는다'는 의미를 담고 있다.

27) 원문의 '백모白茅'란 더러움을 씻어주는 주술적인 의미를 지니고 있으며, 신에게 공물을 바칠 때 띠풀을 그 아래에 까는 풍속이 있었다.

"듣자 하니 선생께서는 지극한 도에 통달하셨다고 하니, 감히 여쭙겠습니다만, 몸을 어떻게 다스려야 오래 살 수 있습니까?"

광성자가 갑작스럽게 일어나며 말했다.

"훌륭한 질문이오! 오시오! 내가 그대에게 지극한 도를 말해주겠소. 지극한 도의 정수는 아득히 고요하고 어두컴컴하며, 지극한 도의 극치는 어두워서 보이지 않고 말없이 고요하오. 보려고 하지 않고 들으려고 하지 않으며[28], 정신을 고요하게 끌어안으면 몸도 저절로 바르게 되오. 반드시 고요하고 반드시 맑게 하여 그대의 몸을 수고롭게 하지 말고, 그대의 정기를 흔들지 않아야 이에 오래 살 수 있소. 눈으로 보는 것이 없고 귀로 듣는 것이 없으며 마음으로 알려고 하지 않으면 그대의 정신이 장차 몸을 지켜서 몸이 이에 오래 살게 되는 것이오. 그대의 안을 신중히 하고 그대의 밖을 닫는 것이니, 지혜가 많으면 실패하게 되오.

내가 그대를 위해 커다란 밝음이 있는 [하늘] 위에 이르러서 저 지극한 양의 근원에 이르게 하고, 그대를 위해 아득하고 어두운 문에 들어가서 저 지극한 음의 근원에 이르게 하겠소. 하늘과 땅은 주관하는 것이 있고 음과 양은 간직하는 작용이 있으니 그대의 몸을 신중히 지키면 만물이 장차 저절로 생장할 것이오. 나는 그 하나를 지키며 그 조화에 살고 있소. 그러니 내 몸을 수련한 지 천이백 년이나 되었는데도 내 몸은 항상 쇠약해지지 않았소."

황제가 두 번 절하고 머리를 조아리면서 말했다.

28) 원문의 '무시무청无視无聽'을 번역한 것으로 이 의미에 대한 곽상의 주석이 흥미롭다. "보는 것을 잊으면 저절로 보이고 듣는 것을 잊으면 저절로 들리니, 정신이 소란스럽지 않고 육체도 부정해지지 않기 때문이다[忘視而自見, 忘聽而自聞, 則神不擾而形不邪也]."

"광성자 선생이야말로 하늘이라고 말할 만합니다."

광성자가 말했다.

"오시오! 내 그대에게 말해주겠소. 저 [도라는] 사물은 무궁하나, 사람은 모두 마침[終]이 있을 것이라고 여기오. 저 사물은 헤아릴 수 없으나, 사람은 모두 궁극[極]이 있을 것이라고 여기오. 내 도를 깨닫는 자는 위로는 황제가 되고 아래로는 왕이 되지만, 내 도를 잃는 자는 위에서는 빛을 보아도 아래에서는 흙이 될 것이오. 지금 저 온갖 창성하는 것은 모두 흙에서 나고 흙으로 돌아가니, 그러므로 나도 장차 그대를 떠나 끝없는 문으로 들어가 끝없는 들판에서 노닐 것이오. 나는 해와 달과 함께 빛나고, 나는 하늘과 땅과 함께 영원할 것이오. 나를 맞이해도 흐릿할[29] 것이오! 나를 멀리해도 어둑할 것이오! 사람은 아마도 다 죽겠지만 나만 홀로 있을 것이오!"

黃帝立爲天子十九年, 令行天下, 聞廣成子在於空同之山, 故往見之, 曰: "我聞吾子達於至道, 敢問至道之精. 吾欲取天地之精, 以佐五穀, 以養民人, 吾又欲官陰陽, 以遂群生, 爲之奈何?"

廣成子曰: "而所欲問者, 物之質也. 而所欲官者, 物之殘也. 自而治天下, 雲氣不待族而雨, 草木不待黃而落, 日月之光益以荒矣. 而佞人之心翦翦者, 又奚足以語至道哉!"

黃帝退, 損天下, 築特室, 席白茅, 閒居三月, 復往邀之.

廣成子南首而臥, 黃帝順下風膝行而進, 再拜稽首而問曰: "聞吾子達

29) 원문의 '민緡' 자를 번역한 것으로, '뒤섞이다[混合]'라고 풀이하기도 하고, 마쉬룬처럼 '혼惛' 자의 가차로 보기도 하며, 혹자는 '민泯'의 가차자로 보기도 한다.

於至道, 敢問, 治身奈何而可以長久?"

廣成子蹶然而起, 曰: "善哉問乎! 來! 吾語女至道. 至道之精, 窈窈冥冥. 至道之極, 昏昏默默. 无視无聽, 抱神以靜, 形將自正. 必靜必淸, 无勞女形, 无搖女精, 乃可以長生. 目无所見, 耳无所聞, 心无所知, 女神將守形, 形乃長生. 愼女內, 閉女外, 多知爲敗. 我爲女遂於大明之上矣, 至彼至陽之原也. 爲女入於窈冥之門矣, 至彼至陰之原也. 天地有官, 陰陽有藏, 愼守女身, 物將自壯. 我守其一以處其和, 故我修身千二百歲矣, 吾形未常衰."

黃帝再拜稽首曰: "廣成子之謂天矣!"

廣成子曰: "來! 余語女. 彼其物无窮, 而人皆以爲有終. 彼其物无測, 而人皆以爲有極. 得吾道者, 上爲皇而下爲王. 失吾道者, 上見光而下爲土. 今夫百昌皆生於土而反於土, 故余將去女, 入无窮之門, 以遊無極之野. 吾與日月參光, 吾與天地爲常. 當我, 緡乎! 遠我, 昏乎! 人其盡死, 而我獨存乎!"

넓적다리를 두드리며 폴짝폴짝 뛰노는 노인의 한마디 11.4

운장雲將[30]이 동쪽에서 노닐며 신령스런 나무[31]의 가지를 지나가다가 때마침 홍몽鴻蒙[32]을 만났다. 홍몽이 한창 넓적다리를 두드리고 기뻐하며 폴짝폴짝 뛰어다니면서 노닐고 있었다. 운장이 그를

30) 구름의 기운을 의인화한 가공인물로 천하를 위해 떠다니다가 적셔주는 임무를 맡고 있다.

31) 원문의 '부요扶搖'로 '뽕나무', '바람' 등 해설이 분분하다. 이이가 "신목이니 동해에서 자란다[神木也, 生東海]."라고 한 것이 타당해 보인다. 한편 이 '부요'는 〈소요유〉 편에서는 회오리바람으로 번역했다.

보고 무심히 멈칫하면서 꼼짝하지 않고 서서 말했다.

"노인장은 어떤 분입니까? 노인장은 어찌 그렇게 하십니까?"

홍몽이 계속해서 넓적다리를 두드리고 기뻐하며 폴짝폴짝 뛰어다니는 것을 그치지 않고 운장에게 대답했다.

"놀고 있소!"

운장이 말했다.

"제가 여쭙고자 합니다."

홍몽이 머리를 들어 운장을 쳐다보며 말했다.

"좋소!"

운장이 말했다.

"하늘의 기운이 조화롭지 않고 땅의 기운이 막히고 엉겼으며, 여섯 기운이 조화롭지 않고 사계절이 절기에 맞지 않습니다. 지금 제가 여섯 기운의 정수를 합하여 뭇 생물을 기르려고 하는데 어찌하면 되겠습니까?"

홍몽이 넓적다리를 두드리고 기뻐하며 폴짝폴짝 뛰어다니면서 고개를 흔들며 말했다.

"나는 알지 못하오! 나는 알지 못하오!"[33)]

운장은 물음에 [답을] 얻지 못했다.

다시 3년 뒤에 운장이 동쪽에서 노닐며 송나라의 들을 지나가다가 때마침 홍몽을 만났다. 운장은 크게 기뻐하면서 달려가며 나아

---

32) 자연의 기운을 의인화한 가공인물로 '홍鴻'은 '크다'라는 뜻이고, '몽蒙'은 '입다'라는 뜻이다.

33) 이 문장은 '불지弗知'의 내포적 의미가 '진정한 앎[眞知]'이라는 여혜경의 주석을 염두에 두고 읽어야 한다.

가 말했다.

"하늘 같은 분[34]이 저를 잊으셨습니까? 하늘 같은 분이 저를 잊으셨습니까?"

[운장이] 두 번 절하고 머리를 조아리면서 홍몽에게 [가르침을] 듣고자 원했다.

홍몽이 말했다.

"떠돌면서 노니니 구할 것을 알지도 못하고, 제멋대로 다니니[35] 갈 곳을 알지도 못하오. 노니는 자는 얽매여 있지[36] 않고 거짓 없는 것을 볼 뿐이오. 내가 또 무엇을 알겠소!"

운장이 말했다.

"저 스스로 제멋대로 다닌다고 여기는데 백성은 제가 가는 곳을 쫓아옵니다. 저도 백성에게 부득이하게 하는데 지금은 백성의 의지가 되니 한 말씀 듣기를 원합니다."

홍몽이 말했다.

"하늘의 법도를 어지럽히고 만물의 성정을 거스르면 현묘한 자연[玄天]은 이루어지지 않으니, 짐승의 무리를 해산하고 새들이 모두 밤에 울며, 재앙은 초목에 미치고 화는 벌레에도 미치오. 아, 사람을 다스리는 허물이라오!"

34) 원문의 '천天'을 의역한 것인데, 홍몽을 지극히 존칭하여 한 말이다.

35) 원문의 '창광猖狂'을 번역한 것으로, '질탕軼蕩'이나 '방일放佚'이라는 개념으로 "멋대로 하여 구속되지 않는 것[放蕩無拘束]"의 의미다.

36) 원문의 '앙장鞅掌'을 번역한 것으로, 성현영은 '많은 모양[衆多]'이라고 풀이했고, '바쁜 모양', '얽매임이 있는' 따위로 번역하기도 하는 등 이설이 많다. 안병주·전호근은 여혜경이 '앙장鞅掌'을 '얽매임'으로 풀이한 것에 대해 "[노는 것에] 얽매인 것은 사실상 무심히 자유로운 상태를 의미한다."라고 역설적으로 풀이했는데 일리가 있다.

운장이 말했다.

"그렇다면 저는 어찌해야 합니까?"

홍몽이 말했다.

"아, 기르시오[37]! 어서 돌아가시오."

운장이 말했다.

"제가 하늘 같은 분을 만나기 어려우니 한 말씀 듣기를 원합니다."

홍몽이 말했다.

"아! 마음을 기르시오. 그대가 다만 무위에 머물면 만물이 저절로 교화되오. 그대의 몸을 저버리고 그대의 총명을 토해내며 윤리나 외물을 잊으면 혼돈[도][38]과 크게 같아질 것이니, 마음을 풀고 정신을 놓으면 막연히 혼도 없어질 것이오. 만물이 무성하고 무성하다 각기 근원으로 돌아간다오. 각기 근원으로 돌아가면서도 알지 못하니, 혼연일체가 되어 죽을 때까지 떠나지 않는다오. 만약 저들이 그것을 알면 곧 도에서 떠나는 것이오. 그 이름을 묻지 말고 그 실정을 엿보지 않으면 만물은 본래 저절로 길러지게 된다오."

운장이 말했다.

"하늘 같은 분이 제게 덕을 내리시고 제게 침묵으로 보여주시니, 몸소 그것을 구하다가 이제야 얻었습니다."

두 번 절하고 머리를 조아리면서 일어나 물러서며 떠나갔다.

---

37) 원문의 '독毒'을 번역한 것인데, 《노자》의 "정지독지亭之毒之"와 연계하여 '기르다'라고 번역하는 설(안병주·전호근)에 따랐다. '독毒'을 '독篤'의 가차자로 보는 설(마쉬룬)도 있음을 특기한다.

38) 원문의 '행명涬溟'은 혼돈의 경지를 보여주는 도의 모습을 말하는데, 《회남자淮南子》 〈남명훈覽冥訓〉 편에 "대도는 혼돈스럽고 어둑하다[大道混冥]."라고 나온다. "형체도 없고 조짐도 없다[無形無朕]."라는 임희일의 주석도 참조할 만하다.

雲將東遊，過扶搖之枝而適遭鴻蒙. 鴻蒙方將拊脾雀躍而遊. 雲將見之，倘然止，贄然立，曰: “叟何人邪? 叟何爲此?”

鴻蒙拊脾雀躍不輟，對雲將曰: “遊!”

雲將曰: “朕願有問也.”

鴻蒙仰而視雲將曰: “吁!”

雲將曰: “天氣不和，地氣鬱結，六氣不調，四時不節. 今我願合六氣之精以育群生，爲之奈何?”

鴻蒙拊脾雀躍掉頭曰: “吾弗知! 吾弗知!”

雲將不得問. 又三年，東遊，過有宋之野而適遭鴻蒙. 雲將大喜，行趨而進曰: “天忘朕邪? 天忘朕邪?” 再拜稽首，願聞於鴻蒙.

鴻蒙曰: “浮遊，不知所求. 猖狂，不知所往. 遊者鞅掌，以觀无妄. 朕又何知!”

雲將曰: “朕也自以爲猖狂，而民隨予所往. 朕也不得已於民，今則民之放也. 願聞一言.”

鴻蒙曰: “亂天之經，逆物之情，玄天弗成. 解獸之群，而鳥皆夜鳴. 災及草木，禍及止蟲. 噫，治人之過也!”

雲將曰: “然則吾奈何?”

鴻蒙曰: “噫，毒哉! 僊僊乎歸矣.”

雲將曰: “吾遇天難，願聞一言.”

鴻蒙曰: “噫! 心養. 汝徒處无爲，而物自化. 墮爾形體，吐爾聰明，倫與物忘. 大同乎涬溟，解心釋神，莫然无魂. 萬物云云，各復其根，各復其根而不知. 渾渾沌沌, 終身不離. 若彼知之, 乃是離之. 无問其名, 无闚其情, 物固自生."

雲將曰: "天降朕以德, 示朕以默. 躬身求之, 乃今也得." 再拜稽首, 起辭而行.

남이 자신과 같아지길 바라고 달라지길 싫어하는 이유 11.5

세속의 사람들은 모두 남이 자신과 같은 것만 기뻐하고, 남이 자신과 다른 것은 싫어한다. 자신과 같아지기를 바라고 자신과 달라지는 것을 바라지 않는 것은 보통 사람들보다 특출나기를 마음으로 삼았기 때문이다. 보통 사람들보다 특출나기를 마음으로 삼는 자가 어찌 항상 보통 사람들보다 뛰어나리오! 보통 사람들로 인하여 들은 것을 편안히 여기는 것은 보통 사람들의 기예가 많은 것만 못하다. [그런데도] 남의 나라를 위하기를 바라는 자는 삼왕의 이로움을 취하고[39] 그 우환을 보지 못하는 자이다. 이는 남의 나라를 가지고 요행을 바라는 것이니, 요행을 바라면서 남의 나라를 잃지 않은 자가 얼마나 있겠는가! 그중에 남의 나라를 보존한 것은 만분의 일도 없고, 남의 나라를 잃는 것은 한 번도 성공하지 못하고 만이 넘도록 잃게 될 것이다. 슬프다, 나라의 땅을 가진 자가 알지 못하는구나!

[나라의] 땅을 가진 자[40]는 큰 사물을 가진 것이다. 큰 사물을 가진

---

39) 원문의 '남攬'을 번역한 것으로, 원문대로 '손으로 잡다'의 의미로 보고 번역했다. 마쉬룬은 '보다[覽]'의 뜻으로 풀이했는데, 그렇게 보면 바로 뒤의 '불견기환자不見其患者'와 맥락이 통하여 '삼왕의 이로움만 보고 우환은 보지 못한 자'라고 풀이된다. 문맥상 이 설도 일리가 있다.

자는 사물로써 하면 안 된다. 사물이면서 사물로 하지 않으니 그러므로 사물을 사물로 부릴 수 있다. 사물을 사물로 부릴 수 있는 자는 사물로써 하지 않는 것이 분명하니, 어찌 다만 천하 백성을 다스리는 데에서 그치리오! 천지사방을 출입하고 온 세계를 노닐되 홀로 가고 홀로 오니 이런 경지를 '홀로 있음[獨有]'이라고 말하는데, 홀로 있는 사람을 곧 '지극히 귀함[至貴]'이라고 말한다.

世俗之人, 皆喜人之同乎己而惡人之異於己也. 同於己而欲之. 異於己而不欲者, 以出乎衆爲心也. 夫以出乎衆爲心者, 曷常出乎衆哉! 因衆以寧所聞, 不如衆技衆矣. 而欲爲人之國者, 此攬乎三王之利而不見其患者也. 此以人之國僥倖也, 幾何僥倖而不喪人之國乎! 其存人之國也, 無萬分之一. 而喪人之國也, 一不成而萬有餘喪矣. 悲夫, 有土者之不知也!

夫有土者, 有大物也. 有大物者, 不可以物. 物而不物, 故能物物. 明乎物物者之非物也, 豈獨治天下百姓而已哉! 出入六合, 遊乎九州, 獨往獨來, 是謂獨有. 獨有之人, 是謂至貴.

있는 것을 보느냐, 없는 것을 보느냐 11.6

대인[41]의 가르침은 형체의 그림자나 소리의 울림과 같다. 물음이

---

40) 원문의 '유토자有土者'를 번역한 것으로, "당시의 제후들을 가리켜 말한 것[當時諸侯而言]"이다(임희일 설).

41) 덕이 뛰어난 사람을 비유하며 다른 편명인 〈추수秋水〉, 〈지북유知北遊〉, 〈서무귀〉, 〈칙양則陽〉 편 등에도 보인다.

있으면 그것에 응답하여 그 생각하는 바를 다하여 천하 사람의 짝이 된다. 소리가 없는 데에서 머물고 방향이 없는 데에서 행한다. 그대를 데리고서 어지럽고 어지러운 데에 가기를 반복하여 끝없는 경지에 노닌다. 드나드는 것에 곁이 없으니, 해와 함께 [끝도] 시작도 없다.[42] 모습과 말하는 형체가 크게 같아지는 데서 합쳐지고, 크게 같아지니 자기가 없으며, 자기가 없으니 어찌 있는 것이 있다고 할 수 있으리오! 있음[有]을 보는 자는 옛날의 군자이고, 없음[无]을 보는 자는 천지의 벗이다.

大人之教, 若形之於影, 聲之於響. 有問而應之, 盡其所懷, 爲天下配. 處乎无響, 行乎无方. 挈汝適復之撓撓, 以遊无端. 出入无旁, 與日无始. 頌論形軀, 合乎大同, 大同而无己. 無己, 惡乎得有有! 覩有者, 昔之君子. 覩无者, 天地之友.

천도와 인도가 거리가 멀기에 11.7

하찮아도 맡기지 않을 수 없는 것이 사물이고, 비루해도 따르지 않을 수 없는 것이 백성이다. 숨겨도 하지 않을 수 없는 것이 일이고, 거칠어도 실행하지[43] 않을 수 없는 것이 법이다. 멀어도 지키지 않을 수 없는 것이 의이고, 친해도 넓히지 않을 수 없는 것이 인이

42) 원문의 '여일무시與日无始'를 번역한 것으로 성현영이 "해와 함께 새롭기 때문에, 끝도 시작도 없는 것이다[與日俱新, 故無終始]."라고 풀이한 것을 참조할 만하다.

43) 원문의 '진陳'을 번역한 것으로 '시施'의 의미로 '실행하다'라는 뜻이다(차오추지 설).

다. 절도에도 익히지[44] 않을 수 없는 것이 예이고, 중용을 따라도 높이지 않을 수 없는 것이 덕이다. 하나여도 [때에 따라] 바꾸지 않을 수 없는 것이 도이고, 신묘해도 하지 않을 수 없는 것이 하늘[45]이다.

그러므로 성인은 하늘을 살피면서도 도와주지 않고, 덕을 이루면서도 연루되지 않으며, 도에 나아가지만 도모하지 않고, 인에 모이면서도 의지하지 않으며, 의에 가까이하면서도[46] 쌓지 않고, 예에 응하면서도 피하지 않으니, 일을 접하면서도 사양하지 않고, 법에 의해 가지런히 하면서도 어지럽히지 않으며[47], 백성에 의지하면서도 가볍게 여기지 않고, 사물을 따르면서도 버리지 않는다.

사물은 위하기에 충분하지는 못하지만 위하지 않을 수는 없다. 하늘에 밝지 못한 자는 덕에 순수하지 못하고, 도를 통하지 못한 자는 말미암아서 할 수 있는 것이 없으니, 도에 밝지 못한 자는 슬프도다!

무엇을 도라고 하는가? 천도天道가 있고 인도人道가 있다. 아무 일도 하지 않으면서 존귀한 것이 천도이고, [억지로] 하는 것이 있으면서 움직여서 얽매이는 것이 인도이다. 군주는 천도이고, 신하는 인도이다. 천도와 인도는 서로 멀리 떨어져 있으니 살피지 않을 수 없다.

44) 원문의 '적積'을 번역한 것으로 '익히다'라는 의미로 쓰였다(왕수민 설).

45) 원문의 '천天'을 번역한 것으로, 여기서의 '하늘'이란 곧 '자연', '천연'과 의미가 통한다.

46) 원문의 '박薄'을 번역한 것으로, '핍逼'과 '근近'의 의미로 보고 번역했다.

47) "사물의 본성에 따라 법으로써 가지런히 하기 때문에 어지럽히지 않는다[因於物性, 以法齊之, 故不亂也]."라고 풀이한 성현영의 설을 참조할 만하다.

賤而不可不任者, 物也. 卑而不可不因者, 民也. 匿而不可不爲者, 事也. 麤而不可不陳者, 法也. 遠而不可不居者, 義也. 親而不可不廣者, 仁也. 節而不可不積者, 禮也. 中而不可不高者, 德也. 一而不可不易者, 道也. 神而不可不爲者, 天也. 故聖人觀於天而不助, 成於德而不累, 出於道而不謀, 會於仁而不恃, 薄於義而不積, 應於禮而不諱, 接於事而不辭, 齊於法而不亂, 恃於民而不輕, 因於物而不去. 物者莫足爲也, 而不可不爲. 不明於天者, 不純於德. 不通於道者, 无自而可. 不明於道者, 悲夫!

何謂道? 有天道, 有人道. 無爲而尊者, 天道也. 有爲而累者, 人道也. 主者, 天道也. 臣者, 人道也. 天道之與人道也, 相去遠矣, 不可不察也.

제12편

천지天地

하늘과 땅

【해설】

이 편의 제목도 1장의 첫 두 글자에서 따온 것이다. 전반적인 내용은 천하를 다스리는 것이 무위자연에 입각해야 하며 이러한 이치를 알고 어쭙잖은 지식이나 기교를 통해서 하지 말라는 맥락을 유지하고 있다. 한편으로는 2장에서 보듯이 군자가 갖추어야 하는 열 가지 조건을 제시하는 등 유가와 타협적인 색채도 일정 부분 지니고 있다. 유가 사상과 도가 사상의 융회적 가능성을 보여준다는 점에서 의미 있는 편으로 기록될 만하다. 그러므로 이 편이 지어진 시기가 적어도 전국시대 말기나 한나라 초기일 수 있다는 점도 일리가 있다.

이 편은 〈응제왕應帝王〉 편과 일정 부분 보완 관계로 연계성이 있으며, 우주론에 관한 내용도 있다. 2장에서 부자夫子를 누구로 볼 것인가에 관해 이설이 많은데, 9장 노담과의 대화에서 노담이 '선생[夫子]'을 '구丘'라고 칭한 것을 보면 중니, 즉 공자로 보는 것이 타당해 보인다. 거듭 말해서 유가적인 개념과 도가적 개념이 함께 거론되는데, 현실사회를 인정하는 내용도 있고, 절대 자유를 긍정하는 내용도 있다.

4장에서는 끽후와 상망을 예로 들며 통치자가 자기의 능력이나 지식을 내세우지 말고 무위의 태도로 정사를 행해야 한다고 강조하고 있고, 5~7장은 요임금이나 우임금 등 이상적 경지에 오른 자들의 특징을 말하고 있다. 8장에서는 무와 유로써 자연의 이치와 하나가 된 상태를 설명하며, 9장에서는 명가 학파를 비판한다. 10장은 장려면과 계철의 대화 방식으로 천하를 다스리는 올바른 방법을 이야기하고, 11장에서는 기계나 도구의 인위적인 장치에 몰두하게 되면 본래의 안정된 상태를 잃게 된다고 경계하며, 12장에서는 도의 경지에 이른 인물을 설명하고 있다. 13장에서도 유가를 비판하는 내용이 이어지는데, 통치자가 강요하는 방식의 정치는 순임금의 경우라도 훌륭한 정치가 아님을 역설하고 있다. 14장에서는 세상에 통용되는 가치에 의문을 제기하며 무조건 따르는 것을 재고해볼 것을 촉구하고 있으며, 본성을 잃어버리는 다섯 가지를 제시한 맨 마지막 장에서 장자는 자신이 말하고자 하는 궁극적인 지향점이 본성으로 돌아가라는 데 있다고 결론 짓고 있다.

천하에 통하는 덕, 만물에 행해지는 도, 무위의 도 12.1

천지가 비록 크지만 그 변화는 균등하고, 만물이 비록 잡다하지만 그 다스림은 한 가지이며, 백성들이 비록 많지만 그 주인은 군주이다. 군주는 덕에 근원을 두고 하늘(자연)에서 완성되니, 그러므로 "아득한 옛날 천하를 다스리는 군주는 [억지로] 함이 없어 하늘의 덕일 뿐이다."라고 말한 것이다.

도로써 말을 살펴보면 천하의 군주들이 바르게 하고, 도로써 분수를 살펴보면 군신 사이의 의義가 분명하며, 도로써 능력을 살펴보면 천하의 관직들이 다스려지고, 도로써 두루 살펴보면 만물의 대응이 준비된다. 따라서 천지에 통하는 것은 덕이고, 만물에 행해지는 것은 도이다. 위에서 사람을 다스리는 것은 나랏일이고, 능력에 기예가 있는 것은 기술이다. 기술은 나랏일에 속하고, 나랏일은 의에 속하며, 의는 덕에 속하고, 덕은 도에 속하며, 도는 하늘(자연)에 속한다.

그러므로 "옛날의 천하를 기르던 자는 욕심이 없어져서 천하가 만족하고, [억지로] 하지 않아서 만물이 교화되었으며, 깊고 고요하여 백성이 안정되었다."라고 말했다. 기록에서는 "한 가지로 통하면 만사가 마무리된다. 무심하게 터득하면 귀신도 탄복한다."라고 말했다.

天地雖大, 其化均也. 萬物雖多, 其治一也. 人卒雖衆, 其主君也. 君原於德而成於天, 故曰: "玄古之君天下, 无爲也, 天德而已矣."

以道觀言而天下之君正, 以道觀分而君臣之義明, 以道觀能而天下之官治. 以道汎觀而萬物之應備. 故通於天地者, 德也. 行於萬物者, 道也. 上治人者, 事也. 能有所藝者, 技也. 技兼於事, 事兼於義, 義兼於德, 德兼於道, 道兼於天, 故曰: "古之畜天下者, 无欲而天下足, 无爲而萬物化, 淵靜而百姓定." 記曰: "通於一而萬事畢. 无心得而鬼神服."

군자가 갖추어야 하는 열 가지 조건 12.2

선생[1]이 말했다.

"도는 만물을 덮고 싣는 것이니, 드넓고도 크도다! 군자가 [사사로운] 마음을 씻어내지[2] 않으면 안 된다. 무위로 그것을 행하는 것을 '천天'이라 말하고, 무위로 그것을 말하는 것을 '덕德'이라 말하며, 남을 사랑하고 사물을 이롭게 해주는 것을 '인仁'이라 말하고, 같지 않은 것을 같게 하는 것을 '대大'라 말하며, 행동이 정상에서 어긋나지 않는 것을 '관寬'이라 말하고, 만 가지 같지 않은 것을 [지니고 있는 것을] '부富'라고 말한다. 그러므로 덕을 잡는 것을 '기紀'라 말하고,

1) 원문의 '부자夫子'인데 이설이 있으니, 공자인지 노자인지 불분명하며, 심지어 장자라고 하는 설(사마표)도 있다. 장상공長桑公이라고도 한다(진경원陳景元 설).

2) 원문의 '고刳' 자를 번역한 것으로, "'고刳'는 '제거하는 것'으로 '씻는다'는 뜻이다[刳, 去也, 洒也]."라고 주석한 성현영의 해석을 참조했다. 한편 '고'를 '크다[大]'의 뜻으로 보기도 하는데(마쉬룬 설), 안동림은 이를 취하여 '크게 넓히다'로 번역했으며, 김학주는 '과夸' 자와 통한다고 보아 '큰 것', '텅 비게 하는 것'으로 풀이했으니, 일리가 없는 것은 아니다.

덕을 이루는 것을 '입立'이라 말하며, 도를 따르는 것을 '비備'라 말하고, 사물로 뜻을 꺾지 않는 것을 '완完'이라 말한다.

군자가 이 열 가지에 밝으면 포용하여 그 마음을 크게 일삼고, 성대하여 그 만물을 돌아가게 할 것이다.

그와 같은 자는 산에 금을 쌓아두고 연못에 구슬을 쌓아두며, 재화를 이롭다 여기지 않고 부귀를 가까이하지 않는다. 장수하는 것을 좋아하지 않고, 요절하는 것을 슬퍼하지 않으며, 형통한 것을 영화로워하지 않고, 궁벽한 것을 수치스러워하지 않으며, 온 세상의 이로움을 취하여[3] 자신의 사사로운 분수로 여기지 않고, 왕으로서 천하를 다스리는 것을 자신이 드러난 자리를 차지했다고 여기지 않는다. 드러난 것을 분명히 하기를 만물이 하나의 창고이고, 죽고 사는 것이 같은 형상인 것으로 한다."

夫子曰: "夫道, 覆載萬物者也, 洋洋乎大哉! 君子不可以不刳心焉. 无爲爲之之謂天, 无爲言之之謂德, 愛人利物之謂仁, 不同同之之謂大, 行不崖異之謂寬, 有萬不同之謂富. 故執德之謂紀, 德成之謂立, 循於道之謂備. 不以物挫志之謂完. 君子明於此十者, 則韜乎其事心之大也, 沛乎其爲萬物逝也. 若然者, 藏金於山, 藏珠於淵, 不利貨財, 不近貴富. 不樂壽, 不哀夭. 不榮通, 不醜窮. 不拘一世之利以爲己私分, 不以王天下爲己處顯. 顯則明, 萬物一府, 死生同狀."

3) 원문의 '구拘'를 번역한 것으로, '구鉤'의 가차자이다.

지극한 덕을 지닌 자는 누구인가 12.3

선생이 말했다.

"도는 깊은 연못같이 있으며 맑은 물같이 깨끗하다. 쇠나 돌이 그것을 얻지 못하면 소리를 낼 수 없다. 그러므로 쇠나 돌에 소리가 있지만 두드리지 않으면 소리가 울리지 않는다. 만물[의 성질]을 누가 [이렇게] 정한 것인가!

왕성한 덕을 갖춘 사람[4]은 소박하게 따라가면서 [세속의] 일에 통하는 것을 부끄러워하고, [도의] 본원에 서서 신묘함에 통하는 것을 안다. 그러므로 그 덕이 넓고 그 마음이 나타나면, 만물이 그것을 구하는 것으로 말미암는다.[5] 그러므로 몸은 도가 아니면 생겨나지 못하고, 생겨난 것은 덕이 아니면 밝아지지 못한다. 몸을 보존하여 삶을 다하며 덕을 세워 도를 밝히는 것이 왕성한 덕을 갖춘 것이 아니겠는가! 드넓구나! 불쑥 나와서 갑자기 움직이고 만물이 그것을 따름이여! 이를 '왕성한 덕을 갖춘 사람'이라고 말한다.

어둡고 어두운 데에서 보고, 소리가 없는 데에서 듣는다. 어둡고 어두운 가운데 홀로 밝음을 보고, 소리가 없는 가운데 홀로 화음을 듣는다. 그러므로 깊고도 또 깊어서 만물에 능하고, 신묘하고도 또 신묘해서 정밀하게 할 수 있다.[6] 그러므로 그것이 만물과 접하면

---

4) 원문의 '왕덕지인王德之人'을 번역한 것으로 '왕王'의 해석에 관하여 "천하의 왕 노릇 할 덕을 지니고 있는 것[言有王天下之德]"(임희일 설)인지, 아니면 '왕성하다[旺]'라는 의미인지 설이 양분된다. 역자는 후자의 설을 따라 번역했으며, 전자의 설에 따라 '왕자의 덕을 갖춘 사람'으로 풀이한 경우도 있다(안병주·전호근 설).

5) 원문의 '유물채지有物採之'를 번역한 것으로, 성현영의 해석대로 '유有'는 '말미암다[由]'의 뜻이고, '채採'는 '구하다[求]'의 의미다.

없음[无]을 지극히 하여 그 구하는 것에 이바지하니, 때맞춰 말을 타고 달려가서 그 잘 곳을 구하는 것처럼 크고 작거나 길고 짧거나 높고 먼 것[7]이[각각 갖춰지게 된]다."

夫子曰: "夫道, 淵乎其居也, 漻乎其淸也. 金石不得, 无以鳴. 故金石有聲, 不考不鳴. 萬物孰能定之! 夫王德之人, 素逝而恥通於事, 立之本原而知通於神. 故其德廣, 其心之出, 有物採之. 故形非道不生, 生非德不明. 存形窮生, 立德明道, 非王德者邪! 蕩蕩乎! 忽然出, 勃然動, 而萬物從之乎! 此謂王德之人. 視乎冥冥, 聽乎無聲. 冥冥之中, 獨見曉焉. 無聲之中, 獨聞和焉. 故深之又深而能物焉, 神之又神而能精焉. 故其與萬物接也, 至无而供其求, 時騁而要其宿, 大小, 長短, 脩遠."

도를 터득할 수 있는 경지 12.4

황제가 적수赤水[8]의 북쪽에서 노닐 때 곤륜산에 올라가 남쪽을 관망하고 돌아오다가 자신의 검은 구슬[9]을 잃어버렸다. 지知에게 그것을 찾게 했지만 찾아내지 못했고, 이주離朱에게 그것을 찾게 했

6) 원문의 '능정能精'을 번역한 것으로, 안동림은 "근원적인 정기를 파악할 수 있다."라고 풀이했다.

7) 원문의 '수원脩遠'을 번역한 것으로, 곽상은 "모두 마음대로 맡겨두어 그 궁극이 되는 곳으로 모이게 할 뿐이다[皆恣而任之, 會其所極而已]."라고 했다.

8) '적赤'은 남방을 상징하는 색으로 이 적수의 존재에 대해서는 부정적이며 가공의 이름이다.

9) 원문의 '현주玄珠'를 번역한 것으로, 도가의 도道를 지칭하는 것으로 보인다.

지만 찾아내지 못했으며, 끽후喫詬[10]에게 그것을 찾게 했지만 찾아내지 못했다. 이에 상망象罔[11]에게 찾게 하자 상망이 구슬을 찾아냈다. 황제가 말했다.

"기이하도다! 상망이 어찌 그것을 곧 찾아낼 수 있었을까?"

黃帝遊乎赤水之北, 登乎崑崙之丘而南望, 還[12]歸, 遺其玄珠. 使知索之而不得, 使離朱索之而不得, 使喫詬索之而不得也. 乃使象罔, 象罔得之. 黃帝曰: "異哉! 象罔乃可以得之乎?"

지혜로 처리하려는 설결이 천자가 될 수 있을까 12.5

요임금의 스승은 허유라고 하고, 허유의 스승은 설결이라고 하며, 설결의 스승은 왕예라고 하고, 왕예의 스승은 피의被衣라고 한다.

요임금이 허유에게 물었다.

"설결이란 분은 하늘에 짝할 만합니까? 나는 왕예를 빌려 그분에게 [천자로 모실 것을] 요구하려 합니다."

허유가 말했다.

"위태로울 것이다, 천하를 위태롭게 할 것이다[13]! 설결의 사람됨은 총명하고 지혜가 밝으며, 빠르고 민첩하며 그 본성이 남보다 뛰어나고, 또 이내 사람[의 지혜]으로서 하늘을 받아들인다. 그는 잘못

10) 말주변이 있는 인물로서 황제黃帝 때 인물이다.

11) 사람 이름으로 '망상罔象'이라고 된 판본도 있다. 가공인물로 보는 것이 맞으며, 성현영의 주석처럼 '무심無心'하고 형체도 없고 실체도 없으니, 〈제물론齊物論〉 편에 나오는 '망량罔兩'과 연계된다.

12) 독음이 '선'이다. '선旋'으로 쓰인 판본도 있다.

을 금지하는 것은 잘하지만 잘못이 생기는 이유는 알지 못한다. 그와 더불어 하늘에 짝하게 한다면, 그는 또한 인위를 따라 타서 하늘을 없다 하고, 게다가 자신을 근본으로 하여 형체마다 차이를 둘 것이며, 게다가 지혜를 존숭하여 불같이 치달리고, 게다가 작은 일에 부림을 당하며, 게다가 사물에 속박되고[14], 게다가 사방을 돌아보며 사물에 [바삐] 응대하고, 게다가 여럿의 편의에 [쫓기어] 응대하며, 게다가 사물과 더불어 변해서 처음부터 항상 하는 것이 있지 않았으니, 어찌 하늘에 짝할 만하겠는가?

비록 그렇지만 족속이 있으면 조상이 있으니 대중의 아버지가 될 수 있으나, 대중의 조상이 될 수 없다. [이런 자의] 다스림은 혼란을 거느리니, 신하에게는 화禍이고, 군주에게는 적이다."

堯之師曰許由, 許由之師曰齧缺, 齧缺之師曰王倪, 王倪之師曰被衣.

堯問於許由曰: "齧缺可以配天乎? 吾藉王倪而要之."

許由曰: "殆哉圾乎天下! 齧缺之爲人也, 聰明叡知, 給數以敏, 其性過人, 而又乃以人受天. 彼審乎禁過, 而不知過之所由生. 與之配天乎, 彼且乘人而無天, 方且本身而異形, 方且尊知而火馳, 方且爲緖使, 方且爲物絯, 方且四顧而物應, 方且應衆宜, 方且與物化而未始有恒. 夫何足以配天乎? 雖然, 有族, 有祖, 可以爲衆父, 而不可以爲衆父父. 治, 亂之率[15]也, 北面之禍也, 南面之賊也."

---

13) 원문의 '태재급호천하殆哉圾乎天下'를 번역한 것으로, '태殆'와 '급圾'은 모두 '위태롭다'의 의미다. 이 문장과 비슷하게 《맹자》 〈만장萬章〉 편에 '천하태재급급호天下殆哉圾圾乎'라고 되어 있다.

14) 원문의 '해絯'를 번역한 것으로, '속박[束]'의 뜻이다(이케다 도모히사池田知久 설).

욕망이 없어 보이는 요임금의 태도가 던지는 의문 12.6

요임금이 화華 땅을 살폈는데 화 지역의 국경지기가 말했다.

"아, 성인이시여! 성인께 축원하고 싶습니다."

"성인께서 장수하시기를요."

요임금이 말했다.

"사양하네."

"성인께서 잘사시기를요."

요임금이 말했다.

"사양하네."

"성인께서 아들이 많으시기를요."

요임금이 말했다.

"사양하네."

국경지기가 말했다.

"장수하고 잘살고 아들이 많은 것은 사람들이 바라는 것입니다. 당신께서 유독 바라지 않으시니 어째서입니까?"

요임금이 말했다.

"아들이 많으면 걱정이 많아지고, 잘살면 일이 많아지며, 장수하면 욕될 일이 많아진다. 이 세 가지는 덕을 기르는 것이 아니다. 그러므로 사양한다."

국경지기가 말했다.

15) '거느리다'라는 의미의 '솔' 자가 아닌 '우두머리[將帥]'의 뜻의 '수'로 읽기도 한다.

"처음에 나는 당신을 성인이라고 생각했는데 이제는 군자 정도이십니다. 하늘이 온 백성을 낳으면 반드시 그 직분을 줍니다. 아들이 많더라도 그 직분을 주면 무슨 걱정이 있겠습니까! 잘살더라도 남에게 그것을 나누어주면 무슨 일이 있겠습니까! 성인은 메추라기처럼 살고 새끼새처럼 먹으며 살아가고 새처럼 다니지만 흔적이 없습니다. 천하에 도가 있으면 사물과 함께 모두 번창하고, 천하에 도가 없으면 덕을 닦으면서 한가하게 지내다가, 천년이 지나고 세상이 싫어지면 떠나가서 신선[16]으로 오르니, 저 흰 구름을 타고 상제의 고향에 이릅니다. 세 가지 걱정이 이르지 않고 몸에는 늘 재앙도 없으니 무슨 치욕스러움이 있겠습니까!"

국경지기가 가버리자, 요임금이 그를 따라가며 말했다.

"묻기를 청합니다."

국경지기가 말했다.

"물러가시길!"

堯觀乎華. 華封人曰: "嘻, 聖人! 請祝聖人."

"使聖人壽."

堯曰: "辭."

"使聖人富."

堯曰: "辭."

"使聖人多男子."

16) 원문의 '선僊'을 번역한 것으로, '신선[仙]'과 같다. '선仙'으로 된 판본도 있다(왕수민 설).

堯曰: "辭."

封人曰: "壽富多男子人之所欲也. 女獨不欲, 何邪?"

堯曰: "多男子則多懼, 富則多事, 壽則多辱. 是三者, 非所以養德也, 故辭."

封人曰: "始也我以女爲聖人邪, 今然君子也. 天生萬民, 必授之職. 多男子而授之職, 則何懼之有! 富而使人分之, 則何事之有! 夫聖人, 鶉居而鷇食, 鳥行而无彰. 天下有道, 則與物皆昌. 天下无道, 則修德就閒. 千歲厭世, 去而上僊. 乘彼白雲, 至於帝鄕. 三患莫至, 身常无殃. 則何辱之有!"

封人去之. 堯隨之, 曰: "請問."

封人曰: "退已!"

요임금도 인위로 다스려서 어지럽게 했다 12.7

요임금이 천하를 다스릴 때 백성자고伯成子高[17]가 제후로 세워졌다. 요임금이 [천자의 자리를] 순임금에게 물려주고 순임금이 우임금에게 물려주자, 백성자고는 제후 되기를 사양하고 농사를 지었다. 우임금이 그를 보러 갔는데, 그는 들에서 밭을 갈고 있었다. 우임금이 달려가 아래쪽으로 나아가 서서 물었다.

17) 백성은 성이고, 자고는 자이다(유월兪樾 설). 육덕명은 백성자고가 노자라고 하면서 이렇게 흥미로운 주석을 내놓기도 했다. "노자는 이 천지가 개벽한 이래로 자기 몸을 1,200번 바꿔서 후세에 도를 터득했는데 백성자고가 이 사람이다[老子從此天地開闢以來, 吾身一千二百變, 後世得道, 伯成子高是也]." 일리가 없는 것은 아니다. 《여씨춘추呂氏春秋》〈장리長利〉 편과 《회남자》〈범론훈氾論訓〉 편에도 나오는 게 그 이유이다.

"예전에 요임금이 천하를 다스릴 때 당신은 제후로 세워졌습니다. 요임금이 순임금에게 물려주고 순임금이 제게 물려주었는데 당신은 제후 되기를 사양하고 밭을 가시니 감히 여쭙겠습니다. 그 까닭이 무엇인지요?"

자고가 말했다.

"예전에 요임금이 천하를 다스릴 때는 상 주지 않아도 백성이 힘썼고, 벌하지 않아도 백성이 두려워했습니다. 지금 당신은 상 주고 벌하는데도 백성은 또한 인하지 않으니, 덕이 이로부터 쇠퇴했고, 형벌이 이로부터 세워졌으며, 후세의 혼란은 이로부터 시작되었습니다. 당신은 어째서 가지 않습니까?[18] 내 일을 그르치지 마시오!"

[자고는] 머리를 숙이고[19] 밭을 갈면서도 돌아보지 않았다.

堯治天下, 伯成子高立爲諸侯. 堯授舜, 舜授禹, 伯成子高辭爲諸侯而耕. 禹往見之, 則耕在野. 禹趨就下風, 立而問焉, 曰: "昔堯治天下, 吾子立爲諸侯. 堯授舜, 舜授予, 而吾子辭爲諸侯而耕, 敢問, 其故何也?" 子高曰: "昔堯治天下, 不賞而民勸, 不罰而民畏. 今子賞罰而民且不仁, 德自此衰, 刑自此立, 後世之亂自此始矣. 夫子闔行邪? 无落吾事!" 俋俋乎耕而不顧.

---

18) 원문의 '부자합행사夫子闔行邪'를 번역한 것으로, '합闔'은 성현영의 지적대로 '합盍'의 오기이며, '하불何不'의 뜻이다.

19) 원문의 '읍읍호俋俋乎'를 번역한 것으로, '읍'은 '머리를 숙인 모양[低首貌]'을 말한다(선영 설). 한편 '밭 가는 모양[耕貌]'(육덕명 설) 또는 '서두르다'라는 뜻으로 보기도 하는데, 취하지 않는다.

도가의 몇 가지 개념 12.8

태초에는 무无만 있었고, 유有도 없고 이름도 없었다. 일一이 일어난 바로 일이 있었으나 아직 형체가 없었다. 만물은 [일을] 얻어서 생겨났는데[20], 이를 '덕德'이라 말한다. 아직 형체가 없는 것은 구분이 있지만 또한 그러하나 [무한하여] 틈이 없으니, 이를 '명命'이라 말한다. 머무르고 움직여서 만물에 생겨나고 만물이 이루어져서 이치가 생기니, 이를 '형形'이라 말한다. 형체가 정신을 보전하며 각기 고유한 법칙이 있으니, 이를 '성性'이라 말한다. 성性이 닦여져 덕으로 돌아가면 덕이 처음과 같아짐에 이르게 된다. 같아지는 것은 곧 텅 비는 것이고, 텅 비는 것은 곧 큰 것이다. 새의 지저귐에 합해지니, 새의 지저귐에 합해지면 천지와 더불어 합하는 것이 된다. 합해지면 혼연일체가 되어 어리석은 것 같고 어두운 것 같으니, 이를 '현묘한 덕'[21]이라 말하는데 크게 순응하는 것[22]에 같아지는 것이다.

泰初有无, 无有无名. 一之所起, 有一而未形. 物得以生, 謂之德. 未形者有分, 且然无閒, 謂之命. 留動而生物, 物成生理, 謂之形. 形體

20) 《노자》 42장과 연계하여 볼 수 있다. "도는 일을 낳고, 일은 이를 낳으며, 이는 삼을 낳고, 삼은 만물을 낳는다[道生一, 一生二, 二生萬物]."

21) 원문의 '현덕玄德'인데, 《노자》 10장에 "[만물을] 낳아주고 길러주며, 낳았으면서도 소유하려 하지 않고, 이루어놓고도 뽐내지 않으며, 수장이 되지만 주재하지 않으니, 이를 현묘한 덕이라고 한다[生之畜之, 生而不有, 爲而不恃, 長而不宰, 是謂玄德]."라고 나온다.

22) 원문의 '대순大順'을 번역한 것으로, 임희일은 "태초의 자연의 이치[泰初自然之理]"라고 풀이했다.

保神, 各有儀則, 謂之性. 性修反德, 德至同於初. 同乃虛, 虛乃大. 合喙鳴. 喙鳴合, 與天地爲合. 其合緡緡, 若愚若昏, 是謂玄德, 同乎大順.

자기를 잊어라[忘己] 12.9

선생[중니]이 노담에게 물었다.

"어떤 사람이 도를 닦는데 서로 거스르는 듯하고, 옳지 않은 것을 옳다고 하며 그렇지 않은 것을 그렇다고 합니다. 논변하는 자가 말하기를, '단단하고 흰 것을 분리하는 것[23]이 마치 하늘에 매달린 것처럼 밝다.'라고 하니, 이와 같으면 성인이라 말할 만합니까?"

노담이 말했다.

"이는 하급 관직의 잡일[24]이나 기술에 매여 몸을 수고롭게 하고 마음을 불안하게 하는 자이오. [마치] 살쾡이 잡는 개가 사냥에 나서게 되고[25], 민첩한 원숭이가 산림에서 [붙잡혀] 오는 격이오.

공구여, 내가 그대에게 그대가 들을 수 없는 바와 그대가 말할 수 없는 바를 알려주겠소. 머리가 있고 발이 있으나 마음이 없고 귀가 없는 것이 많고, 형체를 가진 것이 형체가 없고 모습이 없는 것

23) 원문의 '이견백離堅白'을 번역한 것으로, 앞의 〈제물론〉·〈덕충부〉·〈변무〉·〈거협〉 편에도 나왔으며, 〈추수〉 편에도 나온다. '굳고[堅]' '흰[白]' 돌을 두고 '견백堅白'이 둘로 존재할 수 없는 것을 말하는 일종의 궤변이다.

24) 원문의 '서이胥易'를 번역한 것으로, '서胥'는 하급 관리를 말하고, '이易'는 '다스리다'의 의미다. 하급 관직을 맡은 자가 잡일을 다스리는 것을 말한다. 〈응제왕〉 편 7.4에도 나온다.

25) 원문의 '성사成思'를 번역한 것으로, '사냥에 나선다'라는 의미다.

과 더불어서 함께 존재하는 것은 전혀 없소. 그 움직임과 그침, 그 죽음과 삶, 그 없어지고 일어남이니, 이 또한 그것이 [저절로] 연유하는 것이 아니오. 다스림은 사람에게 달려 있으니, 사물을 잊고 하늘(자연)을 잊는 것은 그것을 이름하여 '자기를 잊는 것'[26]이라 한다오. 자기를 잊는 사람, 이런 사람을 '하늘(자연)에 들어갔다.'라고 말하는 것이오."

夫子問於老聃曰: "有人治道若相放, 可不可, 然不然. 辯者有言曰: '離堅白若縣宇.' 若是則可謂聖人乎?"

老聃曰: "是胥易技係勞形怵心者也. 執留之狗成思, 猿狙之便自山林來. 丘, 予告若, 而所不能聞與而所不能言. 凡有首有趾无心无耳者衆, 有形者與无形无狀而皆存者盡无. 其動, 止也. 其死, 生也. 其廢, 起也. 此又非其所以也. 有治在人, 忘乎物, 忘乎天, 其名爲忘己. 忘己之人, 是之謂入於天."

역시 도가의 무위가 답인가 12.10

장려면將閭葂[27]이 계철季徹을 만나 말했다.

"노나라 군주가 제게 말씀하시기를, '가르침을 받고자 청합니다.' 라고 하기에 사양하기는 했으나 왕명을 허락받지는 못해 얼마 뒤

---

26) 원문의 '망기忘己'를 번역한 것으로, '망기'는 〈대종사大宗師〉 편 6.7의 '좌망坐忘'과 비슷한 개념이다.

27) 판본에 따라 '장려면蔣閭葂'이라고도 하며, 성은 '장려將閭'이고, 이름은 '면葂'이다(성현영 설).

에 알려주었습니다. [그 말이] 맞는지 아닌지 알지 못하겠으니, 청컨대 그 말을 시험 삼아 해보겠습니다. 저는 노나라 군주에게 이렇게 말했습니다. '반드시 공손하고 절약함에 승복하고, 공정하고 충실한 무리를 뽑고, 아첨과 사사로움이 없게 하면 백성 중에 누군들 감히 화목하지 못하겠습니까!'"

계철은 껄껄껄 웃으면서 말했다.

"선생이 말씀하신 것과 같은 것은 제왕의 덕에 비하면 마치 사마귀가 팔을 걷어 올리고 수레바퀴를 감당하려는 것과 같으니 반드시 책임지지 못할 겁니다. 게다가 이와 같이 하면 그 자신을 위태로운[28] 곳에 두는 것이니, 그 관대[29]에 장차 찾아가는 사물(일)이 많아질 것이며, 자취를 좇는 자도 많을 겁니다[30]."

장려면은 화들짝 놀라며 말했다.

"저는 선생이 말씀하시는 바에 망연자실해졌습니다. 비록 그렇지만 선생이 말씀하시는 그 가르침을 원합니다.[31]"

28) 원문의 '위危'를 번역한 것이다. '위危'를 '고高'와 같다고 보는 견해(방용·육영품 설)도 있어 "조망대를 높이 쌓는 것"으로 해석하기도 하나 여기서는 따르지 않는다.

29) 원문의 '관대觀臺'에 대해 왕수민은 '높은 자리'를 비유한다고 했고, 차오추지는 '궁문의 누대'로 풀이했다.

30) 원문의 '투적자중投迹者衆'을 번역한 것으로 여러 이설이 있으나 안병주·전호근은 곽상의 주에 근거하여 '투적投迹'을 "현명한 자나 지혜로운 자의 행동을 흉내 낸다."라는 뜻으로 보고, "[그들의] 행동을 흉내 내다가 도리어 자기 존재의 근거를 잃는 사람이 많아질 것이다."라고 번역했는데, 타당해 보인다.

31) 원문의 '원선생지언기풍야願先生之言其風也'를 번역한 것으로, 무위자연의 도에 대한 말씀을 듣고 싶다는 의미다. 여기서 '풍風'을 성현영은 '가르침[教]'으로 보았으며, 후쿠나가 미츠지福永光司는 그가 신봉하는 도, 즉 무위자연의 도를 의미한다고 보았다. 한편 '언기풍言其風'의 '풍'에 대해 임희일은 "그 대략을 말하는 것과 같다[猶曰言其略也]."라고 했고, 유월은 '대범大凡'의 뜻으로 보았는데, 김학주와 안동림은 이 견해를 따랐다.

계철이 말했다.

"위대한 성인이 천하를 다스릴 때는 민심을 흔들어 움직이고, 그들에게 가르침을 이루어 풍속을 바꾸며, 그 해치려는 마음을 없애서 모두 그 나름의 뜻에 나아가게 하니, 본성이 스스로 하는 것처럼 하게 해서 백성은 그 말미암은 까닭을 알지 못합니다. 그런 자가 어째서 요임금과 순임금이 백성을 가르친 것을 높여 존경하고, 떠받들어 그것에 공손하겠습니까? 덕과 하나되어 마음이 안정되게 할 것입니다."

將閭葂見季徹曰: "魯君謂葂也曰: '請受敎.' 辭不獲命, 旣已告矣, 未知中否, 請嘗薦之. 吾謂魯君曰: '必服恭儉, 拔出公忠之屬而无阿私, 民孰敢不輯!'"

季徹局局然笑曰: "若夫子之言, 於帝王之德, 猶螳螂之怒臂而當車軼, 則必不勝任矣. 且若是, 則其自爲處危, 其觀臺多物將往[32], 投迹者衆."

蔣閭葂覰覰然驚曰: "葂也汒若於夫子之所言矣. 雖然, 願先生之言其風也."

季徹曰: "大聖之治天下也, 搖蕩民心, 使之成敎易俗, 擧滅其賊心而皆進其獨志, 若性之自爲, 而民不知其所由然. 若然者, 豈兄堯舜之敎民, 溟涬然弟之哉? 欲同乎德而心居矣."

32) 곽경번의 《장자집석》 원문에는 "其觀臺多, 物將往"으로 절구했으나, 문맥상 "其觀臺多物將往"으로 교열하여 번역했다.

밭두둑에서 채소 가꾸는 일을 하는 노인이 자공에게 가르친 치세법 12.11

자공子貢이 남쪽의 초나라에 유람하고 진나라로 돌아오면서 한수 남쪽을 지날 때, 한 노인이 한창 밭두둑에서 채소 가꾸는 것을 보았다. 굴을 뚫고 우물에 들어가 항아리를 안고 나와 밭에 물을 끌어대고 있었는데, 끙끙거리면서 힘을 대단히 많이 쓰지만 효과는 적어 보였다.

자공이 말했다.

"여기에 기계가 있는데 하루에 백 이랑이나 물을 댈 수 있습니다. 힘은 조금만 써도 효과는 크게 볼 수 있으니 어르신은 욕심나지 않으십니까?"

채소 가꾸던 노인이 고개를 들어 그를 보고 말했다.

"어찌 하는 것이오?"

[자공이] 말했다.

"나무를 뚫어 기계를 만드는데 뒤는 무겁고 앞은 가볍게 하여 손으로 당기듯이 물을 끌어대니[33] 흘러넘치면서도 빠릅니다. 그 이름을 두레박[槔]이라 합니다."

채소 가꾸던 노인은 발끈하여 얼굴빛이 변했다가 웃으면서 말했다.

"내가 나의 스승에게 들으니 '기계를 소유하면 기계로 하는 일이 꼭 있게 되고, 기계로 하는 일이 있게 되면 반드시 기계에 대한 욕

---

33) 원문의 '설挈'을 번역한 것으로, '끌다[提]'의 뜻이다(왕수민 설).

심[34]이 있게 된다. 기계에 대한 욕심이 가슴속에 있으면 맑고 깨끗한 것이 갖추어지지 못하고, 맑고 깨끗한 것이 갖추어지지 못하면 정신과 본성이 안정되지 않으니, 정신과 본성이 안정되지 않는 자는 도가 깃들지 않는다.'라고 했소. 내가 알지 못하는 것은 아니나 부끄럽게 여겨서 쓰지 않는 것이오."

자공이 겸연쩍게 부끄러워하며 고개를 숙이고 대답하지 못하자, 잠시 뒤에 채소 가꾸는 자가 말했다.

"그대는 무엇을 하는 자인가?"

[자공이] 말했다.

"공구의 문도입니다."

채소 가꾸는 자가 말했다.

"그대는 널리 배운 것으로 성인을 흉내 내며 허튼소리[35]로 대중을 어지럽게 하고 거문고나 혼자 타면서 애틋한 노래로 천하에 이름이나 팔아먹는 사람이 아닌가? 그대는 이제라도 그대의 정신과 기운을 잊고 그대의 몸[의 집착]을 버려야만 도에 가까워질 것이다! 그대는 그대 자신도 다스리지 못하는데 어느 틈에 천하를 다스릴 것이오! 그대는 이만 가보시게, 내 일을 훼방 놓지 말고!"

자공이 부끄러워 얼굴빛을 잃고 스스로를 잃어[36] 정신을 못 차리

34) 원문의 '기심機心'을 번역한 것으로, 기계로 인해서 생기는 지나친 욕심을 의미한다.

35) 원문의 '어우於于'인데, '아첨하다[佞媚]'라는 뜻으로 보기도 하고(성현영 설), '자만하고 거짓된 모습[夸誕貌]'으로 풀이하기도 한다(사마표 설). 해동奚侗은《회남자》〈숙진훈俶眞訓〉편에 '화무華誣'로 되어 있는 것의 오기로 보았는데, 화무는 '교묘한 말로 다른 사람을 속이는 것'을 말한다.

36) 원문의 '욱욱연頊頊然'을 번역한 것으로, '스스로를 잃은 모양[自失貌]'이다(이이 설).

고 삼십 리나 간 뒤에야 나아졌다.

자공의 제자가 말했다.

"조금 전에 그 사람은 어떤 사람입니까? 선생님께서 어찌 된 연고로 그를 만나서 얼굴빛을 잃고 하루 종일 평상시의 모습을 되찾지 못하십니까?"

[자공이] 말했다.

"처음에 나는 천하에 선생님[공자]이 한 사람뿐이라고 여겨서 그런 분이 더 계시다는 것을 알지 못했다. 내가 선생님께 듣기로 '일은 잘되기를 바라고, 공은 이루어지기를 바라며, 힘은 적게 쓰면서 공은 많이 보는 것이 성인의 도이다.'라고 하셨는데, 지금은 도리어 그렇지 않다.

도를 잡으면 덕이 온전해지고, 덕이 온전해지면 몸이 온전해지고, 몸이 온전해지면 정신이 온전해지니, 정신이 온전해지는 것이 성인의 도이다.

삶을 맡겨 백성과 함께 가면서도 그 가는 바를 알지 못하니, 순박한 것을 갖추는구나! 공과 이익, 기계와 기교는 반드시 그분의 마음에서 잊었다. 그와 같은 분은 본인의 뜻이 아니면 가지 않고, 본인의 마음이 아니면 하지 않아 천하가 기리면서 그가 하는 말에서 얻더라도 초연히 뒤돌아보지 않고, 천하 사람이 그를 비난하면서 그가 하는 말을 잃더라도 태연히 받아들이지 않는다. 천하가 비난하거나 기리더라도 [그에게는] 이익이나 손해가 없으니, 이런 사람을 온전한 덕을 갖춘 사람이라 할 것인저! 나는 바람에 [의해] 흔들리는 파도 같은 사람이라 이를 만하다."

[자공이] 노나라에 돌아와 공자께 알렸다. 공자께서 말씀하셨다.

"그분은 혼돈씨의 술수[도]를 빌려 수양하는 자이니, 하나만 알고 그 둘은 알지 못한다. 그 내면을 다스리고 그 외면은 다스리지 않는다. 명백한 것이 소박한 것으로 들어가고 무위가 순박함으로 돌아가서, 본성을 체득하고 정신을 껴안으면서 세속 세계에서 노니는 자이니, 그대가 정녕 놀랄 것이 있겠는가? 또 혼돈씨의 술수를 나와 그대가 어떻게 족히 알겠는가!"

子貢南遊於楚, 反於晉, 過漢陰, 見一丈人方將爲圃畦, 鑿隧而入井, 抱甕而出灌, 搰搰然用力甚多而見功寡. 子貢曰: "有械於此, 一日浸百畦, 用力甚寡而見功多, 夫子不欲乎?"

爲圃者仰而視之曰: "奈何?" 曰: "鑿木爲機, 後重前輕, 挈水若抽, 數如泆湯, 其名爲槔." 爲圃者忿然作色而笑曰: "吾聞之吾師, 有機械者必有機事, 有機事者必有機心. 機心存於胸中, 則純白不備. 純白不備, 則神生不定. 神生不定者, 道之所不載也. 吾非不知, 羞而不爲也."

子貢瞞然慙, 俯而不對.

有間, 爲圃者曰: "子奚爲者邪?"

曰: "孔丘之徒也."

爲圃者曰: "子非夫博學以擬聖, 於于以蓋衆, 獨弦哀歌以賣名聲於天下者乎? 汝方將忘汝神氣, 墮汝形骸, 而庶幾乎! 汝身不能治, 而何暇治天下乎! 子往矣, 無乏吾事!"

子貢卑陬失色, 頊頊然不自得, 行三十里而後愈.

其弟子曰: "向之人何爲者邪? 夫子何故見之變容失色, 終日不自反邪?"

曰: "始吾以夫子爲天下一人耳, 不知復有夫人也. 吾聞之夫子, 事求可, 功求成. 用力少, 見功多者, 聖人之道. 今徒不然. 執道者德全, 德全者形全, 形全者神全. 神全者, 聖人之道也. 託生與民竝行而不知其所之, 汒乎淳備哉! 功利機巧必忘夫人之心. 若夫人者. 非其志不之, 非其心不爲. 雖以天下譽之, 得其所謂, 謷然不顧. 以天下非之, 失其所謂, 儻然不受. 天下之非譽, 无益損焉, 是謂全德之人哉! 我之謂風波之民."

反於魯, 以告孔子. 孔子曰: "彼假修混沌氏之術者也. 識其一, 不知其二. 治其內, 而不治其外. 夫明白入素, 无爲復朴, 體性抱神, 以遊世俗之間者, 汝將固驚邪? 且混沌氏之術, 予與汝何足以識之哉!"

성인, 덕인, 신인 12.12

순망諄芒[37]이 동쪽 큰 바다로 가려는데 때마침 동해의 바닷가에서 원풍苑風을 만났다.

원풍이 말했다.

37) '순諄'은 '순박[淳]'과 같고, '망芒'은 '멍하다[茫]'와 같다. 멍청하고 어리석다는 의미로서 가공의 인물이다.

"선생은 장차 어디로 가십니까?"

[순망이] 말했다.

"큰 바다로 가려 하네."

[원풍이] 말했다.

"무얼 하시려는 겁니까?"

[순망이] 말했다.

"큰 바다의 사물됨은 물을 붓더라도 가득 차지 않고 퍼내더라도 마르지 않으므로, 내가 노닐고자 하네."

원풍이 말했다.

"선생은 눈이 가로로 째진 백성[38]에는 뜻이 없으십니까? 성인의 다스림을 듣기 원합니다."

순망이 말했다.

"성인의 다스림 말인가? 관직을 베푸는 데 그 마땅함을 잃어버리지 않고, [인재를] 뽑거나 추천함에 그 능력 있는 자를 놓치지 않으며, 그 일의 실정을 모두 보고 그 할 일을 행하여 행동과 말이 저절로 되면 세상이 교화되어, 손을 흔들고 턱을 끄덕여도 사방의 백성이 함께 이르지 않는 것이 없을 것이니, 이런 것을 '성인의 다스림'이라고 말한다."

"덕인德人을 듣기 원합니다."

[순망이] 말했다.

"덕인이란 살면서 생각하지 않고, 다닐 때도 걱정거리가 없으며,

38) 원문의 '횡목지민橫目之民'을 번역한 것으로, "오행 안에는 오직 사람만 가로로 째진 눈이기 때문에 '횡목지민'이라고 말한 것이다[五行之內, 唯民橫目, 故謂之橫目之民]."라고 풀이한 성현영의 설을 참조할 만하다.

옳고 그름, 아름답거나 추한 것을 간직하지도 않는다. 세상 사람들이 함께 이롭다고 하는 것을 자신의 기쁨이라 하고, 함께 만족스럽다고 하는 것을 자신의 편안함으로 여기며, 기운 없는 모습으로 마치 어린아이가 그 어미를 잃은 것 같고, 멍한 모습으로 마치 가다가 그 길을 잃은 것 같다. 쓸 재물이 여유가 있는 데도 그것이 온 곳을 알지 못하고, 음식을 충분히 섭취하는데도 그 말미암은 곳은 알지 못하니, 이것을 '덕인의 용모'라 말한다."

"신인神人을 듣기 원합니다."

[순망이] 말했다.

"최상의 신인은 빛을 타고 몸도 사라지고 없으니, 이것을 '조광照曠'이라고 말한다. 천명을 극진히 하고 실정을 다하면 천지가 즐겁고 만사가 사라져 없어지며 만물이 실정으로 돌아가니, 이것을 '혼명混冥'이라고 말한다."

諄芒將東之大壑, 適遇苑風於東海之濱. 苑風曰: "子將奚之?"

曰: "將之大壑."

曰: "奚爲焉?"

曰: "夫大壑之爲物也, 注焉而不滿, 酌焉而不竭, 吾將遊焉."

苑風曰: "夫子无意於橫目之民乎? 願聞聖治."

諄芒曰: "聖治乎? 官施而不失其宜, 拔擧而不失其能, 畢見情事而行其所爲, 行言自爲而天下化, 手撓顧指, 四方之民莫不俱至, 此之謂聖治."

"願聞德人."

曰: "德人者, 居无思, 行无慮, 不藏是非美惡. 四海之內共利之之謂悅, 共給之之謂安. 怊乎若嬰兒之失其母也, 儻乎若行而失其道也. 財用有餘而不知其所自來, 飮食取足而不知其所從, 此謂德人之容."

"願聞神人."

曰: "上神乘光, 與形滅亡, 此謂照曠. 致命盡情, 天地樂而萬事銷亡, 萬物復情, 此之謂混冥."

순임금이 다스린 성적표 12.13

문무귀門无鬼와 적장만계赤張滿稽가 무왕의 군대를 구경했다. 적장만계가 말했다.

"유우씨에 미치지 못하는군! 그래서 이런 우환을 만났겠지."

문무귀가 말했다.

"천하가 고르게 다스려지는데 유우씨가 다스린 것인가? 아니면 어지러운 뒤에 다스려진 것인가?"

적장만계가 대답했다.

"천하가 고르게 다스려지는 것은 원하는 것인데 어찌 유우씨가 해주기를 계획했겠는가! 유우씨가 머리에 부스럼이 생겨 치료하는데 머리가 벗겨진 뒤에 가발을 씌우고, 병이 심해진 뒤에 의사를 찾는 격이지. 효자는 약을 손에 쥐고 어버이에게 드릴 때 그 얼굴색이 꾀죄죄하지만[39] 성인은 그것을 부끄러워한다네.

지극한 덕의 세상에는 현명함을 숭상하지 않았고 재능을 부리지 않았네. 윗사람은 나무의 끝 가지와 같았고, 백성은 들판의 사슴과 같았으니, 단정하면서도 의義라고 여길 줄을 알지 못했고, 서로 사랑하면서도 인仁이라 여길 줄을 알지 못했으며, 진실하면서도 충忠이라 여길 줄을 알지 못했고, 마땅하면서도 신信이라 여길 줄을 알지 못했으며, 벌레처럼 움직여 서로 도와주면서도 베푸는 것이라 여기지 못했지. 이 때문에 행동해도 자취가 없었으며 일해도 전해지지 않았네."

門无鬼與赤張滿稽觀於武王之師. 赤張滿稽曰: "不及有虞氏乎! 故離此患也."

門无鬼曰: "天下均治而有虞氏治之邪? 其亂而後治之與?"

赤張滿稽曰: "天下均治之爲願, 而何計以有虞氏爲! 有虞氏之藥瘍也, 禿而施髢, 病而求醫. 孝子操藥以修慈父, 其色燋然, 聖人羞之.

至德之世, 不尙賢, 不使能. 上如標枝, 民如野鹿. 端正而不知以爲義, 相愛而不知以爲仁, 實而不知以爲忠, 當而不知以爲信, 蠢動而相使, 不以爲賜. 是故行而無迹, 事而無傳."

---

39) 원문의 '초연燋然'을 번역한 것으로, '꾀죄죄한 모습'을 말한다.

문둥이가 한밤중에 낳은 자식을 들여다본 이유 12.14

효자는 그 어버이에게 아부하지 않고, 충신은 그 군주에게 아첨하지 않으니, 신하와 자식의 훌륭한 덕이다. 어버이가 말씀하시면 그렇다고 하고 행하시면 좋다고 하면 세속의 사람들이 그를 불초한 자식이라 말하며, 군주가 말씀하시면 그렇다고 하고 행하시면 좋다고 하면 세속의 사람들이 그를 어리석은 신하라 말한다. 그러나 알지 못하겠으니, 과연 반드시 그런가?

세속의 사람들이 그렇다고 하는 것을 그렇다고 하고 좋다고 하는 것을 좋다고 하더라도 그 사람을 아첨하고 아부하는 사람이라고 말하지 않는다. 그렇다면 세속이 본래 어버이보다도 엄하고 군주보다도 존귀한가? 자기를 아첨하는 사람이라고 말하면 발끈하여 얼굴색을 바꾸고, 자기를 아부하는 사람이라고 말하면 발끈하여 얼굴색을 바꾼다. 그러면서 죽을 때까지 아첨하는 사람 노릇을 하고, 죽을 때까지 아부하는 사람 노릇을 한다.

비유를 붙이고 말을 꾸며대고 대중을 모으지만 시작과 끝, 근본과 말단이 들어맞지 않는다.[40] 화려한 옷을 걸치고 채색으로 치장한 채 표정을 꾸며 온 세상에 아첨하면서도 스스로 아첨한다고 여기지 않는다. 사람들과 무리가 되어 옳고 그름을 소통하면서도 스스로를 대중이라고 하지 않으니 지극히 어리석다.

자신의 어리석음을 아는 자는 크게 어리석은 것은 아니며, 자신

40) 원문의 '불상좌不相坐'를 번역한 것으로, 모순되어 서로 들어맞지 않는 것을 의미한다(엄복嚴復 설).

의 미혹됨을 아는 자는 크게 미혹된 것은 아니다. 크게 미혹된 자는 죽을 때까지 깨닫지 못하고, 크게 어리석은 자는 죽을 때까지 알지[41] 못한다.

세 사람이 가는데 한 사람이 [길을] 잃어도 가려는 곳에 이를 수 있나니 [길을] 잃은 자가 적기 때문이다. 두 사람이 [길을] 잃으면 수고롭지만 이르지 못하니 [길을] 잃은 자가 우세하기 때문이다. 그런데 지금은 천하가 [길을] 잃어 내가 비록 바라는 것이 있더라도 얻을 수 없다. 또한 슬프지 않은가!

훌륭한 음악은 세속 사람 귀에는 들어가지 않지만 절양折楊이나 황과皇荂 같은 세속의 음악은 환성을 지르며 웃는다. 이런 까닭으로 고상한 말은 대중의 마음속에 머물지 않으니 지극한 말이 나오지 못하는 것은 세속의 말이 우세하기 때문이다. 두 갈래로 크게 [길을] 잃어도[42] 가려는 곳에 이를 수 없는데, 지금은 천하 사람이 [길을] 잃었으니 내가 비록 바라는 것이 있더라도 그것을 어찌 얻을 수 있겠는가! 얻을 수 없는 것을 아는데도 억지로 한다면 또한 하나의 미혹이니, 그러므로 그것을 놓아두고 미루어 나가지 않는 것만 못하다. 미루어 나가지 않으면 누가 그것을 견주며 근심하리오! 문둥병[43]에 걸린 사람이 한밤중에 그 자식을 낳고 급히 등불을 취하여 [자식을] 들여다보면서 초조한 마음으로 오직 자신과 비슷할까 두려워했다고 한다.

41) 원문의 '영靈'을 번역한 것으로, 성현영이 "'영'은 '아는 것'이다[靈, 知也]."라고 한 것을 따랐다.

42) 원문의 '이부종혹二缶鍾惑'을 번역한 것으로, '부缶'는 4곡斛이고, '종鍾'은 8곡斛을 나타내는 용량의 단위를 말한다.

43) 원문의 '여厲'를 번역한 것으로 '여癘' 자와 뜻이 통한다.

孝子不諛其親, 忠臣不諂其君, 臣子之盛也. 親之所言而然, 所行而善, 則世俗謂之不肖子. 君之所言而然, 所行而善, 則世俗謂之不肖臣. 而未知此其必然邪? 世俗之所謂然而然之, 所謂善而善之, 則不謂之道諛之人也. 然則俗故嚴於親而尊於君邪? 謂己道人, 則勃然作色. 謂己諛人, 則怫然作色. 而終身道人也, 終身諛人也, 合譬飾辭聚衆也, 是終始本末不相坐. 垂衣裳, 設采色, 動容貌, 以媚一世, 而不自謂道諛. 與夫人之爲徒, 通是非, 而不自謂衆人, 愚之至也. 知其愚者, 非大愚也. 知其惑者, 非大惑也. 大惑者, 終身不解. 大愚者, 終身不靈. 三人行而一人惑, 所適者猶可致也, 惑者少也. 二人惑則勞而不至, 惑者勝也. 而今也以天下惑, 予雖有祈嚮, 不可得也. 不亦悲乎!

大聲不入於里耳, 折楊皇荂, 則嗑然而笑. 是故高言不止於衆人之心, 至言不出, 俗言勝也. 以二缶鍾惑, 而所適不得矣. 而今也以天下惑, 予雖有祈嚮, 其庸可得邪! 知其不可得而强之, 又一惑也, 故莫若釋之而不推. 不推, 誰其比憂! 厲之人夜半生其子, 遽取火而視之, 汲汲然唯恐其似己也.

본성을 잃어버리는 다섯 가지 12.15

백 년 된 나무를 쪼개서 제사 지내는 술통을 만들고, 그것을 푸른색과 황색으로 꾸미는데, 그 잘린 것은 도랑 속에 버려진다. 제사 지내는 술통을 도랑 속의 잘린 것과 비교한다면 아름다움과 추함에는 차이가 있지만 그 본성을 잃어버렸다는 점에서는 같다. 도척과 증삼·사추는 의를 행함에는 차이가 있지만 그 본성을 잃어버렸다는 점에서는 고르다.

또 본성을 잃어버리는 것에는 다섯 가지가 있다. 첫째는 다섯 가지 색깔에 눈을 어지럽혀 눈이 밝게 보지 못하게 하는 것이고, 둘째는 다섯 가지 소리가 귀를 어지럽혀 귀가 밝게 듣지 못하게 하는 것이며, 셋째는 다섯 가지 냄새가 코를 찔러 막히게 하여 이마를 아프게 하는 것이고, 넷째는 다섯 가지 맛이 입맛을 탁하게 하여 입을 병들고 상하게 하는 것이며, 다섯째는 취함과 버림이 마음을 어지럽혀서 본성을 날려 흩어지게 하는 것이다. 이 다섯 가지는 모두 삶을 해친다.

그런데 양주와 묵적은 이에 남달리 애쓰기 시작하여 스스로 [도를] 얻었다고 하지만 그것은 내가 말하는 얻었다고 하는 것이 아니다. [도를] 얻었다고 하는 자들이 곤란함도 얻었다고 할 수 있는가? 그렇다면 비둘기와 올빼미가 새장에 있는 것도 얻었다고 할 수 있을 것이다.

또한 취함과 버림이나 음악과 채색으로 그 안을 가로막고, 가죽으로 만든 관冠과 비취새 깃털 관을 쓰고 옥으로 된 홀笏을 꽂고 큰 띠를 둘러 그 밖을 붙들어 매며, 안으로는 울타리로 막히고, 밖으로는 먹줄이나 노끈으로 겹겹이 묶인 채 먹줄이나 노끈 속에 있는데도 스스로 얻었다고 여기니, 이것은 죄인이 팔을 어긋나게 하여 묶이고 손가락이 꺾인 것과 호랑이나 표범이 올가미 속에 갇혀 있어도 얻었다고 할 수 있는 격이다.

百年之木, 破爲犧樽, 青黄而文之, 其斷在溝中. 比犧樽於溝中之斷, 則美惡有間矣, 其於失性一也. 跖與曾史, 行義有間矣, 然其失性均也. 且夫失性有五. 一曰五色亂目, 使目不明. 二曰五聲亂耳, 使耳不聽. 三曰五臭薰鼻, 困惾中顙. 四曰五味濁口, 使口厲爽. 五曰趣舍滑心, 使性飛揚. 此五者, 皆生之害也. 而楊墨乃始離跂自以爲得, 非吾所謂得也. 夫得者困, 可以爲得乎? 則鳩鴞之在於籠也, 亦可以爲得矣. 且夫趣舍聲色以柴其內, 皮弁鷸冠搢笏紳修以約其外, 內支盈於柴柵, 外重纆繳, 睆睆然在纆繳之中而自以爲得, 則是罪人交臂歷指而虎豹在於囊檻, 亦可以爲得矣.

제13편

천도天道

하늘의 도

【해설】

이 편도 1장의 첫 두 글자를 편명으로 삼았다. 이 편은 2장에도 나와 있듯 이 편에서 장자는 허정과 염담, 적막과 무위야말로 천지 만물의 작동 원리라고 강조한다. 특히 장자가 주창하는 '무위無爲'는 인간의 작위를 버리는 것이지만 아무것도 하지 않는 것은 아니며, 이것은 자연의 도道에 제대로 접근하기 위한 기본적인 태도로서 도를 제대로 파악하고 도와 일체가 되기 위한 방법이라는 점을 재차 피력한다.

1장에서는 제왕과 성인이 천지 만물에 군림하기 위한 방법으로 허정을 제시하고, 2장에서는 허정과 무위를 통해 신하를 통솔할 수 있다고 보았으니, 그 이유는 3장에 나온 대로 허정이 천지의 덕이기 때문이다. 4장에서는 무위를 통해 제왕은 유위有爲를 해서는 안 된다는 논지를 유지하고 있다. 특히 노자와 중니의 문답을 통해 인의보다는 도덕을 따르는 것이 중요하다는 점을 예화로 든 7장도 주목할 만하다. 이런 시각이 노자를 바라본 사성기라는 자의 시각과 연계되며, 이는 노자의 사상을 추존한 8장으로 이어진다. 9장에서도 인의와 예악을 제거하라는 언급으로 확대된다. 특히 이 편의 백미이기도 한 맨 마지막 10장에서 제齊나라 환공에게 충고하는 윤편 이야기를 통해 도의 전수 과정을 다루는데, 윤편이 수레바퀴를 깎는 기술을 통해 환공에게 전하고자 하는 메시지는 세상의 일이 모두 이런 식으로 처리되었으면 하는 장자식 여유이며, 이는 독자들의 마음을 파고들기에 충분하다.

더욱이 이 편에서 눈여겨볼 부분은 4장에 나와 있는 '무위'이다. 윗사람은 무위해야 하고 아랫사람은 유위해야 한다고 강조하고 있어, 제왕이 이렇게 함으로써 신하들을 다루기 위한 통치술과 제왕학의 측면이 있다는 것이다. 그러나 엄밀히 보면 윗사람이 아랫사람과 같이 무위해야 한다고 주장한 장자의 본래 사상과는 견해의 차이가 확연한 대목이다. 이러한 측면으로 볼 때 이 글이 장자의 글이 아니라고 단언한 견해도 일리가 있다.

이 편은 앞의 〈천지〉 편, 뒤의 〈천운天運〉 편과 한 세트를 이루는 편명으로 보아야 한다는 견해도 있다. 한편으로 이 편의 문장 스타일과 5장에서 형명形名의 개념을 둘러싸고 언급되는 내용 등을 고려할 때 한나라 초기 황로 사상의 면모도 나타난다.

고요함이 귀중한 이유 13.1

하늘의 도는 운행하면서도 막힘[1]이 없으므로 만물이 이루어진다. 제왕의 도는 운행하면서도 막힘이 없으므로 천하가 [모두] 돌아온다. 성인의 도는 운행하면서도 막힘이 없으므로 세상이 따른다. 하늘[의 도]에 밝고, 성인[의 도]에 통하며, 제왕의 덕에 여섯 방향으로 통하고 사계절로 연 것[2]은 그 스스로 행함이 아득히 고요하지[3] 않은 것이 없다.

성인의 고요함이란 고요함이 좋아서 고요한 것이 아니고, 만물이 족히 마음을 어지럽힐 수 없어서 고요한 것이다.

물이 고요하면 수염이나 눈썹도 밝게 비추고, 수평이 수준기에 들어맞아 목수가 본보기로 취하는 것이다.

물은 고요해도 오히려 밝으니 하물며 정밀하고 신묘한 것은 어떻겠는가! 성인의 마음이 고요할 것인저! 천지의 거울이며 만물의 거울이다.

天道運而无所積, 故萬物成. 帝道運而无所積, 故天下歸. 聖道運而无所積, 故海內服. 明於天, 通於聖, 六通四辟於帝王之德者, 其自爲也,

1) 원문의 '적積'을 번역한 것으로, "막힌 것이 쌓여 통하지 않다[滯積不通]."라는 육덕명의 주석에 의거한다. '멈춤'으로 해석하기도 한다(안동림 설).

2) 원문의 '육통사벽六通四辟'을 번역한 것으로, '육六'은 사방과 위아래, 즉 상하사방의 공간을 의미하고 '사四'는 사계절의 시간을 의미하며, '벽辟'은 여혜경에 따라 '벽闢'과 통하는 것으로 보았다. 〈천하天下〉 편에도 유사한 표현이 나온다.

3) 원문의 '정靜'을 번역한 것으로, 임희일은 "지극히 고요한 가운데에서 운행하며 막힘이 없다[至靜之中, 運而無積]."라고 했다.

昧然无不靜者矣. 聖人之靜也, 非曰靜也善, 故靜也. 萬物无足以鐃心者, 故靜也. 水靜則明燭鬚眉, 平中準, 大匠取法焉. 水靜猶明, 而況精神! 聖人之心靜乎! 天地之鑑也, 萬物之鏡也.

비워서 고요함은 천지 만물의 작동 원리다 13.2

텅 비우고 고요하며 편안하고 담백하며 적막하고[4] 무위한 것은 천지의 공평함[5]이며 도덕의 지극함[6]이니, 그러므로 제왕과 성인이 쉬는 것이다[7]. [마음이] 쉬면 비워지고 비워지면 채워지고[8] 채워지면 차례가 갖추어질 것이다.

비우면 고요해지고 고요하면 움직이며 움직이면 얻게 된다. 고요하면 무위하니 무위하면 일을 맡은 자들이 책임진다. 무위하면 느긋하고 즐겁고[9], 느긋하고 즐거우면 근심 걱정이 머물 수 없어서

---

4) 순서대로 원문의 '허정虛靜'은 《노자》 16장의 "[마음이] 비어있음의 극치에 이르면 고요함의 독실함을 지켜라[致虛極, 守靜篤]."라는 의미이고, '염담恬淡'은 《노자》 31장과 〈거협〉 편 10.4에도 나온다. '적막寂漠'은 《노자》 25장에 나오는데, 특히 '적막'은 노자가 말하는 '적요寂寥'이다.

5) 원문의 '평平' 자를 '본本' 자로 교정해야 한다는 견해도 있는데(천구잉陳鼓應 설) 여기서는 그대로 '평' 자가 더 타당하다.

6) 원문의 '지至' 자인데, '질質'로 보아야 한다는 견해도 있으나 여기서는 그대로 둔다.

7) 원문의 '휴休' 자에 대해 보충하면 이 글자를 성현영은 "생각을 쉬고 마음을 쉰다[休慮息心]."라는 뜻으로 보았다. 즉, 제왕과 성인의 마음이 이곳에 머문다는 것을 말하는 것이다.

8) 이 구절의 내포적 의미는 〈인간세〉 편 4.1의 "오직 도만이 비우는 것에 모이는 것이다[唯道集虛]."라는 구절과 접맥된다.

9) 원문의 '유유兪兪'를 번역한 것으로, '마음이 느긋하고 편안하여 즐거운 모양'이라는 의미다. '유유愉愉'와 같은 글자로 봐도 무방하다.

수명이 길어진다.

텅 비우고 고요하며 편안하고 담백하며 적막하고 무위한 것은 만물의 근본이다. 이것에 밝아 남쪽을 바라보며 요임금이 임금 노릇했고, 이것에 밝아 북쪽을 바라보며 순이 신하 노릇 한 것이다.

이것으로 위에 있음이 제왕과 천자의 덕이고, 이것으로 아래에 있음이 현성玄聖과 소왕素王[10]의 도이다. 이것으로 물러나 머물면서 한가히 노닐면 강과 바다, 산림의 선비도 복종하고, 이것으로 나아가 다스리고 세상을 어루만지면 공적이 커지고 이름이 드러나서 천하가 하나가 될 것이다.

고요하면 성인이 되고, 움직이면 왕이 되며, 무위하면 받들어지고, 소박하면[11] 천하에 아무도 그와 더불어 아름다움을 다툴 수가 없다.

夫虛靜恬淡寂漠无爲者, 天地之平而道德之至, 故帝王聖人休焉. 休則虛, 虛則實, 實者倫矣. 虛則靜, 靜則動, 動則得矣. 靜則无爲, 无爲也則任事者責矣. 无爲則兪兪, 兪兪者憂患不能處, 年壽長矣. 夫虛靜恬淡寂漠无爲者, 萬物之本也. 明此以南鄕, 堯之爲君也. 明此以北面, 舜之爲臣也. 以此處上, 帝王天子之德也. 以此處下, 玄聖素王之道也. 以此退居而閒游江海, 山林之士服. 以此進爲而撫世, 則功大名顯而天下一也. 靜而聖, 動而王, 无爲也而尊, 樸素而天下莫能與之爭美.

---

10) 성현영의 주석에 의하면 '현성玄聖'은 노자, '소왕素王'은 공자를 가리킨다. '현성'은 뛰어난 성인이면서도 무위한 인물이고, '소왕'은 왕위에 있지 않으면서도 제왕의 덕을 갖춘 인물을 말한다.

11) 이 구절은《노자》32장에 나오는 "[도는 항상 이름이 없으니, 질박한] 통나무처럼 비록 보잘것없지만 천하에서 아무도 [그것을] 신하로 부릴 수 없다[樸雖小, 天下莫能臣也]."와 긴밀하게 연계된다.

내 스승이여, 내 스승이여 13.3

대체로 천지의 덕에 밝다는 것, 이것을 큰 근본[大本][12], 큰 마루[大宗]라고 말하며, [이는] 하늘과 조화하는 자이고 천하를 고르게 [다스려][13] 조화하는 것은 사람과 조화하는 자이다. 사람과 조화하는 것을 '사람의 즐거움[人樂]'이라 말하고, 하늘과 조화하는 것을 '하늘의 즐거움[天樂]'이라 말한다.

장자가 말했다.

"내 스승[14]이여! 내 스승이여! 만물을 부숴도 난폭하다고 하지 않고, 은택이 만세萬世에 미쳐도 어질다고 하지 않으며, 아주 옛날보다도 오래되었어도 장수했다고 하지 않고, 덮고 싣는 하늘과 땅에 갖은 형체를 깎고 새겼어도 정교하다고 하지 않으니, 이것을 '하늘의 즐거움[天樂]'이라고 말한다."

그러므로 말한다. "하늘의 즐거움을 아는 자는 그 삶은 하늘의 운행이고, 그 죽음은 만물의 조화이다. 고요해서는 음기의 덕을 같이하고, 움직이면서는 양기의 덕과 물결을 같이한다." 그러므로 하늘의 즐거움을 아는 자는 하늘의 원한이 없고, 사람의 비난이 없으며, 사물의 얽매임이 없고, 귀신의 꾸짖음이 없다.

그러므로 말한다. "그 움직이는 것은 하늘이고 그 고요한 것은 땅이다. 하나의 마음이 안정되어 천하의 왕 노릇 한다. 그 귀신이 화

---

12) 이 개념은 〈우언寓言〉 편 27.2에 "큰 근본에서 재능을 받는다[夫受才乎大本]." 라는 구절과 연계된다.

13) 원문의 '균均' 자는 '평平'의 의미로서 고르게 다스린다는 개념이다.

14) 여기서 장자가 말하는 "내 스승[吾師]"이란 '도道'를 지칭한다(완육숭阮毓崧 설).

를 입히지 못하고[15] 그 정신이 피로하지 않으니 하나의 마음이 안정되어 만물이 복종한다." 말하자면 텅 비우고 고요함으로써 하늘과 땅에까지 미루어 만물에 통하는 것이다. 이것을 '하늘의 즐거움[天樂]'이라고 말하니, 하늘의 즐거움은 성인의 마음으로 천하를 기르는 것이다.[16]

夫明白於天地之德者, 此之謂大本大宗, 與天和者也. 所以均調天下, 與人和者也. 與人和者, 謂之人樂. 與天和者, 謂之天樂.

莊子曰: "吾師乎! 吾師乎! 䪠萬物而不爲戾, 澤及萬世而不爲仁, 長於上古而不爲壽, 覆載天地刻彫衆形而不爲巧, 此之爲天樂." 故曰: "知天樂者, 其生也天行, 其死也物化. 靜而與陰同德, 動而與陽同波." 故知天樂者, 无天怨, 无人非, 无物累, 无鬼責. 故曰: "其動也天, 其靜也地, 一心定而王天下. 其鬼不祟, 其魂不疲, 一心定而萬物服." 言以虛靜推於天地, 通於萬物, 此之謂天樂. 天樂者, 聖人之心, 以畜天下也.

윗사람이 아랫사람과 같이해야 군주 노릇 한다 13.4

제왕의 덕이란 천지를 마루[宗]로 삼고, 도덕을 주인으로 삼으며, 무위를 일정한 법도로 삼는다. 무위하면 천하를 [뜻대로] 쓰면서도

---

15) 원문의 '기귀불수其鬼不祟'를 번역한 것으로, '빌미를 내린다'라는 뜻의 '수祟'는 '화禍'와 같다(육덕명 설). 한편 안동림은 '귀鬼'는 '몸[魄]'과 같고, '수'는 '병[疷]'의 차자로 보아 "그 육체는 손상되지 않고"라고 번역했는데, 참조할 만하다.

16) 원문의 '천락자天樂者, 성인지심聖人之心, 이축천하야以畜天下也'를 번역한 것으로, 이 맨 마지막 문장 열두 글자가 결코 장자의 말이 아니라는 설이 대체로 일치한다.

여유가 있지만, 유위하면 천하에 쓰임이 되기도 부족하다. 그러므로 옛사람은 저 무위를 귀하게 생각했다.

위[윗사람]에서 무위하고 아래[아랫사람]도 무위하면 이는 아래가 위와 덕을 같이하는 것이니, 아래가 위와 덕을 같이하면 신하 노릇을 할 수 없다. 아래가 유위하고 위도 유위하면 이는 위가 아래와 도를 같이하는 것이니, 위가 아래와 도를 같이하면 군주 노릇을 할 수 없다. 위는 반드시 무위하면서 천하를 쓰고, 아래는 반드시 유위하면서 천하에 쓰이니, 이것은 바꾸지 못하는 도이다.

그러므로 옛날 천하에 왕 노릇 하는 자는 지혜가 비록 천지를 포괄해도 자처하여 생각하지 않았고, 언변이 비록 만물을 [다듬어] 꾸며도[17] 자처하여 말하지 않았으며, 능력이 비록 사해에 다 해도 자처하여 했다고 하지 않았다.

하늘이 낳지 않아도 만물이 변하고, 땅이 길러주지 않아도 만물은 화육化育하며, 제왕이 하는 일이 없어도 천하의 공적은 이루어진다. 그러므로 "하늘보다 신묘한 것은 없고 땅보다 풍요로운 것은 없으며 제왕보다 위대한 것은 없다."라고 말하는 것이다.

그러므로 "제왕의 덕은 천지에 짝한다.[18]"라고 말하니, 이것은 천지를 타고 만물을 내달려서 사람의 무리를 부리는[19] 도이다.

---

17) 원문의 '변수조만물辯雖彫萬物'를 번역한 것으로, '조彫'는 '다듬어 꾸미다[彫飾]'의 뜻과 같다. 한편 '조'를 '두루[周]'의 차자로 보아 '만물에 두루 미칠 정도의 언변'으로 풀이하기도 하는데, 취하지 않는다.

18) 원문의 '배천지配天地'는 〈천지〉 편 12.5에 나오는 '배천配天'과 연계된다.

19) 원문의 '용用' 자는 '부리다'라는 의미로서 바로 앞의 원문 '배천配天'이라는 단어가 나오는 《노자》 68장의 "이것을 일러 다른 사람의 힘을 부린다고 하는 것이고 이것을 일러 하늘에 짝한다고 일컫는 것이다[是謂用人之力, 是謂配天]."라는 내용과 연계될 만하다.

夫帝王之德, 以天地爲宗, 以道德爲主, 以无爲爲常. 无爲也, 則用天下而有餘. 有爲也, 則爲天下用而不足. 故古之人貴夫无爲也. 上无爲也, 下亦无爲也, 是下與上同德, 下與上同德則不臣. 下有爲也, 上亦有爲也, 是上與下同道, 上與下同德則不主. 上必无爲而用天下, 下必有爲爲天下用, 此不易之道也. 故古之王天下者, 知雖落天地, 不自慮也. 辯雖彫萬物, 不自說也. 能雖窮海內, 不自爲也. 天不產而萬物化, 地不長而萬物育, 帝王无爲而天下功. 故曰: "莫神於天, 莫富於地, 莫大於帝王." 故曰: "帝王之德配天地." 此乘天地, 馳萬物, 而用人羣之道也.

형체와 명칭이 우선하지 않았다 13.5

근본은 윗사람에게 있고, 말단은 아랫사람에게 [맡겨져] 있으며, 긴요한 것은 군주에게 있고, 세세한 것은 신하에게 있다. 삼군三軍과 오병五兵[20]의 운용은 덕의 말단이고, 상벌의 이해와 다섯 가지 형벌의 법[21]은 교화의 말단이다. 예법을 정하고 제도를 세우며 형체와 명칭을 상세히 비교하는 것은 정치의 말단이고, 종과 북소리, 깃이나 짐승의 털 장식을 든 춤은 음악의 말단이다. 곡읍과 상복, 차등에 따른 상복[22] 제도는 슬픔의 말단이다. 이 다섯 가지 말단은 모름지기 정신이 운용되고 마음의 술법이 움직이고 난 다음 따라

20) '삼군'은 주나라 제도상 1만 2,500명이 1군이고, 제후의 나라가 거느리는 것이 삼군이다. '오병'은 성현영이 '궁弓·수殳·모矛·과戈·극戟'의 다섯 가지 무기로 보았고, 이와 달리 '모矛·극戟·월鉞·순楯·궁시弓矢'로 보는 경우가 있는데, 여기서는 성현영의 설에 따른다.

21) 원문의 '벽辟' 자를 번역한 것인데, 죄를 벌한다는 의미로 볼 수도 있다. '다섯 가지 형벌[五刑]'은 '의劓·묵墨·월刖·궁宮·대벽大辟'을 말한다.

가게 되는 것이다. 말단을 배우는 자는 옛사람 중에도 있었지만 앞세우려 한 것은 아니었다.

군주가 앞서니 신하는 뒤따르고, 아버지가 앞서니 자식은 뒤따르며, 형이 앞서니 아우는 뒤따르고, 어른이 앞서니 젊은 사람은 뒤따르며, 남자가 앞서니 여자는 뒤따르고, 남편이 앞서니 부인은 뒤따른다. 높고 낮음, 앞서고 뒤따르는 것은 천지의 운행이다. 그러므로 성인이 형상을 본받는 것이다. 하늘이 높고 땅이 낮은 것은 신묘한 자연의 위계이고, 봄과 여름이 앞서고 가을과 겨울이 뒤따르는 것은 사계절의 질서이다. 만물이 변하여 작용할 때 싹에도 품별로 모양이 있으니, 무성하다 시드는 차례가 있는 것은 변화의 흐름이다. 천지가 지극히 신묘하면서도 높고 낮음, 앞서고 뒤따르는 질서가 있는데, 하물며 사람의 도는 어떻겠는가! 종묘에서는 친척을 받들고, 조정에서는 존귀한 자를 받들고, 마을에서는 나이 많은 이를 받들고, 일을 할 때는 어진 이를 받드니, 대도大道의 질서이다.

도를 말하면서 그 순서를 비난하는 것은 본래의 도가 아니니, 도를 말하면서 그 도를 비난하면 어찌 도를 취할 수 있겠는가!

이 때문에 옛날에 대도에 밝은 자는 먼저 하늘을 밝히고 도덕을 다음으로 했다. 도덕이 밝아지자 인의를 다음으로 했다. 인의가 밝아지자 분수를 다음으로 했다. 분수가 밝아지자 형체와 명칭을 다

22) 원문의 '쇄殺' 자의 의미는 친한 정도의 차이에 따라 차등적으로 상복의 예에 차이를 둔다는 개념이다. 이 글자는 '차差', 즉 차등을 의미하는 글자로서 성현영의 지적대로 원문의 '융쇄隆殺'는 "상례에 '참최·자최·대공·소공·시마'의 다섯 등급이 있음을 말한 것으로, 곡읍하고 옷을 입음에 각각 차등에 따라 낮추는 것이 있다[言禮有斬衰齊衰大功小功緦麻五等, 哭泣衣裳, 各有差降]."라는 것이다.

음으로 했다. 형체와 명칭이 밝아지자 맡는 일[23]을 다음으로 했다. 맡는 일이 밝아지자 근원을 살피는 것을 다음으로 했다. 근원을 살피는 것이 밝아지자 시비를 다음으로 했다. 시비가 밝아지자 상벌을 다음으로 했다. 상벌이 밝아지자 어리석은 자와 지혜로운 자가 마땅하게 자리 잡고, 귀한 자와 천한 자가 자리를 밟았으며, 어질고 현명한 자와 어리석은 자가 실정에 따르니, 반드시 그 능력에 따라 나뉘고, 반드시 그 명칭에 말미암았다. 이것으로써 윗사람을 섬기고, 이것으로써 아랫사람을 기르며, 이것으로써 사물을 다스리고, 이것으로써 자신을 닦으니, 지혜와 모략이 쓰이지 않았고, 반드시 그 하늘(자연)로 돌아갔다. 이것을 '대평大平'이라고 말하니, 다스림의 지극함이다.

그러므로 옛글[24]에 말하기를, "형체가 있으면 명칭이 있다."라고 했다. 형체와 명칭은 옛사람에게도 있었지만 우선하는 것은 아니었다. 옛날의 대도를 말했던 자는 다섯 번 변하고 나서야 형체와 명칭을 들 수 있었고, 아홉 번 변하고 나서야 상벌을 말할 수 있었다. 갑자기 형체와 명칭을 말하는 것은 그 근본을 알지 못하는 것이고, 갑자기[25] 상벌을 말하는 것은 그 시작을 알지 못하는 것이다. 도를 거꾸로 말하고 도를 거슬러 말하는 자는 남에게 다스림을 받을 것이

---

23) 원문의 '인임因任'을 번역한 것인데, 그 의미는 "친소와 귀천에 따라 할 일을 맡긴다."라는 것이다. 한편 '능력이 보잘것없어도 써야 할 것은 써야 하는' 식의 의미 확장도 가능하다.

24) 원문의 '서書'를 번역한 것으로 "옛글[古書]"이라고 풀이한 왕선겸의 설을 취하여 번역했다. 한편, "도가의 글[道家之書]"이라는 설이 있고(성현영 설), 형벌에 관한 책을 지칭한다는 설도 있다.

25) 원문의 '취驟' 자를 번역한 것인데, '속速'이라는 의미도 있다. '창졸간에'라는 의미의 '자趑'의 가차자라는 설도 일리가 있다.

니, 어찌 남을 다스릴 수 있겠는가!

별안간 형체와 명칭의 일치나 상벌을 말한다면, 이는 다스림의 구실을 아는 것뿐이지 다스림의 도를 아는 것은 아니다. 천하에 쓰일 수는 있으나 천하를 다스리기에는 부족하니, 이런 자를 '말 잘하는 사람[辯士]'이나 '한쪽에 치우친 사람'이라 말한다. 예법을 정하고 제도를 세우며 형체와 명칭을 상세히 비교하는 것은 옛사람 중에서도 있었지만, 이것은 아랫사람이 윗사람을 섬기는 바이지 윗사람이 아랫사람을 기르는 바가 아니다.

本在於上, 末在於下. 要在於主, 詳在於臣. 三軍五兵之運, 德之末也. 賞罰利害, 五刑之辟, 教之末也. 禮法度數, 形名比詳, 治之末也. 鐘鼓之音, 羽旄之容, 樂之末也. 哭泣衰絰, 隆殺之服, 哀之末也. 此五末者, 須精神之運, 心術之動, 然後從之者也.

末學者, 古人有之, 而非所以先也. 君先而臣從, 父先而子從, 兄先而弟從, 長先而少從, 男先而女從, 夫先而婦從. 夫尊卑先後, 天地之行也, 故聖人取象焉. 天尊地卑, 神明之位也. 春夏先, 秋冬後, 四時之序也. 萬物化作, 萌區有狀, 盛衰之殺, 變化之流也. 夫天地至神, 而有尊卑先後之序, 而況人道乎! 宗廟尚親, 朝廷尚尊, 鄉黨尚齒, 行事尚賢, 大道之序也. 語道而非其序者, 非其道也. 語道而非其道者, 安取道!

是故古之明大道者, 先明天而道德次之, 道德已明而仁義次之, 仁義已明而分守次之, 分守已明而形名次之, 形名已明而因任次之, 因任已明而原省次之, 原省已明而是非次之, 是非已明而賞罰次之, 賞罰已明而愚知處宜, 貴賤履位. 仁賢不肖襲情, 必分其能, 必由其名. 以此事上, 以此畜下, 以此治物, 以此修身, 知謀不用, 必歸其天, 此之謂大平, 治之至也. 故書曰: "有形有名." 形名者, 古人有之, 而非所以先也. 古之語大道者, 五變而形名可擧, 九變而賞罰可言也. 驟而語形名, 不知其本也. 驟而語賞罰, 不知其始也. 倒道而言, 迕道而說者, 人之所治也, 安能治人! 驟而語形名賞罰, 此有知治之具, 非知治之道. 可用於天下, 不足以用天下, 此之謂辯士, 一曲之人也. 禮法數度, 形名比詳, 古人有之, 此下之所以事上, 非上之所以畜下也.

천지가 하는 대로 따라 하라 13.6

옛날에 순이 요임금에게 물었다.

"천왕天王[26]의 마음 씀씀이는 어떠합니까?"

요임금이 말했다.

"나는 호소할 곳 없는 백성을 업신여기지 않고, 궁핍한 백성을 팽개치지 않으며, 죽은 자를 마음 아파하고, 어린아이를 사랑하며, 과부를 가여워한다. 이 점이 내가 마음 쓰는 것이다."

순이 말했다.

"아름답기는 합니다만, 아직 위대하지는 않습니다."

요임금이 말했다.

---

26) 원문의 '천왕天王'은 '천자天子'와 같은 개념이다(성현영 설).

"그렇다면 어찌해야 하는가?"

순이 말했다.

"하늘이 덕스럽고 [땅이] 평안하며, 해와 달이 비추고 사계절이 운행되며, 마치 낮과 밤에 일정한 규칙이 있고 구름이 가면 비가 내리는 것과 같은 것입니다."

요임금이 말했다.

"[내가] 어수선하고 시끄러웠구나! 그대는 하늘에 들어맞았고, 나는 사람에 들어맞았구나."

천지는 옛날에 위대하다고 한 바이고 황제와 요·순이 모두 아름답다고 한 것이다. 그러므로 옛날의 천하에 왕 노릇 한 자는 어찌했겠는가? 천지대로 했을 뿐이다.

昔者舜問於堯曰: "天王之用心何如?"

堯曰: "吾不敖无告, 不廢窮民, 苦死者, 嘉孺子而哀婦人. 此吾所以用心已."

舜曰: "美則美矣, 而未大也."

堯曰: "然則何如?"

舜曰: "天德而出寧, 日月照而四時行. 若晝夜之有經, 雲行而雨施矣."

堯曰: "膠膠擾擾乎! 子, 天之合也. 我, 人之合也."

夫天地者, 古之所大也, 而黃帝堯舜之所共美也. 故古之王天下者, 奚爲哉? 天地而已矣.

노담이 공자에게 인의를 버리라고 한 이유 13.7

공자가 서쪽의 주나라 왕실에 책을 보관하려고 하니, 자로가 의견을 말했다.

"제가 듣기로는, 주나라의 징장사徵藏史[27] 중에 노담이라는 자가 있었는데 그만두고 [고향에] 돌아가 지내고 있다니, 선생님께서 책을 보관하려 하신다면 시험 삼아 그에게 부탁해보십시오."

공자가 "좋다."라고 말하고는 가서 노담을 뵙고자 했으나[28] 노담이 허락하지 않았다. 이에 십이경十二經[29]을 펼치고 설명했더니, 노담이 그 설명의 중간에 말했다.

"너무 번잡하니 그 요체를 듣기 원하오."

공자가 말했다.

"요체는 인과 의에 있습니다."

노담이 말했다.

"묻겠으니, 인과 의가 사람의 본성이오?"

공자가 말했다.

"그렇습니다. 군자가 인하지 못하면 성공하지 못하고, 의롭지 못하면 살아가지 못합니다. 인과 의는 진실로 사람의 본성이니, 또 무

27) 서고를 담당하는 관리의 명칭을 말한다.

28) 《장자》에는 공자가 노자를 만나 대화를 나누는 장면이 여덟 번 나온다. 여기에서 인의를 가지고 대화를 하는데, 〈천운〉 편 14.6과 14.7에 유가의 주제를 가지고 대화하는 장면이 서로 연계되는 대화록이다.

29) 십이경에 대한 여러 이설이 있는데, 성현영의 주석에 의하면, 《시詩》·《서書》·《예禮》·《악樂》·《춘추春秋》·《역易》인 육경六經과 이에 대한 해설서인 육위六緯를 말한다.

엇을 하겠습니까?"

노담이 말했다.

"묻겠으니, 무엇을 인과 의라고 말하오?"

공자가 말했다.

"마음속에서 만물을 기뻐하고 두루 사랑하여 사심이 없는 것, 이것이 인과 의의 실정입니다."

노담이 말했다.

"아, 거의 근접하는구나[30), 뒤에[31)] 말한 것이여! 두루 사랑한다는 것은 또한 [도와] 멀리 떨어져 있지 않은가! 사사로움이 없다는 것이 바로 사사로운 것이오. 그대가 천하 사람들로 하여금 길러지는 것을 잃지 않게 하려는 것인가? 그렇다면 천지는 본래 일정한 것이 있고, 해와 달은 본래 밝은 것이 있으며, 별들은 본래 배열되어 있고, 짐승들은 본래 무리가 있으며, 나무들은 본래 서 있으니, 그대도 덕에 따라 행동하고 도를 좇으며 나아간다면 이미 지극할 것이오. 또 어찌 애써 인의를 내걸고 마치 북을 두드리며 잃어버린 자식을 찾듯 하는 것이오? 아, 선생은 사람의 본성을 혼란스럽게 하는구려!"

孔子西藏書於周室. 子路謀曰: "由聞周之徵藏史有老聃者, 免而歸居, 夫子欲藏書, 則試往因焉."

孔子曰: "善."

30) 원문의 '기幾'를 번역한 것인데 '근近'으로 보는 성현영의 설에 따랐다. '위태롭다[危]'는 의미로 보기도 하나 문맥상 맞지 않는다.

31) 원문의 '후後'를 번역한 것으로 곽경번의 교열에 의하면 《경전석문》 및 《세덕당世德堂》 본에는 '복復'으로 쓰여 있다.

往見老聃, 而老聃不許, 於是繙十二經以說.

老聃中其說, 曰: "大謾. 願聞其要."

孔子曰: "要在仁義."

老聃曰: "請問, 仁義, 人之性邪?"

孔子曰: "然. 君子不仁則不成, 不義則不生. 仁義, 眞人之性也, 又將奚爲矣?"

老聃曰: "請問, 何謂仁義?"

孔子曰: "中心物愷, 兼愛无私, 此仁義之情也."

老聃曰: "意, 幾乎後言! 夫兼愛, 不亦迂乎! 无私焉, 乃私也. 夫子若欲使天下无失其牧乎? 則天地固有常矣, 日月固有明矣, 星辰固有列矣, 禽獸固有群矣, 樹木固有立矣. 夫子亦放德而行, 循道而趨, 已至矣. 又何偈偈乎揭仁義, 若擊鼓而求亡子焉? 意, 夫子亂人之性也!"

사성기가 노자의 인물됨을 보고 느낀 생각 13.8

사성기士成綺[32]가 노자를 뵙고 물었다.

"제가 듣기로는 선생께서는 성인이라고 합니다. 저는 진실로 머나먼 길을 마다하지 않고 와서 뵙고자 하여 백 일 동안이나 거듭해서 발이 텄어도 감히 쉬지 않았습니다. 지금 제가 당신을 보니, 성인이 아닙니다. 쥐구멍에 먹다 남은 거친 쌀[33]이 있는데도 버리고

32) 가공인물로 추정되며, 진晉나라 사士 씨 성을 가진 귀족일 수도 있다는 설이 있다.

33) 원문의 '소蔬' 자는 '거친 쌀[麤米]'을 의미하는데, 쌀 알갱이로 해석하는 설도 있다.

모르니[34] 어질지 못한 것입니다. 날것과 익힌 것들이 눈앞에서 다하지 않았는데도 쌓고 거두기를 멈추지 않으십니다."

노자는 침묵하며 응대하지 않았다.

사성기가 다음 날 다시 뵙고 말했다.

"어제 제가 당신에게 비난했던 일이 있었는데 지금은 제 마음이 바르게 되어 물리쳐졌습니다. 무엇 때문입니까?"

노자가 말했다.

"기교와 지혜가 신묘하거나 성스러운 사람의 경지를 나는 스스로 벗어났다고 여기네. 어제 그대가 나를 소라고 불렀다면 [나도] 소라고 말했을 것이고, 나를 말[馬]이라고 불렀다면 말이라고 말했을 것이네. 진실로 그 실상이 있어서 남이 그에게 이름했는데 받지 않으면 거듭 그 재앙을 받겠지. 나는 따르는 것에 항상 따르는 것이지 내가 따르는 것으로써 따르는 것이 있는 것이 아니네."

사성기가 노자를 비껴 걸으며 그림자를 피하면서 걸어가다가 나아가 물었다.

"몸을 수양하려면 어찌해야 합니까?"

노자가 말했다.

"그대의 얼굴은 오만하고, 그대의 눈은 툭 튀어나왔으며[35], 그대의 이마는 우뚝 솟아있고, 그대의 입은 크게 벌어져[36] 있으며, 그대의 모습은 자신만만하여 마치 내달리는 말을 멈추게 한 것 같네. 움

---

34) 원문의 '기매棄妹'를 번역한 것인데, '아랑곳하지 않고 내버려둠'이라고 번역하는 설(안병주·전호근)도 있고, 어떤 경우는 '어두운 곳에 방치하다'라는 설도 있는데, 대체로 전자의 의미가 적절하다.

35) 원문의 '충연衝然'을 번역한 것으로, '툭 튀어나온 모습[衝出之貌]'이라는 곽상의 설에 따랐다.

직이려는데 잡혀 있어 풀려나면 쇠뇌 같을 것이고, 살펴보는 일은 상세하며, 지혜와 기교로 교만함을 [드러내] 보이고, 모두 믿을 수 없다고 하네. 변경에 [이런] 사람이 있으니 그 이름을 '도둑[竊]'이라 하지."

士成綺見老子而問曰: "吾聞夫子聖人也, 吾固不辭遠道而來願見, 百舍重趼而不敢息. 今吾觀子, 非聖人也. 鼠壤有餘蔬, 而棄妹之者, 不仁也, 生熟不盡於前, 而積斂无崖."

老子漠然不應.

士成綺明日復見, 曰: "昔者吾有刺於子, 今吾心正卻矣, 何故也?"

老子曰: "夫巧知神聖之人, 吾自以爲脫焉. 昔者子呼我牛也而謂之牛, 呼我馬也而謂之馬. 苟有其實, 人與之名而弗受, 再受其殃. 吾服也恒服, 吾非以服有服."

士成綺雁行避影, 履行遂進而問: "修身若何?"

老子曰: "而容崖然, 而目衝然, 而顙頯然, 而口闞然, 而狀義然, 似繫馬而止也. 動而持, 發也機, 察而審, 知巧而覩於泰, 凡以爲不信. 邊竟有人焉, 其名爲竊."

도를 체득한 사람이 지인至人 13.9

선생[노자]이 말했다.

---

36) 원문의 '함연闞然'을 번역한 것인데, 곽상은 '범이 소리 지르는 모습[虓豁之貌]'이라는 해석도 내놓았다. 여기서는 취하지 않는다.

"도는 큰 것에 다하지 않고 작은 것이라도 버리지 않는다. 그러므로 만물이 갖추어져 넓고 넓어 그것이 받아들이지 않는 것이 없고 깊어서 헤아릴 수 없다. 형벌과 은덕이나 인의는 정신의 말단이니, 지인이 아니면 누가 그것을 정할 수 있겠는가!

지인이 세상에 다스리고 있음이[37] 또한 위대하지 않은가! 그러나 매이게 하기는 부족하고, 천하 사람들이 권세를 다퉈도 그들과 더불어 같이하지 않으며, 거짓 없는 데에서 살펴서 이익과 더불어 움직이지 않고, 사물의 참됨을 지극히 알아서 그 근본을 잘 지킨다.

그러므로 천지를 벗어나 만물을 남겨두더라도 정신은 일찍이 곤란해지는 일이 없다. 도에 통하고 덕에 합하며 인의를 물리치고 예악을 물리치니[38], 지인의 마음은 안정되는 바가 있는 것이다."

夫子曰: "夫道, 於大不終, 於小不遺, 故萬物備, 廣廣乎其无不容也, 淵乎其不可測也. 形德仁義, 神之末也, 非至人孰能定之! 夫至人有世, 不亦大乎! 而不足以爲之累. 天下奮棅而不與之偕, 審乎無假而不與利遷, 極物之眞, 能守其本, 故外天地, 遺萬物, 而神未嘗有所困也. 通乎道, 合乎德, 退仁義, 賓禮樂, 至人之心有所定矣."

수레바퀴 깎는 자가 환공에게 던진 말 13.10

세상에서 도라 하여 귀하게 여기는 바는 글이지만, 글은 말에 지

37) 원문의 '유有' 자를 축자역한 것인데, 의역해서 '다스리다'라는 의미로 보면 무방하다.

38) 원문의 '빈賓' 자를 번역한 것으로 '물리치다[擯]'와 같다.

나지 않는다. 말에는 귀한 것이 있으니, 그 말이 귀하게 여기는 것은 뜻이다.

뜻에는 따르는 바가 있다. 뜻이 따르는 바는 말로 전할 수 없는데, 세상에서는 말을 귀하게 여겨 책을 전한다. 세상에서 비록 그것을 귀하게 여겨도 나는 오히려 귀하게 여기기에 부족한 것이니 그 귀한 것이 그 귀한 것이 아니기 때문이다.

그러므로 보려고 해서 볼 수 있는 것은 형체와 색깔이고, 들으려고 해서 들을 수 있는 것은 이름과 소리다. 슬프구나, 세상 사람들은 형체와 색깔, 이름과 소리로 충분히 저 실정을 알 수 있다고 하다니! 형체와 색깔, 이름과 소리로는 과연 저 실정을 알기에는 부족하다. 그래서 아는 자는 말하지 않고 말하는 자는 알지 못하는 것이니, 세상이 어찌 그것을 알겠는가!

환공桓公[39]이 대청 위에서 글을 읽는데 윤편輪扁[40]이 대청 아래에서 수레바퀴를 깎다가 몽치와 끌을 내려놓고 올려다보며 환공에게 여쭈었다.

"감히 여쭙겠습니다. 군왕께서 읽고 계시는 것은 어떤 말씀입니까?"

환공이 말했다.

"성인의 말씀이다."

[윤편이] 말했다.

"성인이 존재합니까?"

39) 제나라 춘추오패로서 환공과 윤편의 이 대화는 《회남자》〈도응훈道應訓〉 편에도 거의 비슷한 내용으로 나온다.

40) 수레바퀴 깎기의 달인으로, '편扁'이 이름이다.

환공이 말했다.

"이미 돌아가셨다."

[윤편이] 말했다.

"그렇다면 군왕께서 읽고 계시는 바는 옛사람의 찌꺼기일 뿐이겠지요!"

환공이 말했다.

"과인이 글을 읽는데 수레바퀴 깎는 자가 어찌 논의하려는가! 설명하면 괜찮겠지만 그렇지 못하면 죽게 될 것이다."

윤편이 말했다.

"신은 신이 하는 일로 살펴보건대, 수레바퀴를 헐겁게[41] 깎으면 여유로우나 견고하지 못하고, 빠듯하게 깎으면 힘겹기만 해서 들어가지 않으니, 헐겁게 깎지도 않고 빠듯하게 깎지도 않으며, 손에서 터득하여 마음으로 호응하는 것이어서 입으로 말할 수 없지만, 그 사이에 수법이 들어 있습니다. 신은 신의 자식에게 깨우쳐줄 수 없고 신의 자식도 신에게서 전수받을 수 없으니, 이 때문에 나이가 일흔에 이르도록 늙어서까지 수레바퀴를 깎고 있습니다. 옛사람도 그 전할 수 없는 것과 함께 죽었을 겁니다. 그렇다면 군왕께서 읽는 것은 옛사람의 찌꺼기일 뿐이겠지요!"

世之所貴道者書也, 書不過語, 語有貴也. 語之所貴者意也, 意有所隨. 意之所隨者, 不可以言傳也, 而世因貴言傳書. 世雖貴之, 我猶不足貴

41) 원문의 '서徐' 자는 '관寬' 자의 의미로서 바퀴를 헐겁게, 즉 구멍을 크게 깎는 것을 말한다.

也, 爲其貴非其貴也. 故視而可見者, 形與色也. 聽而可聞者, 名與聲也. 悲夫, 世人以形色名聲爲足以得彼之情! 夫形色名聲果不足以得彼之情, 則知者不言, 言者不知, 而世豈識之哉!

桓公讀書於堂上. 輪扁斲輪於堂下, 釋椎鑿而上, 問桓公曰: "敢問, 公之所讀者何言邪?"

公曰: "聖人之言也."

曰: "聖人在乎?"

公曰: "已死矣."

曰: "然則君之所讀者, 古人之糟魄已夫!"

桓公曰: "寡人讀書, 輪人安得議乎! 有說則可, 无說則死."

輪扁曰: "臣也以臣之事觀之. 斲輪, 徐則甘而不固, 疾則苦而不入. 不徐不疾, 得之於手而應於心, 口不能言, 有數存焉於其間. 臣不能以喩臣之子, 臣之子亦不能受之於臣, 是以行年七十而老斲輪. 古之人與其不可傳也死矣, 然則君之所讀者, 古人之糟魄已夫!"

제14편

천운天運

천도의 운행

【해설】

대화식 문장으로 일관된 이 편의 제목은 편 첫머리의 '천기운호天其運乎'에서 따와 삼은 것이며, 앞의 〈천지〉, 〈천도〉 편과 긴밀한 연속선상에 있는 자매편이라고 할 만하다. 다만 앞의 두 편에서는 유가와 법가의 사상을 일정 부분 수용하는 유연함을 보여주고 있으나, 여기서는 무위자연의 도를 중점적으로 피력하면서 중니, 즉 공자의 도덕규범의 문제를 날카롭게 비판하고자 하는 점에서 그 차별성이 두드러진다. 그런 면에서 이 편이 〈마제〉, 〈거협〉 편과 논조가 비슷하다고 할 수 있다.

이 편에서 세 차례나 등장하는 중니와의 대화는 허구로 설정된 가설적 내용이지만, 중니가 노자와의 대화의 등장인물로 거론되는 이유는 명확하다. 즉, 중니는 시대의 변화를 따라가지 못하는 과거의 존재로 부각되면서 왜 과거보다 지금이 중요한지 답하는 논조의 비판물이다.

먼저 최고의 제왕[上皇]의 개념을 말하고 있는 1장의 내용을 음미해 볼 필요가 있다. 다만 문답의 맥락이 이상하고 말이 잘 맞지 않아 착간이 있을 개연성도 존재한다. 부모와 자식 간에 존재하는 끈을 놓아버리고 서로 어떻게든 잊어야 진정한 도로 돌아간다고 역설하는데, 장자 사유의 주요한 단면을 보여준다. 음악론이라고 할 3장의 함지악론咸池樂論은 〈양생주〉 편의 포정해우庖丁解牛 이야기와 더불어 장자의 예술 정신의 진수를 보여주는 명장면이다. 북문성과 황제黃帝의 문답식으로 전개되는 이 논변은 도가의 음악론으로, 향후 위진현학가인 완적이나 혜강에 의해 계승되기도 한다.

4장에서는 옛것만을 따르려는 공자를 비판하는 시각이 들어있고, 5장 역시 나이 쉰 살이 되어도 도를 깨닫지 못한 공자에 대한 노자의 충고가 들어있다. 노자를 만나고 돌아와 그를 용에 비유한 대목이 있는 6장은 상당히 불안한 모습으로 서서 그런 이야기를 듣는 자공의 표정을 통해 당시 왜 유가의 사상이 흔들리고 있는지를 보여주는 장면이다. 한 걸음 더 나아가 8장에서 육경이 과연 쓸모가 있느냐고 핀잔하는 노자의 말에 석 달 만에 그 이치를 터득했다는 식의 발언은 우리에게 충격으로 다가

온다.

요컨대 이 편도 장자의 저작이 아니고 장자 사상을 추존하는 사상가들에 의해 계속해서 정리되어오다가 전국 말기나 한나라 초기에 확정된 자료로 보아야 한다는 설이 설득력이 있다.

"하늘은 운행하는가? 땅은 안정되어 있는가? 해와 달은 장소를 다투는가? 누가 이를 주관하는가, 누가 이를 질서 있게 유지하는가, 누가 일 없이 있으면서 이를 밀어서 운행하는가? 아니면 기계의 방아쇠에 묶여 마지못해 하는 것인가? 아니면 그것이 운전하면서 스스로 멈출 수 없는 것인가?

구름이라는 것이 비가 되는가? 비라는 것이 구름이 되는가? 누가 이를 일으켜 내리는가? 누가 일 없이 있으면서 즐거움에 빠진 채 이를 권장하는가? 바람은 북쪽에서 일어나 한 번은 서쪽으로 한 번은 동쪽으로 불며 위에서 이리저리 움직이기도 하는데, 누가 이를 들이쉬고 내쉬는가? 누가 일 없이 있으면서 이를 쳐서 바람을 일으키는 것[1]인가? 감히 묻겠으니, 이것은 무슨 까닭인가?"

무함초巫咸袑[2]가 말했다.

"오시게! 내가 그대에게 말해주겠네.[3] 하늘에는 상하와 사방, 오행[4]이 있네. 제왕이 그것을 따르면 다스려지고 그것을 어기면 흉해

1) 원문의 '피불披拂'을 번역한 것으로, '바람 부는 모양[風貌]'이다(육덕명 설). 성현영은 '부채질하는 것[扇動]'이라고도 풀이했다.

2) 무함은 '무당[神巫]'을 말하고, 이름이 초袑로, 은殷나라 중종中宗 때의 재상이다(성현영 설). 마쉬룬은 '무함'을 이름으로 보고, '초袑'는 '부르다[招]'의 오기로 보았는데, 그렇게 되면 '무함이 고하여'로 풀이된다.

3) 원문의 '내오어여來吾語女'를 번역한 것인데, 〈재유在宥〉 편 11.3에도 유사한 표현이 나온다.

4) 원문의 '육극오상六極五常'을 번역한 것으로 성현영이 "'육극'은 '육합'을 말하며, 사방과 상하이다. '오상'은 '오행'을 말하며, 금·목·수·화·토로, 인륜의 일정한 본성이다[六極, 謂六合, 四方上下也. 五常, 謂五行, 金木水火土, 人倫之常性也]."라고 풀이한 설을 취하여 번역했다.

진다네. 천하의 일에 다스림이 이루어지고 덕을 갖추어 아래의 땅을 비추면 천하가 그를 받들게 될 것[5]이니, 이것을 '최고의 제왕[上皇]'이라 말한다네."

"天其運乎? 地其處乎? 日月其爭於所乎? 孰主張是, 孰維綱是, 孰居无事而推行是? 意者其有機緘而不得已邪? 意者其運轉而不能自止邪? 雲者爲雨乎? 雨者爲雲乎? 孰隆施是? 孰居无事淫樂而勸是? 風起北方, 一西一東, 有上彷徨, 孰噓吸是? 孰居无事而披拂是? 敢問何故?"

巫咸祒曰: "來! 吾語女. 天有六極五常, 帝王順之則治, 逆之則凶. 九洛之事, 治成德備, 監照下土, 天下戴之, 此謂上皇."

부모든 자식이든 서로 잊어야 진정한 도로 돌아간다 14.2

송[商]나라[6]의 태재 탕蕩이 장자에게 인仁에 대해 물었다.

장자가 말했다.

"호랑이와 이리가 인입니다."

[태재가] 말했다.

"무슨 말입니까?"

장자가 말했다.

---

5) 원문의 '대戴'를 번역한 것으로, '재載'로 쓰인 판본도 있다. '떠받들다'의 뜻이다.

6) 원문의 '상商'은 송나라를 말한다. 상나라가 주나라에 의해 멸망하고서 봉해진 제후국이 송나라이다.

"아비와 새끼가 서로 친하니 어찌 인하지 못하겠습니까?"

[탕이] 말했다.

"지극한 인[至仁]을 묻기를 청합니다."

장자가 대답했다.

"지극한 인은 친함이 없습니다."

태재가 말했다.

"내가 듣기로, 친함이 없으면 사랑하지 않고 사랑하지 않으면 불효이니, 지극한 인을 불효라 말해도 된다는 것입니까?"

장자가 말했다.

"그렇지 않습니다. 지극한 인은 숭상하는 것이니, 효로는 진실로 말하기에 부족합니다. 이것은 효에 지나친 말이 아니라 효에 미치지 못하는 말입니다.

남쪽으로 가는 자가 영 땅에 이르러 북쪽으로 명산冥山[7]이 보이지 않는데, 이는 무슨 까닭이겠습니까? 멀리 갔기 때문입니다.

그러므로 '공경으로 효를 행하기는 쉬워도 사랑으로 효를 행하기는 어려우며, 사랑으로 효를 행하기는 쉬워도 어버이를 잊기는 어려우며, 어버이를 잊기는 쉬워도 어버이에게 나를 잊게 하기는 어렵고, 어버이에게 나를 잊게 하기는 쉬워도 두루 천하를 잊기는 어려우며, 두루 천하를 잊기는 쉬워도 천하로 하여금 두루 나를 잊게

7) '명산冥山'은 북해北海의 산 이름이라는 설이 있고(사마표 설), 북극에 위치해 있다는 설도 있는데(곽상 설), 안병주·전호근이 소개한 이케다 도모히사 설이 상당한 설득력이 있다. 즉, 이케다 도모히사는 사마표와 곽상 등의 설은 모두 구설로 문맥을 바르게 파악하는 데 오히려 방해된다고 지적했고, 그는 《사기》 〈소진열전蘇秦列傳〉에 보이는 기록에 의거하여, '명산'은 《사기색은史記索隱》 주석에 의하면 한韓나라에 속한 곳이라고 했다.

하기는 어렵다.'라고 말했습니다. 덕이 요·순을 잊어버리고[8] 억지로 하지 않고, 이로운 은택이 만세에 베풀어져도 천하가 알지 못하니, 어찌하여 단지 크게 탄식하면서 인과 효를 말하겠습니까! 무릇 효제나 인의, 충신이나 청렴, 이것은 모두 스스로 노력해서 그 덕을 힘쓰는 것이니 크다고 하기에 부족합니다. 그러므로 '지극한 귀함은 나라의 벼슬을 물리치고[9], 지극한 부유함은 나라의 재물을 물리치며, 지극한 소원은 명예를 물리친다.'라고 말하는 것입니다. 이 때문에 도는 변하지[10] 않습니다."

商大宰蕩問仁於莊子. 莊子曰: "虎狼, 仁也."

曰: "何謂也?"

莊子曰: "父子相親, 何爲不仁?"

曰: "請問至仁."

莊子曰: "至仁無親."

大宰曰: "蕩聞之, 無親則不愛, 不愛則不孝. 謂至仁不孝, 可乎?"

莊子曰: "不然. 夫至仁尙矣, 孝固不足以言之. 此非過孝之言也, 不及孝之言也. 夫南行者至於郢, 北面而不見冥山, 是何也? 則去之遠也. 故曰: '以敬孝易, 以愛孝難. 以愛孝易, 以忘親難. 忘親易, 使親忘我難. 使親忘我易, 兼忘天下難. 兼忘天下易, 使天下兼忘我難.' 夫德遺堯舜而不爲也, 利澤施於萬世, 天下莫知也, 豈直太息而言仁孝乎哉!

8) 원문의 '유遺'를 번역한 것으로, '잊어버리다[忘棄]'의 뜻이다(성현영 설).

9) 원문의 '병幷'을 번역한 것으로, 곽상은 '저버리다[除棄]'의 뜻으로 풀이했는데, 역자는 '병幷'의 원의대로 번역했다.

10) 원문의 '투渝'를 번역한 것으로, 성현영은 '변하다[變]'와 '야박하다[薄]'라고 주석했다.

夫孝悌仁義, 忠信貞廉, 此皆自勉以役其德者也, 不足多也. 故曰: '至貴, 國爵幷焉. 至富, 國財幷焉. 至願, 名譽幷焉.' 是以道不渝."

음악을 통해 도 이해하기 14.3

북문성北門成[11]이 황제에게 여쭈었다.

"제왕께서는 함지의 음악[12]을 동정의 들에서 연주하셨는데, 저는 처음에는 그것을 듣고는 두려워졌고, 다시 그것을 듣고는 느긋해졌으며, 마침내 그것을 듣고는 미혹해져 아득하고 아득하게 말없이 있으면서 이에 [망연자실하여] 어찌할 수 없었습니다."

황제가 말했다.

"그대는 아마도 그러했을 것이다! 나는 인간[의 규율][13]으로 연주하고, 하늘(자연)로 징험하며, 예의로 진행하고, 크고 맑은 기운으로 [근본을] 세웠다.[14] 지극한 음악은 먼저 사람이 일에 응하고, 하늘의 이치에 순응하며, 다섯 가지 덕으로 진행하고, 스스로 그러한 것(자연)으로 응한다. 그러한 뒤에 사계절을 조절하고 다스려 만물을 크게 조화시킨다. 사계절이 번갈아 일어나면 만물이 따라 생겨나듯 한번은 성하고 한번은 쇠하여 문무文武가 차례대로 정리되며, 한번

11) 황제 때 신하로 알려진 사람으로 성이 '북문'이고 이름이 '성'이라고 하나, 가공한 인물로 볼 수 있다.

12) 원문의 '함지지악咸池之樂'을 번역한 것으로, '함지咸池'는 모두 베푼다는 의미를 지니고 있으며, 덕이 베풀어지지 않음이 없는 음악이라는 의미다.

13) 원문의 '인人'으로, '인간 세상의 규율'이라고 한 안병주·전호근의 해설이 타당하다.

14) 원문의 '건建'을 번역한 것으로, 음악을 잘 연주해 끝맺음했다는 개념이다.

은 맑고 한번은 탁하여 음양이 조화된다.

그 소리의 흐르는 빛에 겨울잠 자던 벌레가 일어나기 시작하니, 내가 천둥소리로 이들을 놀라게 한 것이다. 그 마침은 꼬리가 없고 그 시작은 머리가 없으며, 한번은 죽고 한번은 살며, 한번은 넘어지고 한번은 일어난다. 일정함이 끝이 없어 하나도 기대할 수 없으니 그대는 그 때문에 두려웠을 것이다.

나는 또한 음양의 조화로써 연주하고, 해와 달의 밝음으로써 비추었더니, 그 소리는 짧기도 하고 길기도 하며, 부드럽기도 하고 굳세기도 하며, 변화가 하나로 가지런하여 예전의 법도에 머무르지 않는다. 골짜기에서 골짜기를 채우고, 구덩이에서 구덩이를 채우며, 틈을 막아 정신을 지키고 만물로 양을 헤아린다. 그 소리는 우렁차게 퍼지며 그 이름도 높고 밝다. 이 때문에 귀신은 자신의 그윽함을 지키고 해와 달과 별들은 자신의 길을 운행하니, 나는 끝이 있음에 그치기도 하고 그침이 없음에 흐르기도 한다. 그대가 그것을 생각해도 알 수 없고, 바라보아도 볼 수 없으며, 쫓아도 미칠 수 없다. 멍하니 사방으로 텅 빈 길에 서 있거나 마른 오동나무 책상에 기대어 신음할 것이다. 눈의 지각은 보고자 하는 것에서 끝나고, 힘은 쫓아가고자 하는 것에서 꺾이니, 나도 이미 미칠 수 없을 뿐이다! 형체에 공허함이 차서 이에 맡겨 이르게 되니, 그대도 맡겨서 이르므로 느긋해졌던 것이다.

나는 또 느긋함이 없는 소리로써 연주하고, 자연의 명령으로써 조절했다. 그리하여 만물이 섞이고 좇으며 떨기로 생겨나니 숲의 음악으로 형체가 없고, 널리 휘날리는데 끌지 않으며, 그윽하고 어두운데 소리도 없다. 일정한 방향 없이 움직이고 고요하고 어두운 데에 머무르니, 혹은 죽었다 말하고 혹은 살았다 말하며, 혹은 열매라 말하고 혹은 꽃이라 말한다. 흘러 다니며 흩어졌다 옮겨서 일정한 소리에 머무르지 않으니, 세상 사람들이 그것을 의심하여 성인에게 묻는다. 성인이란 실정에 통달하고 천명에 따른다. 타고난 기지[天機]가 펼쳐지지 않아도 오관이 모두 갖추었으니, 이것을 '하늘의 음악[天樂]'이라 말하고 말없이 마음으로 기쁜 것이다. 그러므로 유염씨有焱氏[15]도 그것을 칭송하여 말하기를, '들으려 해도 그 소리가 들리지 않고 보려 해도 그 형체가 보이지 않네. 천지에 충만하여 육극을 감싸 안네.'라고 했다. 그대가 그것을 들으려고 해도 접할 수 없으니, 그대는 그래서 미혹해진 것이다.

음악은 두려움에서 시작했으니 두려워하게 되기에 경계하게 된다. 나는 또 다음에 느긋한 것으로 했으니 느긋하기에 사라지게 된다. 마지막으로 미혹하게 했으니 미혹하기에 어리숙하게 된다. 어리숙하기에 도이니, 도야말로 거기에 실을 수 있어 더불어 하나가 될 수 있는 것이다."

北門成問於黃帝曰: "帝張咸池之樂於洞庭之野, 吾始聞之懼, 復聞之怠, 卒聞之而惑. 蕩蕩默默, 乃不自得."

15) 신농씨의 별칭으로 봐야 한다는 설이 일리가 있다.

帝曰:“汝殆其然哉! 吾奏之以人, 徵之以天, 行之以禮義, 建之以太清. 夫至樂者, 先應之以人事, 順之以天理, 行之以五德, 應之以自然, 然後調理四時, 太和萬物. 四時迭起, 萬物循生. 一盛一衰, 文武倫經. 一清一濁, 陰陽調和, 流光其聲. 蟄蟲始作, 吾驚之以雷霆. 其卒无尾, 其始无首. 一死一生, 一僨一起. 所常无窮, 而一不可待. 汝故懼也.

吾又奏之以陰陽之和, 燭之以日月之明. 其聲能短能長, 能柔能剛. 變化齊一, 不主故常. 在谷滿谷, 在阬滿阬. 塗卻守神, 以物爲量. 其聲揮綽, 其名高明, 是故鬼神守其幽, 日月星辰行其紀. 吾止之於有窮, 流之於无止. 子欲慮之而不能知也, 望之而不能見也, 逐之而不能及也. 儻然立於四虛之道, 倚於槁梧而吟. 目知窮乎所欲見, 力屈乎所欲逐, 吾旣不及已夫! 形充空虛, 乃至委蛇. 汝委蛇, 故怠.

吾又奏之以无怠之聲, 調之以自然之命, 故若混逐叢生, 林樂而无形. 布揮而不曳, 幽昏而无聲. 動於无方, 居於窈冥. 或謂之死, 或謂之生. 或謂之實, 或謂之榮. 行流散徙, 不主常聲. 世疑之, 稽於聖人, 聖也者, 達於情而遂於命也. 天機不張而五官皆備, 此之謂天樂, 无言而心說. 故有焱氏爲之頌曰:‘聽之不聞其聲, 視之不見其形, 充滿天地, 苞裏六極.’ 汝欲聽之而無接焉, 而故惑也.

樂也者, 始於懼, 懼故祟. 吾又次之以怠, 怠故遁. 卒之於惑, 惑故愚. 愚故道, 道可載而與之俱也.”

옛것만을 따르려는 공자를 비판하는 사금의 비유들 14.4

공자가 서쪽 위나라로 유세하려는데 안연顔淵이 사금師金[16]에게 물었다.

"선생님의 다니심이 어떨 것 같습니까?"

사금이 말했다.

"애석하구나, 그대의 선생은 아마 궁해질 것이다!"

안연이 말했다.

"어째서입니까?"

사금이 말했다.

"무릇 추구芻狗[17]가 아직 진설되지 않았을 때는 작은 상자에 담고 수놓은 천으로 덮고, 제사를 주관하는 사람이 재계하고 그것을 받들었다가, 진설되고 나서는 길 가는 자가 그 머리와 등을 밟고 풀 베는 자가 가져다 불을 땔 뿐이다. 만일 다시 취하여 작은 상자에 담고 수놓은 천으로 덮고서 노닐면서 있거나 그 아래에서 누워 자고 있다면, 그런 자는 악몽을 꾸지 않는다면 반드시 자주 가위눌리게 될 것이다.

지금 그대의 선생은 다시 선왕들이 이미 진설했던 추구를 취하여 제자들을 모으고 그 아래에서 노닐면서 있거나 누워 자고 있는 격이다. 그러므로 송나라에서는 [죽게 될 지경으로] 나무를 베었고, 위나라에서는 흔적마저 없어졌으며, 상나라나 주나라에서는 곤궁했

16) 노나라의 태사太師인데, 이름이 금金이다.

17) 제사 때 쓰이는 짚으로 만든 개를 말하는데, 액을 제거하기 위한 것이고, 제사가 끝나면 버려진다. 추구는 《노자》 5장에도 나온다.

으니, 이것이 그 악몽이 아니겠는가? 진나라와 채나라 사이에서 포위되어 이레 동안 불을 땐 음식을 먹지 못하여 죽음과 삶이 서로 이웃할 정도였으니, 이것이 그 가위눌리는 것이 아니겠는가?

물길은 배를 쓰는 것만 한 것이 없고, 육지 길은 수레를 쓰는 것만 한 것이 없다. 물에서 갈 수 있는 배를 가지고서 육지에서 밀기를 구한다면 죽을 때까지도 얼마 가지 못할 것이니, 옛날과 지금이 물과 육지인 격이 아니겠는가? 주나라와 노나라가 배와 수레인 격이 아니겠는가? 지금 노나라에서 주나라의 제도를 시행하고자 하는 것은 육지에서 배를 미는 것과 같아서 수고스럽기만 할 뿐 공이 없고 자신에게는 반드시 재앙이 있을 것이다.

그는 방향 없이 이리저리 다니며 사물에 응하면서 다함이 없다는 것을 알지 못한다. 또 그대만 두레박[18]을 보지 못했는가? 끌어당기면 엎어지고 놓으면 위로 치켜드니, 저것은 사람이 끌어당긴 것이지 [두레박이] 사람을 끌어당긴 것이 아니다. 그러므로 엎어지거나 위로 치켜들어도 사람에게 죄를 얻지 않는다.

그래서 저 삼황오제의 예의와 법도 같은 것에 수긍하지 않고 다스려지는 것에 수긍한다. 그러므로 삼황오제의 예의와 법도를 비유하면 그것은 아가위, 배, 귤, 유자와 같을 것이다! 그 맛은 서로 다르지만 모두 입맛에 맞는다.

따라서 예의와 법도는 때에 응하여 변하는 것이다. 지금 원숭이를 잡아다 주공의 옷을 입히면 저들은 반드시 깨물어 뜯고 잡아당

18) 원문의 '길고桔槹'를 번역한 것으로, 〈천지〉 편 12.11의 '고槹' 자와 같다.

겨 찢어서 모조리 없애버린 후에야 흡족할 것이니, 옛날과 지금의 차이를 살펴보면 원숭이와 주공의 차이와 같다.

그러므로 서시가 가슴을 앓아 마을에서 얼굴을 찡그리자 그 마을의 추녀가 그것을 보고 아름답다고 여겨 돌아가 또한 가슴을 잡고 그 마을에서 얼굴을 찡그리니, 그 마을의 부자가 그것을 보고 문을 굳게 닫아걸고는 나오지도 않았고, 가난한 사람은 그걸 보고는 처자식을 이끌고 떠나버렸다. 그녀는 찡그리는 것이 아름답다는 것만 알았지, 찡그리는 것이 아름답게 되는 까닭을 알지 못했다. 안타깝구나, 그대의 선생은 아마 궁해질 것이다!"

孔子西遊於衛. 顏淵問師金曰: "以夫子之行爲奚如?"

師金曰: "惜乎, 而夫子其窮哉!"

顏淵曰: "何也?"

師金曰: "夫芻狗之未陳也, 盛以篋衍, 巾以文繡, 尸祝齊戒以將之. 及其已陳也, 行者踐其首脊, 蘇者取而爨之而已. 將復取而盛以篋衍, 巾以文繡, 遊居寢臥其下, 彼不得夢, 必且數眯焉. 今而夫子, 亦取先王已陳芻狗, 聚弟子游居寢臥其下. 故伐樹於宋, 削迹於衛, 窮於商周, 是非其夢邪? 圍於陳蔡之間, 七日不火食, 死生相與隣, 是非其眯邪? 夫水行莫如用舟, 而陸行莫如用車. 以舟之可行於水也而求推之於陸, 則沒世不行尋常. 古今非水陸與? 周魯非舟車與? 今蘄行周於魯, 是猶推舟於陸也, 勞而无功, 身必有殃. 彼未知夫无方之傳, 應物而不窮者也.

且子獨不見夫桔槹者乎? 引之則俯, 舍之則仰. 彼, 人之所引, 非引人也, 故俯仰而不得罪於人. 故夫三皇五帝之禮義法度, 不矜於同而矜於治. 故譬三皇五帝之禮義法度, 其猶柤梨橘柚邪! 其味相反而皆可於口. 故禮義法度者, 應時而變者也. 今取猨狙而衣以周公之服, 彼必齕齧挽裂, 盡去而後慊. 觀古今之異, 猶猨狙之異乎周公也. 故西施病心而矉其里, 其里之醜人見之而美之, 歸亦捧心而矉其里. 其里之富人見之, 堅閉門而不出, 貧人見之, 挈妻子而去走. 彼知矉美而不知矉之所以美. 惜乎, 而夫子其窮哉!"

쉰 살이 넘어도 도를 듣지 못한 중니에게 던진 노자의 말 14.5

공자는 지내온 나이가 쉰한 살이 되었는데도 도를 듣지 못하여 이에 남쪽 패沛에 가서 노담을 만났다.

노담이 말했다.

"그대, 왔는가? 내가 듣기로 그대가 북방의 현명한 자라 하니 그대는 또한 도를 터득했겠지?"

공자가 말했다.

"터득하지 못했습니다."

노자가 말했다.

"그대는 어디에서 그것을 구하오?"

[공자가] 말했다.

“저는 그것을 [예법]제도에서 구하는데 오 년이 지났으나 아직 얻지 못했습니다.”

노자가 말했다.

“그대는 또 어디에서 그것을 구하오?”

[공자가] 말했다.

“저는 그것을 음양에서 구하는데 십이 년이 지났으나 아직 터득하지 못했습니다.”

노자가 말했다.

“그렇군요. 만약 도가 [누군가에게] 바칠 수 있는 것이면 사람들은 그것을 자기 임금에게 바칠 것이고, 만약 도가 [누군가에게] 올릴 수 있는 것이면 사람들은 그것을 자기 어버이에게 올릴 것이며, 만약 도가 남에게 알릴 수 있는 것이면 사람들은 자기 형제에게 알릴 것이고, 만약 도가 남에게 줄 수 있는 것이면 사람들은 자기 자손에게 줄 것이오.

그러나 그럴 수 없는 것은 다름 아니라 마음속에서 [도를] 주재하지 않으면 머물지 않고, 밖에 바름이 없으면 행해지지 않기 때문이오. 마음속에서 나오는 것을 밖에서 받아들이지 않으면 성인은 표출하지 않고, 밖에서 들어오는 것을 안에서 주재하지 않으면 성인은 숨기지 않소.

명예는 공적인 그릇이니 많이 취해서는 안 되고, 인의는 선왕의 [임시로] 거처하던 곳[19]이니 단지 하룻밤을 묵을 수 있으나 오래 머

19) 원문의 ‘거려蘧廬’를 번역한 것으로 ‘전사傳舍’와 같다. 즉, 여관 같은 개념으로, 임시로 머무는 공간이다.

무를 수는 없으니 오래 머물면 책망이 많소.

옛날의 지인은 인에서 길을 빌리고, 의에 묵을 곳을 의탁하여 한가로이 언덕에서 노닐며, 소박하게 밭작물을 먹고 베풀지 않는 밭[20]에 섰으니, 한가로이 [노닐며] 억지로 하는 일 없고, 소박하면 기르기가 쉽고 베풀지 않으니 내어놓는 것이 없어, 옛날에 이것을 '참됨을 추구하는 노닒'이라고 말했소.

부유한 것이 옳다고 하는 자는 녹봉을 양보할 수 없고, 현달한 것이 옳다고 하는 자는 명예를 양보할 수 없으며, 권력을 사랑하는 자는 남과 권병을 할 수 없소.

그것을 잡으면 두려워하고 그것을 놓으면 슬퍼지니, 하나도 거울삼는 바가 없고, 그들이 쉬지 못하는 것을 엿보니, 이는 하늘의 벌을 받은 백성이오.

원망과 은혜, 주고 받음, 간언과 가르침, 살리고 죽이는 여덟 가지는 바로잡는 도구이니, 오직 큰 변화를 따라 막히는 것이 없는 자가 이것을 쓸 수 있소. 그러므로 '바르게 하려면 [스스로] 바라야 한다.[21]'라고 말하니, 그 마음이 그렇지 않다고 하는 자는 하늘 문이 열리지 않소."

20) 원문의 '불대지포不貸之圃'를 번역한 것으로, 성현영은 '대貸'를 '베풀어주다[施與]'로 풀이했다. 또한 그는 바로 앞의 '밭작물[田]'과 여기서의 '포圃'는 '성인의 길러 생산하는 곳[聖人養生之地]'이라고 했는데, 안동림의 풀이대로 이 부분은 유가에 대항하는 말이다.

21) 원문의 '정자정야政者正也'를 번역한 것으로, '정政'을 '정치'의 의미로, '정正'을 '바로잡다'라는 의미로 풀었다. 《논어》〈안연顏淵〉 편 12.17의 "계강자가 공자에게 정치에 대해 물었다. 공자께서 말씀하셨다. '정치라는 것은 바로잡는다'는 뜻입니다. 선생께서 올바르게 이끈다면 누가 감히 바르지 않겠습니까[季康子問政於孔子, 孔子對曰: 政者, 正也. 子帥以正, 孰敢不正]?"라는 내용과 연계하여 볼 수 있다.

孔子行年五十有一而不聞道, 乃南之沛見老聃.

老聃曰: "子來乎? 吾聞子, 北方之賢者也, 子亦得道乎?"

孔子曰: "未得也."

老子曰: "子惡乎求之哉?"

曰: "吾求之於度數, 五年而未得也."

老子曰: "子又惡乎求之哉?"

曰: "吾求之於陰陽, 十有二年而未得."

老子曰: "然. 使道而可獻, 則人莫不獻之於其君. 使道而可進, 則人莫不進之於其親. 使道而可以告人, 則人莫不告其兄弟. 使道而可以與人, 則人莫不與其子孫. 然而不可者, 无佗也, 中无主而不止, 外无正而不行. 由中出者, 不受於外, 聖人不出. 由外入者, 無主於中, 聖人不隱. 名, 公器也, 不可多取. 仁義, 先王之蘧廬也, 止可以一宿而不可久處, 覯而多責.

古之至人, 假道於仁, 託宿於義, 以遊逍遙之虛, 食於苟簡之田, 立於不貸之圃. 逍遙, 无爲也. 苟簡, 易養也. 不貸, 无出也. 古者謂是采眞之遊.

以富爲是者, 不能讓祿. 以顯爲是者, 不能讓名. 親權者, 不能與人柄. 操之則慄, 舍之則悲, 而一無所鑑, 以闚其所不休者, 是天之戮民也. 怨恩取與諫教生殺, 八者, 正之器也, 唯循大變无所湮者爲能用之. 故曰: 正者, 正也. 其心以爲不然者, 天門弗開矣."

백조는 늘 희고 까마귀는 늘 검은 이유 14.6

공자가 노담을 만나 인의에 대해 말했다.

노담이 말했다.

"겨를 까부르다가 눈에 들어가면 사방 천지가 자리를 바꾸고, 모기나 등에가 살을 물면 밤새 잠잘 수 없소. 인의란 처절하게 내 마음을 괴롭게 하니 어지럽기가 이보다 큰 것이 없소. 그대가 만일 천하 사람들이 그 소박함을 잃지 않게 하려면 그대도 바람을 따라 움직이며 덕을 잡고 서시오. 또 어찌하여 애쓰며 마치 큰 북을 지고 잃은 자식을 찾듯이 하시오?

백조는 날마다 씻지 않아도 희고, 까마귀는 날마다 검게 물들이지 않아도 검소. 흑백의 본질은 [좋다 나쁘다] 변론하기에는 부족하고, 명예의 과시는 널리 [과시]하기에는 부족하오. 샘물이 마르면 물고기들이 서로 더불어 육지에 있으면서 서로 습기를 뿜어주고 서로 거품으로 적셔주지만, 강이나 호수에서 서로를 잊고 지내는 것만 못한 것이오!"

孔子見老聃而語仁義. 老聃曰: "夫播穅眯目, 則天地四方易位矣. 蚊虻噆膚, 則通昔不寐矣. 夫仁義憯然乃憤吾心, 亂莫大焉. 吾子使天下无失其朴, 吾子亦放風而動, 總德而立矣, 又奚傑然若負建鼓而求亡子者邪? 夫鵠不日浴而白, 烏不日黔而黑. 黑白之朴, 不足以爲辯. 名譽之觀, 不足以爲廣. 泉涸, 魚相與處於陸, 相呴以濕, 相濡以沫, 不若相忘於江湖!"

자공이 불안한 모습으로 서 있게 된 이유 14.7

공자가 노담을 만나고 돌아와서 사흘 동안 담소하지 않자, 제자가 여쭈었다.

"선생님께서 노담을 만나시고 또한 무엇으로 [그를] 바로잡아주셨습니까?"

공자가 말했다.

"나는 지금에야 용을 보았다! [그] 용은 합쳐지면 몸을 이루고, 흩어지면 아름다운 무늬를 이루어 구름 기운을 타고 음양 사이를 날아다닌다. 나는 입을 벌리고 다물 수 없었는데, 내가 또 어떻게 노담을 바로잡아주었겠느냐!"

자공이 말했다.

"그렇다면 사람이 정말로 시체처럼 있다가 용처럼 나타나고, 우레 소리를 내다가 깊은 연못처럼 침묵하여 움직임이 천지와 같은 자가 있습니까? 저도 만나볼 수 있겠습니까?"

마침내 공자의 소개로 노담을 뵈었는데, 노담이 마침 마루에 앉아있다가 응대하여 작게 말했다.

"나는 세월 따라 늙었는데 그대는 무엇으로 나를 깨우치려 하는가?"

자공이 말했다.

"저 삼황오제가 천하를 다스린 방법은 같지 않으나 그 명성을 얻은 것은 같습니다. 그런데 선생께서는 [그분들을] 유독 성인이 아니라고 하시니 무엇 때문입니까?"

노담이 말했다.

"젊은이여, 가까이 오게! 그대는 어찌하여 같지 않다고 하는가?"

[자공이] 대답했다.

"요임금이 순에게 물려주고 순임금은 우에게 물려주었는데, 우임금은 인력을 썼고 탕왕은 무력을 썼으며, 문왕은 주紂에게 공손하여 감히 거스르지 않았지만, 무왕은 주를 거스르고 순응하지 않았으므로 같지 않다고 말한 것입니다."

노담이 말했다.

"젊은이여, 가까이 오게! 내가 그대에게 삼황오제가 천하를 다스린 것을 알려주겠네. 황제가 천하를 다스리는 데에 백성의 마음을 하나로 하게 했으니, 백성 중에 그 어버이가 죽었는데 곡하지 않는 자가 있어도 백성은 비난하지 않았네. 요임금이 천하를 다스리는 데에 백성의 마음을 친하게 했으니, 백성 중에 그 어버이를 죽인 자를 죽이는 자가 있어도 백성은 비난하지 않았네. 순임금이 천하를 다스리는 데에 백성에게 경쟁하는 마음을 했으니, 백성 중에 임신한 부인이 열 달 만에 자식을 낳고, 아이는 태어난 지 다섯 달에 말을 할 줄 알게 되어 웃기도 전에[22] 비로소 누구인지 [구별하여] 알게 되었으니, 사람들 중에 비로소 일찍 죽는 일이 있게 되었네. 우임금이 천하를 다스리는 데에 백성의 마음을 변하게 하여 사람이 사심을 지니게 되고 무력에 순응함이 있었으며, 도둑을 죽이는 것은 살인이 아니라고 하여 사람은 [각자] 스스로 무리 지어서 천하를 위할 따름이라 했네. 이 때문에 천하가 크게 놀라 유가와 묵가가 모두 일어났네. 그 일어남의 처음은 질서가 있었으나 부녀자를 구분하지 못하니[23] 무슨 말을 하겠는가!

내가 그대에게 삼황오제가 천하를 다스린 방법을 말해왔지만, 명분은 다스림이라고 말하지만 어지러움이 그보다 심한 것이 없었다네. 삼황의 지혜는 위로는 해와 달의 밝음에 거스르고, 아래로는 산천의 정기에 어긋나며, 중간으로는 사계절의 운행을 무너뜨려, 그 지혜가 전갈의 꼬리보다 독하여 작은 짐승도 그 [타고난] 본성과 목숨의 실정을 편안히 할 수 없었는데, 오히려 스스로 성인이라고 하니 부끄럽지 않은가, 그 부끄러움을 모르는 것인가?"

자공은 불안한 모습으로 편히 서 있지 못했다.

孔子見老聃歸, 三日不談. 弟子問曰: "夫子見老聃, 亦將何規哉?"

22) 원문의 '부지호해不至乎孩'를 번역한 것으로 '해孩'에 대해 성현영과 육덕명 등은 '웃다[笑]'라고 풀이했는데, 왕수민은 '해孩'의 옛 글자가 '해咳'라고 하여 갓난아이가 웃는 모습이라고 부연했다.

23) 원문의 '이금호부녀而今乎婦女'를 번역한 것으로, 딸을 부인으로 착각하여 위아래의 신분이 거스른 것이라고 풀이한 곽상의 주석을 참고하여 번역했다. 한편 '부婦'가 '귀歸'의 오자라고 보고, '여女'는 '너'의 뜻으로 보아 뒤 구절로 이어져야 한다는 설이 있는데, 그렇게 되면 원문은 '이금호귀而今乎歸, 여하언재女何言哉?'가 되어 '지금에 귀결했으니 자네가 무슨 말을 하겠는가?'라고 번역해야 한다. 이 설도 일리가 있다.

孔子曰: "吾乃今於是乎見龍! 龍, 合而成體, 散而成章, 乘雲氣而養乎陰陽. 予口張而不能嗋, 予又何規老聃哉!"

子貢曰: "然則人固有尸居而龍見, 雷聲而淵黙, 發動如天地者乎? 賜亦可得而觀乎?" 遂以孔子聲見老聃.

老聃方將倨堂而應, 微曰: "予年運而往矣, 子將何以戒我乎?"

子貢曰: "夫三皇五帝之治天下不同, 其係聲名一也. 而先生獨以爲非聖人, 如何哉?"

老聃曰: "小子少進! 子何以謂不同?"

對曰: "堯授舜, 舜授禹, 禹用力而湯用兵, 文王順紂而不敢逆, 武王逆紂而不肯順, 故曰不同."

老聃曰: "小子少進! 余語汝三皇五帝之治天下. 皇帝之治天下, 使民心一, 民有其親死不哭而民不非也. 堯之治天下, 使民心親, 民有爲其親殺其殺而民不非也. 舜之治天下, 使民心競, 孕婦十月而生子, 子生五月而能言, 不至乎孩而始誰, 則人始有夭矣. 禹之治天下, 使民心變, 人有心而兵有順, 殺盜非殺, 人自爲種而天下耳, 是以天下大駭, 儒墨皆起. 其作始有倫, 而今乎婦女, 何言哉! 余語汝, 三皇五帝之治天下, 名曰治之, 而亂莫甚焉. 三皇之知, 上悖日月之明, 下睽山川之精, 中墮四時之施, 其知憯於蠣蠆之尾, 鮮規之獸, 莫得安其性命之情者, 而猶自以爲聖人, 不亦可恥乎, 其无恥也?"

子貢蹴蹴然立不安.

육경이 과연 쓸모가 있는가 14.8

공자가 노담에게 말했다.

"저는 《시》·《서》·《예》·《악》·《역》·《춘추》의 육경을 공부한 것이 스스로 오래되었다고 생각하는데 그 내용을 익히[24] 알고 있습니다. 그것을 가지고 일흔두 명의 군주에게 [쓰이기를] 구하면서 선왕의 도를 토론하고 주공과 소공의 행적을 밝혀냈건만 한 명의 군주도 [저를] 취하여 쓰지 않았습니다. 심합니다! 사람을 설득하기 어렵고 도를 밝히는 것이 어렵겠지요?"

노자가 말했다.

"다행이오. 그대가 세상을 다스리는 군주를 만나지 못함이여! 육경은 선왕이 남긴 발자취일 뿐 어찌 그 발자취를 만들어낸 근원적인 것이겠소! 지금 그대가 하는 말은 발자취와 같소. 발자취는 신발에서 나온 것이니, 발자취가 어찌 신발이겠소!

흰 물새가 서로 바라보면서 눈동자를 움직이지 않고도 새끼를 낳고, 벌레는 수컷이 바람 위쪽에서 울면 암컷이 바람 아래쪽에서 응하여서 새끼를 낳으니, 같은 부류는 저절로 암수가 되므로 새끼를 낳소. 본성은 바꿀 수 없고, 운명은 변할 수 없으며, 시간은 멈출 수 없고, 도는 막을 수 없소. 만약 도를 터득하면 저절로 안 될 것이 없지만, [도를] 잃으면 저절로 될 것이 없을 것이오."

공자가 석 달을 나오지 않다가 다시 [노자를] 뵙고 말했다.

---

24) 원문의 '숙孰'을 번역한 것으로, '익숙하다[熟]'와 통하며 '잘 알고 있다'라는 의미다.

"저는 도를 터득했습니다. 까막까치는 [알로써] 새끼를 낳고, 물고기는 거품을 내어주어 새끼를 낳으며, 땅벌은 [누에를 키워] 변화시키고, [사람은] 동생이 생기면 형이 웁니다. 오래됐습니다, 제가 조화와 벗이 되지 못한지도! 조화와 벗이 되지 못하고 어찌 사람을 교화할 수 있겠습니까!"

노자가 말했다.

"옳소. 공구 [그대는] 도를 터득했구려!"

孔子謂老聃曰: "丘治詩書禮樂易春秋六經, 自以爲久矣, 孰知其故矣. 以奸者七十二君, 論先王之道而明周召之迹, 一君無所鉤用. 甚矣夫! 人之難說也, 道之難明邪?"

老子曰: "幸矣子之不遇治世之君也! 夫六經, 先王之陳迹也, 豈其所以迹哉! 今子之所言, 猶迹也. 夫迹, 履之所出, 而迹豈履哉! 夫白鶂之相視, 眸子不運而風化. 蟲, 雄鳴於上風, 雌應於下風而風化. 類自爲雌雄, 故風化. 性不可易, 命不可變, 時不可止, 道不可壅. 苟得於道, 无自而不可. 失焉者, 无自而可."

孔子不出三月, 復見曰: "丘得之矣. 烏鵲孺, 魚傅沫, 細要者化, 有弟而兄啼. 久矣夫丘不與化爲人! 不與化爲人, 安能化人!"

老子曰: "可. 丘得之矣!"

제15편

각의刻意

뜻을 새기다

【해설】

상당히 짧은 편폭으로 구성된 이 편 역시 제목을 편의 첫머리 두 글자에서 따왔다. 다음 편인 〈선성繕性〉 편과 연속선상의 편으로 이 편 역시 장자의 사상을 추종하는 자들에 의해 쓰인 것임을 알 수 있다. 물론 그 시기도 전국시대 말 이후이다.

1장에 등장하는 다섯 명의 인물 유형의 성향에 대해 세상을 피해 방황하거나 비난하다가 자기 목숨을 던지는 자들에 대한 냉소가 있다. 물론 인의나 충신 등 도덕의 문제를 거론하는 자들도 있고, 정치적으로 관심이 많은 유형도 있으며, 양생술에 빠진 자들도 있는데, 모두가 비판의 대상이 되는 인물들이다. 이런 유형을 초월한 여덟 명의 성인의 경우 염담적막恬淡寂漠의 경지에서 허정과 무위의 태도로 자연의 도를 따르면서 순박함을 기본으로 한다. 그런 면에서 이 편은 〈천도〉 편과 함께 읽어봐도 좋을 듯하다.

2장에서는 지나치게 기뻐하거나 슬퍼하거나 화내지 말고, 마음을 순수하고 소박하게 유지해야 함을 강조하고, 3장에서도 이어서 정신을 잘 보존해야 하는 이유를 설명하고 있다.

이 편은 문단 구분이 되지 않은 하나의 장으로 보아도 괜찮고, 그 형식 또한 치밀한 논변식 문장으로 구성되어 있다고 보이지만, 논지가 결여된 위작이라는 설이 공존한다. 독자들의 가독성을 위해 3장으로 분장하기도 한다.

정신을 어떻게 잘 보전하고 수양할 것인가 하는 문제가 이 편의 핵심인데, 문장의 격은 좀 떨어진다는 평도 있다.

온전한 덕으로 무위로 살아가기 15.1

뜻을 새기고[1] 행동을 고상하게 하여 세상을 떠나고, 세속과 다르게 하여 고고한 담론을 논하며, 원망하거나 비난하여 자신을 높일[2] 뿐이니, 이는 산골짜기의 선비와 세상을 비난하는 사람[3]과 말라비틀어져[4] 몸을 던지는[5] 자들이 좋아하는 것이다. 인의와 충성과 믿음, 공손과 검소, 추천과 양보를 말하며 수양할 뿐이니, 이는 태평한 세상의 선비[6]와 가르치는 사람과 노닐거나 배우는 자들이 좋아하는 것이다. 큰 공적을 말하고, 큰 이름을 세우며, 군신의 예와 상하를 바르게 하여 다스리게 할 뿐이니, 이는 조정의 선비와 군주를 존중하고 나라를 강하게 하는 사람과 공을 이루어 겸병하는 자들이 좋아하는 것이다. 숲이나 못가에 나아가고 한적하고 넓은 곳에 살면서 한가한 곳에서 물고기나 잡으며 [억지로] 하지 않을 뿐이

---

1) 원문의 '각의刻意'를 번역한 것으로, '각刻'에 대해 육덕명은 "뜻을 새기고 높게 함[削意令峻]"이라고 풀이했다. 임희일은 '조각함[彫刻]'이라고 했다. 반면에 '준엄하고 고고하다'라는 의미도 있다.

2) 원문의 '위항爲亢'을 번역한 것으로 자신을 높인다는 뜻인데, 비꼬는 말투이다. 이이가 "높임을 다하는 것을 '항亢'이라 말한다[窮高曰亢]."라는 주석이 참고할 만하다.

3) 원문의 '비세지인非世之人'을 번역한 것으로, '비非'는 '비誹'와 같다. '비세非世'란 '세상을 비난하다'라는 뜻이다.

4) 원문의 '고고枯槁'를 번역한 것으로 '말라비틀어진 모습'을 말하는데, 《초사楚辭》〈어부漁夫〉 편에 "안색이 꾀죄죄하고 모습이 말라비틀어져 있었다[顔色憔悴, 形容枯槁]."라는 구절이 보인다. 성현영은 포초鮑焦와 개자추介子推를 비유한 것이라고 했다. 삶에 지칠 대로 지친 모습을 말한다.

5) 원문의 '부연赴淵'을 번역한 것인데 '연못에 몸을 던진다'는 의미로, 성현영의 풀이에 따르면, 신도적申徒狄과 변수卞隨와 같은 인물을 비유한 것이다.

6) 원문의 '평세지사平世之士'를 번역한 것으로, 성현영은 "태평한 시대에 세상을 다스리는 선비[平時治世之士]"라고 했다.

니, 이는 강과 바닷가의 선비[7]와 세상을 피해 사는 사람들과 한가한 자들이 좋아하는 것이다. 숨을 급히 쉬거나 천천히 내쉬고 들이마시면서 오래된 기운을 토해내고 새로운 기운을 받아들이며 곰처럼 서고 새처럼 펴면서 장수할 뿐이니, 이는 도인道引[8]하는 선비와 몸을 기르는 사람과 팽조와 같이 장수하는 자들이 좋아하는 것이다.

무릇 뜻을 새기지 않고도 고상해지고, 인의가 없어도 닦이며, 공명이 없어도 다스려지고, 강이나 바다가 없어도 한적하며[9], 도인을 하지 않아도 장수하니, 잊지 않는 것이 없고 소유하지 않는 것이 없다. 담담한 모습으로[10] 끝이 없어 온갖 아름다움[11]이 따르니, 이것이 천지의 도이고 성인의 덕이다.

---

7) 원문의 '강해지사江海之士'를 번역한 것으로, 〈천도〉 13.2에서는 "강과 바다, 산림의 선비[江海, 山林之士]"라는 표현이 나왔고, 〈양왕讓王〉 28.13에도 "몸은 강과 바닷가에서 [은거하고] 있지만[身在江海之上]"이라고 했는데, 이러한 표현에서와 같이 '강해江海'는 '은둔할 만한 장소'라는 의미로 보면 무방하다.'

8) '도인'에 대해 이이는 "기운을 이끌어 조화롭게 하고, 육체를 당겨 부드럽게 하는 것이다[導氣令和, 引體令柔]."라고 했다. 《사기》 〈유후세가留侯世家〉의 "유후는 태어날 때부터 병이 많았으므로 도인술을 하면서 곡식을 먹지도 않고 문밖에 나가지 않는 것이 1년 남짓 될 때도 있었다[留侯性多病, 卽道引不食穀, 杜門不出歲餘]."라는 기록으로 보아 장량張良도 도인술을 익혔던 것으로 보인다.

9) 여기서 강이나 바다는 은둔하는 장소를 지칭하여, 그러한 장소에서 노닐지 않고도 저절로 한적하다는 의미다. 왕수민은 '세속에 들어가는 것[入俗]'이면서도 '세속에 초연하는 것[超俗]'이라고 풀이했다.

10) 원문의 '담연澹然'을 번역한 것인데, '담담한 모양', '담박한 모양'을 뜻한다. '담이澹而'로 쓰인 판본도 있다. '담澹'은 '담淡'과 의미가 통한다.

11) 원문의 '중미衆美'를 번역한 것으로, 뭇사람이 추구하는 아름다움의 가치를 말한다. 즉, 여혜경의 풀이대로 '고상함[高]', '수양[修]', '다스림[治]', '여유로움[閒]', '장수[壽]'와 같은 것이다.

그러므로 "편안하고 담백하며 적막하고 허무하며 무위함, 이것이 천지의 근본이고 도덕의 본질이다."라고 말한다. 따라서 "성인은 [이러한 경지에서] 쉰다."라고 말하는 것이니, [쉬면] 평이하게 되고, 평이하면 편안하고 담백하게 되고, 평이하고 편안하며 담백하면 근심 걱정이 들어올 수 없으며, 사악한 기운이 엄습할 수 없다. 그러므로 그 덕은 온전하고 정신은 훼손되지 않는다.

刻意尙行, 離世異俗, 高論怨誹, 爲亢而已矣. 此山谷之士, 非世之人, 枯槁赴淵者之所好也. 語仁義忠信, 恭儉推讓爲修而已矣. 此平世之士, 教誨之人, 遊居學者之所好也. 語大功, 立大名, 禮君臣, 正上下, 爲治而已矣. 此朝廷之士, 尊主强國之人, 致功幷兼者之所好也. 就藪澤, 處閒曠, 釣魚閒處, 无爲而已矣. 此江海之士, 避世之人, 閒暇者之所好也. 吹呴呼吸, 吐故納新, 熊經鳥申, 爲壽而已矣. 此道引之士, 養形之人, 彭祖壽考者之所好也.

若夫不刻意而高, 无仁義而修, 无功名而治, 无江海而閒, 不道引而壽, 无不忘也, 无不有也, 澹然无極而衆美從之. 此天地之道, 聖人之德也. 故曰: "夫恬惔寂漠虛无无爲, 此天地之平而道德之質也." 故曰: "聖人休." 休焉則平易矣, 平易則恬惔矣, 平易恬惔, 則憂患不能入, 邪氣不能襲. 故其德全而神不虧.

그러므로 "성인의 삶은 하늘의 운행이고 그 죽음은 만물의 조화[12]이니, 고요하면서는 음과 덕을 같이하고, 움직이면서는 양과 물결을 같이한다."라고 말한다. 복福을 행하려고 앞서지 않고, 화禍를 행하려고 시작하지 않으며, 느낀 뒤에 응하고, 임박한 뒤에 움직이며, 마지못해 한 뒤에 일어난다. 지혜와 기교를 버리고[13] 하늘의 이치를 따른다. 그러므로 하늘의 재앙이 없고, 사물의 얽매임이 없으며, 사람의 비난이 없고, 귀신의 책망도 없다. 그 삶은 떠다니는 것 같고, 그 죽음은 쉬는 것 같다. 생각하거나 염려하지 않고 미리 도모하지 않으며, 빛나도 요란하지 않고 믿을 만하지만 기약하지 않으며, 잠자도 꿈꾸지 않고 깨어도 근심이 없으며, 그 정신은 순수하고 그 혼은 지치지 않는다. 허무하고 편안하고 담백하여 하늘의 덕에 합한다.

그러므로 "슬픔과 즐거움은 본래의 덕이 삿된 것이고, 기쁨과 노여움은 도의 잘못이며, 좋음과 싫음은 덕의 상실이다."라고 말한다. 따라서 마음에 근심과 즐거움이 없는 것이 덕의 지극함이고, 도와 하나가 되어 변하지 않는 것이 고요함의 지극함이며, 어긋남이 없

12) 원문의 '물화物化'를 번역한 것이다. '물화'는 〈제물론〉 편이나 〈천지〉 편 등에서도 나오는데, 특히 〈천도〉 13.3에 "하늘의 즐거움을 아는 자는 그 삶은 하늘의 운행이고, 그 죽음은 만물의 조화이다[知天樂者, 其生也天行, 其死也物化]."라는 유사한 구절이 있다.

13) 원문의 '거지여고去知與故'를 번역한 것으로, '고故'는 '기교[巧]'를 뜻한다(왕선겸 설). 마쉬룬은 "거짓으로 속이는 뜻[詐僞之義]"으로 주해했다. 또한 '고의'의 뜻으로 일부러 하려는 의도로써의 인위적인 행동으로 풀이한 경우도 있다(안병주·전호근 설).

는 것이 비움의 지극함이고, 사물과 교류하지 않는 것이 담백한 것의 지극함이며, 거스름이 없는 것이 순수의 지극함이다. 그러므로 "몸을 고달프게 한 뒤 쉬지 않으면 피폐해지고, 정기를 쓰기만 하고 그치지 않으면 피로해지니, 피로해지면 고갈된다."라고 말한다.

故曰: "聖人之生也天行, 其死也物化. 靜而與陰同德, 動而與陽同波." 不爲福先, 不爲禍始. 感而後應, 迫而後動, 不得已而後起. 去知與故, 循天之理. 故无天災, 无物累, 无人非, 无鬼責. 其生若浮, 其死若休. 不思慮, 不豫謀. 光矣而不耀, 信矣而不期. 其寢不夢, 其覺无憂. 其神純粹, 其魂不罷. 虛无恬惔, 乃合天德.

故曰: "悲樂者, 德之邪. 喜怒者, 道之過. 好惡者, 德之失." 故心不憂樂, 德之至也. 一而不變, 靜之至也. 无所於忤, 虛之至也. 不與物交, 惔之至也. 无所於逆, 粹之至也. 故曰: "形勞而不休則弊, 精用而不已則勞, 勞則竭."

몸과 정신을 보양하는 것이 진인이 되는 것 15.3

물의 본성은 섞이지 않으면 맑고, 움직이지 않으면 평평하지만, 막고 닫아서 흐르지 못하게 하면 또한 맑을 수 없으니 하늘의 덕의 형상이다. 그러므로 "순수하여 섞이지 않고 고요히 순일하여 변하지 않으며, 담백하여 무위하고, 움직임은 하늘의 운행으로써 한다."

라고 말하니, 이것이 정신을 기르는 방도이다. 오나라나 월나라[14]의 검을 가진 자가 그것을 상자에 넣어[15] 보관해두고 감히 쓰지 않는 것은 보배의 지극함이다. 정신은 사방으로 통하고 [널리] 아우르며 흘러[16] 다하지 않음이 없어서, 위로는 하늘에 다다르고 아래로는 땅에 서려 만물을 화육化育하지만 그 모습을 알 수 없으니, 그것을 동제同帝라고 이름한다.

순수하고 소박한 도[17]는 오직 정신만을 지킨다. 지켜서 잃지 않으면 정신과 하나가 되며, 하나로 정밀하게 통하면 천륜[18]에 합한다. 민간의 속담에 이런 말이 있다.[19]

"보통 사람은 이익을 중요시하고, 청렴한 선비는 명예를 중요시하며, 현인은 뜻을 숭상하고, 성인은 정신을 귀하게 여긴다."

14) 원문의 '간월干越'을 번역한 것으로, '간干'은 '오吳'를 말한다. 한편 '간干'을 계곡 이름[溪名], '월越'을 산 이름[山名]으로 보아 "이곳에서 좋은 검이 많이 나왔다."라고 하는 설도 있다.

15) 원문의 '합柙'을 번역한 것으로 '상자[匣]'의 뜻과 같은데, 여기서는 '상자에 넣다'라는 의미다. '압押'으로 쓰인 판본도 있으며, '칼집[柗]'으로 풀이한 경우도 있다(마쉬룬 설).

16) 원문의 '병류竝流'를 번역한 것으로 '널리 아우르며 흐른다'는 것이다. 안병주·전호근은 '병竝'을《설문해자》에서 "'방旁'은 '널리[溥]'이다[旁, 溥也]."라고 풀이한 것에 따라 '방旁'의 가차자로 보기도 한다고 했는데, 참조할 만하다.

17) 원문의 '순소지도純素之道'를 번역한 것으로, '순소純素'는 '순수'와 '소박'을 가리켜 말한 것이다.《장자》에서 '도道'를 '소박하다[素]'에 빗대어 말한 경우가 자주 등장하는데, 예를 들자면 〈천지〉 편 12.11과 〈달생〉 편 19.2가 그렇다(이케다 도모히사 설).

18) '천륜天倫'은 하늘, 즉 자연의 질서이다. 15.2에서 "하늘의 이치를 따른다[循天之理]."의 구절과 연계된다. 성현영은 "자연의 이치에 그윽하다[冥乎自然之理]."라고 보았다.

19) 원문의 '야어유지왈野語有之曰'을 번역한 것이다. '야어野語'는 '민간의 속담'으로, 〈추수〉 편 17.1에도 이 표현이 나온다.

그러므로 소박함은 함께 섞인 것이 없는 것을 말하고, 순수함은 그 정신을 무너뜨리지 않는 것을 말하니, 순수함과 소박함을 체득한 사람을 진인眞人이라고 말한다.

水之性, 不雜則淸, 莫動則平. 鬱閉而不流, 亦不能淸. 天德之象也. 故曰: "純粹而不雜, 靜一而不變, 惔而无爲, 動而以天行", 此養神之道也. 夫有干越之劍者, 柙而藏之, 不敢用也, 寶之至也. 精神四達竝流, 无所不極, 上際於天, 下蟠於地, 化育萬物, 不可爲象, 其名爲同帝.

純素之道, 唯神是守. 守而勿失, 與神爲一. 一之精通, 合於天倫. 野語有之曰: "衆人重利, 廉士重名, 賢人尙志, 聖人貴精." 故素也者, 謂其无所與雜也. 純也者, 謂其不虧其神也. 能體純素, 謂之眞人.

제16편

선성繕性

본성을 기르다

【해설】

이 편도 앞의 〈각의刻意〉 편처럼 편폭이 매우 짧은데, '염恬'과 '지知' 두 글자로 골격을 삼고 있다는 평이 있으며, 1장의 앞머리 두 글자에서 따와 편명으로 삼았다. 일관된 한 편의 논변식 문장으로 볼 수도 있으나, 앞 편과 마찬가지로 3장으로 나누었다. 이 편의 논조 역시 앞 편과 거의 유사한데, 세상의 학문과 사고를 비판하면서 본성을 기르는 방법은 고요함에 있다는 것이다.

이 편의 제목에서 '선繕'은 '다스리다[治]'라는 의미이고, '성性'은 자연스러운 본성이니, 지혜와 본성을 서로 잘 조화시키는 과정을 통해 사회와 제대로 된 조화를 이룰 수 있다고 본다. 2장은 세속의 학문과 생각을 버리라는 것을 필두로 하여 인간이 지혜와 인위가 늘면서 덜 순박해지고 혼란에 빠지게 되었다는 것이 주요 논지다. 그리고 지혜보다는 무위로 몸을 보전하라는 3장이 결론으로 마무리된다. 특히 이 편을 잘 읽어보면 장자 사상이 스며들어 있으면서도 다른 한편으로는 유가 사상에 대한 비판적 수용도 보인다. 한마디로, 무위자연의 도를 바탕으로 하면서도 '자기를 바르게 하다[正己]'라는 유가의 수양론의 면모도 함께 드러나는데, 그 궁극적 지향점은 여전히 도가의 본질에 있다.

요컨대, 세상이 점차 인위적인 것들로 변하여 올바른 도가 행해질 수 없으나, 참된 도를 깨달은 사람은 때에 맞춰 융통성 있게 대처하고 변할 수 있다는 것이다.

세속의 학문과 세속의 생각을 버려라 16.1

세속에서 본성을 기르면서 세속의 학문으로써 그 처음으로 돌아가기를 구하고, 세속의 생각으로 욕망을 다스려 그 밝음에 이르기를 구하는 것을 꽉 막혀 어리석은 백성[1]이라고 말한다.

옛날에 도를 다스린 자는 편안함으로써 지혜를 길렀고, 지혜가 생기더라도 지혜로 무엇을 하려 하지 않았으니, 이것을 지혜로써 편안함을 기른다고 말하는 것이다. 지혜와 편안함이 교차하여 서로 길러주니 조화와 이치가 그 본성에서 나온다. 덕은 조화이고, 도는 이치다. 덕은 포용하지 않는 것이 없으니 인仁이고, 도는 이치에 맞지 않는 것이 없으니 의義이다. 의가 분명해서 사물과 가까우니 충忠이고, 마음이 순수하고 충실해서 실정으로 돌아가니 악樂이며, 믿음 있는 행동이 몸에 수용되어서 문식으로 순응하니 예禮이다. 예와 악이 치우쳐 행해지면 천하가 어지러워진다. 저들이 바르게 하여 자기의 덕을 덮으면 덕이 가려지지 않으니[2], 가려지면 사물은 반드시 그 본성을 잃게 된다.

繕性於俗, 俗學以求復其初. 滑欲於俗思, 以求致其明. 謂之蔽蒙之民.

古之治道者, 以恬養知. 知生而无以知爲也, 謂之以知養恬. 知與恬交相養, 而和理出其性. 夫德, 和也. 道, 理也. 德无不容, 仁也. 道无不

1) 원문의 '폐몽지민蔽蒙之民'을 번역한 것으로, '폐蔽'는 '막힘[塞]'이라는 뜻이고, '몽蒙'은 '어둡다[暗]'는 뜻이다(성현영 설).

2) 원문의 '불모不冒'를 번역한 것으로, '모冒'는 "만물을 감싸고 덮어서 화육한다."라는 의미다(안병주·전호근 설).

理, 義也. 義明而物親, 忠也. 中純實而反乎情, 樂也. 信行容體而順乎文, 禮也. 禮樂偏行, 則天下亂矣. 彼正而蒙己德, 德則不冒, 冒則物必失其性也.

지혜와 인위가 늘면서 혼란에 빠지다 16.2

옛날 사람들은 [천지가 분화되지 않아서] 섞여서 어두운[3] 가운데 온 세상 사람들과 함께 편안하고 담백하며 적막할[4] 수 있었다. 이때는 음양의 조화로 고요하고, 귀신도 어지럽히지 못하며, 사계절은 절도에 맞고, 만물은 손상되지 않으며, 뭇 생명은 일찍 죽지도 않았다. 사람들이 지혜를 지녔어도 그것을 쓸 바가 없었으니, 이를 '지극한 하나[至一]'라고 말한다. 이때는 [억지로] 하지 않아도 저절로 그렇게 되었다.

덕이 낮아지고 쇠락함에 따라 수인씨와 복희씨에 이르러 천하를 다스리기 시작했다. 이 때문에 순응했어도 하나로 되지 못했다. 덕이 또 낮아지고 쇠락하여 신농씨와 황제에 이르러 비로소 천하를 다스리기 시작했다. 이런 까닭으로 편안했어도 순응하지 못했다. 덕이 또 낮아지고 쇠락하여 도당씨(요임금)와 유우씨(순임금)에 이르러 천하를 다스리기 시작하니, 다스림과 교화의 흐름으로 순박함을 흐리게 하고 소박함을 흩어서 도를 떠난 것으로써 선으로 하고

---

3) 원문의 '혼망混芒'을 번역한 것으로, '천지가 아직 분화되지 않았을 때의 혼돈 상태'이다(안병주·전호근 설).

4) 원문의 '담막澹漠'을 번역한 것으로, '담澹'은 '편안하고 담백함[恬淡]', '막漠'은 '적막寂漠'과 같다. '염담'과 '적막'은 앞의 〈천도〉와 〈각의〉 편 등에서 나오는데, 여기서는 편안하고 담백하며 적막한 세상을 말한 것이다.

덕을 위험하게 하는 것으로써 행했다. 그런 뒤에 본성을 버리고 사심에 따라 사심과 사심을 식별하여 알게 되니 천하를 안정시키기에 부족했다. 그런 뒤에 무늬로 붙이고 박학으로 더했다. 문식은 본질을 없애고[5] 박학은 사심을 빠뜨리니, 그런 뒤에 백성은 미혹되고 혼란스럽기 시작하여 그 본성의 실정으로 돌아가 그 처음으로 돌아가지 못했다.

이로 말미암아 살펴보면 세상은 도를 잃었고, 도는 세상을 잃었다. 세상과 도가 서로 상대를 잃으니, 도를 지닌 사람이 어찌 세상에 일어나겠으며, 세상 또한 어찌 도에서 일어나겠는가! 도가 세상에 일어날 수 없고 세상이 도에서 일어날 수 없다면 비록 성인이 산림 속에 있지 않더라도 그 덕은 숨겨진 것이다.

은둔이란 본래 자신을 숨기는 것이 아니다.[6] 옛날의 숨은 선비라고 말하는 것은 몸을 숨기고 드러내지 않은 것이 아니고, 그 말을 막아서 표출하지 못한 것이 아니며, 그 지혜를 감춰서 밖으로 드러내지 않은 것이 아니니, 시대의 사명이 크게 어긋났던 것이다. 시대의 사명을 만나 천하에 크게 행해지면 자취도 없이 하나로 돌

5) 원문의 '문멸질文滅質'을 번역한 것으로, '문文'과 '질質'은《논어》〈옹야〉 6.16에 나오는 '문질빈빈文質彬彬'과 연관해서 볼 필요가 있다. "공자께서 말씀하셨다. '바탕이 꾸밈을 이기면 촌스럽고, 꾸밈이 바탕을 이기면 텅 빈 듯하다. 꾸밈과 바탕이 고르게 조화를 이룬 사람이라야 군자인 것이다'[子曰: '質勝文則野, 文勝質則史. 文質彬彬, 然後君子']."

6) 원문의 '은隱, 고부자은故不自隱'을 번역한 것으로 "숨겨졌으므로 저절로 숨은 것이 아니다."라고 번역하기도 하는데, 정반대의 해석이 되어버린다. 전목錢穆은 '고固'와 같고 '불不'은 '비非'와 같다고 했다. 안동림은 '본래'의 의미를 취하여 "덕을 숨긴다 함은 본래 [성인이] 스스로가 숨기는 것이 아니다."라고 번역했다. 김학주도 '본래[固]'의 의미와 통한다는 설을 취하여 "덕이 숨겨진다는 것은 본시 성인 스스로가 덕을 숨기는 것이 아니다."라고 번역했다.

아갈 것이고, 시대의 사명을 만나지 못해 천하에 크게 궁핍해지면 뿌리를 깊게 하고 지극함을 편안히 하여 기다리니, 이것이 몸을 보존하는 도[7]이다.

古之人, 在混芒之中, 與一世而得澹漠焉. 當是時也, 陰陽和靜, 鬼神不擾, 四時得節, 萬物不傷, 群生不夭, 人雖有知, 无所用之, 此之謂至一. 當是時也, 莫之爲而常自然.

逮德下衰, 及燧人伏羲始爲天下, 是故順而不一. 德又下衰, 及神農黃帝始爲天下, 是故安而不順. 德又下衰, 及唐虞始爲天下, 興治化之流, 澆淳散朴, 離道以善, 險德以行, 然後去性而從於心. 心與心識知而不足以定天下, 然後附之以文, 益之以博. 文滅質, 博溺心, 然後民始惑亂, 无以反其性情而復其初.

由是觀之, 世喪道矣, 道喪世矣. 世與道交相喪也, 道之人何由興乎世, 世亦何由興乎道哉! 道无以興乎世, 世无以興乎道, 雖聖人不在山林之中, 其德隱矣.

隱, 故不自隱. 古之所謂隱士者, 非伏身而弗見也, 非閉其言而不出也, 非藏其知而不發也, 時命大謬也. 當時命而大行乎天下, 則反一无迹. 不當時命而大窮乎天下, 則深根寧極而待. 此存身之道也.

7) 원문의 '존신지도存身之道'를 번역한 것으로, '존신存身'은 자연의 타고난 본성과 목숨을 보존한다는 뜻이다. 곽상은 "몸을 보존하고서 세상이 흥기되지 못하는 것은 없다[未有身存而世不興者也]."라고 풀이했다.

지혜를 버리고 무위로 몸을 보존하라 16.3

옛날에 몸을 보존한[8] 자는 변론으로 지혜를 꾸미지 않았고, 지혜로 천하를 궁구히[9] 하지 않았으며, 지혜로 덕을 궁구히 하지 않았다. 바른 모습으로[10] 그 자리에 머물면서 자신의 본성으로 돌아갈 뿐이니 또한 무엇을 했겠는가! 도는 본래 소소한 행위가 아니고, 덕은 본래 소소한 앎이 아니니, 소소한 앎은 덕을 상하게 하고, 소소한 행위는 도를 상하게 한다. 그러므로 "자신을 바르게 할 뿐이다."라고 말하니, 즐거움이 온전해지는 것을 '뜻을 얻었다[得志]'라고 말하는 것이다.

옛날에 말하는 '뜻을 얻었다[得志]'라고 하는 것은 수레나 면류관[11]을 말하는 것이 아니고, 그 즐거움에 더할 것이 없었음을 말할 뿐이었는데, 요즘 뜻을 얻었다고 말하는 것은 수레나 면류관을 말한다. 수레나 면류관이 자신에게 있는 것은 [타고난] 본성과 목숨이 아니고, 외물이 홀연히[12] 와서 기댄 것이다. 기대므로 그 오는 것을 막을 수 없고, 그 가는 것을 멈추게 할 수 없다.

---

8) 원문의 '행신行身'을 번역한 것으로, '행行'은 '보존하다[存]'의 의미로 보아야 한다. '행'이 '존存'으로 쓰인 판본도 있다.

9) 원문의 '궁窮'을 번역한 것으로, 성현영은 '곤궁하고 누추함[困累]'의 뜻으로 풀이하기도 했으나, 여기서는 취하지 않는다.

10) 원문의 '위연危然'을 번역한 것으로, '위危'는 '바르다[正]'의 뜻과 같다. 성현영은 '홀로[獨]'의 뜻으로 풀이했으며, '위연危然'에 대해 곽상은 "홀로 곧은 모습[獨正之貌]"이라고 했다.

11) 원문의 '헌면軒冕'을 번역한 것으로, '헌軒'은 '수레[車]'이고, '면冕'은 '관冠'을 말한다(성현영 설).

12) 원문의 '당儻'을 번역한 것으로, 성현영도 "뜻밖에 홀연히 오는 것일 뿐이다[意外忽來者耳]."라고 풀이했다.

그러므로 높은 벼슬로 뜻을 방자하게 하지 않고 궁핍함으로 세속을 따르게 하지도 않으니, 그 즐거움은 저것과 이것이 같은 것이다. 그러므로 근심이 없을 뿐인데, 지금은 의탁한 것이 가면 즐겁지 못하니, 이로 말미암아 살펴보면 비록 즐겁더라도 일찍이 거칠어지지 않은 적이 없다. 그러므로 "사물에 자신을 잃고 세속에 본성을 잃는 자는 뒤바뀐 백성[13]이라고 말한다."라고 말하는 것이다.

古之行身者, 不以辯飾知, 不以知窮天下, 不以知窮德, 危然處其所而反其性已, 又何爲哉! 道固不小行, 德固不小識. 小識傷德, 小行傷道. 故曰: "正己而已矣." 樂全之謂得志.

古之所謂得志者, 非軒冕之謂也, 謂其无以益其樂而已矣. 今之所謂得志者, 軒冕之謂也. 軒冕在身, 非性命也, 物之儻來, 寄者也. 寄之, 其來不可圉, 其去不可止. 故不爲軒冕肆志, 不爲窮約趨俗, 其樂彼與此同, 故无憂而已矣. 今寄去則不樂, 由是觀之, 雖樂, 未嘗不荒也. 故曰: "喪己於物, 失性於俗者, 謂之倒置之民."

13) 원문의 '도치지민倒置之民'인데, '도치倒置'에 대해 "그 본성과 목숨을 거슬러 순응하지 않는 것이다[逆其性命而不順也]."라는 최선의 설이나 "외물로써 내면을 바꿈[以外易內]"이라는 상수의 설이 참고할 만하다.

제17편

추수秋水

가을의 큰물

【해설】

이 편 앞부분은《장자》서른세 편 중에서도 특히 명편으로 손꼽힌다. 앞의 편명과 같이 편 맨 앞의 두 글자를 편명으로 삼았다.

1장에는 전편의 절반이 넘는 분량을 할애하여 일곱 개의 문답으로 이어지는 하백과 약의 길고 긴 대화체 문장이 이어지는데, 내편의 제1편인 〈소요유〉 편 첫 장과 2편 〈제물론〉 편 첫 장의 분위기가 물씬 풍기므로, 이 두 편의 확장편으로 이해하면 무난하다. 1장은 가을에 홍수로 물이 불어난 것을 보면서 하백이 북쪽 바다의 신 약과 나눈 대화를 중심으로 전개된 가상의 대화록이다. 우물 안 개구리로 비유되는 것은 물론 그 전개 양상은 다른데, 제물에 지식과 실행, 인식의 틀, 무위의 문제 등등 다루려는 주제와 내용이 더 확장되었다는 데 기인한다. 여기서 나오는 소대小大, 정조精粗, 종시終始, 생사生死, 유무有無, 사소多少, 치란治亂, 시비是非, 귀천貴賤 등 대비적 개념을 통해 인간의 세계가 대립과 분별에서 한치도 헤어나지 못하고 있음을 비판한다. 여기서 북쪽 바다의 약이 제안한 것이 바로 "물관物觀", 즉 사물의 관점에서 바라보아야만 차별의 지점을 극복할 수 있다는 점이다. 그리고 또 제안한 해법이 바로 '무위자화無爲自化'의 논법이다.

장자가 우언의 주인공으로 등장하는 내용도 있는데, 독자들은 장자 삶의 단면을 충분히 추론해볼 수 있다. 5장의 우물 안 개구리가 동해안 자라에게 한 말이 실려 있는 내용이나 6장의 진흙 속에서 타고난 자유를 누리는 거북과 묘당 안의 희생물로 살다 죽는 거북을 비교하는 내용이나 7장의 재상 자리를 탐내지 않는 장자의 모습이 그려진 내용을 살펴보면 장자가 추구하는 삶의 방향을 알 수 있다. 물론 이 편의 또 다른 백미이기도 한 마지막 장의 피라미 이야기는 짧은 문답 속에 만물이 하나라는 장자식 사유를 보여주면서 논리보다는 직관의 중요성을 언급하는 내용으로 읽는 맛이 쏠쏠하다.

이 편을 통해 우리가 경험하고 공유하는 시공간에서 벗어나 좀 더 세상을 겸허하면서도 열린 시각으로 바라볼 필요가 있음을 인지할 수 있을 것이다.

천하의 아름다움을 품은 하백이 북쪽 바다의 신 약과 한 대화 17.1

가을의 큰물이 때마침 불어나[1] 온갖 냇물이 황하로 물을 대어 물줄기가 커지니, 양쪽 물가의 기슭과 모래톱[2] 사이의 소와 말을 분별하지 못할 지경이었다. 이에 하백河伯[3]은 기쁜 모습으로[4] 스스로 즐거워하며 천하의 훌륭함이 다 자신에게 있다고 여겼다. [그러고는] 물결 따라 동쪽으로 가다가 북쪽 바다[5]에 이르러서 동쪽을 바라보았는데 물의 끝이 보이지 않았다. 이에 하백이 비로소 자기 얼굴을 돌려 멍한 모습으로 바라보고는[6] [북쪽 바다의 신] 약을 향해 탄식하며 말했다.

"민간의 속담[7]에 이런 말이 있습니다. '도道 백 가지[8]를 들은 것으로 자기만 한 자가 없다고 여긴다.'라고 하는데, [이 말은] 저를 두

1) 원문의 '추수시지秋水時至'를 번역한 것이다. '시지時至'는 직역하면 '때마침 이르다'인데, '지至'는 곧 '불어나다'의 뜻으로, 이이는 "물이 봄에 생겨나고, 가을에 풍성해진다[水生於春, 壯於秋]."라고 보았다.

2) 원문의 '양사저애兩涘渚崖'를 번역한 것으로, '사涘'는 '물가[涯]' 또는 '언덕[岸]'으로 풀이하기도 하는데, '물가의 기슭'이고, '저渚'는 '물속에 머물 수 있는 곳[水中可居]'(사마표 설)을 말하는데, 즉 모래톱이다.

3) 성은 풍馮이고, 이름은 이夷이다. 빙이冰夷라고도 한다(육덕명 설). '황하의 신'을 말하며, '황하를 관장하는 우두머리'라는 뜻이다.

4) 원문의 '흔연欣然'인데, '기뻐하는 모양'이다.

5) 원문의 '북해北海'를 번역한 것으로, "지금의 내주萊州가 이곳이다[今萊州是]." (성현영 설) 한편 '발해渤海'라는 설도 있다.

6) 원문의 '망양望洋'을 번역한 것으로, '멍한 모습으로 바라보는 것'이다. '망望'이 '망盳'으로 쓰인 판본도 있다(육덕명 설).

7) 원문의 '야어野語'를 번역한 것인데, '속어俗語'와 같다. 〈각의〉 편 15.3에도 나온다.

고 하는 말입니다.

게다가 저는 일찍이 중니의 견문을 적다고 여기고[9], 백이의 절의를 가볍다고 여기는 이야기를 듣고서 애초에 믿지 않았었습니다. [그런데] 지금 제가 그대의 끝을 헤아리기 어려운 모습을 보고 나니, 만약 제가 그대의 문앞에 오지 않았다면 위태로웠을 것이고, 저는 큰 도[10]를 깨달은 사람들에게 오랫동안 비웃음을 샀을 겁니다."

북쪽 바다의 약이 말했다.

"우물 안 개구리가 바다에 대해 말할 수 없는 것은 [머무는] 터에 국한되기[11] 때문이고, 여름벌레가 얼음에 대해 말할 수 없는 것은 [사는] 때에 고집하기[12] 때문이며, 왜곡된 [견해를 지닌] 선비[13]가 도에 대해 말할 수 없는 것은 [배우는] 가르침에 묶여 있기 때문이네.

지금 그대는 [황하의] 물가에서 나와 큰 바다를 보고는 마침내 그대가 하찮다는 것을 알았으니, [이제 비로소 나는] 그대와 장차[14] 더불어 큰 이치를 말할 수 있겠네.

8) 원문의 '백百'을 번역한 것으로, '백百'에 대한 상반된 해석이 있다. '백'을 '만분의 일'이라고 보아 상대적으로 도를 '조금 듣다'라고 보기도 하고, '박博'의 가차자로 보아 '많다[多]', '크다[大]'의 의미로 보는 설도 있다.

9) 원문의 '소중니지문少仲尼之聞'을 번역한 것으로, 장지순張之純이 "중니가 널리 견문한 것을 적다고 여긴 것이다[以仲尼博聞爲少]."라고 풀이한 것을 따랐다.

10) 원문의 '대방大方'을 번역한 것으로 '대도大道'와 같다(사마표 설).

11) 원문의 '구拘'를 번역한 것으로 '국한되다'라는 뜻인데, "자신이 머무는 곳에 국한되는 것을 말한다[言局於其所居也]."라는 임희일의 견해를 따랐다.

12) 원문의 '독篤'을 번역한 것으로, '견堅' 또는 '고固'와 같다. 한편 '독'에 대해 사마표는 "두텁게 믿음[厚信]"이라고 보았고, 성현영도 같은 입장을 취했다.

13) 원문의 '곡사曲士'를 번역한 것으로, '전체를 모르고 일부만 아는 사람'이다(안병주·전호근 설). 역자는 성현영이 "왜곡된 견해를 지닌 선비로서 치우치고 고집하는 사람이다[曲見之士, 偏執之人]."라고 주석한 것에 의거하여 번역했다. 한편 '시골구석의 선비[鄕曲之士]'라는 풀이도 있다(사마표 설).

천하의 물 가운데 바다보다 큰 것이 없으니, 모든 하천이 그곳으로 돌아오는데 어느 때에 그치는지 알지 못하지만 가득 차지 않고, 바닷물이 새어나가는 곳[15]으로 빠져나가는데 어느 때에 그치는지 알지 못하지만 비워지지 않으며, 봄이나 가을에도 [수위가] 변하지 않고, 홍수나 가뭄도 알지 못하네.[16] 이는 바다가 장강이나 황하의 흐름을 [훌쩍] 넘는 것이니 [그] 양을 헤아릴 수 없을 지경이지.

그런데 내가 일찍이 이것으로써 스스로 대단하다고 하지 않는 것은 스스로는 천지에 몸을 기대고 음양에서 기氣를 받은 것으로써 여기니, 내가 천지 사이에 있는 것은 마치 작은 돌이나 작은 나무가 태산에 있는 것과 같기 때문이네. 바야흐로 [나 자신이] 작다는 것을 알게 되는 것에 해당하니[17] 또 어찌 스스로 대단하다고 하겠는가!

사해가 천지 사이에 있는 것을 셈해보면 작은 구멍[18]이 큰 못가에 있는 것과 비슷하지 않겠는가? 중원도 해내海內에 있는 것을 셈해보면 돌피의 알이 큰 창고에 있는 것과 비슷하지 않겠는가? 사물

14) 원문의 '이장爾將'을 번역한 것으로, '이爾'는 2인칭으로 쓰였고, '장將'에 대해서는 '기其'와 같다고 풀이한 경우도 있으나, 역자는 원문의 의미를 살려 번역했다.

15) 원문의 '미려尾閭'를 번역한 것으로 여러 가지 해석이 있는데, 성현영의 '바닷물이 빠지는 곳[泄海水之所]'이라는 풀이를 참조할 만하다. 즉, 바닷물이 새어나가는 곳을 뜻한다. 안병주·전호근, 안동림, 김학주 등도 대체로 이 설을 취했다.

16) "바다는 워낙 커서 기후변화에 좌우되지 않는다."라는 의미다.

17) 원문의 '방존호견소方存乎見少'를 번역한 것으로, '견見'은 '알게 되다'라는 뜻이고, '존存'은 '존재하다'라는 뜻에서 '~에 해당하다'로 의미를 확장하여 풀이한 견해(안병주·전호근)를 따랐다. 또한 "나 자신이 보잘것없는 존재라는 것이 드러났다."라는 풀이도 가능하다.

18) 원문의 '뇌공礨空'을 번역한 것으로, '뇌礨'는 '누壘'로 쓰인 판본도 있다. 임희일은 "작은 구멍으로, 벌집과 같은 부류이다[小穴也, 蜂窠之類]."라고 풀이했다.

의 수를 일컬어 만萬이라고 하는데, 사람은 [그중] 하나에 지나지 않네. 사람들[19]이 사는 구주는 곡식이 나는 곳과 배와 수레가 통하는 곳이지만 사람은 그중 하나에 해당할 뿐이지.

이것을 저 만물과 견주어보면 털끝이 말의 몸에 있는 것과 비슷하지 않겠는가? 오제가 [왕위를] 이은 것과 삼왕이 다툰 것이나 인한 사람[20]이 근심한 것, 그리고 임무를 띤 선비가 수고로운 것이 다 이러한 것이네.

백이는 그것을 사양해서 명예를 이루었고, 중니는 그것을 말해서 박학하다고 여겨졌으니, 이들이 스스로 대단하다고 한 것은 아까 그대가 스스로 [황하] 물에 대해 대단하다고 한 것과 비슷하지 않겠는가?"

하백이 말했다.

"그렇다면 제가 천지를 크다고 하고 털끝을 작다고 하는 것이 옳겠습니까?"

북쪽 바다의 약이 말했다.

"아니네. 사물은 재어보는 데에 끝이 없고, 시간은 멈춤이 없으며, 분수는 일정하게 정해진 것이 없고, 시작과 마침은 굳어진 것이 없네.

이 때문에 큰 지혜로는 먼 것과 가까운 것을 살피므로 작더라도

---

19) 원문의 '인졸人卒'인데, 여기서 '졸卒'은 '무리[衆]'의 뜻이다(사마표 설).

20) 원문의 '인인仁人'을 번역한 것인데, '인인'에 대해서는 〈변무〉 편 8.2에서 나온다. 해당 구절을 소개하면 이렇다. "아, 인의는 사람의 실정이 아니로다! 저 인한 사람은 어찌 그리 근심이 많은가? …… 지금 세상의 인한 사람은 걱정스러운 눈으로 세상의 우환을 근심한다[意仁義其非人情乎! 彼仁人何其多憂也? …… 今世之仁人, 蒿目而憂世之患]."

적다고 하지 않고, 크더라도 대단하다고 하지 않으니, 재어보는 데에 끝이 없다는 것을 알기 때문이네.

[큰 지혜로는] 옛날과 지금을 명백하게 하므로[21] 멀다고 고민하지 않고[22] 가깝다고 발돋움하지 않으니, 시간에 멈춤이 없다는 것을 알기 때문이네.

[큰 지혜로는] 차고 비는 것을 살피므로, 얻더라도 기뻐하지 않고 잃더라도 걱정하지 않으니, 분수에 일정함이 없다는 것을 알기 때문이네.

[큰 지혜로는] 평탄한 도에 밝으므로, 태어나도 기뻐하지 않고 죽어도 재앙이라 하지 않으니, 시작과 마침은 고정할 수 없다는 것을 알기 때문이네.

사람이 아는 것을 셈하는 것은 자신이 알지 못하는 것[을 셈하는 것]만 못하고, 그 삶의 시간은 아직 태어나지 않았던 시간만 못하네. 그 지극히 작은 것으로 그 지극히 큰 경지를 궁구하니, 이런 까닭에 미혹되고 혼란하여 스스로 터득할 수 없는 것이지.

이로 말미암아 살펴보면 또 어찌 털끝이 지극히 미세한 끝[23]이라고 단정하기에 충분한 것으로 알겠는가! 또 어찌 천지가 지극히 큰 경지라고 궁구하기에 충분한 것으로 알겠는가!"

---

21) 원문의 '증향금고證曏今故'를 번역한 것으로, '증證'과 '향曏'은 모두 '명백하게 하다[明]'라는 뜻이다(안병주·전호근 설). '금고今故'의 '고故'는 '고古'와 같다.

22) 원문의 '요이불민遙而不悶'을 번역한 것으로, '요遙'는 '장長'의 뜻과 같다(곽상 설). 한편 '요遙'를 '장수長壽', 뒤에 나오는 구절인 '철이불기掇而不跂'의 '철掇'을 '단명短命'으로 보기도 한다.

23) 원문의 '예倪'를 번역한 것으로, 임희일이 '끝[端]'이라고 풀이한 것을 참고할 만하다.

하백이 말했다.

"세상의 논의하는 자들이[24] 모두 '지극히 정밀한 것은 형체가 없고, 지극히 큰 것은 둘러쌀 수 없다.'라고 말하는데, 이것이 믿을 만한 실정입니까?"

북쪽 바다의 약이 말했다.

"세세한 것으로 큰 것을 보면 다 볼 수 없고, 큰 것으로 세세한 것을 보면 분명하게 볼 수 없네. 저 아주 작은 것[25]은 작은 것 중에서 [더] 미세한 것이고, 아주 큰 것[26]은 큰 것 중에서 [더] 성대한 것[27]이네. 그러므로 다르다고 하는 것은 편의대로 한 것이니, 이것은 형세에 [따라] 정해지는 것이지.

저 아주 작은 것과 거친 것은 형체가 있는 것에 한정한 것이네. 형체가 없는 것은 셈으로 나눌 수 없고, 둘러쌀 수 없는 것은 셈으로 다할 수 없는 것이지. 말로 논할 수 있는 것은 사물의 거친 것이고, 마음으로 다할 수 있는 것은 사물의 아주 작은 것이니, 말로도 논할 수 없고, 마음으로도 살펴서 다할 수 없는 것은 아주 작은 것과 거친 것에 한정되지 않는 것이지.

이 때문에 대인大人[28]의 행실은 남을 해롭게 하는 것에 나서지 않고, 어진 은혜를 대단하다고 하지 않네. 움직임은 이익을 위하지 않

24) 원문의 '세지의자世之議者'를 번역한 것으로, 구체적으로 혜시惠施를 비롯하여 명가名家 등의 논자들을 가리킨다.

25) 원문의 '정精'을 번역한 것으로 '아주 작은 것[微小]'을 말한다(성현영 설).

26) 원문의 '부垺'를 번역한 것으로, 앞의 '정精'과 상반된 개념으로 '아주 큰 것'이다.

27) 원문의 '은殷'을 번역한 것으로, 성현영은 "'은殷'은 '성대함'이다[殷, 大也]."라고 했다.

28) 여기서 '대인'이란 '도道를 터득한 위대한 사람'을 가리킨다.

고, 문지기나 노예를 천하다고 하지 않네. 재화로 다투지 않고, 양보를 대단하다고 하지 않으며, 일하는 데에 남[의 힘]을 빌리지 않고, 힘써 [스스로 구하여] 먹는 것을 대단하다고 하지 않으며, 탐욕과 더러움[29]을 천하다고 하지 않네. 행실은 세속과 다르지만 크게 다른 것[30]을 대단하다고 하지 않네. 행위는 대중을 따르는 데 있으나 아첨을 천하다고 하지도 않네.

[대인은] 세상의 벼슬과 녹봉으로 권하기에는 부족하고, 형벌과 수치로 치욕스럽게 하기에 부족하니, 옳고 그름으로 구분할 수 없고, 세세하고 큰 것으로 나뉠 수 없다는 것을 알기 때문이네. 듣기로 '도를 터득한 사람은 [소문이] 들리지 않고, 지극한 덕은 덕이라 하지 않으며, 대인은 자기가 없다.[31]'라고 하니 분수를 지킨[32] 지극함이지."

하백이 말했다.

"혹은 사물의 밖, 혹은 만물의 안에서 어디에 이르러 귀한 것과 천한 것이 나뉩니까? 어디에 이르러 큰 것과 작은 것이 나뉩니까?"

북쪽 바다의 약이 말했다.

"도의 면에서 살펴보면 만물에는 귀한 것과 천한 것이 없네. 만물에서 살펴보면 스스로 귀하다고 하고 상대를 천하다고 하며, 세속

29) 원문의 '오汚'인데, '오汙'로 쓰인 판본도 있다.

30) 원문의 '벽이辟異'를 번역한 것으로, '남다른 괴팍한 짓'으로 번역하기도 하는데 취하지 않는다.

31) 원문의 '대인무기大人无己'를 번역한 것으로, 〈소요유〉 편 1.6의 "지인은 자기가 없다[至人无己]."와 함께 읽어야 할 구문이다.

32) 원문의 '약분約分'을 번역한 것으로, 이케다 도모히사와 여혜경은 '약約'을 '적게 하다', '버리다'의 의미로 보아 '구분을 버리는'이라고 풀이했는데 참조할 만하다.

에서 살펴보면 귀한 것과 천한 것이 자기에게 있지 않지.

차이의 면에서 살펴보면 자신이 크다고 여기는 것으로 크다고 하면 만물이 크지 않은 것이 없고, 자신이 작다고 여기는 것으로 작다고 하면 만물이 작지 않은 것이 없네. 천지가 돌피의 알이 되는 것을 알고, 털끝이 산언덕이 되는 것을 안다면 차이의 정도[33]를 보게 되지.

공적의 면에서 살펴보면 자신이 [쓸모가] 있다고 여기는 것에 따라 [쓸모가] 있다고 하면 만물이 [쓸모가] 있지 않은 것이 없고, 자신이 [쓸모가] 없다고 여기는 것에 따라 [쓸모가] 없다고 하면 만물이 [쓸모가] 없지 않은 것이 없게 되네. 동쪽과 서쪽은 서로 반대지만 서로 없어서는 안 되는 것을 안다면 공적을 나누는 것이 정해지게 되지.

취향의 면에서 살펴보면 자신이 맞다고 하는 것에 따라 맞다고 하면 만물이 모두 맞지 않은 것이 없고, 자신이 그르다고 하는 것에 따라 그르다고 하면 만물이 그르지 않은 것이 없게 되네. 요임금과 걸이 자신이 맞다고 하고 상대를 그르다고 여긴다는 것을 알게 되면 취향의 논조를 볼 수 있을 것이네."

秋水時至, 百川灌河, 涇流之大, 兩涘渚崖之間, 不辯牛馬. 於是焉河伯欣然自喜, 以天下之美爲盡在己. 順流而東行, 至於北海, 東面而視, 不見水端, 於是焉河伯始旋其面目, 望洋向若而歎曰: "野語有之曰: '聞道百以爲莫己若者', 我之謂也. 且夫我嘗聞少仲尼之聞而輕伯夷之

33) 만물의 귀하고 천한 것, 크고 작은 것에 대한 상대적인 구분의 원리를 말한다. 김학주는 '차差'에 대해 '차등'이나 '상대적인 것'으로 풀이했다.

義者, 始吾弗信. 今我睹者之難窮也, 吾非至於子之門則殆矣, 吾長見笑於大方之家."

北海若曰: "井鼃不可以語於海者, 拘於虛也. 夏蟲不可以語於氷者, 篤於時也. 曲士不可以語於道者, 束於教也. 今爾出於崖涘, 觀於大海, 乃知爾醜, 爾將可與語大理矣. 天下之水, 莫大於海, 萬川歸之, 不知何時止而不盈, 尾閭泄之, 不知何時已而不虛. 春秋不變, 水旱不知. 此其過江河之流, 不可爲量數. 而吾未嘗以此自多者, 自以比形於天地而受氣於陰陽, 吾在天地之間, 猶小石小木之在大山也, 方存乎見少, 又奚以自多! 計四海之在天地之間也, 不似礨空之在大澤乎? 計中國之在海內, 不似稊米之在大倉乎? 號物之數謂之萬, 人處一焉. 人卒九州, 穀食之所生, 舟車之所通, 人處一焉. 此其比萬物也, 不似豪末之在於馬體乎? 五帝之所連, 三王之所爭, 仁人之所憂, 任士之所勞, 盡此矣. 伯夷辭之以爲名, 仲尼語之以爲博, 此其自多也, 不似爾向之自多於水乎?"

河伯曰: "然則吾大天地而小豪末, 可乎?"

北海若曰: "否, 夫物, 量无窮, 時无止, 分无常, 終始无故. 是故大知觀於遠近, 故小而不寡, 大而不多, 知量无窮. 證曏今故, 故遙而不悶, 掇而不跂, 知時无止. 察乎盈虛, 故得而不喜, 失而不憂, 知分之无常也. 明乎坦塗, 故生而不說, 死而不禍, 知終始之不可故也. 計人之所知, 不若其所不知. 其生之時, 不若未生之時. 以其至小求窮其至大之域, 是故迷亂而不能自得也. 由此觀之, 又何以知豪 末之足以定至細之倪!

又何以知天地之足以窮至大之域!"

河伯曰: "世之議者皆曰: '至精无形, 至大不可圍.' 是信情乎?"

北海若曰: "夫自細視大者不盡, 自大視細者不明. 夫精, 小之微也. 垺, 大之殷也. 故異便, 此勢之有也. 夫精粗者, 期於有形者也. 无形者, 數之所不能分也. 不可圍者, 數之所不能窮也. 可以言論者, 物之粗也. 可以意致者, 物之精也. 言之所不能論, 意之所不能察致者, 不期精粗焉. 是故大人之行, 不出乎害人, 不多仁恩. 動不爲利, 不賤門隸. 貨財弗爭, 不多辭讓. 事焉不借人, 不多食乎力, 不賤貪汚. 行殊乎俗, 不多辟異. 爲在從衆, 不賤佞諂. 世之爵祿不足以爲勸, 戮恥不足以爲辱. 知是非之不可爲分, 細大之不可爲倪. 聞曰: '道人不聞, 至德不得, 大人无己.' 約分之至[34]也."

河伯曰: "若物之外, 若物之內, 惡至而倪貴賤? 惡至而倪小大?"

北海若曰: "以道觀之, 物无貴賤. 以物觀之, 自貴而相賤. 以俗觀之, 貴賤不在己. 以差觀之, 因其所大而大之, 則萬物莫不大. 因其所小而小之, 則萬物莫不小. 知天地之爲稊米也, 知毫末之爲丘山也, 則差數覩矣. 以功觀之, 因其所有而有之, 則萬物莫不有. 因其所无而无之, 則萬物莫不无. 知東西之相反而不可以相无, 則功分定矣. 以趣觀之, 因其所然而然之, 則萬物莫不然. 因其所非而非之, 則萬物莫不非. 知堯桀之自然而相非, 則趣操覩矣."

---

34) 원문의 '시고대인지행是故大人之行'부터 '약분지지約分之至'까지의 문장의 논리가 불분명하여 천구잉陳鼓應은 판본상 문제가 있으니 삭제해야 한다고 주장하기도 했다.

[북쪽 바다의 약이 말했다.]

"옛날 요임금과 순임금은 양보하여 제왕이 되었으나, 자지子之와 자쾌子噲는 양보하여 [왕통이] 끊겼네. 탕왕과 무왕은 다투어서 왕이 되었으나, 백공白公[35]은 다투어서 멸망했지.

이로 말미암아 살펴보면 다툼과 양보의 예禮와 요임금과 걸의 행실이 귀하거나 천한 것은 시대에 있는 것이니 일정한 법도로 여길 수 없네.

지붕의 들보와 마룻대[36]는 성벽을 부술 수는 있어도 [작은] 구멍을 막을 수는 없으니, 도구가 다르다는 것을 말한 것이네. [준마인] 기기騏驥와 화류驊騮는 하루에 천 리를 달릴 수는 있어도 쥐 잡는 데에는 너구리나 살쾡이만도 못하니, 기술이 다르다는 것을 말한 것이지. 올빼미와 부엉이[37]는 밤에도 벼룩을 잡고 털끝을 살필 수는 있어도 낮에 나와서는 눈을 부릅뜨고서도 산과 언덕을 보지 못하니, 본성이 다르다는 것을 말한 것이네.

그러므로 '어찌 옳은 것을 본받고 그른 것을 무시하며, 다스리는

35) "이름이 승勝이고, 초나라 평왕의 손자인데, 백현白縣 윤尹으로 공을 참칭하여 난리를 일으켰다가 죽었다[名, 勝, 楚平王之孫, 白縣尹, 僭稱公, 作亂而死]." (육덕명 설).

36) 원문의 '양려梁麗'를 번역한 것으로, 성현영의 "'양梁'은 '지붕의 대들보'이고, '려麗'는 '지붕의 마룻대'이다[梁, 屋梁也, 麗, 屋棟也]."라고 풀이한 설에 따랐다.

37) 원문의 '치휴鴟鵂'를 번역한 것으로, '치鴟'는 '올빼미', '휴鵂'는 '부엉이'를 말한다. 안병주·전호근, 김학주는 '치휴'를 합해서 '올빼미'로 번역했고, 안동림은 '치휴'를 올빼미과에 속하는 부엉이 비슷한 새라고 풀이하고 '부엉이'로 번역했다. 역자는 원문의 글자의 의미를 모두 새겨 번역했다.

것을 본받고 어지러운 것을 무시하지 않는가?'라고 말하는데, 이는 아직 천지의 이치와 만물의 실정에 밝지 못하는 자이네. 이는 하늘을 본받고 땅은 무시하며, 음을 본받고 양을 무시하는 것과 같아서 실행할 수 없는 것이 분명하네. 그러나 또 말하면서 버리지 못하니 어리석지 않다면 속임수이지.

제왕은 선양을 다르게 했고, 삼대는 [왕위] 계승을 다르게 했으니, 그 시대와 어긋나고, 그 풍속을 거스르는 자는 '찬탈한 사내[簒夫]'라고 말하며, 그 시대에 맞고 그 풍속을 따르는 자는 '의로운 무리[義之徒]'라고 말했으니, 묵묵히 있게[38], 하백. 그대가 어찌 귀하거나 천한 문門과 크거나 작은 집을 알겠는가!"

하백이 말했다.

"그렇다면 저는 무엇을 해야 합니까? [또] 무엇을 하지 않아야 합니까? 제가 사양하고 받아들이며 나아가고 물러나는 것에 대해 저는 결국 어찌합니까?"

북쪽 바다의 약이 말했다.

"도道의 면에서 살펴보면 무엇이 귀하고 무엇이 천하겠는가? 이것을 '반연反衍[39]'이라 말한다네. 뜻을 구속하지 말 것이니, [이는] 도와 크게 벗어나는 것이네.

[도의 면에서 살펴보면] 무엇이 적고 무엇이 많겠는가? 이것을 '사이謝施[40]'라 말한다네. 한 방향으로 하지 말 것이니, [이는] 도와 어긋나

38) 원문의 '묵묵호默默乎'를 번역한 것으로, '묵默'은 '고요하다'라는 의미의 '밀謐'의 가차자로 보기로 한다(마쉬룬 설).

39) '반연'은 〈제물론〉 편 2.15의 "모든 변화에 그대로 맡기는 것[因之以曼衍]"의 '만연曼衍'과 같은 뜻이다(안병주·전호근 설).

는 것이네.

위엄 있게 나라의 군주가 있는 것처럼 자신의 사사로운 덕으로 하지 않고, 유유히[41] 제사에 토지신이 있는 것처럼 자신의 사사로운 복으로 하지 않으며, 드넓게 그 사방이 끝없는 것처럼 그 경계하는 일이 없게 하게. 만물을 두루 품으니 그 누구를 비호하고 돕겠는가? 이것을 '무방无方[42]'이라 말하네.

만물은 하나로 가지런하니 어느 것이 짧고 어느 것이 길겠는가? 도에는 끝도 시작도 없으나 만물은 죽음과 삶이 있으니 그 완성을 믿지 말게. 한번 비었다가 한번 가득 차니 그 형체로 자리하지 않네. 세월은 막을 수 없고[43] 시간도 멈출 수 없네. 사라졌다가 자라게 되고, 가득 찼다가 비게 되며, 마치면 [또] 시작이 있네. 이것이 크게 의로운 것의 방향을 말하고, 만물의 이치를 논하는 까닭이네.

만물의 생성은 말이 달리는 것처럼 움직이면서 변하지 않는 것

40) '사이'는 앞의 '반연反衍'과 같이 '경계 없는 도의 모습'이다(안병주·전호근 설). 안동림은 '사물의 변화에 순종하는 것'으로 보았고, 김학주는 '구별 없이 연결되는 상태'라고 풀이했다.

41) 원문의 '유유호繇繇乎'를 번역한 것으로, 성현영은 '아득하고 긴 모양[賖長之貌]'이라고 했다. 안병주·전호근은 '유연悠然'의 뜻으로 보아 '넉넉히'로 번역했고, 안동림은 성현영의 설에 따라 '유유하게'로 번역했다. 김학주는 '유유자득한 모양'이라고 풀이했다.

42) 임희일은 '무심無心'과 같다고 보았으며, "내가 이미 무심하게 되면 물物에 길고 짧은 것이 없고, 삶과 죽음도 없게 된다[我旣無心, 則物無短長, 亦無生死]."라고 주석을 덧붙였는데, 이에 대해 무리한 해설이라는 비판도 있다. 안동림은 '어디에도 치우치지 않는 자유'라고 보았다.

43) 원문의 '불가거不可擧'를 번역한 것인데, 마쉬룬이 '거擧'를 '막다'라는 의미의 '거岠'의 가차자로 본 설에 따랐다. '거岠'는 '거拒' 자와 쓰임이 같다. 한편 글자 그대로 "들어올릴 수 없다."라고 번역하기도 한다.

이 없고, 때에 따라 옮겨가지 않는 것이 없네. 무엇을 하고 무엇을 하지 않겠는가? 본래 스스로 변화하기 마련이네."

하백이 말했다.

"그렇다면 어찌하여 도를 귀하게 여깁니까?"

북쪽 바다의 약이 말했다.

"도를 아는 자는 반드시 이치에 통달하고, 이치에 통달한 자는 반드시 임기응변의 도에 밝으며, 임기응변의 도에 밝은 자는 사물로 자기를 해롭게 하지 않네. 지극한 덕을 가진 자는 불도 뜨겁게 할 수 없고, 물도 빠지게 할 수 없으며, 추위와 더위도 해칠 수 없고, 들짐승과 날짐승도 해칠 수 없으니, 그것은 [일부러] 가벼이 하는 것[44]을 말하는 것이 아니라 안전과 위험을 살피고, 화와 복에 편안하며, 거취에 신중하여 해칠 수 없다는 것을 말한 것이네.

그러므로 '천연天然은 안에 있고, 인위[人]는 밖에 있으며, 덕은 천연에 있다.'라고 말하는 것이네. 천연[45]과 인위가 천연에 근본하는 것을 알아 덕의 경지에 자리하고 배회하며 굽히기도 하고 펴기도 하면서 [도의] 요점으로 돌아가서 궁극을 말할 수가 있는 것이네."

[하백이] 물었다.

"무엇을 천연이라 합니까? [아울러] 무엇을 인위라 합니까?"

북쪽 바다의 약이 말했다.

---

44) 원문의 '박薄'을 번역한 것으로, 성현영이 '가벼이 하다[輕]'라고 풀이한 것에 따라 번역했다. 차오추지는 '박절迫切'이라고 보고 '범하다'의 의미로 확대된다고 했으니, 의미는 통한다.

45) 원문의 '천天'을 번역한 것으로, '호乎'로 쓰인 판본도 있다.

"소와 말의 네 발을 천연이라 말하고, 말머리에 고삐를 달고 소의 코를 뚫는 것을 인위라 말하네. 그러므로 '인위로 천연을 없애지 말고, 고의로 천명을 없애지 말며, 덕을 명성에 희생시키지 말라.'라고 말하는 것이니, 삼가 지켜서 잃어버리지 않게 하는 것, 이것을 '그 참됨으로 돌아간다.'라고 말하는 것이네."

"昔者堯舜讓而帝, 之噲讓而絶. 湯武爭而王, 白工爭而滅. 由此觀之, 爭讓之禮, 堯桀之行, 貴賤有時, 未可以爲常也. 梁麗可以衝城, 而不可以窒穴, 言殊器也. 騏驥驊騮, 一日而馳千里, 捕鼠不如狸狌, 言殊技也. 鴟鵂夜撮蚤, 察毫末, 晝出瞋目而不見丘山, 言殊性也. 故曰: 蓋師是而无非, 師治而无亂乎? 是未明天地之理, 萬物之情者也. 是猶師天而无地, 師陰而无陽, 其不可行明矣. 然且語而不舍, 非愚則誣也. 帝王殊禪, 三代殊繼. 差其時, 逆其俗者, 謂之簒夫. 當其時, 順其俗者, 謂之義之徒. 默默乎河伯! 女惡知貴賤之門, 小大之家!"
河伯曰: "然則我何爲乎, 何不爲乎? 吾辭受趣舍, 吾終奈何?"
北海若曰: "以道觀之, 何貴何賤, 是謂反衍. 无拘而志, 與道大蹇. 何少何多, 是謂謝施. 无一而行, 與道參差. 嚴嚴乎若國之有君, 其无私德. 繇繇乎若祭之有社, 其无私福. 泛泛乎其若四方之无窮, 其无所畛域. 兼懷萬物, 其孰承翼? 是謂无方. 萬物一齊, 孰短孰長? 道无終始, 物有死生, 不恃其成. 一虛一滿, 不位乎其形. 年不可擧, 時不可止. 消息盈虛, 終則有始. 是所以語大義之方, 論萬物之理也. 物之生也, 若驟若馳, 无動而不變, 无時而不移. 何爲乎, 何不爲乎? 夫固將自化."

河伯曰: "然則何貴於道邪?"

北海若曰: "知道者必達於理, 達於理者必明於權, 明於權者不以物害己. 至德者, 火弗能熱, 水弗能溺, 寒暑弗能害, 禽獸弗能賊. 非謂其薄之也, 言察乎安危, 寧於禍福, 謹於去就, 莫之能害也. 故曰: '天在內, 人在外, 德在乎天.' 知天人之行, 本乎天, 位乎得. 蹢躅而屈伸, 反要而語極."

曰: "何謂天? 何謂人?"

北海若曰: "牛馬四足, 是謂天. 落馬首, 穿牛鼻, 是謂人. 故曰: '无以人滅天, 无以故滅命, 无以得殉名.' 謹守而勿失, 是謂反其眞."

저마다 부러워하는 것이 있건만 17.3

[외발인] 기夔[46]는 [발 많은] 노래기를 어여삐 여기고, 노래기는 [발 없는] 뱀을 어여삐 여기며, 뱀은 [모습 없는] 바람을 어여삐 여기고, 바람은 [모든 것을 보는] 눈을 어여삐 여기며, 눈은 [보지 않고 아는] 마음을 어여삐 여긴다.

기가 노래기에게 말했다.

"나는 외발로 절룩거리며[47] 다니지만 나와 같은 것은 없다[48]. 지

46) 외발 동물로, 《산해경山海經》 〈대황동경大荒東經〉에도 나온다. 소와 같은 모양으로 푸른빛을 띠며, 뿔은 없고 외발로 다닌다고 한다(안병주·전호근 설).

47) 원문의 '참탁跈踔'을 번역한 것으로, 임희일은 '한 발로 걸어가는 모양[一足行之貌]'이라고 했고, 선영은 '발걸음이 일정하지 않은 모양[行無常之貌]'이라고 풀이했다. 즉, '발을 절룩거리며 걷는 모습'인데, "한 발로 껑충거리며 다닌다."라고 풀이한 경우도 있다(안병주·전호근 설).

금 그대는 많은 발을 부리고 있는데 도대체 어떻게 하는 것인가?"

노래기가 말했다.

"그렇지 않지. 그대는 침을 뱉는 자를 보았는가? 침을 뿜어내면 큰 것은 구슬 같고 작은 것은 안개 같으니, 섞여 떨어지는 것이 이루 헤아릴 수 없지. 지금 나도 타고난 기지[天機]를 움직이면서 그 까닭을 알지 못하네."

노래기가 뱀에게 말했다.

"나는 많은 발로 다니지만, 그대의 발이 없는 것에 미치지 못하니 무엇 때문인가?"

뱀이 말했다.

"타고난 기지를 움직이는 것을 어떻게 바꾸겠는가? 내가 어찌 발을 쓰겠는가!"

뱀이 바람에 일러 말했다.

"나는 내 척추와 겨드랑이를 움직여 다니니 [발과] 비슷한 것[49]이 있는 것이다.

지금 그대는 휙 하니[50] 북쪽 바다에서 일어나고, 휙 하니 남쪽 바다에 들어가 비슷한 것이 있지 않으니 무엇 때문인가?"

---

48) 원문의 '여무여의予无如矣'를 번역한 것인데, 해석이 분분하다. 이케다 도모히사는 '무여无如'를 '불급不及'으로 보아 "나는 [그대에게] 미치지 못한다."라는 의미로 해석했고, 안동림은 장병린의 설을 따라 '여如'를 '능能'의 가차자로 보아 '무능하다'라는 의미로 해석했으나, 역자는 이 구절의 한자가 도치된 것을 보고 번역했다. 한편 전목은 '무내無奈'로 보아 "어찌할 수 없다."라는 의미로 해석했는데, 일리가 있다.

49) 원문의 '사似'를 번역한 것으로, 성현영과 임희일은 '형상[像]'이라고 했으나, 마쉬룬과 왕선겸 등의 의견에 따라 원문의 원의대로 번역했다.

50) 원문의 '봉봉연蓬蓬然'을 번역한 것으로, 바람이 '휙' 하고 내는 소리를 말한다. 성현영은 '바람 소리[風聲]'라고 풀이했다.

바람이 말했다.

“그렇지. 나는 휙 하니 북해에서 일어나 남해에 들어간다네. 그러나 나를 가리키는 것으로 나를 이기고 나를 밟아도 나를 이긴다네. 비록 그렇지만 저 큰 나무를 꺾고 큰 집을 날려버리는 것은 오직 나만이 할 수 있지.

그러므로 여러 작은 것에 이기지 않는 것을 가지고 큰 승리를 하는 것이지. 큰 승리를 하는 것은 오직 성인만이 할 수 있네.”

夔憐蚿, 蚿憐蛇, 蛇憐風, 風憐目, 目憐心.

夔謂蚿曰: “吾以一足趻踔而行, 予无如矣. 今子之使萬足, 獨奈何?”

蚿曰: “不然. 子不見夫唾者乎? 噴則大者如珠, 小者如霧, 雜而下者不可勝數也. 今予動吾天機, 而不知其所以然.”

蚿謂蛇曰: “吾以衆足行, 而不及子之无足, 何也?”

蛇曰: “夫天機之所動, 何可易邪? 吾安用足哉!”

蛇謂風曰: “予動吾脊脅而行, 則有似也. 今子蓬蓬然起於北海, 蓬蓬然入於南海, 而似无有, 何也?”

風曰: “然. 予蓬蓬然起於北海而入於南海也, 然而指我則勝我, 鰌我亦勝我. 雖然, 夫折大木, 蜚大屋者, 唯我能也, 故以衆小不勝爲大勝也. 爲大勝者, 唯聖人能之.”

위험천만한 순간에도 거문고를 타고 노래한 공자 17.4

공자가 광匡[51] 땅에 유세할 때[52] 송나라 사람들이 그를 여러 겹[53]으로 포위했는데도, [공자는] 거문고를 타고 노래하기를 그치지[54] 않았다. 자로가 들어와 뵙고 말했다.

"어찌 선생님께서는 [이 상황에서] 즐기십니까?"

공자가 말했다.

"오거라! 내가 너에게 말하겠다. 나는 궁핍을 꺼린 것[55]이 오래되었지만 면하지 못했으니, [이는] 운명이다. 형통하기를 구한 것이 오래되었지만 얻지 못했으니, [이는] 시세이다.

요임금과 순임금의 시대에는 천하에 궁핍한 사람이 없었으나, [이는] 지혜를 얻어서가 아니었고, 걸과 주의 시대에는 천하에 통달한 사람이 없었으나, [이는] 지혜를 잃어서가 아니었으니, 시세가 마침 그랬던 것이다.

물길을 가면서 교룡을 피하지 않는 것은 어부의 용기이고, 육지

---

51) 춘추시대 위衛나라의 땅 이름으로, 뒤에 나오는 '송나라 사람[宋人]'에서 '송宋'을 '위衛나라'로 보아야 한다는 설이 있다(사마표, 성현영 등). 공자가 광 땅에 있을 때 곤란을 겪은 일은 《사기》 〈공자세가孔子世家〉와 《논어》 〈자한子罕〉 편에 자세하다.

52) 《사기》 〈공자세가〉에 의거하면 공자 나이 57세 때다. 당시 위衛나라에서 진陳나라로 갈 때의 일로 추정된다.

53) 원문의 '수잡數帀'을 번역한 것으로, '잡帀'이 '잡匝'으로 쓰인 판본도 있다. 여러 겹으로 '둘러싸다'라는 의미인데, 안동림은 '겹겹으로'라고 번역하고, 사마표의 설을 취하여 '두르다[帀]'의 의미로 보아야 한다고 덧붙였다. 김학주는 '겹', '둘레'라는 의미로 보아 '몇 겹으로'라고 번역했다.

54) 원문의 '철惙'을 번역한 것으로 '그치다[止]'의 뜻이다(성현영 설).

55) 원문의 '휘諱'를 번역한 것으로 '꺼리다[忌]', '막다[拒]'의 뜻으로 풀이하기도 하고(성현영 설), '피하다[避]'(완육숭 설) 등의 설이 있어 참고된다.

를 가면서 외뿔소나 호랑이를 피하지 않는 것은 사냥꾼의 용기이며, 흰 칼날이 앞에서 교차해도 죽음을 삶처럼 보는 것은 열사烈士의 용기이다. 궁핍에는 운명이 있다는 것을 알고, 형통에는 시세가 있다는 것을 알며, 큰 어려움에 임해서도 두려워하지 않는 것은 성인의 용기이다.

유야, [편히] 있어라.[56] 내 운명에는 제재하는 바가 있다."

얼마 지나지 않아 장병의 지휘하는 자가 이르러 사죄하며 말했다.

"[당신을] 양호로 여겼기 때문에 포위했습니다. 지금 아닌 것을 알았으니 사죄를 청하며 물러갑니다."

孔子遊於匡, 宋人圍之數帀, 而絃歌不惙. 子路入見, 曰: "何夫子之娛也?"

孔子曰: "來! 吾語女. 我諱窮久矣, 而不免, 命也. 求通久矣, 而不得, 時也. 當堯舜之時而天下无窮人, 非知得也. 當桀紂而天下无通人, 非知失也. 時勢適然. 夫水行不避蛟龍者, 漁父之勇也. 陸行不避兕虎者, 獵夫之勇也. 白刃交於前, 視死若生者, 烈士之勇也. 知窮之有命. 知通之有時, 臨大難而不懼者, 聖人之勇也. 由處矣, 吾命有所制矣."

无幾何, 將甲者進, 辭曰: "以爲陽虎也, 故圍之. 今非也, 請辭而退."

---

56) 원문의 '처處'를 번역한 것으로, 성현영은 "편안히 쉬는 것이다[安息也]."라고 했다.

우물 안 개구리가 동해안 자라에게 한 말 17.5

공손룡公孫龍이 위魏나라의 모牟[57]에게 물었다.

"저는 젊어서부터 선왕의 도를 배웠으며, 장성해서는 인과 의의 행실에 밝았습니다. 동이同異를 합치시키고 견백堅白을 분리하며, 그렇지 않다고 하는 것을 그렇다고 하고 옳지 않다고 하는 것을 옳다고 하여 여러 학자의 지식을 곤란하게 하고, 뭇사람의 변론을 궁색하게 하며, 나 스스로 지극히 통달했다고 여겼습니다.

[그런데] 지금 저는 장자의 말을 듣고 멍하여[58] 이상해졌습니다. 알지 못하겠습니만, 의론이 미치지 못하는 것인가요, [아니면] 지식이 [그만] 못한 것인가요? 지금 저는 입도 벌릴 수 없을 지경입니다. 감히 그 방도를 여쭙겠습니다."

공자公子 모는 안석에 기댄 채 깊은 한숨을 쉬면서 하늘을 우러러보고 웃으며 말했다.

"그대는 어찌 무너진 우물 안 개구리에 대해 듣지 못했는가? [그 개구리는] 동쪽 바다의 자라[59]에게 '나는 즐겁구나! 나와서 우물 난간 위에서 뛰어다니고, [우물 안으로] 들어와서는 깨진 벽돌 끝에서 쉰다네. 물에 들어가서는 겨드랑이를 붙인 채 턱을 지탱하고, 진흙에 빠져서는 발이 잠겨 발등까지 안 보이지. 장구벌레와 게와 올챙이를 돌아보면 나만 한 것이 없다네. 게다가 한 웅덩이 물을 마음대

57) 위魏나라의 공자公子이다. 〈양왕〉 편 28.13의 중산공자모中山公子牟와 같은 인물이다.

58) 원문의 '망언汒焉'을 번역한 것으로, '망汒'은 '멍하다[茫]'와 같은 의미다.

59) 원문의 '별鱉'인데, '별鼈' 자로 쓰인 판본도 있다. 모두 '자라'라는 뜻이다.

로 하고 무너진 우물의 편안함을 차지하니[60], 이 또한 지극함이네. 그대도 바로[61] 들어와 보지 않겠는가!'라고 말했지.

동쪽 바다의 자라는 [우물에] 왼발이 아직 들어가기도 전에 오른쪽 무릎이 이미 끼여버렸다네[62]. 이에 뒷걸음질하여[63] 물러나서는 개구리에게 바다를 말해주었다네. '[바다는] 천 리의 먼 것으로 그 크기를 들어 보이기에 부족하고, 천 길의 높이로 그 깊이를 다 궁구하기에는 부족하다네. 우임금 때에는 십 년 동안 아홉 번 홍수가 났지만 바닷물이 더 불어나지 않았고, 탕임금 때에는 팔 년 동안 일곱 번 가뭄이 들었지만 바닷가의 물은 더 줄지 않았네. 시간의 길고 짧음에 밀려가고 옮겨가지 않으며, 많고 적음에 나아가고 물러나지 않으니, 이것이 또한 동쪽 바다의 큰 즐거움이라네.' 이에 무너진 우물 안 개구리는 이 말을 듣고 깜짝 놀라서 멍하니 자신을 잃었다네.

또한 옳고 그름의 경지도 알지 못하는 지혜로 오히려 장자의 말을 살피려고 하니, 이는 모기에게 산을 짊어지게 하거나 노래기[64]에게 황하를 달리게 하는 것과 같아 필시 임하여 감당할 수 없네. 또한 지극히 오묘한 말을 논할 줄도 모르면서 일시적인 이

---

60) 원문의 '과치跨跱'를 번역한 것으로, '치跱'는 '편안하다[安]'의 뜻이다(성현영 설). "편안함을 혼자 독차지하다."라는 의미다.

61) 원문의 '시時'를 번역한 것으로 왕수민이 '즉卽'으로 본 것에 따라 번역했다.

62) 원문의 '집縶'을 번역한 것으로 '잡아매다', '끼어있다'의 뜻이다. '구속하다[拘]'의 의미로 풀이하기도 하는데(사마표 설), 의미는 통한다.

63) 원문의 '준순逡巡'을 번역한 것으로 '망설이며 뒷걸음질하는 모양'이다. 또는 '나아가지 않는 모양[不進貌]'으로 풀이하기도 한다.

64) 원문의 '상거商蚷'인데, 안동림은 사마표의 주석을 참고하여 "벌레 이름이며 북연北燕에서는 '마현馬蚿'이라고 한다."라고 했다.

로움에 스스로 만족하는 자는 이 무너진 우물 안의 개구리가 아니겠는가?

또한 저자는 막 황천에 발 딛고 하늘[65]에 올라 남쪽도 없고 북쪽도 없이 사방으로 풀려서 헤아릴 수도 없는 데에 빠지고, 동쪽도 없고 서쪽도 없이 오묘하고 어둑한 데서 시작해서 크게 통하는 데로 돌아간다네. 그대는 멍하니 살피는 것으로 그를 구하고, 변론으로 그를 찾으니, 이것은 다만 대롱을 써서 하늘을 엿보고, 송곳을 써서 땅을 가리키는 것이니, 또한 자잘하지 않은가!

그대는 가보게! 또 그대는 어찌 저 수릉의 젊은이[66]가 한단에서 걸음걸이를 배웠다는 이야기를 듣지 못했는가? 아직 [한단] 나라[의 걸음걸이]를 터득하지 못했는데[67], 또 그 옛날의 걸음걸이[68]를 잊어버려 오직 기어서 돌아갔을 뿐이네. 지금 그대가 가지 않으면 아마 그대의 옛날을 잊어버리고 그대의 일도 잃어버릴 것이네."

공손룡은 입이 벌려진 채 닫지 못하고, 혀가 올라가 내려가지 않은 채[69] 이내 도망쳐 달아났다.

65) 원문의 '태황大皇'을 번역한 것으로 '하늘[天]'을 말한다(성현영 설).

66) 원문의 '여자餘子'인데, 미성년의 젊은이를 말한다. 성현영은 "나이가 어려 장성하지 않음[弱齡未壯]"이라고 했다.

67) 원문의 '미득국능未得國能'을 번역한 것으로, '국國'은 '조나라[趙]'를 가리킨다. 한단은 조나라의 도읍으로, 여기서 '국능國能'은 조나라 한단의 걸음걸이라고 풀이한 성현영의 설에 따라 역자는 원문의 원의대로 직역했다. 한편 '국능'을 '기능其能'의 오류라고 보는 설도 있는데, 의미는 통한다.

68) 원문의 '고행故行'을 번역한 것으로 옛날의 걸음걸이, 즉 수릉에서의 걸음걸이를 말한다.

69) 원문의 '불하不下'를 번역한 것으로, '하下'는 사역의 의미로 풀어 '내려오게 하다'로 보아야 한다. 왕수민은 "내려올 수 없다[不能下]."라고 풀이했는데, 참고할 만하다.

公孫龍問於魏牟曰:“龍少學先王之道, 長而明仁義之行. 合同異, 離堅白. 然不然, 可不可. 困百家之知, 窮衆口之辯. 吾自以爲至達已. 今吾聞莊子之言, 汒焉異之. 不知論之不及與, 知之弗若與? 今吾无所開吾喙, 敢問其方.”

公子牟隱机大息, 仰天而笑曰:“子獨不聞夫埳井之鼃乎? 謂東海之鱉曰:‘吾樂與! 出跳梁乎井幹之上, 入休乎缺甃之崖. 赴水則接腋持頤, 蹶泥則沒足滅跗. 還虷蟹與科斗, 莫吾能若也. 且夫擅一壑之水, 而跨跱埳井之樂, 此亦至矣, 夫子奚不時來入觀乎!’ 東海之鱉左足未入, 而右膝已縶矣. 於是逡巡而卻, 告之海曰:‘夫千里之遠, 不足以擧其大. 千仞之高, 不足以極其深. 禹之時十年九潦, 而水弗爲加益. 湯之時八年七旱, 而崖不爲加損. 夫不爲頃久推移, 不以多少進退者, 此亦東海之大樂也.’ 於是埳井之鼃聞之, 適適然驚, 規規然自失也.

且夫知不知是非之竟, 而猶欲觀於莊子之言, 是猶使蚊虻負山, 商蚷馳河也, 必不勝任矣. 且夫知不知論極妙之言而自適一時之利者, 是非埳井之鼃與? 且彼方跐黃泉而登大皇, 无南无北, 奭然四解, 淪於不測. 无東无西, 始於玄冥, 反於大通. 子乃規規然而求之以察, 索之以辯, 是直用管窺天, 用錐指地也, 不亦小乎! 子往矣! 且子獨不聞夫壽陵餘子之學行於邯鄲與? 未得國能, 又失其故行矣, 直匍匐而歸耳. 今子不去, 將忘子之故, 失子之業.”

公孫龍口呿而不合, 舌擧而不下, 乃逸而走.

묘당 안의 죽은 거북이냐, 진흙 속의 산 거북이냐 17.6

장자가 복수濮水에서 낚시하고 있었는데, 초나라 왕[70]이 대부 두 사람을 사자로 먼저 보내 말했다.

"원하건대 나랏일로 [그대에게] 누를 끼치고자[71] 합니다!"

장자는 낚싯대를 잡으며 돌아보지 않고 말했다.

"내가 듣기로 초나라에는 죽은 지 이미 삼천 년이나 된 신묘한 거북이 있다고 하는데, 왕은 [이것을] 싸서 상자에 넣어 묘당 안에 간직하고 있다고 하니, 이 거북이 차라리 죽어서 뼈를 남겨 귀하고자 했겠소? [아니면] 차라리 살아서 진흙 속에 꼬리를 끌고자 했겠소?"

두 대부가 말했다.

"차라리 살아서 진흙 속에 꼬리를 끌고자 했을 것입니다."

장자가 말했다.

"가시오! 나도 장차 진흙 속에서 꼬리를 끌겠소."

莊子釣於濮水, 楚王使大夫二人往先焉, 曰: "願以境內累矣!"

莊子持竿不顧, 曰: "吾聞楚有神龜, 死已三千歲矣, 王以巾笥而藏之廟堂之上. 此龜者, 寧其死爲留骨而貴乎? 寧其生而曳尾於塗中乎?"

70) 초나라 위왕威王이며 《사기》 〈노자한비열전老子韓非列傳〉에 이와 관련된 이야기가 비슷하게 나온다.

71) 원문의 '누累'를 번역한 것으로, 안병주·전호근, 안동림은 '심로心勞를 끼치다'라는 의미로 보아 '나라의 정치를 맡기다'라는 뜻이라고 덧붙였고, 김학주도 같은 맥락에서 '나라 안의 정치를 맡겨 폐를 끼치고자 하다'라는 뜻이라고 보았다.

二大夫曰: "寧生而曳尾塗中."

莊子曰: "往矣! 吾將曳尾於塗中."

썩은 쥐를 잡은 올빼미가 원추라는 새를 보고 취한 행동 17.7

혜자가 양나라의 재상이 되자, 장자가 가서 그를 만나보려 했다. 어떤 사람이 혜자에게 일러 말했다.

"장자가 온 것은 당신 대신에 재상이 되려는 것입니다."

이에 혜자가 두려워서 나라 안을 [수색하여] 사흘 밤낮을 샅샅이 뒤졌다.

장자가 [스스로] 찾아가서 그를 만나 말했다.

"남쪽에 새가 있는데, 그 이름이 원추鵷鶵라고 한다네. 자네는 그것을 알고 있는가? 이 원추는 남쪽 바다에서 출발하여 북쪽 바다로 날아가는데, 오동나무가 아니면 머물지 않고, 대나무 열매[72]가 아니면 먹지 않으며, 맛 좋은 샘물이 아니면 마시지 않네. 이때 올빼미가 썩은 쥐를 얻었는데, 원추가 그곳을 지나가자 올려다보고 소리를 '꽥!' 질렀지. 지금 자네는 자네의 양나라 [재상 자리]로 내게 소리를 꽥 지르려는 것인가?"

惠子相梁, 莊子往見之. 或謂惠子曰: "莊子來, 欲代子相." 於是惠子恐, 搜於國中三日三夜.

72) 원문의 '연실練實'을 번역한 것으로 '대나무 열매[竹實]'를 가리킨다(성현영 설).

莊子往見之, 曰: "南方有鳥, 其名爲鵷鶵, 子知之乎? 夫鵷鶵, 發於南海而飛於北海, 非梧桐不止, 非練實不食, 非醴泉不飮. 於是鴟得腐鼠, 鵷鶵過之, 仰而視之曰: '嚇!' 今子欲以子之梁國而嚇我邪?"

물고기가 아닌데 물고기의 즐거움을 알 수 있는가 17.8

장자와 혜자가 호수濠水의 다리 위에서 노닐었는데 장자가 말했다.

"피라미[73]가 나와서 한가로이[74] 노니니, 이는 물고기의 즐거움이지."

혜자가 말했다.

"자네는 물고기가 아닌데 어떻게 물고기의 즐거움을 아는가?"

장자가 말했다.

"자네는 내가 아닌데 어떻게 내가 물고기의 즐거움을 알지 못한다는 것을 알겠는가?"

혜자가 말했다.

"내가 자네가 아니니 정녕 자네를 알지 못하네. 자네도 정녕 물고기가 아니니 자네가 물고기의 즐거움을 알지 못하는 것이 확실하지."

장자가 말했다.

---

73) 원문의 '숙어儵魚'를 번역한 것으로, '儵'은 본래 음이 '숙'인데 여기서는 '피라미 조鯈'와 통하는 자로, '조'로 읽어야 한다.

74) 원문의 '종용從容'을 번역한 것으로, 성현영은 '멋대로 편안한 모양[放逸之貌]'이라고 풀이했다.

"청컨대 그 처음을 돌이켜보게. 자네는 '자네가 어떻게 물고기의 즐거움을 아는가?'라고 말한 것은, 이미 내가 그것을 알고 있다는 것을 알고서 내게 물은 것이네. 나는 호수 위에서 그것을 알았다네."

莊子與惠子遊於濠梁之上. 莊子曰: "儵魚出遊從容, 是魚之樂也."
惠子曰: "子非魚, 安知魚之樂?"
莊子曰: "子非我, 安知我不知魚之樂?"
惠子曰: "我非子, 固不知子矣. 子固非魚也, 子之不知魚之樂, 全矣."
莊子曰: "請循其本. 子曰: '汝安知魚樂' 云者, 旣已知吾知之而問我, 我知之濠上也."

제18편

지락至樂

지극한 즐거움

【해설】

이 편의 제목은 1장 첫 번째 구절의 한 단어인 '지락至樂'에서 따온 것으로 '지극한 즐거움'을 의미한다. 삶의 즐거움이 과연 무엇인가를 중심으로 논의하고 있는데, 세상 사람들이 추구하는 부귀와 명예 등이 결국 만물의 자연스러움에 따르는 것에 미치지 못한다면서 무위無爲를 통해 지락을 추구할 것을 강조하고 있다.

첫머리부터 나와 있듯이 부귀와 장수 등 세속적 즐거움이 빈천과 요철 등과의 상대적 가치에 불과한 제한된 즐거움이라는 것을 강조하면서도 이런 것을 초월한 경지, 무락無樂이 결국 최고의 즐거움이라는 것이다.

2장부터 6장까지 이어지는 다섯 개의 우언을 통해 장자가 표현하고자 한 사상을 서술한 특징이 있는데, 2장에서 장자의 아내가 죽었을 때 죽음을 오히려 즐거운 것으로 받아들이는 여유로운 행동이나 장자가 해골과 묻고 답하는 4장은 명문으로 꼽힌다. 여기서 장자의 죽음관이 드러나는데, 사람들이 죽음을 두려워하고 슬퍼하는 것은 죽음이 삶과 마찬가지로 만물이 겪는 수많은 변화 과정의 일부라는 운명을 깨닫지 못한 것으로 풀이하고 있어 희로애락의 감정 개입보다는 자연의 변화에 순응하고 관조하라는 장자의 취지에 공감하게 된다.

열자가 백 년 된 해골에게 한 행동을 그리고 있는 마지막 6장은 삶보다도 오히려 죽음을 긍정하는 내용이 다소 생뚱맞은 면도 있다. 그러나 해골이라는 대상을 두고 하는 발언과 어떤 연계성이 있는지 살펴볼 필요는 충분히 있다. 장자는 아마도 인간이 삶에 너무 집착하는 태도를 반성하게 하는 충격요법을 쓰고 있다고 하겠다.

요컨대 이 편은 세상 만물은 도의 무한한 작용에 의해 변화된 것으로 인간도 작은 벌레와 다를 것이 없다고 하면서 타고난 본성을 잃으면서까지 억척스럽게 아등바등 살아가려고 억지로 행동하는 일을 경계하고 있다.

이 편은 〈선성〉·〈외물〉·〈양왕〉 등 세 편을 풀이한 듯한 느낌도 있고,

〈소요유〉 편의 분위기와 〈대종사〉 편 주제가 뒤섞여 있다는 점도 유의해야 하며, 〈제물론〉 편의 분위기도 있다.

왜 육신의 즐거움만을 생각하는가 18.1

천하에 지극한 즐거움[1]이 있는가, 있지 않은가? 몸을 살게 할 수 있는 것이 있는가, 있지 않은가? 지금 무엇을 하고 무엇을 그치는가[2]?

무엇을 피하고 어디에 머무는가? 무엇에 나아가고 무엇을 버리는가? 무엇을 즐기고 무엇을 싫어하는가?

천하 사람들이 높이는 것은 부유한 것과 귀한 것, 오래 사는 것과 명성이 드러나는 것[3]이고, 즐기는 것은 몸이 편안한 것과 좋은 음식과 아름다운 옷, [보기] 좋은 색과 [좋은] 음악이며, 하찮게 여기는 것은 가난한 것과 천한 것, 일찍 죽는 것과 악담이고, 괴로워하는 것은 몸이 편안한 것을 얻지 못하고, 입이 좋은 음식을 얻지 못하며, 몸이 아름다운 옷을 얻지 못하고, 눈이 좋은 색을 얻지 못하며, 귀가 [좋은] 음악을 듣지 못하는 것이다. [이러한 것들을] 만약 얻지 못하면 크게 걱정하고 두려워하는데, 자기 몸을 위한다는 것이 또한 [이처럼] 어리석도다!

부유한 자는 몸을 괴롭히고 바쁘게 일하여 재물을 많이 쌓지만 다 쓰지 못하니, 자기 몸을 위한다는 것이 또한 엇나간 것이다. 귀

1) 원문의 '지락至樂'을 번역한 것으로, '락樂'은 '기쁨[歡]'이라는 뜻이다(육덕명 설). 물론 역자는 '락樂'의 원의를 살려 번역했는데, 성현영은 "가설로 묻는 말투[假問之辭]"라고 주석했으니, 참고할 만하다.

2) 원문의 '거據'를 번역한 것으로 '막다[岠]'(마쉬룬 설), 《설문해자》에 '그치다[止]'의 의미로 보았다.

3) 원문의 '선善'을 번역한 것으로, 성현영은 "아름다운 명성이 영예롭게 드러나는 것이다[善名令譽]."라고 해석했다.

한 자는 밤낮으로 계속해서 선한 것과 악한 것[4]을 생각하지만 자기 몸을 위한다는 것이 또한 서툰 것이다. 사람의 삶은 걱정과 함께 사는 것이니, 오래 사는 자는 정신이 혼미하고 맑지 못하며[5] 오래도록 걱정하면서 죽지 않으니, 얼마나 고통스러운가! 자기 몸을 위한다는 것이 또한 [본질과] 먼 것이다.

열사烈士는 천하 사람들에게 선하다고 여겨지지만 몸을 살리기에는 부족하다. 나는 아직 모르겠으니, 선이 정말로 좋은 것인가, 정말로 좋지 않은 것인가? 만약 좋은 것이라 해도 몸을 살리기에는 부족하고, 좋지 않은 것이라 해도 남을 살리기에는 충분한 것이다. 그러므로 "충심으로 간언했을 때 들어주지 않으면 뒤로 멈칫거리며 물러나서[6] 다투지 말라."라고 말하는 것이다.

그러므로 저 오자서伍子胥[7]는 [오왕吳王 부차夫差와] 다투어서 자기 몸을 해친 것이고, 다투지 않았더라면 명성이 또한 이루어지지 못했을 것이니, 정말로 좋은 것이 있는가, 없는가?

지금 세속 사람들의 행동과 그들이 즐거워하는 것에 나는 또 아직 모르겠으니, 즐거움이 과연 즐거운 것인가, 과연 즐겁지 않은 것

---

4) 원문의 '선부善否'를 번역한 것으로 '선악善惡'과 같은 말이다.

5) 원문의 '혼혼惛惛'을 번역한 것으로 정신이 혼미하거나 맑지 못한 것이다.

6) 원문의 '준순蹲循'을 번역한 것으로 '나아가지 못하고 뒤로 멈칫거리며 물러나는 모습'이다.

7) 춘추시대 초楚나라 사람으로, 오운伍員이라고도 한다. 평왕平王에게 억울하게 죽임을 당한 부형父兄의 원수를 갚고자 초나라를 등지고 오吳나라로 망명하여 합려闔閭를 받들었다. 훗날 합려의 아들 부차에게는 월나라와 화친을 맺지 말고 정벌하도록 권했다. 그러나 부차는 오자서의 말을 듣지 않고 그를 멀리하여 결국 스스로 목숨을 끊도록 하고 그 시신이 강 속에 내던져지는 최후를 맞이한다. 자세한 내용은 《사기》 〈오자서열전〉에 보인다. 한편 《장자》에서 오자서에 관한 일화는 이 장 외에도 〈거협〉 편과 〈외물〉 편에 나온다.

인가? 내가 저 세속 사람들의 즐거워하는 것을 살펴보니, 무리 지어 내달려가는 자가 앞다퉈 분주히 경쟁하여[8] 장차 그만둘 수 없는 것 같다. 그러나 모두 '즐겁다'고 하는 것이, 나는 아직 즐거운 것인지 모르겠고, 또한 아직 즐겁지 않은 것인지도 모르겠다.

과연 즐거움이 있는 것인가, 있지 않은 것인가? 나는 [억지로] 하는 것이 없는 것이 정말로 즐거운 것이라고 생각하지만, 또한 세속 사람들은 크게 괴로워하는 것이다. 그러므로 "지극한 즐거움은 즐거움이 없는 것이고, 지극한 명예는 명예가 없는 것이다."라고 말하는 것이다.

천하의 옳고 그름이란 결코 정할 수 없는 것이다. 비록 그렇지만 [억지로] 하는 것이 없는 것으로 옳고 그름을 정할 수 있다. 지극한 즐거움은 자신의 몸을 살릴 수 있느니, [억지로] 하는 것이 없어야만 거의 존재할 것이다. 시험 삼아 이것을 말해보겠다.

하늘은 [억지로] 하는 것이 없으므로 그것으로써 맑고, 땅은 [억지로] 하는 것이 없으므로 그것으로써 편안하다. 그러므로 [억지로] 하는 것이 없는 두 개가 서로 합쳐져야 만물이 모두 변하는 것이다.

황홀하도다[9], 어디서부터 나오는지 모르겠구나! 황홀하도다, 형상이 있지 않구나! 만물이 무성하고 다양하지만[10] 모두 [억지로] 하

---

8) 원문의 '경경연誙誙然'을 번역한 것으로 '앞다퉈 분주히 경쟁하는 모습'이다. 성현영은 '죽음으로 내달리는 모양[趣死貌]'이라고 풀이했다.

9) 원문의 '망호홀호芒乎芴乎'를 번역한 것으로, '망홀芒芴'이란 '망홀芒忽', '망홀芒惚', '망홀茫惚'으로도 쓴다. '황홀恍惚'과 같은 말이다. 아득하고 흐릿흐릿한 모습을 형용한 것으로, 어떠한 형상이 미묘하여 분간하거나 종잡을 수 없는 것을 뜻한다. 《노자》 21장에서는 "도라고 하는 것은 황하고 홀하다. 홀하고 황하니, 그 안에 형상이 있다. 황하고 홀하니, 그 안에 사물이 있다[道之爲物, 惟恍惟惚, 惚兮恍兮, 其中有象. 恍兮惚兮, 其中有物]."라고 했다.

는 것이 없는 것으로부터 번식하는 것이다. 그러므로 "천지는 [억지로] 하는 것이 없으나 하지 않는 것이 없다."라고 말하니, 사람 중에 누가 [억지로] 하는 것이 없이 할 수 있겠는가[11]!

天下有至樂无有哉? 有可以活身者无有哉? 今奚爲奚據? 奚避奚處? 奚就奚去? 奚樂奚惡?

夫天下之所尊者, 富貴壽善也. 所樂者, 身安厚味美服好色音聲也. 所下者, 貧賤夭惡也. 所苦者, 身不得安逸, 口不得厚味, 形不得美服, 目不得好色, 耳不得音聲. 若不得者, 則大憂以懼. 其爲形也亦愚哉!

夫富者, 若身疾作, 多積財而不得盡用, 其爲形也亦外矣. 夫貴者, 夜以繼日, 思慮善否, 其爲形也亦疏矣. 人之生也, 與憂俱生, 壽者惛惛, 久憂不死, 何苦也! 其爲形也亦遠矣.

烈士爲天下見善矣, 未足以活身. 吾未知善之誠善邪, 誠不善邪? 若以爲善矣, 不足活身. 以爲不善矣, 足以活人. 故曰: "忠諫不聽, 蹲循勿爭." 故夫子胥爭之以殘其形, 不爭, 名亦不成. 誠有善无有哉?

今俗之所爲與其所樂, 吾又未知樂之果樂邪, 果不樂邪? 吾觀夫俗之所樂, 擧群趣者, 誙誙然如將不得已, 而皆曰樂者, 吾未知之樂也, 亦未知之不樂也. 果有樂无有哉? 吾以无爲誠樂矣, 又俗之所大苦也. 故曰: "至樂无樂, 至譽无譽."

天下是非果未可定也. 雖然, 无爲可以定是非. 至樂活身, 唯无爲幾存.

---

10) 원문의 '직직職職'을 번역한 것으로 '무성하고 다양한 모습'이다. '번식하는 모양'(이이 설), '많은 모양'(선영 설) 등의 설을 참조할 만하다.

11) 이 구절은《노자》2장의 "성인은 무위의 일에 머무르면서 말 없는 가르침을 행한다[聖人處無爲之事, 行不言之教]."라는 문장에서 나온 것으로 보인다. 본문에서는 '무위無爲'를 "[억지로] 하는 것이 없다."로 통일하여 번역했다.

請嘗試言之. 天无爲以之淸, 地无爲以之寧, 故兩无爲相合, 萬物皆化. 芒乎芴乎, 而无從出乎! 芴乎芒乎, 而无有象乎! 萬物職職, 皆從无爲殖. 故曰: "天地无爲也而无不爲也", 人也孰能得无爲哉!

죽은 아내에게 노래 부른 장자 18.2

장자의 아내가 죽자 혜자가 조문하러 갔는데, 장자는 마침 다리를 쭉 뻗고 앉아[12] 질항아리를 두드리며[13] 노래 부르고 있었다.

혜자가 말했다.

"그 사람(아내)과 살면서 자식을 키우고 몸이 늙어서 죽었는데 곡을 하지 않는 것도 지나치거늘, 또 질항아리를 두드리며 노래를 부르는 것은 너무 심하지 않은가!"

장자가 말했다.

"그렇지 않다네. 그 사람이 막 죽었을 때 내가 어찌 슬퍼하지[14] 않았겠는가! [그러나] 그 시원始原을 살펴보니 본래 삶이 없고, 단지 삶만 없는 것이 아니라 본래 형체도 없으며, 단지 형체가 없는 것이 아니라 본래 기氣도 없다네. 황홀한 사이에서 섞이고 변해서 기가 있게 되고, 기가 변해서 형체가 있게 되고, 형체가 변해서 삶이 있게 되었으며, 지금 또 변해서 죽음으로 간 것이니, 이것은 서로 봄

---

12) 원문의 '기거箕踞'를 번역한 것으로, 예의를 갖추지 않고 아무렇게나 두 다리를 쭉 뻗고 앉은 모습이 '파기簸箕(둥근 형태의 광주리)'와 같은 것을 뜻한다.

13) 원문의 '고분鼓盆'를 번역한 것으로, '분盆'은 '질항아리[瓦缶]'를 말한다.

14) 원문의 '개연槪然'인데, 여기서 '개槪'는 '강개하고 슬픔[慷慨]'이라는 뜻과 통한다. 사마표는 '느낌[感]'으로 보아 '슬프고 혼란한 모양[哀亂貌]'이라고 풀이했다.

·여름·가을·겨울의 사계절이 운행하는 격이라네. 그 사람이 [천지라는] 큰 집에서 편안히 누워 쉬면서[15] 잠들었는데, 내가 슬픈 곡소리[16]를 따라서 곡을 한다면 스스로 천명에 통달하지 못한 것이라고 생각해서 그쳤다네."

莊子妻死, 惠子弔之, 莊子則方箕踞鼓盆而歌.
惠子曰: "與人居, 長子老身, 死不哭亦足矣, 又鼓盆而歌, 不亦甚乎!"
莊子曰: "不然. 是其始死也, 我獨何能无槪然! 察其始而本无生, 非徒无生也而本无形, 非徒无形也而本无氣. 雜乎芒芴之間, 變而有氣, 氣變而有形, 形變而有生, 今又變而之死, 是相與爲春秋冬夏四時行也. 人且偃然寢於巨室, 而我噭噭然隨而哭之, 自以爲不通乎命, 故止也."

삶과 죽음도 변화의 한 부분 18.3

지리숙支離叔이 골개숙滑介叔[17]과 '명백의 언덕', '곤륜의 터'라는 황제의 쉼터를 관람했다. 갑자기 골개숙의 왼쪽 팔꿈치에 혹[18]이

15) 원문의 '언연偃然'을 번역한 것으로 '편안하게 누워 쉬는 모습'이다. 성현영은 '편안히 쉬는 모양[安息貌]'이라고 풀이했다.

16) 원문의 '교교연噭噭然'을 번역한 것으로 '곡할 때 내는 슬픈 소리'다.

17) 가공의 인물로서 이 장에서 이들의 대화를 통해 의미하는 바는 〈제물론〉 편 2.10의 '활의지요滑疑之耀'와도 연계된다. 어지럽고 흐릿한 도의 모습을 나타낸 '활의滑疑'라는 개념도 염두에 둘 만하다.

18) 원문의 '유柳'를 번역한 것이다. '유柳' 자가 '유瘤'의 가차자로 '혹'을 의미한다고 보아 이를 따라 번역했다. 대부분 '버드나무'로 번역하고 있는데, 가공인물인 골개숙에게 버드나무가 생겨났다고 해도 장자의 상상력으로는 무난한 해석으로 보인다.

생겨났다. 그는 마음속으로 놀라서 몸부림치며[19] 그것을 싫어하는 것 같았다.

지리숙이 말했다

"자네는 그것을 싫어하는가?"

골개숙이 말했다.

"아니네.[20] 내가 어째서 싫어하겠는가! 삶이란 빌린 것이니, 빌려서 삶을 사는 것은 먼지나 때라고 할 수 있지. [그러니] 죽음과 삶은 낮과 밤이 되는 셈이지. 게다가 나는 자네와 변화를 보는데, 변화가 내게 미친 것이니, 내가 또 어째서 싫어하겠는가!"

支離叔與滑介叔觀於冥伯之丘, 崑崙之虛, 黃帝之所休. 俄而柳生其左肘, 其意蹶蹶然惡之.

支離叔曰: "子惡之乎?"

滑介叔曰: "亡, 予何惡! 生者, 假借也. 假之而生生者, 塵垢也. 死生爲晝夜. 且吾與子觀化而化及我, 我又何惡焉!"

장자가 빈 해골과 한 대화 18.4

장자가 초나라로 가다가 빈 해골[21]을 보았는데, 앙상하게 마른

---

19) 원문의 '궐궐연蹶蹶然'을 번역한 것으로 '놀라 몸부림치는 모습'이다. 선영은 '불안해하는 모양[不安貌]'으로 보았다.

20) 원문의 '무亡'을 번역한 것으로 '무無'와 같으며, '아니다'라는 뜻이다.

21) 원문의 '촉루髑髏'를 번역한 것으로, 이이는 '백골白骨'이라고 풀이했다. 즉, 죽은 사람의 뼈인데, '두개골[頭顱骨]'이라고 풀이하기도 한다(완육숭 설).

모습으로[22] 형체만 있었다. 말채찍으로 [해골을] 치고는 이어서 해골에게 물었다.

"그대는 삶을 탐내다가 도리[理]를 잃어 이렇게 된 것인가? 아니면[23] 그대가 나라를 망친 일이 있어 도끼로 처형을 당해 이렇게 된 것인가? 아니면 그대는 좋지 못한 행실이 있어 부모와 처자식에게 추하게 된 것이 부끄러워서 이렇게 된 것인가? 아니면 그대는 춥고 배고픈 우환이 있어서 이렇게 된 것인가? 아니면 그대의 나이 때문에 이렇게 된 것인가?"

이에 말을 마치고 해골을 끌어당겨 베고 누웠는데, 한밤중에 해골이 꿈에 나타나 말했다.

"그대가 [낮에] 말한 것이 달변가 같았다네. 그대가 말한 것을 보니 모두 산 사람의 괴로움이던데, 죽으면 그런 것이 없다네. 그대는 죽음의 이야기를 듣고자 하는가?"

장자가 말했다.

"그러지."

해골이 말했다.

"죽으면 위에는 군주가 없고 아래에는 신하가 없으며, 또한 사계절의 일도 없고 자유롭고 편안하게[24] 천지로 봄가을을 삼으니, 비록 [이승에서] 남면하여 왕 노릇 하는 즐거움이라도 넘어설 수 없다네."

장자는 믿지 못해 말했다.

22) 원문의 '효연髐然'을 번역한 것으로 '앙상하게 마른 모습'이다.

23) 원문의 '장將'인데, 여기서는 '아니면[抑]'과 쓰임이 같다.

24) 원문의 '종연從然'을 번역한 것으로 '자유자재로 거리낌 없이 편안한 모습'이다.

"내가 목숨을 맡은 신[25]에게 다시 그대의 몸을 살아나게 하고, 그대의 뼈와 살과 피부를 만들어 그대의 부모와 처자식과 동네 친구들에게 돌아가게 한다면, 그대는 그렇게 하기를 원할 테지?"

해골이 눈살과 콧등을 심하게 찡그리며 말했다.

"내가 어찌 [저승에서] 남면하여 왕 노릇 하는 즐거움을 버리고[26] 다시 인간 세상의 고통을 일삼겠는가!"

莊子之楚, 見空髑髏, 髐然有形, 撽以馬捶因而問之, 曰: "夫子貪生失理, 而爲此乎? 將子有亡國之事, 斧鉞之誅, 而爲此乎? 將子有不善之行, 愧遺父母妻子之醜, 而爲此乎? 將子有凍餒之患, 而爲此乎? 將子之春秋故及此乎?"

於是語卒, 援髑髏, 枕而臥. 夜半, 髑髏見夢曰: "子之談者似辯士. 視子所言, 皆生人之累也, 死則无此矣. 子欲聞死之說乎?"

莊子曰: "然."

髑髏曰: "死, 无君於上, 无臣於下. 亦无四時之事, 從然以天地爲春秋, 雖南面王樂, 不能過也."

莊子不信, 曰: "吾使司命復生子形, 爲子骨肉肌膚, 反子父母妻子閭里知識, 子欲之乎?"

髑髏深矉蹙頞曰: "吾安能棄南面王樂而復爲人間之勞乎!"

25) 원문의 '사명司命'을 번역한 것으로 '목숨을 맡아 관리하는 신'을 말한다.

26) 원문의 '기남면왕락棄南面王樂'을 번역한 것으로 앞서 말한 해골의 말과 같다. 이 구절을 "세속에서 남면하여 왕 노릇 하는 즐거움보다도 더한 이 죽음의 세계의 즐거움을 버리고"라는 의미로 볼 수 있지만, 앞에서 세속의 즐거움을 말했다면 여기서는 죽음의 세계의 즐거움을 표현한 것으로 구분할 수 있다.

물에 사는 물고기와 사람 사는 곳은 다르다 18.5

안연이 동쪽 제나라에 가려는데 공자에게 근심하는 안색이 있자, 자공이 자리에서 내려와 여쭈었다.

"제가 감히 여쭙겠습니다만, 안회가 동쪽 제나라에 가는데 선생님께서 근심하는 안색이 있으신 것은 어째서입니까?"

공자가 말했다.

"좋구나, 너의 질문이! 옛날에 관자가 말한 것이 있는데, 내가 매우 좋게 여겼으니, '주머니가 작으면 큰 것을 담아낼 수 없고, 두레박줄이 짧으면 깊은 물을 퍼낼 수 없다.'라는 말이다. 이와 같은 말은 천명은 [이미] 정해진 것이 있고, 형체는 꼭 맞는 것이 있다는 것이어서 덜어내거나 보탤 수 없는 것이다.

나는 안회가 제나라 군주에게 요임금과 순임금, 황제의 도를 말하고, 수인씨와 신농씨의 말까지 보탠다면, 저 군주는 장차 안으로 자기에게서 구하려다 얻지 못하고, 얻지 못하면 의혹할 것이니, 의혹하면 [안회를] 죽이게 될까 걱정이 된다.

또 너는 홀로 듣지 못했느냐? 옛날에 바닷새가 노나라 교외에 머무는데, 노나라 군주가 맞이하여[27] 묘당에서 잔치를 베풀고, 구소九韶[28]를 연주하여 즐거움으로 삼고, 태뢰太牢를 갖추어서 음식을 대접했다.

27) 원문의 '아御'를 번역한 것으로, 여기서는 대표 음인 '어御'의 '거느리다'라는 의미와 별도로 '맞이하다'라는 의미이며, '아'로 읽는다.

28) 순임금이 작곡한 음악이다. 안병주·전호근의 풀이에 의하면, 《서경》〈익직益稷〉 편에 "소소 구장을 연주하자, 봉황새가 날아와 의식을 따른다[簫韶九成, 鳳凰來儀]."라는 기록에서 따온 말일 가능성이 크다.

새는 급기야 눈이 어질해지고 두렵고 슬퍼서 한 점의 고기도 감히 먹지 못하고, 한 잔의 술도 감히 마시지 못한 채 사흘 만에 죽었다. 이는 자기를 기르는 방법으로 새를 기르려고 한 것이지, 새를 기르는 방법으로 새를 기른 것이 아니다.

새를 기르는 방법으로 새를 기르는 자는 마땅히 깊은 숲에 깃들이게 하고, 모래톱[29]에 노닐게 하거나 강이나 호수에 떠다니게 하며, 미꾸라지나 피라미를 먹게 하고, [무리의] 행렬을 따르거나 머물게 하며, 자유롭게 지내게 하는 것이다.

저 새는 유독 사람의 말소리를 듣기 싫어하는데, 어찌 저리 시끄럽고 소란한 속세의 음악[30]인가! 함지咸池나 구소의 음악을 동정의 들에서 연주하면, 새는 그것을 듣고 날아가고, 짐승은 그것을 듣고 달아나며, 물고기는 그것을 듣고 물속으로 들어가지만, 많은 사람[31]은 그것을 듣고 서로 빙 둘러서 본다. 물고기는 물에 머물러 살지만 사람은 물에 머물면 죽는다. 저들은 반드시 서로 다르니, 저들이 좋아하고 싫어하는 것도 본래 다른 것이다.

그러므로 옛 성인은 그들의 능력을 하나로 하지 않고, 그들의 일도 똑같게 하지 않았다. 명분은 실질에 따라 그치고, 의로운 것은 알맞은 것에 따라 펼쳐진다. 이를 '조리가 통달해서[32] 복됨이 유지

29) 원문의 '단육壇陸'를 번역한 것으로 물 가운데 육지를 말한다. 여기서 '단육'은 〈달생〉 편 19.12의 '평평한 땅[平陸]'과 같은 개념인데, '물가의 모래톱[水沙澶]'으로 보아야 한다는 설도 있다(사마표 설). 또한 성현영은 '강과 호수[江湖]'라고 보는 등 이설이 있다.

30) 원문의 '요뇨譊譊'인데, '요譊'는 '시끄럽게 떠들다'라는 뜻의 글자로, '요뇨'는 '시끄럽고 소란한 속세의 음악'을 뜻한다.

31) 원문의 '인졸人卒'을 번역한 것으로 '많은 사람[衆人]'과 같은 의미다. '졸卒'은 '사람이 많은 모양'이다.

된다.'라고 말하는 것이다."

顔淵東之齊, 孔子有憂色, 子貢下席而問曰: "小子敢問, 回東之齊, 夫子有憂色, 何邪?"

孔子曰: "善哉汝問! 昔者管子有言, 丘甚善之, 曰: '褚小者不可以懷大, 綆短者不可以汲深.' 夫若是者, 以爲命有所成而形有所適也, 夫不可損益. 吾恐回與齊侯言堯舜黃帝之道, 而重以燧人神農之言. 彼將內求於己而不得, 不得則惑, 人惑則死.

"且女獨不聞邪? 昔者海鳥止於魯郊, 魯侯御而觴之于廟, 奏九韶以爲樂, 具太牢以爲膳. 鳥乃眩視憂悲, 不敢食一臠, 不敢飲一杯, 三日而死. 此以己養養鳥也, 非以鳥養養鳥也. 夫以鳥養養鳥者, 宜栖之深林, 遊之壇陸, 浮之江湖, 食之鰌鰷, 隨行列而止, 委蛇而處. 彼唯人言之惡聞, 奚以夫譊譊爲乎! 咸池九韶之樂, 張之洞庭之野, 鳥聞之而飛, 獸聞之而走, 魚聞之而下入, 人卒聞之, 相與還而觀之. 魚處水而生, 人處水而死, 彼必相與異, 其好惡故異也. 故先聖不一其能, 不同其事. 名止於實, 義設於適, 是之謂條達而福持."

열자가 백 년 된 해골에게 한 행동 18.6

열자가 가다가 길가에서 식사하는데, 백 년 된 해골을 보고 쑥을 뽑아 가리키며 말했다.

32) 원문의 '조달條達'을 번역한 것으로, 완육승은 "조리가 자세하고 분명하다[條理詳明]."라고 보았다.

"오직 나와 그대만이 아직 죽지 않았고 아직 태어나지 않았다는 것을 알고 있네. 그대는 과연 근심하고[33], 나는 과연 기뻐하는 것인가?"

종류가 얼마나 [많이] 있는가?[34] 물을 얻으면 계䵤[35]가 되고, 물과 흙이 닿는 곳을 얻으면 푸른 이끼[36]가 되며, 언덕에 생기면 질경이[37]가 된다. 질경이가 거름더미[38]를 얻으면 오족烏足(수초樹草)이 되고, 오족의 뿌리는 굼벵이가 되고, 그 잎은 나비가 된다. 나비는 서胥[39]이니 변해서 벌레가 되어 부뚜막 밑에서 생겨난다. 그 모습이 허물 벗는 것[40] 같으니, 그 이름을 귀뚜라미[鴝掇][41]라고 한다. 귀뚜라미는

---

33) 원문의 '양養'을 번역한 것으로, '양養'은 '근심하다[恙]'와 통용되며, 《이아爾雅》〈석고釋詁〉 편에서 "근심하다[憂]."라고 했다. 안동림과 김학주 등 대부분이 이 설을 취했다.

34) 원문의 '종유기種有幾'를 번역한 것으로, 곽상은 "변화하는 종류의 수는 헤아릴 수 없다[變化種數, 不可勝計]."라고 했고, 안병주·전호근은 "씨에 미묘한 작용이 있다."라는 것으로 보았다. 역자는 "종류가 헤아릴 수 없이 많다."라는 의미에서 전자의 설을 따랐다.

35) '계䵤'는 '계繼' 자와 같고, 일종의 수초手草이다. 참고로 '절㡭'은 '절絶'의 고자古字로 보기도 한다.

36) 원문의 '와빈지의䵷蠙之衣'를 번역한 것으로 '푸른 이끼[青苔]'를 말한다. 물속에서 마치 솜을 펼친 듯한 모습이 청개구리[蝦蟆]가 옷을 입은 것에 비유한 것이다(성현영 설).

37) 원문의 '능석陵舄'을 번역한 것으로 높은 언덕에 자라는 질경이인데, 일명 '차전초車前草'를 말한다.

38) 원문의 '울서鬱棲'를 번역한 것으로 '거름 흙[糞壤]'을 말한다. "질경이가 오래되면 변해서 거름이 된다[陵舄旣老, 變爲糞土也]."라고 풀이한 성현영의 주석을 참고하여 번역했다. '울서'를 벌레 이름으로 보는 설도 있다(사마표 설).

39) 원문의 '서胥'를 번역한 것으로 나비의 별칭으로 보는 육덕명의 설을 따랐다. 학자에 따라 '잠깐의 시간[少時]'으로 풀이하기도 한다.

40) 원문의 '탈脫'을 번역한 것으로 '허물 벗다[蛻]'와 같은 뜻이다. 나비나 매미 등의 벗은 허물을 말한다.

천 일이 지나면 새가 되는데, 그 이름이 비둘기[乾餘骨][42]다. 비둘기의 침은 쌀벌레[斯彌][43]가 되고, 쌀벌레는 초파리[食醯]가 된다. 이로頤輅는 초파리에서 생기고, 황황黃軦은 구유九猷에서 생기며, 무예瞀芮는 부권腐蠸에서 생긴다.[44] 양해羊奚는 죽순이 생기지 않는 것으로 변해서[45] 구죽久竹은 청녕靑寧을 낳고, 청녕은 정程[46]을 낳으며[47], 정은 말을 낳고, 말은 사람을 낳으며, 사람은 또다시 거꾸로 기틀[機]로 다시 들어간다. 만물은 모두 기틀에서 나와서 모두 기틀로 들어가는 것이다.

列子行食於道從, 見百歲髑髏, 攓蓬而指之曰: "唯予與汝知而未嘗死, 未嘗生也. 若果養乎? 予果歡乎?"

種有幾? 得水則爲㡭, 得水土之際則爲鼃蠙之衣, 生於陵屯則爲陵舃, 陵舃得鬱棲則爲烏足, 烏足之根爲蠐螬, 其葉爲胡蝶. 胡蝶胥也化而爲

---

41) 원문의 '구철鴝掇'은 벌레 이름으로 귀뚜라미의 일종을 말하며, 여기서는 편의상 귀뚜라미로 번역했다. 마쉬룬에 의하면 모양이 귀뚜라미와 비슷하지만 좀 더 크고, 다리가 길며, 부엌 아궁이에 있는 것을 좋아한다고 한다.《열자列子》〈천서天瑞〉 편에도 나온다.

42) 원문의 '건여골乾餘骨'은 새 이름으로 비둘기의 일종을 말한다. 한편 까치의 일종으로 보는 설도 있고, 전설상의 새라고 풀이한 경우도 있다.

43) 원문의 '사미斯彌'는 벌레 이름으로 쌀 속의 검정 벌레를 말한다(고형高亨 설).

44) 이 내용은《열자》〈천서〉 편에도 나온다.

45) 원문의 '비比'를 번역한 것으로, '비比'는 '화化'의 오자라고 하는 설(고형)을 따랐다. 한편, '생生'의 오자라는 설(이면李勉)이 있고, 성현영은 '비합比合'으로 풀이했는데, 안병주·전호근은 이 설을 취하여 "더 이상 죽순이 생기지 않는 노죽과 교합하여"라고 번역했다.

46) '쟁猙'과 같다는 설이 있는데, '쟁猙'은 '표豹'와 비슷한 짐승으로 외뿔에 꼬리가 다섯 개인 짐승이다(안병주·전호근 설).

47) 이로頤輅, 황황黃軦, 구유九猷, 무예瞀芮, 부권腐蠸, 청녕靑寧, 정程은 모두 벌레 이름이다. 무엇을 가리키는지 자세히 알 수 없다.

蟲, 生於竈下, 其狀若脫, 其名爲鴝掇. 鴝掇千日爲鳥, 其名爲乾餘骨. 乾餘骨之沫爲斯彌, 斯彌爲食醯. 頤輅生乎食醯, 黃軦生乎九猷, 瞀芮生乎腐蠸. 羊奚比乎不箰 久竹生青寧. 青寧生程, 程生馬, 馬生人, 人又反入於機. 萬物皆出於機, 皆入於機.

제19편

달생達生

생명을 통달하다

【해설】

이 편은 1장 맨 앞의 두 글자를 따서 이름 붙였으며, 무위無爲의 경지에서 지극한 유위有爲에 도달할 수 있다는 현실적인 삶의 현장에서 논의한다. 내편 〈양생주〉 편과 기본적인 맥락이 연계되어 있어 그 후속 편이라고 할 만하다. 장자 사상의 핵심을 잘 보여주는 것으로, 외편 중에서 문장이 가장 빼어나다는 평이 있고, 논조도 일관된다. 결국 만물의 자연 섭리에 따르고 사심을 버리는 무위의 삶을 강조하고 있다.

구체적으로 보면, 몸을 보양하기보다는 자연의 변화에 순응하는 1장과 지인의 경지를 다룬 2장, 곱사등이가 매미를 잡는 내용을 다룬 3장이 있고, 외물에 마음을 뺏기지 말라는 4장은 배 젓는 데 뛰어난 자와 헤엄 잘 치는 자의 비법을 다루고 있으며, 5장은 양생법을 다룬다. 돼지를 설득하는 우화를 다룬 6장도 지나친 욕망을 조심하라는 의미를 두고 있어 흥미롭고, 7장은 병든 환공의 이야기와 제물이 될 돼지의 처지를 들어 눈앞의 이익에 집착하지 말라는 내용을 담고 있다. 저 유명한 최고의 싸움닭이 되는 경지를 말한 목계木鷄 우언이 있는 8장, 9장의 격류에서 헤엄치는 자의 이야기, 그리고 10장에 보이는 나무를 깎아 거鐻를 만드는 생활 기예의 달인 등등 흥미롭고 의표를 찌르는 재미있는 이야기가 많다. 특히 이 부분은 중국의 미학과 예술의 경지에 적지 않은 영향을 끼친 내용으로 기록될 만하다. 이런 이야기들은 〈양생주〉 편의 포정이 소를 해부하는 우언과 그 맥락이 같다고 보겠다.

맨 마지막 장인 12장에서 그런 삶을 살지 못하는 손휴의 이야기와 무위자연의 도와 합치되는 것을 주창하는 편경자의 문답도 재미있다. 무슨 일이든 자신에게 맞는 방법을 찾으라는 메시지를 담고 있다.

이 편에서 우리는 축자적 의미보다는 그 문장의 이면에 스며있는 미언대의微言大義를 생각해보면서 허정의 마음이 전제되어야만 삶의 지향이 달라질 수 있다는 점을 거듭 확인할 수 있겠다.

몸을 보양하지 말고 자연의 변화를 타라 19.1

생명의 실정에 통달한 자는 생명이 할 수 없는 것에 힘쓰지 않고, 운명의 실정에 통달한 자는 어찌할 수 없는 것에 힘쓰지 않는다. 몸을 기르는 데에는 반드시 재물[1]을 우선하지만, 재물이 여유가 있더라도 몸이 길러지지 않는 경우가 있다. 생명이 있는 데에는 반드시 몸을 떠나지 않는 것을 우선하지만, 몸은 떠나지 않더라도 생명을 잃는 경우가 있다. 생명이 오는 것을 물리칠 수 없고, 그것이 가는 것을 그치게 할 수 없다.

슬프도다! 세상의 사람들은 몸을 기르면 생명을 보존할 수 있다고 여기는데, 만일 몸을 길러도 과연 생명을 보존하는 데 부족하면 세상 사람들이 어찌해볼 만한 것이겠는가! 비록 해볼 만하지 않더라도 하지 않을 수 없는 것은 그 행위를 벗어날 수 없어서이다.

몸을 위하는 것을 벗어나고자 한다면 세속을 버리는 것만 한 것이 없다. 세속을 버리면 얽매임이 없고, 얽매임이 없으면 [마음이] 바르게 평정되고, 바르게 평정되면 자연과 다시 살고, 다시 살면 거의 [도에] 가까울 것이다.

[세속의] 일이 어찌 버릴 만하고, 생명이 어찌 잊을 만한 것이겠는가? 일을 버리면 몸이 피로하지 않고, 생명을 잊어버리면 정기가 손상되지 않는다. 몸이 완전해지고 정기가 회복되면 하늘과 하나가 된다. 천지라는 것은 만물의 부모이니, 합하면 본체[體]를 이루고,

1) 원문의 '물物'을 번역한 것으로 "재물과 입고 먹는 것을 말하니, 아침저녁으로 꼭 필요한 것이다[謂資貨衣食, 旦夕所須]."라고 풀이한 성현영의 설에 따라 역자는 '재물'로 번역했다.

흩어지면 시작을 이룬다[2]. 몸과 정기가 손상되지 않는 것, 이것을 '능히 옮겨감[能移]'이라고 말하니, 정밀하고 또 정밀하면 돌이켜 하늘을 도울 수 있다.[3]

達生之情者, 不務生之所无以爲. 達命之情者, 不務知之所无奈何. 養形必先之[4]以物, 物有餘而形不養者有之矣. 有生必先无離形, 形不離而生亡者有之矣. 生之來不能卻, 其去不能止. 悲夫! 世之人以爲養形足以存生. 而養形果不足以存生, 則世奚足爲哉! 雖不足爲而不可不爲者, 其爲不免矣.

夫欲免爲形者, 莫如棄世. 棄世則无累, 无累則正平, 正平則與彼更生, 更生則幾矣. 事奚足棄而生奚足遺? 棄事則形不勞, 遺生則精不虧. 夫形全精復, 與天爲一. 天地者, 萬物之父母也, 合則成體, 散則成始. 形精不虧, 是謂能移. 精而又精, 反以相天.

지인은 왜 다른가 19.2

열자가 관윤關尹[5]에게 물었다.

"지인至人은 [물속을] 잠수하고 다녀도 숨 막히지 않고, 불을 밟아도 뜨겁지 않으며, 만물의 위를 다녀도 두려워 떨지 않는다고 합니다. 묻기를 청하니, 무엇으로써 이 [경지]에 이릅니까?"

---

2) 원문의 '성시成始'인데, '성시'란 기운이 흩어져서 만물이 아직 생성되지 않은 처음의 상태로 돌아간다는 의미다(안병주·전호근 설).

3) 원문의 '반이상천反以相天'을 번역한 것으로, 참고로 왕수민은 '이以'는 '어於'이고, '상相'은 '수隨'로 보아 '자연으로 돌아가 따르는 것'이라고 해석했다.

4) 원문의 '지之'는 '어조사[語助]'라는 풀이(완육숭 설)에 따라 번역하지 않았다.

관윤이 말했다.

“이것은 순수한 기氣를 지키는 것이니, 지혜나 기교, 용기 따위의 탓이 아닙니다. 앉으시오, 내가 그대에게 말하겠습니다!

모습이나 형상, 소리나 색깔이 있는 것은 모두 사물인데, 사물과 사물이 어찌 서로 멀겠습니까? [또] 어찌 앞에 이를 수 있겠습니까? 이는 형태나 색깔[6]입니다.[7] 사물이 형태가 아닌 것에 이르면 변하는 것이 없는 것에 그칩니다. 이를 터득하여 그것을 궁구하는 자는 사물이 어떻게 그치게 하겠습니까!

그러한 지인은 장차 지나치지 않는 절도에 머물고, 끝이 없는 자연의 질서[8]에 감추며, 만물이 끝나고 시작하는 데에 노닐고, 자신의 본성을 하나로 하여 자신의 기운을 기르며, 자신의 덕을 합하여

5) 관윤의 성은 윤尹이고, 이름은 희喜이며, 자는 공도公度이다. 함곡관의 관리[令]가 되어 관윤이라 했으며, 노자의 제자이다. 성현영은 “도를 품고 덕을 껴안았기 때문에 열어구가 그에게 물은 것이다[懷道抱德, 故禦寇詢之也].”라고 했다. 《사기》 〈노자한비열전〉에 “[노자가] 함곡관에 이르자, 관령 윤희가 말했다. ‘선생께서는 앞으로 은둔하려 하시니 [제게] 억지로라도 책을 지어주십시오’[至關, 關令尹喜曰: ‘子將隱矣, 彊為我著書’].”라는 기록이 전해진다. “윤희는 주나라 대부로 별자리를 보는 법도 익혔고 인덕도 있었으나 세상 사람들에게 알려지지 않았다. 그는 노자가 온다는 것을 만물의 기운을 보고 미리 알아차렸으며, 그가 서쪽으로 오는 행적을 추적하여 노자를 만났다.”(《사기열전》, 민음사, 2020, 98쪽)라고 한다.

6) 원문의 ‘색色’을 번역한 것인데, 곽경번의 교열에 의하면 강남江南의 《고장본古藏本》에 ‘색色’ 자 앞에 ‘형形’ 자가 쓰여 있다고 했는데, 역자도 이 설을 취하여 번역했다.

7) 성현영은 이 구절에 부연하여 “[앞에 이른 것은] 오직 색깔이 아니고 소리가 아니며 보는 것을 끊고 듣는 것을 끊은 것이 해당되므로 모습이나 형상의 밖으로 초월하여 만물에 앞서 있는 것이다[唯當非色非聲, 絶視絶聽者, 故能超貌象之外, 在萬物之先也].”라고 했다.

8) 원문의 ‘기紀’를 번역한 것으로, ‘기강紀綱’으로 풀이한 성현영의 주석을 참고하여 번역했다. 즉, 끝없이 변화하는 자연의 도에서의 규율과 원칙을 의미한다.

만물의 조화에 통합니다. 이 같은 자는 자신의 천성이 온전히 지켜지고 자신의 정신이 틈이 없으니 사물이 어디로부터 들어오겠습니까!

술 취한 자가 수레에서 떨어지면 비록 [수레가] 빨리 달렸더라도 죽지 않습니다. 뼈와 관절은 남들과 같으나 해를 당하는 것이 남들과 다른 것은 그 정신이 온전하여 수레에 탄 것도 알지 못하고 떨어진 것도 알지 못하여 죽거나 사는 놀라움과 두려움이 그 마음속에 들어오지 않은 것이니, 이러한 까닭에 사물을 만나도[9] 두려워하지 않습니다. 저 [술 취한] 자가 술에서 온전한 것을 얻은 것으로도 오히려 이와 같은데 하물며 하늘에서 온전한 것을 얻는 것은 어떻겠습니까? 성인은 하늘에 [몸을] 감추었으므로 그 무엇도 그를 해롭게 할 수 없습니다.

복수하는 자도 [원수가 사용한 명검인] 막야鏌鋣나 간장干將을 부러뜨리지 않습니다. 비록 시기하는 마음이 있는 자도 바람에 날린 기왓장[10]을 원망하지는 않으니, 이 때문에 천하가 평화롭고 고르게 됩니다. 그러므로 공격하고 싸우는 어지러움이 없고, 죽이는 형벌이 없는 것은 이 도에서 말미암는 것입니다.

[요컨대] 사람의 천도를 여는 것이 아니라 하늘의 천도를 여는 것입니다. 천도를 열면 덕이 생기고, 사람의 도를 열면 적이 생깁니다. 그 천도를 싫어하지 않고 사람의 도에서 홀시하지 않으면 백성은 그 참된 것에 가까워질 것입니다!"

9) 원문의 '오遻'를 번역한 것으로 '만나다[遻]'의 뜻과 같다.

10) 원문의 '표와飄瓦'인데, 기왓장이 바람에 날려 떨어지는 것을 말한다.

子列子問關尹曰: “至人潛行不窒, 蹈火不熱, 行乎萬物之上而不慄. 請問何以至於此?”

關尹曰: “是純氣之守也, 非知巧果敢之列. 居, 予語汝! 凡有貌象聲色者, 皆物也, 物與物何以相遠? 夫奚足以至乎先? 是色而已. 則物之造乎不形而止乎无所化, 夫得是而窮之者, 物焉得而止焉! 彼將處乎不淫之度, 而藏乎无端之紀, 遊乎萬物之所終始, 壹其性, 養其氣, 合其德, 以通乎物之所造. 夫若是者, 其天守全, 其神無郤, 物奚自入焉!

夫醉者之墜車, 雖疾不死. 骨節與人同而犯害與人異, 其神全也, 乘亦不知也, 墜亦不知也, 死生驚懼不入乎其胷中, 是故遻物而不慴. 彼得全於酒而猶若是, 而況得全於天乎? 聖人藏於天, 故莫之能傷也. 復讐者不折鏌干, 雖有忮心者不怨飄瓦, 是以天下平均. 故无攻戰之亂, 无殺戮之刑者, 由此道也.

不開人之天, 而開天之天, 開天者德生, 開人者賊生. 不厭其天, 不忽於人, 民幾乎以其眞!”

곱사등이인 자가 매미를 잡는 방법 19.3

중니가 초나라로 가다가 숲속을 [지나] 나오는데[11] 곱사등이인 자가 마치 물건을 줍는 것처럼 매미를 잡는 것을 보았다.

중니가 말했다.

“당신은 재주가 좋군요! 방도가 있습니까?”

11) 원문의 ‘출어임중出於林中’을 번역한 것으로, ‘어於’가 ‘유遊’로 쓰인 판본도 있다(왕수민 설). 이 장은《열자》〈황제黃帝〉편에도 같은 내용이 보인다.

[곱사등이인 자가] 말했다.

"내게는 방도가 있지요. 오륙 개월 동안 구슬 두 개를 포개놓아서 떨어뜨리지 않는다면 놓치는 것이 매우 적어지고[12), 구슬 세 개를 포개놓아서 떨어뜨리지 않는다면 놓치는 것이 열 번에 한 번이고, 구슬 다섯 개를 포개놓아서 떨어뜨리지 않는다면 줍는 것처럼 합니다. 나는 몸을 두기를[13) 말뚝이나 그루터기[14)처럼 하고, 팔뚝은 시든 나무의 가지처럼 만들어서 비록 천지가 크고 만물이 많더라도 오직 매미 날개만 알 뿐이지요. 나는 돌이키지도 않고 기울이지도 않아서 만물로써 매미 날개와 바꾸지 않으니 어찌하여 [매미를] 잡지 못하겠습니까!"

공자가 제자들을 돌아보고 일러 말했다.

"뜻을 한데 모아 마음이 흩어지지 않으면 이에 신묘한 것으로 응집된다고 하더니, 아마도 곱사등이인 자를 말한 것이겠구나!"

仲尼適楚, 出於林中, 見痀僂者承蜩, 猶掇之也.

仲尼曰: "子巧乎! 有道邪?"

曰: "我有道也. 五六月累丸二而不墜, 則失者錙銖. 累三而不墜, 則失

---

12) 원문의 '치수錙銖'를 번역한 것으로, 성현영의 "저울로 무게를 잴 때의 가장 작은 값[稱兩之微數]"이라는 주석이 정확하다.

13) 원문의 '처신處身'을 번역한 것인데, 매미를 잡을 때의 몸가짐, 즉 몸동작에 대해 말한 것이다.

14) 원문의 '궐주구厥株拘'를 번역한 것으로, '궐厥'은 '말뚝[橛]'이고, '주구'는 '그루터기[株枸]'를 말한다. 한편 '궐'과 '주'를 그루터기로 보고, '구拘'는 '웅크리다'의 뜻으로 풀이한 경우도 있고(안병주·전호근 설), 안동림은 '궐'을 '말뚝', '주'는 땅 위에 나와 있는 나무로 구분하고, '구'는 '지止' 자로 보아 '말뚝처럼 꼼짝하지 않고'라고 번역했다.

者十一. 累五而不墜, 猶掇之也. 吾處身也, 若厥株拘. 吾執臂也, 若槁木之枝. 雖天地之大, 萬物之多, 而唯蜩翼之知. 吾不反不側, 不以萬物易蜩之翼, 何爲而不得!"

孔子顧謂弟子曰: "用志不分, 乃凝於神, 其痀僂丈人之謂乎!"

배 젓는 자와 헤엄 잘 치는 자의 비법 19.4

안연이 중니에게 여쭈었다.

"제가 일찍이 상심觴深이란 [깊은] 못을 건너는데 배를 젓는 뱃사공의 솜씨가 귀신같았습니다. 제가 '배 젓는 것도 배울 수 있는 겁니까?'라고 물었더니, [사공이] '가능합니다. 헤엄을 잘 치는 사람은 빠르게 이룰 수[15] 있습니다. 잠수하는 사람 같으면 일찍이 배를 본 적이 없어도 대번에 그것을 젓지요.'라고 말했습니다. 제가 그것에 대해 [더] 물었지만, 제게 알려주지 않았습니다. 감히 여쭙겠는데, 무엇을 말하는 것인지요?"

중니가 말했다.

"헤엄을 잘 치는 사람이 빠르게 이룰 수 있는 것은 물을 잊어버렸기 때문이다. 잠수하는 사람 같이 일찍이 배를 본 적이 없어도 대번에 그것을 젓는 것은 그가 깊은 연못을 언덕처럼 보고, 배가 뒤집히는 것을 수레가 물러나는 것처럼 보기 때문이다. 뒤집히고 물러나는 것이 만방으로 눈앞에 펼쳐져도 그 마음속에 들어갈 수 없으

15) 원문의 '삭능數能'을 번역한 것으로 '빠르게 이루다[速成]'의 뜻이다(엄복설).

니, 어디에 가도 여유롭지 않겠는가!

기와로 내기하는 것은 재주 있게 하고, 혁대 고리로 내기하는 것은 두려워하며, 황금으로 내기하는 것은 어지러워한다. 그 재주는 하나이나 아까워하는 것이 있으면 외물을 중요시하는 것이다. 외물을 중요시하는 자는 내면이 졸렬하다."

顏淵問仲尼曰: "吾嘗濟乎觴深之淵, 津人操舟若神. 吾問焉, 曰: '操舟可學邪?' 曰: '可. 善游者數能. 若乃[16]夫沒人, 則未嘗見舟而便操之也.' 吾問焉而不吾告, 敢問何謂也?"

仲尼曰: "善游者數能, 忘水也. 若乃夫沒人之未嘗見舟而便操之也, 彼視淵若陵, 視舟之覆猶其車卻也. 覆卻萬方陳乎前而不得入其舍, 惡往而不暇! 以瓦注者巧, 以鉤注者憚, 以黃金注者殙. 其巧一也, 而有所矜, 則重外也. 凡外重者內拙."

양생법 19.5

전개지田開之[17]가 주나라의 위공威公[18]을 뵈었는데, 위공이 말했다.

"내가 듣기로 축신祝腎이 양생을 배운다던데, 그대는 축신과 노닐며 또 무엇을 들었소?"

전개지가 말했다.

16) 안병주·전호근의 고증에 의하면, '약내若乃'는 왕인지王引之의 《경전석사經傳釋詞》의 '말머리를 돌리는 표현[轉語詞]'이란 풀이를 참조할 만하다.

17) 양생의 도를 배우는 사람으로, 이하의 등장인물도 마찬가지다.

18) 주공의 후손으로 성은 희姬이고 이름이 조竈라고 하는데, 확실하지 않다. 《사기》〈주본기周本紀〉에도 나온다.

"저는 빗자루[19]를 잡고 문이나 뜰에서 모시고 있는데, 또한 선생님께 무엇을 들었겠습니까!"

위공이 말했다.

"전선생, 사양하지 마시오. 과인은 그것을 듣고 싶소."

개지가 말했다.

"[제가] 듣기로는 선생님께서 '양생을 잘하는 자는 양을 기르는 것처럼 뒤처진 양을 보고 채찍질을 한다.'라고 말씀하셨습니다."

위공이 말했다.

"그게 무슨 말이오?"

전개지가 말했다.

"노나라에 선표單豹[20]라는 자가 있었는데, 바위굴에 살면서 물을 마시고, 사람들과는 이로운 것을 가지고 함께하지 않아서 나이가 일흔이 되었는데도 오히려 어린아이의 모습으로 있었으니, 불행히 굶주린 호랑이를 만나 굶주린 호랑이가 죽여서 잡아먹었습니다.

또 장의張毅[21]라는 자가 있었는데, 문이 높은 집과 발을 늘어뜨린 집을 분주히 다니지 않은 곳이 없었으니, 나이 마흔에 몸 안에서 열이 생기는 병으로 죽었습니다.

선표는 자기 내면을 길렀으나 호랑이가 그의 외형을 먹었고, 장의는 자기 외형을 길렀으나 병이 그의 내면을 공격했으니, 이 두 사람 모두 뒤처진 것을 채찍질하지 않은 것입니다."

19) 원문의 '수篲'를 번역한 것으로 '빗자루[帚]'를 뜻한다. 청소하는 제자의 도리를 빗대어 표현한 것이다.

20) 성이 선單이고, 이름이 표豹로, 은자이다(이이 설).

21) "성은 장張이고, 이름은 의毅로, 또한 노나라 사람이다[姓張名毅, 亦魯人也]."라는 성현영의 설이 있다.

중니가 말했다.

“들어가도 숨지 말고 나와도 드러내지 말 것이니, 섶나무[22]는 그 중앙에 세운다. [이] 세 가지[23]를 얻는다면 그 이름이 반드시 지극해질 것이다. 위험한 길에서 열에 한 명이 죽으면 아버지와 아들, 형과 아우처럼 서로 경계하여 반드시 병사 무리를 성대하게 한 뒤에 감히 나설 것이니, 또한 지혜롭지 않은가! 사람이 가장[24] 위험한 것은 이부자리 위의 일[25]과 음식을 먹는 사이인데, 그것을 경계하는 것을 알지 못하는 것은 잘못이다.”

田開之見周威公. 威公曰: “吾聞祝腎學生, 吾子與祝腎游, 亦何聞焉?”

田開之曰: “開之操拔篲以侍門庭, 亦何聞於夫子!”

威公曰: “田子无讓, 寡人願聞之.”

開之曰: “聞之夫子曰: ‘善養生者, 若牧羊然, 視其後者而鞭之.’”

威公曰: “何謂也?”

田開之曰: “魯有單豹者, 巖居而水飮, 不與民共利, 行年七十而猶有嬰兒之色. 不幸遇餓虎, 餓虎殺而食之. 有張毅者, 高門縣薄, 无不走也, 行年四十而有內熱之病以死. 豹養其內而虎食其外, 毅養其外而病攻

---

22) 원문의 ‘시柴’를 번역한 것인데, ‘말라버린 나무[枯木]’을 가리킨다(선영 설).

23) 내면[內], 외형[外], 한가운데[中央]로, 선표처럼 지나치게 내면에 치우치지 말고, 장의처럼 지나치게 외형에 치우치지 않아야 하며, 섶나무처럼 한가운데 우뚝 무심히 서 있어야 한다는 의미다.

24) 원문의 ‘취取’를 번역한 것으로 ‘가장 최最’ 자와 통한다.

25) 원문의 ‘임석지상衽席之上’을 번역한 것으로, 이부자리 위에서의 일, 즉 성욕을 가리킨다(안병주·전호근 설). 김학주는 ‘임석衽席’을 ‘방 안에 깔아놓은 잠자리, 일상생활 하는 곳’이라고 풀이하여 ‘일상생활 속에서’라고 번역했다. 안동림은 ‘잠자리 위’라고 번역했는데, 뒤에 나오는 ‘음식을 먹는 사이[飮食之間]’를 포함하여 사람의 ‘정욕情欲이 동할 때’라는 의미를 덧붙였다.

其內, 此二子者, 皆不鞭其後者也."

仲尼曰: "无入而藏, 无出而陽, 柴立其中央. 三者若得, 其名必極. 夫畏塗者, 十殺一人, 則父子兄弟相戒也, 必盛卒徒而後敢出焉, 不亦知乎! 人之所取畏者, 衽席之上, 飮食之間. 而不知爲之戒者, 過也."

돼지 설득하기 19.6

제관이 검은 예복을 입고 돼지우리[26]에 가서 돼지를 달래며 말했다.

"너는 어째서 죽음을 싫어하는가? 내가 석 달 동안 너를 잘 기르고, 열흘 동안 조심하고, 사흘 동안 재계하여 흰 띠풀을 깔고, 조각한 제기 위에 너의 어깨와 꼬리 부위를 올리고자 한다. 그러니 너는 그리 해주겠지?"

돼지를 위하여 도모하는 것은 겨나 술지게미를 먹이더라도 돼지우리 속에서 놓아두는 것이 낫다고 말할 것이다. 자신을 위하여 도모하는 것은 만약 살아서는 높은 자리에 있고, [만약] 죽어서는 장식된 상여[27] 위와 장식한 관[28] 속을 얻을 수 있다면 그것을 하려고 할 것이다. 돼지를 위해 도모할 때는 그것을 버리고, 자신을 위해 도모

26) 원문의 '뇌협牢筴'인데, '뇌牢'는 '돼지 집[豕室]'이고, '협筴'은 '나무로 된 우리[木欄]'이다(이이 설). 즉, 돼지우리를 말한다.

27) 원문의 '전순腞楯'을 번역한 것으로, '전腞'은 '관을 싣는 수레[載柩車]'이고, '순楯'은 '영구차[柩車]'이다(왕염손 설).

28) 원문의 '취루聚僂'를 번역한 것으로, '아름답게 장식한 관'이라고 풀이한 왕염손의 설에 따랐다. 한편 일설의 '속널과 겉널[棺槨]'(육덕명 설)이라는 해석이 참조할 만하다.

할 때는 그것을 취하니, 돼지와 다르게 하는 바는 무엇이겠는가?

祝宗人玄[29]端以臨牢筴, 說彘曰: "汝奚惡死? 吾將三月豢汝, 十日戒, 三日齊, 藉白茅, 加汝肩尻乎彫俎之上, 則汝爲之乎?" 爲彘謀, 曰不如食以糠糟而錯之牢筴之中, 自爲謀, 則苟生有軒冕之尊, 死得於滕楯之上, 聚僂之中則爲之. 爲彘謀則去之, 自爲謀則取之, 所異彘者何也?

병든 환공이 던진 헛소리 19.7

환공이 늪에 사냥을 나갔다가 관중이 말을 모는데 귀신을 보았다. 환공이 관중의 손을 부여잡고 말했다.

"중보[30]는 무엇을 봤소?"

[관중이] 대답했다.

"신은 본 것이 없습니다."

환공은 돌아와 헛소리하더니[31], 병이 되어 며칠 동안 나가지 못했다. 제나라의 선비 중에 황자고오皇子告敖[32]라는 자가 있었는데, [그가] 말했다.

29) 《장자집석莊子集釋》에는 '원元' 자로 쓰여 있으나 문맥상 '현玄'으로 교열했다.

30) 중보仲父는 관중을 말한다. 환공이 관중을 존경하여 부른 호칭이다.

31) 원문의 '희이誒詒'를 번역한 것으로 '헛소리[誑語]'를 말한다. '정신을 잃다[失魂魄]'라고 풀이한 견해도 있고(이이 설), '게으름 피우는 모습[懈怠之容]'으로 풀이한 설도 있다(성현영 설). 그러나 여기서는 말에 관한 모습을 형용한 것으로 보는 것이 타당할 듯하다. 환공이 귀신을 보고 놀라서 돌아와 정신이 혼미한 상태에서 말이 헛나오고 횡설수설하는 상황이다.

32) 성이 황자皇子이고, 자가 고오告敖로, 노나라 현인으로 알려져 있다.

"공께서는 스스로 상하게 한 것이지, 귀신이 어찌 공을 상하게 할 수 있겠습니까! 분노가 쌓인 기氣가 흩어져서 돌아오지 않으면 부족하게 되고, 올라가서 내려오지 않으면 사람이 화를 잘 내게 하며, 내려가서 올라오지 않으면 사람이 잘 잊어버리게 하고, 올라가지도 않고 내려가지도 않으며 몸의 가운데 마음속에 있으면 병이 됩니다."

환공이 말했다.

"그러면 귀신이 있다는 것인가?"

[황자고오가] 말했다.

"있습니다. 진흙 속에는 이履가 있고[33], 부뚜막에는 결髻[34]이 있습니다. 집안의 오물 더미[35]에는 뇌정雷霆[36]이 살고 있고, 동북방 아래에는 배아해롱倍阿鮭蠪[37]이 뛰어다니며, 서북방 아래에는 일양泆陽[38]이 살고 있고, 물에는 망상罔象[39]이 있으며, 언덕에는 신峷[40]이 있고,

33) 원문의 '침유리沈有履'를 번역한 것으로, '침沈'은 '물속의 진흙[水汙泥]'이고(사마표 설), '이履'는 성현영이 "귀신이 있는데 '이履'이다[有鬼曰, 履]."라고 보았는데, 사마표는 '귀신 이름[神名]'이라고 보았다. 즉, 진흙 속 귀신의 이름이다.

34) 부엌 귀신을 말한다.

35) 원문의 '번양煩壤'을 번역한 것으로 '쓰레기'나 '오물'과 같은 것을 말한다. 성현영은 '똥덩어리[糞壤]'라고 주석했다.

36) 귀신 이름으로, 소리가 우레처럼 크다고 한다.

37) 귀신 이름으로, 배아해롱을 하나의 귀신으로 보지 않고 '배아'와 '해롱'으로 번역한 경우도 있다.

38) 머리는 표범 모습이고, 꼬리는 말처럼 생긴 신의 이름이다(사마표 설).

39) 일종의 물귀신 이름이다. 구체적인 모습으로 사마표는 "형상은 어린아이 같고, 붉고 흑색에 붉은 손톱, 큰 귀, 긴 팔을 가지고 있다[狀如小兒, 赤黑色, 赤爪, 大耳, 長臂]."라고 했다.

40) 개와 같은 모습을 하고, 뿔이 있으며, 다섯 가지 색깔로 문신한 도깨비의 이름이다.

산에는 기夔[41]가 있으며, 들에는 방황彷徨[42]이 있고, 늪에는 위이委蛇[43]가 있습니다."

환공이 말했다.

"묻겠는데, 위이의 모습이 어떠한가?"

황자가 말했다.

"위이는 그 크기가 수레바퀴 통[44]만 하고, 그 길이는 수레의 끌채만 하며, 자주색 옷에 붉은 관을 썼습니다. 그 성질은 우레 같은 수레 소리 듣는 것을 싫어하여 그 머리를 쳐들고 일어납니다. 그것을 본 자는 반드시 패자覇者가 될 것입니다."

환공이 기쁘게[45] 웃으면서 말했다.

"이것이 과인이 본 것이다."

이에 의관을 바로 하고 그와 앉았는데, 날이 끝나기도 전에 병이 떠나간 것을 알지 못했다.

桓公田於澤, 管仲御, 見鬼焉. 公撫管仲之手曰: "仲父何見?" 對曰: "臣无所見."

41) 역시 귀신의 이름으로, 성현영은 "커서 마치 소와 같고, 형상은 북 같으며, 한 발로 걷는다[大如牛, 狀如鼓 一足行也]."라고 구체화했다.

42) 뱀과 같은 모습을 하고, 머리가 둘이며, 다섯 가지 색깔로 꾸몄다고 한다.

43) 머리는 사람 모습이고, 몸은 뱀처럼 생겼으며, 좌우에 머리가 있다. 자주색 옷을 입고 비단 관을 쓴 신이라고 한다.

44) 원문의 '곡轂'을 번역한 것으로 수레바퀴의 한가운데를 가리키는데, 《노자》 11장에 "서른 개의 바큇살이 하나의 바퀴통에 모여 있어, 그 없음으로 해서 수레의 쓰임이 있다[三十輻共一轂, 當其無, 有車之用]."라고 전해진다.

45) 원문의 '진연辴然'을 번역한 것으로, 성현영은 '기쁘게 웃는 모습[喜笑貌]'이라고 보았다. 이 밖에도 '웃는 모습[笑貌]'(사마표 설) 또는 '크게 웃는 모습[大笑貌]'(이이 설)이라고 풀이한 설이 있다.

公反, 誒詒爲病, 數日不出. 齊士有皇子告敖者曰: "公則自傷, 鬼惡能傷公! 夫忿滀之氣, 散而不反, 則爲不足. 上而不下, 則使人善怒. 下而不上, 則使人善忘. 不上不下, 中身當心, 則爲病."

桓公曰: "然則有鬼乎?"

曰: "有. 沈有履, 竈有髻. 戶內之煩壤, 雷霆處之. 東北方之下者, 倍阿鮭蠪躍之. 西北方之下者, 則泆陽處之. 水有罔象, 丘有峷, 山有夔, 野有彷徨, 澤有委蛇."

公曰: "請問, 委蛇之狀何如?"

皇子曰: "委蛇, 其大如轂, 其長如轅, 紫衣而朱冠. 其爲物也, 惡聞雷車之聲, 則捧其首而立. 見之者殆乎霸."

桓公辴然而笑曰: "此寡人之所見者也." 於是正衣冠與之坐, 不終日而不知病之去也.

싸움닭 기르는 법 19.8

기성자紀渻子[46]가 왕을 위해 싸움닭을 길렀다.

열흘이 지나 [왕이] 물었다.

"닭이 [싸울 만하게] 되었는가?"

[기성자가] 말했다.

"아직입니다. 한창 허세 있고 교만한데다 [제] 기운을 믿고 있습니다."

46) 인명인데, 성현영은 "성은 기이고, 이름이 성자이며, 또한 '소消' 자로 쓰기도 한다[姓紀, 名渻子, 亦作消字]."라고 풀이했다.

열흘이 지나 또 묻자, [기성자가] 말했다.

"아직입니다. 여전히 소리와 그림자에 반응합니다."

열흘이 지나 왕이 또 묻자, [기성자가] 말했다.

"아직입니다. 여전히 노려보며 기운만을 왕성하게 합니다."

열흘이 지나 왕이 또 묻자, [기성자가] 말했다.

"거의 되었습니다. 닭 중에 우는 것이 있더라도 이에 변화가 없고, 바라보면 마치 나무로 만든 닭과 비슷하니, 그 덕이 온전합니다. 다른 닭들은 감히 응수하는 것이 없고, 도리어 달아납니다."

紀渻子爲王養鬪雞.

十日而問: "雞已乎?"

曰: "未也, 方虛憍而恃氣."

十日又問, 曰: "未也. 猶應嚮景."

十日又問, 曰: "未也. 猶疾視而盛氣."

十日又問, 曰: "幾矣. 雞雖有鳴者, 已无變矣, 望之似木鷄矣, 其德全矣, 異雞无敢應者, 反走矣."

공자가 헤엄의 달인에게 들은 말 19.9

공자가 여량呂梁에서 유람했는데, 폭포가 서른 길이고 물보라는 사십 리나 되어 자라와 악어, 물고기들이 헤엄칠 수 없는 곳이었다.

한 사내가 헤엄치는 것을 보고, 괴로움이 있어 죽으려는 것으로 여겨서 제자들에게 물길과 나란히 하여 그를 건져주라고 했다.[47] [그 자는] 몇백 보를 헤엄치다 나와서 머리를 풀어 헤친 채, 걸으며 노래하면서 둑 아래를 노닐었다.

공자가 뒤따르다가 물었다.

"나는 그대를 귀신이라고 생각했는데, 그대를 살펴보니 사람이군요. 묻겠는데, 물에서 헤엄치는 데에 방도가 있소?"

[사내가] 말했다.

"없습니다. 제겐 방도가 없습니다. 저는 처음에는 타고난 대로였고, 자라서는 습성대로였으며, 성인이 되고는 천명대로였습니다.[48] 소용돌이[49]와 함께 들어가고, 물이 솟아나는 곳[50]과 함께 나오며, 물의 길을 따르면서 사사로이 하지 않습니다. 이것이 제가 헤엄을 잘 치는 까닭입니다."

공자가 말했다.

---

47) 원문의 '병류이증지竝流而拯之'을 번역한 것으로, '병竝'에 대해 임희일은 '물을 좇다[沿]'의 뜻으로 보았다. '증拯'에 대해 육덕명은 '건져 구해주다[拯救]'라고 보았다. 김학주는 '증'을 '건져주는 것'이라고 풀이하여 "흐름을 따라 내려가 그를 구해주도록 했다."라고 번역했다. 안동림은 완육숭의 설을 취하여 '병'은 '방傍'과 같고, '증'은 '구救'와 같다고 보아, "흐름을 따라가 그를 구해줌."이라고 풀이했다.

48) 원문의 '오시호고吾始乎故, 장호성長乎性, 성호명成乎命'을 번역한 것으로, 성현영의 주석에 따르면 "'고故'는 처음에 육지에서 태어났으니 그 육지의 언덕이 옛 벗처럼 편안하다는 것이다. '성性'은 자라서 물속에서 헤엄치는 습성으로 본성을 이루었다는 것이다. '명命'은 이미 물에서 습성으로 본성을 이루고 나서는 마음에 두렵고 거리낌이 없으니 유유하여 자연의 천명과도 같은 것이다."

49) 원문의 '제齊'를 번역한 것인데 '소용돌이[臍]'와 통용된다(방용·육영품 설).

50) 원문의 '골汩'을 번역한 것으로 '물이 솟아나는 곳'을 뜻한다. '물이 흐트러지다'라는 의미의 '굴淈'의 가차자로 풀이한 경우도 있다(마쉬룬 설).

"무엇을 '처음에는 타고난 대로이고, 자라서는 습성대로이며, 성인이 되고는 천명대로'라고 말하는가?"

[사내가] 말했다.

"저는 [육지의] 언덕에서 태어나서 언덕을 편안하게 생각했으니 타고난 대로입니다. 물에서 자라면서 물을 편안하게 생각했으니 습성대로이고, 제가 그러한 까닭을 알지 못하고 그러하니 천명대로입니다."

孔子觀於呂梁, 縣水三十仞, 流沫四十里, 黿鼉魚鱉之所不能游也. 見一丈夫游之, 以爲有苦而欲死也, 使弟子竝流而拯之. 數百步而出, 被髮行歌而游於塘下.

孔子從而問焉, 曰: "吾以子爲鬼, 察子則人也. 請問, 蹈水有道乎?"

曰: "亡, 吾无道. 吾始乎故, 長乎性, 成乎命. 與齊俱入, 與汨偕出, 從水之道而不爲私焉. 此吾所以蹈之也."

孔子曰: "何謂始乎故, 長乎性, 成乎命?"

曰: "吾生於陵而安於陵, 故也. 長於水而安於水, 性也. 不知吾所以然而然, 命也."

악기 받침대를 만드는 목수의 비법 19.10

[목수인] 재경梓慶이 나무를 깎아서 거鐻[51]를 만들었는데, [거가 완성된 것을] 본 자가 귀신같은 솜씨라고 놀랐다. 노나라 임금이 보고 물

51) '쇠북받침[鐻]'이란 뜻으로, '쇠북[鍾]이나 경쇠[磬]를 걸어놓는 받침대[架臺]'이다(안병주·전호근 설). 성현영은 "'거'란 악기로써 종을 끼우는 것과 비슷하다. 또한 '거'는 형상이 호랑이 같고 나무를 깎아 만든다[鐻者, 樂器似夾鍾, 亦言, 鐻似虎形, 刻木爲之]."라고 구체적으로 풀이했다.

었다.

"그대는 무슨 기술로써 이것을 만든 것인가?"

[재경이] 대답했다.

"신은 목수인데 무슨 기술이 있겠습니까! 비록 그렇지만, 한 가지 있습니다. 신이 거를 만들 때는 감히 기운을 소모하지 않으며, 반드시 재계하여 마음을 고요하게 합니다. 재계하고 사흘이면 감히 상이나 벼슬과 녹봉을 마음에 품지 않게 되고, 재계하고 닷새면 감히 비난과 칭찬, 기교와 졸렬한 것을 마음에 품지 않게 되며, 재계하고 이레면 문득 제가 사지와 몸이 있다는 것을 잊습니다. 이때는 조정의 권세도 [마음에] 없고, 그 기교가 한곳으로 온전하여 밖의 방해가 사라집니다. 그런 뒤에 산림에 들어가서 [나무의] 타고난 성질을 관찰하니 몸의 형체가 지극해집니다.[52] 그런 뒤에 거를 마음속에서 완성하고, 그런 뒤에 손을 더하고, 그렇지 않으면 그만둡니다. 그러한즉 [제] 타고난 것으로 [나무의] 타고난 것에 합하니, 기물이 귀신 같다[53]고 하는 것은 아마도 이렇기 때문일 것입니다!"

梓慶削木爲鐻, 鐻成, 見者驚猶鬼神. 魯侯見而問焉, 曰: "子何術以

---

52) 원문의 '관천성觀天性. 형구지의形軀至矣'를 번역한 것으로, 역자는 '관천성觀天性'과 '형구지의形軀至矣'를 구분해서 전자는 목수가 나무의 타고난 성질을 관찰하는 것이고, 후자는 그런 뒤에 좋은 재목을 알아보는 목수의 신체적 감각이 지극해진다는 의미로 보았다. 한편 '관천성, 형구지의'를 한 문장으로 보아 '천성'과 '형구'를 모두 나무의 성질과 형태로 보고 '그것의 가장 지극한 것을 관찰하는 것'으로 풀이한 경우도 있다.

53) 원문의 '의신疑神'을 번역한 것으로, 직역하면 '귀신이 만든 것인지 의심함'이라는 뜻이다(안병주·전호근 설). 김학주는 '의疑'가 '의擬' 자와 통한다고 보아 '신기에 가까운 것'이라고 풀이했고, 안동림도 유사한 맥락에서 '귀신같은 [솜씨]'라고 번역했다.

爲焉?"

對曰: "臣工人, 何術之有! 雖然, 有一焉. 臣將爲鐻, 未嘗敢以耗氣也, 必齊以靜心. 齊三日, 而不敢懷慶賞爵祿. 齊五日, 不敢懷非譽巧拙. 齊七日, 輒然忘吾有四枝形體也. 當是時也, 无公朝, 其巧專而外骨消. 然後入山林, 觀天性. 形軀至矣, 然後成見鐻, 然後加手焉. 不然則已. 則以天合天, 器之所以疑神者, 其由是與!"

인위적인 기교로 하지 마라 19.11

동야직東野稷[54]이 말 부리는 것으로 [위나라] 장공을 만났는데, 나아가고 물러나는데 먹줄에 들어맞고, 좌우로 도는 것이 둥근 자에 들어맞았다. 장공은 조보[55]도 이보다 나을 수 없다고 하고는, 그에게 밭두둑 길을 돌고[56] 되돌아오게 했다.

안합이 동야직을 만나고 들어와서 [장공을] 뵙고 말했다.

"동야직의 말은 이제 쓰러지게 될 것입니다."

장공이 조용히 응대하지 않았다.

잠시 뒤 과연 [말은] 쓰러지고 [동야직만] 돌아왔는데, 공이 말했다.

"그대는 어떻게 그것을 알았는가?"

---

54) 성이 동야東野이고, 이름은 직稷이다. 《순자荀子》 〈애공哀公〉 편에 나오는 '동야필東野畢'과 동일 인물로 추정된다.

55) 원문의 '문文'을 번역한 것으로, 말을 잘 부리는 유명 인물인 '조보造父'라고 보았다. 한편 '동야직의 솜씨가 매우 뛰어난 것을 정교한 무늬와 비교해서 한 말'이라고 풀이하기도 한다.

56) 원문의 '구백鉤百'을 번역한 것으로, '구鉤'는 '돌다'라는 의미이고, '백百'은 '맥陌'과 통하여 '동서로 통하는 밭두둑 길'을 의미한다. 사마표는 "둥글게 둥근 자처럼 백 번 달리고 돌아오게 한다."라고 풀이했다.

[안합이] 말했다.

"그 말의 힘이 다했는데도 여전히 [달리는 것을] 요구했으므로 쓰러지게 될 것이라 말씀드린 것입니다."

공수工倕[57]는 [손을] 움직이면 둥근 자와 네모 자를 뛰어넘었으니[58] 손가락이 사물과 더불어 변화하므로 마음으로 헤아리지 않았다. 그러므로 그 정신이 한결같아서 막히지 않았다. 발을 잊는 것은 신발이 맞기 때문이고, 허리를 잊는 것은 허리띠가 맞기 때문이다. 지혜가 옳고 그름을 잊는 것은 마음이 맞기 때문이다. 내면이 변하지 않고 외면을 따르지 않는 것은 사리나 경우에 맞는 것이다. 맞는 것에서 시작하여 맞지 않는 것이 없게 되는 것은 맞는 것이 맞는 것을 잊는 것이다.

東野稷以御見莊公, 進退中繩, 左右旋中規. 莊公以爲文弗過也, 使之鉤百而反.

顔闔遇之, 入見曰: "稷之馬將敗." 公密而不應.

少焉, 果敗而反. 公曰: "子何以知之?"

曰: "其馬力竭矣, 而猶求焉, 故曰敗."

工倕旋而蓋規矩, 指與物化而不以心稽, 故其靈臺一而不桎. 忘足, 屨之適也. 忘要, 帶之適也. 知忘是非, 心之適也. 不內變, 不外從, 事會之適也. 始乎適而未嘗不適者, 忘適之適也.

57) 순임금 때의 명공名工으로 가공인물이다. 요임금 때의 인물이라고 보는 설도 있다. 〈거협〉 편 10.3에도 나온다.

58) 원문의 '개蓋'를 번역한 것으로 '과過' 자와 같은 뜻이다(선영 설).

손휴가 편경자의 문하에서 탄식한 이유 19.12

손휴孫休[59]라는 사람이 있었는데, 편경자扁慶子의 문에 이르러[60] 한탄하며[61] 말했다.

"저는 고향에 살면서 [몸을] 수양하지 못했다는 말을 들어보지 못했고, 어려움에 임해서 용감하지 않다는 말을 들어보지 못했습니다. 그런데 밭에서 농사짓는데 풍년을 만나지 못했고[62], 임금을 섬기는데 때를 만나지 못했으며, 고향에서도 내쳐지고 마을 관청에서 쫓겨났으니, 하늘에 무슨 죄를 지은 건가요? 저는 어째서 이런 운명을 만난 건가요?"

편자가 말했다.

"그대는 유독 저 지인至人의 자유로운 행동을 듣지 못했는가? 자기 간과 쓸개를 잊고, 귀와 눈을 내버려둔 채 멍하니 세속의 티끌 밖에서 머뭇거리며, 일거리 없는 일에 한가로이 노니니, 이것을 '이루어놓고도 과시하지 않고 길러주고도 주재하지 않는다.'[63]라고 말

59) 성이 손孫이고, 이름은 휴休로, 노魯나라 사람이다(성현영 설).

60) 원문의 '종문踵門'을 번역한 것인데, 〈덕충부〉 편 5.3의 '종현踵見'과 같은 개념으로 그 문하에 '이르다'라는 의미다. 《맹자》 〈등문공滕文公 상上〉에도 '종문이고문공踵門而告文公'이라는 말이 나온다. 여기서의 '종문'도 "발이 문에 이르다[足至門也]."(주희 설)라는 개념으로 쓰였다.

61) 원문의 '타詫'를 번역한 것으로 '고하다[告]'로 풀이한 설이 있고, 이외에도 '괴이하게 여겨 묻다[怪問]', '꾸짖다[咤]', '애달프다[怛咤]' 등의 이설이 분분하다. 문맥상 '한탄하다[歎]'(성현영 설)의 의미로 보면 무난하다.

62) 원문의 '전원불우세田原不遇歲'를 번역한 것으로, 성현영이 "평평한 들에서 농사일하는데 한 해에 [작물이] 여물지 못하는 것을 만나면 작물을 거둘 수 없다[營田於平原, 逢歲不熟, 禾稼不收]."라고 풀이한 해석을 참조할 만하다.

63) 《노자》 10장, 51장에도 나오는 구절이다.

한다.

지금 그대는 지식을 꾸며서 어리석은 자를 놀라게 하고, 몸을 수양한 것으로써 [다른 사람의] 더러움을 분명히 하여 밝고 밝아[64] 마치 해와 달을 걸어둔 듯 행동하지. 그대는 몸을 온전히 하고 아홉 구멍을 갖추어 귀머거리나 장님, 절름발이로 중도에 요절하지 않고 사람들 무리에서 친한 것으로도 다행이거늘, 또 어느 틈에 하늘을 원망하겠는가! 그대는 가버리게!"

손자(손휴)가 나가자, 편자는 들어와 잠깐 앉았다가 하늘을 우러러보며 한탄했다. 제자가 여쭈었다.

"선생님께서는 어찌 한탄하십니까?"

편자가 말했다.

"아까 손휴가 왔으므로 나는 그에게 지인의 덕을 알려주었는데, 그가 놀라서 결국에는 마음을 어지럽게 하는 데에 이를까 걱정된다."

제자가 말했다.

"그렇지 않습니다. 손자가 말한 것이 옳은 것이겠습니까? 선생님께서 말씀한 것이 그른 것이겠습니까? 본래 그른 것이 옳은 것을 미혹할 수 없습니다. [아니면] 손자가 말한 것이 그른 것이겠습니까? 선생님께서 말씀한 것이 옳은 것이겠습니까? 그는 애초부터 미혹되어왔을 테니, 또 어떤 죄가 있겠습니까!"

편자가 말했다.

64) 원문의 '소소호昭昭乎'를 번역한 것으로, '소소昭昭'는 '밝게 드러난 모양'이다(안병주·전호근 설). 김학주도 같은 맥락에서 "밝게 자기를 드러내다."라고 풀이했고, 안동림 역시 '자기를 내세우다'라는 의미에서 '휘황하게'라고 번역했다.

"그렇지는 않다. 옛날에 노나라 교외에 새 한 마리가 머물렀는데[65] 노나라 군주가 기뻐하여 성대한 음식을 갖추어 대접하고, 구소九韶를 연주하여 즐겁게 했으나, 새는 애초부터 근심하고 슬퍼하며 눈이 어지러워 감히 마시지도 먹지도 못했으니, 이것을 '자기를 기르는 방법으로 새를 기른 것'이라고 말하는 것이다.

새를 [잘] 기르는 방법으로 새를 [잘] 기르려면 마땅히 깊은 수풀에 깃들이게 하고, 강이나 호수에 떠다니게 하며, 미꾸라지나 피라미를 먹게 하는 것이다. [그렇다면 새에게는] 평평한 땅이면 그만인 것이다.

지금 손휴는 보는 것이 좁고 들은 것이 적은 사람이거늘, 내가 지인의 덕을 알려주었으니 비유하자면 새앙쥐를 수레나 말에 태우고 메추라기를 종과 북으로 즐겁게 해주려는 셈이다. 그가 또 어찌 놀라지 않을 수 있었겠는가!"

有孫休者, 踵門而詫子扁慶子曰: "休居鄕不見謂不修, 臨難不見謂不勇. 然而田原不遇歲, 事君不遇世, 賓於鄕里, 逐於州部, 則胡罪乎天哉? 休惡遇此命也?"

扁子曰: "子獨不聞夫至人之自行邪? 忘其肝膽, 遺其耳目, 芒然彷徨乎塵垢之外, 逍遙乎无事之業, 是謂爲而不恃, 長而不宰. 今汝飾知以驚愚, 修身以明汙, 昭昭乎若揭日月而行也. 汝得全而形軀, 具而九竅, 无中道夭於聾盲跛蹇而比於人數, 亦幸矣, 又何暇乎天之怨哉! 子往矣!"

65) 이 이야기는 〈지락〉 편 18.5의 해조海鳥 일화와 매우 유사하다.

孫子出. 扁子入, 坐有間, 仰天而歎. 弟子問曰: "先生何爲歎乎?"

扁子曰: "向者休來, 吾告之以至人之德, 吾恐其驚而遂至於惑也."

弟子曰: "不然. 孫子之所言是邪? 先生之所言非邪? 非固不能惑是. 孫子所言非邪? 先生所言是邪? 彼固惑而來矣, 又奚罪焉!"

扁子曰: "不然. 昔者有鳥止於魯郊, 魯君說之, 爲具太牢而饗之, 奏九韶以樂之, 鳥乃始憂悲眩視, 不敢飮食. 此之謂以己養養鳥也. 若夫以鳥養養鳥者, 宜棲之深林, 浮之江湖, 食之以委蛇, 委蛇則平陸而已矣. 今休, 款啓寡聞之民也, 吾告以至人之德, 譬之若載鼷以車馬, 樂鴳以鐘鼓也. 彼又惡能无驚乎哉!"

제20편

산목山木

산속의 나무

【해설】

이 편도 장자의 후학이 기록한 것으로 보이는데, 내편 〈인간세〉 편과 같이 혼탁한 세상에 살면서 근심과 위해를 헤쳐나가는 방법을 말하고 있다.

이 편에서도 장자의 사유는 종횡무진 달린다. 1장에서 자신이 무용無用과 유용有用의 경계에 처하겠다고 하면서 무용의 쓰임을 강조하는데, 타고난 목숨을 유지하는 산속의 나무[山木]와 오히려 울지 못해 쓸모가 없어 일찍 죽은 거위의 운명을 예시하면서 삶의 지혜를 알려주고 있다. 2장에 나오는 시남의료가 던진 문답에서는 삶의 지향이 어디에 있는지 알 수 있게 하는데, 장자가 의도하는 삶이 무위자연의 도를 체득한 경지에서 가능하다는 점을 부각하고 있으니 '빈 배[虛舟]'에 자기 입장을 비유하면서 이 경지가 무욕無欲임을 강조한다. 3장에서 석 달 만에 종을 만든 자의 기술을 다룬 내용도 흥미롭다.

이 편의 중반부라고 할 5장에 나오는 공자의 이야기는 7장과 연결되며 《논어》 등 문헌에도 나오는데, 유세를 다니며 갖은 곤욕을 치른 공자를 다루면서 그가 왜 이런 일을 당해야 하는지 비판하고 있다. 이는 〈인간세〉 편 4.30에도 나오는 접여를 통한 공자 비판과 같은 맥락이다.

9장에 여관의 미인과 추녀 둘 중에서 오히려 추녀가 대우를 더 받는 이유를 설명하는 장면은 스스로 현명하게 행동한다는 마음조차 버려야 하는 가르침을 제시하고 있어 보이는 것에 현혹된 현대인들에게 일침을 가하고 있다.

장자는 정신이 외부의 사물에 방해받지 않는 절대 자유의 경지를 추구하는데, 정신의 수양과 더불어 외부의 자극이나 환경을 다스리는 것의 중요성도 함께 말하고 있다. 특히 각자의 타고난 모습을 지키며 사는 데에 집중하면서도 쓸모에 연연해하는 자세를 고치고, 인정 욕구와 과시 욕구를 줄이라고 강조한다.

재목이 못 된 나무와 울지 못하는 거위의 엇갈린 운명 20.1

장자가 산속을 가다가 큰 나무를 보니 가지와 잎이 무성했다. 나무를 베는 자가 그 옆에 멈추었으나 베지 않았는데, 그 이유를 묻자 [이렇게] 말했다.

"쓸 만한 것이 없습니다."

장자가 말했다.

"이 나무는 재목이 못 되어서 타고난 수명을 끝까지 누릴 수 있구나."

선생(장자)이 산에서 나와 옛 친구의 집에 묵었는데, 친구가 기뻐서 심부름꾼에게 거위[1]를 잡아 삶으라고[2] 했다. 심부름꾼이 여쭈었다.

"한 마리는 잘 울고, 한 마리는 울지 못하는데, 어떤 놈을 잡습니까?"

주인이 말했다.

"울지 못하는 놈을 잡거라."

다음 날 제자가 장자에게 여쭈었다.

"어제 산속의 나무는 재목이 못 되어서 타고난 수명을 끝까지 누릴 수 있었고, 지금 주인의 거위는 재목이 못 되어서 죽게 되었으니, 선생님께서는 앞으로 어떻게 처신하려고 하십니까[3]?"

장자가 웃으면서 말했다.

---

1) 원문의 '안雁'을 번역한 것인데, 여기서는 '기러기'가 아닌 '거위[鵞]'를 말한다 (곽경번 설).

2) 원문의 '팽烹'을 번역한 것으로 '삶는다'는 뜻이다. 육덕명은 '삶다[煮]'라고 풀이했고, 왕염손은 '형亨' 자의 오자로 보아 '대접하다'라는 의미의 '향享'으로 보기도 했다는 점을 특기한다.

"나는 재목과 재목이 못 되는 사이에 처신하려고 한다. [그러나 실은] 재목과 재목이 못 되는 사이는 비슷하지만 그렇지 않은 것이니, 그 때문에 아직 얽매임을 피하지 못한 것이다.

저 도와 덕을 타고 떠다니고 노니는 것으로 말하면 그렇지 않다. 명예도 없고 비난도 없는데 한 번은 용으로 한 번은 뱀으로 때와 더불어 변하면서 [얽매여] 오로지하는 것을 달갑게 여기지 않는다. 한 번은 올라가고 한 번은 내려가는데 조화로움을 도량으로 삼아서[4] 만물의 근원에 떠다니며 노닐어 사물을 사물로 하되 사물에 의해 사물로 하지 않으면 어찌 얽매일 수 있겠는가! 이것이 신농과 황제의 법칙이다.

[그러나] 만물의 실정이나 인륜의 세습으로 말하면 그렇지 않다. 합하면 떨어지고, 완성되면 무너지고, 모나면 꺾이고, 높아지면 의론하고, 행위가 있으면 무너지고, 현명하면 모함을 받으며, 어리석으면 속으니, 어찌 반드시 [얽매임을 피]하겠다고 할 수 있겠는가!

슬프다! 제자들아, 이 점을 기억하거라[5]. 아마도 오직 도와 덕의 고향일 뿐이다!"

莊子行於山中, 見大木, 枝葉盛茂, 伐木者止其旁而不取也. 問其故, 曰: "无所可用." 莊子曰: "此木以不材得終其天年."

---

3) 원문의 '처處'를 번역한 것으로 '처신하다', '몸가짐' 등의 뜻과 통한다. 〈달생〉편 19.3의 '처신處身'과 유사한 개념으로 보면 무방하다.

4) 원문의 '일상일하一上一下, 이화위량以和爲量'을 번역한 것으로, 성현영의 "지인은 수시로 오르고 내려올 수 있으니, 조화로움으로써 같아짐을 도량으로 삼는 것을 말한 것이다[言至人能隨時上下, 以和同爲度量]."라는 해석을 따랐다.

5) 원문의 '지志'를 번역한 것으로 '기억하다[記]'와 같다(성현영 설). '지志'는 '지識' 또는 '지誌'와 통용된다(안병주·전호근 설).

夫子出於山，舍於故人之家．故人喜，命豎子殺雁而烹之．豎子請曰：“其一能鳴, 其一不能鳴, 請奚殺?” 主人曰: “殺不能鳴者.”

明日, 弟子問於莊子曰: “昨日山中之木, 以不材得終其天年. 今主人之雁, 以不材死. 先生將何處?”

莊子笑曰：“周將處乎材與不材之間．材與不材之間，似之而非也，故未免乎累．若夫乘道德而浮遊則不然．无譽无訾，一龍一蛇，與時俱化，而无肯專爲．一上一下，以和爲量，浮遊乎萬物之祖．物物而不物於物，則胡可得而累邪！此神農黃帝之法則也．若夫萬物之情，人倫之傳，則不然. 合則離, 成則毁. 廉則挫, 尊則議, 有爲則虧, 賢則謀, 不肖則欺, 胡可得而必乎哉！悲夫！弟子志之．其唯道德之鄉乎！”

지위와 부귀가 화근이 되는 이유 20.2

시남의료市南宜僚[6]가 노魯나라 임금[7]을 뵈었는데, 노나라 임금이 걱정하는 안색이 있었다. 시남자가 말했다.

“임금께서 걱정하는 안색이 있으시니, 무엇 때문입니까?”

노나라 임금이 말했다.

“나는 선왕들의 도를 배우고 선왕들의 업적을 닦았소. 나는 귀신을 공경하고 어진 자를 존경하여 몸소 이를 실천하는데 잠시도 떠나서 거처함이 없었는데도 근심을 피하지 못하니, 나는 이 때문에 걱정하는 것이오.”

---

6) 육덕명의 풀이에 의하면 ‘초나라 사람[楚人]’이라고 한다. 〈서무귀〉, 〈칙양〉 편에도 나온다.

7) 원문의 ‘노후魯侯’를 번역한 것인데, 노나라 애공으로 봐야 한다.

시남자가 말했다.

"임금께서 근심을 없애시는 방도가 천박합니다! [털이] 풍성한 여우와 아름다운 무늬의 표범이 숲에 깃들이며 바위굴에 숨어 있는 것은 고요하려는 것이고, 밤에 다니고 낮에는 머무는 것은 경계하려는 것입니다. [그리고] 비록 배고프거나 목마르고 곤궁에 처해도 오히려 강이나 호숫가에서 떨어져 한가하게 먹을 것을 찾는 것은 안정되려는 것입니다.

그런데도 그물이나 덫에 걸리는[8] 근심을 피하지 못합니다. 이것이 어찌 죄가 있어서이겠습니까? [다만] 그 가죽이 재앙을 일으키는 것입니다. 지금 노나라가 임금의 가죽 아니겠습니까? 저는 임금께서 육신[의 집착]을 베어버리고 가죽을 버려서 마음을 씻고 욕심을 버리며 아무도 없는 들에서 노니시기를 바랍니다.

남월南越에 고을이 있는데 이름이 건덕국建德國이라 합니다. 그곳의 백성은 어리석고 순박하여 [사사로운] 사욕을 적게 하고 욕심을 줄여서[9] 일할 줄만 알고 쌓아둘 줄 모르며, 주기만 하고 그 보답을 구하지 않으며, 의리에 맞추는 것을 모르고 예를 행할 줄도 모르며, 무심한 듯 제멋대로 행동하는데도[10] 이내 큰 도[11]를 밟아가니, 그 삶이 즐길 만하고, 그 죽음이 장사 지낼 만합니다.

---

8) 원문의 '망라기벽罔羅機辟'을 번역한 것인데, 이 구절은 〈소요유〉 편 1.10의 "덫에 맞닥뜨리기도 하고 그물에 걸려 죽기도 하지[中於機辟, 死於罔罟]."라고 한 구절과 연계된다.

9) 원문의 '기민우이박其民愚而朴, 소사이과욕少私而寡欲'을 번역한 것으로 《노자》 65장에 "옛날에 도를 잘 행했던 사람은 백성들을 명민하게 하지 않고 그들을 어리석게 만들고자 했다[古之善爲道者, 非以明民, 將以愚之]."라는 구절과 통하며, 《노자》 19장에는 "사욕을 적게 하고 욕심을 줄여라[少私寡欲]."라는 구절이 있다.

저는 임금께서 나라를 떠나 세속을 버리시고, 도와 더불어 서로 도와주며 행동하시기를 바랍니다."

임금이 말했다.

"그 길은 멀고 험하며 또한 강과 산이 있는데, 나는 배나 수레가 없으니 어찌하오?"

시남자가 말했다.

"임금께서는 육신의 거만함을 없애고 [편안히 안주하는 것에] 정체되어 고수하는 것을 없애는 것으로써 임금의 수레로 삼으십시오."

임금이 말했다.

"저 길은 깊고 멀어서 사람이 없으니 내 누구와 이웃하겠소? 나는 식량이 없어 먹지 못하니 어찌 [그곳에] 이를 수 있겠소?"

시남자가 말했다.

"임금께서 비용을 적게 하고 욕심을 적게 하면 비록 식량이 없어도 만족하실 것입니다. 임금께서 아마 강을 건너서 바다에 떠가시면 멀리 바라보아도 그 언덕이 보이지 않을 것이고, 더 갈수록 그 끝나는 곳을 알 수 없을 것입니다. 임금을 전송하는 자들이 모두 그 언덕에서 되돌아가면 임금께서는 여기서부터 멀어질 것입니다!

---

10) 원문의 '창광망행猖狂妄行'을 번역한 것으로, 성현영은 '창광'을 '무심하다[無心]'라고 했고, '망행'을 '흔적이 뒤섞이다[混跡]'라고 풀이했다. '창광'은 〈재유〉 편 11.4과 〈경상초〉 편 23.1에도 나오는데, '구속 없이 제멋대로 행동하는 것'을 말한다. 여기서도 그 맥락과 통한다.

11) 원문의 '대방大方'을 번역한 것으로 '대방'은 〈추수〉 편 17.1에도 나온다. '대방'에 대해 임희일은 《논어》 〈위정〉 편 2.4의 "마음이 하고자 하는 대로 따라도 법도를 어기지 않았다[從心所欲, 不踰矩]."에 의거하여 "하고자 하는 대로 해도 모두 도에 합당하다[從心所欲, 皆合乎道]."라고 풀이했는데, 참조할 만하다.

그러므로 사람을 소유하는 자는 얽매이고, 다른 사람에게 소유된 자는 걱정합니다. 그래서 요임금은 다른 사람을 소유한 것이 아니고 다른 사람에게 소유된 것도 아닙니다. 저는 임금께서 얽매임을 버리고 근심을 없애서 홀로 도와 [건덕국과 같은] 대막大莫[12]의 나라에서 노니시기를 바랍니다.

배를 나란히 하여[13] 하수를 건너는데 빈 배가 와서 배에 부딪치면 설령 속이 좁은 자라 해도 성내지 않지만 그 위에 사람이 있으면 밀거나 당기라고 소리치는데, 한 번 소리쳐서는 듣지 못하고 두 번 소리쳐도 듣지 못하여 이에 세 번 소리치면 반드시 나쁜 소리가 따릅니다. 좀 전에는 성내지 않았다가 지금은 성내는 것은 좀 전에는 [배가] 비어 있었고, 지금은 [사람이] 타고 있기 때문입니다. 사람이 자신을 비우고서 세상을 노닐 수 있다면 그 누가 해치겠습니까!"

市南宜僚見魯侯, 魯侯有憂色. 市南子曰: "君有憂色, 何也?"

魯侯曰: "吾學先王之道, 修先君之業. 吾敬鬼尊賢, 親而行之, 无須臾離居. 然不免於患, 吾是以憂."

市南子曰: "君之除患之術淺矣! 夫豐狐文豹, 棲於山林, 伏於巖穴, 靜也. 夜行晝居, 戒也. 雖飢渴隱約, 猶且胥疏於江湖之上而求食焉, 定也. 然且不免於罔羅機辟之患. 是何罪之有哉? 其皮爲之災也. 今魯國

12) '대막'은 '대무大無'와도 같다(성현영 설). 따라서 '막莫'은 '무無'와 뜻이 통하며(육덕명 설), 이 외에도 '막邈', '막漠', '막寞'과 모두 통한다.

13) 원문의 '방주方舟'를 번역한 것으로, "'방方'은 '배를 나란히 하다'이다[方, 幷船也]."(《설문해자》)라고 풀이한 것에 따라 '비선比船'의 뜻으로 봐야 한다.

獨非君之皮邪? 吾願君刳形去皮, 洒心去欲, 而遊於无人之野. 南越有邑焉, 名爲建德之國. 其民愚而朴, 少私而寡欲. 知作而不知藏, 與而不求其報. 不知義之所適, 不知禮之所將. 猖狂妄行, 乃蹈乎大方. 其生可樂, 其死可葬. 吾願君去國捐俗, 與道相輔而行."

君曰: "彼其道遠而險, 又有江山, 我无舟車, 奈何?"

市南子曰: "君无形倨, 无留居, 以爲君車."

君曰: "彼其道幽遠而无人, 吾誰與爲鄰? 吾无糧, 我无食, 安得而至焉?"

市南子曰: "少君之費, 寡君之欲, 雖无糧而乃足. 君其涉於江而浮於海, 望之而不見其崖, 愈往而不知其所窮. 送君者皆自崖而反, 君自此遠矣! 故有人者累, 見有於人者憂. 故堯非有人, 非見有於人也. 吾願去君之累, 除君之憂, 而獨與道遊於大莫之國. 方舟而濟於河, 有虛船來觸舟, 雖有惼心之人不怒. 有一人在其上, 則呼張歙之. 一呼而不聞, 再呼而不聞, 於是三呼邪, 則必以惡聲隨之. 向也不怒而今也怒, 向也虛而今也實. 人能虛己以遊世, 其孰能害之!"

삼 개월 만에 종을 만든 자의 기술 20.3

북궁사北宮奢[14)]가 위衛나라 영공靈公을 위해 세금을 징수하여 종을 만들었는데, 성곽문 밖에 단을 만든 지 삼 개월 만에 위아래로 종을 걸어 완성했다. 왕자 경기慶忌가 보고 물었다.

14) 위衛나라 대부로, 북궁北宮은 그가 산 곳이고, 이름은 '사奢'이다(이이 설).

"그대는 무슨 기술을 썼소?"

북궁사가 말했다.

"담담히 하나를 지켰으니[15], 감히 어떤 [기술도] 쓰지 않았습니다. 제가 듣기로, '새기고 쪼아서 다시 소박함으로 돌아간다.[16]'라고 합니다. [저는] 무지하여[17] 그 아는 것이 없는 듯이 하고, 그 의심을 무심히 물리치며, 모여 있어 구분할 수 없는 채로[18] 가는 것을 보내고 오는 것을 맞이하니, 오는 자를 막지 않고 가는 자를 그치게 하지 않아서 강포한 자를 내버려두고 굽신거리고 아부하는 자를 따르는 대로 두어 그들 스스로 다하도록 했습니다.

그러므로 아침저녁으로 세금을 징수해도 가을 터럭의 끝만큼도 해치지[19] 않았는데, 하물며 대도大塗를 지닌 사람은 어떻겠습니까!"

北宮奢爲衛靈公賦斂以爲鐘, 爲壇乎郭門之外, 三月而成上下之縣.

王子慶忌見而問焉, 曰: "子何術之設?"

奢曰: "一之間, 无敢設也. 奢聞之, '旣彫旣琢, 復歸於朴.' 侗乎其无

15) "담담하게 하나를 지킬 뿐이다[泊然抱一耳]."라고 풀이한 곽상의 설을 따랐다.

16) 곽상은 "자신의 본성의 쓰임으로 돌아가는 것이다[還用其本性]."라고 보았다.

17) 원문의 '동호侗乎'를 번역한 것으로 '아는 것이 없는 모양[無知貌]'을 말한다(육덕명 설). 이 구절은 〈마제〉 편 9.2의 "알지 못하는 것으로 같다[同乎无知]."라는 개념과 연계된다.

18) 원문의 '췌호망호萃乎芒乎'를 번역한 것으로, '췌萃'와 '망芒'은 '황홀恍惚'과 의미가 통하며 사물이 무성하게 자라기를 무심히 보는 모습이다. 도의 황홀한 지경을 뜻한다.

19) 원문의 '좌挫'를 번역한 것인데, '좌剉'의 가차자로 보는 마쉬룬 설이 일리가 있다.

識，儻乎其怠疑．萃乎芒乎，其送往而迎來．來者勿禁，往者勿止．從其强梁，隨其曲傅，因其自窮，故朝夕賦斂而毫毛不挫，而況有大塗者乎!"

공자가 유세하며 곤욕을 치른 근본 이유 20.4

공자가 진陳나라와 채蔡나라 사이에서 포위되어 이레나 불로 밥을 해서 먹지도 못했다.

태공임大公任[20]이 가서 조문하며 말했다.

"당신은 거의 죽을 뻔했겠지요?"

[공자가] 말했다.

"그렇습니다."

[태공임이 말했다.]

"당신은 죽는 것을 싫어했겠지요?"

[공자가] 말했다.

"그렇습니다."

태공임이 말했다.

"제가 시험 삼아 죽지 않는 도를 말해보겠습니다. 동쪽 바다에 새가 있는데, 그 이름을 의태意怠[21]라 합니다. 이 새의 성질은 천천히 떼를 지어 다니는데[22] 무능한 것 같아서 끌어당기면 날고, 위

20) '태공大公'은 신분을 지칭하는데, 이이는 '대부大夫'라고 했고, 성현영은 '나이 든 자[老者]'를 말하는 것이라고 보았다. '임任'이 이름이다.

21) '의태'를 '제비[鷾鴯]'의 뜻으로 보아 '의이'로 읽어야 한다는 견해도 있다.

22) 원문의 '분분질질翂翂翐翐'을 번역한 것으로 '느린 모양[舒遲貌]'이다(육덕명 설). 새가 퍼드덕거리며 느리게 날개를 치는 모습을 형용한 것이다.

협해야 깃들이며, 나아감에 감히 앞에 하지 않고, 물러남에 감히 뒤에 하지 않으며, 먹을 때에도 감히 먼저 맛보지 않고 반드시 그 남긴 것을 취합니다. 이 때문에 그 대열에서 배척당하지 않고, 외부 사람이 끝내 해를 입히지 못하여 이로써 우환을 벗어나는 것입니다.

곧은 나무가 먼저 베어지고 물맛 좋은 우물이 먼저 마릅니다. 당신은 아마도 지식을 꾸며서 어리석은 자를 놀라게 하고, 몸을 수양한 것으로써 [다른 사람의] 더러움을 분명히 하여 밝고 밝아 마치 해와 달을 걸어둔 듯 행동하므로 [우환을] 벗어나지 못하는 것입니다.

예전에 제가 크게 도를 이룬 분이 하는 말을 들었는데, '스스로 자랑하는[23] 자는 공적이 없고, 공적이 이루어지면 무너지고, 명성이 이루어지면 손상된다.'라고 했습니다. 누가 공적과 명성을 버리고 뭇사람에게 돌아가겠습니까! 도는 흘러다니면서도 밝지 않고, 덕은 행하여 머물면서도 명성에 자처하지 않습니다.

순수하고 일정하여 미치광이와 비슷합니다. 자취를 없애고 세력을 버려 공적과 명성을 위하지 않으니, 이 때문에 남을 나무라지 않고 남도 나무라지 않습니다. [그리하여] 지인至人은 소문나지 않으니, 당신은 어째서 기뻐합니까?"

공자는 말했다.

"훌륭합니다!"

23) 원문의 '벌伐'을 번역한 것으로, 왕선겸의 '자랑하다[夸]'라는 풀이에 따라 번역한 것이다. 성현영은 '취하다[取]'라고 풀이했다.

[이윽고 공자는] 교유를 마다하고 그 제자들을 떠나가게 하며, 커다란 못가로 피하여 가죽옷과 갈옷을 걸치고 도토리와 밤을 먹으며 살았다. [그랬더니] 짐승들 속으로 들어가도 무리를 어지럽히지 않았고, 새들 속으로 들어가도 행렬을 어지럽히지 않았다. 새나 짐승도 싫어하지 않거늘, 하물며 사람은 어떻겠는가!

孔子圍於陳蔡之間, 七日不火食.

大公任往弔之曰: "子幾死乎?"

曰: "然."

"子惡死乎?"

曰: "然."

任曰: "予嘗言不死之道. 東海有鳥焉, 其名曰意怠. 其爲鳥也, 翂翂翐翐, 而似无能. 引援而飛, 迫脅而棲. 進不敢爲前, 退不敢爲後. 食不敢先嘗, 必取其緒. 是故其行列不斥, 而外人卒不得害, 是以免於患. 直木先伐, 甘井先竭. 子其意者飾知以驚愚, 修身以明汙, 昭昭乎如揭日月而行, 故不免也. 昔吾聞之大成之人曰: '自伐者无功, 功成者墮, 名成者虧.' 孰能去功與名而還與衆人! 道流而不明, 居得行而不名處. 純純常常, 乃比於狂. 削迹捐勢, 不爲功名. 是故无責於人, 人亦无責焉. 至人不聞, 子何喜哉?

孔子曰: "善哉!" 辭其交遊, 去其弟子, 逃於大澤. 依裘褐, 食杼與栗. 入獸不亂群, 入鳥不亂行. 鳥獸不惡, 而況人乎!

형식에 얽매이는 공자이기에 우환을 겪는다 20.5

공자가 자상호子桑雩[24]에게 물었다.

"나는 노나라에서는 두 번 쫓겨났고, 송나라에서는 [죽게 될 지경으로] 나무를 베었으며, 위나라에서는 흔적마저 없어졌고, 상나라와 주나라에서는 곤궁했으며, 진나라와 채나라 사이에서 포위당했습니다.[25] 내가 이와 같이 우환을 수차례 겪으니 친한 이들과의 교분이 더 서먹해지고, 제자들과 벗은 더 흩어졌는데 어째서일까요?"

자상호가 말했다.

"당신은 유독 가假나라 사람[26]이 달아난 것을 듣지 못했습니까? 임회林回가 천금의 벽옥을 버리고 갓난아기를 업고 달아났습니다. 어떤 사람이 '그 [둘 중에 어떤] 것이 돈이 됩니까? 갓난아기는 돈이 되기에 적습니다. 그 [둘 중에 어떤] 것이 얽매임이 됩니까? 갓난아기는 얽매임이 많습니다. 천금의 벽옥을 버리고 갓난아기를 업고 달아난 것은 어째서입니까?'라고 말했습니다. [그러자] 임회가 '저 벽옥은 이익으로 맺어졌고, 이 아기는 천륜으로 이어졌다.'라고 말했습니다.

---

24) '자상호'의 '호雩' 자에 대해 육덕명은 음이 '호戶'이며, '우雩'로 된 판본이 있는데, 음이 '우于'라고 풀이했다. '자상호子桑戶'는 〈대종사〉 편 6.4에 나온다. 여기의 자상호와 같은 인물인지는 정확히 알 수 없다.

25) 공자가 이처럼 노나라, 송나라, 위나라, 상나라와 주나라, 진나라와 채나라에서 혼란을 겪은 일화에 대해서는 〈천운〉 편 14.4에도 나온다.

26) 원문의 '가인假人'을 번역한 것인데, 역자는 '가假'를 '나라 이름[國名]'으로 풀이한 이이의 설을 취했다. 한편 안동림은 '은나라 사람'이라고 번역했는데, 좀 더 부연하면 이렇다. 사마표의 설에 의거한 손이양孫詒讓의 설을 취하여 '가인假人'에 대해 '은인殷人'의 오기라고 보았고, 여기의 '은殷'은 곧 '송나라[宋]'이며, 당시 송나라 언왕偃王의 폭정으로 백성들이 도망친 것이라는 설을 덧붙여 다른 견해를 제시했다.

이익으로 맺어진 것은 궁핍함이나 재앙, 우환이나 해로움에 임박하면 서로 버리는데, 천륜으로 이어진 것은 궁핍함이나 재앙, 우환이나 해로움에 임박하면 서로 거두어줍니다. 서로 거두어주는 것과 서로 버리는 것은 또한 [차이가] 멉니다.

게다가 군자의 사귐은 물처럼 담백하고, 소인의 사귐은 단술처럼 달콤합니다. 군자는 담백함으로 친하고, 소인은 달콤함으로 끊어집니다. 저 까닭 없이 맺어진 것은 까닭 없이 헤어집니다."

공자가 말했다.

"가르침을 잘 들었습니다!"

천천히 걸으며 방황하듯 유유히 돌아가 학문을 끊고 책을 버렸는데, 제자들이 앞에서 절하지 않았으나 그 사랑은 더욱 보태어 나아갔다.

다른 날 자상호가 또 말했다.

"순임금이 죽을 때 우에게 명하여 말하기를, '그대는 삼갈지어다! 몸은 [자연을] 따르는 것보다 좋은 것이 없고, 감정은 진솔한 것보다 좋은 것이 없다. [자연을] 따르게 되면 떨어지지 않고, 진솔하면 수고롭지 않게 된다. 떨어지지도 않고 수고롭지도 않으면 겉치레[27]를 구하여 몸을 의지하지 않을 것이니, 겉치레를 구하여 몸을 의지하지 않으면 진실로 사물에 의지하지 않는다.'라고 했습니다."

孔子問子桑雽曰: "吾再逐於魯, 伐樹於宋, 削迹於衛, 窮於商周, 圍於

---

27) 원문의 '문文'을 번역한 것으로 '학문'으로 풀이하기도 하는데, 여기서는 인의仁義를 지칭하여 겉치레로 꾸미는 '문식文飾'을 의미한다.

陳蔡之間. 吾犯此數患, 親交益疏, 徒友益散, 何與?"

子桑雽曰: "子獨不聞假人之亡與? 林回棄千金之璧, 負赤子而趨. 或曰: '爲其布與? 赤子之布寡矣. 爲其累與? 赤子之累多矣. 棄千金之璧, 負赤子而趨, 何也?' 林回曰: '彼以利合, 此以天屬也.' 夫以利合者, 迫窮禍患害相棄也. 以天屬者, 迫窮禍患害相收也. 夫相收之與相棄亦遠矣. 且君子之交淡若水, 小人之交甘若醴. 君子淡以親, 小人甘以絶. 彼无故以合者, 則无故以離."

孔子曰: "敬聞命矣!" 徐行翔佯而歸, 絶學捐書, 弟子无揖於前, 其愛益加進.

異日, 桑雽又曰: "舜之將死, 乃命禹曰: '汝戒之哉! 形莫若緣, 情莫若率. 緣則不離, 率則不勞. 不離不勞, 則不求文以待形. 不求文以待形, 固不待物.'"

누더기 베옷을 입은 장자가 위나라 왕에게 던진 충고 20.6

장자가 누덕누덕 기운 남루한 베옷을 입고 삼끈[28]으로 묶은 신발을 바르게 신고 위魏나라 왕을 지나갔다. 위나라 왕이 말했다.

"어찌 선생께서는 병들어 꾀죄죄하게 사십니까?"

장자가 말했다.

"[저는] 가난한 것이지 병들어 꾀죄죄한 것이 아닙니다. 선비에게 도덕이 있으나 시행할 수 없는 것이 병들어 꾀죄죄한 것이고, 옷이

28) 원문의 '혈㶁'을 번역한 것으로, 여기서 '삼끈'이란 곧 '신발끈[履帶]'을 가리킨다(성현영 설).

해지고 신발이 구멍 난 것은 가난한 것이지 병들어 꾀죄죄한 것이 아니니, 이것은 '때를 만나지 못한 것'이라고 말합니다.

왕께서는 유독 뛰어오르는 원숭이를 보지 못하셨습니까? 그 원숭이가 녹나무나 가래나무[29]를 얻으면 그 가지를 붙잡아 감으면서 그 사이에서 의기양양하면 비록 [활 잘 쏘는] 예羿나 봉몽逢蒙이라도 조준할 수 없습니다. 급기야 그것이 산뽕나무, 가시나무, 탱자나무, 헛개나무 사이를 얻었을 때는 위태롭게 다니고 곁눈질로 보면서 덜덜 떨며 두려워합니다. 이것은 [원숭이의] 힘줄과 뼈가 더 위급해져서 부드럽지 않은 것이 아니라 처한 형세가 편하지 못하여 자기의 능력을 발휘하기에 부족한 것입니다.

지금 어두운 군주와 어지러운 재상의 사이에 있으면서 병들어 꾀죄죄하지 않기를 바라니 어찌할 수 있겠습니까? 이것은 비간이 심장을 도려낸 것에서 징험하는 것입니다!"

莊子衣大布而補之, 正緳係履而過魏王. 魏王曰: "何先生之憊邪?" 莊子曰: "貧也, 非憊也. 士有道德不能行, 憊也. 衣弊履穿, 貧也, 非憊也. 此所謂非遭時也. 王獨不見夫騰猿乎? 其得柟梓豫章也, 攬蔓其枝而王長其間, 雖羿逢蒙不能眄睨也. 及其得柘棘枳枸之間也, 危行側視, 振動悼慄. 此筋骨非有加急而不柔也, 處勢不便, 未足以逞其能也. 今處昏上亂相之間, 而欲无憊, 奚可得邪? 此比干之見剖心徵也夫!"

---

29) 원문의 '남재예장柟梓豫章'를 번역한 것으로 뒤에 나오는 '자극지구柘棘枳枸'와 상대 개념이다. '남', '재', '예', '장' 모두 크고 좋은 목재의 나무를 말한 것이다.

곤궁의 연속인 스승 공자에게 안회가 던진 질문들 20.7

공자가 진나라와 채나라 사이에서 곤궁에 처해 이레나 불로 밥을 해서 먹지 못했는데 왼손으로 마른 나무에 기대고 오른손으로 마른 가지를 치면서 신농씨[30]의 노래를 부르니, 그 도구는 갖추었지만 그 장단이 없었으며, 그 소리는 있었지만 그 음률은 없었다. [그런데도] 나무 두드리는 소리와 사람의 소리가 전율하도록 사람의 마음에 드는 것이 있었다.

안회가 단정하게 두 손을 모으고 눈을 돌려 엿보았다. 중니는 안회가 자기[31]를 광활하다고 여겨 위대한 것으로 여기거나 자기를 애틋해하여 슬픔에 이를까 염려하여 말했다.

"회야, 하늘의 손해를 받지 않기는 쉬워도, 사람의 이익을 받지 않기는 어렵다. 시작해서 마치지 않는 것이 없으니 사람과 하늘은 하나인 것이다. 지금 노래하는 이는 그 누구였을까?"

안회가 말했다.

"감히 '하늘의 손해를 받지 않기는 쉽다.'라는 의미를 여쭙겠습니다."

중니가 말했다.

"굶고 목마르며, 춥고 더우며, 곤궁하고 막혀 행하지 못하는 것은 천지의 운행이요, 만물이 운행하는 흐름이니, 이 말은 그것과 함께

30) 원문의 '표씨猋氏'를 번역한 것으로, '표猋'는 '염焱'과 같다. 즉, 염제인 신농씨를 지칭한다. 안동림도 '염제'로 보아 '신농씨'로 번역했다. 육덕명은 "옛날의 무위를 행한 제왕[古之無爲帝王]"이라고 풀이했다.

31) 원문의 '기己'를 번역한 것으로, 공자를 가리킨다. 뒤에 나오는 원문의 '애기愛己'에서 '기己'도 마찬가지다.

가는 것을 말하는 것으로 남의 신하 된 자는 감히 떠나가지 못한다. 신하 된 도리를 지키기를 오히려 이처럼 하는데, 하물며 하늘을 기다리는 것은 어떻겠는가!"

[안회가 여쭈었다.]

"'사람의 이익을 받지 않기는 어렵다.'라는 것은 어떤 말씀입니까?"

중니가 말했다.

"비로소 등용되어 사방으로 통달하고 벼슬과 녹봉이 함께 이르러 곤궁하지 않은 것은 사물이 이롭게 해준 것으로, 이는 나 자신이 [이룬 것이] 아니니 나의 운명은 그 밖에 있는 것이다.

군자는 도둑질하지 않고 어진 사람은 훔치지 않으니, 내가 만약 그것을 취한다면 어찌하겠는가! 그러므로 '새 중에서 제비보다 지혜로운 것이 없어서 눈으로 보기에 마땅하지 않은 곳은 다시 보지 않고, 비록 그 열매가 떨어져도 버리고 도망간다.'라고 말한다. 그것은 사람을 두려워하는 것이지만, 사람이 사는 곳에 들어가 사는데 [그곳이] 살 터전일 뿐이기 때문이다."

[안회가 여쭈었다.]

"'시작해서 마치지 않는 것이 없다.'라는 것은 어떤 말씀입니까?"

중니가 말했다.

"만물을 변화시키는데 그것을 변하게[32] 하는 것을 알 수 없으니, 어찌 그것이 마치는 것을 알겠는가? 어찌 그것이 시작하는 것을 알

32) 원문의 '선禪'을 번역한 것으로 '변하다'라는 의미의 '선嬗'의 가차자로 보는 마쉬룬의 설을 따라 번역한 것인데, 안동림은 마쉬룬 설과 함께 '주다[授予]'라고 풀이한 설(사마표)도 부기했다. 김학주도 거의 같은 맥락에서 '대사代謝하는 것', '바뀌는 것'이라고 풀이했다.

겠는가? 바르게 하고 기다릴 따름이다."

[안회가 여쭈었다.]

"'사람과 하늘은 하나인 것이다.'라는 것은 어떤 말씀입니까?"

중니가 말했다.

"사람이 있는 것은 하늘(자연)에 의한 일이고, 하늘(자연)이 있는 것도 하늘(자연)에 의한 일이다. 사람이 하늘(자연)을 소유할 수 없는 것이 본성이니, 성인은 편안하게 가는 것을 체득하여 [삶을] 마치는 것이다!"

孔子窮於陳蔡之間, 七日不火食, 左據槁木, 右擊槁枝, 而歌猋氏之風, 有其具而无其數, 有其聲而无宮角, 木聲與人聲, 犁然有當於人之心. 顏回端拱還目而窺之. 仲尼恐其廣己而造大也, 愛己而造哀也, 曰: "回, 无受天損易, 无受人益難. 无始而非卒也, 人與天一也. 夫今之歌者其誰乎?"

回曰: "敢問无受天損易."

仲尼曰: "飢渴寒暑, 窮桎不行, 天地之行也, 運物之泄也, 言與之偕逝之謂也. 爲人臣者, 不敢去之. 執臣之道猶若是, 而況乎所以待天乎!"

"何謂无受人益難?"

仲尼曰: "始用四達, 爵祿竝至而不窮, 物之所利, 乃非己也, 吾命其在外者也. 君子不爲盜, 賢人不爲竊, 吾若取之, 何哉! 故曰: '鳥莫知於鷾鴯, 目之所不宜處, 不給視, 雖落其實, 棄之而走.' 其畏人也, 而襲諸人間, 社稷存焉爾."

"何謂无始而非卒?"

仲尼曰: "化其萬物而不知其禪之者, 焉知其所終? 焉知其所始? 正而待之而已耳."

"何謂人與天一邪?"

仲尼曰: "有人, 天也. 有天, 亦天也. 人之不能有天, 性也, 聖人晏然體逝而終矣!"

기이한 까치를 보고 난 장주의 마음 20.8

장주가 조릉雕陵의 울타리 안에서 노닐다가 한 마리 이상한 까치가 남쪽에서 온 것을 보았는데, 날개 너비가 일곱 자이고, 눈 크기는 직경으로 한 치이며, 장주의 이마를 스쳐 가서는 밤나무 숲에 내려앉았다. 장주가 말했다.

"이 새는 무슨 새이기에 날개는 큰데 날아가지 못하고, 눈도 큰데 보지도 못하는가?"

[그러고는] 아랫도리를 걷어 올리고 재빠르게 걸어가[33] 탄궁彈弓을 잡고서 겨누고 있다가, 매미 한 마리가 막 시원한 그늘을 얻어 자기 몸을 잊고 있는데, 사마귀가 발을 들어 올려[34] 그것을 잡으려 했으

33) 원문의 '건상곽보蹇裳躩步'를 번역한 것으로, '건蹇'은 '걷어 올리다[褰]'의 뜻이고, '곽躩'은 '빠르게 걷다[疾行]'의 뜻으로(사마표 설), 《논어》〈향당鄕黨〉편 10.3에서 "임금이 불러 귀빈을 접대하실 때는 안색이 금방 바로잡혀 바뀐 듯했고, 발걸음을 종종걸음 하는 듯하셨다[君召使擯, 色勃如也, 足躩如也]."라고 했는데, 황간皇侃은 '곽'을 '빠르게 움직이는 모양[速貌]'이라고 풀이했으니, 참조할 만하다.

니, [매미를] 얻을 것만 보고 자기 몸을 잊고 있었으며, 기이한 까치도 뒤따르며 [사마귀를] 얻으려고 하니 얻을 것만 보고 그 참모습을 잊고 있는 것을 보았다. 장주는 깜짝 놀라며 말했다.

"아! 만물이란 본래 서로 얽매이니, [얻는 것에 빠진] 두 부류는 서로를 부르는구나."

[부랴부랴] 탄궁을 버리고 몸을 돌려 달아나려는데, [조릉의] 관리인이 쫓아와서 [밤을 훔친 줄 알고] 그를 꾸짖었다.

장주가 돌아와 들어온 뒤 석 달[35] 동안이나 기분이 좋지 않았다[36]. 인저藺且[37]가 따라가 그 까닭을 여쭈었다.

"선생님께서는 무엇 때문에 요즘 심히 불쾌하신 겁니까?"

장주가 말했다.

"나는 [눈앞의] 육신을 지키려다 자신을 잊어버렸으니, 탁한 물을 보다가 맑은 연못을 잃어버린 격이다. 게다가 내가 선생님께 듣기를, '세속에 들어가서는 그 법령을 따라라.'라고 하셨는데, 지금 나는 조릉에서 노닐다가 나 자신을 잊어버렸고, 기이한 까치가 내 이

---

34) 원문의 '집예執翳'를 번역한 것으로, '예翳'에 대한 이설이 분분하다. 이에 대해 안병주·전호근이 상세하게 소개했는데 참고해보면, 크게 '가리다[翳]'의 뜻으로 볼 것인가, '도끼'라는 의미의 '월戉'의 가차자로 볼 것인가로 양분된다. 사마표는 전자의 설을 취하여 "풀을 들어 올려 스스로 가리는 것이다[執草以自翳也]."라고 했고, 곽상과 완육숭 등이 이와 유사한 견해를 냈다. 후자의 설을 취한 고형高亨은 '사마귀의 두 팔'이 '도끼'를 지칭한다고 보았다. 진경원도 '도끼[斧]'로 보아 "사마귀가 도끼를 들어 올리는 것이 덮개를 가지고 스스로를 가리는 것과 같다[螳螂執斧 如蓋以自蔽也]."라고 풀이했다.

35) 원문의 '삼월三月'을 번역한 것으로, '삼일三日'로 쓰인 판본도 있다.

36) 원문의 '부정不庭'을 번역한 것으로, '정庭'은 '영逞'과 같다. 즉, '불쾌不快'와 뜻이 통한다.

37) 장자의 제자로 추정되는 인물이다.

마를 스쳐 밤나무 숲에서 노니는 것에 [나 자신의] 참모습을 잊었으며, [게다가] 밤나무 숲의 관리인이 나를 모욕했으니, 내가 불쾌한 이유이다."

莊周遊於雕陵之樊, 覩一異鵲自南方來者, 翼廣七尺, 目大運寸, 感周之顙而集於栗林. 莊周曰: "此何鳥哉, 翼殷不逝, 目大不覩?" 蹇裳躩步, 執彈而留之. 覩一蟬, 方得美蔭而忘其身. 螳蜋執翳而搏之, 見得而忘其形. 異鵲從而利之, 見利而忘其眞. 莊周怵然曰: "噫! 物固相累, 二類召也!" 捐彈而反走, 虞人逐而誶之.

莊周反入, 三月不庭. 藺且從而問之: "夫子何爲頃間甚不庭乎?"

莊周曰: "吾守形而忘身, 觀於濁水而迷於淸淵. 且吾聞諸夫子曰: '入其俗, 從其令.' 今吾遊於雕陵而忘吾身, 異鵲感吾顙, 遊於栗林而忘眞, 栗林虞人以吾爲戮, 吾所以不庭也."

미녀보다 추녀가 더 대우받는 이유 20.9

양자陽子가 송나라에 가서 여관에서 묵었다. 여관 주인에게 첩이 두 명 있었는데, 한 명은 미녀이고, 다른 한 명은 추녀였다. [그런데] 추녀가 귀하게 여겨졌고, 미녀는 천시받았다. 양자가 그 까닭을 물으니, 여관의 젊은 심부름꾼[38]이 대답하여 말했다.

"저 미녀는 스스로 아름답다고 여기니 저는 그녀의 아름다움을

38) 원문의 '역여소자逆旅小子'를 번역한 것으로, 왕수민은 앞에 나오는 '여관 주인[逆旅人]'을 지칭한다고 보아 《한비자》 〈설림說林 상上〉에 나오는 '역여지부逆旅之父'와 같다고 고증했다. 일리가 없는 것은 아니지만, 역자는 원문의 원의대로 번역했다.

알지 못하겠고, 저 추녀는 스스로 추하다고 여기니 저는 그녀의 추함을 알지 못하겠습니다."

양자는 말했다.

"제자들아, 이 점을 기억하거라! 행동이 현명하면서도 스스로 현명하게 행동한다는 마음조차 버리면 어디에 가더라도 사랑받지 않겠는가!"

陽子之宋, 宿於逆旅. 逆旅人有妾二人, 其一人美, 其一人惡, 惡者貴而美者賤. 陽子問其故, 逆旅小子對曰: "其美者自美, 吾不知其美也. 其惡者自惡, 吾不知其惡也."

陽子曰: "弟子記之! 行賢而去自賢之行, 安往而不愛哉!"

제21편

전자방田子方

전자방, 스승을 말하지 않다

【해설】

이 편은 인물을 편명으로 삼은 것으로, 전자방은 위魏나라 문후의 스승이자 공자의 제자인 자하의 영향을 받은 자이다. 내편인 〈덕충부〉 편과 연계되는 편으로 알려져 있으며, 외편 〈달생〉 편이 내편 〈양생주〉 편과 연계되는 것과 같은 맥락이다.

1장에서는 전자방이 위나라 문후에게 도道를 체득한 사람의 형상을 설명하며, 2장에서는 온백설자라는 자의 입을 통해 공자의 형식주의를 비판하는 내용도 있다. 3장을 보면 공자가 장자 사상의 영향을 받은 것을 부각하는 점이 특이한데, 4장의 공자가 노담과 만난 장면에서 나타난 대화도 유의해서 볼 대목이다. 물고기를 낚지 않으려는 낚시꾼을 다룬 8장에서 정치의 방식을 유추할 수 있으며, 세 번이나 큰 벼슬을 맡았는데 동요하지 않는 자의 이야기를 다룬 10장의 내용도 읽을거리다. 이 편의 논조는 〈덕충부〉 편과 취지가 비슷하며, 어떤 면에서는 〈인간세〉 편과 유사하다.

이 편에 등장하는 '전덕全德'의 화신들은 모두 여섯 명이다. 도의 흐름에 따라 덕을 온전히 보존하고 있는 자들로서 이들에게 부귀와 권세, 재물이나 생사 문제 등 유가에서 중시하는 덕목들은 폄하의 대상이요, 논쟁 거리에 불과하다.

장자는 구체적이면서 생동감 있는 비유와 우언으로 자신의 철학을 전개하는데, 여기 〈전자방〉 편에서 참된 화가와 관련된 '해의반박解衣般礴' 고사는 〈양생주〉 편의 '포정해우庖丁解牛' 고사와 더불어 예술 창작의 시작과 끝맺음을 표현하는 데 자주 거론된다. '해의반박'의 시작과 '포정해우'의 끝맺음은 하나로 통한다고 하겠으니, 물론 비단 예술 창작의 정신에만 국한되는 것은 아니다.

그대의 스승은 과연 누구인가 21.1

전자방田子方[1]이 위魏나라 문후文侯를 모시고 앉아 계공谿工[2]을 여러 차례 칭찬했다.

문후가 말했다.

"계공은 당신의 스승입니까?"

자방이 말했다.

"아닙니다. 저희 마을 사람입니다. 도를 말하면 자주 들어맞았기 때문에 제가 그를 칭찬한 것입니다."

[문후가] 말했다.

"그렇다면 당신은 스승이 없습니까?"

자방이 말했다.

"있습니다."

[문후가] 말했다.

"당신의 스승은 누구입니까?"

자방이 말했다.

"동곽순자東郭順子입니다."

문후가 말했다.

"그렇다면 당신은 무슨 연고로 일찍이 스승을 말한 적이 없었습니까?"

1) 성은 전田이고, 이름은 무택無擇이며, 자字가 자방子方이다. 위나라의 현인으로 문후의 스승이다.

2) 성현영은 "성은 계谿이고, 이름이 공工이며, 또한 위나라의 현인이다[姓谿, 名工, 亦魏之賢人]."라고 덧붙였다.

자방이 말했다.

"그분은 사람됨이 신실하시니 사람의 모습이기는 하지만 하늘처럼 텅 비어 있고[3], [만물의 변화에] 순응하지만[4] 참모습을 보전하며, 맑으면서도 다른 사람[物]을 포용합니다. 다른 사람이 무도하면 용모를 바르게 하여 그를 깨우쳐 사람이 [사사로운] 의지를 없애게 하시니, 제가 어찌 그를 [감히] 말할 수 있겠습니까!"

자방이 나가자 문후는 멍하니[5] 하루 종일 말하지 않았는데, 앞에서 있는 신하를 불러 그에게 말했다.

"심원하구나, 덕이 온전한 군자로구나! 비로소 나는 성스럽고 지혜로운 말이나 인의의 행동을 지극하다고 여겼는데, 내가 자방의 스승에 대해 듣고는 내 육신이 풀어져서 움직이고 싶지 않고, 입은 재갈 물린 듯 말하고 싶지 않다. 내가 배웠던 것은 [이를테면] 단지 흙 인형이라고 할 뿐이니, 위나라는 정녕 나를 번거롭게 할 뿐이구나!"

田子方侍坐於魏文侯, 數稱谿工.

文侯曰: "谿工, 子之師邪?"

子方曰: "非也, 無擇之里人也. 稱道數當, 故无擇稱之."

文侯曰: "然則子无師邪?"

---

3) 원문의 '인모이천허人貌而天虛'를 번역한 것으로,《장자집석》판본에서는 '인모이천人貌而天'에서 절구했지만 유월의 의견을 따라 '허虛'를 넣어 교열하고 번역했다.

4) 원문의 '연緣'을 번역한 것으로 '순응하다[順]'의 뜻이다. 곽상은 "텅 비어 만물에 순응하므로 참됨을 잃지 않는 것이다[虛而順物, 故眞不失]."라고 풀이했다.

5) 원문의 '당연儻然'을 번역한 것으로 '뜻을 잃은 모습[失志貌]'이다. 즉, '멍한 모습'을 말한다.

子方曰: “有.”

曰: “子之師誰邪?”

子方曰: “東郭順子.”

文侯曰: “然則夫子何故未嘗稱之?”

子方曰: “其爲人也眞, 人貌而天, 虛緣而葆眞, 淸而容物. 物無道, 正容以悟之, 使人之意也消. 无擇何足以稱之!”

子方出, 文侯儻然終日不言, 召前立臣而語之曰: “遠矣, 全德之君子! 始吾以聖知之言仁義之行爲至矣, 吾聞子方之師, 吾形解而不欲動, 口鉗而不欲言. 吾所學者直土梗耳, 夫魏眞爲我累耳!”

공자가 어떤 객을 만나고 한탄한 이유 21.2

온백설자溫伯雪子가 제나라로 가는 길에 노나라에서 묵었다. 노나라 사람[6] 중에 만나기를 청하는 자가 있었는데, 온백설자가 말했다.

“그럴 수 없다. 내가 듣기로 ‘중원의 군자는 예의에는 밝으나 사람의 마음을 아는 데는 서툴다.’라고 하니, 나는 만나고 싶지 않다.”

제나라에 이르렀다가 돌아오면서 노나라에 묵는데, 그 사람이 또 만나기를 청했다. 온백설자가 말했다.

“지난번에도 나를 만나기를 바랐고 지금 또 나를 만나길 바라니, 이는 틀림없이 나를 북돋우어줄 만한 것이 있을 것이다.”

6) 원문의 ‘노인魯人’인데, 공자를 가리킨다. 성현영은 ‘노인魯人’에 대해 “공자의 문인[孔子門人]”이라는 다른 해석을 내놓았다.

나가서 객을 만나고는 들어와 한탄했다. 다음 날 객을 만나고는 또 들어와 한탄했다. 그의 심부름꾼이 말했다.

"매번 그 객을 만나시고는 반드시 들어오셔서는 한탄하시는데 어째서 그렇습니까?"

[온백설자가] 말했다.

"내가 예전에 그대에게 알려주기를, '중원의 군자는 예의에는 밝으나 사람의 마음을 아는 데는 서툴다.'라고 했는데, 어제 내가 만난 자는 나아가고 물러남에 한 번은 둥근 자에 맞았고 한 번은 네모 자에 맞았으며, 그 움직임[7]이 혹은[8] 용 같기도 하고, 혹은 호랑이 같기도 하며, 그자가 내게 간언할 때는 자식 같았고, 그자가 나를 인도할 때는 어버이 같았다. 이 때문에 한탄한 것이다."

중니는 온백설자를 만나고는 말을 하지 않았다. 자로가 말했다.

"우리 선생님께서는 온백설자를 만나뵙고자 하신 지가 오래되었습니다. [그런데도] 그를 만나고는 말씀을 하지 않으시니 무엇 때문입니까?"

중니가 말했다.

"그와 같은 분은 언뜻 봐도[9] 도를 지니고 있었으니, 말소리를 낼 수조차 없는 것이다."

---

7) 원문의 '종용從容'을 번역한 것으로 '거동擧動'의 뜻과 통한다(왕염손 설). 한편, 원문의 원의대로 '종용從容하다'의 의미로서 "조용히 있을 때는"으로 번역한 경우도 있는데, 참조할 만하다.

8) 원문의 '일一'을 번역한 것으로 '혹或'의 의미와 같다(왕수민 설).

9) 원문의 '목격目擊'을 번역한 것으로, 여기서 '격擊'은 '촉觸'으로 보는 설(선영)이 있고, '구覯'의 가차자로 보는 설(마쉬룬)이 있는데, 전자는 '언뜻 보다'의 의미고, 후자는 '우연히 보다'의 의미로 역자는 전자의 설을 취하여 번역했다.

溫伯雪子適齊, 舍於魯. 魯人有請見之者, 溫伯雪子曰: "不可. 吾聞中國之君子, 明乎禮義而陋於知人心, 吾不欲見也."

至於齊, 反舍於魯, 是人也又請見. 溫伯雪子曰: "往也蘄見我, 今也又蘄見我. 是必有以振我也."

出而見客, 入而歎. 明日見客, 又入而歎. 其僕曰: "每見之客也, 必入而歎, 何耶?"

曰: "吾固告子矣:'中國之民, 明乎禮義而陋乎知人心.' 昔之見我者, 進退一成規, 一成矩, 從容一若龍, 一若虎, 其諫我也似子, 其道我也似父, 是以歎也."

仲尼見之而不言. 子路曰: "吾子欲見溫伯雪子久矣, 見之而不言, 何邪?"

仲尼曰: "若夫人者, 目擊而道存矣, 亦不可以容聲矣."

안연이 중니와 걷는 방식을 두고 한 대화 21.3

안연이 중니에게 여쭈었다.

"선생님께서 걸으시면 [저] 또한 걷고, 선생님께서 빠르게 걸으시면 [저] 또한 빠르게 걷고, 선생님께서 달리시면 [저] 또한 달립니다. [그러나] 선생님께서 빨리 달리시면서 먼지도 없으면 저는 눈만 휘둥그레져 뒤쳐집니다!"

선생(중니)이 말했다.

"회야, 그게 무슨 말이냐?"

[안회가] 말했다.

"'선생님께서 걸으시면 [저] 또한 걷는다.'라고 한 것은 선생님께서 말씀하시면 [저] 또한 말한다는 것입니다. '선생님께서 빠르게 걸으시면 [저] 또한 빠르게 걷는다.'라고 한 것은, 선생님께서 변론하시면 [저] 또한 변론한다는 것이고, '선생님께서 달리시면 [저] 또한 달린다.'라고 한 것은 선생님께서 도를 말씀하시면 저 또한 도를 말한다는 것입니다. 급기야 '빨리 달리시면서 먼지도 없으면 저는 눈만 휘둥그레져 뒤처진다.'라는 것은, 선생님께서 아무 말씀을 하지 않으시고도 믿음직스럽고, 친하지 않은데도 [많은 사람과] 두루 [친하게] 하시며, 지위가 없어도 백성이 앞에 모이는데 그렇게 되는 까닭을 알지 못하겠다는 것입니다."

중니가 말했다.

"아! 살피지 않을 수 있겠는가! 슬픔은 마음이 죽는 것보다 큰 것이 없고, 사람이 죽는 것은 또한 그다음이다. 해는 동쪽에서 떠올라서 서쪽 끝으로 들어가는데, 만물이 나란히 향하지 않는 것이 없으며, 눈이 있고 발이 있는 것은 이 해를 기다린 뒤에 공적을 이루니, 이것이 떠오르면 존재하는 것이고, 이것이 들어가면 사라지는 것이다.

만물 또한 그러한데 기다림이 있으니 죽고, 기다림이 있으니 태어난다. 나는 한번 완성된 몸을 받아서 변하지 않고서 다하기를 기다리며, 사물을 본받아 움직이기에 밤낮으로 틈도 없으나, [나] 자신이 마치는 곳을 알지 못한다. 흐릿하게[10] 자신의 완성된 몸은 운명이 자신의 이전을 엿볼 수 없는 것을 알고 나는 이로써 날마다 나아간다[11].

나는 죽을 때까지 너와 함께 팔을 잡고 사귀었으나[12] 그것을 잃어버리니 슬프지 않을 수 있겠는가! 너는 다만 나의 드러난 것을 드러내는 것이다. 저것은 이미 다한 것인데 너는 그것을 있는 것이라고 여겨서 구하니, 이는 비어 있는 시장에서 말을 구하는 격이다.

내가 너를 품은 마음도 정말로 잊힐 것이고[13], 네가 나를 품은 마음도 정말로 잊힐 것이다. 비록 그렇지만 너는 어찌 근심하겠는가! 비록 예전의 나를 잊더라도 내게는 잊히지 않는 것이 남아있다."

10) 원문의 '훈연薰然'을 번역한 것인데, 한편 '온화한 모습[溫和貌]'이라는 설(육덕명)도 있다. 이외에도 '훈연薰然'에 대한 여러 해석이 있는데, 성현영은 '저절로 움직이는 모습[自動之貌]'라고 하여 자연의 변화에 대한 움직임으로 풀이했고, '어둑하다'라는 뜻의 '훈曛', '빛나다'라는 뜻의 '휘煇'의 가차자로 보기도 한다. 번역서에 따라 '어렴풋한 모양'(안병주·전호근 설)으로 풀이한 경우도 있고, 안동림은 성현영의 설을 따라 '자연의 조화에 의한 작용'으로 풀이하여 '자연이 시키는 대로'라는 번역을 내놓았으며, 김학주는 '여럿이 한꺼번에 생겨나는 모양'이라는 왕어王敔 설을 취하여 '만물이 다 같이'라고 번역했다.

11) 원문의 '조徂'를 번역한 것으로 '가다[往]'의 뜻과 같다(성현영 설).

12) 원문의 '교일비交一臂'를 번역한 것으로, 곽상은 "변화란 잡아서 머물게 할 수 없는 것이기 때문에 비록 팔을 잡고 서로 지키려 해도 멈추게 할 수 없는 것이다[夫變化不可執而留也. 故雖執臂相守而不能令停]."라고 주석했다. 한편 '교일비'를 팔뚝이 한 번 스치고 지나가는 우연한 만남의 짧은 관계로 풀이한 설도 있다(안병주·전호근 설).

13) 원문의 '오복여야심망吾服女也甚忘'를 번역한 것으로 곽상의 주석을 참고하면 '복服'은 "생각함에 그것이 존재하는 것을 말한 것이다[思存之謂也]."라고 했고, '심망甚忘'은 "지나가 버린 것의 빠름을 말한 것이다[謂過去之速也]."라고 했다. 그 의미는 마음에 품고 생각하는 마음은 이미 과거가 되어 빠르게 잊히게 된다는 것이다.

顔淵問於仲尼曰: “夫子步亦步, 夫子趨亦趨, 夫子馳亦馳. 夫子奔逸絶塵, 而回瞠若乎後矣!”

夫子曰: “回, 何謂邪?”

曰: “夫子步, 亦步也. 夫子言, 亦言也. 夫子趨, 亦趨也. 夫子辯, 亦辯也. 夫子馳, 亦馳也. 夫子言道, 回亦言道也. 及奔逸絶塵而回瞠若乎後者, 夫子不言而信, 不比而周, 无器而民滔乎前, 而不知所以然而已矣.”

仲尼曰: “惡! 可不察與! 夫哀莫大於心死, 而人死亦次之. 日出東方而入於西極, 萬物莫不比方, 有目有趾者, 待是而後成功, 是出則存, 是入則亡. 萬物亦然, 有待也而死, 有待也而生. 吾一受其成形, 而不化以待盡, 效物而動, 日夜无隙, 而不知其所終. 薰然其成形, 知命不能規乎其前, 丘以是日徂.

吾終身與汝交一臂而失之, 可不哀與! 女殆著乎吾所以著也. 彼已盡矣, 而女求之以爲有, 是求馬於唐肆也. 吾服女也甚忘, 女服吾也亦甚忘. 雖然, 女奚患焉! 雖忘乎故吾, 吾有不忘者存.”

공자가 만난 노담이 사람 같지 않은 이유 21.4

공자가 노담을 만났다. 노담은 새로 머리를 감고 나서 한창 머리를 풀어 헤치며 말리고 있었는데, 움직이지도 않아서[14] 사람이 아닌 듯했다. 공자는 물러나 기다리다가 얼마 뒤에 뵙고 말했다.

---

14) 원문의 ‘집연慹然’을 번역한 것으로 ‘움직이지 않는 모습[不動貌]’(사마표 설)인데, 호문영胡文英은 “마음이 움직이지 않는 것[心不動]”이라고 구체적으로 풀이했다.

"제 눈이 어지러웠던 겁니까, 아니면 정말 그랬던 겁니까? 방금 전에 선생의 육신은 우뚝하니 마른나무 같아 사물을 잊고 사람을 떠나서 홀로 서 있으신 듯했습니다."

노담이 말했다.

"나는 만물의 시초에서 마음을 노닐었소."

공자가 말했다.

"무엇을 말씀하시는 것입니까?"

[노담이] 말했다.

"[참된 도는] 마음을 [애써] 괴롭혀도 알 수 없으며, 입을 열어도 말할 수 없으나, 시험 삼아 그대를 위해 그 대략을 말해보겠소.

지극한 음기는 음습하고 서늘하며 지극한 양기는 밝게 빛나니, 음습하고 서늘한 것은 하늘에서 나오고 밝게 빛나는 것은 땅에서 나오니[15], 두 기가 서로 통해서 조화를 이루어 만물이 생기는데, 누군가 그것의 처음을 만들지만 그것의 형체를 볼 수는 없소.

사라지고 생겨나는 것, 채워지고 비워지는 것, 한 번 어둡고 한 번 밝은 것이 날로 바뀌고 달로 변하여 날마다 하는 것이 있지만 그 공적은 볼 수 없소.

생겨나는 것은 싹트는 곳이 있고 죽는 것은 돌아가는 곳이 있어서 처음과 끝은 끝없는 데서 서로 반복하니 그 궁극을 알지 못하오. 이것이 아니면 또한 무엇이 근원이 되겠소!"

15) 원문의 '숙숙출호천肅肅出乎天, 혁혁발호지赫赫發乎地'를 번역한 것으로 성현영은 "'숙숙肅肅'은 음한 기운으로 차갑고, '혁혁赫赫'은 양한 기운으로 뜨거운데, 음한 가운데 양하고, 양한 가운데 음한 것으로 가까워지니, 그것이 교차하여 편안한 것을 말한다[肅肅, 陰氣寒也, 赫赫, 陽氣熱也, 近陰中之陽, 陽中之陰, 言其交泰也]."라고 했다.

공자가 말했다.

"청컨대 '여기에 노닌다.'라는 것을 묻고 싶습니다."

노담이 말했다.

"이를 얻으면 지극히 아름답고 지극히 즐거우니, 지극히 아름다운 것을 얻어서 지극히 즐거운 것에 노니니, 이를 '지인至人'이라 말하오."

공자가 말했다.

"그 방도를 듣고자 합니다."

[노담이] 말했다.

"풀을 먹는 짐승들은 숲을 바꾸는 것을 미워하지 않고, 물에 사는 벌레는 물을 바꾸는 것을 미워하지 않으니, 행동이 조금 변해도 커다란 원칙을 잃지 않기에 희로애락이 가슴속에 들어가지 않소.

천하라는 것은 만물이 하나로 하는 곳[16]이오. 그 하나로 하는 곳을 얻어서 같아지면 사지와 온몸은 장차 티끌이나 때가 되며, 죽고 사는 끝과 시작도 장차 낮과 밤으로 여겨져 그를 어지럽힐 수 없는데, 하물며 득실이나 화복이 개입할 수 있겠소!

심부름꾼을 버리는 것을 마치 진흙 버리듯 하는 것은 자기 몸이 심부름꾼보다 귀한 것을 아는 것이니, 귀한 것이 내게 있으면 변화에 잃어버리지 않소. 게다가 만물은 변하여 애초에 끝이 있는 것이 아니니 무엇이 마음을 근심하게 하겠소! 이미 도를 닦은 자는 이것을 이해한다오."

---

16) 여기서 원문의 '곳[所]'이란 도를 터득하는 경지를 말한다.

공자가 말했다.

"선생께서는 덕이 천지와 걸맞은데 오히려 지극한 말을 빌려 마음을 수양하고 있으니, 옛날의 군자라 하더라도 누가 벗어날 수 있었겠습니까?"

노담이 말했다.

"그렇지 않소. 물이 용솟음쳐 나오는 것[17]은 작위가 없이 재질이 저절로 그런 것이오. 지인이 덕에 가는 것은 [마음을] 수양하지 않아도 사물이 떠날 수 없는 것이니, 하늘이 스스로 높고 땅이 스스로 두텁고 해와 달이 스스로 밝은 것 같은 것에 무슨 수양이 있겠소!"

공자가 나와서 안회에게 알려 말했다.

"나는 도에 대해 아마도 마치 항아리의 초파리와 같았구나! 선생이 나의 덮인 것을 열어주지 않았더라면 나는 천지의 위대한 전체를 알지 못했을 것이다."

孔子見老聃, 老聃新沐, 方將被髮而乾, 慹然似非人. 孔子便而待之, 少焉見, 曰: "丘也眩與, 其信然與? 向者先生形體掘若槁木, 似遺物離人而立於獨也."

老聃曰: "吾遊心於物之初."

孔子曰: "何謂邪?"

曰: "心困焉而不能知, 口辟焉而不能言, 嘗爲汝議乎其將. 至陰肅肅, 至陽赫赫. 肅肅出乎天, 赫赫發乎地. 兩者交通成和而物生焉, 或爲之

17) 원문의 '수지어작水之於汋'을 번역한 것으로 '작汋'은 '물이 자연스럽게 용솟음쳐 나오는 것[水之自然涌出]'을 말한다(왕선겸 설). '작'에 대해 왕선겸은 "작위하는 바가 없이 오직 그 재질이 스스로 그러한 것이다[無所作爲 唯其才之自然也]."라고 덧붙였다.

紀而莫見其形. 消息滿虛, 一晦一明, 日改月化, 日有所爲, 而莫見其功. 生有所乎萌, 死有所乎歸, 始終相反乎无端而莫知乎其所窮. 非是也, 且孰爲之宗!"

孔子曰: "請問遊是."

老聃曰: "夫得是, 至美至樂也, 得至美而遊乎至樂, 謂之至人."

孔子曰: "願聞其方."

曰: "草食之獸不疾易藪, 水生之蟲不疾易水, 行小變而不失其大常也, 喜怒哀樂不入於胸次. 夫天下也者, 萬物之所一也. 得其所一而同焉, 則四肢百體將爲塵垢, 而死生終始將爲晝夜而莫之能滑, 而況得喪禍福之所介乎! 棄隸者若棄泥塗, 知身貴於隸也, 貴在於我而不失於變. 且萬化而未始有極也, 夫孰足以患心! 已爲道者解乎此."

孔子曰: "夫子德配天地, 而猶假至言以修心, 古之君子, 孰能脫焉?"

老聃曰: "不然. 夫水之於汋也, 无爲而才自然矣. 至人之於德也, 不修而物不能離焉, 若天之自高, 地之自厚, 日月之自明, 夫何修焉!"

孔子出, 以告顔回曰: "丘之於道也, 其猶醯鷄與! 微夫子之發吾覆也, 吾不知天地之大全也."

장자가 만난 노나라 애공의 말 21.5

장자가 노나라 애공을 만나자, 애공이 말했다.

"노나라에는 유생[儒士]이 많은데, 선생의 방도를 행하는 자는 적소."

장자가 말했다.

"노나라에는 유생이 적습니다."

애공이 말했다.

"온 노나라가 유생의 옷을 입고 있는데, 어찌하여 적다고 말하시오?"

장자가 말했다.

"제가 듣기로 '유생이 둥근 관을 쓴 것은 하늘의 때를 아는 것이고, 각진 신발을 신는 것은 땅의 형상을 아는 것이며, 패옥을 허리에 차는 것은 일이 닥치면 결단하는 것이다.'라고 합니다. 군자가 그 도를 지니게 되어도 반드시 그런 옷을 입는 것이 아니고, 그런 옷을 입은 자라도 반드시 그 도를 아는 것은 아닙니다. 공께서 정녕 맞지 않다고 생각하신다면 어째서 나라 안에 '이러한 도가 없는데 이러한 옷을 입은 자는 그 죄가 사형이다!'라고 큰 소리로 명령하지 않으십니까?"

이에 애공이 큰 소리로 명령을 내린 지 닷새 만에 노나라에 감히 유생의 옷을 입은 자가 없었고, 유독 한 사내가 유생의 옷을 입고 공의 [궁궐] 문에 서 있었다. 공이 곧장 불러서 나랏일을 물었는데 천 번 구르고 만 번 변화하여 끝이 없었다.

장자가 말했다.

"노나라에 유생은 한 사람뿐인데, 많다고 말할 수 있습니까?"

莊子見魯哀公. 哀公曰: "魯多儒士, 少爲先生方者."

莊子曰: "魯少儒."

哀公曰: "擧魯國而儒服, 何謂少乎?"

莊子曰: "周聞之, 儒者冠圜冠者, 知天時. 履句屨者, 知地形. 緩佩玦者, 事至於斷. 君子有其道者, 未必爲其服也. 爲其服者, 未必知其道也. 公固以爲不然, 何不號於國中曰: '无此道而爲此服者, 其罪邪!'"

於是哀公號之五日, 而魯國无敢儒服者, 獨有一丈夫儒服而立乎公門. 公卽召而問以國事, 千轉萬變而不窮.

莊子曰: "以魯國而儒者一人耳, 可謂多乎?"

백리해의 감동력 21.6

백리해百里奚[18]는 벼슬과 녹봉이 마음속에 들어가지 않았으므로 소에게 밥을 주자 소가 살쪄서 진秦나라 목공이 그의 천함을 잊고 그에게 정사를 맡겼다. 유우씨는 삶과 죽음이 마음에 들어가지 않았으므로 사람들을 감동시키기에 충분했다.

百里奚爵祿不入於心, 故飯牛而牛肥, 使秦穆公忘其賤, 與之政也. 有虞氏死生不入於心, 故足以動人.

---

18) 《맹자》〈만장 상〉 편 9.9에도 나오는 인물로, 백리해의 중용된 사례에 대해서는 사마천의《사기》〈진본기秦本紀〉에 자세하다. 성현영은 "성은 맹孟이고, 자가 백리해이며, 진秦나라의 현인으로 본래 우虞나라 사람이다[姓孟, 字百里奚, 秦之賢人也, 本是虞人]."라고 했다.

송나라의 화공의 솜씨 21.7

송나라 원군元君[19]이 그림을 그리라고 하자, 뭇 화공이 모두 이르러 절을 하고 일어나 붓을 빨고 먹을 가는데 [들어가지 못해] 밖에 있는 자가 절반이었다.

화공 한 명이 늦게 이르렀는데 서두르지 않고[20] 빨리 걷지도 않으며 절을 하고는 서 있지 않고 곧장 [자기] 숙소로 갔다. 공이 사람을 시켜 살펴보게 했더니 옷을 벗고 두 다리를 뻗은 채로 앉아있었다. 원군이 말했다.

"옳거니, 이자가 참된 화공이다."

宋元君將畵圖, 衆史皆至, 受揖而立. 舐筆和墨, 在外者半. 有一史後至者, 儃儃然不趨, 受揖不立, 因之舍. 公使人視之, 則解衣般礴臝. 君曰: "可矣, 是眞畵者也."

물고기를 낚으려 하지 않는 낚시꾼 21.8

문왕이 장臧 땅을 노닐다가 한 노인이 낚시질하는 것을 보았는데, 그 낚시질은 [물고기를] 낚으려 하지 않았으니, 그 낚시질로 [물고기를] 잡으려는 것이 아닌데도 낚시질을 항상 하고 있었다.

---

19) 원문의 '송원군宋元君'은 '송원공宋元公'으로, 전국시대 후기의 군주이다. 성姓은 자子이고, 이름은 좌佐이다.

20) 원문의 '천천연儃儃然'을 번역한 것으로 '서두르지 않고 느긋한 모양'을 말한다. '천儃'은 '머뭇거리다', '천천히 하다'의 뜻이다.

문왕이 등용하여 [그에게] 정치를 맡기려고 했으나 대신과 친인척들이 불안해할까 두려웠다. 마침내 [등용을 포기하고] 놓아두려고 했지만, 백성들에게 하늘[같은 사람]이 없는 것을 차마 볼 수 없었다. 이에 아침이 되어 대부들을 불러 모으고 말했다.

"어젯밤에 과인이 꿈에 어진 사람[21]을 보았는데, 검은 얼굴에 구레나룻[22]을 길렀고, 한쪽 발굽만 붉은 얼룩말을 타고 있었소. [그 사람이] 호령하며 '그대의 정사를 장 땅의 노인에게 맡기면 아마 백성이 거의 나아질 것이다!'라고 말했소."

여러 대부가 놀라서 얼굴빛을 고치며[23] 말했다.

"선군왕[24]이십니다."

문왕이 말했다.

"그렇다면 점을 치시오."

여러 대부가 말했다.

"선군의 명이시니 왕께서는 다른 생각을 할 것이 없습니다. 또 무엇을 점치겠습니까!"

드디어 장 땅의 노인을 맞이하여 그에게 정사를 맡겼다. 전례와 법률이 고쳐지는 것이 없었고, 치우친 법령도 나오지 않았다.

---

21) 원문의 '양인良人'을 번역한 것으로 '현명하고 어진 사람[賢良之人]'이라는 성현영 설과 '착한 사람[善人]'이라는 왕선겸 설이 있다.

22) 원문의 '염䫇'을 번역한 것으로 '염髥' 자와 같다.

23) 원문의 '축연蹴然'인데, 〈대종사〉 편 6.7과 〈응제왕〉 편 7.4 등에도 나오며, 〈덕충부편〉 5.2에서의 '축연개용경모蹴然改容更貌'와도 같은 의미로 쓰인 것이다.

24) 원문의 '선군왕先君王'은 뒤에 나오는 '선군지명先君之命'의 '선군先君'과 동일 인물로, 여기서 '선왕'이란 주나라 문왕의 아버지인 계력季歷을 말하는 것이다.

삼 년이 지나 문왕이 나라를 살펴보니, 열사列士가 [사사로이] 심은 세력을 부수고 무리를 흩어버렸으며, 관직의 우두머리가 덕을 내세우지 않았고, [다른] 곡식을 재는 도구[25]가 감히 사방의 국경에서 들어오지 못했다.

열사가 [사사로이] 심은 세력을 부수고 무리를 흩어버린 것은 [왕과 뜻을] 같이하는 것을 숭상한 것이고, 관직의 우두머리가 덕을 내세우지 않은 것은 [뭇사람과] 함께 힘쓴 것이며, [다른] 곡식을 재는 도구가 감히 사방의 국경에서 들어오지 못한 것은 제후들에게 두 마음이 없다는 것이다.

문왕이 이에 [장 땅의 노인을] 태사로 삼고 북면하여 물었다.

"정치가 천하에 미칠 수 있소?"

장 땅의 노인은 말없이 응대하지 않고 무심히 사양하더니, 아침에 명령을 받고서 밤에 도망하여 죽을 때까지 소식이 없었다.

안연이 중니에게 여쭈었다.

"문왕은 아마도 아직 덕이 없는 것일까요? 또 어찌 꿈이라 했을까요?"

중니가 말했다.

"침묵하고, 너는 말하지 마라! 문왕은 지극히 하셨으니, 또 어찌 따져 논하겠는가! 그는 단지 잠시 [그렇게] 따른 것이다."

文王觀於臧, 見一丈夫釣, 而其釣莫釣. 非持其釣有釣者也, 常釣也.

25) 원문의 '유곡斔斛'을 번역한 것으로 '유斔'와 '곡斛'은 부피를 측정하는 도구이다. '유斔'는 '유庾'의 가차자로 '일유一庾'는 열여섯 말 정도이며, '곡斛'은 열 말을 세는 용기를 말한다(안병주·전호근 설).

文王欲擧而授之政, 而恐大臣父兄之弗安也. 欲終而釋之, 而不忍百姓之无天也. 於是旦而屬之大夫曰: "昔者寡人夢見良人, 黑色而頓, 乘駁馬而偏朱蹄, 號曰: '寓而政於臧丈人, 庶幾乎民有瘳乎!'"

諸大夫蹴然曰: "先君王也."

文王曰: "然則卜之."

諸大夫曰: "先君之命, 王其无它, 又何卜焉!"

遂迎臧丈人而授之政. 典法无更, 偏令无出. 三年, 文王觀於國, 則列士壞植散群, 長官者不成德, 斔斛不敢入於四竟. 列士壞植散群, 則尙同也. 長官者不成德, 則同務也. 斔斛不敢入於四竟, 則諸侯无二心也. 文王於是焉以爲大師, 北面而問曰: "政可以及天下乎?" 臧丈人昧然而不應, 泛然而辭, 朝令而夜遁, 終身无聞.

顏淵問於仲尼曰: "文王其猶未邪? 又何以夢爲乎?"

仲尼曰: "默, 汝无言! 夫文王盡之也, 而又何論刺焉! 彼直以循斯須也."

활을 제대로 쏘는 자 21.9

열어구列禦寇가 백혼무인伯昏无人[26]을 위해 활쏘기를 했다. [활을] 가득 잡아당기고 물잔을 그 팔꿈치 위에 올려놓고 쏘았는데, 화살을 쏜 뒤 다시 [쏘아] 겹치더니 곧바로 [다른] 화살이 다시 [활에] 붙었다. 이때 [열어구는] 마치 [나무로 만든] 인형 같았다.

백혼무인이 말했다.

---

26) 열자의 스승이며, 〈덕충부〉 편 5.2에도 나온다.

"이것은 활쏘기를 생각한 활쏘기이지 활쏘기를 생각하지 않은 활쏘기는 아니다. 시험 삼아 너와 높은 산에 올라서 위태로운 바위를 밟고 서서 백 길이나 되는 깊은 연못을 내려다보면서도 너는 쏠 수 있겠는가?"

이에 백혼무인이 드디어 높은 산에 올라 위태로운 바위를 밟고 서서 백 길이나 되는 깊은 연못을 내려다보았다. 연못을 등지고 뒷걸음질 쳐서 발의 3분의 2를 [바위] 밖으로 내밀고 열어구에게 손짓하여 그를 나오게 했다. 열어구는 땅에 엎드려 땀을 흘리는데 [땀이] 발꿈치까지 이르렀다.

백혼무인이 말했다.

"지인至人은 위로는 푸른 하늘을 살펴보고 아래로는 황천 속까지 헤아리며 [우주] 팔방 끝까지 자유롭게 다니면서도 신묘한 기운이 변하지 않는다. 지금 너는 떨면서 눈에는 두려[워 어지러]운 마음[27]이 있으니, 네가 적중시키기에 어려울 것인저!"

列禦寇爲伯昏无人射, 引之盈貫, 措杯水其肘上, 發之, 適矢復沓, 方矢復寓. 當是時, 猶象人也.

伯昏无人曰: "是射之射, 非不射之射也. 嘗與汝登高山, 履危石, 臨百仞之淵, 若能射乎?"

於是无人遂登高山, 履危石, 臨百仞之淵, 背逡巡, 足二分垂在外, 揖禦寇而進之. 禦寇伏地, 汗流至踵.

27) 원문의 '순목지지恂目之志'를 번역한 것으로, '순恂'은 '두려워하는 모습'을 말한다.

伯昏无人曰: "夫至人者, 上闚青天, 下潛黃泉, 揮斥八極, 神氣不變. 今汝怵然有恂目之志, 爾於中也殆矣夫!"

세 번이나 큰 벼슬을 맡았는데 동요하지 않은 자 21.10

견오肩吾[28)]가 손숙오孫叔敖에게 물었다.

"그대는 세 번이나 영윤이 되었으나 영화로워하지 않았고, 세 번이나 물러났는데도 걱정하는 기색이 없었습니다.[29)] 저는 처음에 의심했는데, 지금 그대의 코 사이를 살펴보니 기뻐하는 모습[30)]입니다. 그대의 마음 쓰는 것은 어떠한 것입니까?"

손숙오가 말했다.

"제가 어찌 다른 사람보다 뛰어나겠습니까! 저는 그 오는 것을 물리칠 수 없고, 그 가는 것을 멈출 수도 없으며, 저는 득실이 제 것이 아니라고 여겨서 걱정하는 기색이 없었을 뿐입니다. 제가 어찌 다른 사람보다 뛰어나겠습니까! 또한 알지 못하겠으니 그 [귀한] 것

---

28) 전설상의 인물로, 〈소요유〉 편 1.8, 〈대종사〉 편 6.1, 〈응제왕〉 편 7.2 등에서도 나온다.

29) 《논어》〈공야장公冶長〉 편 5.18에 "자장이 여쭈었다. '영윤 자문은 세 번이나 벼슬에 나가 영윤이 되었는데도 기뻐하는 기색이 없었고, 세 번이나 벼슬을 그만두었으나 언짢아하는 기색이 없었습니다. 옛 영윤의 일을 반드시 새 영윤에게 알려주었습니다. 어떻습니까?' 공자께서 말씀하셨다. '충성스럽다.' [자공이] 여쭈었다. '인합니까?' 말씀하셨다. '알지 못하겠다. 어찌 인을 얻었다고 하겠느냐?'[子張問曰: '令尹子文, 三仕爲令尹, 無喜色. 三已之, 無慍色. 舊令尹之政, 必以告新令尹, 何如?' 子曰: '忠矣.' 曰: '仁矣乎?' 曰: '未知. 焉得仁?']"라고 한 내용이 있다.

30) 원문의 '허허연栩栩然'을 번역한 것으로 〈제물론〉 편 2.17에도 나온다. 모두 '기쁜 모양'이라는 의미로 보아도 무방한데, 〈제물론〉 편에서는 나비가 '훨훨 날아다니는' 모습으로 변별하여 번역했다.

이 저것[벼슬]에 있는 것이겠습니까, [아니면] 그 [귀한] 것이 제게 있는 것이겠습니까? 그 [귀한] 것이 저것(벼슬)에 있는 것이라면 저와 상관없는 것이고, [그 귀한 것이] 제게 있는 것이라면 [저는] 저것(벼슬)과 상관없는 것입니다. [저는] 늘 머뭇거리고 한창 사방을 둘러보게 되니, 어느 겨를에 다른 사람의 귀천에 이르겠습니까!"

중니가 그 말을 듣고 말했다.

"옛날의 진인은 지혜로운 자일지라도 그를 설득할 수 없었고, 미인도 [그를] 지나치게 할 수 없었으며, 도둑일지라도 [그를] 겁박할 수 없었고, 복희와 황제일지라도 [그를] 벗할 수 없었다. 죽고 사는 것 역시 큰 것이지만 자기를 변하게 하지 않는데, 하물며 벼슬과 녹봉쯤이야 어떻겠는가! 그와 같은 자는 그 정신이 태산을 지나도 거리낌이 없고, 깊은 연못에 들어가도 젖지 않으며, 낮고 미천한 데에 있어도 지치지 않으니, 천지 사이에 그 정신이 충만하여 남에게 다 주더라도 자신은 더욱 소유하게 된다.[31)]"

肩吾問於孫叔敖曰: "子三爲令尹而不榮華, 三去之而无憂色. 吾始也疑子, 今視子之鼻間栩栩然, 子之用心獨奈何?"

孫叔敖曰: "吾何以過人哉! 吾以其來不可卻也, 其去不可止也, 吾以爲得失之非我也, 而无憂色而已矣. 我何以過人哉! 且不知其在彼乎, 其在我乎, 其在彼邪, 亡乎我. 在我邪, 亡乎彼. 方將躊躇, 方將四顧, 何暇至乎人貴人賤哉!"

31) 《노자》81장의 다음과 같은 구절을 비교해서 읽을 만하다. "성인은 어떤 것도 쌓아두지 않고, 이미 다른 사람을 위함으로써 자신이 더욱더 갖게 되고, 이미 다른 사람에게 주었는데도 자신은 더욱더 많아지게 된다[聖人不積, 旣以爲人, 己愈有, 旣以與人, 己愈多]."

仲尼聞之曰: “古之眞人, 知者不得說, 美人不得濫, 盜人不得劫, 伏戲黃帝不得友. 死生亦大矣, 而无變乎己, 況爵祿乎! 若然者, 其神經乎大山而无介, 入乎淵泉而不濡, 處卑細而不憊, 充滿天地, 旣以與人, 己愈有.”

망할 조짐이 있는 나라 21.11

초나라 왕이 범凡나라 군주와 앉아있었는데, 얼마 있다가 초나라 왕의 좌우 사람들이 “범나라에는 망할 징조가 세 가지[32] 있습니다.”라고 말했다.

범나라 군주가 말했다.

“범나라가 망하는 것이 내 존재를 잃게 하기에 부족하오. 범나라가 망한다고 해도 그것이 내 존재를 잃게 하기에 부족하다면 초나라가 존재하는 것도 존재하는 것으로 여기기에는 부족하오. 이로 말미암아 살펴보자면 범나라는 애초에 망하지 않았고, 초나라는 애초에 존재하지도 않은 것이오.”

楚王與凡君坐, 少焉, 楚王左右曰凡亡者三. 凡君曰: “凡之亡也, 不足以喪吾存. 夫凡之亡不足以喪吾存, 則楚之存不足以存存. 由是觀之, 則凡未始亡而楚未始存也.”

32) 원문의 ‘범망자삼凡亡者三’을 번역한 것으로, 곽상이 “세 가지 망할 징조가 있음을 말한 것이다[言有三亡徵也].”라고 주석한 견해를 따라 번역했다. 성현영은 이 세 가지를 “귀신을 공경하지 않고, 현인을 높이지 않으며, 백성을 부양하지 않은 것이다[不敬鬼, 尊賢, 養民也].”라고 했다.

제22편

지북유知北遊

지知가 북쪽으로 유람하다

【해설】

이 편의 편명은 1장 첫 구절의 의미를 따서 붙였으며, 내편 〈대종사〉 편을 부연 설명한 것으로 볼 수 있다. 1장에서는 도를 언어로 표현하기 어렵다는 입장을 취하고 있다. 여기에 등장하는 지知·무위위无爲謂·광굴狂屈·황제黃帝 등을 통해 성격을 분명하게 알 수 있는데, 지는 인간의 분별에 관한 지이고, 무위위는 도道를 의미한다. 광굴은 속세에서 벗어난 자이고 '무위无爲'와 '무위无謂'의 합칭이며, 여기서 황제는 도道를 잘 알고 있는 자이다. 광요라는 현자와 무유라는 자의 문답도 눈여겨볼 내용으로, 특히 이 우언은《회남자淮南子》〈도응훈道應訓〉 편과 비슷한 점도 있다. 이 장의 취지가《노자》56장에 나오는 것처럼 "아는 이는 말하지 아니하고 말하는 자는 알지 못한다[知者不言, 言者不知]."라는 구절과도 연관성이 있는데, 이 편이 노자의 사상을 승계하고 있다고 볼 수 있는 지점이다. 자연 원리의 설명 불가능함은 2장으로 이어진다.

3장에서 설결이 피의라는 자를 보고 느낀 것이 무엇인지 읽어볼 만한데, 제대로 도를 터득한 자의 무심한 태도가 인상적이다. 도는 드러나지 않고 있기에 소유할 수 없다는 4장도 인상적이다. 5장에서도 도는 드러나지 않으며 모든 것에 깃들어 있음을 이야기하고 있다. 특히 이 편의 백미는 도는 똥이나 오줌에도 있다는 6장의 내용인데, 짧은 문답 속에 촌철살인의 화술이 숨어 있다. 이것은 7장으로 이어져 도의 특징을 설명하며, 광요와 무유의 대화가 있는 8장으로 계속 전개된다. 9장의 "있습니까, 아니면 있음도 없습니까?"라는 물음은 어찌 보면 궤변론자의 화법 같기도 한데, 이 대화 역시 읽어볼 만하다. 이 편의 거의 마지막 부분에도 공자와 염구, 그리고 안연과의 대화를 통해 공자는 풍자와 비유의 대상으로 거론된다.

지知가 물은 세 가지 답을 아는 황제 22.1

지知가 북쪽으로 현수 가에서 노닐다가 은분隱弅[1]의 언덕에 올라서 때마침 무위위无爲謂와 마주쳤다. 지가 무위위에게 말했다.

"내가 그대에게 물을 것이 있네. 무엇을 생각하고 무엇을 헤아려야 도를 알게 되겠는가? 어떻게 처신하고 어떻게 행동해야[2] 도에 편안하겠는가? 무엇을 따르고 무슨 방법이라야 도를 얻을 수 있겠는가?"

세 번이나 물었지만 무위위가 대답하지 않았으니, [이는] 대답하지 않은 것이 아니고 대답하는 것을 알지 못했던 것이다.

지가 [더] 물을 수 없어서 백수의 남쪽으로 돌아가 호결狐闋[3] 위에 올랐다가 광굴狂屈[4]을 보았다.

지가 그 이야기를 가지고 광굴에게 [다시] 묻자 광굴이 말했다.

"아! 내가 그것을 알고 있으니, 그대에게 말해주겠다.[5] [그런데] 마음속으로는 말하려고 하는데, 하려는 말을 잊게 되는구나."

지가 물음에 답을 얻지 못해 황제의 궁으로 돌아가 황제를 만나 [재차] 묻자 황제가 말했다.

"생각이 없고 사려가 없어야 비로소 도를 알고, 처신하지 않고 행동함이 없어야 도에 편안하며, 따르는 것도 없고 방법이 없어야 도

---

1) 지명地名인데, 가공으로 설정한 명칭이다.
2) 원문의 '복服'을 번역한 것으로 '행行'과 같다.
3) 언덕의 이름인데, 가공의 지명이다.
4) 가공인물의 이름이다. 진경원은 "'광狂'은 망령됨이고, '굴屈'은 굽힘이다[狂, 妄也, 屈, 曲也]."라고 보았다.
5) 판본에 따라 이 문장까지를 광굴의 발언으로 보기도 한다.

를 얻게 되오."

지가 황제에게 물었다.

"저와 당신은 그것(도)을 알고 저 무위위와 광굴은 알지 못하니, 누가 옳은 것인가요?"

황제가 말했다.

"저 무위위는 진정 올바른 [도를] 알고 있고, 광굴은 그[도]에 가까우며, 나와 그대는 결국 가까이할 수 없소. 아는 자는 말하지 않고 말하는 자는 알지 못하므로, 성인은 말 없는 가르침을 행하는 것이오. 도는 도달할 수 없고, 덕은 이를 수 없소. 인은 할 수 있고, 의는 이지러질 수 있으며, 예는 서로 거짓된 것이오. 그러므로 '도를 잃은 뒤에 덕을 말하고, 덕을 잃은 뒤에 인이 나타나게 되며, 인을 잃은 뒤에 의를 말하게 되고, 의를 잃은 뒤에 예를 강조하게 된다. 예란 도의 꽃이고, 모든 혼란의 시초이다.'라고 말하는 것이오. 따라서 '도를 행하는 것은 날로 덜어내는데 덜고 또 덜어 [억지로] 하지 않는 것에 이르니 [억지로] 하지 않으면서도 하지 않는 것이 없다.'라고 말하는 것이오. 이제 이미 사물이 되어 다시 근본으로 돌아가고자 하는 것이 또한 어렵지 않겠소! 그것이 쉬운 것은 아마도 오직 대인뿐이오!

삶은 죽음의 무리이고, 죽음은 삶의 시작이니, 누가 그 근원을 알겠는가! 사람의 삶은 기氣가 모인 것이기에 모이면 태어나게 되고 흩어지면 죽게 되오. 만일 삶과 죽음이 같은 무리임을 안다면 내가

가 또 무엇을 걱정하겠소!

그러므로 만물은 하나이니, 이를 아름답다고 하는 것은 신기하게 여기고, 싫어하는 것은 냄새나고 썩었다고 여기지만, 냄새나고 썩은 것이 다시 변하여 신기하게 되고, 신기한 것이 다시 변하여 냄새나고 썩은 것이 되는 거요. 그러므로 '천하를 관통하여 하나의 기氣일 뿐이다.'라고 말하는 것이니, 성인은 그 때문에 하나를 귀하게 여긴다오."

지가 황제에게 말했다.

"제가 무위위에게 물었으나 무위위는 응대하지 않았는데, 제게 응대하지 않은 것이 아니라 응대할 줄을 몰랐던 것입니다. 제가 광굴에게 물었는데 광굴이 제게 알려주려 하던 중에 알려주지 않았으니, 제게 알려주지 않은 것이 아니라 알려주려 하던 중에 그것을 잊어버린 것입니다. 지금 제가 당신에게 물었는데, 당신은 그것을 알았으니 무슨 연고로 [도에] 가까이할 수 없다는 것입니까?"

황제가 말했다.

"무위위가 정말로 올바른 [도를] 알고 있다고 한 것은 [알고 있다는] 그것으로써 알지 못하기 때문이고, 광굴이 그에 가깝다는 것은 그것으로써 잊어버렸기 때문이오. 나와 그대는 끝까지 가까이할 수 없다는 것은 그것으로써 알고 있기 때문이라오."

광굴이 그것을 듣고 황제야말로 말을 안다고 생각했다.

知北遊於玄水之上, 登隱弅之丘而適遭无爲謂焉. 知謂无爲謂曰: "予欲有問乎若. 何思何慮則知道? 何處何服則安道? 何從何道則得道?" 三問而无爲謂不答也, 非不答, 不知答也.

知不得問, 反於白水之南, 登狐闋之上, 而睹狂屈焉. 知以之言也問乎狂屈. 狂屈曰: "唉! 予知之, 將語若, 中欲言而忘其所欲言."

知不得問, 反於帝宮, 見黃帝而問焉. 黃帝曰: "无思无慮始知道, 无處无服始安道, 无從无道始得道."

知問黃帝曰: "我與若知之, 彼與彼不知也, 其孰是邪?"

黃帝曰: "彼无爲謂眞是也, 狂屈似之. 我與汝終不近也. 夫知者不言, 言者不知, 故聖人行不言之教. 道不可致, 德不可至. 仁可爲也, 義可虧也, 禮相僞也. 故曰: '失道而後德, 失德而後仁, 失仁而後義, 失義而後禮. 禮者, 道之華而亂之首也.' 故曰: '爲道者日損, 損之又損之以至於无爲, 无爲而无不爲也.' 今已爲物也, 欲復歸根, 不亦難乎! 其易也, 其唯大人乎!

生也死之徒, 死也生之始, 孰知其紀! 人之生, 氣之聚也. 聚則爲生, 散則爲死. 若死生爲徒, 吾又何患! 故萬物一也, 是其所美者爲神奇, 其所惡者爲臭腐. 臭腐復化爲神奇, 神奇復化爲臭腐. 故曰: '通天下一氣耳.' 聖人故貴一."

知謂黃帝曰: "吾問无爲謂, 无爲謂不應我, 非不我應, 不知應我也. 吾問狂屈, 狂屈中欲告我而不我告, 非不我告, 中欲告而忘之也. 今予問乎若, 若知之, 奚故不近?"

黃帝曰: "彼其眞是也, 以其不知也. 此其似之也, 以其忘之也. 予與若終不近也, 以其知之也."

狂屈聞之, 以黃帝爲知言.

천지는 말을 하지 않는다 22.2

천지는 위대한 아름다움을 소유하고 있으나 말하지 않고, 사계절은 분명한 법칙을 갖고 있으나 논의하지 않으며, 만물은 완성하는 이치를 갖고 있으나 설명하지 않는다. 성인은 천지의 아름다움을 근원으로 하여 만물의 이치에 통달했다. 이 때문에 지인至人은 무위하고, 위대한 성인[大聖]은 작위하지 않으니, 천지를 관찰했다고 말한 것이다.

지금 저 신명하고 지극히 정밀한 것은 저것(만물)과 백 가지로 변하여 만물은 이미 죽고 생겨나며 네모지고 둥글게 변하면서도 그 뿌리를 알 수가 없고, 나날이 새로워지면서 만물은 예로부터 본래 존재했던 것이다.

사방 천지가 크다고 여기지만 그 안을 떠나지 못하고, 가을 터럭이 작다고 여기지만 그것을 기다려 몸을 이룬다. 천하 만물이 부침하지 않는 것이 없어 죽을 때까지 고정되어 있지 않으니, 음양과 사계절이 운행하여 각기 그 질서를 얻는다.

어둑하게[6] 없는 듯하면서 존재하고, [자연스럽게] 얽매임 없이[7] 드

6) 원문의 '혼연惛然'을 번역한 것으로, 성현영의 "어둑하게 까마득하여 없는 듯하지만 있다[惛然如昧, 似無而有]."라는 풀이를 참조할 만하다.

러내지 않으면서 신묘하여 만물이 길러져도 알지 못한다. 이를 '본근本根'이라고 말하니, 하늘에서 관찰할 수 있다.

天地有大美而不言, 四時有明法而不議, 萬物有成理而不說. 聖人者, 原天地之美而達萬物之理, 是故至人无爲, 大聖不作, 觀於天地之謂也.

今彼神明至精, 與彼百化, 物已死生方圓, 莫知其根也, 扁然而萬物自古以固存. 六合爲巨, 未離其內. 秋毫爲小, 待之成體. 天下莫不沈浮, 終身不故. 陰陽四時運行, 各得其序. 惛然若亡而存, 油然不形而神, 萬物畜而不知. 此之謂本根, 可以觀於天矣.

설결이 피의를 보고 느낀 바 22.3

설결[8]이 피의[9]에게 도를 물었는데, 피의가 말했다.

"그대가 그대의 몸을 바르게 하고 그대의 시선을 일정하게 하면 자연[天]의 화기和氣가 이르게 될 것이고, 그대의 지식을 거두어 그대의 헤아림을 일정하게 하면 정신이 와서 쉬어갈 것이다. 덕이 그대의 아름다움이 될 것이고, 도가 그대의 살 곳이 될 것이며, 그대의 무지한 모습이 새로 태어난 송아지와 같아서 그 연고를 찾지 않을 것이다!"

---

7) 원문의 '유연油然'을 번역한 것으로, 성현영은 "얽매임이 없는 것[無係]"으로 보았는데 일리가 있다.

8) 설결은 〈제물론〉 편 2.14와 〈천지〉 편 12.5 등에 나오는 인물로, 허유의 스승이다.

9) 피의는 〈응제왕〉 편 7.1의 '포의자蒲衣子'와 같은 인물로 보인다.

말을 아직 마치지 않았는데 설결이 잠들었다. 피의가 대단히 기뻐하면서 노래를 부르며 그를 떠나가면서 말했다.

"몸은 마른 나뭇가지[10] 같고, 마음은 꺼진 재 같아서 진실로 그 아는 것을 신실하게 하고, 옛것을 스스로 지니지 않는다. 어둡고 어두워[11] 무심하니 더불어 도모할 수는 없다. 그는 어떤 사람인가!"

齧缺問道乎被衣, 被衣曰: "若正汝形, 一汝視, 天和將至. 攝汝知, 一汝度, 神將來舍. 德將爲汝美, 道將爲汝居, 汝瞳焉如新生之犢而无求其故!"

言未卒, 齧缺睡寐. 被衣大說, 行歌而去之, 曰: "形若槁骸, 心若死灰, 眞其實知, 不以故自持. 媒媒晦晦, 无心而不可與謀. 彼何人哉!"

도를 소유할 수는 없다 22.4

순임금이 승丞에게 물었다.

"도란 가히 얻어서 소유할 수 있는 것이오?"

[승이] 말했다.

"당신의 몸도 당신의 소유가 아니거늘 당신이 어찌하여 도를 소유할 수 있겠습니까?"

순임금이 말했다.

---

10) 원문의 '고해槁骸'를 번역한 것으로 '마른 나뭇가지[槁枝]'와 뜻이 같다(왕수민 설).

11) 원문의 '매매회회媒媒晦晦'를 번역한 것으로, '매매'는 '어두운 모양[晦貌]'이다(이이 설). '매매'와 '회회'는 같은 의미다.

"내 몸이 내가 소유한 것이 아니라면 누가 소유한 것이오?"

[승이] 말했다.

"이는 천지가 형체를 맡긴 것입니다. 삶도 당신의 소유가 아니니, 이는 천지가 조화를 맡긴 것입니다. [타고난] 본성과 목숨도 당신의 소유가 아니니, 이는 천지가 순응함을 맡긴 것입니다. 자손[12]도 당신의 소유가 아니니, 이는 천지가 [변화의] 허물을 맡긴 것입니다.

그러므로 가더라도 가는 곳을 알지 못하고, 머물러도 무엇을 지켜야 할지 알지 못하며, 먹더라도 맛을 알지 못합니다. [도는] 천지의 굳센 양기이니, 또한 어떻게 얻어서 소유할 수 있겠습니까!"

舜問乎丞曰: "道可得而有乎?"

曰: "汝身非汝有也, 汝何得有夫道?"

舜曰: "吾身非吾有也, 孰有之哉?"

曰: "是天地之委形也. 生非汝有, 是天地之委和也. 性命非汝有, 是天地之委順也. 孫子非汝有, 是天地之委蛻也. 故行不知所往, 處不知所持, 食不知所味. 天地之强陽氣也, 又胡可得而有邪!"

사람이 살아가는 것은 흰말이 틈새를 지나가는 것과 같다 22.5

공자가 노담에게 물었다.

"오늘은 편안하고 한가하시니[13] 감히 지극한 도를 여쭙겠습니다."

---

12) 원문의 '손자孫子'를 번역한 것인데, '자손'으로 보는 것이 타당하다. '자손子孫'으로 쓰인 판본도 있으며, 왕수민도 '자손'으로 교열했다.

노담이 말했다.

"그대는 재계해서 그대의 마음을 씻고, 그대의 정신을 맑고 깨끗하게 하며[14], 그대의 지혜를 깨뜨려버리시오! 도는 아득해서 말로 하기 어렵소! 장차 그대를 위해 그 대략을 말하겠소.

밝디밝은 것은 어둡디어두운 것에서 생기고,[15] 형체가 있는 것[16]은 형체가 없는 것에서 생기며, 정신은 도에서 생기고, 형체는 본래 정신에서 생기는데, 만물은 형체로써 서로 생기므로 아홉 구멍인 것은 태에서 생겨나고, 여덟 구멍인 것은 알에서 생겨나오. 그것이 올 때는 자취가 없고, 그것이 갈 때는 끝이 없으며, 문도 없고 방도 없어서 사방으로 통하여 트여있소.

이 도를 따르는[17] 자는 사지가 강하고 생각이 통달하여 눈과 귀가 밝아지고, 그 마음 쓰는 것이 힘들지 않고, 그 사물에 반응하는 것에 방향이 없소. 하늘이 [도를] 얻지 못하면 높지 못하고, 땅이 얻지 못하면 넓지 못하며, 해와 달이 얻지 못하면 운행하지 못하고, 만물이 얻지 못하면 번창하지 못하니, 이것이 곧 도이오!

게다가 널리 아는 것이 반드시 아는 것이 아니고, 변론하는 것이

---

13) 원문의 '안한晏閒'을 번역한 것으로, "'안晏'은 '편안함[安]'이다. 편안하고 지내는 것이 한가로운 것이다[晏, 安也. 安居閒暇]."(성현영 설)

14) 원문의 '조설澡雪'을 번역한 것으로 '맑고 깨끗한 것[精潔]'이다(성현영 설).

15) 원문의 '부소소생어명명夫昭昭生於冥冥'을 번역한 것으로, '소소昭昭'는 매우 밝은 것이고, '명명冥冥'은 매우 어두운 것이다. '소소'와 '명명'에 대해 "볼 수 있는 것이고, 볼 수 없는 것이다[可見者也, 不可見者也]."라고 보는 견해가 있다(임희일 설).

16) 원문의 '유윤有倫'을 번역한 것으로 '윤倫'은 '형形'과 같다.

17) 원문의 '요邀'를 번역한 것으로 '따르다[循]'의 의미로 보는 것이 타당하다. 성현영은 '만남[遇]'으로 풀이하기도 했다.

반드시 지혜로운 것이 아니니, 성인은 그것을 끊었소. 더해도 더 더해지지 않고, 덜어내도 더 덜어지지 않는 것으로 말하면 성인이 지키는 것이오. 깊고 깊으니 바다와 같고, 높고 높으니 그것이 끝나면 다시 시작하여 만물을 운행하고 헤아려도 모자란 것이 없소. 그렇다면 군자의 도는 저것의 밖이겠소? 만물이 모두 가서 의지하지만 무너지지 않으니, 이것이 아마도 도일 것이오!

중원에 어떤 사람[18]이 있는데, 음도 아니고 양도 아니며 천지 사이에 머물러서 잠깐[19] 사람이 되었으나, 장차 근원으로 돌아가오. 근본에서 그것을 보면 삶은 기가 모인[20] 것이오! 비록 오래 살고 일찍 죽는 차이가 있으나, 서로 거리가 얼마나 되겠소? 잠깐 사이의 말이니, 어찌 요임금과 걸왕을 옳다 그르다 할 수 있겠소! 나무 열매와 풀 열매도 이치가 있고, 사람의 윤리도 비록 어렵지만[21] 서로 나란한 것이오.

성인은 그런 것을 만나더라도 피하지 않고, 지나가더라도 고수하지 않소. 조화롭게 호응하는 것이 덕이고, 만나서 호응하는 것이 도이니, 제왕이 일어나는 곳이고, 왕이 일어나는 곳이오.

사람이 천지 사이에 사는 것은 준마[22]가 틈을 지나가는 것처럼

18) 원문의 '인人'을 번역한 것으로, '성인聖人'을 지칭한다고 보는 견해도 있으나(곽상 설) 취하지 않는다.

19) 원문의 '직차直且'를 번역한 것으로 이는 '고차姑且'와 같은 의미로 우리말로 번역하면 '잠깐'을 뜻한다(차오추지 설).

20) 원문의 '암의喑醷'를 번역한 것으로, '기가 모인 모양[聚氣貌]'이다(곽상 설).

21) 원문의 '난難'을 번역한 것으로 '다多'로 보아 '많다'는 의미로 보기도 한다(왕수민 설).

22) 원문의 '백구白駒'를 번역한 것으로, 성현영은 "백구는 준마이다. 태양이라고도 한다[白駒, 駿馬也, 亦言日也]."라고 했다.

갑작스러울 뿐이오. 물이 솟듯 자라서[23] 나오지 않는 것이 없고, 흐르듯 비듯 하여 [죽음으로] 들어가지 않는 것이 없소.

이미 변해서 태어나고 또 변해서 죽는데, 살아있는 사물은 애통해하고 사람의 무리는 슬퍼하오. 그 하늘의 활 통에서 풀려나듯, 그 하늘의 칼집에서 떨어지듯, 흩날리고 쓰러져 혼백이 떠나려고 하는데, 이에 몸이 그것을 따르니 바로 크게 돌아가는 것이오!

형체가 아닌 것이 형체로 가고 형체가 형체가 아닌 것으로 가는 것, 이는 사람들이 같이 알고 있으니, 그 [도]에 이르려는 사람이 힘쓸 일이 아니고 대중이 함께 논의하는 것이오. 저것[도]에 이르려는 사람은 논의하지 않으니, 논의하면 이르지 못하오. 밝게 보아도 모여 만나지[24] 못할 것이니, 변론하는 것보다 침묵이 낫소. 도는 들을 수 없으니, 듣는 것보다 귀를 막는 것이 낫소. 이것을 '크게 터득했다[大得].'라고 말하는 것이오."

孔子問於老聃曰: "今日晏閒, 敢問至道."

老聃曰: "汝齊戒, 疏瀹而心, 澡雪而精神, 掊擊而知! 夫道, 窅然難言哉! 將爲汝言其崖略.

夫昭昭生於冥冥, 有倫生於无形, 精神生於道, 形本生於精, 而萬物以形相生, 故九竅者胎生, 八竅者卵生. 其來无迹, 其往无崖, 无門无房, 四達之皇皇也. 邀於此者, 四肢强, 思慮恂達, 耳目聰明, 其用心不勞,

---

23) 원문의 '주연발연注然勃然'을 번역한 것으로 '주연注然'은 '물을 대는 것처럼 연속되는 모양'이고, '발연勃然'은 '흥기하는 모양'이다(안병주·전호근 설). 성현영은 '주와 발은 생겨나고 자라나는 모양[注勃是生出之容]'이라고 풀이했고, 선영은 '일으키고 일어나는 모양[興起之貌]'으로 풀이했다.

24) 원문의 '치値'를 번역한 것으로 '모여 만나다[會遇]'라는 뜻이다(성현영 설).

其應物无方. 天不得不高, 地不得不廣, 日月不得不行, 萬物不得不昌, 此其道與!

且夫博之不必知, 辯之不必慧, 聖人以斷之矣. 若夫益之而不加益, 損之而不加損者, 聖人之所保也. 淵淵乎其若海, 巍巍乎其終則復始也, 運量萬物而不匱. 則君子之道, 彼其外與! 萬物皆往資焉而不匱, 此其道與!

中國有人焉, 非陰非陽, 處於天地之間, 直且爲人, 將反於宗. 自本觀之, 生者, 喑醷物也. 雖有壽夭, 相去幾何? 須臾之說也. 奚足以爲堯桀之是非! 果蓏有理, 人倫雖難, 所以相齒. 聖人遭之而不違, 過之而不守. 調而應之, 德也. 偶而應之, 道也. 帝之所興, 王之所起也.

人生天地之間, 若白駒之過郤, 忽然而已. 注然勃然, 莫不出焉. 油然漻然, 莫不入焉. 已化而生, 又化而死, 生物哀之, 人類悲之. 解其天弢, 墮其天袠, 紛乎宛乎, 魂魄將往, 乃身從之, 乃大歸乎! 不形之形, 形之不形, 是人之所同知也, 非將至之所務也, 此衆人之所同論也. 彼至則不論, 論則不至. 明見无値, 辯不若默. 道不可聞, 聞不若塞. 此之謂大得."

도는 똥이나 오줌에도 있다는 장자의 말 22.6

동곽자東郭子[25]가 장자에게 물었다.

"이른바 도는 어디에 있습니까?"

25) 동곽자는 〈전자방〉 편 21.1에 나오는 '동곽순자東郭順子'와 동일 인물로 보인다.

장자가 대답했다.

"있지 않은 곳이 없다."

동곽자가 말했다.

"짚어주시면 좋겠습니다."

장자가 말했다.

"땅강아지나 개미[26]에게 있다."

[동곽자가] 말했다.

"어째서 그리 낮은 곳에 있습니까?"

[장자가] 말했다.

"돌피나 피에 있다."

[동곽자가] 말했다.

"어째서 그리 더 내려갑니까?"

[장자가] 말했다.

"기와나 벽돌에 있다."

[동곽자가] 말했다.

"어째서 더 심해지는 것입니까?"

[장자가] 말했다.

"똥이나 오줌에 있다."

동곽자가 응대하지 않자 장자가 말했다.

"그대의 질문은 진실로 본질에 미치지 못했다. 정획正獲[27]이 시장

26) 원문의 '루의螻蟻'를 번역한 것으로 '땅강아지와 개미'는 하찮은 생물을 비유한 것으로 도道가 '있지 않은 곳이 없음[無所不在]'을 암시하고 있다(안병주·전호근 설).

27) 정正은 관직명이고 시장을 관리하는 책임자로, 획獲이 그의 이름이다.

관리인에게 돼지 밟[아 감별하]는 방법을 물었는데, [돼지의 다리 부위] 아래로 내려갈수록 더 살찐 것을 알았다.[28] 그대는 오로지 기필하지 말 것이니, [도가] 사물에서 떠난 것은 없다. 지극한 도가 이와 같고, 위대한 말도 또한 그렇다. '두루[周]', '고루[遍]', '모두[咸]' 이 세 가지는 명칭은 다르나 실제는 같으니, 그것들이 가리키는 것은 하나이다.

시험 삼아 무하유无何有의 궁에 그대와 더불어 노닐면서 함께 종합하여 논의해보면 끝내 다하는 것이 없을 것이다! 시험 삼아 무위와 해보는 것이다! 담담하고 고요하도다! 아득하고 맑도다! 조화롭고 한가하도다!

내 뜻은 이미 공허해지지만 갈 곳이 없으니, 그것이 이를 곳을 알지 못한다. 떠나가고 오지만 그것이 그칠 곳을 알지 못하니, 내가 이미 가고 오지만 그 끝나는 곳을 알지 못하고, 광대한 경지[29]에서 한가로이 노니니 큰 지혜가 들어와도 그 끝나는 곳을 알지 못한다.

사물을 사물이게 하는 것은 사물과 구별이 없으니, 사물에 구별이 있는 것은 '사물의 구별'이라고 말하는 것이다. 구별이 없는 구별은 구별하는 것이 구별하지 않는 것이다. 말하자면 차고 비며 쇠

28) 원문의 '매하유황每下愈況'을 번역한 것으로, 이 구절에서 '황況'은 돼지 부위가 더 살찐 것이 분명해진다는 의미인데, 임희일의 "정획이라는 관리인이 돼지의 살찌고 수척한 것을 알고 싶을 때, 비천한 자에게 물으면 비유함이 더욱 분명해진다[正獲之官, 欲知豨之肥瘠, 若問其卑賤者, 其比況說得愈明]."라고 보는 견해가 타당하다. 안동림은 '비교하여 유추함'이라고 보아 "내려가면 갈수록 [전체를] 잘 알 수 있는 거요."라고 번역했다. 김학주는 '돼지의 살이 안 붙은 부분으로 밟아 내려갈수록 더욱 다른 부분의 살찐 정도까지도 미루어 잘 알 수 있게 된다는 뜻'이라고 덧붙였다.

29) 원문의 '풍굉馮閎'을 번역한 것으로 크고 넓은, 즉 광대한 공간을 뜻한다. '풍馮'과 '굉閎'에 대해 이이는 "모두 '큰 것'이다[皆大也]."라고 보았고, 한편 곽상은 "빈 성곽을 말한 것이다[虛廓之謂也]."라고 주석했다.

쇠퇴하고 줄어드니, 저것(도)은 차고 비게 하지만 차고 비는 것이 아니고, 저것은 쇠퇴하고 줄어들게 하지만 쇠퇴하고 줄어드는 것이 아니며, 저것은 근본과 말단이 되지만 근본과 말단이 아니고, 저것은 쌓이고 흩어지지만 쌓이고 흩어지는 것이 아니다."

東郭子問於莊子曰: "所謂道, 惡乎在?"

莊子曰: "無所不在."

東郭子曰: "期而後可."

莊子曰: "在螻蟻."

曰: "何其下邪?"

曰: "在稊稗."

曰: "何其愈下邪?"

曰: "在瓦甓."

曰: "何其愈甚邪?"

曰: "在屎溺."

東郭子不應. 莊子曰: "夫子之問也, 固不及質. 正獲之問於監市履狶也, 每下愈況. 汝唯莫必, 无乎逃物. 至道若是, 大言亦然. 周遍咸三者, 異名同實, 其指一也.

嘗相與游乎无何有之宮, 同合而論, 无所終窮乎! 嘗相與无爲乎! 澹而靜乎! 漠而淸乎! 調而閒乎! 寥已吾志, 无往焉而不知其所至. 去而來而不知其所止, 吾已往來焉而不知其所終. 彷徨乎馮閎, 大知入焉而不知其所窮. 物物者與物无際, 而物有際者, 所謂物際者也. 不際之際, 際之不際者也. 謂盈虛衰殺, 彼爲盈虛非盈虛, 彼爲衰殺非衰殺, 彼爲本末非本末, 彼爲積散非積散也."

도를 체득한 자의 참모습 22.7

아하감婀荷甘[30]은 신농과 더불어 노용길老龍吉에게 [학문을] 배웠는데, 신농이 안석에 기대서 문을 닫고 낮잠을 잤다. 아하감이 해가 하늘 한가운데 떠 있는데[31] 문을 열고[32] 들어와 말했다.

"노룡이 돌아가셨소!"

신농이 안석에 기대어 있다가 지팡이를 쥐고 일어나서 툭하니 지팡이를 내던지고는 웃으면서 말했다.

"하늘 같은 분이 내가 치우치고 고루하며 게으르고 방자한 것을 아셨기 때문에 나를 버리고 돌아가셨다. 끝났구나, 선생님이여! 나를 계발시켜줄 지극한 말[33]도 없이 돌아가셨구나!"

엄강조弇堈弔[34]가 그 말을 듣고 말했다.

"도를 체득한 자는 천하의 군자들이 순종하는 바이다. 지금 [노룡

---

30) 성은 아婀이고, 자는 하감荷甘이다(성현영 설).

31) 원문의 '일중日中'을 번역한 것으로 "해가 하늘 한가운데에 떠 있다."라는 의미에서 '한낮'을 가리킨다.

32) 원문의 '차奓'인데, '열다[開]'의 뜻이다(사마표 설).

33) 원문의 '광언狂言'을 번역한 것으로 '지언至言'을 말한다. 성현영은 "세상 사람들이 이해하는 바가 아니기 때문에 지언至言을 '광狂'이라고 말한 것이다[非世人之所解, 故名至言爲狂也]."라고 했다.

34) 엄강弇堈은 도를 체득한 사람[體道人]을 말하고, 조弔는 그의 이름이다(이이 설). 선영은 엄강을 인명으로 보고, "엄강이 조문한다."라고 풀이했다.

은] 도에 있어서 가을 [짐승의] 터럭 끝의 만분의 일도 취할 수 없는데도 오히려 지극한 말을 간직하고서 죽은 것으로 아는데, 또 하물며 저 도를 체득한 사람은 어떻겠는가! [도는] 보아도 형상이 없고, 들어도 소리가 없으니, 사람들이 그것(도)을 논하면 어둡고 어둡다고 말하는데 [이미 말로써] 도를 논한 것이니, [참된] 도가 아닌 것이다."

妸荷甘與神農同學於老龍吉. 神農隱几闔戶晝瞑, 妸荷甘日中奓戶而入曰: "老龍死矣!" 神農隱几擁杖而起, 嚗然放杖而笑, 曰: "天知予僻陋慢訑, 故棄予而死. 已矣夫子! 无所發予之狂言而死矣夫!"

弇堈弔聞之曰: "夫體道者, 天下之君子所繫焉. 今於道, 秋毫之端萬分未得處一焉, 而猶知藏其狂言而死, 又況夫體道者乎! 視之无形, 聽之无聲, 於人之論者, 謂之冥冥, 所以論道, 而非道也."

도를 아는가, 모르는가 22.8

이에 태청泰淸이 무궁无窮에게 물었다.

"그대는 도를 아는가?"

무궁이 말했다.

"나는 알지 못한다."

[태청이] 또 무위无爲에게 묻자 무위가 말했다.

"나는 도를 안다."

[태청이] 말했다.

"그대가 도를 안다는 것은 또한 방도가 있는가?"

[무위가] 말했다.

"있다."

[태청이] 말했다.

"그 방도는 어떤 것인가?"

무위가 말했다.

"내가 알기에 도는 귀해질 수 있고, 비천해질 수 있으며, 묶을 수 있고, 흩어지게 할 수 있으니, 이것이 내가 도를 안다는 방도이다."

태청이 그 이야기를 가지고 무시无始에게 물었다.

"만일 그렇다면 무궁이 알지 못하는 것과 무위가 아는 것 가운데 누가 옳고 누가 그른가?"

무시가 말했다.

"알지 못하는 것은 깊고, 아는 것은 얕으니, 알지 못하는 것은 내면이고, 아는 것은 외면이다."

이에 태청이 고개를 들어[35] 탄식하며 말했다.

"알지 못하는 것이 아는 것인가! 아는 것이 알지 못하는 것인가! 누가 알지 못하는 것이 아는 것임을 알겠는가!"

무시가 말했다.

"도는 들을 수 없으니 듣게 되면 [도가] 아니고, 도는 볼 수 없으

---

35) 원문의 '중中'을 번역한 것으로 '우러러보다[卬]'와 같은 말이다. '앙卬'으로 쓰인 판본도 있으며, 한편 '앙卬'을 '크다'의 의미로 보아 원문의 '중이탄왈中而歎曰'을 "크게 탄식하며 말했다."라고 풀이한 경우도 있다.

니 보게 되면 [도가] 아니며, 도는 말할 수 없으니 [만약] 말하면 [도가] 아니다. 형체를 형체로 하는 것은 형체로 하지 않는 것을 알지어다! 도는 마땅히 이름할 수 없다."

무시가 말했다.

"도를 묻는데 응답하는 자는 도를 알지 못하는 것이다. 설령 도를 물은 자일지라도 또한 도를 들을 수 없다. 도는 물어볼 수 없고, 묻는 것에 응답할 수 없다. 물을 수 없는 것인데 물으니 이는 물음이 다한 것이고, 응답할 수 없는데 응답한다면 이는 내면의 이치가 없는 것[36]이다. 내면의 이치가 없는데 물음이 다한 것을 기다린다면 이 같은 자는 밖으로 우주를 보지 못하고, 안으로 태초를 알지 못하는 것이다. 이 때문에 [높은] 곤륜산에서 지나가지 못하고 [현묘한] 태허太虛에서 노닐지 못하는 것이다."

於是泰淸問乎无窮曰: "子知道乎?"

无窮曰: "吾不知."

又問乎无爲. 無爲曰: "吾知道."

曰: "子之知道, 亦有數乎?"

曰: "有."

曰: "其數若何?"

无爲曰: "吾知道之可以貴, 可以賤, 可以約, 可以散, 此吾所以知道之數也."

---

36) 원문의 '무내无內'를 번역한 것으로 성현영은 "이치가 응할 수 없는데 억지로 응하니, 이에 바깥에서 이루려고 하는 것이다[理無可應而强應之, 乃成殊外]." 라고 했다.

泰淸以之言也問乎无始曰: "若是, 則无窮之弗知與无爲之知, 孰是而孰非乎?"

无始曰: "不知深矣, 知之淺矣. 弗知內矣, 知之外矣."

於是泰淸中而歎曰: "弗知乃知乎! 知乃不知乎! 孰知不知之知!"

无始曰: "道不可聞, 聞而非也. 道不可見, 見而非也. 道不可言, 言而非也. 知形形之不形乎! 道不當名."

无始曰: "有問道而應之者, 不知道也. 雖問道者, 亦未聞道. 道无問, 問无應. 无問問之, 是問窮也. 无應應之, 是无內也. 以无內待問窮, 若是者, 外不觀乎宇宙, 內不知乎大初, 是以不過乎崑崙, 不遊乎太虛."

있습니까, 아니면 있음도 없습니까 22.9

광요光曜가 무유无有에게 물었다.

"선생께서는 있습니까, 아니면 있음이 없습니까?"

광요는 질문에 [답을] 얻지 못하여 그의 모습을 면밀히 살폈더니, 멀고도 공허하여 온종일 보아도 보이지 않았고, 들으려 해도 들리지 않았으며, 만져보아도 얻을 수 없었다.

광요가 말했다.

"지극하구나! 그중에 누가 이 경지에 이를 수 있겠는가! 나는 없음에 있을 수 있으나 아직 없음을 없앨 수 없으니 없음과 있음을 만듦에 어떻게 이러한 경지에 이를 수 있겠는가!"

光曜問乎无有曰: "夫子有乎, 其无有乎?"

光曜不得問, 而孰視其狀貌, 窅然空然, 終日視之而不見, 聽之而不聞, 搏之而不得也.

光曜曰: "至矣! 其孰能至此乎! 予能有无矣, 而未能无无也. 及爲无有矣, 何從至此哉!"

혁대 고리를 만드는 여든 살의 고수 22.10

대사마[37]의 띠쇠를 만드는 자가 여든 살이었는데, 털끝만큼의 실수도 없었다. 대사마가 말했다.

"그대는 [재주가] 뛰어나구나. 무슨 방도라도 있는가?"

[장인이] 말했다.

"신은 지키는 것이 있습니다. 신이 스무 살에 띠쇠 만드는 것을 좋아했는데, [다른] 사물은 보지 않고 띠쇠가 아니면 살피지 않았습니다. 이는 쓰이는 것이 쓰이지 않는 것을 빌린 것인데, 그 쓰임을 오래 얻을 수 있으니 하물며 쓰이지 않는 것도 없는 경우는 어떻겠습니까! 만물이 무엇이건 [그 도를] 갖추지 않겠습니까!"

大馬之捶鉤者, 年八十矣, 而不失豪芒. 大馬曰: "子巧與? 有道與?"

曰: "臣有守也. 臣之年二十而好捶鉤, 於物无視也, 非鉤无察也. 是用之者, 假不用者也以長得其用, 而況乎无不用者乎! 物孰不資焉!"

37) 원문의 '대마大馬'인데, 대마大馬는 관직명이며 초나라의 대사마大司馬이다. 《회남자》〈도응훈〉 편에도 나온다.

염구가 중니에게 궁금한 한 가지 22.11

염구冉求가 중니에게 여쭈었다.

"천지가 아직 있기 전을 알 수 있습니까?"

중니가 말했다.

"알 수 있다. 옛날은 지금과 같았다."

염구는 질문을 잃어서 물러났다가, 다음 날 다시 뵙고 여쭈었다.

"어제 제가 여쭙기를 '천지가 아직 있기 전을 알 수 있습니까?'라고 했는데, 선생님께서 '알 수 있다. 옛날은 지금과 같았다.'라고 말씀하셨습니다. 어제는 제가 밝았는데, 오늘은 제가 어두워졌으니 감히 무슨 말씀이신지 여쭙습니다."

중니가 말했다.

"어제 밝았던 것은 신명이란 것이 먼저 받아들인 것이고, 지금 어두워진 것은 또한 신명하지 못한 것으로 구하려 하는 것일 테지? 옛날도 없고 지금도 없으며, 시작도 없고 마침도 없다. 아직 자손이 있지 않았는데, 자손이 있는 것이 가능하겠는가?"

염구가 대답하지 못하자, 중니가 말했다.

"그만두거라, 아직 대답할 수 없겠지! 삶이 죽음을 생겨나게 하는 것이 아니고, 죽음이 삶을 죽이는 것이 아니다. 삶과 죽음은 의지하는 것이 있겠는가? 모두 일체로 하는 바가 있다. 천지보다 앞서 생긴 사물이 있는 것인가? 사물이 사물이게 하는 것은 사물이 아닌 것이다. 사물이 나오는 것은 사물보다 먼저 할 수 없으니[38] 아마도 그보다 [먼저 하는] 사물이 있는 것 같다. 아마도 그보다 [먼저 하는] 사물이 있는 것 같으니 그침이 없다. 성인이 사람을 사랑하는 것이 끝내 그침이 없는 이유는 또한 곧 여기에서 취한 것이기에 그러하다."

冉求問於仲尼曰: "未有天地可知邪?"

仲尼曰: "可. 古猶今也."

冉求失問而退, 明日復見, 曰: "昔者吾問 '未有天地可知乎?' 夫子曰: '可. 古猶今也.' 昔日吾昭然, 今日吾昧然, 敢問何謂也?"

仲尼曰: "昔之昭然也, 神者先受之. 今之昧然也, 且又爲不神者求邪? 无古无今, 无始无終. 未有子孫而有子孫, 可乎?"

冉求未對. 仲尼曰: "已矣, 未應矣! 不以生生死, 不以死死生. 死生有待邪? 皆有所一體. 有先天地生者物邪? 物物者非物. 物出不得先物也, 猶其有物也. 猶其有物也, 无已. 聖人之愛人也終无已者, 亦乃取於是者也."

안연이 중니에게 물은 것 22.12

안연이 중니에게 여쭈었다.

"제가 일찍이 선생님께 들었으니 '[가는 것을] 보내지도 말고, [오는

38) 원문의 '물출부득선물야物出不得先物也'를 번역한 것으로, 뒤에 나오는 '사물[物]'은 '도道'를 가리킨다. 《노자》 25장에서 "어떤 사물은 섞여서 이루어져 있다[有物混成]."에서의 '물物'과 같은 의미다(방용·육영품 설).

것을] 맞이하지도 말라.'라고 하셨습니다. 제가 감히 그 연유를 여쭙겠습니다."

중니가 말했다.

"옛사람들은 밖은 변해도 안은 변하지 않았는데, 지금 사람들은 안은 변해도 밖은 변하지 않는다. 밖으로 변하는 자는 [안으로는] 한결같이 변하지 않는 자이다. [그런 자는 밖이] 변해도 편안하고 변하지 않아도 편안하여 편안함이 밖과 함께 서로 순응하니 반드시 밖과 더불어 지나침이 없다.

희위씨狶韋氏의 정원과 황제의 들판과 유우씨의 궁궐과 탕왕·무왕의 집안이 그러했다. 군자라는 사람은 유가와 묵가 같은 스승이 되어서도 고의로 옳고 그름을 가지고 서로 아웅다웅하는데, 하물며 지금 사람들은 어떻겠는가!

성인은 만물에 머물면서도 만물을 손상하지는 않는다. 만물을 손상하지 않는 자는 만물 또한 손상할 수 없다. 오직 손상하는 바가 없는 자가 다른 사람들과 서로 [가는 것을] 보내고 [오는 것을] 맞이할 수 있다.

산림과 들판이 나로 하여금 기뻐하여 즐겁게 하는구나! [그러나] 즐거움이 아직 끝나기도 전에 슬픔은 또 이어지게 된다. 슬픔과 즐거움이 오는 것을 내가 막지 못하고, 그것이 가는 것을 멈추지 못하니, 슬프구나, 세상 사람들은 단지 밖의 여관[39]일 따름이구나!

만나는 것은 알지만 만나지 못하는 것은 알지 못하며, 할 수 있는

---

39) 원문의 '역려逆旅'를 번역한 것으로 '여관[客舍]'을 말한다. 성현영은 "바깥에 머무는 바로 헛되이 참된 것으로 여기니, 깊이 슬프게 한탄할 만하다[爲物所停, 以妄爲眞, 深可悲歎也]."라고 풀이했다.

것은 할 수 있고[40] 할 수 없는 것은 할 수 없다. 알지 못하는 것과 할 수 없는 것은 진실로 사람이 외면하지 못하는 것이다. 사람이 외면하지 못하는 것을 외면하려고 힘쓰는 것은 어찌 또한 슬픈 일이 아니겠는가! 지극한 말은 말을 없애는 것이고, 지극한 행위는 행위를 없애는 것이다. [인간의] 앎이 [도를] 아는 바에 나란히 하면 천박한 것이다."

顔淵問乎仲尼曰: "回嘗聞諸夫子曰: '无有所將, 无有所迎.' 回敢問其遊."

仲尼曰: "古之人, 外化而內不化, 今之人, 內化而外不化. 與物化者, 一不化者也. 安化安不化, 安與之相靡, 必與之莫多. 狶韋氏之囿, 黃帝之圃, 有虞氏之宮, 湯武之室. 君子之人, 若儒墨者師, 故以是非相䪡也, 而況今之人乎! 聖人處物不傷物. 不傷物者, 物亦不能傷也. 唯无所傷者, 爲能與人相將迎. 山林與! 皐壤與! 使我欣欣然而樂與! 樂未畢也, 哀又繼之. 哀樂之來, 吾不能禦, 其去弗能止. 悲夫, 世人直爲物逆旅耳! 夫知遇而不知所不遇, 知能能而不能所不能. 无知无能者, 固人之所不免也. 夫務免乎人之所不免者, 豈不亦悲哉! 至言去言, 至爲去爲. 齊知之所知, 則淺矣."

40) 원문의 '지능능知能能'을 번역한 것으로, 곽경번의 교열에 의하면 돈황본敦煌本에는 원문의 '지知' 자가 없다고 했는데, 역자는 이 설을 취하여 번역했다.

잡편雜篇

제23편

경상초庚桑楚

경상초, 자신을 드러내지 않다

【해설】

이 편은 인명을 편명으로 삼았는데, 앞부분은 무위자연에 관한 내용이고, 뒷부분은 양생과 제물에 관한 내용이 많다.

도의 터득 방법을 논하면서 지인의 덕과 성인의 도를 거론한 편으로, 비교적 긴 문답 형식으로 이어진 1장에 핵심 내용이 상당 부분 드러나 있다. 경상초는 항창자亢倉子 또는 항상자亢桑子로 불리는 노담의 제자로, 실존 인물이냐 아니냐 하는 점도 논란거리다. 《사기史記》의 〈노자한비열전老子韓非列傳〉에 "〈항상자亢桑子〉 같은 이야기는 모두 꾸며낸 이야기로서 사실이 아니다[亢桑子之屬, 皆空語無事實]."라고 기록되어 있다. 스승인 경상초와 그의 제자인 남영주(남영추)가 대화를 나누다가 두 사람의 스승으로 알려진 노담과의 대화를 통해 삶을 둘러싸고 진행되는 문제들을 다룬다. 즉, 사람들에게 존경받고 명예를 얻는 것은 도에 어긋나는 인위적인 행동으로 유가의 사상이 인간을 혼란스럽게 했다고 비판하며, 생명을 보전하는 방법을 제시한다.

뒷부분에서는 〈천도天道〉 편과 〈각의刻意〉 편에서 다룬 내용과 겹치는 부분도 있어 이 역시 장자가 짓지 않고 후세인의 저작이라는 데 이견이 없다. 2장은 자신이 타고난 본성대로 할 것을 강조하며, 이어서 3·4장도 타고난 진실된 마음에 따라 행동할 것을 말하고 있다. 5장에서는 무심하게 행동하는 것의 중요성을, 6장에서는 도를 삶의 기준으로 삼아야 한다고 강조하고 우주 만물의 생성 원리, 즉 도의 상태에 대해 구분된 상태와 구분되지 않은 상태를 나타내는 유무의 관념을 들어 말하고 있다. 7장은 옛날 사람의 지극함을, 8장은 세상의 상대적 가치의 변화를, 9장은 유가의 비판을, 10장은 인간을 해치는 것들, 11장은 도·덕·본성 등을 설명하며, 뒷부분은 궁수인 예, 형벌로 다리 잘린 자의 이야기를 통해 자신의 마음을 기준 삼을 것을 재차 강조한다.

또 다른 한편으로 이 편이 〈제물론齊物論〉 편이나 〈대종사大宗師〉 편의 내용과 겹치는 부분도 있어 내편과의 연관성이 있기도 하다.

지식을 버리면서 명성을 좇지 말고 무위에 귀착점을 두는 방법을 통해 지인처럼 살아가는 방법을 터득하라는 것이 이 편의 취지다. 물론 유有가 유의 상태에서 유가 될 수 없고, 반드시 무유無有에서 나와야 한다는 점을 인식하고서 말이다.

지인의 경지: 어린아이처럼 할 수 있는가 23.1

노담老聃의 제자 중에 경상초庚桑楚[1]라는 자가 있었는데, 홀로[2] 노담의 도를 터득하여 북쪽 외루산畏壘山[3]에서 살고 있었다. 그 신하[4] 중에 확고하게 아는 체하는 자를 내버렸고, 그 첩 중에 내세우듯 어진 체하는[5] 자를 멀리했으며, 우둔하고 소박한 자[6]들과 지내며 순박하고 스스로 터득한 자[7]들을 부렸다. [이렇게] 삼 년 동안 있었는데, 외루에 큰 풍년이 들었다[8]. 외루의 백성이 서로 더불어 말했다.

---

1) 경상이 성이고, 이름이 초이다. 《열자列子》 〈중니仲尼〉 편에는 항창자亢倉子라고 되어 있다.

2) 원문의 '편偏'을 번역한 것으로 '조금', '약간', '얼마간'의 의미로 보기도 한다.

3) 원문의 '외루지산畏壘之山'을 번역한 것으로 '외루畏壘'는 '외뢰'로 읽기도 하며 산 이름이다. 왕염손王念孫은 《설문해자》에 의거하여 "'외뢰鍡鑸'는 평평하지 않은 것이다[鍡鑸, 不平也]."라고 풀이했다. 즉, '외루畏壘'는 '외뢰鍡鑸'의 가차자이다.

4) 원문의 '신臣'을 번역한 것으로 문맥상 '하인'이나 '노복'으로 번역하기도 하지만 이 구절 뒤로 '남면南面'이 나오는 것으로 보아 글자의 원의를 살려 번역했다. 남면은 천자가 남쪽을 향하고 조정에서 정사를 보는 것을 의미한다.

5) 원문의 '설연挈然'을 번역한 것으로 '혼자 뛰어난 모양'을 말하며, 곽상은 '어진 체[矜仁]'로 풀이했다. '정이 얽히는 모양'이라는 의미로 해석하기도 한다.

6) 원문의 '옹종擁腫'을 번역한 것으로 '우둔한 외모[鈍外]'(임희일 설), '소박함[朴]'(곽상 설)이라고 풀이하며, 이 밖에도 '추한 모양', '무지한 모양' 등 여러 해석이 있는데, 외모와 내면이 우둔하고 소박한 모습으로 보면 무난하다. 한편 〈소요유〉 편 1.10에 "내게 커다란 나무가 있는데 사람들은 그것을 가죽나무라고 말하더군. 그 큰 줄기는 옹이가 울퉁불퉁하게 나 있어 먹줄을 칠 수가 없다[吾有大樹, 人謂之樗. 其大本擁腫而不中繩墨]."라는 구절이 나온다.

7) 원문의 '앙장鞅掌'을 번역한 것으로 '순박하고 스스로 터득한 모양[淳朴自得之貌]'이라는 성현영의 풀이를 따른 것인데, '앙장'은 앞의 '옹종擁腫'과 유사한 개념이다. 한편 '몸 형체가 온전하지 못한 것과 같다[猶支離也].'라는 설(임희일)과 '수고롭게 분주히 일하는 사람[勞苦奔走之人]'이라는 설(왕선겸王先謙)이 있는데 참조할 만하다.

"경상자庚桑子가 처음 왔을 때 우리가 놀라면서[9] 그를 이상하다고 했었는데, 지금 우리가 하루로 [그의 덕성을] 헤아리기에는 부족하고, 일 년으로 헤아리기에는 여유가 있으니[10], 아마도 그는 성인일 것이다! [그런데도] 당신들은 어째서 함께 [그를] 군주[11]로 삼아 축원하고 사직을 [세워] 모시지 않는가?"

경상자가 그 말을 듣고 남면하면서 [썩] 기뻐하지 않았다[12]. 제자가 이상하다고 하자 경상자가 말했다.

"너희는 어째서 나에 대해 이상하다고 하는가? 무릇 봄기운이 발동하면 온갖 초목이 자라고 가을이 되면 온갖 열매가 열린다. 저 봄과 가을이 [자연의 도를] 얻지 않고 그렇겠는가? 천도가 이미 운행된 것이다.

내가 듣기로 '지인至人은 좁고 누추한 집에서 조용히 숨어 지내고[13] 백성은 제멋대로 행동하여[14] 가야 할 곳을 알지 못한다[15].'라고 하

8) 원문의 '대양大壤'을 번역한 것으로, '양壤'은 '풍성하다'라는 의미의 '양穰'의 가차자로 보인다. 임희일은 '대양'에 대해 '풍성함[豐]'으로 풀이했다.

9) 원문의 '수연洒然'을 번역한 것으로 '놀라는 모양'을 말한다. '수洒'는 '세', '쇄', '선', '최' 등으로도 읽히는데, 여기서는 상수向秀의 설에 따라 '수'로 읽는다(안병주·전호근 설).

10) 덕성으로 인한 성과가 하루 정도의 짧은 시일로는 보이지 않지만, 일 년 정도의 뒤에 드러나는 것을 말한다. 《노자》 45장의 "크게 뛰어난 기교는 서툰 듯하다[大成若缺]."와 통하는 구절이라 할 수 있다.

11) 원문의 '시尸'를 번역한 것으로 안동림 설에 따라 '군주[主]'의 의미로 보아 번역했다. 한편, '제사를 주관하는 사람尸祝'이나 '시동尸童' 또는 '주인' 등으로 풀이하기도 한다.

12) 원문의 '불석연不釋然'을 번역한 것으로 '기뻐하지 않음[不悅]'의 뜻이다(성현영 설).

13) 원문의 '시거환도尸居環堵'를 번역한 것으로, '시거尸居'는 시체처럼 '조용히 숨어서 지내는 것'을 말하고, '환도環堵'는 '한 장丈 넓이의 작은 방'을 말한다.

는데, 지금 외루의 나약한 백성들이 은근슬쩍 나를 현명한 이들 사이에 두고 [떠받들어] 제사 지내려고 하니, 나는 아마 주목받는 사람[16]이겠구나! 나는 이 때문에 노담의 말씀에서 [어긋나니] 기쁘지 못한 것이다."

제자가 말했다.

"그렇지 않습니다. 보통[17] 작은 도랑은 큰 물고기가 그 몸을 돌릴 곳이 없으나, 도롱뇽이나 미꾸라지는 그곳에서 멋대로 합니다[18]. 몇 걸음 높이[19]의 구릉은 큰 짐승이 그 몸을 숨길 곳이 없으나, 들에 사는 [작은] 여우[20]는 그것을 좋다고 합니다. 게다가 현명한 자를 높이고, 능력 있는 자에게 벼슬을 주며, 선함을 우선하고 이익을 주는 것은 옛날 요堯임금과 순舜임금 때부터 그러한 것인데, 하물며 외루

14) 원문의 '창광猖狂'을 번역한 것으로 '제멋대로 행동하는 모습'을 의미한다.

15) 곽상은 "다만 스스로 갈 뿐이니, 연유를 아는 것은 아니다[直自往耳, 非由知也]."라고 풀이했다. 왕수민은 '여왕如往'에서 '여如'가 복합사로 '왕往'과 같다고 했는데, '가고 [또] 가다.' 내지 '곧잘', '자주'의 의미로 볼 수도 있다. 한편 문맥상 '지인이 욕심 없이 조용히 살기 때문에 지인의 공덕이나 그의 가르침을 향해 가는 것을 모르게 한다.'라는 의미로 확장할 수 있겠다.

16) 원문의 '표지인杓之人'을 번역한 것으로 '준적準的', 즉 표적이 되어 자신을 드러내는 것을 의미하므로, 이 장에서는 경상초의 입을 빌려 지인至人은 자신을 드러내지 않는 사람임을 말하고 있다. 다시 말해 '본보기가 된다.'라는 것은 '은자로서 처신하는 가르침에 어긋난다.'라는 말이다.

17) 원문의 '심상尋常'을 번역한 것으로, 성현영의 해석에 의하면 '심尋'은 여덟 자, '상常'은 심의 두 배인 열여섯 자를 가리켜 구체적인 수치로 구분했는데, '보통'이라는 뜻으로 많이 쓰인다.

18) 원문의 '제制'를 번역한 것으로 '멋대로 하다[擅]'의 뜻이다(성현영 설). 한편 '제制'를 '절折'과 통용자로 보아 '구부리다'의 뜻으로 풀이하기도 한다.

19) 원문의 '보인步仞'을 번역한 것으로, 구체적으로 '보步'는 여섯 척, '인仞'은 일곱 척으로 한 길 정도의 길이를 말한다.

20) 원문의 '얼호孽狐'를 번역한 것으로 '들에 사는 여우[野狐]'를 말한다.

의 백성들이야 어떻겠습니까! 선생님께서도 [저들의 청을] 들어주십시오!"

경상자가 말했다.

"제자야, 오거라! 수레를 [입으로] 물 만한 짐승[21]도 홀로[22] 산을 떠나면 그물에 걸리는 우환을 피할 수 없고, 배를 삼킬 만한 물고기가 펄떡거려[23] 물을 잃으면 개미도 그것을 괴롭힐 수 있는 것이다.

그러므로 새와 짐승은 높은 것을 싫어하지 않고, 물고기와 자라는 깊은 것을 싫어하지 않는다. 자기의 몸과 생명을 온전하게 하는 사람은 자기의 몸을 감추는 데 깊고 어둑한 것을 싫어하지 않을 뿐이다.

게다가 저 [요임금과 순임금] 두 사람은 또 어찌 칭찬하여 드날릴 만하겠는가! 그들이 변설한 것이란 장차 함부로 담장을 뚫고 쑥을 심으며[24], 머리카락을 골라서 빗질하고, 쌀알을 세면서 밥을 짓는 격이니, 자디잘아 또 어찌 세상을 구제할 만하겠는가!

현명한 자를 등용하면 백성이 서로 다투고, 지혜로운 자에게 맡기면 백성이 서로 도둑질하니[25], 이러한 몇 가지 일은 백성을 두텁게 하기에 부족하다.

21) 원문의 '함거지수函車之獸'를 번역한 것으로 '함函'은 '물다[含]'와 같은 뜻이다. 성현영은 "그 짐승은 매우 커서 입으로 수레를 물 수 있다[其獸極大, 口能含車]."라고 했다.

22) 원문의 '개介'를 번역한 것으로, 특이하게 유월兪樾은 "짐승이 짝이 없는 것을 '개'라고 말한다[獸無偶曰介]."라고 했다.

23) 원문의 '탕碭'을 번역한 것으로, '탕蕩'과 뜻이 통하여 '물고기가 펄떡거리는 것'을 의미한다.

24) 원문의 '착원장이식봉호鑿垣牆而殖蓬蒿'를 번역한 것으로, '엉뚱한 주장을 하여 혼란을 일으키는 것'을 비유한 것이다.

백성이 이익에 심하게 힘쓰면 자식이 어버이를 죽이는 이가 있고, 신하가 군주를 죽이는 이가 있으며, 대낮에 도둑질하고 해가 중천에 있는데 [남의 집] 담의 구멍을 뚫는다[26].

내가 너에게 말하니, 큰 혼란의 근본은 반드시 요임금과 순임금의 연간에 생겨서 그것은 끝내 천년 뒤까지 남을 것이니, 천년 뒤에는 반드시 사람과 사람이 서로 잡아먹는 일이 있게 될 것이다!"

남영주南榮趎가 놀라 두려워하며[27] 바르게 고쳐 앉아 말했다.

"저처럼 나이가 이미 지긋하면 장차 어디에 일을 맡겨야 이 말씀에 미치겠습니까?"

경상자가 말했다.

"네 몸을 온전하게 하고, 네 삶을 끌어안되, 네 여러 생각으로 [아등바등하여] 이리저리 움직이지[28] 않게 해라. 이처럼 삼 년을 지내면 이 말에 미치게 될 것이다."

남영주가 말했다.

"눈이 형체를 부여받음에, 저는 그 다름을 알지 못하는데, 장님은

---

25) 《노자》 3장의 "[세속의] 현명함을 숭상하지 않아야 백성이 다투지 않게 된다. 얻기 어려운 재화를 귀하게 여기지 않아야 백성이 도둑질하지 않게 된다[不尙賢, 使民不爭. 不貴難得之貨, 使民不爲盜]." 구절과 연계된다.

26) 원문의 '일중혈배日中穴阫'를 번역한 것으로, '배阫'는 '장牆'과 같은 뜻이며 "두렵거나 꺼리는 바가 없는 것을 말한다[言無所畏忌]."(육덕명 설)

27) 원문의 '축연蹵然'을 번역한 것으로 '놀라 두려워하는 모양[驚悚貌]'(성현영 설)을 의미한다. 〈덕충부〉, 〈대종사〉, 〈응제왕〉, 〈전자방〉 편 등에서 '축연蹴然'으로 나오는데, 의미는 통한다.

28) 원문의 '영영營營'을 번역한 것으로 '이리저리 움직이는 모양'이다. 안병주·전호근은 '사물을 끊임없이 쫓아가는 모양'으로 보았고, 안동림은 '여기저기 왔다 갔다 하는 모양, 즉 부질없이 바빠하는 모양'이라고 했으며, 김학주는 '이리저리'로 번역했다.

스스로 볼 수 없고, 귀가 형체를 부여받음에, 저는 그 다름을 알지 못하는데, 귀머거리는 스스로 들을 수 없으며, 마음이 형체를 부여받음에, 저는 그 다름을 알지 못하는데, 미치광이는 스스로 깨닫지 못합니다.[29] 형체가 형체를 부여받는 것은 서로 비슷한데[30], 사물이 어떤 틈으로 한 것일까요? 서로 [도를] 구하려 해도 서로 깨달을 수 없는 것입니까?

지금 제게 '네 몸을 온전하게 하고, 네 삶을 끌어안되, 네 여러 생각으로 [아둥바둥하여] 이리저리 움직이지 않게 해라.'라고 말씀하셔서 제가 힘써 도를 듣기는 했으나 귀에만 도달했을 뿐입니다!"

경상자가 말했다.

"말로는 다했다. 말하자면, 땅벌은 콩잎 벌레를 부화시킬 수 없고[31], [월나라의] 작은 닭[32]은 고니의 알을 품을 수 없지만, [노나라의]

29) 이 구절의 내포적 의미로 곽상의 "눈과 눈, 귀와 귀, 마음과 마음의 그 외형은 서로 비슷하지만 하는 바가 같지 못하니, 만약 같지 못한 것이 있다면 강제로 서로 본받게 하면 안 된다[目與目, 耳與耳, 心與心, 其形相似而所能不同, 苟有不同, 則不可强相法效也]."라는 풀이가 참고할 만하다.

30) 원문의 '비辟'를 번역한 것으로 "'비譬'와 같다. 고르므로 차이가 없다고 말하는 것과 같다[與譬同, 猶言均是而無異也]."(왕어王敔 설) 한편, 이 글자는 '폐躄' 자와 통한다고 보아 '친압하다'라고 해석하기도 한다.

31) 원문의 '분봉불능화곽촉奔蜂不能化藿蠋'을 번역한 것으로, '분봉奔蜂'은 '작은 벌', '나나니벌'로 해석하기도 하고, '곽촉藿蠋'은 콩잎의 큰 벌레를 말한다. 《수신기搜神記》에 "땅벌은, 이름이 나나니벌인 과라蜾蠃이며, 지금 세상에서는 열옹蠮螉이라 하며 허리가 가는 종류이다. 그 물건됨은 수컷은 있지만 암컷이 없어서, 교미도 하지 않고, 출산도 하지 않는다. 언제나 뽕나무벌레나 혹은 메뚜기 유충을 거두어 기르는데, 그것들이 모두 변하면 자신의 새끼로 삼는다. 또는 혹 뽕나무벌레를 명령螟蛉이라고도 부른다. 《시경詩經》에서 '명령螟蛉의 새끼가 있으니, 나나니벌인 과라蜾蠃가 업고 가서 기르네.'라고 한 것이, 바로 이것이다[土蜂, 名曰蜾蠃, 今世謂蠮螉細腰之類. 其爲物雄而無雌, 不交不産. 常取桑蟲或阜螽子育之, 則皆化成己子. 亦或謂之螟蛉. 詩曰: '螟蛉有子, 蜾蠃負之', 是也]."라고 했다.

큰 닭[33]은 잘 할 수 있다고 하겠다. 닭이 닭으로 [형체를] 부여받는 것에 그 덕이 같지 않은 것은 아니지만, [닭에 따라] 할 수 있는 것과 할 수 없는 것은 그 재능에 진실로 거대하고 작은 것(차이)이 있다. 지금 나는 재능이 작아서 너를 변하게 하기에 부족하니 너는 어찌 남쪽의 노자를 뵙지 않는가!"

남영주가 양식을 지고 이레 동안 밤낮을 지나 노자의 처소에 이르렀다.

노자가 말했다.

"그대는 경상초가 있는 곳에서 왔는가?"

남영주가 말했다.

"그렇습니다."

노자가 말했다.

"그대는 어찌 함께 온 사람이 그리도 많은가?[34]"

남영주는 놀라[35] 뒤를 돌아보았다.

노자가 말했다.

"그대는 내가 말한 바를 알지 못하겠는가?"

남영주는 고개를 숙이고 부끄러워하다가 고개를 들어 탄식하며 말했다.

"지금 저는 제 대답을 잊었고, 제 질문도 잃어버렸습니다."

노자가 말했다.

---

32) 원문의 '월계越鷄'를 번역한 것으로 '작은 닭[小鷄]'을 말한다(사마표 설).

33) 원문의 '노계魯鷄'를 번역한 것으로 '큰 닭[大鷄]'을 말한다(상수 설).

34) 곽상은 "세 가지 말을 가지고 왔기 때문이다[挾三言而來故]."라고 했다.

35) 원문의 '구연懼然'을 번역한 것으로 '놀라는 모습[驚貌]'이다(성현영 설).

"무슨 말인가?"

남영주가 말했다.

"지혜롭지 못해야 할까요? [그렇다면] 사람들은 제가 아는 것이 없다[36]고 할 것이고, 지혜롭게 해야 할까요? [그렇다면] 거꾸로 제 몸을 괴롭게 할 겁니다. 어질지 못하면 남을 해롭게 하고, 어질면 거꾸로 저 자신을 괴롭힙니다. 의롭지 못하면 저들을 상하게 하고, 의로우면 거꾸로 저 자신을 괴롭게 하니, 제가 어떻게 해야 여기에서 벗어나겠습니까? 이 세 가지 말이 제가 근심하는 것이니 선생님을 인연으로 하여 여쭙고 싶습니다."

노자가 말했다.

"아까 나는 그대의 눈썹 사이를 보고 그것으로써 그대를 알아보았는데, 지금 그대가 또 말하니 그것을 확신했다네. 그대는 놀라서 얼이 빠진 모습[37]이 마치 부모를 잃은 듯하고, 장대를 들고 저 바다를 재려는 듯하니 그대는 [본성을] 잃어버린 사람 같구나, 정신이 혼미하구나! 그대는 그대의 성정을 되돌리려 해도 들어갈 방법이 없으니 불쌍하도다!"

남영주는 학사에 들어가기를 청하여 자신이 좋아하는 것을 구하고 자신이 싫어하는 것을 버리며 열흘 동안 스스로 근심을 가라앉

36) 원문의 '주우朱愚'를 번역한 것으로, 성현영은 '아는 것이 없는 모양[無知之貌]'으로 보았다.

37) 원문의 '규규연規規然'을 번역한 것으로, '정신을 잃은 모양[失神貌]'으로 풀이한 이이李頤의 설을 참조했다. 한편 안동림은 성현영의 '작고 자질구레함[細碎]'이라고 풀이한 설을 소개하며, '자질구레한 일에 신경을 씀'이라고 풀이했다. 김학주는 '잔일들에 골똘히 마음을 쓰는 모양'이라고 보았고 '골똘히 생각하며 근심하기를'이라고 의역했다. 안병주·전호근은 '허둥지둥하는 모양', '정신없는 모양' 등으로 풀이했다.

히고[38] 다시 노자를 뵈었다.

노자가 말했다.

"자네는 스스로 씻어내서 [무언가] 푹 익은 듯한 기운으로[39] 밝고 빛나는 듯하구나[40]! 하지만 그 마음속에서 넘쳐흐르는 것은 아직도 나쁜 것이 있다. 무릇 밖에 얽매인[41] 자는 번잡하여 붙들 수 없으니 안에서 잠가야 하고, 안에 얽매인 자는 묶여서[42] 붙들 수 없으니 밖에서 잠가야 하니, 안팎에 [모두] 얽매인 자는 도덕을 지닌 사람도 지킬 수 없는데, 하물며 도덕을 놓아버리고[43] 행하는 자는 어떻겠는가!"

남영주가 말했다.

"병이 난 마을 사람에게 이웃 사람이 문병하러 갔을 때, 병자가

38) 원문의 '자수自愁'를 번역한 것으로, '자自'를 '식息'으로 보아 '근심을 가라앉히다'라는 의미로 본 설(왕수민)을 따랐다. 그러나 글자 그대로 번역하여 성정을 되돌리려고 세 가지 말에 대한 근심에 집중해본 수련 과정으로 보아도 무난하다.

39) 원문의 '숙재熟哉'를 번역한 것으로, '숙孰'으로 쓰인 판본도 있다. 역자는 '숙熟'을 원의의 의미대로 풀이했다. 한편, '숙孰' 자와 통한다고 보아 '어느', '무엇'의 뜻으로 풀이한 경우도 있다.

40) 원문의 '울울호鬱鬱乎'를 번역한 것으로 '욱욱호郁郁乎'와 통한다(안병주·전호근 설). 즉, '밝고 빛나는 모양'을 가리킨다. 한편 안동림은 선영宣穎의 설을 취하여 '생각이 익어가는 모양'으로 번역했고, '마음이 성숙됨'이라고 덧붙였는데, 앞의 '숙熟' 자와 연계해볼 때, 일리가 있다.

41) 원문의 '획韄'을 번역한 것으로 "가죽으로 사물을 묶는 것이다[以皮束物也]." (임희일 설) 즉, '묶다', '얽매이다'의 뜻이다.

42) 원문의 '무繆'를 번역한 것으로, 한편 '이리저리 얽히는 모양'으로 보기도 한다(안병주·전호근 설).

43) 원문의 '방放'을 번역한 것으로 '본받아서'라는 의미로 풀이해도 '도덕을 지키는 것뿐만 아니라 더 나아가 도를 본받는 것은 더욱이 어려운 일이다.'라는 문맥이 되므로 무방하다.

그 병을 말할 수 있다면 그 병은 병자가 오히려 아직 병들지 않은 것입니다. [그런데] 제가 선생님께 대도大道를 들은 것은 비유하자면 마치 약을 먹고 병이 더해진 것과 같으니, 저는 양생의 도[44]를 듣고 싶을 뿐입니다."

노자가 말했다.

"양생의 도란 하나를 품어 안을 수 있는 것인가?[45] 잃어버리지 않을 수 있는 것인가? 점을 치지 않고도 길흉을 알 수 있는 것인가? [분수 밖의 일을] 멈출 수 있는 것인가? [지나간 것을 쫓는 것을] 그만둘 수 있는 것인가? 다른 사람은 놔두고 자기에게서 구할 수 있는 것인가?[46] 얽매임 없이 자유롭게 할 수 있는 것인가?[47] 무심한 듯할 수 있는 것인가?[48] 어린아이처럼 할 수 있는 것인가?

어린아이가 하루 종일 울어도 목이 쉬지 않는 것은 조화의 지극함이고, 하루 종일 주먹을 쥐어도 손이 저리지 않는 것은 그 덕을

44) 원문의 '위생지경衛生之經'을 번역한 것으로, '경經'은 '도道'와 같으니(왕수민 설), 소위 '양생의 도'를 말한다.

45) 원문의 '능포일호能抱一乎'를 번역한 것으로 곽상은 "그의 본성을 떠나지 않는다[不離其性]."라고 했고, 성현영은 "참된 것을 지켜서 둘로 하지 않는다[守眞不二也]."라고 풀이했다.

46) 이 구절의 의미는 남을 탓하기보다 자기에게서 답을 구한다는 것이다. 이는 장자가 궁극적으로 '자기가 없게 하는 것'을 주창하니, 아직 지극하지 않은 단계를 말하는 것이다.

47) 원문의 '능소연호能翛然乎'를 번역한 것으로, '소연翛然'에 대해 곽상은 "머무르는 흔적이 없는 것이다[無停迹也]."라고 했고, 성현영은 "오고 가는데 얽매여 그침이 없다[往來無係止]."라고 풀이했다. 즉, 얽매임 없이 자유로운 것을 말한다.

48) 원문의 '능동연호能侗然乎'를 번역한 것으로, '동연侗然'에 대해 곽상은 "막히거나 거리낌이 없다[無節礙也]."라고 풀이했고, 성현영은 "사물에 순응하여 무심한 것이다[順物無心也]."라고 했다. 한편 '아는 것이 없는 모양'으로 풀이한 경우도 있다.

함께하는 것이며, 하루 종일 보아도 눈을 깜빡이지 않는 것은 치우쳐 밖에 있지 않은 것이다.

길을 가도 가는 곳을 알지 못하고, 머물러도 할 것을 알지 못하며, 사물과 자연스럽게 어울리며 그 물결을 같이하니, 이것이 양생의 도이다."

남영주가 말했다.

"그렇다면 이것이 지인의 덕이 [여기에서] 그친다는 것입니까?"

[노자가] 말했다.

"아니다. 이것은 말하자면 얼음이 녹고 언 것이 풀리는 것이니 [지인의 덕이라] 할 수 있겠는가? 지인이란 서로 더불어 땅에서 먹고 더불어 하늘을 즐긴다. 인간이나 사물의 이익이나 손해로 서로 더불어 다투지 않고, 서로 더불어 기이한 행동을 하지 않으며, 서로 더불어 모략하지 않고, 서로 더불어 일삼지 않는다. 구속 없이 가고 무심히 오니, 이것이 '양생의 도'라고 말한다."

[남영주가] 말했다.

"그렇다면 이것이 지극한 [경지인] 것입니까?"

[노자가] 말했다.

"아직은 아니다. 내가 이미 그대에게 '어린아이처럼 할 수 있는가?'라고 알려주었다. 어린아이는 움직일 때 할 것을 알지 못하고, 길을 가도 가는 곳을 알지 못하여, 몸은 마른 나뭇가지 같고 마음은 식은 재 같다. 이와 같은 자는 화도 이르지 못하고 복도 오지 못한다. 화와 복이 있지 않은데 어찌 인간 세상의 재앙이 있겠는가!"

老聃之役有庚桑楚者, 偏得老聃之道, 以北居畏壘之山, 其臣之畫然知者去之, 其妾之挈然仁者遠之. 擁腫之與居, 鞅掌之爲使. 居三年, 畏壘大壤. 畏壘之民相與言曰: "庚桑子之始來, 吾洒然異之. 今吾日計之而不足, 歲計之而有餘. 庶幾其聖人乎! 子胡不相與尸而祝之, 社而稷之乎?"

庚桑子聞之, 南面而不釋然. 弟子異之. 庚桑子曰: "弟子何異乎予? 夫春氣發而百草生, 正得秋而萬寶成. 夫春與秋, 豈无得而然哉? 天道已行矣. 吾聞'至人尸居環堵之室, 而百姓猖狂不知所如往.' 今以畏壘之細民而竊竊焉欲俎豆予于賢人之間, 我其杓之人邪! 吾是以不釋於老聃之言."

弟子曰: "不然. 夫尋常之溝, 巨魚无所還其體, 而鯢鰌爲之制. 步仞之丘, 巨獸无所隱其軀, 而蘖狐爲之祥. 且夫尊賢授能, 先善與利, 自古堯舜以然, 而況畏壘之民乎! 夫子亦聽矣!"

庚桑子曰: "小子來! 夫函車之獸, 介而離山, 則不免於罔罟之患. 吞舟之魚, 碭而失水, 則蟻能苦之. 故鳥獸不厭高, 魚鼈不厭深. 夫全其形生之人, 藏其身也, 不厭深眇而已矣.

且夫二子者, 又何足以稱揚哉! 是其於辯也, 將妄鑿垣牆而殖蓬蒿也. 簡髮而櫛, 數米而炊, 竊竊乎又何足以濟世哉! 擧賢則民相軋, 任知則民相盜. 之數物者, 不足以厚民. 民之於利甚勤, 子有殺父, 臣有殺君,正晝爲盜, 日中穴阫. 吾語女, 大亂之本, 必生於堯舜之間, 其末存乎千世之後. 千世之後, 其必有人與人相食者也!"

南榮趎蹵然正坐曰: "若趎之年者已長矣, 將惡乎託業以及此言邪?"

庚桑子曰: "全汝形, 抱汝生, 无使汝思慮營營. 若此三年, 則可以及此言矣."

南榮趎曰: "目之與形, 吾不知其異也, 而盲者不能自見. 耳之與形, 吾不知其異也, 而聾者不能自聞. 心之與形, 吾不知其異也, 而狂者不能自得. 形之與形亦辟矣, 而物或間之邪? 欲相求而不能相得? 今謂趎曰: '全汝形, 抱汝生, 勿使汝思慮營營.' 趎勉聞道耳矣!"

庚桑子曰: "辭盡矣. 奔蜂不能化藿蠋, 越鷄不能伏鵠卵, 魯鷄固能矣. 鷄之與鷄, 其德非不同也, 有能與不能者, 其才固有巨小也. 今吾才小, 不足以化子. 子胡不南見老子!"

南榮趎贏糧, 七日七夜至老子之所.

老子曰: "子自楚之所來乎?"

南榮趎曰: '唯.'

老子曰: "子何與人偕來之衆也?" 南榮趎懼然顧其後.

老子曰: "子不知吾所謂乎?"

南榮趎俯而慙, 仰而歎曰: "今者吾忘吾答, 因失吾問."

老子曰: "何謂也?"

南榮趎曰: "不知乎? 人謂我朱愚. 知乎? 反愁我軀. 不仁則害人, 仁則反愁我身. 不義則傷彼, 義則反愁我己. 我安逃此而可? 此三言者, 趎之所患也, 顧因楚而問之."

老子曰: "向吾見若眉睫之間, 吾因以得汝矣, 今汝又言而信之. 若規規然若喪父母, 揭竿而求諸海也. 女亡人哉, 惘惘乎! 汝欲反汝情性而无由入, 可憐哉!"

南榮趎請入就舍, 召其所好, 去其所惡, 十日自愁, 復見老子.

老子曰: "汝自洒濯, 熟哉鬱鬱乎! 然而其中津津乎猶有惡也. 夫外韄者不可繁而捉, 將內揵. 內韄者不可繆而捉, 將外揵. 外內韄者, 道德不能持, 而況放道而行者乎!"

南榮趎曰: "里人有病, 里人問之, 病者能言其病, 然其病病者, 猶未病也. 若趎之聞大道, 譬猶飮藥以加病也, 趎願聞衛生之經而已矣."

老子曰: "衛生之經, 能抱一乎? 能勿失乎? 能无卜筮而知吉凶乎? 能止乎? 能已乎? 能舍諸人而求諸己乎? 能翛然乎? 能侗然乎? 能兒子乎? 兒子終日嗥而嗌不嗄, 和之至也. 終日握而手不掜, 共其德也. 終日視而目不瞚, 偏不在外也. 行不知所之, 居不知所爲, 與物委蛇, 而同其波. 是衛生之經已."

南榮趎曰: "然則是至人之德已乎?"

曰: "非也. 是乃所謂氷解凍釋者, 能乎? 夫至人者, 相與交食乎地而交樂乎天, 不以人物利害相攖, 不相與爲怪, 不相與爲謀, 不相與爲事, 翛然而往, 侗然而來. 是謂衛生之經已."

曰: "然則是至乎?"

曰: "未也. 吾固告汝曰: '能兒子乎?' 兒子動不知所爲, 行不知所之,身若槁木之枝而心若死灰. 若是者, 禍亦不至, 福亦不來. 禍福无有, 惡有人災也!"

자연의 백성, 자연의 자식 23.2

마음[49]이 태평하고 안정된 자는 자연의 빛을 뿜는다. 자연의 빛을 뿜는 사람은 그 사람[의 참된 모습]을 드러내고, 사물은 그 사물[의 참된 모습]을 드러낸다. 사람 중에 [도를] 닦은 자는 이제야 영원함을 지니니, 영원함을 지닌 자는 사람들이 그에게 귀의하고[50] 자연이 그를 돕는다. 사람들이 귀의하는 이를 '자연의 백성[天民]'이라 말하고, 자연이 도와주는 이를 '자연의 자식[天子]'이라 말한다.

宇泰定者, 發乎天光. 發乎天光者, 人見其人, 物見其物. 人有修者, 乃今有恒. 有恒者, 人舍之, 天助之. 人之所舍, 謂之天民. 天之所助, 謂之天子.

배우는 자, 길 가는 자, 변론하는 자 23.3

배우는 자는 자신이 배울 수 없는 것을 배우려고 하고, 길 가는 자는 자신이 갈 수 없는 곳에 가려고 하며, 변론하는 자는 자신이

49) 원문의 '우宇'를 번역한 것으로 '마음'을 뜻한다.

50) 원문의 '사舍'를 번역한 것으로, 성현영은 "백성들이 머물러 지내는 바이다[爲蒼生之所舍止]."라고 보았고, 임희일은 "'사'는 머무르는 것이니, 귀의함이다[舍, 止也, 歸也]."라고 했다. 한편 '버리다'의 뜻으로 풀이한 경우도 있는데, 취하지 않는다.

변론할 수 없는 것을 변론하려고 한다.

지혜가 자신이 알 수 없는 곳에서 머문다면 지극한 것이니, 만약 이렇게 하지 않는 자가 있으면 '자연의 균형[天鈞]'을 무너뜨리게 될 것이다.

學者, 學其所不能學也. 行者, 行其所不能行也. 辯者, 辯其所不能辯也. 知止乎其所不能知, 至矣. 若有不卽是者, 天鈞敗之.

선하지 않은 것을 행하는 자 23.4

사물을 갖추어 몸을 기르고, 걱정하지 않음을 간직해서 마음을 내며, 공경하는 마음으로 남에게 도달한다. 이와 같은데도 온갖 악재가 이르는 것은 모두 하늘의 뜻이지 사람에 의한 것이 아니다.

[이러한 것은] 완성된 것을 어지럽히기에 부족하고 마음속[51]에 들일 수 없다. 마음속은 지니는 것이 있지만 그 지닌 바를 알지 못하니 [애써 굳이] 지닌 것이라 하면 안 된다. 그 진실함을 자기에게서 보지 않고 발동하면, 매번 발동할 때마다 맞지 않고 [세속의] 일들이 들어와도 버리지 못하여 매번 바뀌어도 잃게 된다.

밝게 드러난 가운데 선하지 않은 것을 행하는 자는 사람들이 그를 벌 줄 수 있고, 그윽하고 한가한 가운데 선하지 않은 것을 행하는 자는 귀신이 그를 벌 줄 수 있다. 사람에게 밝고 귀신에게 밝은

51) 원문의 '영대靈臺'를 번역한 것으로 '신령스러운 영역'은 곧 '마음속'을 가리킨다. 〈덕충부〉 편 5.4에서 "마음속에 들어오지 않게 하다[不可入於靈府]."의 '영부靈府'와 같은 개념이다.

뒤에 홀로 행할 수 있다.

備物以將形, 藏不虞以生心, 敬中以達彼, 若是而萬惡至者, 皆天也, 而非人也, 不足以滑成, 不可內於靈臺. 靈臺者有持, 而不知其所持, 而不可持者也.

不見其誠己而發, 每發而不當, 業入而不舍, 每更爲失. 爲不善乎顯明之中者, 人得而誅之. 爲不善乎幽閒之中者, 鬼得而誅之. 明乎人, 明乎鬼者, 然後能獨行.

친하지 않은 자는 남이다 23.5

내면에 힘쓰는 자[52]는 명분 없이 행하고, 외면에 힘쓰는 자는 재물을 거두어들이는[53] 데에 뜻을 둔다. 명분 없이 행하는 자는 오로지 항상 빛이 있지만, 재물을 거두어들이는 데 뜻을 둔 자는 오직 장사꾼이다. 사람들은 그 발돋움하여 서 있는[54] 것을 [위태롭게] 보는데, 오히려 그는 편안하다고 한다.

---

52) 원문의 '권내자劵內者'를 번역한 것으로, 이 의미에 대해 차오추지曹礎基는 "자기 심성에 꼭 들어맞는 것을 추구하면 반드시 스스로 만족하기 때문에 헛된 명분에 힘쓰지 않게 된다[意謂只求與自己心性相契合的, 就必然自我滿足, 做到不務虛名]."라고 했다.

53) 원문의 '기비期費'를 번역한 것으로 "'비'는 재물의 쓰임과 같다[費, 猶財用也]."(유월 설) 즉, '비'는 '재물'과 같은 개념이다. '기비'에 대해서는 마쉬룬이 "재물을 거두어들이다[斂財]."라고 한 풀이를 따랐다. 한편 '기期'를 '반드시'의 의미로 보기도 한다.

54) 원문의 '기跂' 자를 번역한 것으로, 이 글자는 '기企' 자와 통하며, 《노자》 24장에 "발돋움하여 서 있는 사람은 [오래] 서 있을 수 없다[企者不立]."라고 했는데 함께 상기하며 읽으면 좋다.

사물과 끝까지 하는 자는 사물이 들어오고, 사물과 구차스러운 자는 그 자신도 받아들일 수 없으니 어찌 다른 사람을 받아들일 수 있겠는가! 다른 사람을 받아들일 수 없는 자는 친하지 않을 것이니 친하지 않은 자는 모두 남이다.

무기 가운데서 뜻보다 참혹한 것이 없으니 [명검인] 막야도 아래가 되고, 해치는 것 가운데서 음양의 기운[55]보다 큰 것이 없으니 천지 사이에 도망할 곳이 없다. 음양의 기운이 그것을 해치는 것이 아니라 마음이 그렇게 시키는 것이다.

券內者, 行乎无名. 券外者, 志乎期費. 行乎无名者, 唯庸有光. 志乎期費者, 唯賈人也, 人見其跂, 猶之魁然. 與物窮者, 物入焉. 與物且者, 其身之不能容, 焉能容人! 不能容人者无親, 无親者盡人. 兵莫憯於志, 鏌鋣爲下. 寇莫大於陰陽, 无所逃於天地之間. 非陰陽賊之, 心則使之也.

성인은 있지 않음을 간직한다 23.6

도는 [어디서나] 통하니, 그 나누어진 것은 이루어지고, 그 이룬 것은 훼손된다. 나누어진 것을 싫어하는 것은 그 나누어진 것을 갖춘 것으로 하고, 갖춘 것을 싫어하는 것은 [만족하지 못하고 더] 그것에 갖춘 것으로 하기 때문이다.

그러므로 [정신이] 나가서 돌아오지 않으면 그것의 귀신을 보게

---

55) 원문의 '음양陰陽'을 번역한 것으로, 한편 이에 대한 의미를 부연하여 '기뻐하고 화내는 것'으로 풀이하기도 한다.

될 것이니, 나가서 얻게 되는 것을 죽음을 얻었다고 말한다. [본성이] 없어지고 실질이 있는 것은 귀신과 매한가지다.[56] 형체가 있는 것으로써 형체 없는 것에 비슷해야[57] [마음이] 안정될 것이다.

태어나는 것은 근원이 없고, 죽는 것은 구멍이 없다.[58] [도는] 실질은 있지만 한계[59]가 없고, 장구함이 있지만 근본과 말단이 없다. 나오는 곳은 있지만 구멍이 없는 것은 [도의] 실질이 있는 것이고, 실질은 있지만 한계가 없는 것은 '공간[宇]'이며, 장구함이 있지만 근원과 말단이 없는 것은 '시간[宙]'이다.

삶이 있고 죽음이 있으며 태어남이 있고 들어감이 있으니, 들어가고 태어남에도 그 형체를 볼 수 없으니, 이를 '천문天門'이라 말한다. 천문이란 '있지 않음'[60]이니, 만물이 '있지 않음'에서 나온다. 있음은 있음으로써 있다고 할 수 없고 반드시 '있지 않음'에서 나온 것이니, '있지 않음'은 영원한[61] 없음이니, 성인은 이 [경지]에 [몸과

---

56) 이 구절에 대해 곽상은 "이미 그 본성을 없앴으니 비록 이 삶이 있어도 어찌 귀신과 다를 것인가[已滅其性矣, 雖有斯生, 何異於鬼]!"라고 했다.

57) 원문의 '상象'을 번역한 것으로 '사似'와 같은 뜻이다(성현영 설). 즉, '비슷하다', '유사하다'의 뜻으로 보면 옳다. 말하자면 삶을 죽음과 같게 보아 하나가 되므로 감정 개입이 되지 않아 안정된다는 의미다.

58) 원문의 '출무본出无本, 입무규入无竅'를 번역한 것으로 성현영은 "'출出'은 '태어나는 것'이고, '입入'은 '죽는 것'이다. 무에서 유가 나오지만 유는 근원이 없고, 유에서 무로 돌아가지만 무는 구멍이 없다[出, 生也, 入, 死也. 從無出有, 有無根原, 自有還無, 無乃無竅穴也]."라고 한 것에 의거하여 번역했다. 이 구문을 직역하여 "근원 없는 것에서 나와 구멍 없는 것으로 들어간다."라고 해석해도 무방하다.

59) 원문의 '처處'를 번역한 것으로 '일정한 범위나 한계'를 말한다.

60) 원문의 '무유无有'를 번역한 것으로 현실 세계에 보여지는 '유有'라고 지칭한 그 이전의 상태를 말하는 것으로 '있지 않음', '있음 이전의 아직 없음'이라는 근원의 경지를 의미한다.

61) 원문의 '일一'을 번역한 것으로 왕수민이 '상常'과 같다고 한 것에 의거했다.

정신을] 간직해둔다.

道通, 其分也, 其成也毁也. 所惡乎分者, 其分也以備, 所以惡乎備者, 其有以備. 故出而不反, 見其鬼, 出而得, 是謂得死. 滅而有實, 鬼之一也. 以有形者象无形者而定矣.

出无本, 入无竅. 有實而无乎處, 有長而无乎本剽, 有所出而無竅者有實. 有實而无乎處者, 宇也. 有長而无本剽者, 宙也. 有乎生, 有乎死, 有乎出, 有乎入, 入出而无見其形, 是謂天門. 天門者, 无有也, 萬物出乎无有. 有不能以有爲有, 必出乎无有, 而无有一无有. 聖人藏乎是.

있음과 없음, 삶과 죽음은 하나이다 23.7

옛사람들은 그 지혜가 지극한 바가 있었다. 어디에까지 지극했는가? 애초에 사물이 아직 있지 않다고 여긴 자가 있었으니 지극하고 극진하여 더할 수가 없었다.

그다음은 사물이 있다고 여겼는데 삶을 잃는 것으로 여기고 죽음을 돌아가는 것으로 여겼으니 이로써 [삶과 죽음을] 분별한 것이다.[62]

그다음은 "애초에는 '있지 않음'이라고 여겼는데 조금 있다가 삶이 있게 되고 삶이 갑자기 죽게 되었으니, '있지 않음'이라는 것을 머리로 여기고 삶을 몸으로 여기며 죽음을 꼬리로 여겼으니, 누가 있음과 없음, 삶과 죽음이 [도로써] 하나임을 아는가, 나는 그와 벗

62) 이 구절에 대해 성현영은 "비록 삶과 죽음을 나란히 하더라도 여전히 삶과 죽음의 차이를 보이므로 '있지 않음'으로부터 분별을 일으키는 것이다[雖齊死生, 猶見死生之異, 故從非有而起分別也]."라고 했다.

이 되리라."라고 말했다.

이 세 가지를 지닌 자는 비록 다르지만 [같은] 왕공의 동족인데, 소昭씨와 경景씨는 [존경하여] 받드는 것을 나타낸 것이고, 갑甲씨는 [제수 받은] 봉지를 나타낸 것이니[63], [성씨는] 한 가지가 아니다.[64]

古之人, 其知有所至矣. 惡乎至? 有以爲未始有物者, 至矣, 盡矣, 弗可以加矣. 其次以爲有物矣, 將以生爲喪也, 以死爲反也, 是以分已. 其次曰: "始无有, 旣而有生, 生俄而死. 以无有爲首, 以生爲體, 以死爲尻. 孰知有无死生之一守者, 吾與之爲友." 是三者雖異, 公族也. 昭景也, 著戴也, 甲氏也, 著封也, 非一也.

옳음이 옮겨간다 23.8

삶이 있음은 검댕이[65]인 것이다. 나뉘어 흩어지는 모습을 '옳음이 옮겨간다[移是]'라고 말한다. 시험 삼아 '옳음이 옮겨간다'라는 것을 말해보자면 말할 수 있는 것이 아니다. 비록 그렇지만 [말하지 않으면] 알 수 없는 것이다.

납제사에는 소의 내장과 발굽까지 붙어있는 [온전한] 제물을 쓰

63) 원문의 '갑씨야甲氏也, 저봉야著封也'를 번역한 것으로, 갑씨는 봉지로 받은 지명 때문에 붙인 이름이다. 한편 마쉬룬은 '갑甲'은 '굴屈'의 가차자라고 보았다.

64) 성씨를 드러내는 방식이 다르지만 모두 왕공의 동족인 것과 같이, 도를 표현하는 방식 또한 다르지만 모두 도를 표현하는 것에서는 같다는 의미다.

65) 원문의 '암䵝'을 번역한 것으로 솥 밑에 있는 검댕이를 뜻한다. 김학주는 '먼지가 묻어있는 것'으로 번역했다. 한편 안동림은 '암흑 속'으로 번역하고, '생명이 암흑의 무無에서 생김을 말한 것'이라고 덧붙였다.

는데 [평상시에는] 흩어도 되나 [제물을 바칠 때는] 흩어버리면 안 된다. 집을 살펴보는 자는 침실과 사당을 두루 보고 또 그 뒷간을 가보는데, 이렇게 하는 것이 '옳음이 옮겨간다'라는 것이다.

[다시] 시험 삼아 '옳음이 옮겨간다'라는 것에 대해 말해보면, 이것은 삶을 근원으로 여기고 지혜를 스승으로 받들고서 이것을 따라 옳고 그름을 헤아리는 것이다. 결국 명분과 실질이 있고 이로 인하여 자기를 바탕으로 여기니 다른 사람에게 자기의 절개로써 하도록 하며 이로 인하여 죽음으로써 절개를 보상한다. 이와 같은 자는 쓰이는 것을 지혜로 여기고 쓰이지 못하는 것을 어리석은 것으로 여기며, [세상을] 꿰뚫는 것을 명예로 여기고 궁핍한 것을 치욕으로 여기니, '옳음이 옮겨간다'라는 것이 지금 사람들이다. 이는 매미나 작은 비둘기[66]와 같은 [비웃는] 짓을 같이하는 격이다.

有生, 黬也, 披然曰移是. 嘗言移是, 非所言也. 雖然, 不可知者也. 臘者之有膍胲, 可散而不可散也. 觀室者周於寢廟, 又適其偃焉, 爲是擧移是.

請常言移是. 是以生爲本, 以知爲師, 因以乘是非. 果有名實, 因以己爲質. 使人以爲己節, 因以死償節. 若然者, 以用爲知, 以不用爲愚, 以徹爲名, 以窮爲辱. 移是, 今之人也, 是蜩與學鳩同於同也.

---

66) 원문의 '조여학구蜩與學鳩'를 번역한 것으로 〈소요유〉 편 1.3에도 나온다. '조蜩'는 '매미[蟬]'를 말하고, '학구學鳩'에서 '학學'은 '작은 비둘기[鷽]'를 지칭한다.

발을 밟혔을 때의 다른 반응들 23.9

시장 사람의 발을 밟으면[67] 방심하여 잘못했다고 사과하지만, 형이면 따뜻하게 안아주는 정도이고[68] 부모면 [그마저도] 그만이다. 그러므로 "지극한 예는 남으로 대하지 않고, 지극한 의는 사물로 여기지 않으며, 지극한 지혜는 모략하지 않고, 지극한 인仁은 누구를 따로 친애함이 없으며, 지극한 믿음은 금옥의 증표를 물리쳐 없앤다[69]."라고 말하는 것이다.

蹍市人之足, 則辭以放鶩, 兄則以嫗, 大親則已矣. 故曰: "至禮有不人, 至義不物, 至知不謀, 至仁無親, 至信辟金."

마음에 요동치는 여섯 가지 23.10

뜻을 어지럽히는 것을 거두고[70], 마음을 억압하는 것[71]을 풀어내며, 덕을 얽매는 것을 버리고, 도를 막는 것을 소통시켜야 한다.

---

67) 원문의 '전蹍'을 번역한 것으로 '밟다'라는 뜻이다. '도蹈'와 '리履'와 통한다.

68) 한편 곽상은 이 단어의 내포적 의미를 "따뜻하게 안아주고 바라보고 말해주고, 사죄하는 바는 없는 것을 말한다[言嫗詡之, 無所謝罪]."라고 보았는데 참조할 만하다.

69) 원문의 '벽辟'을 번역한 것으로 '물리쳐 없애는 것[屛除]'을 말한다. '저당 잡히는 일이 없다.'라고 풀이하기도 한다(안동림 설).

70) 원문의 '철徹'을 번역한 것으로 '거두다[撤]'와 통한다.

71) 원문의 '류謬'를 번역한 것으로 '무繆'로 쓰인 판본도 있다(육덕명 설). 즉, 역자는 '얽어매다'의 의미로 보아 앞에 나오는 '마음[心]'과 연계하여 '억압하는 것'으로 의역했다.

귀함과 부유함, 현달함과 위엄, 명예와 이익의 여섯 가지는 뜻을 어지럽히는 것이고, 용모와 움직임, 얼굴색과 얼굴 결, 기운과 의지의 여섯 가지는 마음을 억압하는 것이며, 증오와 욕망, 기쁨과 분노, 슬픔과 즐거움의 여섯 가지는 덕을 얽매는 것이고, 떠남과 나아감, 취함과 줌, 지혜와 재능의 여섯 가지는 도를 막는 것이다.

이 넷의 여섯 가지가 마음속을 요동치게 하지 않으면 바르게 되고, 바르게 되면 고요하게 되고, 고요하게 되면 밝아지고, 밝아지면 비우게 되고, 비우게 되면 [억지로] 하지 않아도 되지 않을 것이 없게 된다.

徹志之勃, 解心之謬, 去德之累, 達道之塞. 貴富顯嚴名利六者, 勃志也. 容動色理氣意六者, 謬心也. 惡欲喜怒哀樂六者, 累德也. 去就取與知能六者, 塞道也. 此四六者不盪胸中則正, 正則靜, 靜則明, 明則虛, 虛則无爲而无不爲也.

도는 덕과 나란하다 23.11

도는 덕이 진열되어 있는 것[72]이고, 생명은 덕이 빛나는 것이며, 본성은 삶의 바탕이다. 본성의 움직임을 '행위[爲]'라 말하고, 행위가 거짓되면 '상실[失]'이라고 말한다. 안다는 것은 접촉하는 것이고, 도모하는 것이다. 이러한 지知로써 다 알 수 없는 것이 있는 것

72) 원문의 '흠欽' 자를 번역한 것으로, 여기서는 '진열하다[廞]'의 뜻을 가리킨다.

은 마치 곁눈질하는 것과 같은 것이다. 움직임에 어쩔 수 없어서 하는 것을 '덕德'이라 말하고, 움직임에 나 아님이 없는 것을 '다스림[治]'이라고 말하니, 명분은 서로 반대되지만 실질은 서로 순조롭다.

道者, 德之欽也. 生者, 德之光也. 性者, 生之質也. 性之動, 謂之爲. 爲之僞, 謂之失. 知者, 接也. 知者, 謨也. 知者之所不知, 猶睨也. 動以不得已之謂德, 動无非我之謂治, 名相反而實相順也.

나는 천연인가, 인위인가 23.12

예羿[73]는 미세한 표적을 맞추는 데는 [재주가] 뛰어났으나 사람들이 자기를 칭찬하지 않게 하는 데에는 서툴렀다. 성인은 천연[74]에는 뛰어나지만 인위에는 서투르다. 천연에 뛰어나면서 인위에도 잘하는 것은 오직 [덕이] 온전한 사람[全人]만 할 수 있다. 오직 벌레만이 벌레라 할 수 있고, 오직 벌레만이 천연에 능할 수 있다. [덕이] 온전한 사람이 천연을 싫어하겠는가? 어찌 인위적인 천연이겠는가? 하물며 '나는 천연인가, 인위인가'하는 것이겠는가!

羿工乎中微而拙乎使人無己譽. 聖人工乎天而拙乎人. 夫工乎天而俍

73) '예'는 활을 잘 쏘는 인물로, 이 장의 바로 다음 장인 23.13에도 나오고, 〈덕충부〉 편 5.2와 〈산목山木〉 편 20.6, 〈서무귀徐无鬼〉 편 24.5 등에서도 나온다.

74) 원문의 '천天'을 번역한 것으로 역자는 대부분 '하늘(자연)'이라고 번역했으나, 여기서는 '인人'의 '인위'의 의미와 대비하여 '천연'이라고 번역했다.

乎人者, 唯全人能之. 唯蟲能蟲, 唯蟲能天. 全人惡天? 惡人之天? 而況吾天乎人乎!

어쩔 수 없는 부류가 성인의 도 23.13

참새 한 마리가 [명궁] 예羿에게 가면 예가 반드시 그것을 잡는 것은 엄연한 [사실인]데, 천하로써 새장으로 삼으면 참새가 도망칠 곳이 없다. 이 때문에 탕湯왕은 요리사로 이윤伊尹을 사로잡은 것이고, 진나라 목공은 다섯 마리 양가죽으로 백리해를 사로잡았다.[75] 이 때문에 그가 좋아하는 것으로써 하지 않고 그를 사로잡을 수 있는 것은 있지 않다.

발[뒤꿈치가] 잘리는 형벌을 받은 자[76]가 법도에 구애되지 않는 것[77]은 비난이나 칭찬을 도외시하기 때문이고, 죄수가 높은 곳에 올라가도 두렵지 않은 것은 죽고 사는 것을 버렸기 때문이다. 거듭 나를 두렵게 해도[78] [내가] 부끄러워하지[79] 않으면 다른 사람을 의

75) 탕왕과 이윤, 진나라 목공과 백리해의 고사는 《맹자》에 자세하다. 백리해에 대한 일화는 〈전자방〉 편 21.6에도 나온다.

76) 원문의 '개자介者'를 번역한 것인데, 〈덕충부〉 편 5.1의 '올자兀者'와 의미가 통한다. [한쪽] 발[뒤꿈치가] 잘리는 형벌을 '올兀'이라고 한다.

77) 원문의 '치획移畫'를 번역한 것으로 "법도에 구애되지 않는 것이다[不拘法度也]."(최선崔譔 설). 한편 곽상은 '획'에 대해 '용모를 꾸미는 것[所以飾容貌]'이라고 했고, 성현영은 '꾸미다[裝]'로 풀이했는데, 참조할 만하다.

78) 원문의 '복습復謵'을 번역한 것으로 이설이 분분한데, 김학주는 마쉬룬의 설을 취하여 '복'을 '복伏' 자로, '습'은 '습慴' 자와 통한다고 보아, '외부 사람들의 협박에 굴복하는 것'이라고 풀이했는데, 안병주·전호근도 이 설을 따랐다. 안동림은 뒤에 나오는 '궤饋'를 '음식이나 물건을 보내주는 것'으로 보아 "남과 친히 지내면서 선물 따위를 하지 않는 것"으로 번역했다.

79) 원문의 '궤餽'를 번역한 것으로 '부끄러워하다[愧]'와 통한다.

식하지 않으니[80], 다른 사람을 의식하지 않으면 천인天人이 된다.

그러므로 사람들이 그를 공경해도 기뻐하지 않고, 그를 모욕해도 화내지 않는 것은 오로지 하늘의 조화와 같아진 자만이 그러하다. 화가 날 때 화내지 않으면 화내는 것이 화내지 않는 것에서 나오는 것이고, 행동이 나오는 것에 [억지로] 하는 것이 없으면[无爲] 행동이 [억지로] 하는 것이 없는 것에서 나오는 것이다. 고요하고자 하면 기운을 평안하게 하고, 신묘하고자 하면 마음에 순응하고, 행위가 마땅하고자 하면 어쩔 수 없는 것에 따라야 하니, 어쩔 수 없는 것과 같은 것이 성인의 도이다.

一雀適羿, 羿必得之, 威也. 以天下爲之籠, 則雀無所逃. 是故湯以胞人籠伊尹, 秦穆公以五羊之皮籠百里奚. 是故非以其所好籠之而可得者, 無有也.

介者拸畫, 外非譽也. 胥靡登高而不懼, 遺死生也. 夫復謵不餽而忘人, 忘人, 因以爲天人矣. 故敬之而不喜, 侮之而不怒者, 唯同乎天和者爲然. 出怒不怒, 則怒出於不怒矣. 出爲无爲, 則爲出於无爲矣. 欲靜則平氣, 欲神則順心, 有爲也. 欲當則緣於不得已, 不得已之類, 聖人之道.

80) 이 구절에 대해 곽상은 "다른 사람이 애석해하는 바를 의식하지 않는다[不識人之所惜]."라고 풀이했다.

제24편

서무귀徐无鬼

서무귀, 개를 감별하다

【해설】

단편적인 글로 조합되어 이루어진 이 편은 앞 편과 마찬가지로 인명으로 편명을 삼았는데, 첫 장의 시작이 이 편의 이름이기도 하다. 노자의 "최상의 덕은 덕이 아니다[上德不德]."라는 말을 부연 설명한 것으로 생각할 수 있을 만큼 노자의 생각이 물씬 배어있고, 이런 정황은 명마의 조건을 말한 1장과 2장, 그리고 3장에 나오는 대화문에서도 거듭 확인된다. 즉, 위魏나라 무후가 서무귀의 병든 모습을 보고 위로하다가 오히려 핀잔을 듣는 모습에서 올바른 정치에 관해 조언하는 이 편의 취지가 잘 드러난다.

4장은 기회를 노리며 돈과 권력을 바라는 자들을 비판하면서 본래의 성품을 회복하기를 촉구하고 있고, 5장에 나오는 혜시는 장자의 논쟁 대상인데, 여기서는 유가와 묵가 등에 관한 학파를 비판하는 장면을 인상적으로 볼 만하다. 6장에는 장자가 혜시의 무덤을 들러 더는 논쟁하지 못하는 데 대한 아쉬운 마음을 '영인승익郢人蠅翼'의 고사로 이야기하고 있다.

7장은 관중과 환공의 대화를 통해 올바른 신하의 덕목을 말하고 있고, 8장은 안불의의 교만한 태도를 원숭이에 빗대어 교화하는 내용이며, 9장은 남백자기와 안성자가 무심의 경지에 관해 대화하는 내용이다. 10장은 말을 잘한다고 해서 현명한 것은 아니며 자신을 돌이켜 순수한 상태의 도에 따라 살아야 한다고 강조하고, 11장은 재물이나 권력은 애초에 지닌 것이 아니므로 추구할 것이 못 되고 그것을 지나치게 좇으면 결국 화를 입게 된다고 경고하고 있다.

12장에서는 진정으로 남을 위하는 것은 자신이 옳다는 생각에서 벗어나 상대방을 배려해야 한다고 하고, 13장에서는 세 가지 유형의 인간을 비판하고 있으며, 우리 인간이 돌아갈 곳이 결국 자연의 도에 있음을 강조하고 인간의 미혹함을 성찰할 것을 말하면서 진인의 문제를 통해 마무리하고 있다.

이 편은 중점적으로 다루는 사상이 결여되어 있긴 한데, 내편의 〈제물론〉과 〈대종사〉, 〈응제왕〉 편과 관련이 있다. 내용이 비교적 다방면으로 깊이가 있고 심오한 맛도 있어 읽으면서 내편의 면모를 엿볼 수 있다.

개를 감별하는 자의 구체적 방법 24.1

서무귀徐无鬼[1]가 여상女商의 도움으로 위魏나라 무후武侯[2]를 뵈었는데, 무후가 그를 위로하면서 말했다.

"선생께서는 병이 난 것 같습니다! 산림에서 [숨어 사는] 수고로움에 지쳤기 때문에 과인을 달갑게 만나려 한 거군요."

서무귀가 말했다.

"제가 군왕을 위로하려는데 군왕께서 저를 위로하실 것이 무엇이 있겠습니까! 군왕께서는 기호와 욕망을 가득 채워서 좋고 싫은 것을 키우시면 [타고난] 본성과 목숨의 실정이 병이 날 것이고, 군왕께서 기호와 욕망을 물리쳐서 좋고 싫은 것을 버리신다면 귀나 눈이 병이 날 것입니다. 제가 군왕을 위로하려는데 군왕께서 저를 위로하실 것이 무엇이 있겠습니까!"

무후가 실망하여 슬퍼하며[3] 대답하지 않았다. 조금 있다가 서무귀가 말했다.

"시험 삼아 군왕께 제가 개를 감별하는[4] 것에 대해 말씀드리겠습니다. 하급의 재질은 배부른 데에 집착하고 멈춰 있으니, 이는 살쾡이의 덕입니다. 중급의 재질은 해를 바라보듯이 하고, 상급의 재질

---

1) 성은 서徐이고, 자가 무귀无鬼이다. 육덕명은 위魏나라 은자라고 보았고, 이이는 행신幸臣으로 보았는데, 전자가 좀 더 설득력 있다.

2) 위나라 문후文侯의 아들이자 혜왕惠王의 아버지다.

3) 원문의 '초연超然'을 번역한 것으로 '실망하여 슬퍼하다[悵然]'라는 뜻이다(성현영 설). 한편 '스스로 높이는 모양[自高貌]'이라는 설과 '달가워하지 않는 뜻[不屑之意]'으로 풀이하기도 한다.

4) 원문의 '상相'을 번역한 것으로 '관상을 보다'라는 의미이나 개와 관련된 사안이라 '감별하다'라고 번역했다.

은 그 자신을 잊은 것 같습니다. 제가 개를 감별하는 것은 또한 제가 말을 관상 보는 것만 못합니다. 제가 말을 감별하는 것에 [말이] 직선으로 가게 하면 먹줄에 맞고, 굽은 것으로 가게 하면 곱자에 맞으며, 모나게 가게 하면 네모 자에 맞고, 둥글게 가게 하면 둥근 자에 맞습니다.[5)]

이런 말은 나라에서 제일가는 말이라고 하겠으나 아직 천하에서 제일가는 말만은 못합니다. 천하에서 제일가는 말은 [타고난] 재질을 지니고 있는데, 놀란 듯하고 날 듯도 하여 그 자신을 잊은 듯합니다. 이 같은 말은 먼지가 묻지 않을 정도로 빠르게 달려 그것이 간 곳을 알 수 없습니다."

무후는 이 말을 듣고 크게 기뻐하며 웃었다.

서무귀가 나오니 여상이 말했다.

"선생은 대체 우리 군왕께 무엇을 말씀하셨소? 저는 우리 군왕께 어떤 때는《시》·《서》·《예》·《악》에 대해 말씀드렸고, 어떤 때는 〈금판金板〉이나 〈육도六弢〉에 대해 말씀드렸는데, 받들어 섬기며 크게 공이 있는 것이 셀 수 없을 정도인데도 우리 군왕께서는 치아를 드러내고 웃으신 적이 없었습니다. 지금 선생께서는 우리 군왕께 무엇을 말씀하셨기에 우리 군왕께서 이처럼 기뻐하시는 겁니까?"

서무귀가 말했다.

"저는 단지 제가 개나 말을 감별하는 것에 대해 알려드렸을 뿐입니다."

5) 원문의 '직자중승直者中繩, 곡자중구曲者中鉤, 방자중구方者中矩, 원자중규圓者中規'를 번역한 것으로 사마표는 '직直', '곡曲', '방方', '원圓'에 대해 각각 말의 '이빨', '등허리', '머리', '눈'을 일컫는다고 했다.

여상이 말했다.

"이런 것이었습니까?"

[서무귀가] 말했다.

"당신은 저 월나라 땅에 떠도는 사람에 대해 듣지 못했습니까? 나라를 떠난 지 며칠이면 자기가 아는 자를 보면 기쁘고, 나라를 떠난 지 한 달이면 일찍이 나라 안에서 본 적이 있는 자를 보아도 기쁘며, 일 년이면 비슷한 사람만 보아도 기쁩니다. 역시 사람은 떠난 지 더 오랠수록 사람을 그리워하는 것이 더 깊은 것 아니겠습니까? 황량하게 빈 곳으로 도망한 자도 잡초[6]가 좁은 길[7]을 막아 이리저리 비틀거리며[8] 그 빈 곳에서 지내면 사람의 [저벅저벅] 걸어 다니는 발소리[9]만 들려도 기뻐하는데, 게다가 하물며 형제나 친척이 찾아와 그 곁에서 인기척을 하는 것은 어떻겠습니까!

오래된 듯합니다, 아무도 진인의 말로 우리 군왕 곁에서 인기척하지 않은 것이!"

徐无鬼因女商見魏武侯, 武侯勞之曰: "先生病矣! 苦於山林之勞, 故

6) 원문의 '려조藜藋'를 번역한 것으로 일종의 '명아주 풀'인데, 들에 저절로 자라나는 풀로, 여기서는 잡초를 뜻한다.

7) 원문의 '생유지경鼪鼬之逕'을 번역한 것으로 '족제비가 다닐 만한 좁은 길'을 가리킨다.

8) 원문의 '량踉'을 번역한 것으로 '량良'으로 쓰인 판본도 있으며, 이설이 분분하다. 여기서는 육덕명과 임희일, 선영 등의 주석을 참조하여 '이리저리 비틀거리다[踉蹌]'의 뜻으로 보았다. 한편 '량良'의 경우 '장長'의 의미와 통하여 '오랫동안'으로 풀이하기도 한다.

9) 원문의 '공연跫然'을 번역한 것으로 '걸어 다니는 소리[行聲]'이다(성현영 설). 한편 안병주·전호근은 '기뻐하는 모양'으로 풀이했는데, 일리가 없는 것은 아니지만 취하지 않는다.

乃肯見於寡人."

徐无鬼曰: "我則勞於君, 君有何勞於我! 君將盈耆欲, 長好惡, 則性命之情病矣. 君將黜耆欲, 掔好惡, 則耳目病矣. 我將勞君, 君有何勞於我!" 武侯超然不對.

少焉, 徐无鬼曰: "嘗語君, 吾相狗也. 下之質執飽而止, 是狸德也. 中之質若視日, 上之質若亡其一. 吾相狗, 又不若吾相馬也. 吾相馬, 直者中繩, 曲者中鉤, 方者中矩, 圓者中規, 是國馬也, 而未若天下馬也. 天下馬有成材, 若卹若失, 若喪其一, 若是者, 超軼絶塵, 不知其所." 武侯大悅而笑.

徐无鬼出, 女商曰: "先生獨何以說吾君乎? 吾所以說吾君者, 橫說之則以詩書禮樂, 從說之則以金板六弢, 奉事而大有功者不可爲數, 而吾君未嘗啓齒. 今先生何以說吾君, 使吾君說若此乎?"

徐无鬼曰: "吾直告之吾相狗馬耳."

女商曰: "若是乎?"

曰: "子不聞夫越之流人乎? 去國數日, 見其所知而喜. 去國旬月, 見所嘗見於國中者喜. 及期年也, 見似人者而喜矣. 不亦去人滋久, 思人滋深乎? 夫逃虛空者, 藜藋柱乎鼪鼬之逕, 踉位其空, 聞人足音跫然而喜矣, 又況乎昆弟親戚之謦欬其側者乎! 久矣夫莫以眞人之言謦欬吾君之側乎!"

군왕의 정신과 육체를 위로하는 방법 24.2

서무귀가 무후를 만났는데 무후가 말했다.

"선생께서는 산림에 지내면서 도토리[10]나 밤을 먹고 파와 부추를 물리도록 먹으며, 과인을 물리친 지 오래되었구려! 이제 늙으신 것인지요? 그 술과 고기 맛을 구하려는 것인지요? 아니면 과인이 또한 사직의 복이 있는 것인지요?"

서무귀가 말했다.

"저 무귀는 가난하고 천한 곳에서 태어나 일찍이 감히 군왕의 술과 고기를 먹으려고 한 적이 없습니다. 군왕을 위로해드리고자 왔습니다."

군왕이 말했다.

"어째서요, 어째서 과인을 위로한다는 것이오?"

[서무귀가] 말했다.

"군왕의 정신과 육체를 위로해드리려고 합니다."

무후가 말했다.

"무슨 말이오?"

서무귀가 말했다.

"천지가 기르는 것은 똑같습니다[11]. 높은 곳에 올랐다고 해서 좋게 여길 수 없고, 낮은 곳에 있다고 해서 안 좋게 여길 수 없습니다.

---

10) 원문의 '모茅'를 번역한 것으로 〈산목〉 편 20.4에는 '저杼'로 쓰였는데, "교유를 마다하고, 그 제자들을 떠나가게 하고, 커다란 못가로 피하여 가죽옷과 갈옷을 걸치고, 도토리와 밤을 먹으며 살았다[辭其交遊, 去其弟子, 逃於大澤. 依裘褐, 食杼與栗]."라는 구절이 나온다.

11) 원문의 '일一'을 번역한 것으로 '동同'과 같은 뜻이다(임희일 설).

군왕께서 홀로 만승의 군주가 되어서 온 나라 백성을 괴롭혀서 [군왕의] 눈과 귀, 코와 입을 만족시키고 있습니다. [그러나] 정신은 스스로를 허락하지 않을 것입니다. 정신은 조화로움을 좋아하고 간사함을 싫어합니다. 간사함은 병드는 것이므로 제가 그것을 위로해드리려는 것입니다. 오로지 군왕만 병드신 것은 무엇 때문이겠습니까?"

무후가 말했다.

"선생을 보고자 한 것이 오래되었습니다. 나는 백성을 사랑하여 정의를 위하여 전쟁을 그만두려고 하는데, 아마도 괜찮겠지요?"

서무귀가 말했다.

"안 됩니다. 백성을 사랑하는 것이 [도리어] 백성을 해치는 시작이고, 정의를 위해서 전쟁을 그만두는 것이 전쟁을 조장하는 근본입니다. 군왕께서 이런 생각에서 그것을 행하시면 아마도 이루어지지 않을 것입니다.

무릇 아름다움을 이루는 것은 추악한 도구[12]이니, 군왕께서는 비록 인의를 행하시더라도 아마도 거짓이 되고 말 것입니다! 형체는 반드시 [다른] 형체를 만들고[13], 성공은 꼭 떠벌림이 있으며, 변화는 꼭 밖과 싸웁니다.

군왕께서는 또한 필시 화려하고 높은 누각 사이에 학鶴과 같은

12) 원문의 '악기惡器'를 번역한 것으로 이 단어의 내포적 의미에 대해 곽상은 "아름다움이 앞에서 이루어지면 거짓이 뒤에서 생겨나므로 아름다움을 이루는 것은 추악한 도구이다[美成於前, 則僞生於後, 故成美者乃惡器也]."라고 풀이했다.

13) 원문의 '형고조형形固造形'을 번역한 것으로 성현영은 "인의의 두 길은 아울러 형체와 자취가 있으므로 앞의 자취에 이미 의지하여 뒤의 형체가 반드시 만들어진다[仁義二塗, 並有形迹, 故前迹旣依, 後形必造]."라고 풀이했다.

대열의 진법을 성대하게 하지 마시고, 제단 있는 궁궐[14]에서 보병과 기병의 훈련을 하지 마시며, 덕을 거스르는 마음을 감추지 마시고, 기교로 남을 이기려 하지 마시며, 모략으로 남을 이기려 하지 마시고, 전쟁으로 남을 이기려 하지 마십시오.

무릇 남의 병사들과 백성들을 죽이고 남의 토지를 병합하여 내 사사로움과 내 정신을 기르는 자는 알지 못하겠으니, 그 전쟁이 누구에게 좋은 것입니까? 승리는 어디에 있습니까? 군왕께서 만일 그만두실 수 없다고 하시면 마음속의 성실함을 수양하며 천지의 실정에 응하여 어지럽히지 말라고 할 것입니다. 그러면 백성은 죽을 지경에서 이미 벗어난 것이니, 군왕께서는 장차 어찌 전쟁을 그만두려는 것을 쓰겠습니까!"

徐无鬼見武侯, 武侯曰: "先生居山林, 食茅栗, 厭葱韭, 以賓寡人, 久矣夫! 今老邪? 其欲干酒肉之味邪? 其寡人亦有社稷之福邪?"

徐无鬼曰: "无鬼生於貧賤, 未嘗敢飲食君之酒肉, 將來勞君也."

君曰: "何哉, 奚勞寡人?"

曰: "勞君之神與形."

武侯曰: "何謂邪?"

徐无鬼曰: "天地之養也一, 登高不可以爲長, 居下不可以爲短. 吾獨爲萬乘之主, 以苦一國之民, 以養耳目鼻口, 夫信者不自許也. 夫神者, 好和而惡姦. 夫姦, 病也, 故勞之. 唯君所病之, 何也?"

---

14) 원문의 '치단지궁錙壇之宮'을 번역한 것으로 '치단錙壇'은 '궁의 이름[宮名]'이라고도 풀이하고(성현영 설), '제단의 이름[壇名]'이라고도 한다(육덕명 설). 곽경번은 '군대의 성루[軍壘]'라고 보았다.

武侯曰: "欲見先生久矣. 吾欲愛民而爲義偃兵, 其可乎?"

徐无鬼曰: "不可. 愛民, 害民之始也. 爲義偃兵, 造兵之本也. 君自此爲之, 則殆不成. 凡成美, 惡器也. 君雖爲仁義, 幾且僞哉! 形固造形, 成固有伐, 變固外戰. 君亦必无盛鶴列於麗譙之間, 无徒驥於錙壇之宮, 无藏逆於得, 无以巧勝人, 无以謀勝人, 无以戰勝人. 夫殺人之士民, 兼人之土地, 以養吾私與吾神者, 其戰不知孰善? 勝之惡乎在? 君若勿已矣, 修胸中之誠, 以應天之情而勿攖. 夫民死已脫矣, 吾將惡乎用夫偃兵哉!"

천하 다스리는 것은 말 기르는 것과 같다 24.3

황제가 대외大隗를 구자산具茨山에서 보려고 하자, 방명方明이 말몰이를 하고, 창우昌寓가 수레에 함께 타며, 장약張若과 습붕謵朋이 선두에 서고, 곤혼昆閽과 골계滑稽가 수레를 뒤따랐다.

양성襄城의 들판에 이르러 일곱 성인이 모두 길을 잃었는데 길을 물을 곳이 없었다. 때마침 말을 기르는 동자를 만나 길을 물었다.

"너는 구자산을 알고 있는가?"

[동자가] 말했다.

"그렇습니다."

"너는 대외가 있는 곳을 알고 있는가?"

[동자가] 말했다.

"그렇습니다."

황제가 말했다.

"특이하도다, 작은 동자여! 구자산만 아는 것이 아니라 또 대외가 있는 곳도 안다니. 천하를 다스리는 것에 대해 묻고자 한다."

작은 동자가 말했다.

"천하를 다스리는 것 또한 이와 같을 뿐인데, 또 무엇을 일삼겠습니까! 저는 어려서부터 홀로 세상 안에서 노닐었는데, 제가 마침 눈이 침침해지는 병에 걸렸습니다. 어떤 어른이 제게 가르쳐주시며 '너는 태양의 수레를 타고 양성襄城의 들판에서 노닐거라.'라고 말씀하셨습니다. 지금 제 병이 조금 호전되어 저는 또다시 세상 밖에서 노닐고자 합니다. 무릇 천하를 다스리는 일도 또한 이와 같이 할 뿐이니 제가 또 무엇을 일삼겠습니까!"

황제가 말했다.

"천하를 다스리는 것은 진실로 우리 동자의 일은 아니지만, 천하를 다스리는 것에 대해 묻고자 한다."

작은 동자가 사양했으나, 황제가 또 물으니 작은 동자가 말했다.

"천하를 다스리는 것이 또한 말 기르는 것과 어찌 다르겠습니까! 또한 그 말을 방해하는 것을 없앨 뿐입니다!"

황제가 두 번 절하고 머리를 조아리며 '천사天師'라고 말하고는 물러났다.

黃帝將見大隗乎具茨之山, 方明爲御, 昌寓驂乘, 張若謵朋前馬, 昆閽滑稽後車. 至於襄城之野, 七聖皆迷, 无所問塗.

適遇牧馬童子, 問塗焉, 曰: "若知具茨之山乎?" 曰: "然."

"若知大隗之所存乎?" 曰: "然."

黃帝曰: "異哉小童! 非徒知具茨之山, 又知大隗之所存. 請問爲天下."

小童曰: "夫爲天下者, 亦若此而已矣, 又奚事焉! 予少而自遊於六合之內, 予適有瞀病, 有長者教予曰: '若乘日之車而遊於襄城之野.' 今予病少痊, 予又且復遊於六合之外. 夫爲天下亦若此而已. 予又奚事焉!"

黃帝曰: "夫爲天下者, 則誠非吾子之事. 雖然, 請問爲天下." 小童辭.

黃帝又問. 小童曰: "夫爲天下者, 亦奚以異乎牧馬者哉! 亦去其害馬者而已矣!"

黃帝再拜稽首, 稱天師而退.

사물에 구속된 세 부류의 특기 24.4

지략이 있는 사람[知士]은 심사숙고할 변고가 없으면 즐겁지 못하고, 변설이 능한 사람[辯士]은 말할 실마리가 없으면 즐겁지 못하며, 잘 살피는 사람[察士]은 욕하고 꾸짖을 일이 없으면 즐겁지 못하니, 모두 사물에 얽매인 사람들이다.

세상 사람들을 불러 이르게 하여 나라를 구제할 선비는 조정을 일으키고[15], 백성에게 중간 역할 하는 선비는 관료로 영화로우며,

힘이 센 선비는 재난에 뽐내고, 용감한 선비는 환난에 떨쳐 일어나고, 무기와 갑옷 입은 선비는 전쟁을 즐거워하고, 말라비틀어진 은자[16]는 명예를 취하고[17], 법률을 담당하는 선비는 다스림을 넓혀가고, 예교를 따르는 선비는 용모를 공경스럽게 하고, 인의를 주로 하는 선비는 교제를 귀하게 여긴다.

농부는 풀을 벨 일이 없으면 즐겁지[18] 못하고, 상인은 시정의 일이 없으면 즐겁지 못하며, 뭇사람은 아침저녁으로 일이 있으면 힘쓰고, 기술자는 기계의 기교가 있으면 씩씩하다. 탐욕스러운 자는 돈과 재물이 쌓이지 않으면 걱정하고, 과시하는 자는 권세가 [남보다] 뛰어나지 않으면 슬퍼한다. 권세와 재물을 좇는 무리는 변화를 즐기고 때를 만나 쓸 바가 있으니 무위할 수 없다. 이들은 모두 세월에 순순히 따라서 사물을 바꾸지 못하는 자들이다. 자기의 몸과 본성을 내달려서 만물에 침잠하여 죽을 때까지 돌이키지 못하니 슬프구나!

15) 왕선겸은 "세상 사람들을 불러 이르게 하여, 서로 도와 나라를 구제하니, 이것은 힘써 그 조정을 일으키는 자이다[招致世人, 相與共濟, 此務興其朝者也]."라고 했다. 한편 원문의 '초세지사招世之士'를 '이름을 좋아한 사람[好名者]'이라고 풀이한 설(임희일)도 있다.

16) 원문의 '고고지사枯槁之士'를 번역한 것으로 '말라비틀어진 은자'를 말하는 것이다. 〈각의〉 편 15.1에서 포초鮑焦와 개자추介子推를 비유하여 "말라비틀어져 연못에 달려드는 자들이 좋아하는 것이다[枯槁赴淵者之所好也]."라는 구절이 나오는데, 참조해서 볼 만하다.

17) 원문의 '숙명宿名'을 번역한 것으로 '숙宿'은 '축縮'으로 보아야 한다는 유월의 견해를 따랐다. '축縮'은 '취하다[取]'의 뜻이다. 한편 '오래도록 간직하다[積久]'로 풀이한 경우도 있다(육덕명 설).

18) 원문의 '비比'를 번역한 것으로 '비比'를 '낙樂'으로 본 해동의 설을 따랐다.

知士无思慮之變則不樂, 辯士无談說之序則不樂, 察士无凌誶之事則不樂, 皆囿於物者也.

招世之士興朝, 中民之士榮官, 筋力之士矜難, 勇敢之士奮患, 兵革之士樂戰, 枯槁之士宿名, 法律之士廣治, 禮教之士敬容, 仁義之士貴際. 農夫无草萊之事則不比, 商賈无市井之事則不比. 庶人有旦暮之業則勸, 百工有器械之巧則壯. 錢財不積則貪者憂, 權勢不尤則夸者悲. 勢物之徒樂變, 遭時有所用, 不能无爲也. 此皆順比於歲, 不易於物者也. 馳其形性, 潛之萬物, 終身不反, 悲夫!

우연히 과녁을 맞혔다고 활을 잘 쏘는 자인가 24.5

장자가 말했다.

"활을 쏘는 자가 앞서 기약하지도 않았는데 [우연히] 과녁을 맞혔을 때, 그것을 활을 잘 쏜다고 말한다면 천하 사람이 모두 [명사수라고 하는] 예羿라는 것이니, [이 말이] 옳은가?"

혜자惠子가 말했다.

"옳다."

장자가 말했다.

"천하에 공공연한 옳음이 있지 않으니 각자 그 옳은 바를 옳은 것으로 하면 천하 사람들이 모두 요임금이라는 것인데, [이 말이] 옳은가?"

혜자가 말했다.

"옳다."

장자가 말했다.

"그렇다면 유가와 묵가와 양주와 공손룡의 넷에 자네를 더하여 다섯이 되는 격인데, 과연 어느 누가 옳은 것인가? 혹여 노거魯遽[19] 같은 자인가? 노거의 제자가 '저는 선생님의 도를 터득했습니다. 저는 겨울에 솥에 불을 지펴 음식을 할 수 있고 여름에도 얼음을 만들 수 있습니다.'라고 말했네. 노거가 '이것은 다만 양기로 양기를 부르고 음기로 음기를 부르는 것이니 내가 말하는 도가 아니다. 내가 네게 나의 도를 보여주겠다.'라고 말하고는, 이에 그를 위해 거문고를 조율하여 하나는 마루에 놓아두고 하나는 방 안에 놓아두었는데, 궁조로 연주하면 궁조로 진동하고, 각조로 연주하면 각조로 진동하니, 음률이 같은 것이었네. 어떤 때는 한 줄의 현을 고쳐 조율하니 이는 다섯 가지 소리[五音]에 해당하지 않는 것이었는데, 그것을 연주하자 스물다섯 개의 현이 모두 진동했네. 애초에 소리에서 다른 것이 아닌데 음률을 주도했을 뿐이니, 또 [자네 생각도] 이(노거)와 같은 것이겠는가?"

혜자가 말했다.

"지금 저 유가와 묵가와 양주와 공손룡이 막 나와 논변하는데 서로 말로 배척하고 서로 소리로 제압하지만 애초에 자신이 틀렸다고 하지 않으니 이러하면 어떻겠나?"

19) 주周나라 초기의 인물로 추정되는데 구체적 정보는 확인되지 않는다.

장자가 대답했다.

“제나라 사람 중에 송나라에 자식을 [절름발이로] 쫓아낸[20] 자가 있었는데, 그를 문지기라도 시키려고 부탁하는데 온전함으로써 하지는 못했네. 그는 술잔을 구하는 데는 [심지어] 싸서 묶는데, 그 잃어버린 자식을 구하는 데는 애초에 국경을 나가지도 않았으니 [자식을 구하려는] 범주를 잃은 것이 있네.[21]

초나라 사람 가운데 의탁하여 문지기가 된 자가 한밤중에 사람이 없을 때 [도망치다가] 뱃사공과 싸우니 애초에 강 언덕에 닿기도 전에 원망을 만들기에 충분한 것이네.”

莊子曰: “射者非前期而中, 謂之善射, 天下皆羿也, 可乎?”

惠子曰: “可.”

莊子曰: “天下非有公是也, 而各是其所是, 天下皆堯也, 可乎?”

惠子曰: “可.”

莊子曰: “然則儒墨楊秉四, 與夫子爲五, 果孰是邪? 或者若魯遽者邪? 其弟子曰: ‘我得夫子之道矣, 吾能冬爨鼎而夏造氷矣.’ 魯遽曰: ‘是直以陽召陽, 以陰召陰, 非吾所謂道也. 吾示子乎吾道.’ 於是爲之調瑟, 廢一於堂, 廢一於室, 故宮宮動, 故角角動, 音律同矣. 夫或改調一弦, 於五音无當也, 鼓之, 二十五弦皆動, 未始異於聲, 而音之君已. 車若

20) 원문의 ‘척蹢’을 번역한 것으로 ‘버리다[投]’(육덕명 설), ‘내던지다[擿]’(왕염손王念孫 설), ‘절뚝거려 머뭇머뭇하다[躑躅]’(선영 설), ‘귀양 보내다[謫]’ 등으로 이설이 분분하다. 안병주·전호근은 ‘팔아넘기다[鬻]’의 뜻으로 보았고, 안동림은 ‘절름발이를 만들어’로 번역했으며, 김학주는 ‘내쫓다[擿]’로 풀이했다.

21) ‘잃어버린 자식을 구하는 데 범주를 한정하지 않아야 한다’는 의미로, ‘더 중요한 일이 무엇인지 놓치고 있다’는 뜻으로 보면 무방하다.

是者邪?"

惠子曰: "今夫儒墨楊秉, 且方與我以辯, 相拂以辭, 相鎮以聲, 而未始吾非也, 則奚若矣?"

莊子曰: "齊人蹢子於宋者, 其命閽也不以完, 其求鈃鍾也以束縛, 其求唐子也而未始出域, 有遺類矣! 夫楚人寄而蹢閽者, 夜半於無人之時而與舟人鬪, 未始離於岑而足以造於怨也."

친구 혜자의 무덤에서 한 장자의 말 24.6

장자가 장례를 치르고 나서 혜자의 무덤을 지나다가 따르는 자를 돌아보며 말했다.

"영 땅 사람 중에 자기 코끝에 흰색 흙을 어지럽게 묻혔는데 [얇은 것이] 파리 날개 같았네. 장석에게 그것을 깎아내게 하자 장석이 도끼를 움직여 바람이 일어날 정도였는데 맡겨두고 그것을 깎아내게 했네. 흰색 흙은 다 없앴지만 코는 다치지 않았고 영 땅 사람도 서서 얼굴색을 잃지 않았지.

송나라 [군주인] 원군元君이 그것을 듣고 장석을 불러 '시험 삼아 과인을 위해 그것을 해보라.'라고 말하자 장석이 '신이 전에는 그것을 깎아낼 수 있었지만 신의 바탕이 되는 자(영 땅 사람)가 죽은 지 오래되었습니다.'라고 말했네.

선생[혜시]이 죽고 나서는 나도 바탕이 되는 자가 없어졌으니, 나는 더불어 이야기할 사람이 없다네."

莊子送葬, 過惠子之墓, 顧謂從者曰: "郢人堊漫其鼻端若蠅翼, 使匠石斲之. 匠石運斤成風, 聽而斲之, 盡堊而鼻不傷, 郢人立不失容. 宋元君聞之, 召匠石曰: '嘗試爲寡人爲之.' 匠石曰: '臣則嘗能斲之. 雖然, 臣之質死久矣.' 自夫子之死也, 吾无以爲質矣, 吾无與言之矣."

죽음 앞둔 관중이 친구 포숙아를 추천하지 않은 이유 24.7

관중이 병들자 환공이 문병하며 말했다.

"중보의 병이 위중하니 숨기고서[22] 말하지 않을 수 있겠는가. 죽음[23]에 이르게 되면 과인은 누구에게 나라를 맡겨야 괜찮겠소?"

관중이 말했다.

"공께서는 누가 했으면 하십니까?"

공이 말했다.

"포숙아鮑叔牙요."

[관중이] 말했다.

"안 됩니다. 그 사람됨이 결백하고 청렴한 선한 선비로, 그는 자기만 못한 자와는 친하려 하지 않고, 또 남의 잘못을 한번 듣게 되면 죽을 때까지 잊지 않습니다. 그에게 나라를 다스리게 하면 위로는 장차 군주를 얽어맬 것이고, 아래로는 장차 백성을 거스르게 될

22) 원문의 '휘諱'를 번역한 것인데, '위謂'로 교열한 판본도 있으나, 여기서는 그대로 두었다.

23) 원문의 '대병大病'을 번역한 것으로 '죽음[死]'으로 본 육덕명의 설에 따랐다.

것입니다. [그리하면] 그가 군주에게 죄를 얻는 것이 장차 오래지 않을 것입니다!"

공이 말했다.

"그렇다면 누가 좋겠소?"

[관중이] 대답했다.

"[말씀드리는 것을] 그만두지 말라고 하시면 습붕이 괜찮습니다. 그는 사람됨이 위로는 [군주를] 잊으나 아래로는 [백성들과] 함께하여 [덕이] 황제만 못한 것을 부끄러워하고, 자기만 못한 사람을 불쌍해 합니다.

덕으로써 남에게 나누어주는 것을 성인이라 하고, 재물로써 남에게 나누어주는 것을 현인이라 하는데, 현명함으로 남에게 군림하여 남의 신망을 얻은 자는 있지 않고, 현명함으로 남에게 낮추어 남의 신망을 얻지 못한 자는 있지 않습니다.

그는 나랏일에서 [작은 허물은] 듣지 않는 것이 있고, 그는 집안일에서 보지 않는 것이 있으니, 그만두지 말라고 하신다면 습붕이 괜찮습니다.[24)]"

管仲有病, 桓公問之, 曰: "仲父之病病矣, 可不諱云, 至於大病, 則寡人惡乎屬國而可?"

管仲曰: "公誰欲與?"

公曰: "鮑叔牙."

---

24) 이 일화와 관련하여《사기》〈제태공세가齊太公世家〉에 비슷한 내용이 보인다. 다만 환공은 역아易牙·개방開方·수도豎刀를 재상으로 거론했고, 관중은 각각의 이유를 들어 반대했으나, 환공이 관중의 말을 따르지 않고 이 세 사람을 가까이 두고 중용하여 정권을 휘둘렀다고 기록되어 있다.

曰: "不可. 其爲人潔廉善士也, 其於不已若者不比之, 又一聞人之過, 終身不忘. 使之治國, 上且鉤乎君, 下且逆乎民. 其得罪於君也, 將弗久矣!"

公曰: "然則孰可?"

對曰: "勿已, 則隰朋可. 其爲人也, 上忘而下不畔, 愧不若黃帝而哀不已若者. 以德分人謂之聖, 以財分人謂之賢. 以賢臨人, 未有得人者也. 以賢下人, 未有得人者也. 其於國有不聞也, 其於家有不見也. 勿已, 則隰朋可."

재주 자랑하다가 화살 맞아 죽은 원숭이 24.8

오나라 왕이 강에 배를 띄우고 원숭이의 산에 올랐다. 모든 원숭이가 그를 보고 깜짝 놀라 [산을] 버리고 달아나서 깊은 숲속으로 도망쳤다. 어떤 한 원숭이만이 느긋하게 움직이면서[25] 나뭇가지를 움켜잡으며[26] 왕에게 재주를 선보였다. 왕이 활을 쏘았으나 재빠르게 쳐서 화살을 잡았다. 왕이 조수에게 명하여 빨리 쏘게 하자, 원숭이는 잡혀 죽었다. 왕이 그 친구 안불의顔不疑를 돌아보고 말했다.

"이 원숭이는 자신의 기교를 자랑하고 자신의 날쌤을 믿고 내게 거만하게 굴다가 이러한 죽음에 이르렀으니 삼가야 할 것이다. 아아! 그대의 얼굴빛으로 남에게 교만하지 말지니!"

안불의는 돌아와 동오董梧를 스승으로 모시고 그 [교만한] 얼굴빛

25) 원문의 '위이委蛇'를 번역한 것이다. '[놀라지 않고] 느긋하게 움직이는 모양'으로, 앞에 나오는 '깜짝 놀라[恂然]'와 대비된다(안병주·전호근 설).

26) 원문의 '확조攫抓'를 번역한 것으로 '나뭇가지를 움켜쥐는 모양'이다.

을 없애고 안락함을 버리고 높은 지위를 사양했다. 삼 년 만에 나라 사람들이 그를 칭송했다.

吳王浮於江, 登乎狙之山. 衆狙見之, 恂然棄而走, 逃於深蓁. 有一狙焉, 委蛇攫抓, 見巧乎王. 王射之, 敏給搏捷矢. 王命相者趨射之, 狙執死.

王顧謂其友顔不疑曰: "之狙也, 伐其巧恃其便以敖予, 以至此殛也! 戒之哉! 嗟乎, 无以汝色驕人哉!" 顔不疑歸而師董梧以鋤其色, 去樂辭顯, 三年而國人稱之.

불 꺼진 재처럼 살아가라 24.9

남백자기가 안석에 기대고 앉아[27] 하늘을 우러러 한숨 쉬니, 안성자가 들어와 뵙고서 여쭈었다.

"선생님은 만물 가운데 뛰어나셔서 몸을 본래 마른 해골처럼 할 수 있고 마음을 본래 불 꺼진 재처럼 할 수 있으십니까?"

[남백자기가] 말했다.

"나는 일찍이 산속 동굴 안에서 지낸 적이 있었는데, 그 당시에 [제나라 왕] 전화田禾가 한 번 나를 보러오니, 제나라 사람들이 그것을 세 번이나 축하했다고 한다. 이는 내가 반드시 그것을 먼저 해서 그가 정녕 그것을 알았고, 내가 반드시 그것을 팔려는 생각이 있어

27) 원문의 '은궤이좌隱几而坐'를 번역한 것으로 〈제물론〉 편 2.10에 유사한 내용이 나온다.

그가 정녕 그것을 산 것이다.

만약 내가 그것을 [팔려는 마음을] 갖고 있지 않았더라면 그가 어떻게 그것을 알 수 있었을 것인가? 만약 내가 그것을 팔지 않았다면 그가 어떻게 그것을 살 수 있었을 것인가?

아! 나는 사람들이 스스로를 잃는 것을 슬퍼하고, 나는 또한 무릇 사람들을 슬퍼하는 자를 슬퍼하며, 나는 또 사람들을 슬퍼하는 자의 슬픔을 슬퍼했다. 그 뒤로 나날이 [스스로를 잃는 것에서] 멀리하게 되었다."

南伯子綦隱几而坐, 仰天而噓. 顏成子入見曰: "夫子, 物之尤也. 形固可使若槁骸, 心固可使若死灰乎?"

曰: "吾嘗居山穴之中矣. 當是時也, 田禾一覩我, 而齊國之衆三賀之. 我必先之, 彼故知之. 我必賣之, 彼故鬻之. 若我而不有之, 彼惡得而知之? 若我而不賣之, 彼惡得而鬻之? 嗟乎! 我悲人之自喪者, 吾又悲夫悲人者, 吾又悲夫悲人之悲者, 其後而日遠矣."

중니가 초왕 잔치에서 한 말 24.10

중니가 초나라에 갔더니, 초나라 왕이 잔치를 베풀었을 때, 손숙오孫叔敖는 잔을 잡고 서 있었고, 시남의료市南宜僚는 술을 받아 제사 지내며 말했다.

"옛사람이라면 이런 때에 [좋은] 말을 합니다."

[중니가] 말했다.

"저[28]는 말하지 않는 말을 들었습니다. 일찍이 말한 적이 없었습니다만, 여기에서 그것을 말씀드리겠습니다. 시남의료는 공을 갖고 놀면서 [백공과 자서] 두 집안의 환난을 해결했고, 손숙오는 단잠을 자거나 깃털 부채를 잡았는데 영 땅 사람들이 무기를 내던졌습니다. 제 입이 석 자가 되기를 바랍니다![29]"

저것은 '말하지 않는 도'라 하고, 이것은 '말하지 않는 변론'이라 한다.[30] 그러므로 덕은 하나로 하는 도에 모여지고, 말이 지혜로는 알 수 없는 데에 쉬면 지극한 것이다. 도는 하나로 하는 것이어서 덕은 같을 수 없고, 지혜로는 알 수 없는 것이어서 변론으로 들 수 없으니, 말재간으로 명분이 유가나 묵가 같다면 흉한 것이다.

따라서 바다는 동쪽으로 흐르는 강물을 사양하지 않으니 큰 것의 지극함이고, 성인은 천지를 아울러 싸안아서 은택이 천하에 미

---

28) 원문의 '구丘'를 번역한 것으로 공자(중니)의 말에 관한 비슷한 내용이 《논어》〈공야장公冶長〉 편 5.24, 5.27, 〈술이〉 편 7.23 등에 보인다. 이를 두고 정약용은 "공자 스스로 자신을 실증하여 한 말이다. 자신의 이름을 말함으로써 자신이 한 일이 명백함을 나타낸 것이다[自證自明之辭, 說其名, 以著己事之明白]."라고 했는데, 여기서도 비슷한 성향을 띤다고 하겠다.

29) 원문의 '구원유훼삼척丘願有喙三尺'을 번역한 것으로 《장자집석莊子集釋》의 원문 표기에 의거하면 여기까지가 중니의 말이다. 전목도 여기서 공자의 말이 끝난다고 보았다. 아울러 전목은 육장경陸長庚의 설을 인용해서 황새나 두루미처럼 부리가 긴 새는 비교적 말을 못하기 때문에, 공자가 길게 말하고 싶지 않다는 의미를 내포한 표현이라고 보았다. 안동림은 '내 입이 만약 석 자만 되었다면 이 일을 잘 말할 수 있었을 것'이라는 뜻으로 보았고, '말로는 표현할 수 없음을 뜻함'이라고 부연했다.

30) 곽상의 풀이에 의하면 '저것[彼]'은 '두 사람[二子]'이라고 보았는데, 시남의료와 손숙오를 지칭하는 듯하다. '이것[此]'은 '중니仲尼'라고 풀이했다.

치지만 [백성들은] 그가 누구인지 모른다. 이런 까닭으로 살아서는 벼슬이 없고, 죽어서도 시호가 없으며, 재물(실리)이 모이지 않고, 명성이 서지 않으니, 이런 사람을 대인大人이라고 말한다.

개가 잘 짖는다고 해서 훌륭하다 하지 않고, 사람도 말을 잘한다고 해서 현명하다 하지 않는데, 하물며 위대하다고 하겠는가! 위대하려고 하는 것은 위대하다고 하기에 부족한데, 하물며 덕으로 삼겠는가!

무릇 크게 갖추고 있는 것은 천지만 한 것이 없다. 그러나 어찌 [천지가] 구해서 크게 갖추겠는가. 크게 갖추어지는 것을 아는 자는 구하는 것이 없고 잃지도 않으며 버리지도 않으니, 사물로 자기 본성을 바꾸지 않는다. [그리고 또] 자기에게로 돌이킴에 다함이 없으며 일정한 성질을 따라서 갈고 닦지 않으니[31], 대인의 진실함이다.

仲尼之楚, 楚王觴之, 孫叔敖執爵而立, 市南宜僚受酒而祭曰: "古之人乎! 於此言已."

曰: "丘也聞不言之言矣, 未之嘗言, 於此乎言之. 市南宜僚弄丸而兩家之難解, 孫叔敖甘寢秉羽而郢人投兵. 丘願有喙三尺!"

彼之謂不道之道, 此之謂不言之辯, 故德總乎道之所一. 而言休乎知之所不知, 至矣. 道之所一者, 德不能同也. 知之所不能知者, 辯不能擧也. 名若儒墨而凶矣. 故海不辭東流, 大之至也. 聖人幷包天地, 澤及天下, 而不知其誰氏. 是故生无爵, 死无諡, 實不聚, 名不立, 此之謂大

31) 이 구절에 대해 곽상은 "'일정한 성질[常性]'을 따라서 스스로 이를 뿐이니, 갈고 닦지 않는다[順常性而自至耳, 非摩拭]."라고 보았다.

人. 狗不以善吠爲良, 人不以善言爲賢, 而況爲大乎! 夫爲大不足以爲大, 而況爲德乎! 夫大莫若天地, 然奚求焉而大備矣. 知大備者, 无求, 无失, 无棄, 不以物易己也. 反己而不窮, 循古而不摩, 大人之誠.

평생 고기를 먹으며 산 문지기 24.11

[남백]자기[32]에게는 여덟 명의 아들이 있었는데, 모두를 앞에 나란히 세우고 구방인九方歅을 불러 말했다.

"나를 위해 내 자식들의 관상을 봐주시오. 누가 상서롭다 하겠소?"

구방인이 말했다.

"곤梱이라면 길하다 하겠습니다."

자기가 깜짝 놀라는 한편 기뻐하면서 말했다.

"어찌해서 그러하오?"

[구방인이] 말했다.

"곤은 장차 나라의 군주와 음식을 같이 먹으면서 그 몸을 마칠 것입니다."

---

32) 원문의 '자기子綦'에 대해 성현영은 '초나라 사마자기[楚司馬子綦]'라고 보았는데, 완육숭阮毓崧은 여기서의 '자기'는 '도를 수양하는 자[修道者]'로서 〈양왕讓王〉 편 28.8의 '사마자기司馬子綦'와 같을 수 없다고 반문했다. '자기'의 인물에 대해 정확하게 알 수 없으나 〈서무귀〉 편, 〈인간세人間世〉 편 외에도 〈제물론〉 편의 '남곽자기南郭子綦', 〈대종사〉 편의 '남백자규南伯子葵' 등 여러 차례 나오는 것으로 보아 '남백자기'로 보는 것도 가능하다. 한편 안동림의 경우는 '자기'에 대한 이설을 소개하고, 번역은 원문대로 '자기'로 풀이했으며, 김학주도 '자기'로 번역했다. 또한 안병주·전호근, 김창환의 경우는 '남백자기'로 번역했다.

[갑자기] 자기는 눈물을 뚝뚝[33] 흘리면서 말했다.

"내 아들이 어찌 그런 극한에 이르게 된다는 것이오!"

구방인이 말했다.

"무릇 나라의 군주와 음식을 같이 먹으면 은택이 삼족에 미치는데, 하물며 부모는 어떻겠습니까! 지금 선생께서는 이를 듣고서 우시니, 이것은 복을 막는 것입니다. 아드님은 상서로운데 아버지가 상서롭지 않습니다."

자기가 말했다.

"[구방]인이여, 그대가 어찌 알 수 있겠소? 설마 곤이 상서롭다고 하나 술과 고기가 코나 입이 있는 곳으로 들어오는 것에 다하는 것이니, 당신이 어찌 그것이 오는 곳을 알 수 있겠소?

내가 일찍이 양을 친 일이 없는데도 서남쪽 귀퉁이에서 암양이 생겨나고, 일찍이 사냥하는 것을 좋아한 일이 없는데도 동남쪽 귀퉁이에서 메추라기가 생겨나니, 그런 일을 당신이 괴이하게 여기지 않는 것은 무엇 때문이오?

내가 내 자식들과 노니는 것은 천지에서 노니는 것이오. 나는 그들과 하늘에서 만나 즐겁고, 나는 그들과 땅에서 만나 먹으며, 나는 그들과 일삼지 않고, 그들과 모략하지 않으며, 그들과 괴이한 행동을 하지도 않소. 나는 그들과 하늘과 땅의 진실함을 타고서 사물로 그들과 서로 잡히지 않소. 나는 그들과 한결같이 느긋하여 일의 마땅한 바를 더불어 하지도 않소.

33) 원문의 '색연索然'을 번역한 것으로 '눈물이 흘러내리는 모양[涕下貌]'이다(사마표 설).

지금 곧[34] 세속의 보상이 있다는 것인가! [그렇다고 해도] 괴이한 징조가 있는 것은 반드시 괴이한 행위가 있는 것인데, 아마도 나와 내 자식의 죄는 아닐 것이고, 아무래도 하늘이 주는 것이오! 내가 이 때문에 운 것이오."

얼마 지나지 않아 곤을 연나라에 가게 했는데, 도적들이 [곤을] 길에서 잡았다. [몸이] 온전하게 팔면 [팔기] 어렵고 그렇지 않고 발을 자르면 쉬우니, 이에 발을 잘라서 제나라에 팔았는데, 마침 거공渠公의 문지기[35]였으니, 몸은 고기를 먹으며 [삶을] 마쳤다.

子綦有八子, 陳諸前, 召九方歅曰: "爲我相吾子, 孰爲祥?"

九方歅曰: "梱也爲祥."

子綦瞿然喜曰: "奚若?"

曰: "梱也將與國君同食以終其身."

子綦索然出涕曰: "吾子何爲以至於是極也!"

九方亜曰: "夫與國君同食, 澤及三族, 而況父母乎! 今夫子聞之而泣, 是禦福也. 子則祥矣, 父則不祥."

子綦曰: "歅, 汝何足以識之, 而梱祥邪? 盡於酒肉, 入於鼻口矣, 而何足以知其所自來? 吾未嘗爲牧想牂生於奧, 未嘗好田而鶉生於宎, 若勿怪, 何邪? 吾所與吾子遊者, 遊於天地. 吾與之邀樂於天, 吾與之邀

34) 원문의 '연然'을 번역한 것인데, '내乃'와 같다(왕인지王引之 설). 즉, '곧', '이에'의 뜻이다.

35) 원문의 '거공지가渠公之街'를 번역한 것으로 '거공渠公'은 성현영에 의하면 "제나라의 부자인데, 가정街正이다[齊之富人, 爲街正]."라고 하는데, '가街'가 '술術'로 쓰인 경우도 있으며, '백정[屠人]'이라는 설도 있다. 전자의 경우 거공이라는 부잣집의 문지기가 되었다는 의미고, 후자의 경우 거공에게 백정의 기술을 배웠다는 의미로 볼 수 있다. 모두 대의에서는 크게 벗어나지 않는다.

食於地. 吾不與之爲事, 不與之爲謀, 不與之爲怪. 吾與之乘天地之誠而不以物與之相攖, 吾與之一委蛇而不與之爲事所宜. 今也然有世俗之償焉! 凡有怪徵者, 必有怪行, 殆乎, 非我與吾子之罪, 幾天與之也! 吾是以泣也."

无幾何而使梱之於燕, 盜得之於道, 全而鬻之則難, 不若刖之則易, 於是乎刖而鬻之於齊, 適當渠公之街, 然身食肉而終.

인의로 천하를 다스리지 마라 24.12

설결齧缺[36]이 허유許由[37]를 만나서 말했다.

"그대는 장차 어디로 가는가?"

[허유가] 말했다.

"요임금에게서 달아나려고 합니다."

[설결이] 말했다.

"무슨 말인가?"

[허유가] 말했다.

"저 요임금은 애를 써서 인仁을 행하니, 나는 그가 천하 사람들에 의해 비웃음거리가 될까 걱정됩니다. 후세에는 아마 사람과 사람이 서로 잡아먹을 것입니다! 무릇 백성은 모으기가 어려운 것이 아닙니다. 그들을 사랑하면 친애하고, 이롭게 하면 이르며, 칭찬하면 힘쓰고, 그들이 싫어하는 것을 주면 흩어집니다. 사랑과 이로움은 인

36) 설결은 허유의 스승이다. 〈천지天地〉 편 12.5에 나온다.

37) 허유는 요임금의 스승으로 〈천지〉 편에 나오고, 허유와 요임금의 일화는 〈소요유〉 편 1.7에 자세하게 나온다.

의에서 나오는 것인데, 인의를 던져버리는 자는 적고 인의를 이롭다고 하는 자는 많습니다. 저 인의의 행함은 오직 장차 진실함이 없고 또한 짐승처럼 탐욕스러운 자에게 빌려주는 기물입니다. 이는 한 사람의 결단과 제제로 천하를 이롭게 하려는 것이니, 비유하자면 잠깐 보[고 단정 짓]는 것[38]과 같습니다. 저 요임금은 현인이 천하 사람을 이롭게 한다고 알지만 그것이 천하 사람을 해친다는 것을 알지 못하니, 오직 현명함을 도외시한 자가 그것을 압니다."

齧缺遇許由, 曰: "子將奚之?"

曰: "將逃堯."

曰: "奚謂邪?"

曰: "夫堯, 畜畜然仁, 吾恐其爲天下笑. 後世其人與人相食與! 夫民, 不難聚也. 愛之則親, 利之則至, 譽之則勸, 致其所惡則散. 愛利出乎仁義, 損仁義者寡, 利仁義者衆. 夫仁義之行, 唯且无誠, 且假夫禽貪者器. 是以一人之斷制利天下, 譬之猶一覕也. 夫堯知賢人之利天下也, 而不知其賊天下也, 夫唯外乎賢者知之矣."

세 부류의 보통 사람 중에 누가 더 나쁜가 24.13

'남과 잘 지내고 부드러우며 요사스러운 자'[39]가 있고, '일시적인

---

38) 원문의 '별覕'을 번역한 것으로 '잠깐 보는 모양[暫目貌]'이다(사마표 설). 안동림은 이 설을 취해서 '언뜻 사물의 일면만을 보는 것'이라고 풀이했다. 한편 곽상과 성현영 등은 '베다[割]'의 뜻으로 보았고, 차오추지도 '일별一覕'에 대해 '단칼에 절단함[一刀切]'의 의미로 풀이했으며, 이강수는 '일도절一刀切'이란 '상황을 억지로 처리하는 것'이라고 부연했는데, 참조할 만하다.

편안함을 탐하려는 자'가 있으며, '몸과 마음이 궁핍한 자'[40]가 있다. '남과 잘 지내고 부드러우며 요사스러운 자'라고 말하는 것은 한 사람의 학설을 배우면 자신만만하여 스스로 만족해서 애초에 사물이 있지 않았음을 알지 못한다. 이 때문에 '남과 잘 지내고 부드러우며 요사스러운 자'라고 말한다.

'일시적인 편안함을 탐하려는 자'는 돼지 몸에 붙은 이[蝨] 같은 자가 이런 유형이다. [돼지의] 거친 털 사이 틈[41]을 택하여 스스로 넓은 궁이나 큰 정원이라고 여기며 사타구니와 발굽의 굽은 모퉁이나 젖통 사이와 다리를 스스로 안전한 방이나 이로운 거처라고 여기니, 백정이 어느 아침에 팔을 걷어올리고 풀을 깔고 불을 피워 자기도 돼지와 같이 태워지는 것을 알지 못한다. 이것은 상황[42]에서의 나아감이고, 이것은 상황에서의 물러남이니, 이것이 바로 '일시적인 편안함을 탐하려는 자'라고 말하는 것이다.

'몸과 마음이 궁핍한 자'는 순임금과 같은 자이다. 양고기는 개미를 흠모하지 않으나 개미가 양고기를 흠모하니 양고기의 노린내 때문이다. 순임금은 노린내 나는 행동을 했으므로 백성이 그 점을 기뻐했다. 그러므로 세 번 옮겨가도 도읍이 이루어졌으니, 등 땅에

39) 원문의 '훤주자暖姝者'를 번역한 것으로 '훤'은 '부드러운 모양'이고, '주'는 '요사한 모양[妖貌]'이다(육덕명 설). '훤주자'에 대해 안병주·전호근은 '다른 사람과 잘 지내면서 자기를 요상하게 꾸미는 유형의 인간'이라고 보았고, 안동림은 '남의 학설에 사로잡힌 자', 김학주는 '남의 말을 잘 따르는 사람'이라고 풀이했다.

40) 원문의 '권루자卷婁者'를 번역한 것으로, '권루卷婁'를 '구속하고 얽매는 것'(안병주·전호근 설)이라고 해석하기도 하고, 육덕명의 설을 따라 '손발이 굳어 마음대로 쓸 수 없는 병[拘攣]'(안동림 설)으로 보기도 한다.

41) 원문의 '소疏'를 번역한 것으로 '돼지털 사이의 성긴 틈'을 말한다.

42) 원문의 '역域'을 번역한 것으로 '상황狀況'의 의미다(성현영 설).

이르러서는 십여만 호나 되었다. 요임금은 순이 현명하다는 소문을 듣고 그를 불모지에 등용하면서 "바라건대, 거기에 와서 은택을 베풀어주시오."라고 말했다. 순이 불모지[를 다스리는 자리]에 등용되어 나이가 많아지고 총명이 쇠해졌지만 돌아가 쉬지를 못했으니, '몸과 마음이 궁핍한 자'라고 말하는 것이다.

이 때문에 신인神人은 많은 사람이 이르는 것을 싫어한다. 많은 사람이 이르면 친하지 못하고 [서로] 친하지 못하면 이롭지 못하다. 그러므로 너무 친한 것도 없고, 너무 멀어진 것도 없으며, 덕을 품고 조화로움을 길러 천하 사람들을 따르니, 이런 사람을 진인眞人이라고 말한다.

개미에게서 [양고기를 흠모하는] 지각을 버리고, 물고기에게서 [한가로이 유유자적하는] 계책을 얻으며, 양에게서 [노린내로 개미 모으는] 의도를 버린다. 눈으로는 눈에 보이는 대로 보고, 귀로는 귀에 들리는 대로 들으며, 마음으로는 마음이 하는 대로 돌아간다. 이 같은 자는 그 평탄하기가 먹줄을 친 것 같고, 그 변화에는 순응한다. 옛날의 진인은 자연스럽게 사람을 대하여 인위적으로 자연[天]에 들이지 않았다. [옛날의 진인은] 그것(자연)을 얻으면 살았고 잃으면 죽었으며, [때로는] 그것을 얻으면 죽었고 잃으면 살았다.

[이런] 약은 그 실제가 씀바귀나 도라지, 가시연, 저령(시령)이다. 이런 것이 때맞춰 [번갈아] 제왕이 되기도 하니[43], 어찌 다 말할 수 있겠는가!

---

43) 사마표는 "약초가 때가 있어 번갈아 서로 제왕이 되니 그 왕 노릇 하는 것을 서로 쉬고 그만두며 각기 쓸 바를 얻는 것을 말한다[藥草有時迭相爲帝, 謂其王相休廢, 各得所用也]."라고 풀이했다.

구천이 무장한 군사 삼천으로 회계산會稽山에 올라갔는데[44] 문종만이 [나라가] 망해야만 보존할 수 있는 까닭을 알 수 있었으나 문종만이 그것[월나라의 흥성]이 자신에게 우환이 되는 까닭을 알지 못했다.

그러므로 "올빼미의 눈도 알맞은 곳이 있고, 학의 다리도 적절한 곳이 있는데 그것을 없애면 슬퍼한다."라고 말하는 것이다. 따라서 "바람이 하수河水를 지나가도 줄어듦이 있고, 해가 하수를 지나가도 줄어듦이 있지만, 비록 바람과 해가 서로 더불어 하수를 지켜도 하수는 처음부터 그것에 빼앗긴다고 여기지 않았고, 근원을 믿고 가는 것이기 때문이다."라고 말하는 것이다. 그러므로 물은 흙의 지켜줌으로 밀접하고, 그림자는 사람의 지켜줌으로 밀접하며, 사물은 사물에 의지함이 밀접하다.

따라서 눈이 밝으려 하면 위태롭게 되고, 귀가 밝게 들으려 하면 위태로우며, 마음은 지혜롭기를 추구하면 위태롭다. 능력은 그 기관에서 위태로우니, 위태로움이 이루어지면 고치는 것에 미치지 못하고, 화가 자라서 더 모이게 된다. 그것을 되돌리기에는 공력이 이어져야 하고, 그 결과는 오래 기다려야 하는데, 사람들은 [이목의 총명이나 마음의 지혜를] 자기의 보물로 여기니 또한 슬프지 않겠는가! 그러므로 나라를 망치고 백성을 죽이는 일이 끊임이 없으니 이것에 대해 찾을 줄[45] 모르기 때문이다.

---

44) 원문의 '서棲'를 번역한 것으로 "산에 오르는 것을 '서'라고 말한다[登山曰, 棲]."(이이 설). 안동림은 이이 설을 취하여 '올라가'로 번역했고, 김학주는 별다른 풀이 없이 '도망했다'로 번역했다. 안병주·전호근은 '산에 올라가 농성했다'라는 뜻으로 보고, 이이 설을 부기했다. 한편 김창환은 원의대로 '머물다'의 의미를 살려 '머물 때'로 번역했는데, 모두 참조할 만하다.

그러므로 발이 땅을 밟는 부분은 비록 좁지만 밟지 않은 땅을 믿은 후에야 잘 걸어갈 수 있다. 사람의 지식은 적지만 비록 적어도 알지 못하는 것을 의지한 뒤에 자연[天]이 말해주는 것을 알게 된다.

대일大一[46]을 알고 대음大陰[47]을 알며, 대목大目[48]을 알고 대균大均[49]을 알며, 대방大方[50]을 알고 대신大信[51]을 알며, 대정大定[52]을 알면 지극함이다.

대일은 그것을 통달하게 하고, 대음은 그것을 풀어주게 하며, 대목은 그것을 보게 하고, 대균은 그것을 따르게 하며, 대방은 그것을 체득하게 하고, 대신은 그것을 상고하게 하며, 대정은 그것을 유지하게 한다.

지극히 하여 자연[天]이 있고 순응하여 비침이 있으며, 어두우니 요추가 있고 시작에 저것이 있으니, 그러하면 그것을 푼다는 것은

45) 원문의 '문시問是'를 번역한 것으로, '문問'은 '구求'이고, '시是'는 '차此'이다(차오추지 설).

46) '대일'은 "섞이고 판별되지 않은 것을 말한다[渾淪未判之謂也]."(육서성陸西星 설)

47) '대음'은 "지극히 고요하여 감화되지 않는 것을 말한다[至靜無感之謂也]."(육서성 설).

48) '대목'은 '분별없이 하나로 보는 안목'을 뜻한다.

49) '대균'은 '차별하지 않고 고르게 다스린다.'라는 의미다.

50) '대방'은 크고 넓은 경지다. 안병주·전호근의 풀이를 참고하면, "'대균' 이후에 만물이 천지 사이에 가득한 상태를 지칭한다."(방용方勇·육영품陸永品 설)라고 보았다.

51) '대신'의 '신信'은 '실實'의 뜻이다(방용·육영품, 성현영 설). 안병주·전호근은 '구체적인 실질이 있는 것'이라고 보았다.

52) '대정'은 유사한 맥락에서 "자신의 자리를 벗어나지 않는[不出其位]"이라는 풀이(호문영胡文英 설)인데, 안동림은 임운명의 설을 취하여 '참되며 굽히지 않음'의 뜻이라고 보았다.

그것을 풀지 못하는 것과 비슷하고, 그것을 아는 것은 그것을 알지 못하는 것과 비슷하다. 알지 못한 뒤에 그것을 알게 되는 것이다. 그것을 물으면 한정함이 있을 수 없고 한정함이 없을 수도 없다. 어지럽게 섞였지만 실질이 있어 예나 지금이나 바뀌지 않고 무너질 수 없으니, 크게 드높인 헤아림이라고 말하지 않을 수 있겠는가!

어찌 또한 이[도道]를 묻지 않는가! 어찌 그러함에 미혹되었는가. 미혹되지 않음으로써 미혹을 풀고 미혹되지 않음으로 돌이키면 이것이야말로 크게 미혹되지 않음에 거의 가까운 것이다[53].

有暖姝者, 有濡需者, 有卷婁者.

所謂暖姝者, 學一先生之言, 則暖暖姝姝而私自說也, 自以爲足矣, 而未知未始有物也, 是以謂暖姝者也.

濡需者, 豕蝨是也, 擇疏鬣者以爲廣宮大囿, 奎蹏曲隈, 乳間股脚, 此以爲安室利處, 不知屠者之一旦鼓臂布草操煙火, 而己與豕俱焦也. 此以域進, 此以域退, 此其所謂濡需者也.

卷婁者, 舜也. 羊肉不慕蟻, 蟻慕羊肉, 羊肉羶也. 舜有羶行, 百姓悅之, 故三徙成都, 至鄧之虛而十有萬家. 堯聞舜之賢, 擧之童土之地, 曰: "冀得其來之澤." 舜擧乎童土之地, 年齒長矣, 聰明衰矣, 而不得休歸, 所謂卷婁者也.

是以神人惡衆至, 衆至則不比, 不比則不利也. 故无所甚親, 无所甚疏, 抱德煬和以順天下, 此謂眞人. 於蟻棄知, 於魚得計, 於羊棄意.

53) 원문의 '상尙'을 번역한 것으로, 여기서는 "거의 가깝다[庶幾]."(임희일 설)라는 의미로 풀이하면 옳다.

以目視目, 以耳聽耳, 以心復心. 若然者, 其平也繩, 其變也循. 古之眞人, 以天待人, 不以人入天. 古之眞人, 得之也生, 失之也死. 得之也死, 失之也生.

藥也其實, 堇也, 桔梗也, 鷄廱也, 豕零也, 是時爲帝者也, 何可勝言!

句踐也以甲楯三千棲於會稽. 唯種也能知亡之所以存, 唯種也不知其身之所以愁. 故曰: "鴟目有所適, 鶴脛有所節, 解之也悲."

故曰: "風之過河也有損焉, 日之過河也有損焉. 請只風與日相與守河, 而河以爲未始其攖也, 恃源而往者也." 故水之守土也審, 影之守人也審, 物之守物也審.

故目之於明也殆, 耳之於聰也殆. 心之於殉也殆. 凡能其於府也殆, 殆之成也不給改. 禍之長也兹萃, 其反也緣功, 其果也待久. 而人以爲己寶, 不亦悲乎! 故有亡國戮民无已, 不知問是也.

故足之於地也踐, 雖踐, 恃其所不蹍而後善博也. 人之於知也少, 雖少, 恃其所不知而後知天之所謂也. 知大一, 知大陰, 知大目, 知大均, 知大方, 知大信, 知大定, 至矣. 大一通之, 大陰解之, 大目視之, 大均緣之, 大方體之, 大信稽之, 大定持之.

盡有天循有照, 冥雨樞, 始有彼. 則其解之也似不解之者, 其知之也似不知之也, 不知而後知之. 其問之也, 不可以有崖, 而不可以无崖. 頡滑有實, 古今不代, 而不可以虧, 則可不謂有大揚搉乎! 闔不亦問是已, 奚惑然爲! 以不惑解惑, 復於不惑, 是尙大不惑.

제25편

칙양則陽

칙양, 벼슬을 구하다

【해설】

이 편도 앞 두 편에 이어 도가 사상을 논한 것으로, 제목은 팽칙양彭則陽의 이름에서 나온 것이다. 다만 다른 점은 인용한 내용이 좀 번잡한 데다 비유도 많고 글의 일관성이 부족하며 그 논조도 꽤 다르다.

이 편은 '제물'과 '양생'과도 관련이 있으며, 기본적으로는 벼슬을 구하는 칙양과 신하들 사이에서 가장 중요한 점은 왕에게 벼슬하기 위해서는 무위자연의 덕을 통해야 한다는 것이다. 특히 1장의 공열휴 같은 자는 자연에 순응하면서 도덕도 순수하여 성인의 경지에 있는 인물로서 결국 그의 덕이 군주를 감화시키고 주변을 편하게 한다는 점을 말하고 있다.

성인은 본성을 그대로 발휘하여 훌륭하다고 하고 '시중時中'의 이치를 비유적으로 설명한 2장도 읽어볼 만하며, 3장에 나오는 '와각지쟁蝸角之爭' 고사는 인간의 유한함을 날카롭게 지적하고 있어 시사하는 바가 크다. 4장은 공자가 주막에서 진인의 모습을 논하는 이야기로 이 편에서 읽어볼 거리가 된다. 물物과 아我를 구분하지 않고 자연과 인위를 나누지 않으려는 관점은 여기서도 유지되는데, 5장에서는 본성을 함부로 하면 욕망과 감정의 싹이 본성을 해친다고 경고하고, 6장은 통치자의 올바른 태도를 말하며, 7장은 사람의 지혜[知]로 자신이 알 수 없는 것의 한계를 벗어날 수 없음을 탄식한다. 8장은 위나라 영공이 시호를 받은 일에 대한 문답으로 이루어져 있고, 맨 마지막 9장은 소지와 태공조의 대화를 통해 고을의 말, 즉 여론이라는 말로 도를 이야기하고 있는데, 같음과 다름의 문제, 말과 침묵의 문제를 거론하는 부분도 흥미롭다.

그러나 여하튼 이 편이 논리가 다소 빈약하고 서술 체계도 미흡하다는 점은 부인할 수 없다.

마음으로 사람을 설복시켜라 25.1

칙양則陽[1]이 초나라에서 유세하는데, 이절夷節이 왕에게 그를 [추천한다고] 말했으나, 왕이 그를 만나지도 않자, 이절은 돌아갔다. 팽[칙]양이 [이번에는] 왕과王果[2]를 뵙고 말했다.

"선생님께서 어찌 저를 왕께 말씀해주시지 않습니까?"

왕과가 말했다.

"[그대를 추천하기에] 나는 공열휴公閱休만 못하다네."

팽양이 말했다.

"공열휴는 무엇을 하는 사람입니까?"

[왕과가] 말했다.

"겨울이면 강에서 자라를 잡고, 여름이면 산 주변에서 쉬는데, 지나가다 묻는 자가 있으면 '여기가 내 집이다.'라고 대답한다네. 저 이절도 이미 [그대를 추천]하지 못했는데, 하물며 나 같은 사람은 어떻겠는가! 나 또한 이절만 못하다네.

저 이절의 사람됨은 덕은 없으나 지혜는 뛰어나며 [사사로운 것에] 스스로를 허락하지 않아서 그것으로써 사람들과 신묘하게 사귀지만, 실은 부유하고 귀한 지경에서 엎어지고 어두워진 것이니, 덕으로 서로 돕는 것이 아니고 서로 [덕을] 사그라지도록 돕는 것이지.

무릇 [추위에] 얼어있는 자는 봄에[야 뒤늦게] 옷을 빌리고, 더위 먹

---

1) "성은 팽彭이고, 이름은 양陽이며, 자字가 칙양則陽이다. 노魯나라 사람으로, 유세하여 제후를 섬긴 뒤에 초나라에 들어가 초나라 문왕을 섬기려고 했다[姓彭, 名陽, 字則陽. 魯人, 游事諸侯, 後入楚, 欲事楚文王]."(성현영 설)

2) 초나라의 현명한 대부이다.

은 자[3)]는 겨울에[야 뒤늦게] 찬바람을 구한다네[4)]. 저 초왕의 사람됨은 외형은 존엄하고 엄격하여 죄에 대해 범처럼 용서가 없으니, 저 말재간 있는 사람이거나 올바른 덕을 지닌 사람이 아니면 그 누가 억누를 수 있겠는가!

그러므로 성인은 그 곤궁한 것에서는 백성[5)]이 자신의 가난한 것을 잊게 하고, 그 영달한 것에서는 왕공으로 하여금 자신의 작록을 잊게 하고 비천한 사람들과 동화하게 한다네. 그 사물에 대해서는 그것과 더불어 즐거워하고, 그 사람에 대해서는 그들과 소통을 즐기면서 자기를 보존한다네.

그러므로 혹여 말하지 않고 사람들이 조화를 누리게 하고, 사람들과 나란히 서 있어도 사람들이 변하게 한다네. 아버지와 자식의 마땅함으로 하여 그가 돌아와서는 [숨어 지내며] 그 베푸는 바를 한결같이 한가하게 한다네. 그가 사람의 마음을 대하는 것이 이처럼 심원하니, 그래서 공열휴를 기다리라고 말한 것이네.[6)]"

則陽游於楚, 夷節言之於王, 王未之見, 夷節歸.

彭陽見王果曰: "夫子何不譚我於王?"

王果曰: "我不若公閱休."

---

3) 원문의 '갈자暍者'를 번역한 것으로, '갈暍'은 '더위 먹다', '덥다', '뜨겁다' 등의 뜻이다.

4) 원문의 '반反'을 번역한 것으로 '구求'의 뜻과 같다(고형高亨 설).

5) 원문의 '가인家人'을 번역한 것으로 '서인庶人'과 같다(왕수민 설).

6) 이 부분의 의미에 대해 곽상은 "그가 초왕을 버리고 열휴를 따라 장차 고요하고 태평한 바람으로써 그 움직이는 마음을 진정시키고자 한다[欲其釋楚王而從閱休, 將以靜泰之風鎭其動心也]."라고 풀이했다.

彭陽曰: “公閱休奚爲者邪?”

曰: “冬則擉鼈於江, 夏則休乎山樊. 有過而問者, 曰: ‘此予宅也.’ 夫夷節已不能, 而況我乎! 吾又不若夷節. 夫夷節之爲人也, 无德而有知, 不自許, 以之神其交固, 顚冥乎富貴之地, 非相助以德, 相助消也. 夫凍者假衣於春, 暍者反冬乎冷風. 夫楚王之爲人也, 形尊而嚴. 其於罪也, 無赦如虎. 非夫佞人正德, 其孰能橈焉!

“故聖人, 其窮也使家人忘其貧, 其達也使王公忘爵祿而化卑. 其於物也, 與之爲娛矣. 其於人也, 樂物之通而保己焉. 故或不言而飮人以和, 與人竝立而使人化. 父子之宜, 彼其乎歸居, 而一閒其所施. 其於人心者若是其遠也. 故曰待公閱休.”

하루를 없애면 일 년이 없다 25.2

성인은 얽히고 묶인[7] 것에 통달하고 일체에 두루 극진하면서도 자신이 그러한지 알지 못하니 본성[性]이다. 천명을 회복하여 움직이고, 자연[天]을 스승으로 삼으니, 사람들이 따르면서 그를 [성인이라고] 이름한[8] 것이다. [그러나 대부분의 사람은] 지혜로 근심하면서도 [지혜로] 행위하는 바가 항상 기약[9]이나 때가 없고 [그 행동을] 그치

---

7) 원문의 ‘주무綢繆’를 번역한 것으로 이리저리 ‘얽히고 묶인 모양’을 말한다. 성현영은 “묶어 얽매는 것[結縛]”이라고 했고, 곽상은 ‘현玄’ 자와 통하는 것으로 봤다. 육덕명은 “얽히고설키는 것[纏綿]” 또는 “깊고 오묘한 것[深奧]”이라고 풀이했다. 왕수민도 ‘심오하다[深奧]’라는 의미로 보았다. 특이하게 “만물의 분류”로 번역하는 경우도 있기는 하다(안동림 설).

8) 원문의 ‘명命’을 번역한 것으로, 왕수민은 ‘신信’과 통한다고 보았는데 취하지 않는다.

9) 원문의 ‘기幾’를 번역한 것으로 ‘기期’와 통한다(왕수민 설).

게 되는 것도 있지 않으니 그것을 어찌하겠는가!

나면서부터 아름다운 자는 다른 사람이 그에게 거울을 주면서 알려주지 않으면 자기가 다른 사람보다 아름답다는 것을 알지 못한다. 만약 그것을 알더라도 그것을 알지 못하는 듯이 하고, 만약 그것을 들더라도 그것을 듣지 못한 듯이 하면, 그가 기뻐하는 것은 끝내 그침이 없고 다른 사람이 그를 좋아하는 것도 역시 그침이 없으니 본성이다.

성인이 다른 사람을 사랑하는 것은 사람들이 그에게 이름[名]을 준 것이니 알려주지 않으면 자기가 다른 사람을 사랑한다는 것을 알지 못한다. 만약 그것을 알더라도 그것을 알지 못하는 듯이 하고, 만약 그것을 들더라도 그것을 듣지 못한 듯이 하면, 그가 다른 사람을 사랑하는 것은 끝내 그침이 없고 다른 사람이 그를 편안해하는 것도 역시 그침이 없으니 본성이다.

[유람하다 보면] 고국의 옛 도읍을 바라보기만 해도 기쁘고 즐겁다[10]. 비록 언덕의 초목이 가려져서 십 분의 일 정도만 보여도 역시 기쁜데, 하물며 보던 것을 보고 듣던 것을 듣는 것은 어떻겠으며, 열 길의 누대를 여러 사람 사이에 매달아놓은 것은 어떻겠는가!

염상씨冉相氏[11]는 고리 한가운데[도道]를 터득해서 [만물의] 생성에 따라서 사물과 함께 끝도 없고 시초도 없으며 기미도 없고 때도 없다. 날마다 사물과 변하는 자는 [안으로 도를 향한] 한 가지는 변하지

---

10) 원문의 '창연暢然'을 번역한 것으로 '기쁘고 즐거운 모양[喜悅貌]'을 말한다(육덕명 설).

11) "옛날의 성왕[古之聖王]"(곽상 설)이라는 설이 있고, "삼황 이전의 무위한 황제[三皇以前無爲皇帝]"(성현영 설)라는 설도 있다. 유월은 《노사路史》와 《순비기循蜚紀》에 '염상씨'에 대한 기록이 있다고 보았다.

않은 자이다. 어찌하여 시험 삼아 그것에 [몸을] 두지 않겠는가[12)]!

자연[天]을 스승 삼으려 하나 자연을 스승 삼을 수 없는 것은 사물과 함께 따르는 것이니, 그것으로써 일삼으면 그것을 어찌하겠는가?

저 성인은 애초에 자연[天]이 있지 않았고, 애초에 인위도 있지 않았으며, 애초에 시작이 있지 않았고, 애초에 사물이 있지 않았으니, 세상과 함께 다니면서 바꾸지 않아서 행하는 것이 갖추어져도 지나치지 않으니, 그것과 합하는 것을 어찌하는 것인가?

탕왕이 사어司御를 얻고서 문윤門尹[13)]을 지낸 등항登恒을 등용하고 그를 스승으로 삼아 따랐으나 [스승에게] 얽매이지는 않았으니, 그의 생성을 따르는 도를 얻어서 그렇게 하여 그 명분[名]을 맡게 한 것이다. 그 명분에 [따른] 여분의 방법이니, 그 [명분과 도] 두 가지가 발현되어 얻게 되었다. 중니도 생각을 다하여 그를 위해 스승이 되었다.

용성씨容成氏[14)]는 말했다.

"하루를 없애면 일 년이 없고, 내면을 없애면 외물이 없다."

聖人達綢繆, 周盡一體矣, 而不知其然, 性也. 復命搖作而以天爲師,

12) 원문의 '합상사지闔嘗舍之'를 번역한 것으로 '합闔'은 '하불何不'의 뜻과 같다(곽상 설)고 본 것에 따랐다. 한편 성현영은 '하何'로 보았고, 마쉬룬은 '갈曷'의 가차자로 주장하는 자에 따르면 '어찌 일찍이 그것을 내버리겠는가?'의 해석이 가능하다고 보았다.

13) '사어司御'와 '문윤門尹'은 모두 관직 이름이다.

14) '용성씨'에 대해 크게 세 가지 설이 있다. 성현영은 "옛날의 성왕[古之聖王]"이라고 했고, 육덕명은 "노자의 스승[老子師]"으로 보았으며, 왕선겸은 "황제 때 역법을 만든 자[黃帝時造曆日者]"라고 풀이했다.

人則從而命之也. 憂乎知而所行恒无幾時, 其有止也若之何!

生而美者, 人與之鑑, 不告則不知其美於人也. 若知之, 若不知之, 若聞之, 若不聞之, 其可喜也終无已, 人之好之亦无已, 性也. 聖人之愛人也, 人與之名, 不告則不知其愛人也. 若知之, 若不知之, 若聞之, 若不聞之, 其愛人也終无已, 人之安之亦无已, 性也.

舊國舊都, 望之暢然. 雖使丘陵草木之緡, 入之者十九, 猶之暢然. 況見見聞聞者也, 以十仞之臺縣衆閒者也!

冉相氏得其環中以隨成, 與物无終无始, 无幾无時. 日與物化者, 一不化者也, 闔嘗舍之! 夫師天而不得師天, 與物皆殉, 其以爲事也若之何? 夫聖人未始有天, 未始有人, 未始有始, 未始有物, 與世偕行而不替, 所行之備而不洫, 其合之也若之何? 湯得其司御門尹登恒爲之傅之, 從師而不囿, 得其隨成. 爲之司其名. 之名贏法, 得其兩見. 仲尼之盡慮, 爲之傅之. 容成氏曰: "除日无歲, 无內无外."

달팽이 뿔 위에서 하는 전쟁 25.3

위魏나라 왕 영瑩[15]이 [제나라의 전후田侯(위왕威王)] 모牟와 맹약했는데, 전후 모가 맹약을 어겼다. 위나라의 영이 노여워서 사람을 보내 그를 찔러 죽이고자 했다. [위나라의] 서수犀首[16](공손연)가 듣고 부끄러워하며 말했다.

---

15) 원문의 '위영魏瑩'을 번역한 것으로, '영瑩'은 위나라 혜왕惠王의 이름이다(성현영 설). 성은 위魏이다.

16) 위나라의 관직 이름이다(육덕명 설). 안병주·전호근의 풀이에 의하면 위나라의 장군 공손연公孫衍이 이 관직에 있었다.

"군왕께서는 만승의 군주이신데도 보통 사내가 하는 것으로써 원수를 갚으려고 하십니다. 제게 무장한 군사 이십만을 주시면 군왕을 위해 제나라 왕을 공격하겠습니다. 그 백성을 포로로 잡고 그 소와 말을 끌어와서 그쪽 군주로 하여금 몸의 열로 등에 등창이 생기게 한 뒤에 그 나라를 빼앗고 [제나라의 장군] 전기田忌가 [수도를 버리고] 달아나도록 한 다음에 그의 척추를 매질하여 그의 등뼈를 꺾어버리겠습니다."

계자季子[17)]가 이 말을 듣고는 부끄러워하며 말했다.

"열 길[18)] 성을 쌓으려는데 성이 이미 열 길이 되었는데도 그걸 부수면 이는 노역한 이들만 괴롭게 만드는 것이 됩니다. 지금 전쟁이 칠 년이나 일어나지 않았으므로, 이는 왕 노릇 하는 초석입니다. 공손연은 [나라를] 어지럽게 만드는 자이니, 그의 말을 들어서는 안 됩니다."

화자華子[19)]는 [이 말을] 듣고는 수치스러워하며 말했다.

"좋은 말로 제나라를 정벌하자는 자도 혼란스럽게 하는 자이고, 좋은 말로 정벌하지 말라고 하는 자도 혼란스럽게 하는 자이며, 정벌하자는 자와 정벌하지 말자는 자 [모두] 혼란스럽게 하는 자들이라고 말하는 자도 혼란스럽게 하는 자입니다."

---

17) 성은 '계季'이고, '자子'는 존칭이다. 위나라의 현신賢臣이나 미상의 인물로 보기도 한다.

18) 원문의 '십인十仞'을 번역한 것으로 '십十'에 대해 '칠七' 자의 오류라고 보는 설이 있다(유월 설). 성현영도 '칠장지성七丈之城'이라고 한 것으로 보아 일리가 없는 것은 아니지만, 역자는 원문대로 번역했다.

19) 성은 '화華'이고, '자子'는 존칭이다. 위나라의 현신이다. 〈양왕〉 편 28.6의 '자화자子華子'와 동일 인물이다.

군왕이 말했다.

"그렇다면 어찌해야 하오?"

[화자가] 말했다.

"군왕께서는 도를 구하실 뿐입니다."

혜자가 이를 듣고서 대진인戴晉人을 만나보게 했다.

대진인은 말했다.

"달팽이라고 하는 것이 있는데 군왕께서 그것을 아시는지요?"

[군왕이] 말했다.

"그렇소."

[대진인이 말했다.]

"달팽이의 왼쪽 뿔에 나라를 가지고 있는 자를 촉씨觸氏라고 하고, 달팽이의 오른쪽 뿔에 나라를 가지고 있는 자를 만씨蠻氏라고 합니다. 어느 날 서로 땅을 다투어 전쟁했는데 시체가 수만이고 도망하는 자들을 뒤쫓아가 보름 뒤에 돌아왔습니다."

군왕이 말했다.

"아! 아마도 빈말일 것이오."

[대진인이] 말했다.

"제가 군왕을 위해 그것을 실례로 들겠습니다. 군왕께서는 사방과 위아래에 끝이 있다고 생각하십니까?"

군왕이 말했다.

"끝이 없겠지요."

[대진인이] 말했다.

"끝없는 데에서 마음이 노니는 것을 아시면, 도리어 [사방이] 통하는 나라에 있는 것은 있는 것 같기도 하고 없는 것 같기도 할 것입니다."

군왕이 말했다.

"그렇소."

[대진인이] 말했다.

"통하여 도달하는 나라 중에는 위나라가 있고, 위나라 안에 양 땅이 있고, 양 땅 안에 군왕께서 계십니다. 군왕과 만씨가 구별이 있겠습니까?"

군왕이 말했다.

"구별이 없소."

객[대진인]이 나가자 군왕은 놀라서 실의에 빠진 모습[20]으로 무언가 잃어버린 듯했다. 객이 나가고서 혜자가 뵈었더니, 군왕이 말했다.

"객은 대인이니, 성인이라도 그를 감당하기 부족할 것이오."

혜자가 말했다.

"피리를 불면 오히려 큰 소리가 있겠지만, 칼자루의 구멍[21]을 불면 훽 하는 작은 소리뿐입니다. 요임금과 순임금은 사람들이 칭송하지만 요임금과 순임금을 대진인 앞에서 말하는 것은 비유하건대 마치 훽 하는 작은 소리 같습니다."

20) 원문의 '창연惝然'을 번역한 것으로 '놀라서 실의에 빠진 모습'이다.

21) 원문의 '검수劍首'를 번역한 것으로 '칼자루에 있는 작은 구멍[小孔]'을 말한다.

魏瑩與田侯牟約, 田侯牟背之. 魏瑩怒, 將使人刺之.

犀首公孫衍聞而恥之曰: "君爲萬乘之君也, 而以匹夫從讐! 衍請受甲二十萬, 爲君攻之, 虜其人民, 係其牛馬, 使其君內熱發於背. 然後拔其國. 忌也出走, 然後抶其背, 折其脊."

季子聞而恥之曰: "築十仞之城, 城者旣十仞矣, 則又壞之, 此胥靡之所苦也. 今兵不起七年矣, 此王之基也. 衍亂人, 不可聽也."

華子聞而醜之曰: "善言伐齊者, 亂人也. 善言勿伐者, 亦亂人也. 謂伐之與不伐亂人也者, 又亂人也."

君曰: "然則若何?"

曰: "君求其道而已矣!"

惠子聞之而見戴晉人. 戴晉人曰: "有所謂蝸者, 君知之乎?"

曰: "然."

"有國於蝸之左角者曰觸氏, 有國於蝸之右角者曰蠻氏, 時相與爭地而戰, 伏尸數萬, 逐北旬有五日而後反."

君曰: "噫! 其虛言與?"

曰: "臣請爲君實之. 君以意在四方上下有窮乎?"

君曰: "無窮."

曰: "知遊心於無窮, 而反在通達之國, 若存若亡乎?"

君曰: "然."

曰: "通達之中有魏, 於魏中有梁, 於梁中有王, 王與蠻氏, 有辯乎?"

君曰: "無辯."

客出而君惝然若有亡也.

客出, 惠子見. 君曰: "客, 大人也, 聖人不足以當之."

惠子曰: "夫吹筦也, 猶有嗃也. 吹劍首者, 吷而已矣. 堯舜, 人之所譽也. 道堯舜於戴晉人之前, 譬猶一吷也."

공자가 말하는 진인의 모습 25.4

공자가 초나라에 가다가 의구蟻丘의 마실 것 파는 곳에 묵었는데, 그 이웃에 어떤 부부와 남녀 종들이 지붕마루[22]에 올라가 있었다. 자로가 말했다.

"이렇게 많이들 모여[23] 무엇 하는 자들인가요?"

중니가 말했다.

"이들은 성인의 노복들[24]이다. 이들은 스스로 백성에 묻히고 스스로 밭두둑에 숨어 그들의 명성이 사라지게 했으니, 그들의 뜻은 끝이 없었고, 그들의 입은 비록 말하더라도 그들의 마음은 일찍이 말한 적이 없었으며, 마침 세속과 어긋나서 마음으로 속세와 함께 하는 것을 깨끗하지 못하다고 하니, 이들은 뭍에 잠긴 자들[25]로서

22) 원문의 '등극登極'을 번역한 것으로, '극極'에 대해 사마표는 "집의 용마루[屋棟]"라고 했고, 성현영은 "높은 곳[高]"이라고 보았는데, 특이하게도 마쉬룬은 '갈楬'의 가차자로 보아 '등극'을 '곡물을 바치다'라는 의미로 풀이했다. 안동림이 '지붕마루'로 번역한 데 따랐다.

23) 원문의 '총총稯稯'을 번역한 것으로 사람들이 '많이 모여 있는 모습'을 말한다.

24) 원문의 '복僕'을 번역한 것으로 이 단어에 대한 이설이 분분한데, 김학주는 '[성인인데] 하인 노릇 하는 사람'이라고 풀이했고, '도徒'와 같다고 본 선영설을 참고하여 '제자'라고 해석할 수도 있다. 앞의 '부처신첩夫妻臣妾'을 중복되지 않게 표현한 것은 분명하다. 장자는 반복되는 표현에서 어감을 살려 비슷한 의미의 단어로 바꾸는 재치를 많이 활용했다.

이자는 아마도 시남의료일 것이다."

자로가 그들에게 가서 불러오겠다고 청하자 공자가 말했다.

"그만두어라! 그는 내가 자신을 [초나라 왕에게] 드러내려는 것을 알고 있고, 내가 초나라에 가서 반드시 초나라 왕으로 하여금 자신을 초청하게 하려는 것을 알 것이다. [그러니] 저들은 또한 나를 말재간 있는 자로 여길 것인데, 무릇 그와 같은 자는 말재간 있는 사람을 대할 때 그 말을 듣는 것을 수치스럽게 여기거늘, 하물며 친히 그 사람을 보는 것은 어떻겠는가! 너는 무엇 때문에 [그곳에 그대로] 있을 거라고 여기는가?"

자로가 가서 보니 [정말로] 그의 집은 비어있었다.

孔子之楚, 舍於蟻丘之漿. 其隣有夫妻臣妾登極者, 子路曰: "是稯稯何爲者邪?"

仲尼曰: "是聖人僕也. 是自埋於民, 自藏於畔. 其聲銷, 其志無窮, 其口雖言, 其心未嘗言, 方且與世違而心不屑與之俱. 是陸沈者也, 是其市南宜僚邪."

子路請往召之.

孔子曰: "已矣! 彼知丘之著於己也, 知丘之適楚也, 以丘爲必使楚王之召己也, 彼且以丘爲佞人也. 夫若然者, 其於佞人也羞聞其言, 而況親見其身乎! 而何以爲存?"

子路往視之, 其室虛矣.

---

25) 원문의 '육침자陸沈者'를 번역한 것으로 물에 있으나 물에 빠진 것 같으니, 세속을 떠나지 않고 세속에 은거하는 것을 비유적으로 표현한 말이다.

몸과 마음도 자연으로 다스려라 25.5

장오長梧의 국경지기[26]가 자뢰子牢[27]에게 일러[28] 말했다.

"그대가 정치를 함에 함부로 해서는 안 되고, 백성을 다스림에 아무렇게나 해서는 안 됩니다.

예전에 내가 벼농사를 짓는데 논 갈면서 함부로 했더니, 곧 그 벼 알갱이도 거칠게 [맺혀] 내게 되갚았고, 김매면서 아무렇게나 했더니 그 벼 알갱이도 엉성하게 맺혀서 내게 되갚았습니다.

내가 다음 해에는 방법을 변경하여[29] 논을 깊이 갈고 흙을 잘 덮어주었더니, 그 벼가 왕성하게 자라서 나는 일 년 내내 물리도록 먹었습니다."

장자가 그 말을 듣고서 말했다.

"지금 사람들이 자기 몸[形]을 다스리고 그 마음을 다스리는 데에는 바로 이 국경지기가 말한 것과 비슷한 것이 많다. 자연[天]에서 달아나고, 본성을 떠나며, 성정을 소멸시키고, 정신을 잃어버리는 것은 인위가 많기 때문이다.

그러므로 자신의 본성을 거칠게 하는 자는 욕망과 증오의 싹[30]이

---

26) 원문의 '장오長梧'는 '땅 이름[地名]'이다. '봉인封人'은 "이 지역의 국경을 지키는 사람이다[此地守疆之人]."(성현영 설). 즉, 국경지기를 가리킨다.

27) 공자의 제자인 금뢰琴牢라는 설이 있는데(사마표 설), 왕인지와 곽경번은 이 설을 비판했다.

28) 원문의 '문問' 자가 여기서는 '위謂' 자의 개념이다.

29) 원문의 '변제變齊'를 번역한 것으로 "방법을 변경하다[變更所法]."라는 뜻이다(사마표 설).

30) 원문의 '얼孽'을 번역한 것으로 베어버린 나무의 그루터기에서 자라난 싹으로 '얼蘖' 자와 통한다.

본성에 억새와 갈대가 되니, 처음에 싹이 나서 내 몸에 무성하게 뻗어 [도와주는 듯하다가] 얼마 안 있어 내 본성을 뽑고 아울러 종기가 터지고 흘러나와 분출하는 곳을 가리지 않으니, 악성 부스럼과 종기, 내열과 지방뇨가 이것이다."

長梧封人問子牢曰: "君爲政焉勿鹵莽, 治民焉勿滅裂. 昔予爲禾, 耕而鹵莽之, 則其實亦鹵莽而報予. 芸而滅裂之, 其實亦滅裂而報予. 予來年變齊, 深其耕而熟耰之, 其禾蘩以滋, 予終年厭飧."
莊子聞之曰: "今人之治其形, 理其心, 多有似封人之所謂, 遁其天, 離其性, 滅其情, 亡其神, 以衆爲. 故鹵莽其性者, 欲惡之孽, 爲性萑葦蒹葭, 始萌以扶吾形, 尋擢吾性. 竝潰漏發, 不擇所出, 漂疽疥癰, 內熱溲膏是也."

위정자가 되어 백성에게 거짓과 죄를 가르치지 마라 25.6

백구柏矩[31]가 노담에게 배우다가 말했다.
"청하옵건대 천하를 유람하고자 합니다."
노담이 말했다.
"그만두어라! 천하는 이곳과 같다."
다시 청하자 노담이 말했다.
"너는 어디에서 시작하려는가?"

31) "'백'은 성이고, '구'는 이름이다. 도를 지닌 인사로 노자의 문하생이다[柏姓, 矩名, 懷道之士, 老子門人也]."(성현영 설).

[백구가] 말했다.

"제나라에서 시작하려고 합니다."

제나라에 이르러 사지를 찢어 죽이는 형벌을 받은 죄인[32]을 보고 그것을 밀어 쓰러뜨리고는 조복을 벗어 시신을 덮어주고 하늘을 향해 부르짖고 곡하며 말했다.

"그대여, 그대여[33]! 천하에 큰 재앙이 있는데 그대만 홀로 먼저 재앙을 만났구나[34]. 사람들은 '도둑이 되지 말라! 사람을 죽이지 말라!'고 말했으나, 영화와 치욕을 세우고 난 뒤에 병이 되는 바를 목도하고, 재물을 모으고 난 뒤에야 다투는 것을 목도한다.

지금 사람들이 병이 되는 바를 세우고, 사람들이 다투는 바를 더욱 모으며, 다른 사람의 몸을 곤궁하게 해서 쉬는 때가 없도록 하니, 여기에 이르지 않고자 한들 되겠는가!

옛날에 남의 군주 노릇 하는 자는 얻은 것으로는 백성에게 있다고 하고, 잘못한 것으로는 자기에게 있다고 했으며, 올바른 것으로는 백성에게 있다 하고, 굽은 것으로는 자기에게 있다고 했다.

그러므로 한 [사람의] 몸[形]이라도 그 몸을 잃은 자가 있으면 물러나 스스로를 꾸짖었는데, 지금은 그렇지 않다. 몰래 일[物]을 만들고는 알지 못하는 자를 어리석다 하고, 크게 어려운 일을 만들고는 감히

32) 원문의 '고인辜人'을 번역한 것으로 일반적으로는 '죄인'이라는 뜻으로 쓰이는데, 여기서는 구체적으로 "사지를 찢어 죽이는 형벌을 받은 죄인[辜磔]"을 말한다(유월 설).

33) 원문의 '자호자호子乎子乎'를 번역한 것으로 유월은 '탄식하는 말'로 보았으나, 안병주·전호근의 풀이와 같이 '자子'를 2인칭으로 보는 것이 옳을 듯하다.

34) 원문의 '이離'를 번역한 것으로 '[재앙에] 걸리다[罹]'와 같은 뜻(성현영 설)도 있으나 여기서는 '만나다'로 번역했다.

하지 못하는 자를 죄주고, 막중한 것을 임무로 만들어 이겨내지 못하는 자를 벌주고, 그 길을 멀리하고 [거기에] 이르지 못하는 자를 주살한다.

백성이 지혜와 힘이 고갈되면 거짓으로 그것을 이으려 하니, 날마다 위선이 많아지면 선비와 백성이 어찌 도둑질하게 되지 않으리오! 힘이 부족하면 거짓되고, 지혜가 부족하면 속이게 되며, 재물이 부족하게 되면 도둑질하게 되니, 도둑질하는 행실을 누구에게 꾸짖어야 옳은가?"

柏矩學於老聃, 曰: "請之天下遊."

老聃曰: "已矣! 天下猶是也."

又請之, 老聃曰: "汝將何始?"

曰: "始於齊."

至齊, 見辜人焉, 推而强之, 解朝服而幕之, 號天而哭之曰: "子乎子乎! 天下有大菑, 子獨先離之, 曰莫爲盜! 莫爲殺人! 榮辱立, 然後覩所病. 貨財聚, 然後覩所爭. 今立人之所病, 聚人之所爭, 窮困人之身使无休時, 欲无至此, 得乎! 古之君人者, 以得爲在民, 以失爲在己. 以正爲在民, 以枉爲在己. 故一形有失其形者, 退而自責. 今則不然. 匿爲物而過不識, 大爲難而罪不敢, 重爲任而罰不勝, 遠其塗而誅不至. 民知力竭, 則以僞繼之, 日出多僞, 士民安取不僞! 夫力不足則僞, 知不足則欺, 財不足則盜. 盜竊之行, 於誰責而可乎?"

예순 살까지 예순 번이나 태도를 바꾼 자 25.7

거백옥蘧伯玉[35]은 나이 예순 살이 지나도록 예순 번이나 변했는데, 일찍이 애초에 옳다고 한 것을 마지막에는 그르다고 하지 않은 적이 없었다. 지금 옳다고 하는 것도 쉰아홉 해 동안 그르다고 한 것이 아닌지 알 수 없다.

만물은 생겨남이 있지만 그 뿌리[도道]를 볼 수 없으며, 나오는 것은 있지만 그 문을 볼 수 없다.[36] 사람들은 모두 자기의 지혜가 아는 바를 받들고는 그 지혜가 알 수 없는 바에 기댄 다음에 알게 되는 [참된] 것을 아무도 알지 못하니, 큰 의혹이라고 하지 않을 수 있겠는가!

그만두자. 그만두자! 장차 [큰 의혹에서] 달아날 곳이 없으니 이것이 이렇다 저렇다[37] 말하는 것이겠지?

蘧伯玉行年六十而六十化, 未嘗不始於是之而卒詘之以非也, 未知今之所謂是之非五十九非也. 萬物有乎生而莫見其根, 有乎出而莫見其門. 人皆尊其知之所知而莫知恃其知之所不知而後知, 可不謂大疑乎! 已乎已乎! 且无所逃. 此所謂然與然乎[38]?

35) 위衛나라의 현인으로 〈인간세〉 편 4.3에 나오는 인물이다.

36) 《노자》 6장에 나오는 "현묘한 암컷의 문, 이것을 천지의 근본이라고 한다[玄牝之門, 是謂天地根]."라는 문장에서 나왔다.

37) 원문의 '연여연然與然'을 번역한 것으로, '네가 이렇게 말하면 그도 저렇게 말한다'는 뉘앙스가 있다.

38) 곽경번의 《장자집석》 원문에는 "차소위연여此所謂然與, 연호然乎"라고 되어 있으나, 역자는 문맥상 '연여연호然與然乎'로 교열하여 번역했다.

쾌락에만 빠진 영공이 영공 시호를 받은 이유 25.8

중니가 태사大史 대도大弢와 백상건伯常騫, 희위狶韋에게 물었다.

"무릇 위衛나라 영공靈公은 술을 마시고 즐기는 데 빠져 나라의 정사를 돌보지 않았고, 그물과 주살로 사냥하느라[39] 제후들의 교제[회맹]에 호응하지도 않았는데, 그가 [시호가] 영공이 된 까닭은 어찌 된 것입니까?"

대도가 말했다.

"그것(그런 행동들)이 그렇게 [시호가] 된 연유입니다."

백상건은 말했다.

"저 영공에게는 아내가 세 명 있는데 같은 통속에서 몸을 씻었으나 사추史鰌가 받들어 모시면서 [영공이 있는] 장소로 나아가 폐백을 받아서 [사추를] 부축해주었습니다. 그 오만함이 [몸을 씻을 때는] 저렇게 심했지만, 현명한 사람을 만날 때는 이처럼 엄숙했으니, 이것이 그가 영공이 된 까닭입니다."

희위가 말했다.

"저 영공이 죽었을 때 예로부터 내려오는 묘지에 매장하려고 점쳐보니 길하지 않았고, 사구에 매장하려고 점쳐보니 길하다고 했습니다. 그곳을 몇 길 파보니 돌로 된 관을 얻었습니다. 깨끗이 씻어 내고 살펴보니 새겨진 글이 있었는데 '그 자손에게 의지할 수는 없다. 영공이 빼앗고 묻힐 것이다.'라고 했습니다. 저 영공이 영이라

39) 원문의 '전렵필익全獵畢弋'을 번역한 것인데, '필익畢弋'은 '그물과 주살'로 〈거협〉 편 10.4에 나온다.

는 시호를 받게 된 것은 오래된 것이니, 이 두 사람이 그것을 어찌 충분히 알 수 있었겠습니까![40]"

仲尼問於大史大弢, 伯常騫, 狶韋曰: "夫衛靈公飮酒湛樂, 不聽國家之政. 全獵畢弋, 不應諸侯之際. 其所以爲靈公者何邪?"

大弢曰: "是因是也."

伯常騫曰: "夫靈公有妻三人, 同濫而浴. 史鰌奉御而進所, 搏幣而扶翼. 其慢若彼之甚也, 見賢人若此其肅也, 是其所以爲靈公也."

狶韋曰: "夫靈公也死, 卜葬於故墓不吉, 卜葬於沙丘而吉. 掘之數仞, 得石槨焉, 洗而視之, 有銘焉, 曰: '不馮其子, 靈公奪而里之.' 夫靈公之爲靈也久矣, 之二人何足以識之!"

누가 여론을 주도하는가 25.9

소지少知가 태공조大公調에게 물었다.

"무엇을 '고을의 말[丘里之言]'이라고 말합니까?"

태공조가 말했다.

"고을이란 열 개의 성씨와 백 개의 다른 이름을 가진 사람들을 합쳐서 풍속을 이룬 곳이다. 다른 것을 합하여 같은 것이 되고, 같은 것을 나누어 흩뜨림으로써 다른 것이 된다.

이제 말[馬]의 온갖 형체를 [각각 구분해서] 가리키면 말이 될 수 없

40) 원문의 '지이인하족이식지之二人何足以識之'를 번역한 것으로 〈소요유〉 편 1.3에 "이 두 벌레가 또한 [이런 이치를] 어찌 알겠는가[之二蟲又何知]!"라는 비슷한 구절이 나온다.

지만, [눈] 앞에 매어놓은 것은 그 온갖 형체를 [하나로] 세워서 그것을 말이라고 말할 수 있다.

이 때문에 언덕이나 산은 낮은 것을 쌓아서 높아진 것이고, 장강과 황하는 작은 물이 합해져서 거대하게 된 것이며, 대인은 [많은 사람과] 아울러 합하여 공평하게 된 것이다. 이 때문에 밖에서 들어오는 말은 주관을 지니면서도 고집하지는 않고, 안에서 나가는 것은 정도를 지니면서도 막지 않는다.

사계절은 기후를 달리하지만 하늘은 치우치지 않으므로 일 년이 이루어지고, 다섯 관직은 직무를 달리하지만 군주는 사사로이 하지 않으므로 나라가 다스려지며, 문무文武[의 구별]에 대인은 [양쪽에] 치우치지 않으므로 덕이 갖추어지고, 만물은 이치를 달리하지만 도는 사사로이 하지 않으므로 이름이 없다. 이름이 없으므로 무위無爲하니, 무위하면서도 하지 못하는 일이 없다.

때에는 끝과 시작이 있고 세상에는 변화가 있다. 화와 복은 돌고 돌아 이른다. 어긋나는 바가 있는 데에 이르기도 하고 마땅한 바가 있기도 하다. 자기의 생각을 좇아 방향을 달리하여 올바르다고 하는 것이 있고, 차이 나는 것이 있다. 큰 택지[41]에 비유하면 온갖 재목이 모두 알맞고, 큰 산으로 보자면 나무와 돌이 [다르지만] 같은 기초이니, 이를 일러 '고을의 말'이라 말한다."

소지가 말했다.

41) 원문의 '대택大澤'을 번역한 것으로 '택澤'에 대해 육덕명은 '택宅'으로 보았고, 뒤에 나오는 '알맞다[度]'는 '머무르다[居]'로 보았는데, 큰 집을 지을 때 목수가 재목을 활용한다는 완육숭의 설을 참조해볼 때 일리가 있다. 안동림과 김학주 등은 이 설을 따라 '택지宅地'로 번역했다. 한편 안병주·전호근은 이 설을 적절하지 않다고 하고 '연못'으로 번역했다.

"그렇다면 그것을 도道라고 일컬어도 충분합니까?"

태공조가 말했다.

"그렇지는 않다. 지금 사물의 수를 헤아려보면 일만 가지에 그치지 않는데, 정하여 말한 것[42]이 만물이라고 한 것은 숫자 중에 많은 것으로써 호칭하여 말하는[43] 것이다. 이 때문에 천지는 형체[形] 중에 큰 것이고, 음양은 기 중에서 큰 것이며, 도는 그것(천지와 음양)을 함께한다.

그것(도道)이 큰 것으로 말미암아 이것을 이름 부르고 읽으면 괜찮다. [그러나] 이미 그것(이름)이 있게 된 것이니, 어찌 장차[44] [참다운 도에] 비교할 수 있겠는가? 만약 이로써 분별하면, 그것은 비유하자면 개나 말 같은 것이니, 아마 미치지 못함이 먼 것이다."

소지가 말했다.

"사방의 안과 상하 사방 속의 만물의 생겨나는 바는 어떻게 일어납니까?"

태공조가 말했다.

"음양이 서로 비추거나 서로 해치거나[45] 서로 다스리며 사계절이 서로 교대하여 서로 낳고 서로 죽이는데, 욕망과 증오, 떠남과 나아감이 여기에서 세차게 일어나며[46], 암컷과 수컷의 나뉘고 합치는

42) 원문의 '기期'를 번역한 것으로, 임희일은 '약約'의 뜻으로 보아 '기약해서 말함[約言]'이라고 풀이했는데, 참조할 만하다.

43) 원문의 '독讀'을 번역한 것으로, 이이가 '말하다[語]'와 같다고 풀이한 설에 따랐다.

44) 원문의 '내장乃將'을 번역한 것으로, 한편 왕수민은 '내장'이 '기장豈將'과 같다고 보았다.

45) 원문의 '개蓋'를 번역한 것으로 '해치다[害]'와 통한다(유월 설).

것이 여기에서 항상 있게 된다.

안락함과 위태로움이 서로 바뀌고, 화와 복이 서로 생기며, 완만함과 급함이 서로 다듬어지고, 모임과 흩어짐이 이루어진다. 이러한 명분과 실질을 기록할 수 있고, 정밀함과 미세함을 기록할 수 있다. 순서에 따르는 서로의 이치와 운행을 높이는 서로의 부림은 궁극에는 돌아오고 끝나면 시작하니, 이것이 사물이 소유한 것이다.

말로 다 하는 바와 지혜로 다 아는 바는 사물[物]이 지극히 했을 따름이다. 도를 목도한 사람은 그 없어지는 바를 따르지 않고, 그 일어나는 바를 탐구하지 않으니, 이것이 논의가 그치는 곳이다."

소지가 말했다.

"계진季眞이 '작위함이 없다[莫爲].'라고 하는 것과 접자接子[47]가 '누군가가 부린다[或使].'라고 하는 것은 이 두 학파의 논의 가운데 누가 그 실정에 맞고, 누가 그 이치에서 치우친 것입니까?"

태공조가 말했다.

"닭이 울고 개가 짖는 것, 이것은 사람들이 알고 있으나 비록 큰 지혜의 소유자라도 그것이 스스로 변하게 된 것을 말하고 읽을 수는 없으며, 또 그것이 장차 될 것을 뜻으로 헤아릴 수 없다.

이것을 분석해보면 정밀한 것은 견줄 것이 없는 데에 이르고, 큰 것은 둘러쌀 수 없는 데에 이를 것이니, 누군가가 그렇게 부리는 것이나, 그렇게 작위함이 없는 것은 사물에서 피하지 못하여 결국 잘

46) 원문의 '교橋'를 번역한 것으로 '일어나는 모양[起貌]'(성현영 설)이 세찬 것이다. 좀 더 구체적으로 왕숙지는 "'높고 굳센 것[高勁]'으로, 일어나는 바가 굳세고 빠른 것을 말한다[高勁, 言所起之勁疾也]."라고 풀이했는데, 참조할 만하다.

47) 성현영에 의하면 '계진'과 '접자' 모두 제나라의 현인이라고 한다.

못이 된다.

'누군가가 부린다.'라고 하면 실제[實]이고, '작위함이 없다.'라고 하면 공허[虛]하다. 명분이 있고 실질이 있으면 이것은 사물이 있는 곳이 되고, 명분도 없고 실질도 없으면 사물이 공허함에 있으니, 말할 수 있고 뜻할 수 있는 것은 말할수록 [진실에서] 더욱 멀어진다. 태어나기 전에 꺼릴 수 없고, 이미 죽은 뒤에 막을 수 없으니, 생사는 먼 것이 아니지만 이치는 목도할 수 없다.

'누군가가 부린다.'거나 '작위함이 없다.'라고 하는 것은 의심하여 가설한 것으로, 내가 그 근본을 관찰하니, 그 가는 것은 끝이 없고, 내가 그 끝을 추구해보니, 그 오는 것도 그침이 없다. 끝이 없고 그침이 없으니, '없다[无].'라고 말해야 사물과 이치를 같이하는 것이다.

'누군가가 부린다.'라고 하거나 '작위함이 없다.'라는 것은 말의 근본으로, 사물과 더불어 마쳤다 시작했다 한다. 도는 '있다'고도 할 수 없고, '없다'고도 할 수 없으니, 도라는 명칭도 빌려서 통용하는 것이다.

'누군가가 부린다.'라고 하거나 '작위함이 없다.'라고 하는 것은 사물의 일부분에 굽어있으니 무릇 어찌 대도[大方]에 대해 일삼겠는가? 말로 충분하면 하루 종일 말을 해서 도를 다하겠지만 말로 부족하면 하루 종일 말을 해도 다 사물이다. 도와 사물의 지극함은 말이나 침묵으로 싣기에 부족하다. 말도 아니고 침묵도 아니어야 논의함에 그 지극한 바가 있다."

少知問於大公調曰: "何謂丘里之言?"

大公調曰: "丘里者, 合十姓百名而以爲風俗也, 合異以爲同, 散同以爲異. 今指馬之百體而不得馬, 而馬係於前者, 立其百體而謂之馬也. 是故丘山積卑而爲高, 江河合小而爲大, 大人合幷而爲公. 是以自外入者, 有主而不執. 由中出者, 有正而不距. 四時殊氣, 天不賜, 故歲成. 五官殊職, 君不私, 故國治. 文武大人不賜, 故德備. 萬物殊理, 道不私, 故无名. 无名故无爲, 無爲而无不爲. 時有終始, 世有變化. 禍福淳淳, 至有所拂者而有所宜. 自殉殊面, 有所正者有所差. 比於大澤, 百材皆度. 觀於大山, 木石同壇. 此之謂丘里之言."

少知曰: "然則謂之道, 足乎?"

大公調曰: "不然. 今計物之數, 不止於萬, 而期曰萬物者, 以數之多者號而讀之也. 是故天地者, 形之大者也. 陰陽者, 氣之大者也. 道者爲之公. 因其大而號以讀之則可也, 已有之矣, 乃將得比哉! 則若以斯辯, 譬猶狗馬, 其不及遠矣."

少知曰: "四方之內, 六合之裏, 萬物之所生惡起?"

大公調曰: "陰陽相照相蓋相治, 四時相代相生相殺, 欲惡去就於是橋起, 雌雄片合於是庸有. 安危相易, 禍福相生, 緩急相摩, 聚散以成. 此名實之可紀, 精微之可志也. 隨序之相理, 橋運之相使, 窮則反, 終則始. 此物之所有, 言之所盡, 知之所至, 極物而已. 覩道之人, 不隨其所廢, 不原其所起, 此議之所止."

少知曰: "季眞之莫爲, 接子之或使, 二家之議, 孰正於其情, 孰徧於其理?”

大公調曰: “鷄鳴狗吠, 是人之所知. 雖有大知, 不能以言讀其所自化, 又不能以意測其所將爲. 斯而析之, 精至於无倫, 大至於不可圍, 或之使, 莫之爲, 未免於物而終以爲過. 或使則實, 莫爲則虛. 有名有實, 是物之居, 无名无實, 在物之虛. 可言可意, 言而愈疏. 未生不可忌, 已死不可徂. 死生非遠也, 理不可覩. 或之使, 莫之爲疑之所假. 吾觀之本, 其往无窮. 吾求之末, 其來无止. 无窮无止, 言之无也, 與物同理. 或使莫爲, 言之本也, 與物終始. 道不可有, 有不可无. 道之爲名, 所假而行. 或使莫爲, 在物一曲, 夫胡爲於大方? 言而足, 則終日言而盡道. 言而不足, 則終日言而盡物. 道物之極, 言黙不足以載. 非言非黙, 議有所極.”

제26편

외물外物

외부의 일

【해설】

이 편은 첫 문장 앞 두 글자를 따서 이름을 붙였다. 장자는 세상의 일이 자신의 바람대로 되기 어려움을 지적하며, 이 문제를 첫 장부터 관용봉과 비간 등의 죽음을 사례로 들어 설명하고 있다. 거론된 이들은 모두 충성을 다했으나 비참한 결말을 맞이한 충신들이다.

이 편의 2장에서 가난한 철인 장자가 붕어와 대화하는 장면을 비유한 '학철부어涸轍鮒魚' 이야기는 교활한 위정자의 단면을 보여주는 풍자이다. 장자의 인간다운 맛이 물씬 풍기는 장면으로 〈대종사〉 편의 '천학지어泉涸之魚'의 내용과 연계된다. 3장의 낚시하는 자 이야기는 황당한 듯하면서도 흥미롭다. 4장은 유생들이 명성과 이익을 추구하면서도 늘 고전을 거론하며 비현실적으로 일을 처리한다고 비판한다. 5장에는 노자가 공자를 불러 책망하는 장면이 나오는데, 이 역시 물성物性을 어겨서는 안 된다는 논지로 유가를 빗댄 것이다.

6장에서는 신비로운 거북의 이야기로 지혜를 뽐내는 사람들을 비유하고, 무용無用의 가치를 다루고 있는 7장은 역시 노자를 높이고 공자를 깎아내리는 장면으로, 쓸모없음의 쓸모 있음도 흥미로운 비유이다. 8장은 유유자적하는 지인의 모습을 말하고 있고, 9장은 인간의 마음에 막히거나 얽매이지 않는 자유로움이 있어야 함을 피력하며, 10장에서는 장자 당시의 잘못된 수련법을 비판한다. 11장에서는 권력이나 명예가 결국 사람을 해치는 것임을 말하고 있다. 인간과 욕망의 관계를 자연현상에 비유한 후반부는 직관이 돋보이는 장자의 예리한 관찰력을 엿볼 수 있다.

맨 마지막인 12장에서는 저 유명한 통발과 물고기의 관계 이야기를 통해 상고주의를 부정하고 시대와 함께 변화하라는 상대적 가치의 중요성을 설파한다. 주목할 점은 언言과 의意의 괴리 문제로 발전되어 위진현학魏晋玄學의 언의지변言意之辨에 지대한 영향을 끼친 것으로 유명하며, 목적을 달성하면 수단은 잊힌다는 논리를 말하고 있다. 물론 이 12장의 이야기가 〈우언寓言〉 편 1장의 해당 부분과 연계된다는 점도 염두에 두면서 장자 후학의 글솜씨 일단을 엿볼 수 있다.

이해관계를 따지지 말고 욕망을 좇지 마라 26.1

외부의 일은 뜻대로 될 수 없다. 그러므로 관용봉關龍逢은 주살되었고, 비간比干은 살육되었으며, 기자箕子는 미친 척했고, 악래惡來는 죽었으며, 걸桀과 주紂는 망했다.

군주 가운데 자기의 신하가 충성하기를 바라지 않는 이가 없지만, 충심이 반드시 [군주의] 신임을 얻는 것은 아니다. 그 때문에 오운伍員(오자서)은 [시신이] 강물에 [떠서] 흘러갔고, 장홍萇弘[1]은 촉 땅에서 죽었는데 그의 피를 간직했더니 삼 년 만에 변하여 푸른 옥이 된 것이다.

어버이 가운데 자기의 자식이 효도하기를 바라지 않는 이가 없으나, 효도가 반드시 사랑받는 것은 아니다. 그 때문에 [효자] 효기孝己는 [계모의 학대로] 근심했고, 증삼曾參은 [부모의 매질 때문에] 슬퍼했다.

나무와 나무가 서로 닿아 비벼지면 불타오르고[2], 쇠와 불이 서로 만나면 [쇠가 녹아] 흐른다. 음과 양이 잘못 운행되면 천지가 크게 놀라 이에 우레가 울고 번개가 치며 빗속에 불이 생기게 되어 마침내 큰 홰나무를 태운다[3].

---

1) 성현영은 장홍의 일화를 이렇게 설명하고 있다. "장홍은 참소를 당하고 추방되어 촉 땅으로 돌아갔는데, 스스로 충성했는데도 참소를 당한 것을 한스럽게 여겨 결국 [배를] 갈라 창자를 내보이고 죽었다. 촉 땅 사람이 감동하여 상자에 그의 피를 담아두었는데, 삼 년이 지나자 [피가] 변해서 푸른 옥이 되었으니, 바로 정성의 지극함인 것이다[萇弘遭譖, 被放歸蜀, 自恨忠而遭譖, 遂刳腸而死, 蜀人感之, 以匱盛其血, 三年而化爲碧玉, 乃精誠之至也]."

2) 원문의 '연然'을 번역한 것인데 '불타오르다[燃]'와 같은 뜻으로 보아도 무리가 없다.

3) 원문의 '분대괴焚大槐'를 번역한 것으로 《회남자》 〈범론훈氾論訓〉 편에 "큰 홰나무에 불이 생긴다[大槐生火]."라는 문장과 참조해서 볼 만하다.

심한 근심은 [안팎의] 두 가지 함정이 있어 달아날 곳이 없으니, 불안하고 초조하여[4] [편안을] 이룰 수가 없다. 마음은 마치 하늘과 땅 사이에 매달린 것처럼 우울하고 답답하며 매우 심란하니[5], 이익과 해로움이 서로 닿아 비벼져서 불이 심하게 타오른다. 뭇사람은 조화로운 기운을 태워버린다. 달은 진실로 불을 이길 수가 없으니[6], 이에 무너지듯[7] 도는 다하게 된다.

外物不可必, 故龍逄誅, 比干戮, 箕子狂, 惡來死, 桀紂亡. 人主莫不欲其臣之忠, 而忠未必信, 故伍員流于江, 萇弘死于蜀, 藏其血三年而化爲碧. 人親莫不欲其子之孝, 而孝未必愛, 故孝已憂而曾參悲. 木與木相摩則然, 金與火相守則流. 陰陽錯行, 則天地大絯, 於是乎有雷有霆, 水中有火, 乃焚大槐. 有甚憂兩陷而无所逃, 螴蜳不得成, 心若懸於天地之間, 慰暋沈屯, 利害相摩, 生火甚多, 衆人焚和, 月固不勝火, 於是乎有僓然而道盡.

4) 원문의 '진윤螴蜳'을 번역한 것으로 '진螴'과 '윤蜳'은 모두 불안하고 초조하여 심기가 안정되지 못한 것을 뜻한다. '윤蜳'은 '돈'으로 읽기도 한다. 성현영은 "두려워 마음을 졸이다[怵惕]."라고 했고 사마표는 "불안정한 것이다[不安定也]."라고 보았으며, 마쉬룬은 "뒤섞여 어지러운 것[混沌]"이라고 풀이했다.

5) 원문의 '위민침둔慰暋沈屯'을 번역한 것으로 '위慰'는 '우울함[鬱]'이고, '민暋'은 '답답함[悶]'으로 풀이한 육덕명의 설에 따랐다. 한편 '침둔沈屯'에 대해 사마표는 '침沈'은 '깊다[深]'로 보았고, '둔屯'은 '어렵다[難]'의 뜻으로 풀이했고, '둔屯'을 '어지럽다[亂]'로 풀이한 경우도 있는데(왕염손 설), 참조할 만하다.

6) 여기서 달은 '심성'을 비유하고, 불은 '욕심'을 비유한다.

7) 원문의 '퇴연僓然'을 번역한 것으로 '퇴僓'를 '퇴隤'와 같다고 풀이한 왕수민의 설을 따랐다. 한편 성현영은 '멋대로 맡기고 삼가지 않는 모양[放任不矜之貌]'이라고 풀이했다.

곡식을 빌리러 간 장자가 화가 난 이유 26.2

장주는 집이 가난했으므로 감하후監河侯[8]에게 곡식을 빌리러 가니, 감하후가 말했다.

"좋소. 내가 장차 읍의 세금을 받아서 그대에게 삼 백금을 빌려주면 괜찮겠습니까?"

장주가 화를 발끈 내며 불쾌한 얼굴빛으로 말했다.

"내가 어제 올 때 중도에 부르는 자가 있었지요. 내가 돌아보았더니, 수레바퀴 자국 안에 붕어가 있었습니다. 내가 그에게 물었습니다. '붕어야, 이리 와라! 너는 무엇을 하고 있느냐?' [붕어가] 대답했지요. '나는 동해의 물결을 타고 온 신하입니다. 만약 그대가 한 말[斗]이나 한 되[升]의 물이 있다면 나를 살려주시겠소?' 내가 말했지요. '알겠다. 내가 이제 남쪽으로 가서 오나라와 월나라의 왕에게 설득하여, 서강의 물을 흘러가게 해서[9] 그대를 맞이할 테니, [그러면] 괜찮겠는가?' [그러자] 붕어가 화를 분연히 내며 불쾌한 얼굴빛으로 말했습니다. '나는 내가 늘 함께하는 물을 잃어서 머물 곳이 없소. 나는 한 말이나 한 되의 물만 얻으면 살 수 있을 뿐인데, 그대가 이렇게 말하다니, [차라리] 서둘러 나를 건어물 가게에서 찾는 것이 더 낫겠소!'"

8) '감하후'에 대해 성현영은 위魏나라 문후文侯라고 보았는데, 확실하지는 않다.

9) 원문의 '격激'을 번역한 것으로,《맹자》〈고자告子 상上〉에 "물을 막아서 거슬러 흘러가게 하면 산 위에 있게 할 수도 있다[激而行之, 可使在山]."의 '격' 자와 쓰임이 같다(안병주·전호근 설).

莊周家貧, 故往貸粟於監河侯. 監河侯曰: "諾. 我將得邑金, 將貸子三百金, 可乎?"
莊周忿然作色曰: "周昨來, 有中道而呼者. 周顧視車轍中, 有鮒魚焉. 周問之曰: '鮒魚來! 子何爲者邪?' 對曰: '我, 東海之波臣也. 君豈[10] 有斗升之水而活我哉?' 周曰: '諾. 我且南遊吳越之王, 激西江之水而迎子, 可乎?' 鮒魚忿然作色曰: '吾失我常與, 我无所處. 吾得斗升之水然活耳, 君乃言此, 曾不如早索我於枯魚之肆!'"

크게 준비해야 크게 이룬다 26.3

임任나라 공자公子가 큰 낚싯바늘과 굵은 검은 낚싯줄[11]을 만들고, 쉰 마리의 거세한 소[12]를 미끼로 하여 회계산에 걸터앉아 동해에 낚싯대를 던져두고 날마다 낚시를 했는데, 일 년 동안이나 물고기를 잡지 못했다.

얼마 지나 큰 물고기가 미끼를 물었는데, 굵은 낚싯바늘을 끌고 물속 깊이 내려갔다가 세차게 솟구쳐 등지느러미[13]를 떨쳐대니, 흰 파도는 산과 같고, 바닷물은 출렁거리며, [물고기의] 소리는 귀신같

10) 원문의 '기豈'는 '만약'의 의미로 해석했다. 한편 '기其'와 같다고 보기도 한다(왕인지 설).

11) 원문의 '대구거치大鉤巨緇'를 번역한 것으로 '대구大鉤'는 '큰 낚싯바늘'인데, '구鉤'가 '조釣'로 쓰인 판본도 있다(육덕명 설). '거치巨緇'의 '거巨'는 '대大'와 뜻이 같고, '치緇'는 "검은 새끼줄[黑繩]"(성현영 설) 또는 "검은 낚싯줄[黑綸]"(사마표 설)로 풀이하는데, 역자는 후자의 설을 따랐다.

12) 원문의 '개犗'를 번역한 것으로 '거세한 소'를 뜻한다.

13) 원문의 '기鬐'를 번역한 것으로 '동물의 갈기 털', '물고기의 등지느러미'를 뜻하는데, 여기서는 후자의 뜻으로 쓰였다.

아서 천 리까지 [사람들을] 놀라서 떨게 했다.

임나라 공자는 그 물고기를 잡아 그것을 찢어서 포를 만들었는데, 절강의 동쪽에서부터 창오산蒼梧山[14]의 북쪽까지 그 물고기를 실컷 먹지 않은 자가 없었다. 드디어 후세의 경박한 재사才士[15]나 이야기를 지껄이기 좋아하는 무리가 모두 놀라서 서로 알려 말했다.

무릇 작은 낚싯대에 얇은 낚싯줄[16]을 달고 물 대는 도랑에 가서 작은 물고기[17]를 잡으려고 한다면, 그런 자가 큰 물고기를 잡는 것은 어려울 것이다. 하찮은 이야기를 꾸며[18] 현령을 구하려[19] 한다면 그런 자는 크게 영달하기에는 역시 거리가 멀 것이다. 이 때문에 임씨의 풍속을 아직 듣지 못했다면 아마도 더불어 세상을 경영할 수 없을 것이니, 역시 [본질과] 먼 것이다.

任公子爲大鉤巨緇, 五十犗以爲餌, 蹲乎會稽, 投竿東海, 旦旦而釣, 期年不得魚. 已而大魚食之, 牽巨鉤, 錎沒而下鶩,[20] 揚而奮鬐, 白波

14) 원문의 '창오蒼梧'를 번역한 것으로 '창오'에 대해 성현영은 "산 이름으로 영남에 있는데, 순임금이 묻혀있는 장소이다[山名, 在嶺南, 舜葬之所]."라고 보았다.

15) 원문의 '권재輇才'를 번역한 것으로, '권輇'은 '전'으로도 읽는데, '상여', '바큇살이 없는 수레', '저울질하다' 등의 여러 뜻이 있으며, 여기서는 '경박하다'의 의미로 쓰였다. 이이의 주석에 의하면 '영軨' 또는 '경輕'으로 쓰인 판본도 있다.

16) 원문의 '누累'를 번역한 것으로 "얇은 줄[細繩]"을 말한다. 여기서 '줄[繩]'은 곧 낚싯줄로 보아도 무방하다.

17) 원문의 '예부鯢鮒'를 번역한 것으로, '예鯢'와 '부鮒'는 모두 '작은 물고기[小魚]'를 말한다(이이 설). 성현영도 비슷한 견해인데, "'예부'는 작은 물고기다[鯢鮒, 小魚也]."라고 보았다.

18) 원문의 '식소설飾小說'을 번역한 것으로, 여기서의 '소설小說'은 직역하면 자질구레한 이야기 따위를 말한다. 즉, 하찮은 이야기다.

19) 원문의 '간干'을 번역한 것으로 '구求'와 통한다(성현영 설).

若山, 海水震蕩, 聲侔鬼神, 憚赫千里. 任公子得若魚, 離而腊之, 自制河以東, 蒼梧已北, 莫不厭若魚者. 已而後世輇才諷說之徒, 皆驚而相告也. 夫揭竿累, 趣灌瀆, 守鯢鮒, 其於得大魚難矣. 飾小說以干縣令, 其於大達亦遠矣. 是以未嘗聞任氏之風俗, 其不可與經於世亦遠矣.

무덤 속 시신의 입 안 구슬 꺼내는 법 26.4

유학자들이 《시경》과 《예기》를 따라 무덤을 파헤치자, 큰 유생이 아랫사람에게 전하며[21] 말했다.

"동이 트려고 하는데, 일은 어떻게 되어가는가?"

작은 유생이 말했다.

"아직 [시체의] 치마와 저고리를 벗기지 못했고, 입 안에는 구슬이 있습니다. 《시경》에 본래 이런 말이 있습니다. '푸르고 푸른 보리가 무덤가에 자란다. 살아서 베풀지 않더니 죽어서 어찌하여 구슬을 물고 있는가!'

그(시체)의 머리카락을 잡고[22] 턱밑을 눌러[23] 쇠몽치로 턱을 쳐서[24] 천천히 그 뺨을 벌려서 입 안의 구슬을 손상하지 않게 [훔쳐가야]

---

20) 곽경번의 《장자집석》에는 "견거구함牽巨鉤錎, 몰이하무沒而下(鶩)[鶩]"로 되어 있는데, 성현영과 육덕명이 주석에서 '함몰錎(陷)沒'이라고 붙여 써서 해석한 것을 보아 "견거구牽巨鉤, 함몰이하무錎沒而下鶩"로 끊어 읽는 것이 문맥상 자연스러워 보이기 때문에 교열했다. 안병주·전호근도 이 설을 취했는데, 참조할 만하다.

21) 원문의 '여전臚傳'를 번역한 것으로, '여臚'는 "위를 따라 아래로 전하는 것[從上傳語告下]"을 말한다. '여'는 '전하다[傳]'의 뜻과 같다(성현영 설).

22) 원문의 '접기빈接其鬢'을 번역한 것으로, '접接'은 '거머쥐다[撮]'의 뜻이다(성현영 설). '빈鬢'은 본래 '귀밑머리'를 지칭하는데, 여기서는 '머리카락'의 의미로 보는 것이 통설이다.

합니다!"

儒以詩禮發冢, 大儒臚傳曰: "東方作矣, 事之何若?"

小儒曰: "未解裙襦, 口中有珠.

詩固有之曰: '青青之麥, 生於陵陂, 生不佈施, 死何含珠爲!' 接其鬢, 壓其顪, 而以金椎控其頤, 徐別其頰, 无傷口中珠!"

중니를 불러오게 해서 꾸짖은 노래자의 말 26.5

노래자老萊子[25]의 제자가 땔나무를 하러 나갔다가 중니와 마주치고 돌아와 [노래자에게] 알려 말했다.

"어떤 사람이 저곳에 있는데, 상체는 길고 하체는 짧으며, 어깨와 등은 굽었고[26], 귀는 뒤로 처졌으며, 눈초리는 마치 천하를 다스릴

---

23) 원문의 '압기훼壓其顪'을 번역한 것으로, '압壓'은 '엽擪'으로 쓰인 판본도 있는데, 성현영은 '안按'이라고 풀이했다. 모두 '누르다'의 뜻과 통한다. '훼顪'는 "턱 아래의 털[頤下毛]"이라는 뜻인데(사마표 설), 여기서는 '턱밑'이라는 개념으로 보아도 무리가 없다. 성현영은 '입[口]'으로 풀이했는데, 참고해서 볼 만하다. 한편 '훼顪'가 '홰噦'로 쓰인 판본도 있다(육덕명 설).

24) 원문의 '강控'을 번역한 것으로 '치다'라는 뜻이다. 성현영은 '타打'로 풀이했다. 한편 안동림의 풀이를 참조하면 일설에 '인引'의 뜻으로 보아 '잡아당기다'로 풀이한 경우도 있다고 하는데, 바로 앞의 '금추金椎'가 나오는 것으로 보아 '치다'의 뜻으로 보는 것이 타당하다.

25) 노래자는 《사기》〈노자한비열전〉에 이렇게 기록되어 있다. "[어떤 사람에 의하면] 노래자도 초나라 사람으로 책 열다섯 편을 지어 도가의 쓰임을 말했는데, 공자와 같은 시대 사람이라고 한다[老萊子亦楚人也, 著書十五篇, 言道家之用, 與孔子同時云]." 성현영은 노래자에 대해 다음과 같이 풀이했다. "노래자는 초나라의 현인이자 은자였다. 늘 몽산에 은거했으며, 초나라 왕이 그가 어질다는 것을 알고 사신을 보내서 [그를] 불러 재상으로 삼고자 했다[老萊子, 楚之賢人隱者也. 常隱蒙山, 楚王知其賢, 遣使召爲相]."

듯한데, 그가 누구의 자식인지 모르겠습니다.[27]"

노래자가 말했다.

"그는 공구이니, 불러오거라."

중니가 이르자 [노래자가] 말했다.

"구야! 그대의 오만함과 아는 체하는 모습을 버리면 곧 군자가 될 것이다.[28]"

중니가 읍을 하고 놀라고 두려워하며 얼굴빛을 고치고서 물었다.[29]

"[그렇게 하면 제] 일이 나아질 수 있겠습니까?"

노래자가 말했다.

"무릇 [그대는] 한때의 혼란을 견디지 못하여 만세의 환난을 깔보고[30] 있으니, 본래 궁핍해서인가, 아니면 지략이 그것에 미치지 못

26) 원문의 '말루末僂'를 번역한 것으로, 여기서 '말末'이란 '어깨와 등[肩背]'을 가리킨다(성현여 설). '루僂'는 '굽다', '구부리다'의 뜻인데, 등이 굽은 사람인 '곱사등이' 뜻도 있다. 따라서 공자가 곱사등이라는 설의 근거가 이 장에서 비롯되었다고 보는 안병주·전호근의 견해를 참조할 만하다.

27) 원문의 '부지기수씨지자不知其誰氏之子'를 번역한 것인데, 이 대목은《노자》 4장의 "나는 [도가] 누구의 아들인지 알지 못하지만, 조물주보다는 먼저 있었으리라[吾不知誰之子, 象帝之先]."라는 문장을 비교해 읽어야 한다.

28) 이 부분은《사기》〈노자한비열전〉에서 "군자는 이름다운 덕을 지니고 있지만, 모양새는 어리석은 것처럼 보인다고 했소. 그대의 교만과 지나친 욕망, 위선적인 모습과 지나친 야심을 버리시오[君子盛德, 容貌若愚, 去子之驕氣與多欲, 態色與淫志]."라고 한 문장과 함께 읽어볼 만하다.

29) 원문의 '축연개용문왈蹙然改容問曰'을 번역한 것으로, 비슷한 표현이 〈덕충부〉 편 5.2의 '축연개용경모왈蹴然改容更貌曰'로 나온다. 또한 '축연蹴然'은 앞에서 여러 번 나왔는데, 〈대종사〉 편 6.7에도 나오며, 〈응제왕〉 편 7.4의 '축연蹴然'에 대해 육덕명이 '축연'을 '얼굴빛을 고치는 모습[改容之貌]'으로 풀이한 것을 참고해서 볼 만하다. 물론 이 장에서는 '축연蹙然'으로 쓰여 있는데, 성현영은 '놀라고 두려워하는 모양[驚恐貌]'으로 풀이했으니, '축연蹴然'의 뜻과 크게 다르지 않다고 보아도 무리가 없다.

해서인가? 은혜를 베풀어 환심을 사는 것은 평생의 부끄러움이니, 보통 사람의 행동도 이것보다는 나을 뿐이다. 명성으로 서로 유인하고 사사로움으로 서로 모여드니, 요임금을 칭찬하고 걸왕을 비난하는 것보다는 차라리 둘 다 잊고 그것을 칭찬하는 것조차 없애는 것이 낫다.

본성을 어기는 것은 손상이 아닌 것이 없고, [유위有爲로] 행동하는 것은 사악함이 아닌 것이 없다. 성인은 머뭇거리면서 일을 일으키기 때문에 매번 성공하는 것인데, 어찌할 것인가, 그대의 행동[31]은 끝내 내세워 자랑만 하고 있을 뿐이니!"

老萊子之弟子出取薪, 遇仲尼, 反以告, 曰: "有人於彼, 修上而趨下, 末僂而後耳, 視若營四海, 不知其誰氏之子?"

老萊子曰: "是丘也. 召而來."

仲尼至. 曰: "丘! 去汝躬矜與汝容知, 斯爲君子矣."

仲尼揖而退, 蹙然改容而問曰: "業可得進乎?"

老萊子曰: "夫不忍一世之傷而驁萬世之患, 抑固窶邪, 亡其略弗及邪?

30) 원문의 '오驁'를 번역한 것으로 '준마', '오만하다', '깔보다' 등의 뜻이 있는데, 성현영이 "만세에 준마가 쉬지 않고 내달리게 하는 것을 말하니, 또한 이것은 분주히 달린다는 뜻이다[云使萬代驅驁不息, 亦是奔馳之義也]."라고 풀이한 것을 참조해서 볼 만하다.

31) 원문의 '재載'를 번역한 것으로, 김학주는 '행동'의 뜻으로 보았고, 김창환도 비슷한 풀이로 '사事'의 뜻과 통하여 '행실'이라는 뜻으로 풀이했다. 안병주·전호근도 '일을 잘해 나간다'라는 뜻으로 보았는데, 나면도의 "'재'는 '행하다'와 같다[載, 猶行也]."라는 풀이에 근거한 것으로 역자 역시 이 해석들을 참고하여 번역했다. 한편 안동림은 '인의仁義의 자취를 싣고'라는 완육승의 설을 취하여 번역했으며, 아울러 《장자점감莊子點勘》에서 오여륜吳汝綸이 《회남자》에 나오는 '거재去載'의 뜻이고, '거재'란 곧 '허虛'의 뜻이라고 풀이한 설을 소개했으니, 참조할 만하다.

惠以歡爲驁, 終身之醜, 中民之行進焉耳, 相引以名, 相結以隱. 與其譽堯而非桀, 不如兩忘而閉其所非譽. 反无非傷也, 動无非邪也. 聖人躊躇以興事, 以每成功. 奈何哉其載焉終矜爾!"

갓난아이가 나중에 말을 할 수 있는 이유 26.6

송나라 원군元君[32]이 한밤중이 되어 꿈을 꾸었는데, [어떤] 사람이 머리카락을 풀어 헤치고 곁문 쪽을 엿보며 말했다.

"저는 재로宰路라는 연못에서 왔습니다. 제가 [신神] 청강淸江을 위해 하백河伯[33]이 있는 곳에 사신으로 갔는데, 고기 잡는 사람인 여저余且[34]가 저를 잡았습니다."

원군이 [꿈에서] 깨어나 사람을 시켜 이를 점치게 했더니, [그가] 말했다.

"이것은 '신령스러운 거북'입니다."

원군이 말했다.

"고기 잡는 사람 중에서 여저라는 자가 있는가?"

좌우의 신하들이 말했다.

"있습니다."

원군이 말했다.

"여저를 조회에 들게 하라."

---

32) 전국시대 후기의 군주로, 〈전자방〉 편 21.7에 나온 인물이다.

33) '하수河水의 신[河神]'으로(성현영 설), 〈추수〉 편 17.1에 나온다.

34) 성이 여余이고 이름이 저且이며, '물고기를 잡는 사람[捕魚之人]'(성현영 설), 즉 어부이다. 《사기》 〈귀책열전〉에는 '예저豫且'로 되어 있는데, 동일 인물로 추정된다.

다음 날 여저가 조회에 나오니, 원군이 말했다.

"고기잡이하다가 무엇을 잡았는가?"

[여저가] 대답했다.

"제 그물에 흰 거북이 잡혔는데, 그 둘레가 다섯 자나 됩니다."

원군이 말했다.

"그대의 거북을 바쳐라."

거북이 이르자 원군은 다시 그것(거북)을 죽이려고 하다가 다시 그것을 살릴까 하면서, 마음에 의심이 생겨 점을 치게 했더니, "거북을 죽여 점치면 길할 것이다."라고 했다.

마침내 거북의 배를 갈라서 일흔두 번[35]이나 구멍을 뚫어[36] 점쳤는데 잘못된 점괘가 없었다[37].

중니가 말했다.

"신령스러운 거북이 원군의 꿈에 나타났으나 여저의 그물을 피할 수가 없었고, 지혜는 일흔두 번이나 구멍을 뚫어 점을 쳐도 잘못된 점괘가 없었지만 내장을 가르는 환난을 피할 수 없었다. 이와 같다면 지혜로움도 곤란한 바가 있게 되고, 신령스러움도 미치지 못하는 바가 있다.

비록 지극한 지혜를 가지고 있어도 만 명의 사람이 그를 해칠 수

35) '일흔두 번[七十二]'이라 한 것은 1년 365일을 오행五行의 5로 나눈 수로 보아 여러 가지 의미를 상징한다고 볼 수 있지만, '많은 수효'로 보는 것이 무난하다(안병주·전호근 설).

36) 원문의 '찬鑽'을 번역한 것으로 사마표는 "'찬'은 점치는 것을 명하는 것으로, 점치는 일을 가지고 불로 굽는 것이다[鑽, 命卜, 以所卜事而灼之]."라고 풀이했다.

37) 원문의 '무유책无遺筴'을 번역한 것으로, '책筴'은 '책策'과 통한다. '유책遺筴'은 곧 잘못된 점괘를 말하므로, '무유책'이란 점괘가 모두 들어맞음을 가리킨다.

있으며, 물고기는 그물을 두려워하지 않고 물새[38]를 두려워하니 작은 지혜를 버리면 큰 지혜가 밝아지고, 선함을 버리면 저절로 선함이 드러난다. 갓난아이는 태어나서 훌륭한 스승 없이 말을 할 수 있으니, 말을 할 수 있는 자와 더불어 지내기 때문이다."

宋元君夜半而夢人被髮窺阿門, 曰: "予自宰路之淵, 予爲淸江使河伯之所, 漁者余且得予."

元君覺, 使人占之, 曰: "此神龜也."

君曰: "漁者有余且乎?"

左右曰: "有."

君曰: "令余且會朝."

明日, 如此朝. 君曰: "漁何得?"

對曰: "且之網得白龜焉, 其圓五尺."

君曰: "獻若之龜."

龜至, 君再欲殺之, 再欲活之, 心疑, 卜之, 曰: "殺龜以卜, 吉." 乃刳龜以卜, 七十二鑽而无遺筴.

仲尼曰: "神龜能見夢於元君, 而不能避余且之網. 知能七十二鑽而无遺筴, 不能避刳 腸之患. 如是, 則知有所困, 神有所不及也. 雖有至知, 萬人謀之. 魚不畏網而畏鵜鶘. 去小知而大知明, 去善而自善矣. 嬰兒生无石師而能言, 與能言者處也."

---

38) 원문의 '제호鵜鶘'를 번역한 것으로 일종의 '물새[水鳥]'인데, '사다새[淘河]'라고도 불린다(육덕명 설).

쓸모없는 것이 쓸모가 된다 26.7

혜자가 장자에게 말했다.

"자네 말은 쓸모가 없네."

장자가 말했다.

"'쓸모없음[無用]'을 알아야 비로소 더불어 '쓸모[用]'를 말할 수 있지. 천지가 넓고 또 크지 않은 것이 아니나, 사람이 쓸모로 하는 바는 발이 닿는 곳일 뿐이네. 그렇다면 발[이 닿는 부분]을 측정하여[39) [그 둘레를] 파내서[40] 황천까지 이르게 한다면, 사람들에게 그래도 쓸모가 있겠는가?"

혜자가 말했다.

"쓸모가 없을 것이네."

장자가 말했다.

"그렇다면 쓸모없는 것이 쓸모가 된다는 것도 분명하지."

惠子謂莊子曰: "子言无用."

莊子曰: "知无用而始可與言用矣. 天地非不廣且大也, 人之所用容足耳. 然則廁足而墊之致黃泉, 人尙有用乎?" 惠子曰: "无用."

莊子曰: "然則无用之爲用也亦明矣."

39) 원문의 '측족廁足'을 번역한 것으로, '측廁'은 '측정하다[側]'의 뜻으로(성현영 설), '측側'은 '측測' 자와 통한다.

40) 원문의 '점墊'을 번역한 것으로, 사마표와 최선, 성현영 등의 풀이대로 '파다[掘]'의 뜻으로 보면 타당하다. 사마표는 '내리다[下]'의 뜻도 부기했는데, 이와 연계해서 김학주는 '깎아내리는 것'으로 풀이했다. 한편 '참塹'으로 쓰인 판본도 있는데, 뜻은 통한다.

지인은 나아감을 멈추지 않는다 26.8

장자가 말했다.

"사람이 노닐 수 있다면 또한 노닐지 않을 수 있겠는가? 사람으로서 노닐 수 없다면 또한 노닐 수 있겠는가? 무릇 흘러 다니면서 은둔하려는 뜻과 세속을 떠나려는 행동[41]이란, 아! 아마도 지극한 지혜와 두터운 덕을 지닌 이가 할 일은 아닐 것인저! 넘어지고 떨어져도 돌이키지 않고, 불타오르듯 치달려도[42] 돌아보지 않으니, 비록 서로 군주가 되고 신하가 된다고 하더라도 한때인 것이다. 세상이 바뀌면 서로 낮추어볼 수 없다.

그러므로 '지인至人은 나아감을 멈추지 않는다.'라고 말하는 것이다. 무릇 옛날을 높이고 지금을 낮게 여기는 것은 배우는 자들의 잘못[43]이다. 게다가 희위씨의 잘못으로 지금의 세상을 보면 그 누가 치우치지 않을[44] 수 있겠는가? 오직 지인만이 세속에 노닐면서도 치우치지 않고, 남을 따르면서도 자기를 잃어버리지 않는다. 저 가

41) 원문의 '결절지행決絶之行'을 번역한 것으로, 성현영은 "흘러 다니며 방탕하게 만물을 좇고, 도망하고 은둔하여 돌아오지 않는 것이다[流蕩逐物, 逃遯不反]."라고 보았고, 임희일은 "세상과는 분명하게 자처하여 다르게 하려는 것이다[與世判然自異也]."라고 풀이했다.

42) 원문의 '화치火馳'를 번역한 것으로 '불타오르듯 치달린다'의 뜻이다. 〈천지〉편 12.5에도 "게다가 지혜를 존숭하여 불타오르듯 치달리고[方且尊知而火馳]"라는 문장이 나오는데, 참조해서 볼 만하다.

43) 원문의 '유流'를 번역한 것으로 "'과過'와 같다."라고 한 설(왕수민)에 의거해 번역했다.

44) 원문의 '불파不波'를 번역한 것으로, 왕수민 설을 참조하여 번역한 것이다. 한편, 왕선겸은 '파波'를 '동動' 자의 뜻과 통한다고 보았는데, 안동림은 이 설을 소개하고 '희위씨의 무리도 오늘날에 와서 보면 그 파도에 따르려 할 것이라는 뜻'이라고 부연했다.

르침을 배우지 않더라도 뜻을 이어서 저와 같이 하지는 않는다."

莊子曰: "人有能遊, 且得不遊乎? 人而不能遊, 且得遊乎? 夫流遁之志, 決絶之行, 噫, 其非至知厚德之任與! 覆墜而不反, 火馳而不顧, 雖相與爲君臣, 時也, 易世而无以相賤. 故曰至人不留行焉.

夫尊古而卑今, 學者之流也. 且以狶韋氏之流觀今之世, 夫孰能不波, 唯至人乃能遊於世而不僻, 順人而不失己. 彼教不學, 承意不彼."

감각과 본능을 떨쳐내라 26.9

눈이 잘 보이는 것을 '명明'이라 하고, 귀가 잘 들리는 것을 '총聰'이라 하며, 코가 예민한 것을 '전顫'이라 하고, 입이 예민한 것을 '감甘[45]'이라 하며, 마음이 잘 통하는 것을 '지知'라 하고, 지혜가 잘 통하는 것을 '덕德'이라 한다.

무릇 도는 막히는 것을 바라지 않으니, 막히면 목이 메고, 목이 멘 것이 그치지 않으면 어긋나며, 어긋나면 여러 가지 폐해가 생긴다.

만물 가운데 지각이 있는 것들은 호흡에 의지해서 사는데, 그것(호흡)이 활발하지 못한 것은 하늘의 죄가 아니다. [하늘은] 밤낮으로 멈춤이 없는데 사람이 도리어 그 구멍을 막는다. 부엌[46]에는 여러 겹의 넓은 공간이 있고, 마음속에는 천연의 노닐 곳이 있다. 방 안에 빈 공간이 없으면 며느리와 시어머니가 다투게 되고, 마음속에

45) 원문의 '감甘'에 대해 마쉬룬은 '감苷'의 가차자로 보았다.

46) 원문의 '포胞'를 번역한 것으로, 마쉬룬은 '포庖'의 가차자로 보았는데, 부엌 사이에 비교적 넓은 곳이 있다고 보는 설도 있다.

천연의 노닐 곳이 없으면 여섯 가지 감정[47]이 서로 다투게 된다. 큰 숲과 언덕, 산이 사람에게 있어 좋은 까닭은 역시 정신이라는 것이 [여유 없는 좁은 공간에서는 여섯 가지 감정을] 이겨내지 못하기 때문이다.

目徹爲明, 耳徹爲聰, 鼻徹爲顫, 口徹爲甘, 心徹爲知, 知徹爲德. 凡道不欲壅, 壅則哽, 哽而不止則跈, 跈則衆害生. 物之有知者恃息, 其不殷, 非天之罪. 天之穿之, 日夜无降, 人則顧塞其竇. 胞有重閬, 心有天遊. 室无空虛, 則婦姑勃谿. 心无天遊, 則六鑿相攘, 大林丘山之善於人也, 亦神者不勝.

덕과 명성의 상관관계 26.10

덕은 명예욕에서 넘치게 되고, 명성은 [남에게] 드러냄에서 넘치게 되며, 계략은 급박함에서 꾸며지고, 지혜는 다툼에서 나온다. 일이 막히는 것은 [관습을] 지키려는 데서 생기고, 관청의 일은 뭇사람의 마땅함에서 성과를 낸다.

봄비가 때맞춰 내리면 초목이 힘차게 자라니, 밭 갈고 김매는 것이 여기에서 비롯되어 가꾸는데, 풀과 나무는 도리어 번식하는 것이 절반 이상인데도 그 까닭을 알지 못한다.

고요히 있으면 병을 고칠 수 있고, 눈가를 지압하면[48] 노화를 방지할 수 있으며, 편안하면 조급함을 멈추게 할 수 있다. 비록 그렇

---

47) 원문의 '육착六鑿'을 번역한 것으로, '착鑿'은 '구멍[孔]'이다. 즉 '육착'은 '육근六根'과도 같은데(성현영 설), 사람 몸의 눈·코·입·귀·몸·뜻과 같은 여섯 가지 감각기관을 말한다. 사마표는 '육정六情'이라고 보았다.

지만 이와 같은 것은 [심신을] 수고롭게 하는 자들이나 하는 일이고, [심신을] 편안히 하는 자는 일찍이 지나가면서도 물어보지 않는다.

성인聖人이 천하를 놀라게 하는 방법을 신인神人은 일찍이 지나가더라도 묻지 않고, 현인賢人이 세상을 놀라게 하는 방법을 성인은 일찍이 지나가더라도 묻지 않으며, 군자가 나라를 놀라게 하는 방법을 현인은 일찍이 지나가더라도 묻지 않고, 소인이 시세에 맞추는 방법을 군자는 일찍이 지나가더라도 묻지 않는다.

德溢乎名, 名溢乎暴, 謀稽乎誸, 知出乎爭, 柴生乎守, 官事果乎衆宜. 春雨日時, 草木怒生, 銚鎒於是乎始修, 草木之到植者過半而不知其然. 靜然可以補病, 眥㓕可以休老, 寧可以止遽. 雖然, 若是, 勞者之務也, 佚者之所未嘗過而問焉. 聖人之所以駴天下, 神人未嘗過而問焉. 賢人所以駴世, 聖人未嘗過而問焉. 君子所以駴國, 賢人未嘗過而問焉. 小人所以合時, 君子未嘗過而問焉.

의도와 상반된 결과 26.11

[송나라의 성문인] 연문演門에 어버이를 잃은 자가 있었는데, [상을] 잘 치러 수척해진 것으로 벼슬을 받아 관청의 우두머리가 되자, 그

48) 원문의 '자멸眥㓕'을 번역한 것으로, '자眥'는 '눈꼬리'이고, '멸㓕'은 '멸搣'의 가차자로(마쉬룬 설), '주무르다', '지압하다'의 의미다. 육덕명의 풀이에 의하면, '멸搣'은 '안按' 또는 '마摩'의 뜻으로 보아 "두 손으로 눈과 눈 주변을 누르고 문지르는 것과 비슷한 것을 말한다[似謂以兩手按摩目眥]."라고 보았는데, 참조할 만하다. 한편 안병주·전호근은 '자멸' 두 글자를 합하여 '지압'의 뜻으로 보았다. 김학주는 '자眥'가 '전揃'으로 된 판본도 있다고 소개했으며, "'안마按摩'와 비슷한 양생법"이라고 풀이했다.

마을에서 수척해진 자가 절반이나 되었다. 요임금이 허유에게 천하를 넘겨주려고 하니 허유는 달아났고[49], 탕왕이 무광務光에게 넘겨주려고 하니 무광은 성을 냈다.[50] 기타紀他는 이것을 듣고 제자들을 거느리고 관수窾水에 숨어 지냈다. 제후들이 그를 위문했는데, 삼 년 만에 신도적申徒狄은 이로 인해 강물에 빠져 죽었다.

演門有親死者, 以善毁爵爲官師, 其黨人毁而死者半. 堯與許由天下, 許由逃之. 湯與務光, 務光怒之, 紀他聞之, 帥弟子而踆於窾水, 諸侯弔之, 三年, 申徒狄因以踣河.

물고기를 잡으면 통발을 잊는다 26.12

통발은 물고기를 잡기 위한 것이니, 물고기를 얻게 되면 통발은 잊어버린다. 올가미는 토끼를 잡기 위한 것이니, 토끼를 얻게 되면 올가미는 잊어버린다. 말이라는 것은 뜻을 전하기 위한 것이니, 뜻을 전하게 되면 말은 잊어버린다. 나는 어떻게 말을 잊은 사람을 만나 그와 이야기하게 될 것인가!

筌者所以在魚, 得魚而忘筌. 蹄者所以在兎, 得兎而忘蹄. 言者所以在意, 得意而忘言. 吾安得夫忘言之人而與之言哉!

---

49) 요임금과 허유의 이야기는 〈소요유〉 편 1.7에도 나온다.

50) 탕왕과 무광의 이야기는 〈양왕〉 편 28.16에도 나온다. 무광에 대해서는 〈대종사〉 편 6.1에 자세하다.

제27편

우언寓言

밖에서 빌려와 논하다

【해설】

《장자》의 자서自序라는 평가를 받는 이 편은 제목을 맨 앞 두 글자에서 따왔다. 1장에서 우언寓言, 중언重言, 치언卮言 등에 관해 설명하면서 시비를 초월한 유유자적의 경지를 강조한 점이 꽤 인상적이다. 우언은 '밖에서 빌려와 논하는 것'이라는 개념으로, 사람이나 사물에 기탁하여 우회적으로 자신의 견해를 드러내는데, 《장자》의 대부분을 차지하는 글쓰기 방식이다. 중언은 역사적으로 권위 있고 중요한 사람의 말을 빌려 자신의 견해를 뒷받침하고 합리화하는 말로서 주로 이해관계에 있는 상대방과의 논쟁에서 우위를 점하기 위한 수법으로 활용된다. 치언은 사람과 사물과 때와 곳에 따라 주장을 자유자재로 펼치는 것으로 횡설수설하여 앞뒤가 전혀 맞지 않는 말이지만, 편견과 고정관념을 비판하므로 진실에 가까울 수 있고, 무심한 경지에서 나오는 말이라고 할 수 있다.

2장은 혜자의 궤변에 대한 장자의 공격인데, 특이하게 공자에 대한 추앙의 정서를 보여주고 있다. 일부 문장은 〈칙양〉 편에서 나온 것으로 주어만 거백옥이 공자로 바뀌었다. 이어서 공자가 증자의 벼슬에 대해 논평한 3장은 효자로 이름난 증자도 녹봉이라는 외부의 이익에 사로잡혔다는 점을 염두에 두고 볼 만하다. 4장은 안성자유가 동곽자기에게 삶과 죽음, 그리고 귀신에 대해 묻고 있고, 옅은 그림자 이야기를 다룬 5장의 '망량문영罔兩問影' 부분은 인간의 행동과 만물의 작용이 근원을 알기 힘듦을 다루고 있다. 〈제물론〉 편의 해당 부분과 비슷하면서도 여기서 좀 더 상세하게 다루어지고 있다는 점이 차별되며, 장자가 말하고자 하는 지인至人의 삶의 방식을 드러내고 있다. 맨 마지막 장에서는 도를 배우려면 겸양을 배우는 것이 우선시되어야 한다고 강조한다. 내용 전개가 〈외물外物〉 편의 노래자와 중니의 문답과 유사하다.

〈외물〉 편 마지막 장의 첫 구 "전자소이재어筌者所以在魚"가 이 편의 첫 장이 되어야 한다고 주장한 요내의 발언도 있듯이, 이 편 사상의 근본 취지가 다른 편명들인 〈지락至樂〉, 〈달생達生〉, 〈산목〉 편 등과 연관성이 깊기도 하다.

말을 하지 않으면서 말하기 27.1

우언寓言[1]은 열 가지 가운데 아홉이고, 중언重言[2]은 열 가지 가운데 일곱이며, 치언巵言[3]은 날마다 나오지만 자연의 도[天倪]로써 조화된다.

우언은 열 가지 가운데 아홉이니 밖에서 빌려와 그것을 논하는 것이다. 친아버지는 그의 자식을 위해 중매 서지 않으니, 친아버지가 자식을 칭찬하는 것이 아버지 아닌 자가 하는 것만 못하기 때문이다. [이는] 내 잘못이 아니라 다른 사람의 잘못이다. [사람들은] 자기와 같으면 따르고, 자기와 같지 않으면 반대한다. 자기와 같으면[4] 그것이 옳다고 하고, 자기와 다르면 그르다고 한다.

중언은 열 가지 가운데 일곱인데 [왈가왈부하는] 말을 그치게 하는 것이니, 이는 나이 쉰이나 예순 살 정도의 나이가 많은 사람[5][의 말씀]으로 삼지만, 나이가 앞섰더라도 일의 경위와 본말[6]이 없는 연

1) '우언'에 대해 성현영은 "'홍몽鴻蒙', '운장雲將', '견오肩吾', '연숙連叔' 등의 부류[鴻蒙雲將肩吾連叔之類]"를 말한다고 보았다.

2) '중언'에 대해 성현영은 "'중언'이란 나이 많은 어른으로서 고향 마을에서 존중하는 자로, 노인의 말을 열에 일곱은 믿는다는 것과 같다[重言, 長老鄕閭尊重者也, 老人之言, 猶十信其七也]."라고 보았고, 임희일은 "옛사람의 이름을 빌려 스스로를 무겁게 한 것이니, '황제', '신농', '공자'와 같은 자가 이것이다[借古人之名以自重, 如黃帝神農孔子是也]."라고 보았다.

3) '치언'에서 '치巵'는 "가득 차면 기울고, 텅 비면 우러러본다[滿則傾, 空則仰]."(곽상 설)라는 풀이처럼 앞뒤가 일정하지 않은 것을 말한다. 성현영은 곽상 설에 부연하여 '술 그릇[酒器]'으로 풀이했다. 즉, 술잔을 가득 채우면 기울고, 비우면 바로 선다는 의미로 본 것이다. 그리고 사마표는 "온전하지 못하고 앞뒤가 없는 말[支離無首尾言]"로 풀이했다.

4) 원문의 '동어기위同於己爲'를 번역한 것으로, '위爲'는 '즉則' 자와 같다고 풀이한 왕인지의 해석이 일리가 있다.

로한 자를 기약하는 것으로써 하는 것은 앞선 것이 아니다.

사람이면서 남보다 앞서지 못한 것은 사람의 도리가 없는 것이고, 사람이면서 사람의 도리가 없으면 이런 사람을 '진부한 사람[陳人]'[7]이라고 말한다.

치언은 날마다 나오니 자연의 도[天倪]로써 조화롭게 하여 무심하게 따르니 [자연의] 타고난 수명을 다하는 방법[8]이다. 말을 하지 않으면 가지런하고, 가지런한 것이 [다른] 말과 함께하면 가지런하지 못하고, 말은 가지런한 것과 함께해도 가지런하지 못하다.

그러므로 '말에 말이 없다'고 말하는 것이다. 말에 말이 없으면 죽을 때까지 말해도 일찍이 말하지 않은 것이고, 죽을 때까지 말하지 않더라도 일찍이 말하지 않은 것이 아니다.

스스로 소유한 것으로 '옳다'고 하고, 스스로 소유한 것으로 '옳지 않다'고 하며, 스스로 소유한 것으로 '그렇다'고 하고, 스스로 소유한 것으로 '그렇지 않다'고 하니, 어찌 그러한가? 그런 것을 그렇다고 한다. 어찌 그렇지 않은가? 그렇지 않은 것을 그렇지 않다고

---

5) 원문의 '기애耆艾'를 번역한 것으로, '기耆'는 예순 살, '애艾'는 쉰 살의 나이 든 사람을 지칭한다. 《예기禮記》〈曲禮곡례〉 편에 다음과 같은 기록이 참조할 만하다. "쉰 살을 '애'라 말하니, 관청의 정사에 복무하고, 예순 살을 '기'라 말하니, [일을] 지시하고 부린다[五十曰艾, 服官政, 六十曰耆, 指使]."

6) 원문의 '경위본말經緯本末'을 번역한 것으로, 역자는 축자역했는데 '영원불멸[不朽]한 사람'을 지칭한다고 풀이한 왕수민의 설이 있다. 한편, 안병주·전호근은 "말의 줄거리와 순서"라고 풀이했고, 안동림은 "올바른 사리와 순서"라고 번역했는데 참조할 만하다.

7) 원문의 '진인陳人'을 번역한 것으로, 곽상은 "다만 진부하고 오래된 사람일 뿐이다[直是陳久之人耳]."라고 풀이했다.

8) 원문의 '소이궁년所以窮年'를 번역한 것으로, '궁년窮年'이란 '타고난 수명을 다한다'는 것으로 '천년天年'과 같은 뜻으로 보면 무방하다. '천년天年'은 〈인간세〉, 〈대종사〉 편 등에서도 나온다.

한다. 어찌 옳은가? 옳은 것을 옳다고 한다. 어찌 옳지 않은가? 옳지 않은 것을 옳지 않다고 한다.

사물에는 본래 그러한 바가 있고, 사물에는 본래 옳은 바가 있으며, 사물에는 그렇지 않은 것이 없고, 사물에는 옳지 않은 것이 없다.

치언이 날마다 나오는데 자연의 도[天倪]로써 조화롭지 않으면 누가 오래 할 수 있겠는가! 만물은 모두 종種이 있고, 같지 않은 형체[形]로 서로 바뀐다. 처음과 마지막은 고리와 같아서 그 차례를 알 수 없으니, 이를 '자연의 균형[天均][9]'이라고 말한다. 자연의 균형이 '자연의 도[天倪]'이다.

寓言十九, 重言十七, 巵言日出, 和以天倪.

寓言十九, 藉外論之. 親父不爲其子媒. 親父譽之, 不若非其父者也. 非吾罪也, 人之罪也. 與己同則應, 不與己同則反. 同於己爲是之, 異於己爲非之.

重言十七, 所以已言也, 是爲耆艾. 年先矣, 而无經緯本末以期年耆者, 是非先也. 人而无以先人, 无人道也. 人而无人道, 是之謂陳人.

巵言日出, 和以天倪, 因以曼衍, 所以窮年. 不言則齊, 齊與言不齊, 言與齊不齊也, 故曰言无言. 言无言, 終身言, 未嘗不言. 終身不言, 未嘗不言. 有自也而可, 有自也而不可. 有自也而然, 有自也而不然. 惡乎然? 然於然. 惡乎不然? 不然於不然. 惡乎可? 可於可. 惡乎不可? 不可於不可. 物固有所然, 物固有所可, 无物不然, 无物不可. 非巵言日

9) 원문의 '천균天均'을 번역한 것으로 '자연스럽게 고르고 평평해지는 이치[自然均平之理]'를 말한다(성현영 설). 〈제물론〉 편 2.9과 〈경상초〉 편 23.3에서는 '천균天鈞'으로 나온다.

出, 和以天倪, 孰得其久! 萬物皆種也, 以不同形相禪, 始卒若環, 莫得其倫, 是謂天均. 天均者天倪也.

옳고 그름과 좋고 싫음 초월하기 27.2

장자가 혜자에게 말했다.

"공자는 나이 예순 살이 지나도록 예순 번이나 변했는데, 애초에 옳다고 한 것을 마지막에 그르다고 했네. 지금 옳다고 말하는 것도 쉰아홉 해 동안 그르다고 한 것이 아닌지 알 수 없네."

혜자가 말했다.

"공자는 뜻을 부지런히 닦고 앎에 복종했지."

장자가 말했다.

"공자는 그것을 사양했으나 일찍이 그런 말을 한 적이 없었네. 공자는 '큰 근본[大本]에서 재능을 받았으니 신령스러움을 회복하여 산다면 소리 내어 울면 음률에 맞고 말하면 법도에 맞는다.'라고 말했지. 이로움과 의로움을 앞에 베풀면 좋다거나 싫다거나 옳다거나 그르다며 단지 사람들의 입을 복종시킬 따름이었네. 사람들을 끝내 마음으로써 복종하게 하여 감히 거스르지[10] 못하게 해야 천하의 안정을 확정하게 된다네. 그만두게, 그만두게! 나는 그에게 미칠 수 없을 것인저!"

莊子謂惠子曰: "孔子行年六十而六十化, 始時所是, 卒而非之, 未知今之所謂是之非五十九非也."

惠子曰: "孔子勤志服知也."

莊子曰: "孔子謝之矣, 而其未之嘗言. 孔子云:'夫受才乎大本, 復靈以生.' 鳴而當律, 言而當法, 利義陳乎前, 而好惡是非直服人之口而已矣. 使人乃以心服, 而不敢蘁立, 定天下之定. 已乎已乎! 吾且不得及彼乎!"

두 번 벼슬에 두 번 변한 증자 27.3

증자曾子는 두 번 벼슬했으나 마음이 두 번 변하여 말했다.

"내가 어버이께서 살아계시는 동안 벼슬했을 때는 [녹봉이] 삼부三釜였으나 마음이 즐거웠고, 뒤에 벼슬했을 때는 삼천 종鍾이었으나 [어버이께서] 계시지 않아서 나는 마음이 슬펐다."

제자가 중니에게 여쭈었다.

"증삼과 같은 자는 그 [이익에 눈머는] 허물에 걸릴 바가 없다고 말할 수 있겠습니까?"

[중니가] 말했다.

"이미 [허물에] 걸렸다. 걸릴 바가 없는 자는 슬픔이 있을 수 있겠

10) 원문의 '오립蘁立'을 번역한 것으로, '오蘁'는 '거스르다[逆]'와 뜻이 같다(육덕명 설). 곽상과 성현영도 '역립逆立'으로 표기하여 주석했다. 안병주·전호근은 '오忤'와 같은 자로 보고, 임희일처럼 '오립蘁立'을 붙여 읽는 견해와 마쉬룬처럼 '립立'이 잘못 쓰인 문자라는 견해도 아울러 소개했는데, 참조할 만하다. 한편 안동림은 육덕명의 해석을 취하여 '대립함'으로 풀이하고, "시是와 비非, 호好와 오惡 중 어느 한쪽을 택함으로 해서 이 대립이 생김"이라고 덧붙였다. 김학주는 '오啎'와 통한다고 보아 "밖의 사물과 반대로 대립하는 것"이라고 풀이했다.

는가? [진정 걸릴 바가 없는 자는] 저[11] 삼부나 삼천 종 보기를 마치 작은 새나 모기와 등에가 앞에서 지나가듯이 볼 것이다."

曾子再任而心再化, 曰: "吾及親仕, 三釜而心樂. 後仕, 三千鍾而不洎, 吾心悲."
弟子問於仲尼曰: "若參者, 可謂无所縣其罪乎?"
曰: "旣已縣矣. 夫无所縣者, 可以有哀乎? 彼視三釜三千鍾, 如觀鳥雀蚊虻相過乎前也."

구 년 만에 오묘함을 터득한 자 27.4

안성자유顏成子游[12]가 동곽자기東郭子綦에게 말했다.

"저는 선생님의 말씀을 들은 지 일 년이 지나자 소박하게 되었고, 이 년이 지나자 [세속을] 따르게 되었으며, 삼 년이 지나자 [남과] 통하게 되었고, 사 년이 지나자 사물처럼 [하나가] 되었고, 오 년이 지나자 [사람들이] 귀의해왔고, 육 년이 지나자 귀신이 들어왔고, 칠 년이 지나자 자연[天]이 이루어졌고, 팔 년이 지나자 죽음도 알지 못하고 삶도 알지 못하게 되었으며, 구 년이 지나자 크게 오묘해졌습니다[13]."

삶에는 작위가 있으면 죽게 된다. 공평하게 권면하는 것을[14] 그

---

11) 원문의 '피彼'를 번역한 것으로, 녹봉의 많고 적음에 얽매이지 않는 사람으로 도를 터득한 사람이다. 성현영은 "'피'는 얽매임이 없는 사람을 말한다[彼, 謂無係之人也]."라고 보았다.

12) 성은 안성顏成이고, 이름은 언偃이며, 자가 자유子游이다. 〈제물론〉 편 2.1에서 남곽자기와 상대적 인물로 나온다.

죽음으로써 하는 것은 연유하는 것이 있지만, [삶으로써 하는] 양기의 생성은 연유하는 것이 없다.

과연 그러한가? 무엇이 적합한 것인가? 무엇이 적합하지 않은 것인가? 하늘에는 역법[15]이 있고 땅에는 사람들이 의지하는 것이 있는데, 우리는 어디에서 그것을 구하겠는가? 그 끝나는 바를 알 수 없으니, 어떻게 운명이 없겠는가? 그 비롯된 바를 알지 못하니, 어떻게 운명이 있겠는가? 서로 대응함이 있으니, 어떻게 귀신이 없겠는가? 서로 대응함이 없으니, 어떻게 귀신이 있겠는가?

顏成子游謂東郭子綦, 曰: "自吾聞子之言, 一年而野, 二年而從, 三年而通, 四年而物, 五年而來, 六年而鬼入, 七年而天成, 八年而不知死, 不知生, 九年而大妙."

生有爲, 死也. 勸公, 以其死也, 有自也. 而生陽也, 无自也. 而果然乎? 惡乎其所適? 惡乎其所不適? 川有曆數, 地有人據, 吾惡乎求之? 莫知其所終, 若之何其无命也? 莫知其所始, 若之何其有命也? 有以相應也, 若之何其无鬼邪? 无以相應也, 若之何其有鬼邪?

13) 원문의 '묘妙'를 번역한 것으로, 곽상은 "훌륭함[善]"으로 보았고, 성현영은 "정밀하고 미묘함[精微]"으로 풀이했다. 여기서는 '오묘하다'로 번역했다.

14) 원문의 '권勸'을 번역한 것으로, '권勸'을 '권倦'의 가차자로 보는 설(왕수민)에 의거해 저본의 표점에 따르지 않고 "생유위生有爲, 사야死也, 권勸. 공公, 이기사야以其死也."로 번역한다면 "삶은 작위함이 있고, 죽음은 [작위함을] 쉰다. 공평하게 그 죽음으로써 한다."라고 풀이할 수 있다.

15) 원문의 '역수曆數'를 번역한 것으로, 하늘이 운행하는 법도로서 '역법'으로 번역한다.

곁그림자는 과연 지조가 없는가 27.5

모든 옅은 그림자[16)]가 그림자에게 물었다.

"너[17)]는 아까는 아래를 굽어보다가 지금은 위를 우러러보고, 아까는 머리카락을 묶었더니[18)] 지금은 풀어헤쳤으며, 아까는 앉았더니 지금은 일어났고, 아까는 걸어가더니 지금은 멈췄으니 어찌 된 것인가?"

그림자가 말했다.

"무심히 움직이는데[19)], 어째서 자잘하게 묻는가! 내게 [그러한 일들이] 있기는 해도 그 이유를 알지 못한다. 나는 매미 껍질이나 뱀 허물과 비슷하면서도 아니다. 불이나 해에는 내가 머물고, 그늘이나 밤에는 내가 교대한다.

저 [불이나 해와 같은] 것이 내가 기대고 있는 것인가? 하물며 기댐이 없는 것들은 어떻겠는가! 저것이 오면 나도 저것과 함께 오고, 저것이 가면 나도 저것과 함께 간다. 저것이 굳세게 움직이면 나도

---

16) 원문의 '중망양衆罔兩'을 번역한 것으로 '망양罔兩'은 '그림자 밖의 희미한 그늘[影外微陰]'이다. 〈제물론〉 편 2.16에도 '옅은 그림자[罔兩]'에 대한 이야기가 나온다. 한편 안동림은 '중衆' 자가 '많다'는 뜻으로 의인화의 표현이라고 보아 '중망량'으로 번역했는데, 참조할 만하다.

17) 원문의 '약若'을 번역한 것으로 '너[汝]'와 뜻이 통한다(성현영 설).

18) 원문의 '괄촬括撮'을 번역한 것으로 '괄括'과 '촬撮'은 모두 '머리카락을 묶다'의 뜻으로 '괄'에 대해 사마표는 "머리카락을 매다[括髮]"라고 보았고, '촬撮'에 대해 성현영은 "머리카락을 묶다[束髮]"라고 풀이했다.

19) 원문의 '수수야搜搜也'를 번역한 것으로, '수수搜搜'는 '무심하게 움직이는 모양[無心運動之貌]'이다(성현영 설). 한편 안동림은 도홍경陶鴻慶의 설을 취하여 '수搜'는 '소謏'로 읽어야 하며 '구구區區'의 뜻과 같다고 보아 '구구하게'로 번역했으며, 김학주는 '잗다란 모양[叟叟]'으로 풀이했다. '흔들흔들 움직이다'라고 해석하기도 한다(안병주·전호근 설).

저것과 함께 굳세게 움직이는데, 굳세게 움직이는 것에 또 무엇을 물을 것이 있겠는가!"

衆罔兩問於影曰: "若向也俯而今也仰, 向也括撮[20]而今也被髮, 向也坐而今也起, 向也行而今也止, 何也?"

景曰: "搜搜也, 奚稍問也! 予有而不知其所以. 予, 蜩甲也, 蛇蛻也, 似之而非也. 火與日, 吾屯也. 陰與夜, 吾代也. 彼吾所以有待邪? 而況乎以无有待者乎! 彼來則我與之來, 彼往則我與之往, 彼强陽則我與之强陽. 强陽者又何以有問乎!"

여관의 숙박객들이 다툰 이유 27.6

양자거陽子居[21]가 남쪽으로 패沛 땅에 갔더니, 노담은 서쪽으로 진秦나라에서 노닐었다. [양자거는] 교외에서 마중했는데 양梁에 이르러 노자를 만났다. 노자는 길을 가다가 하늘을 우러러보며 한탄하면서 말했다.

"처음에는 그대를 가르칠 만하다고 생각했는데, 지금은 그럴 수가 없겠다."

양자거가 대답하지 못하고 객사에 이르러 대야와 헹굴 물과 수건과 빗을 바치고는 신발을 문밖에 벗어두고 무릎으로 기어가 앞

20) 원문의 '촬撮'은 '머리카락을 묶다[束髮]'라는 의미다(성현영 설). 엄밀히 따지면 《장자집석》에 "向也括〔撮〕而今也被髮"으로 되어 있는데, '촬撮' 자가 빠져 있어서 장군방張君房 본에 따라 교열한 곽경번의 주석을 참조한 것이다.

21) 성은 양楊이고, 이름은 주朱이며, 자가 자거子居이다(성현영 설). 〈응제왕〉 편 7.4에 나왔고, 내용이 비슷하다.

에서 말했다.

"조금 전에는 제자로서 선생님께 [가르침을] 청하고자 했으나 선생님께서 가시느라 틈이 없으시기에 감히 여쭤보지 못했습니다. 지금은 틈이 있으시니 그 허물을 여쭤보고자 합니다."

노자가 말했다.

"그대는 눈을 부릅뜨[고 얕잡아보]니[22] 누구와 함께 할 수 있겠는가? 명백히 흰 것은 더러운 것 같고, 성대한 덕은 부족한 것처럼 보이는 법이다."

양자거는 깜짝 놀라 얼굴빛을 바꾸고서 말했다.

"공경하여 가르침을 듣겠습니다!"

양자거가 [처음 객사에] 갔을 때는 [얕잡아보는 태도라서] 손님들이 나와 맞이하고, 객사 주인은 자리를 들고 오며, [객사 주인의] 아내는 수건과 빗을 가져다주고, 손님들은 자리를 피하고, 불 쬐던 자들은 부뚜막을 양보하여 피할 정도였는데, 그가 돌아갈 때는 손님들이 그와 자리를 다투었다.

陽子居南之沛, 老聃西遊於秦, 邀於郊, 至於梁而遇老子. 老子中道仰天而歎曰: "始以汝爲可教, 今不可也."

陽子居不答. 至舍, 進盥漱巾櫛, 脫屨戶外, 膝行而前曰: "向者弟子欲請夫子, 夫子行不閒, 是以不敢. 今閒矣, 請問其過."

老子曰: "而睢睢盱盱, 而誰與居? 大白若辱, 盛德若不足."

22) 원문의 '휴휴우우睢睢盱盱'를 번역한 것으로 '휴睢'와 '우盱'는 '눈을 부릅뜨다'라는 뜻인데, 성현영이 '조급하여 위엄 있고 권위적인 모양[躁急威權之貌]'이라고 풀이한 것을 참조할 만하다.

陽子居蹴然變容曰: "敬聞命矣!"

其往也, 舍者迎將, 其家公執席, 妻執巾櫛, 舍者避席, 煬者避竈. 其反也, 舍者與之爭席矣.

제28편

양왕讓王

왕의 자리를 양보하다

【해설】

이 편은 제목에서 보듯 요임금이 허유에게 천하를 양보하는 이야기를 시작으로, 천자라는 자리보다 생명이 더 중요하다는 점을 강조하고 있다. 〈소요유〉 편과 〈외물〉 편에 거의 비슷하게 나온 것인데, 이런 기본적인 논조는 3장까지 이어진다. 이 편은 제목과 전체적인 흐름이 잘 맞지 않는다. 즉, 제목과 달리 양생 문제가 주요한 내용으로 보인다. 세속의 부귀보다는 은둔과 양생을 통한 삶의 영위를 주장하는 내용이 많다. 요임금과 허유의 이야기를 다룬 1장의 내용이나 8장의 내용은 《여씨춘추呂氏春秋》〈귀생貴生〉 편에도 나온다.

4장은 한순간의 이익에 탐닉하지 말라는 메시지를 던지고 있고, 5장은 군주라는 자리가 주는 중압감을 다루고 있으며, 6장은 자화자의 입을 통해 몸이 천하보다 중요하다고 한다. 7장은 생명과 구슬의 상관성을 다루고 있고, 8장은 굶주린 열자가 왜 곡식을 사양했는지 그 이유가 설명되어 있다.

9장은 양 도살꾼이 끝내 상을 거절한 혜안을 보여주고 있는데, 이 장은 《여씨춘추》〈관세觀世〉 편에도 나오는 내용이다. 10장과 11장의 내용은 《한시외전韓詩外傳》에도 거의 비슷한 내용이 있으며, 14장의 공자 모이야기는 《회남자淮南子》〈도응훈道應訓〉 편에도 나온다.

12장은 공자와 제자 안회의 대화로 만족할 줄 알고 내면을 잘 수양한 자의 이야기를 하고 있고, 13장에서는 자신이 할 수 있는 만큼 실천할 것을 강조하고 있으며, 14장에서는 궁지에 몰린 공자가 편안한 모습일 수 있는 이유를 밝히고, 15장과 16장에는 순임금이 북인무택에게, 탕왕이 무광에게 각각 천하를 물려주려 하자 둘 다 자살해버린 이야기가 이어지며, 백이와 숙제가 지킨 무엇을 다룬 17장은 《여씨춘추》〈이속離俗〉 편에 나오는 것이고, 맨 마지막 장도 《여씨춘추》〈성렴誠廉〉 편에 나오는 내용이다.

결론적으로 이 편에 뒤이은 〈도척盜跖〉, 〈설검說劍〉, 〈어부漁父〉 등 네 편은 후세 사람이 써서 끼워 넣었고, 그 시각도 '천박하고 고루하다'는 의미의 '천루淺陋'라고 비판한 소동파의 견해가 어느 정도 설득력이 있다. 그러나 그 핵심 취지는 양보와 사양의 미덕을 강조하는 데 있어 소동파의 비판처럼 부정적으로만 볼 일도 아니다. 즉, 이 편의 취지는 옛것으로 현실을 풍자하는 문장들로 가득하며, 그런 면에서 단순히 피세避世 사상을 다룬 것으로만 보기에는 무리가 있다. 양주 등 넓은 의미에서의 도가 계열의 사상을 엿볼 수 있는 주요한 편으로 보아도 무리가 없으며, 이 당시 관통했던 경물중생輕物重生 사상의 흐름을 살펴볼 수 있는 편이기도 하다.

천하를 다스릴 수 있는 자격 28.1

요임금이 허유에게 천하를 양보하려 했는데, 허유가 받지 않았다. 다시 자주지보子州支父[1)]에게 양보하려 하자, 자주지보가 말했다.

"저를 천자로 삼고자 하시니 그것도 괜찮은 것 같습니다. 비록 그렇지만 저는 마침 마음에 근심의 병[2)]이 걸려 있어 그것을 막 치유하고 있으니, 천하를 다스릴 겨를이 없습니다."

무릇 천하는 지극히 중대한 것이다. 그러나 이로써 자신의 생명[3)]을 해치지는 않아야 할 것인데 또 하물며 다른 사물은 어떻겠는가! 오직 천하를 위하는 것이 없는 자만이 천하를 맡을 수 있다.

순임금이 천하를 자주지백子州支伯[4)]에게 양보하려 하자, 자주지백이 말했다.

"저는 마침 마음에 근심의 병이 걸려 있어 그것을 막 치유하고 있으니, 천하를 다스릴 겨를이 없습니다."

그러므로 천하란 큰 그릇이지만 그것을 생명과 바꾸지 않는다는 것이다. 이것이 도를 터득한 자가 세속의 사람들과 다른 까닭이다.

1) 성은 자子이고, 이름은 주州이며, 자가 지보支父이다. "도를 품은 사람으로, 은자이다[懷道之人, 隱者也]."(성현영 설).

2) 원문의 '유우지병幽憂之病'를 번역한 것으로, 임자林自는 '유우幽憂'를 "근심이 마음에 감춰져 있는 것[憂藏乎心]"이라고 보았는데, 즉 근심이 지나쳐 괴로워하는 것이다.

3) 원문의 '생生'을 번역한 것으로, '생生'을 '성性'으로 보아 '자신의 심성을 희생하는 것'이라고 풀이한 경우도 있다. 결국 심신의 양생과 도는 함께하는 것이니 '생명'이나 '심성' 모두 타당한 해석으로 보인다.

4) 앞에 나오는 '자주지보子州支父'와 같은 인물로 추정된다.

堯以天下讓許由, 許由不受. 又讓於子州支父, 子州支父曰: "以我爲天子, 猶之可也. 雖然, 我適有幽憂之病. 方且治之, 未暇治天下也." 夫天下至重也, 而不以害其生, 又況他物乎! 唯无以天下爲者, 可以托天下也.

舜讓天下於子州支伯. 子州支伯曰: "予適有幽憂之病, 方且治之, 未暇治天下也." 故天下大器也, 而不以易生, 此有道者之所以異乎俗者也.

순임금에게 천하를 받지 않은 자 28.2

순임금이 천하를 선권善卷[5]에게 양보하려 하자, 선권이 말했다.

"나는 우주 한가운데 서서 겨울에는 털가죽 옷을 입고, 여름에는 칡베 옷을 입는다. 봄에는 밭을 갈아 씨를 뿌리는데 몸이 움직여 일하기에 충분하고, 가을에는 수확하는데 몸이 쉬고 먹기에 충분하다. 해가 떠오르면 일하고, 해가 지면 쉬며, 하늘과 땅 사이를 노닐면서 마음껏 스스로 만족하고 있다. 내 어찌 천하를 다스리겠는가! 슬플지니, 당신은 나를 모르는군!"

마침내 [천하를] 받지 않고 이에 떠나 깊은 산으로 들어가니, 그가 사는 곳을 아무도 알지 못했다.

舜以天下讓善卷, 善卷曰: "余立於宇宙之中, 冬日衣皮毛, 夏日衣葛絺. 春耕種, 形足以勞動. 秋收斂, 身足以休食. 日出而作, 日入而息,

5) 성은 선善이고, 이름이 권卷이며, 은자이다(성현영 설).

逍遙於天地之間而心意自得. 吾何以天下爲哉! 悲夫, 子之不知余也!" 遂不受. 於是去而入深山, 莫知其處.

순임금의 천하 부탁을 사양한 자 28.3

순임금이 천하를 그의 친구인 석호石戶의 농부[6]에게 양보하려 했는데, 석호의 농부가 말했다.

"무척 애쓰십니다[7], 임금님이 사람을 위하는 것이. [임금님은] 수고로운 힘에 의지하는[8] 사람이로군요!"

[그는] 순임금의 덕을 지극하지 못한 것으로 여겼다. 이에 남편은 [등에] 지고 아내는 [머리에] 이고 자식들을 [손으로] 끌고서 바다[의 섬 한가운데]로 들어가 죽을 때까지 돌아오지 않았다.[9]

舜以天下讓其友石戶之農, 石戶之農曰: "捲捲乎后之爲人, 葆力之士也!" 以舜之德爲未至也, 於是夫負妻戴, 攜子以入於海, 終身不反也.

6) 원문의 '석호지농石戶之農'을 번역한 것인데, 이이가 "'석호石戶'는 땅 이름이다. '농農'은 농사짓는 사람이다[石戶, 地名也. 農, 農人也]."라고 풀이한 견해를 따랐다. 한편 김학주는 '석호지농'을 인명으로 보아, 성이 '성호'이고, 이름이 '지명'이라고 풀이했는데, 일리가 없는 것은 아니다.

7) 원문의 '권권호捲捲乎'를 번역한 것으로 '무척 애쓰는 모습'이다. 육덕명은 '힘쓰는 모양[用力貌]'으로 풀이했다.

8) 원문의 '보력葆力'를 번역한 것으로, '보葆'는 '보保'와 통한다. '수고로운 힘에 의지한다'는 뜻이다.

9) 성현영은 "큰 바다의 섬 한가운데로 들어가서 돌아오지 않는 것이다[入於大海州島之中, 往而不返也]."라고 보았다.

이익을 보고 자신을 망치지 마라 28.4

태왕단보大王亶父가 빈邠 땅에 살고 있었는데, 오랑캐가 공격해왔다. [그러자 태왕단보는] 그들에게 털가죽과 비단을 바치고 섬겼으나 [오랑캐는] 받지 않았고, 개나 말을 바치고 섬겼으나 받지 않았으며, 주옥을 바치고 섬겼으나 받지 않았다. 오랑캐가 요구하는 바는 토지였다.

태왕단보가 말했다.

"다른 사람의 형과 지내면서 그들의 동생을 살해하고, 다른 사람의 아버지와 지내면서 그들의 자식을 살해하는 것을 나는 차마 하지 못하겠다. 그대들은 함께 힘써 잘 지내보시오! 내 신하가 되는 것과 오랑캐의 신하가 되는 것이 어찌 다르겠는가! 또 내가 들으니, '부양하는데 쓰려는 토지 때문에 부양하는 사람을 해치면 안 된다.'고 한다."

이윽고 지팡이를 짚고 빈 땅을 떠났는데, 백성들이 서로 잇달아 태왕을 따라서 마침내 기산岐山 아래에 나라를 이루었다.

무릇 태왕단보는 생명을 존중하는 자라고 할 수 있다. 생명을 존중하는 자는 비록 [신분이] 귀중하고 부유하더라도 부양 때문에 [자신의] 몸을 상하게 하지 않으며, 비록 가난하고 비천하더라도 이익 때문에 [자신의] 몸을 혹사시키지[10] 않는다.

[그런데] 지금 세상 사람들은 높은 벼슬을 가진 사람들이 모두 그

10) 원문의 '누형累形'를 번역한 것으로, '몸을 수고스럽고 괴롭게 혹사하는 것'이다.

것을 잃어버릴까 중시하여 이익을 보면 가벼이 자기의 몸을 망치니 어찌 미혹된 것이 아니겠는가!

大王亶父居邠, 狄人攻之. 事之以皮帛而不受, 事之以犬馬而不受, 事之以珠玉而不受, 狄人之所求者土地也. 大王亶父曰: "與人之兄居而殺其弟, 與人之父居而殺其子, 吾不忍也. 子皆勉居矣! 爲吾臣與爲狄人臣奚以異! 且吾聞之, 不以所用養害所養." 因杖策而去之. 民相連而從之, 遂成國於岐山之下. 夫大王亶父, 可謂能尊生矣. 能尊生者, 雖貴富不以養傷身, 雖貧賤不以利累形. 今世之人居高官尊爵者, 皆重失之, 見利輕亡其身, 豈不惑哉!

군주 자리보다는 군주가 되어 생기는 환난을 싫어한 자 28.5

월나라 사람들이 삼 대나 그 군주를 시해했다.[11] 왕자 수搜가 그것을 근심하여 단혈丹穴[12]로 도망치자, 월나라의 군주가 없게 되었다. 왕자 수를 찾아보았으나 찾아내지 못하고는 그를 따라 단혈까지 갔다. 왕자 수가 나오려 하지 않으니, 월나라 사람들은 쑥으로 연기를 피워 [억지로 나오게 하고는] 군주가 타는 수레에 태웠다.

왕자 수는 [수레의] 줄을 잡고 수레에 오르면서 하늘을 우러러 소리쳐 말했다.

---

11) 《사기》〈월세가越世家〉 '색은'에 따르면, "왕자 수搜는 월왕 무전無顓이다. …… 월왕 예翳가 그의 아들에게 살해당하니, 월인들은 또 그의 아들을 살해하고 무여無餘를 군주로 세웠다. 무여가 또 피살된 뒤 무전을 세웠다." 그러므로 무전 앞의 3대 군주가 모두 피살된 역사적 사실을 염두에 둘 필요가 있다.

12) 혹자는 '무산巫山의 굴 이름'으로 추정하기도 한다.

"군주 노릇이여, 군주 노릇이여! 어찌하여 나를 가만두지 못하는가!"

왕자 수는 군주가 되는 것을 싫어한 것이 아니고, 군주가 되어 생기는 환난을 싫어한 것이다. 왕자 수와 같은 자는 나라 때문에 [자기의] 생명을 손상하지 않으려는 사람이라고 이를 만하다. 이것은 진실로 월나라 사람들이 군주로 삼으려고 한 바이다.[13]

越人三世弑其君, 王子搜患之, 逃乎丹穴. 而越國無君, 求王子搜不得, 從之丹穴. 王子搜不肯出, 越人薰之以艾. 乘以王輿. 王子搜援綏登車, 仰天而呼曰: "君乎君乎! 獨不可以舍我乎!" 王子搜非惡爲君也, 惡爲君之患也. 若王子搜者, 可謂不以國傷生矣, 此固越人之所欲得爲君也.

손이 잘릴 것인가, 천하를 취할 것인가 28.6

한韓나라와 위魏나라가 서로 땅을 다투어 침략하고 있었다. 자화자子華子[14]가 [한나라의 군주인] 소희후昭僖侯를 뵈었는데, 소희후에게 걱정하는 기색이 있었다.

자화자가 말했다.

"지금 천하 사람들로 하여금 군주 앞에서 계약서를 쓰게 하는데, 계약서에 '왼손으로 이것(계약서)을 잡으면 오른손을 없애고, 오른손으로 이것을 잡으면 왼손을 없앨 것이다. 그런데도 이것을 잡는

13) 성현영은 "그가 생명을 귀중하게 생각하고 자리를 가벼이 하므로 구부려서 군주 노릇 할 수 있었다[以其重生輕位, 故可屈而爲君也]."라고 했다.

14) 위나라의 현인으로 알려진 인물이다. 〈칙양〉 편 25.3에 '화자華子'로 나온다.

자는 반드시 천하를 소유하게 될 것이다.'라고 쓰였다면 군주께서는 그 계약서를 잡을 수 있겠습니까?"

소희후가 말했다.

"과인은 잡지 않을 것이오."

자화자가 말했다.

"매우 좋습니다! 이로써 살펴보면, 두 팔은 천하보다 중요하고 몸 또한 두 팔보다 중요합니다. 한나라가 천하보다 가볍기가 또한 차이가 나는데, 지금 [위나라와] 다투고 있는 땅은 한나라보다 가볍기가 또한 차이가 나니, 군주께서는 진실로 몸을 괴롭게 하고 생명을 손상하면서까지 그것을 얻지 못할까 근심하며 애달파하는 것입니까?"

소희후가 말했다.

"훌륭하오! 과인을 가르친 자는 많았으나 일찍이 이 같은 말은 듣지 못했소."

자화자는 하찮은 것과 중요한 것을 잘 알았다고 이를 만하다.

韓魏相與爭侵地. 子華子見昭僖侯, 昭僖侯有憂色. 子華子曰: "今使天下書銘於君之前, 書之言曰: '左手攫之則右手廢, 右手攫之則左手廢, 然而攫之者必有天下.' 君能攫之乎?"

昭僖侯曰: "寡人不攫也."

子華子曰: "甚善! 自是觀之, 兩臂重於天下也, 身又重於兩臂. 韓之輕於天下亦遠矣, 今之所爭者, 其輕於韓又遠. 君固愁身傷生以憂戚之不得也!"

僖侯曰: "善哉! 教寡人者衆矣, 未嘗得聞此言也." 子華子可謂知輕重矣.

생명이 귀중한가, 수후의 구슬이 중요한가 28.7

노나라의 군주가 안합顔闔[15]이 도를 터득한 사람이라고 듣자, 사람을 시켜 예물을 가지고 먼저 찾아가게 했다. 안합은 누추한 집에 살면서 베로 만든 옷을 입고 소에게 손수 여물을 먹이고 있었다. 노나라 군주의 사신이 이르니, 손수 맞이했다. 사신이 말했다.

"여기가 안합의 집입니까?"

안합이 대답했다.

"여기가 안합의 집입니다."

사신이 예물을 전하려 하는데, 안합이 대답했다.

"아무래도 듣는 것[16]을 잘못하여 사신에게 죄를 끼칠 것 같으니, 자세히 살피는 것이 좋겠습니다."

사신이 돌아가서 자세히 살피고는 다시 와서 안합을 찾았는데 찾아내지 못했다. 안합과 같은 자는 진실로 부유한 것과 귀한 것을 싫어했다.

그러므로 "도의 진실함으로 몸을 다스리고, 그 나머지를 가지고

15) 노나라의 현인으로, 〈인간세〉 편 4.3에 나온다.

16) 원문의 '청자聽者'를 번역한 것으로, 유월은 '자者' 자가 연자衍字이고, 《여씨춘추》 〈귀생貴生〉 편에도 '자者'가 없다고 풀이했다. 곽경번의 《장자집석》에는 '자者'가 쓰여 있지만, 그 주석에 장군방 본에 '□'으로 쓰여 있다고 교열했는데, 역자는 원문대로 번역했다.

국가를 다스리며, 그중에 나머지[17]를 가지고 천하를 다스린다."라고 말하는 것이다. 이로 말미암아 살펴보면, 제왕의 공은 성인의 여분의 일이다. [그러하니] 몸을 완전히 하고 생명을 기르는 방법이 아니다.

[그런데] 지금 세속의 군자들은 대체로 몸을 위태롭게 하고 생명을 버리고서 사물을 따르니, 어찌 슬프지 않겠는가! 성인의 행동이란 반드시 그것을 하는 까닭과 하는 방법을 살펴야 한다.

이제 만약 여기에 어떤 사람이 있는데 그가 수후隨侯의 구슬을 가지고 천 길 높이 나는 참새를 쏘았다면 세상 사람들이 반드시 그를 비웃을 것이니, 이것은 무엇 때문인가? 그가 쓰는 것은 중요하고 그가 구하려는 것은 가볍기 때문이다. 무릇 생명이라는 것이 어찌 단지 수후의 구슬의 귀중함보다 못하겠는가!

魯君聞顏闔得道之人也, 使人以幣先焉. 顏闔守陋閭, 苴布之衣而自飯牛. 魯君之使者至, 顏闔自對之. 使者曰: "此顏闔之家與?" 顏闔對曰: "此闔之家也." 使者致幣, 顏闔對曰: "恐聽者謬而遺使者罪, 不若審之." 使者還, 反審之, 復來求之, 則不得已. 故若顏闔者, 眞惡富貴也. 故曰: "道之眞以治身, 其緖餘以爲國家, 其土苴以治天下." 由此觀之, 帝王之功, 聖人之餘事也, 非所以完身養生也. 今世俗之君子, 多危身棄生以殉物, 豈不悲哉!

凡聖人之動作也, 必察其所以之與其所以爲. 今且有人於此, 以隨侯之

---

17) 원문의 '서여緖餘'를 번역한 것으로 '서緖'는 '나머지[殘]'의 뜻이다(성현영 설). 즉, '서여'는 '잔여殘餘'의 개념과 유사하다.

珠彈千仞之雀, 世必笑之. 是何也? 則其所用者重而所要者輕也. 夫生者, 豈特隨侯珠之重哉!

굶주린 열자가 곡식을 사양한 이유 28.8

열자가 가난하여 용모에 굶주린 기색이 있었다. 나그네 중에서 정鄭나라 자양子陽[18]에게 그 일에 대해 말하는 자가 있었다.

"열어구는 아마도 도를 지닌 선비일 것입니다. 군주의 나라에 지내면서 가난하게 살고 있으니 군주께서는 선비를 좋아하지 않는다고 생각하지 않겠습니까?"

정나라 자양은 곧바로 관리에게 명령하여 곡식을 보냈다. 열자는 사신을 만나 두 번 절하고 사양했다. 사신이 떠나고 열자가 들어오자, 그의 아내가 그를 원망하여 가슴을 어루만지며[19] 말했다.

"제가 듣기로 '도를 터득한 자의 아내와 자식이 되면 모두 편안하고 즐거울 수 있다.'라고 했습니다. 지금 [우리는] 굶주린 기색이 있어 군주께서 [자기의] 잘못으로 여겨 당신에게 먹을 것을 전해주었는데, 당신은 받지 않으시니 어찌 운명이 아니겠습니까!"

열자가 웃으면서 아내에게 일러 말했다.

"군주께서는 스스로 나를 알아준 것이 아니오. 다른 사람의 말로써 내게 곡식을 전해준 것인데 그가 내게 죄를 줄 때에 이르러서도

---

18) 정나라의 재상으로, 《사기》〈정세가鄭世家〉에 "[수공] 25년, 정나라 군주가 그의 재상 자양子陽을 죽였다[二十五年, 鄭君殺其相子陽]."라는 기록이 전해진다. 즉, 자양이 살해된 것은 기원전 398년으로 이 이야기는 이보다 앞의 일로 볼 수 있다는 이케다 도모히사의 설이 참조할 만하다.

19) 원문의 '부拊'를 번역한 것으로 '어루만지다[撫]'와 같다(차오추지 설).

또한 장차 다른 사람의 말로써 할 것이니, 이것이 내가 받지 않은 까닭이오."

마침내 백성들이 과연 반란을 일으켜서 자양을 살해했다.

子列子窮, 容貌有飢色. 客有言之於鄭子陽者曰: "列禦寇, 蓋有道之士也, 居君之國而窮, 君无乃爲不好士乎?" 鄭子陽卽令官遺之粟. 子列子見使者, 再拜而辭.

使者去, 子列子入, 其妻望之而拊心曰: "妾聞爲有道者之妻子, 皆得佚樂, 今有飢色. 君過而遺先生食, 先生不受, 豈不命邪!"

子列子笑謂之曰: "君非自知我也. 以人之言而遺我粟, 至其罪我也又且以人之言, 此吾所以不受也." 其卒, 民果作難而殺子陽.

끝까지 상을 거절한 양 도살꾼의 혜안 28.9

초楚나라 소왕昭王[20]이 나라를 잃고 양 도살꾼 열說[21]이 달아나면서 소왕을 따라갔다. 소왕이 나라에 돌아와 그를 따라갔던 자들에

20) 성현영은 "소왕昭王은 이름이 진軫으로, 평왕平王의 아들이다. 오사와 오상이 평왕에게 죄를 묻고 죽임을 당했는데, 오자서가 오나라로 달아나 들에서 밭을 갈며, 훗날 오왕 합려의 세대에 이르자 초나라에 전쟁을 일으키기를 청했다. 마침내 영 땅으로 들어가 초나라를 패배시켜서 아버지의 원수를 설욕했다[昭王, 名軫, 平王之子也. 伍奢伍尙遭平王誅戮, 子胥奔吳而耕於野, 後至吳王闔閭之世, 請兵伐楚, 遂破楚入郢以雪父之讎]."라고 풀이했다.

21) 원문의 '도양열屠羊說'을 번역한 것으로 '도양열'을 인명으로 볼 것인가, '양 도살꾼 열'로 볼 것인가 설이 양분된다. 《장자집석》의 표기에 따르면 전자의 설을 취해야 타당한데, 이강수는 '도양열'로 번역했고, 안동림, 김학주, 안병주·전호근, 김창환 등은 모두 후자의 설에 따라 번역했다. 역자도 '양 도살꾼 열'로 번역했다.

게 상을 주었는데 양 도살꾼 열에게까지 미치게 되었다. 그랬더니 양 도살꾼 열이 말했다.

"대왕께서 나라를 잃으셨을 때 저 열도 양 도살하는 일을 잃었고, 대왕께서 나라에 돌아오셨을 때 저 열도 양을 도살하게 되었습니다. 저의 벼슬과 녹봉은 이미 회복되었으니, 또 어떤 상이 있겠습니까?"

왕이 말했다.

"억지로라도 받도록 하라!"

양 도살꾼 열이 말했다.

"대왕께서 나라를 잃은 것은 저의 죄가 아니기 때문에 감히 그 벌을 받지 못합니다. 대왕께서 나라에 돌아오신 것은 저의 공이 아니기 때문에 감히 그 상을 감당하지 못합니다."

왕이 말했다.

"그를 만나봐야겠도다!"

양 도살꾼 열이 말했다.

"초나라의 법은 반드시 중대한 상이나 큰 공이 있는 뒤에야 [대왕을] 뵐 수 있습니다. 지금 저의 지혜는 나라를 존속시키기에 부족하고, 용기는 외적을 죽음으로 무릅쓰기에 부족합니다. 오나라의 군대가 [초나라] 영郢 땅에 쳐들어왔을 때 저는 난리가 두려워서 외적을 피했던 것이지, 대왕을 수호하려 따른 것은 아닙니다. 지금 대왕께서는 법을 폐하고 규약을 훼손하여 저 열을 만나려 하시니, 이것은 제가 천하 사람들에게 [소문을] 듣게 할 바가 아닙니다."

왕이 사마자기司馬子綦에게 말했다.

"양 도살꾼 열은 비천한 신분으로 지내지만 의로움[義]을 진술한 것이 매우 높으니 그대[22]는 나를 위해 그를 불러들여 삼공의 지위를 주시오."

양 도살꾼 열이 말했다.

"무릇 삼공의 지위가 양을 도살하여 [시장에] 늘어놓는 것보다 귀하다는 것을 알고 있으며, 만종의 녹이 양을 도살하여 파는 이익보다 부유하다는 것을 알고 있습니다. 그러나 어찌 벼슬과 녹봉을 탐내서 우리 대왕께서 함부로 [상을] 베풀었다는 소문이 있게 하겠습니까! 저는 감히 감당하지 못하겠으니, 다시 제가 양을 도살하여 [시장에] 늘어놓던 곳으로 돌아가기를 바랍니다."

[그는] 결국 받지 않았다.

楚昭王失國, 屠羊說走而從於昭王. 昭王反國, 將賞從者, 及屠羊說. 屠羊說曰: "大王失國, 說失屠羊. 大王反國, 說亦反屠羊. 臣之爵祿已復矣, 又何賞之有!"

王曰: "强之!"

屠羊說曰: "大王失國, 非臣之罪, 故不敢伏其誅. 大王反國, 非臣之功, 故不敢當其賞."

王曰: "見之!"

屠羊說曰: "楚國之法, 必有重賞大功而後得見, 今臣之知不足以存國

22) 원문의 '자기子綦'를 번역한 것으로, 초나라 왕이 사마자기를 지칭한 말이다. 유월은 "이것은 소왕이 친히 사마자기에게 한 말로 '자子'로 칭해야 할 것이지, '자기子綦'로 칭하는 것은 타당하지 않으니, '기綦'는 연문衍文이다[此昭王自與司馬子綦, 當稱子, 不當稱子綦. 綦字衍文]."라고 보았다.

而勇不足以死寇. 吳軍入郢, 說畏難而避寇, 非故隨大王也. 今大王欲廢法毁約而見說, 此非臣之所以聞於天下也."

王謂司馬子綦曰: "屠羊說居處卑賤而陳義甚高, 子綦爲我延之以三旌之位."

屠羊說曰: "夫三旌之位, 吾知其貴於屠羊之肆也. 萬鍾之祿, 吾知其富於屠羊之利也. 然豈可以貪爵祿而使吾君有妄施之名乎! 說不敢當, 願復反吾屠羊之肆." 遂不受也.

가난하고 병든 원헌에게 자공이 부끄러워한 이유 28.10

원헌原憲[23]이 노나라에 살고 있었는데, 그 집은 사방이 한 길 정도이고, 지붕은 잡초로 이었으며, 쑥으로 만든 문은 온전하지 않았고, 뽕나무를 지도리로 삼았으며, 깨진 항아리를 창으로 낸 두 방을 갈포로 막았다. 위에서 물이 새어 아래는 축축한데, [원헌은 몸을] 바르게 [하고] 앉아서[24] 음악을 연주하며 노래하고 있었다[25].

자공子貢이 큰 말이 끄는 수레를 타고 갔는데, [그 수레의] 안쪽은 감색이고, 덮개는 흰색이었다.[26] 수레가 골목에 들어올 수 없어서 걸어가서 원헌을 만났다. 원헌은 머리에는 자작나무 껍질로 만든 갓을 쓰고 뒤꿈치가 떨어진 신을 신고 명아주 지팡이를 짚고 문에

---

23) 공자의 제자로 자는 자사子思인데, 《논어》〈헌문〉 편 14.1에 나오며, 〈옹야〉 편 6.3에서는 '원사原思'로 나온다.

24) 원문의 '광좌匡坐'를 번역한 것으로 '몸을 바르게 하고 앉는 것'이다. '정좌正坐'와 같은 말이다.

25) 원문의 '현가弦歌'를 번역한 것으로 '음악을 연주하며 노래하는 것[奏樂而歌]'인데, '가歌' 자가 없는 판본도 있다(차오추지 설).

서 맞이했다.

자공이 말했다.

"아! 선생은 어찌 병들어 보입니까?"

원헌이 대답했다.

"제가 듣기로 '재물이 없는 것을 가난이라 말하고, 도를 배우고도 실행할 수 없는 것을 병든 것이라고 말한다.'라고 합니다. 지금 저는 가난한 것이지, 병든 것은 아닙니다."

[그러자] 자공은 뒷걸음질 치며 부끄러워하는 기색이 있었는데, 원헌이 웃으며 말했다.

"무릇 세상에 [부귀영화를] 바라면서[27] 행동하고, 편을 갈라 친구를 사귀며[28], 남에게 인정받으려고 배우고, 자기의 이익을 위해 가르치며[29], 인의를 내세워 나쁜 짓을 하고, [자기가 타는] 수레와 말을 장식하는 따위의 일을 저는 차마 하지 못하겠습니다."

26) 원문의 '중감이표소中紺而表素'를 번역한 것으로, 성현영이 "그 수레의 덮개는 흰색이고, 안쪽은 감색으로 만들었으며, 말이 끄는 수레가 높고 컸으니, 그러므로 골목길에 들어오지 못하는 것이다[其軒蓋是白素, 裏爲紺色, 車馬高大, 故巷道不容也]."라고 풀이한 견해를 따랐다. 한편 이이는 "감색은 속옷으로 삼고, 흰색을 겉옷으로 삼아서 걸친다[紺爲中衣, 加素爲表]."라고 보았다. 문맥상 전자의 설이 타당해 보인다.

27) 원문의 '희希'를 번역한 것으로 세속 사람들에게 영합迎合하는 것이다. 즉, 좋은 평판이나 명성을 얻기를 바라는 것을 뜻한다. 성현영은 "세속의 상황으로 내달려 부귀를 기대하고 바라는 것이다[夫趨世候時, 希望富貴]."라고 했다.

28) 원문의 '비주이우比周而友'를 번역한 것으로, 《논어》〈위정〉 편 2.14의 "군자는 원만하지만 편을 가르지 않고, 소인은 편을 가르지만 원만하지는 않다[君子周而不比, 小人比而不周]."라고 한 대목과 비교해서 읽으면 좋다.

29) 원문의 '학이위인學以爲人, 교이위기敎以爲己'를 번역한 것으로《논어》〈헌문〉 편 14.24의 "옛날에 배우는 자들은 자신의 수양을 위해서 배웠는데, 오늘날 배우는 자들은 남의 인정을 받으려고 배운다[古之學者爲己, 今之學者爲人]."라는 내용을 참조해서 읽을 만하다.

原憲居魯, 環堵之室, 茨以生草. 蓬戶不完, 桑以爲樞. 而甕牖二室, 褐以爲塞. 上漏下濕, 匡坐而弦歌.

子貢乘大馬, 中紺而表素, 軒車不容巷, 往見原憲. 原憲華冠縰履, 杖藜而應門.

子貢曰: "嘻! 先生何病?"

原憲應之曰: "憲聞之, 无財謂之貧, 學道而不能行謂之病. 今憲貧也, 非病也."

子貢逡巡而有愧色.

原憲笑曰: "夫希世而行, 比周而友, 學以爲人, 敎以爲己, 仁義之慝, 輿馬之飾, 憲不忍爲也."

뼛속까지 가난한 증자가 행복한 이유 28.11

증자가 위衛나라에 살고 있었는데, 솜옷[30]은 겉이 [다 닳아] 없어지고, 얼굴빛은 [병색이 심하고] 종기가 생겨 붓고 터졌으며[31], 손발은 살갗이 트고 굳은살이 있었다. 사흘 동안 불로 밥을 해서 먹지 못했고, 십 년 동안 옷을 만들어 입지 못했다. 갓을 고쳐 쓰려고 하면 갓

---

30) 원문의 '온포縕袍'를 번역한 것으로, 사마표의 "《논어》에서 '해진 솜옷을 입는다.'라고 한 것이 바로 이것이다[論語云衣敝縕袍是也]."라고 풀이한 것을 참조할 만하다. 부연하면 《논어》 〈자한〉 편 9.26에서 "공자께서 말씀하셨다. '해진 솜옷을 입고서 여우나 담비 가죽옷을 입은 사람과 나란히 서 있어도 부끄러워하지 않을 사람은 아마도 유(자로)일 것이다'[子曰: '衣敝縕袍, 與衣狐貉者立, 而不恥者, 其由也與']."라고 했는데, '온포'란 "솜을 넣어 만든 옷으로 삼베로 만든 옷으로 보기도 하는데, 비교적 싼값의 후대 면포를 가리킨다.(《논어》, 휴머니스트, 2020, 245쪽 참조)

31) 원문의 '종쾌腫噲'를 번역한 것으로, 곽경번은 "병이 심한 것이다[病甚也]."라고 보았다. 병이 심하여 얼굴에 종기가 생겨 붓고 터지는 증상이다.

끈이 끊어지고, 옷깃을 움켜쥐려고 하면 팔꿈치가 보였으며, 신을 신으려고 하면 신발 뒤축이 찢겼다. 신발을 끌면서 상송商頌 시를 읊으면 소리가 천지에 가득 차서 마치 금석 악기에서 나오는 소리 같았다. 천자도 그를 신하로 삼지 못하고 제후도 그를 친구로 사귀지 못했다.

그러므로 뜻을 잘 기르는 자는 몸을 잊고, 몸을 잘 기르는 자는 이익을 잊으며, 도에 이른 자는 마음을 잊는다.

曾子居衛, 緼袍无表, 顔色腫噲, 手足胼胝. 三日不擧火, 十年不製衣, 正冠而纓絶, 捉衿而肘見, 納屨而踵決. 曳縱而歌商頌, 聲滿天地, 若出金石. 天子不得臣, 諸侯不得友. 故養志者忘形, 養形者忘利, 致道者忘心矣.

가난하고 비천하게 사는 안회가 벼슬하지 않는 이유 28.12

공자가 안회에게 말했다.

"회야, 오거라! 집이 가난하고 처지는 비천하거늘 어찌하여 벼슬하지 않는가?"

안회가 대답했다.

"벼슬을 바라지 않습니다. 저는 성곽 밖에 밭이 오십 무畝가 있으니 충분히 죽을 쑤어 먹을 수 있고, 성곽 안에 밭이 십 무가 있으니 충분히 실과 삼베로 옷을 만들 수 있습니다. 거문고를 타면서 충분히 스스로 즐길 수 있으며, 선생님께 배운 도로 충분히 스스로 즐거울 수 있습니다. 저는 벼슬을 바라지 않습니다."

공자가 근심스러운 안색을 띠며 말했다.

"좋구나, 너의 뜻이여! 내가 듣기로, '만족할 줄 아는 자는 이익으로 스스로를 해롭게 하지 않고, 스스로 터득하는 것을 분명하게 살피는 자는 그것을 잃어도 두려워하지 않고, 내면을 수양하여 행동하는 자는 지위가 없어도 부끄러워하지 않는다.'라고 했다. 내가 이 말을 외워온 지 오래되었으나, 이제야 너에게서 뒤늦게 그 실행을 보게 됐으니, 이것은 나의 얻음이다."

孔子謂顏回曰: "回, 來! 家貧居卑, 胡不仕乎?"

顏回對曰: "不願仕. 回有郭外之田五十畝, 足以給飦粥. 郭內之田十畝, 足以爲絲麻. 鼓琴足以自娛, 所學夫子之道者足以自樂也. 回不願仕."

孔子愀然變容曰: "善哉回之意! 丘聞之, '知足者不以利自累也, 審自得者失之而不懼, 行脩於內者, 無位而不怍.' 丘誦之久矣, 今於回而後見之, 是丘之得也."

이익보다는 생명이다 28.13

중산中山의 공자 모公子牟[32]가 첨자瞻子에게 말했다.

"몸은 강과 바닷가에서 [은거하고] 있지만[33], 마음은 위魏나라 궁문의 아래에서 지내고 있으니 어찌해야 할까요?"

첨자가 말했다.

"생명을 귀중히 하시오. 생명을 귀중히 하면 이익은 가벼워집니다."

중산 공자 모가 말했다.

"비록 그것을 알고 있지만 아직 스스로 이겨내지 못했습니다."

첨자가 말했다.

"스스로 이겨내지 못하면 [마음 가는 대로] 따르시오. [그리하면] 정신의 괴로움이 없지 않겠습니까.[34] 스스로 이겨내지 못하는데 억지로 따르지 않는 것을 두고 '거듭 해친다.'라고 말합니다. 거듭 해치는 사람은 장수하는 무리에 속하지 못합니다."

위魏나라 모는 만대의 수레를 내는 [나라의] 공자이다. [그런] 그가 바위굴 속에 은거한다는 것은 베옷을 입는 선비보다 하기 어려운 것이니, 비록 아직 도에는 이르지 못했으나 그 뜻이 있는 자라고 이를 만하다!

---

32) 〈추수〉 편 17.5의 '위모魏牟'와 동일 인물이다. 위魏나라의 공자公子인데, 중산에 봉해졌으므로 '중산공자모中山公子牟'라고 불린 것이다.

33) 성현영은 "몸은 강과 바닷가에 있으면서 은둔한다[身在江海上而隱遁]."라고 보았다.

34) 성현영은 "만약 정욕情欲을 이겨내지 못하면 마음과 정신이 따라 순응하는 것이 옳으니, 또한 헛되이 싫어하고 미워하는 것이 생겨도 괴롭지 않은 것이다[若不勝於情欲, 則宜從順心神, 亦不勞妄生嫌惡也]."라고 보았다.

中山公子牟謂瞻子曰: "身在江海之上, 心居乎魏闕之下, 奈何?"

瞻子曰: "重生. 重生則輕利."

中山公子牟曰: "雖知之, 未能自勝也."

瞻子曰: "不能自勝則從, 神无惡乎. 不能自勝而强不從者, 此之謂重傷. 重傷之人, 无壽類矣."

魏牟, 萬乘之公子也, 其隱巖穴也, 難爲於布衣之士. 雖未至乎道, 可謂有其意矣!

온갖 악조건을 겪은 공자가 자로와 자공에게 한 말 28.14

공자가 진나라와 채나라의 사이에서 곤궁에 처했을 때, 이레 동안 불로 밥을 해서 먹지 못하고 명아주 국에 쌀을 넣지도 못했다. 안색이 매우 꾀죄죄했는데도 방 안에서 [거문고] 현弦을 연주하며 노래하고 있었다.

안회가 나물을 캐고 있는데, 자로와 자공이 서로 함께 말했다.

"선생님께서는 노나라에서 두 번 쫓겨나셨고, 위衛나라에서는 추방당하셨으며, 송나라에서는 [사마환퇴司馬桓魋가] 나무를 베어 [선생님께서] 죽을 위기에 처하셨고[35], 상商나라와 주周나라에서도 궁지에 처하셨으며, 진陳나라와 채蔡나라 사이에서는 포위당하셨다. 선

35) 춘추시대 송나라 사마환퇴가 공자를 죽이려고 했을 때의 일화를 말한다.《사기》〈공자세가孔子世家〉의 다음과 같은 기록이 참조할 만하다. "공자가 조나라를 떠나 송나라로 가는데 제자들에게 큰 나무 아래에서 예의를 강의했다. 송나라 사마환퇴가 공자를 죽이려고 하면서 그 나무를 뽑아버렸다. 공자는 [어쩔 수 없이] 떠났다[孔子去曹適宋, 與弟子習禮大樹下. 宋司馬桓魋欲殺孔子, 拔其樹. 孔子去]."(《사기세가》, 민음사, 2019, 655쪽 참조)

생님을 죽인다 해도 죄가 되지 않고 선생님을 모욕해도 금하지 않는데, [선생님께서는] 현을 연주하고 노래를 하며 거문고를 타면서 일찍이 [음악] 소리가 끊긴 적이 없으니, 군자의 부끄러움이 없는 것이 이와 같은 것인가?"

안회는 이에 응대하지 않고 들어와 공자에게 알렸다. 공자는 거문고를 밀어놓고 크게 한숨을 쉬면서 말했다.

"유由와 사賜는 소인[36]이구나. 불러오거라. 내가 그들에게 말해줄 것이다."

자로와 자공이 들어왔다. 자로가 말했다.

"이와 같은 것을 '궁색하다[窮]'라고 말할 수 있는 것입니다!"

공자가 말했다.

"이게 무슨 말이더냐! 군자는 도에 통달한 것을 '통달하다[通]'라고 말하고, 도에 궁색한 것을 '궁색하다'라고 말한다. 지금 나는 인의의 도를 품고 난세의 환난을 만났을 뿐이니, 그것이 어떻게 궁색한 것이라고 하겠는가!

그러므로 내면을 성찰해서 도에 곤궁함이 없으면 환난을 겪어도 그 덕을 잃지 않는다. 차가운 계절이 이미 이르고 서리와 눈이 이미 내리고서야 우리는 이로써 소나무와 잣나무가 무성함을 알게 된다.[37] 진나라와 채나라에서의 재난은 내게는 아마도 다행인 것이겠지!"

36) 원문의 '세인細人'을 번역한 것으로, 성현영은 "자잘하고 자질구레한 사람이다[細碎之人也]."라고 보았다. 즉, '소인小人'과 유사한 개념이다.

37) 이 구절은《논어》〈자한〉편 9.27의 "한 해의 추위가 찾아온 다음에야 소나무와 잣나무가 늦게 시든다는 것을 알게 된다[歲寒然後知松柏之後彫也]."라는 문장과 유사하다.

공자가 뎝석[38] 거문고를 다시 가져다가 음악을 연주하며 노래하는데, 자로가 힘차고 용감하게[39] 방패를 잡고 춤을 추었다. 자공이 말했다.

"나는 하늘이 높고 땅이 낮다는 것을 알지 못했다."

옛날의 도를 터득한 자는 궁색하더라도 즐거워했고, 통달하더라도 즐거워했으니, [그들이] 즐거워한 것은 궁색한 것에 처한 것과 통달한 것이 아니었다. 이처럼 도를 터득하면[40] 궁색한 것에 처한 것과 통달한 것은 추위와 더위, 바람과 비의 자연의 질서와 같은 것이 된다. 그러므로 허유는 영수潁水의 북쪽[41]에서 즐거워했으며, 공백共伯[42]은 공수共首[43] 산에서 [뜻을] 터득했던 것이다.[44]

38) 원문의 '삭연削然'을 번역한 것으로 성현영은 "거문고를 잡는 소리다[取琴聲也]."라고 풀이했다. 김학주는 '금을 잡아당기는 모양'으로 보았고, 안동림은 '마음 편한 모습'으로 번역했다. 이 밖에도 안동림과 안병주는 '조용히', 이강수는 '찢어지는 소리가 날 정도로', 김창환은 '거문고를 둘러놓는 소리'라고 풀이하고 '드르륵'으로 번역하는 등 다양한 해석이 보이는데, 참조할 만하다.

39) 원문의 '흘연扢然'을 번역한 것으로 '힘차고 용감한 모양[奮勇貌]'이다(성현영 설).

40) 원문의 '도덕道德'을 번역한 것인데, '덕德'에 대해 곽경번은 고산사高山寺 본에 '득得'으로 쓰여 있다고 교열했다. 역자도 이를 따랐다.

41) 영양潁陽은 영수潁水의 북쪽에 있는데, 허유가 이곳에서 은거했다고 한다. 성현영은 "땅 이름으로, 양양襄陽에 있는데 확실한 지명은 아니다[地名, 在襄陽, 未爲定地名也]."라고 풀이했다.

42) 이름이 화和이고, 주周나라 왕의 손자이다(성현영 설).

43) 원문의 '공수共首'를 번역한 것으로 산 이름이다. '공구산共丘山'(사마표 설)이라고 풀이한 경우도 있는데, 곽경번은 '공共'이 '구丘'로 쓰여야 한다고 보았다. 차오추지는 '구수산丘首山'으로 보았으며, 지금의 하남성 휘현輝縣 서쪽에 있다고 했다.

44) 성현영은 "공백이 수산首山에서 뜻을 터득한 것이다[共伯得志於首山也]."라고 보았다.

孔子窮於陳蔡之間, 七日不火食, 藜羹不糝, 顏色甚憊, 而猶弦歌於室. 顏回擇菜, 子路子貢相與言曰: "夫子再逐於魯, 削迹於衛, 伐樹於宋, 窮於商周, 圍於陳蔡, 殺夫子者无罪, 藉夫子者无禁. 弦歌鼓琴, 未嘗絶音, 君子之无恥也若此乎?"

顏回无以應, 入告孔子. 孔子推琴喟然而歎曰: "由與賜, 細人也. 召而來, 吾語之."

子路子貢入. 子路曰: "如此者可謂窮矣!"

孔子曰: "是何言也! 君子通於道之謂通, 窮於道之謂窮. 今丘抱仁義之道以遭亂世之患, 其何窮之爲! 故內省而不窮於道, 臨難而不失其德, 大寒旣至, 霜雪旣降, 吾是以知松柏之茂也. 陳蔡之隘, 於丘其幸乎!"

孔子削然反琴而弦歌, 子路扢然執干而舞. 子貢曰: "吾不知天之高也, 地之下也."

古之得道者, 窮亦樂, 通亦樂. 所樂非窮通也, 道德於此, 則窮通爲寒暑風雨之序矣. 故許由娛於潁陽而共伯得乎共首.

순임금의 천하 양보 의향에 몸을 던진 자 28.15

순임금이 천하를 그의 친구인 북인무택北人无擇에게 양보하려 했는데, 북인무택이 말했다.

"기이하구나, 군주의 사람 노릇이란. 밭두둑과 밭이랑 속에서 살다가 요임금의 문하에서 노닐더군! 이와 같을 뿐만이 아니구나. 또 자신이 욕보일 만한 행동으로 나를 더럽히려고 하니, 나는 그대를 보는 것이 부끄럽다."

이윽고 스스로 청령淸冷의 연못에 몸을 던졌다.

舜以天下讓其友北人无擇, 北人无擇曰: "異哉后之爲人也, 居於畎畝之中而遊堯之門! 不若是而已, 又欲以其辱行漫我. 吾羞見之." 因自投淸冷之淵.

돌을 지고 빠져 죽은 자의 이유 28.16

탕왕이 장차 걸을 정벌하려고 변수卞隨에게 부탁해서 도모하려 했다. 변수가 말했다.

"제 일이 아닙니다."

탕왕이 말했다.

"누가 괜찮겠소?"

변수가 말했다.

"저는 알지 못합니다."

탕왕은 또 무광에게 부탁해서 도모하려 했다.

무광이 말했다.

"제 일이 아닙니다."

탕이 말했다.

"누가 괜찮겠소?"

무광이 말했다.

"저는 알지 못합니다."

탕왕이 말했다.

"이윤은 어떻소?"

[무광이] 말했다.

"억지로 힘써 치욕도 참아내지만, 저는 그 다른 것은 알지 못합니다."

탕왕이 마침내 이윤과 함께 도모하여 걸을 정벌하여 이기자, 변수에게 [천하를] 양보하려 했다. 변수가 사양하며 말했다.

"군주께서 걸을 정벌하려 할 때 제게 도모한 것은 반드시 저를 해칠 수 있는 [잔인한] 자로 여겼기 때문이고, 걸을 이기고 제게 [천하를] 양보하려 하니, 반드시 저를 탐욕스러운 자로 여긴 것입니다. 제가 난세에 태어나서 무도한 사람이 두 번이나 와서는 욕보일 만한 행동으로 저를 더럽히려고 하니, 저는 차마 [이런 일을] 자주 듣지 못하겠습니다."

이에 스스로 주수椆水에 몸을 던져 죽었다.

탕왕이 또 무광에게 양보하려고 하며 말했다.

"지혜로운 자는 도모[하려]하고, 무력이 있는 자는 이루[려고 하]며, 인한 자는 그 [천자] 자리에 있는 것이 옛날의 도리입니다. 그대는 어찌 [천자의 자리에] 서려고 하지 않소?"

무광이 사양하며 말했다.

"윗자리를 없애는 것은 의義가 아니고, 백성을 죽이는 것은 인仁이 아니며, 남이 그 어려움을 당하는데 제가 그 이익을 누리는 것은 염치가 아닙니다. 저는 듣기로, '그것이 의가 아니면 그 녹봉을 받지 않고, 무도한 세상에서는 그 땅을 밟지 않는다.'라고 합니다. 하물며 저를 존중하려 하는 것입니까! 저는 차마 [이런 일을] 오래도록 보지 못하겠습니다."

이에 돌을 지고서 스스로 여수廬水에 빠졌다.

湯將伐桀, 因卞隨而謀, 卞隨曰: "非吾事也."

湯曰: "孰可?"

曰: "吾不知也."

湯又因務光而謀, 務光曰: "非吾事也."

湯曰: "孰可?"

曰: "吾不知也."

湯曰: "伊尹如何?"

曰: "强力忍垢, 吾不知其他也."

湯遂與伊尹謀伐桀, 剋之, 以讓卞隨. 卞隨辭曰: "后之伐桀也謀乎我, 必以我爲賊也. 勝桀而讓我, 必以我爲貪也. 吾生乎亂世, 而无道之人再來漫我以其辱行, 吾不忍數聞也." 乃自投椆水而死.

湯又讓瞀光曰: "知者謀之, 武者遂之, 仁者居之, 古之道也. 吾子胡不立乎?"

務光辭曰: "廢上, 非義也. 殺民, 非仁也. 人犯其難, 我享其利, 非廉也. 吾聞之曰: '非其義者, 不受其祿, 无道之世, 不踐其土.' 況尊我乎! 吾不忍久見也." 乃負石而自沈於廬水.

백이와 숙제가 지킨 그 무엇 28.17

옛날 주나라가 일어날 때 선비 두 사람이 고죽孤竹에 살고 있었는데 백이伯夷와 숙제叔齊였다. 두 사람이 서로 말했다.

"내가 듣기로 '서쪽에 어떤 사람이 있는데 그가 도道를 지닌 자인 것 같다.'라고 하니 시험 삼아 가서 관찰해보자."

기산의 남쪽에 이르자, 무왕이 이 말을 듣고 주공周公 단旦에게 가서 이들을 만나게 했다. [주공은] 그들에게 맹세하여 말했다.

"녹봉[45]은 이등을 더 주고, 관직은 일열에 맡기겠다[46]."

희생의 피를 바르고 [맹세한 문서를] 묻었다. 두 사람은 서로 마주 보고 웃으며 말했다.

"아, 기이하구나! 이것은 우리가 말하는 도가 아니다. 옛날 신농씨가 천하를 차지했을 때 사계절에 따른 제사[47]에 공경을 다할 뿐 복[48]을 기원하지는 않았으며, 그는 백성들에게 정성과 신의로 다스

45) 원문의 '부富'를 번역한 것으로 '봉록俸祿'을 말한다(차오추지 설).

46) 원문의 '취就'를 번역한 것으로 '임任'과 뜻이 같다(차오추지 설).

47) 원문의 '시사時祀'를 번역한 것으로 사계절[四時]에 따라 지내는 제사를 말한다.

48) 원문의 '희喜'를 번역한 것으로 '복[禧]' 자의 뜻으로 풀이한 유월의 설에 따랐다.

림을 다했을 뿐 그들에게 요구하는 것이 없었다.

함께 정치하는 것을 즐거워하면서 정치를 했고, 함께 다스리는 것을 즐거워하면서 다스려서, 다른 사람의 실패로써 자신을 이루려 하지 않았고, 다른 사람의 비천함으로써 자신을 높이려 하지 않았으며, 때를 만난 것으로써 자신을 이롭게 하지 않았다.

지금 주나라는 은나라의 혼란을 보고서 갑자기 선정을 펴고 모략을 꾸미며, 뇌물을 쓰고 군사를 믿고 위력을 지키며, 희생을 죽여 맹세함으로써 신의로 여기고, 행동을 드날려 많은 사람을 기쁘게 하며, 죽이고 정벌하는 것으로써 이로운 것을 요구하니, 이것은 혼란을 미루어 폭정과 바꾼 격이다.

우리가 듣기로, '옛날의 선비는 다스려진 세상을 만나면 자신의 임무를 피하지 않았고, 어지러운 세상을 만나면 구차하게 살아남으려 하지 않았다.'라고 했다. 지금 천하는 어둡고 은나라의 덕은 쇠약하니[49], 이 은나라와 함께하며 우리 몸을 더럽히기보다는 이곳을 피해서 우리의 행실을 깨끗하게 하는 것이 낫겠다."

이 두 사람은 북쪽 수양산首陽山에 이르러 결국에는 굶어 죽었다. 백이와 숙제 같은 자는 그들이 부귀에 대해 만약에 얻을 수 있다면 [그것에] 반드시 의지하지 않았을 것이다. 높은 절의와 굳센 행실로, 홀로 그 뜻을 즐기며 세속에서 일삼지 않았으니, 이는 두 선비의 절의다.

49) 원문의 '주덕쇠周德衰'를 번역한 것으로 곽경번의 《장자집석》에 '(周)〔殷〕德衰'으로 쓰여 있는데, 고산사高山寺 본을 비롯한 여러 판본에 의거해서 교열했다고 밝혔다. 역자도 이를 취하여 번역했다.

昔周之興, 有士二人處於孤竹, 曰伯夷叔齊. 二人相謂曰: "吾聞西方有人, 似有道者, 試往觀焉." 至於岐陽, 武王聞之, 使叔旦往見之, 與之盟曰: "加富二等, 就官一列." 血牲而埋之.

二人相視而笑曰: "嘻, 異哉! 此非吾所謂道也. 昔者神農之有天下也, 時祀盡敬而不祈喜. 其於人也, 忠信盡治而无求焉. 樂與政爲政, 樂與治爲治, 不以人之壞自成也, 不以人之卑自高也, 不以遭時自利也. 今周見殷之亂而遽爲政, 上謀而行貨, 阻兵而保威, 割牲而盟以爲信, 揚行以說衆, 殺伐以要利, 是推亂以易暴也. 吾聞古之士, 遭治世不避其任, 遇亂世不爲苟存. 今天下闇, 周德衰, 其竝乎周以塗吾身也, 不如避之以絜吾行." 二子北至於首陽之山, 遂餓而死焉. 若伯夷叔齊者, 其於富貴也, 苟可得已, 則必不賴. 高節戾行, 獨樂其志, 不事於世, 此二士之節也.

제29편

도척盜跖

도척, 공자를 꾸짖다

【해설】

모두 3장으로 이루어진 이 편은 온갖 악행의 전설인 '도척'의 이름으로 편명을 삼은 것인데, 성인 공자가 유하계의 만류에도 불구하고 도척을 알현하다시피 만나서 온갖 꾸짖음을 듣는 장면이 대부분이다. 1장에서 보듯이 도척이 공자를 비난하는 수준은 가히 놀랄 만한 내용으로 도적 도척과 공자의 위치가 바뀐 것처럼 보일 정도이며, 장자가 생각하는 삶이 즐거움과 장생을 목표에 두어야 한다는 메시지를 전하고 있다. 이는 천리마가 조그마한 틈새를 지나가는 것처럼 빠른 인생이기에 그렇다는 것이다. 다른 장도 그렇지만 이런 설정은 구조 자체가 희극적이기도 하고 소설처럼 재미있기도 하다. 물론 허구적으로 구성한 내용이면서 사실감이 있다.

2장에는 벼슬을 추구하는 공자의 제자인 자장과 이익을 추구하면서 자유롭게 살아가는 만구득의 이야기가 나오는데, 여기서도 만구득이 유가인 자장을 비판하면서 자연인으로 돌아가라는 식의 충고를 한다. 그리고 맨 마지막 장에서는 무족과 지화의 대화 형식으로 명예와 이익을 추구하는 세상 사람들의 부질없는 태도를 비판하고 있다.

한편 이 편의 가치에 대해 사마천이 "〈어부〉, 〈도척〉, 〈거협〉 편을 지어 공자의 무리를 비방하여 노자의 술을 밝혔다."(《사기》 〈노자한비열전〉)라고 했으나, 이 편에 노자의 '술術'이 보이지 않는 것을 보면 분명 사마천이 봤던 판본과 이 편의 판본이 다른 것임을 추론할 수 있겠다. 이러한 점은 이 편이 《여씨춘추》의 〈당무當務〉 편과 어느 정도 유사한 문장이 발견되는 데서 알 수 있듯이, 후인의 가탁의 흔적이 뚜렷하다는 데서도 확인이 가능하다.

요컨대, 극악무도한 도척의 발언을 통해 유가가 숭배하는 요임금이나 순임금, 문왕, 무왕 등이 오히려 부귀를 추구하는 행적을 일삼는다는 면에서 위선자 공자보다도 도척이 더 낫다는 장자의 일갈은 읽는 이의 마음을 후련하게 만들기에 충분하다.

공자를 꾸짖은 극악무도한 도적 도척 29.1

공자와 유하계柳下季[1]는 벗이었고, 유하계의 동생은 이름이 도척이라고 했다. 도척은 졸개 구천 명을 따르게 하여 천하를 멋대로 돌아다니면서 제후들을 침범하고 난폭한 행동을 하며, 남의 집에 구멍을 뚫고 문의 지도리를 빼고 들어가서 남의 소나 말을 몰아 가버리고, 남의 부녀자를 납치하며, 이득을 탐하느라 친척마저 잊고, 부모나 형제들을 돌보지 않으며, 조상에게 제사도 지내지 않았다.

[도척의 무리가] 지나가는 곳의 고을이 큰 나라는 성을 닫아 지키고 작은 나라는 보루에 숨어 들어갔으니, 모든 백성이 괴로움을 겪었다. 공자가 유하계에게 일러 말했다.

"무릇 다른 사람의 아버지가 된 자는 반드시 그 자식을 타이를 수 있어야 하고, 다른 사람의 형이 된 자는 반드시 그 동생을 가르쳐야 한다. 만일 아버지가 그 자식을 타이를 수 없고, 형이 그 동생을 가르칠 수 없으면, 아버지와 자식, 형제 사이의 친함을 귀하게 여길 것이 없다. 지금 선생은 세상의 뛰어난 선비인데, 동생은 도척이 되어 천하에 해를 끼치는데도 가르치지 못하고 있으니, 나는 속으로 선생을 부끄럽게 생각한다네. 내가 선생을 위해 가서 그를 설득했으면 하네."

유하계가 말했다.

"선생이 '다른 사람의 아버지가 된 자는 반드시 그 자식을 타이를

---

1) 노魯나라의 유하혜柳下惠이다. 육덕명은 "유하혜는 성이 전展이고, 이름은 획獲이며, 자는 계금季禽인데, 일설에는 자가 자금子禽이고, 유하에 지내면서 덕과 은혜를 베풀었다고 한다[柳下惠姓展, 名獲, 字季禽, 一云, 字子禽, 居柳下而施德惠]."라고 풀이했다.

수 있어야 하고, 다른 사람의 형이 된 자는 반드시 그 동생을 가르쳐야 한다.'라고 말씀하셨는데, 만일 자식이 아버지의 타이름을 듣지 않고 동생이 형의 가르침을 받지 않는다면, 설령 지금 선생의 논변으로도 앞으로 그에 대해 어찌하겠습니까!

또한 도척의 사람됨이란 마음은 솟아나는 샘물 같고, 의욕은 회오리바람 같으며, 강함은 적을 물리치기에 충분하고, 논변은 잘못을 꾸며대기에 충분합니다. 자신의 마음을 따르면 기뻐하고, 자신의 마음을 거스르면 분노하며 쉽게 말로써 남을 욕보이게 되니, 선생께서는 부디 가지 마시오."

공자는 듣지 않고 안회에게 말을 몰게 하고 자공을 수레의 오른쪽에 타게 하고는 도척을 만나러 갔다. 도척은 마침 태산 남쪽에서 졸개들을 쉬게 하면서 사람의 간을 썰어서[2] 먹고 있었는데, 공자가 수레에서 내려 앞으로 가 접견하는 자[謁者]를 보고 말했다.

"노나라 사람 공구가 장군의 높은 도의를 듣고 공경하여 접견하는 자에게 두 번 절합니다."

접견하는 자가 들어가 통지했다.

도척은 그 말을 듣고 매우 노하여 눈[빛]은 밝은 별과 같고, 머리카락은 위로 솟아 관을 찌를 듯하며 말했다.

"이 사람은 노나라의 교묘한 거짓말쟁이 공구가 아니던가? 내가 이렇게 말하더라고 알려주거라. '그대는 말을 지어내고 이야기를 만들어내어, 망령스럽게도 문왕과 무왕을 일컬으며, 나뭇가지처럼

---

2) 원문의 '회膾' 자를 번역한 것으로 왕수민의 설에 따라 '절切', 즉 '썰다'라는 의미로 풀이했다.

솟은 관을 쓰고, 죽은 소의 가죽으로 만든 허리띠를 차고서, 수다스럽게 변설을 지껄이고, 논밭을 갈지도 않으면서 밥을 먹고, 베를 짜지 않으면서 옷을 입고 다니며, 입술을 나불대고 혓바닥을 놀리면서 제멋대로 시비를 일으켜 천하의 군주들을 미혹시킨다지.

[그러니 그대는] 천하의 학문하는 선비들에게 그 본성으로 돌아가지 못하게 하고, 함부로 효도와 우애를 만들어서 제후에 봉해지고 부귀하길 바라는[3] 자이다. 그대의 죄는 크고도 지극히 막중하니 빨리 돌아가라! 그렇지 않으면 내가 장차 그대의 간으로 낮 식사의 반찬에 더하리라!'"

공자는 다시 접견하는 자에게 통지하여 말했다.

"저는 유하계와 친하게 지내고 있습니다. 그대 신발이나마 장막 아래에서라도 볼 수 있기를 원합니다.[4]"

접견하는 자가 다시 통지하자, 도척이 말했다.

"[그로] 하여금 [내] 앞으로 오게 하라."

공자는 잰걸음으로 앞으로 나아가 자리를 피해 조금 물러나서 도척에게 두 번 절했다. 도척은 매우 노하여 두 다리를 벌리고 앉은 채로 칼자루를 잡고서 눈을 부릅뜨고는 마치 젖 먹이는 호랑이같이 사나운 목소리로 말했다.

"구야, 앞으로 와라. 그대가 하는 말이 내 뜻을 따르면 살 것이고, 내 마음을 거스르면 죽게 될 것이다."

공자가 말했다.

3) 원문의 '교행儌倖'을 번역한 것으로 '바란다[冀望]'는 뜻이다(성현영 설).

4) 공자가 유하계와의 관계를 빌려 도척에게 체면치레라도 해달라고 부탁하는 간곡함이 배어있다.

“제가 들으니 무릇 천하에는 세 가지 덕이 있다고 합니다. 태어나면서부터 키가 크고 아름다움이 빼어나 비할 데 없어서 젊은이와 나이 많은 이, 귀하거나 천한 이 모두가 그를 보고 좋아하는 것, 이는 '최상의 덕[上德]'입니다. 지식은 천지를 널리 아우르고 능력은 모든 사물을 두루 처리하는 것, 이는 '중간의 덕[中德]'입니다. 용감무쌍하여 많은 사람을 모아 군대를 통솔하는 것, 이는 '최하의 덕[下德]'입니다. 무릇 사람이 이 중에서 하나의 덕을 지니게 된다면 남면하여 군주로 일컫기에 충분합니다.

지금 장군이 이 세 가지를 겸하고 있고, 키는 여덟 자 두 치이며, 얼굴과 눈은 빛이 나고, 입술은 선명한 붉은색이며, 치아는 가지런한 조개 같고, 목소리는 황종黃鍾의 음률에 맞는데도 불구하고 도척이라 불리시니, 저는 속으로 장군을 위해 이를 부끄럽게 여겨 따르지 않겠습니다.

장군이 제 말을 들어주시겠다면, 저는 남쪽으로는 오나라와 월나라에 사신으로 가고, 북쪽으로는 제나라와 노나라에 사신으로 가며, 동쪽으로는 송나라와 위나라에 사신으로 가고, 서쪽으로는 진나라와 초나라에 사신으로 가서, 그들에게 장군을 위하여 큰 성 수백 리를 짓고 수십만 호의 고을을 세워 장군을 받들어 제후로 삼고자 하고, 온 천하 사람들과 함께 새롭게 시작하여 전쟁을 그만두고 군졸들을 쉬게 하고, 형제들을 거두어 기르며, 공손하게 선조의 제사를 지낼 수 있도록 할 것이니, 이것이 성인과 재주 있는 선비의 행실이요, 천하 사람들이 바라는 것입니다."

도척은 크게 노하여 말했다.

"구야, 앞으로 와라! 무릇 이익으로써 바로잡을 수 있고, 말로써 충고할 수 있는 자는 모두 어리석고 비루한 일상적인 사람[5]이라고 말할 뿐이다. 이제 키가 크고 아름다움이 빼어나서 사람들이 보고 나를 좋아하게 된 것, 이는 나의 부모가 남겨준 덕으로, 구[그대]가 비록 나를 칭찬하지 않더라도 내가 어찌 그것을 스스로 알지 못하겠는가?

또 내가 들으니, '사람 앞에서 남을 칭찬하기를 좋아하는 자는, 또한 뒤돌아서는 그를 헐뜯기를 좋아한다.'라고 한다. 지금 구[그대]가 내게 큰 성과 많은 백성을 가지고 아뢰었으나, 이는 나를 이익으로 바로잡고서 나를 일상적인 사람으로 대하는 것이니, 어찌 오래갈 수 있겠는가! 성 가운데 큰 것으로 말하면 천하보다 큰 것이 없거늘, 요임금과 순임금은 천하를 차지했건만, 자손들은 송곳 하나 꽂을 땅조차 없었고, 탕왕이나 무왕은 옹립되어 천자가 되었지만, 후손들은 끊어져 없어졌으니, 그들의 이익이 큰 까닭이 아니겠는가?

또 내가 들으니, '옛날에는 새와 짐승은 많고 사람은 적었으니, 이에 사람들은 모두 나무 위에 살면서 새와 짐승을 피했고, 낮에는 상수리나 밤을 줍고 저녁에는 나무 위에 깃들여 살았다. 그러므로 이 사람들을 이름하여 '유소씨有巢氏의 백성'이라고 말했다.

옛날에는 사람들이 옷이라는 것을 알지 못해서 여름에는 땔나무

5) 원문의 '항민恒民'을 번역한 것으로 '순민順民'으로 쓰인 판본도 있다(육덕명 설). 안병주·전호근은 '보통 사람[常人]'으로 풀이했는데, 참조할 만하다.

를 쌓아놓고 겨울에는 그것을 불땠다. 그러므로 이 사람들을 '삶을 아는 백성'이라고 말했다.

신농씨의 세대에서는 누워서는 편안하고 고요했고[6] 일어나서는 넉넉하고 여유롭게 지내었으며[7], 사람들은 자신의 어머니는 알아도 자신의 아버지를 알지 못했으며, 고라니와 사슴들과 더불어 살면서 밭 갈아서 먹고 베를 짜서 옷을 입고서 서로 해치려는 마음이 없었으니, 이것은 지극한 덕이 융성한 세상이었다.

그러나 황제는 덕에 이르지 못하고는 치우蚩尤와 함께 탁록涿鹿의 들녘에서 싸워 피가 백 리까지 흐르게 했으며, 요임금과 순임금이 일어나 모든 신하를 두었고, 탕왕은 그 군주를 쫓아내버렸고, 무왕은 주紂를 살해했으니, 이 이후부터는 강자가 약자를 업신여기고, 많이 가진 자가 적게 가진 자를 해치니, 탕왕과 무왕 이래로는 모두 어지럽히는 사람의 무리라고 했다.

지금 그대는 문왕과 무왕의 도를 닦아서 천하의 여론을 장악하면서 후세 사람들을 가르치고, 넓은 도포[8]에 얇은 띠를 두르고[9] 교묘한 말과 거짓된 행동으로 천하 군주들을 미혹되게 하여 부귀를

---

6) 원문의 '거거居居'를 번역한 것으로 '편안하고 고요한 모습[安靜之容]'이다(성현영 설).

7) 원문의 '우우于于'를 번역한 것으로 '넉넉하고 여유로운 모습'이다. 성현영은 '스스로 터득한 모양[自得之貌]'으로 보았는데, 안동림은 이 설을 취하여 "자득하는 한가한 생활을 누렸고"라고 번역했다. 한편 안병주·전호근은 사마표의 '아는 바가 없는 모양[無所知貌]'이라고 풀이한 설을 따라 "무심한 모양으로 한가로이 지내면서"라고 번역했으며, '무심하고 무지한 모양'이라는 풀이를 덧붙였다.

8) 원문의 '봉의縫衣'를 번역한 것인데, 소매가 넓은 도포로 옛 유생들이 입었던 옷을 말한다. 성현영은 "겨드랑이를 기운 옷[[縫掖之衣]"으로 보았고, 왕인지와 육덕명 등은 "겉옷[大衣]"이라고 풀이했다.

구하려고 하니, 도둑질이 그대보다 큰 것이 없는데, 천하 사람들은 어찌하여 그대를 일러 도구盜丘라 부르지 않고, 나를 도척이라고 말하는 것인가?

그대는 달콤한 말로써 자로를 설득하여 그대를 따르게 하고, 자로에게 그의 높은 관[10]을 벗게 하고 그의 긴 칼을 풀어두게 해서 그대에게 가르침을 받게 했다. 천하 사람들이 모두 '공구는 포악한 행동을 막고 옳지 않은 행동을 막을 수 있다.'라고 말하지만, 결과적으로 자로는 위나라 군주를 살해하려다가 일을 이루지 못해 몸이 위나라의 동문 위에서 젓갈로 담가졌으니[11], 이것은 그대의 가르침이 지극하지 못한 것이다.

그대는 스스로 재주 있는 선비이면서 성인이라고 말하는 것인가? 노나라에서 두 번이나 쫓겨나고, 위나라에서는 [그대의] 발자취가 끊어지게 되었으며, 제나라에서는 궁지에 몰렸고, 진나라와 채나라 사이에서는 포위되어 천하에 몸 둘 데가 없었으며, 자로에게는 젓갈로 담가지는 이 같은 환난을 겪게 했으니, 위로는 자기를 위하지도 못했고, 아래로는 남을 위하지도 못했다. [그런데] 그대의 도가 어찌 귀하다고 할 수 있겠는가?

9) 원문의 '천대淺帶'를 번역한 것으로, 육덕명은 "짧고 좁은 띠를 두름[縫帶使淺狹]"이라고 풀이했다. 한편 안병주·전호근은 방용과 육영품의 설을 취하여 "넓은 폭의 얕은 띠"라고 번역했는데, "허리띠의 폭이 넓으면 의복을 묶는 부분이 얕게 된다."라고 덧붙였다. 김학주는 "옷을 살짝 누르는 폭이 널따란 띠"라고 풀이했다.

10) 원문의 '위관危冠'을 번역한 것으로 '위危'는 '고高' 자이다. 옛날의 높은 관을 말한다.

11) 원문의 '저菹'를 번역한 것으로 '절이다'의 뜻인데, 여기서는 구체적으로 사람을 죽여서 '젓갈을 담그다', '소금에 절이다'라는 의미로 보아야 한다.

세상에서 높이는 사람 가운데 황제만 한 자가 없으나 황제는 오히려 덕을 온전히 하지 못했으니, 탁록의 들녘에서 싸워 피가 백 리나 흐르게 했다. 요임금은 자애롭지 않았고, 순임금은 불효했으며, 우임금은 반신불수가 되었고[12], 탕왕은 자신의 주군을 추방했으며, 무왕은 주를 정벌했고, 문왕은 유리羑里에 구금되었다.

이 여섯 사람[13]은 세상 사람이 높이는 자들이지만, 자세히 살펴보면 모두 이익 때문에 진리를 미혹되게 하여 억지로 그 성정을 어겼으니, 그들의 행동은 대단히 부끄러워할 만한 것이다.

세상에서 말하는 어진 선비는 백이와 숙제이나, 백이와 숙제는 고죽의 군주 자리를 사양하고는 수양산에서 굶어 죽었으니, 그 뼈와 육신을 장사 지내지도 못했다. 포초는 꾸며낸 행실로 세상을 비난하다가 나무를 껴안은 채로 죽었고, 신도적은 간언을 했으나 듣지 않자 돌을 지고 황하에 몸을 던져 물고기와 자라에게 먹잇감이 되었다.[14] 개자추는 지극히 충성했으니 스스로 자기의 넓적다리 살을 베어 문공에게 먹였지만 문공은 뒤에 그를 배반했고, 자추는 노하여 [진나라를] 떠나고는 나무를 껴안은 채 불에 타 죽었다. 미생尾生[15]은 여인과 다리 아래에서 약속했으나 여인이 오지 않자 물이 불어나는데도 떠나가지 않고 다리 기둥을 껴안고 죽었다. 이 여섯

12) 성현영은 "물을 다스리는 일을 부지런히 힘쓰고, 바람에 빗질하고 빗물에 목욕하여 몸이 쇠약해지는 병에 걸렸으니, 반신불수가 되었다[治水勤勞, 風櫛雨沐, 致偏枯之疾, 半身不遂也]."라고 했다.

13) 원문의 '육자六子'를 번역한 것으로 무왕武王을 제외한 '황제·요임금·순임금·우임금·탕왕·문왕'으로 보는 것이 통설이다.

14) 신도적에 관한 이야기는 〈대종사〉 편 6.1과 〈외물〉 편 26.11에도 보인다.

15) 《사기》 〈소진장의열전蘇秦張儀列傳〉에도 나오는 인물인데, 《논어》 〈공야장〉 편 5.23의 '미생고微生高'와 동일 인물이다. '미생고尾生高'라고도 한다.

사람은 [제사용에 쓸] 찢어발긴 개나 강물에 떠내려가는 돼지나 바가지를 들고 구걸하는 거지와 다를 바가 없으니, 모두 명분에 걸려 죽음을 가벼이 하여, 근본을 생각하여 수명을 기르지 못한 자들이다.

세상에서 말하는 충신이란 자는 왕자 비간과 오자서만 한 이가 없다. 오자서는 시체가 장강에 가라앉았고, 비간은 심장이 도려졌으니, 이 두 사람은 세상에서 충신이라고 말하지만 끝내는 천하의 웃음거리가 되었다.

위로부터 그것을 살펴보면, [황제로부터] 자서와 비간에 이르기까지 모두 귀하다고 여기기에는 충분하지 않은 것이다. 그대가 나를 설득하고자 하는 바가 만약 내게 귀신의 일을 가지고 말한다면 내가 알 수 없겠으나, 만약 내게 사람의 일을 가지고 말한다면 이것에 지나지 않은 것으로서 모두 내가 들어 아는 것이다.

지금 내가 그대에게 사람의 성정에 대해 알려주겠다. 눈은 아름다운 빛깔을 보기를 바라고, 귀는 아름다운 소리를 듣기를 바라며, 입은 맛있는 것을 맛보기를 바라고, 마음의 뜻은 가득 채우기를 바란다. 사람은 최고 수명이 백 살이고, 중간 수명은 여든 살이며, 낮은 수명은 예순 살인데, 병들어 야위고 죽어 상을 치르거나 근심, 걱정하는 때를 빼면, 그중에서 입을 벌리고 웃는 것은 한 달 중에 네댓새에 지나지 않을 뿐이다.

하늘과 땅은 끝이 없지만 사람이 죽는 것은 때가 있으니, 유한한 몸을 가지고 끝이 없는 사이에 기대어 맡기는 것은 홀연히 준마나 천리마가 문틈 사이를 달려가는 것과 다를 것이 없다. 자기의 뜻을 기쁘게 하지 못하고, 자신의 수명을 기르지 못하는 자는 모두 도에 통달한 자가 아니다.

그대가 말하는 것은 모두 내가 버린 것들이다. 당장 떠나고 얼른 되돌아가서 다시는 그런 말을 하지 마라. 그대의 도는 실성한 듯 급급해하니[16] 남을 속이고 거짓됨을 일삼는 것이다. 진리를 보전할 수 있는 것이 아닌데 어찌 논의할 만하겠는가?"

공자는 두 번 절하고서 종종걸음으로 문을 나와 수레에 올라서 고삐를 잡았다가 세 번이나 놓치고는 눈앞이 깜깜하여 아무것도 보이지 않고, 안색은 식은 재와 같았으며, 수레 앞 가로나무에 기대어 고개를 숙이고는 숨조차 제대로 쉬지 못했다. 노나라의 동문 밖으로 돌아와 마침 유하계를 만났는데, 유하계가 말했다.

"요즘 뜸하게 며칠을 뵙지 못했는데, 수레와 말에 어디 다녀온 듯 보이니, 가서 도척을 만난 것이 아닙니까?"

공자가 하늘을 우러러 탄식하며 말했다.

"그렇다네."

유하계가 말했다.

"척[도척]이 전에 말한 것처럼 당신의 뜻을 거스르지 않았습니까?"

16) 원문의 '광광급급狂狂汲汲'을 번역한 것으로 '광광狂狂'은 '본성을 잃는 것[失性]'이다(성현영 설). 즉, 실성할 듯이 정신이 혼미한 것이고, '급급汲汲'은 정신이 쏠려서 몹시 절박한 것이다. '급급'이 '급급伋伋'으로 쓰인 판본도 있는데(육덕명 설), 성현영은 '부족한 모양[不足貌]'으로 보았다. 마쉬룬과 왕수민 등은 '급彶'의 가차자로 보았는데, 주준성朱駿聲은 "'급彶'은 급하게 가는 것이다[彶, 急行也]."라고 풀이했다. '허둥지둥하며 급급하니'(이강수 역)라고 번역해도 무방하다.

공자가 말했다.

"그렇다네. 나는 말하자면 병이 없는데 스스로 뜸을 뜬 꼴이 되었다네. 빠르게 달려가 호랑이 머리를 잡아당기고[17], 호랑이 수염을 꼬았던 것이니, 거의 호랑이 입에서 벗어나지 못할 뻔했다네."

孔子與柳下季爲友, 柳下季之弟, 名曰盜跖. 盜跖從卒九千人, 橫行天下, 侵暴諸侯, 穴室樞戶, 驅人牛馬, 取人婦女, 貪得忘親, 不顧父母兄弟, 不祭先祖. 所過之邑, 大國守城, 小國入保, 萬民苦之.

孔子謂柳下季曰: "夫爲人父者, 必能詔其子. 爲人兄者, 必能教其弟. 若父不能詔其子, 兄不能教其弟, 則无貴父子兄弟之親矣. 今先生, 世之才士也, 弟爲盜跖, 爲天下害, 而弗能教也, 丘竊爲先生羞之. 丘請爲先生往說之."

柳下季曰: "先生言爲人父者必能詔其子, 爲人兄者必能教其弟, 若子不聽父之詔, 弟不受兄之教, 雖今先生之辯, 將奈之何哉! 且跖之爲人也, 心如涌泉, 意如飄風, 强足以距敵, 辯足以飾非, 順其心則喜, 逆其心則怒, 易辱人以言. 先生必无往."

孔子不聽, 顔回爲馭, 子貢爲右, 往見盜跖. 盜跖乃發休卒徒於太山之陽, 膾人肝而餔之. 孔子下車而前, 見謁者曰: "魯人孔丘, 聞將軍高義, 敬再拜謁者."

謁者入通, 盜跖聞之大怒, 目如明星, 髮上指冠, 曰: "此夫魯國之巧僞人孔丘非邪? 爲我告之: '爾作言造語, 妄稱文武, 冠枝木之冠, 帶死牛

17) 원문의 '요호두料虎頭'를 번역한 것으로, 성현영은 "잡아당겨서 저촉하는 것[料觸]"으로 보았다. 마쉬룬은 '돋우다'라는 의미의 '요撩'의 가차자라고 풀이했다.

之脅, 多辭繆說, 不耕而食, 不織而衣, 搖脣鼓舌, 擅生是非, 以迷天下之主, 使天下學士不反其本, 妄作孝弟而儌倖於封侯富貴者也. 子之罪大極重, 疾走歸! 不然, 我將以子肝益晝餔之膳!'"

孔子復通曰: "丘得幸於季, 願望履幕下."

謁者復通, 盜跖曰: "使來前!"

孔子趨而進, 避席反走, 再拜盜跖. 盜跖大怒, 兩展其足, 案劍瞋目, 聲如乳虎, 曰: "丘來前! 若所言, 順吾意則生, 逆吾心則死."

孔子曰: "丘聞之, 凡天下人有三德, 生而長大, 美好无雙, 少長貴賤見而皆說之, 此上德也. 知維天地, 能辯諸物, 此中德也. 勇悍果敢, 聚衆率兵, 此下德也. 凡人有此一德者, 足以南面稱孤矣. 今將軍兼此三者, 身長八尺二寸, 面目有光, 脣如激丹, 齒如齊貝, 音中黃鍾, 而名曰盜跖, 丘竊爲將軍恥不取焉. 將軍有意聽臣, 臣請南使吳越, 北使齊魯, 東使宋衛, 西使晉楚, 使爲將軍造大城數百里, 立數十萬戶之邑, 尊將軍爲諸侯, 與天下更始, 罷兵休卒, 收養昆弟, 共祭先祖. 此聖人才士之行, 而天下之願也."

盜跖大怒曰: "丘來前! 夫可規以利而可諫以言者, 皆愚陋恒民之謂耳. 今長大美好, 人見而悅之者, 此吾父母之遺德也. 丘雖不吾譽, 吾獨不自知邪?

且吾聞之, 好面譽人者, 亦好背而毁之. 今丘告我以大城衆民, 是欲規我以利而恒民畜我也, 安可久長也! 城之大者, 莫大乎天下矣. 堯舜有天下, 子孫无置錐之地. 湯武立爲天子, 而後世絶滅. 非以其利大故邪?

且吾聞之, 古者禽獸多而人少, 於是民皆巢居以避之, 晝拾橡栗, 暮栖木上, 故命之曰有巢氏之民. 古者民不知衣服, 夏多積薪, 冬則煬之, 故命之曰知生之民. 神農之世, 臥則居居, 起則于于, 民知其母, 不知其父, 與麋鹿共處, 耕而食, 織而衣, 无有相害之心, 此至德之隆也. 然而黃帝不能致德, 與蚩尤戰於涿鹿之野, 流血百里. 堯舜作, 立群臣, 湯放其主, 武王殺紂. 自是以後, 以强陵弱, 以衆暴寡. 湯武以來, 皆亂人之徒也.

今子修文武之道, 掌天下之辯, 以教後世, 縫衣淺帶, 矯言僞行, 以迷惑天下之主, 而欲求富貴焉, 盜莫大於子. 天下何故不謂子爲盜丘, 而乃謂我爲盜跖? 子以甘辭說子路而使從之, 使子路去其危冠, 解其長劍, 而受教於子, 天下皆曰孔丘能止暮禁非. 其卒之也, 子路欲殺衛君而事不成, 身菹於衛東門之上, 是子教之不至也. 子自謂才士聖人邪? 則再逐於魯, 削跡於衛, 窮於齊, 圍於陳蔡, 不容身於天下. 子教子路菹此患, 上无以爲身, 下无以爲人, 子之道豈足貴邪?

世之所高, 莫若黃帝, 黃帝尙不能全德, 而戰涿鹿之野, 流血百里. 堯不慈, 舜不孝, 禹偏枯, 湯放其主, 武王伐紂, 文王拘羑里, 此六子者, 世之所高也, 孰論之, 皆以利惑其眞而强反其情性, 其行乃甚可羞也.

世之所謂賢士, 莫若伯夷叔齊. 伯夷叔齊辭孤竹之君而餓死於首陽之山, 骨肉不葬. 鮑焦飾行非世, 抱木而死. 申徒狄諫而不聽, 負石自投於河, 爲魚鼈所食. 介子推至忠也, 自割其股以食文公, 文公後背之, 子推怒而去, 抱木而燔死. 尾生與女子期於梁下, 女子不來, 水至不去,抱梁柱而死. 此六子者, 无異於磔犬流豕操瓢而乞者, 皆離名輕死, 不念本養壽命者也.

世之所謂忠臣者, 莫若王子比干伍子胥. 子胥沈江, 比干剖心, 此二子者, 世謂忠臣也, 然卒爲天下笑. 自上觀之, 至于子胥比干, 皆不足貴也.

丘之所以說我者, 若告我以鬼事, 則我不能知也. 若告我以人事者, 不過此矣, 皆吾所聞知也.

今吾告子以人之情, 目欲視色, 耳欲聽聲, 口欲察味, 志氣欲盈. 人上壽百歲, 中壽八十, 下壽六十, 除病瘦死喪憂患, 其中開口而笑者, 一月之中不過四五日而已矣. 天與地无窮, 人死者有時, 操有時之具而托於无窮之間, 忽然无異騏驥之馳過隙也. 不能說其志意, 養其壽命者, 皆非通道者也.

丘之所言, 皆吾之所棄也, 亟去走歸, 无復言之! 子之道, 狂狂汲汲, 詐巧虛僞事也, 非可以全眞也, 奚足論哉?”

孔子再拜趨走, 出門上車, 執轡三失, 目芒然无見, 色若死灰, 據軾低頭, 不能出氣. 歸到魯東門外, 過遇柳下季. 柳下季曰: “今者闕然數日不見, 車馬有行色, 得微往見跖邪?”

孔子仰天而歎曰: “然.”

柳下季曰: “跖得无逆汝意若前乎?”

孔子曰: “然. 丘所謂无病而自灸也, 疾走料虎頭, 編虎須, 幾不免虎口哉!”

부자가 되는 자와 출세하는 자의 두 가지 조건 29.2

자장子張[18]이 만구득滿苟得[19]에게 물었다.

"어찌 어질고 의로운 행동을 하지 않습니까? 어질고 의로운 행동을 하지 않으면 신임받지 못하고, 신임받지 못하면 일을 맡지 못하고, 일을 맡지 못하면 이롭지 못합니다. 그러므로 명예로 보거나 이익으로 따져본다면 의로운 것이 진정 옳은 것입니다. 만약 명예나 이익을 버리고 마음으로 돌이켜본다면 무릇 선비의 수행은 하루도 하지 않을 수 없을 것입니다!"

만구득이 말했다.

"부끄러움이 없는 자는 부자가 되고, 신임이 많다고 [과신]하는[20] 자는 출세합니다. 무릇 명예나 이익 가운데 큰 것은 거의 부끄러움이 없고 신임에 달려 있을 것입니다. 그러므로 명예로 보거나 이익으로 따져본다면 신임이 많은 것이 진정 옳은 것입니다. 만일 명예와 이익을 버리고 마음으로 돌이켜본다면 무릇 선비의 수행은 그 자연을 지키는 것입니다[21]!"

---

18) "공자의 제자로, 성은 전손顓孫이고, 이름은 사師이며, 자가 자장子張인데, 성인의 자취를 실행한 사람이다[孔子弟子也, 姓顓孫, 名師, 字子張, 行聖迹之人也]."(성현영 설) 《사기》 〈중니제자열전〉에 "전손사는 진陳나라 사람으로 자는 자장이며, 공자보다 마흔여덟 살 아래이다[顓孫師, 陳人, 字子張. 少孔子四十八歲]."라고 전해진다.

19) 성은 만滿이고, 이름은 구득苟得이다(성현영 설). 덧붙여 성현영은 "가탁하여 만든 성명으로 구차하게 이득을 탐하여 사심을 채우려는 것을 말하니, 이익을 추구하는 사람이다[假託爲姓名, 曰苟且貪得以滿其心, 求利之人也]."라고 했다.

20) 원문의 '다신多信'을 번역한 것으로, 성현영이 "'다신'은 '말이 많은 것[多言]'과 같다[多信, 猶多言也]."라고 풀이한 설이 있는데, 취하지 않는다.

자장이 말했다.

"옛날에 걸과 주는 귀해져서 천자가 되었고 부유해져서 천하를 차지했지만, 지금 종이나 마부에게 '너의 행동이 걸이나 주와 같다.'라고 말하면 부끄러워하는 기색이 있거나 승복하지 않는 마음이 있는 까닭은 소인에게도 천하게 여겨지기 때문입니다.

중니와 묵적은 곤궁하여 필부가 되었으나 지금 재상에게 '당신의 행동이 중니나 묵적과 같다.'라고 말하면 용모를 고치고 안색을 바꾸고서 '미치지 못합니다.'라고 하는 것은 선비들에게 참으로 귀하게 여겨지기 때문입니다.

그러므로 권세를 얻어 천자가 되는 것이 반드시 귀한 것은 아니고, 곤궁하여 필부가 되는 것이 반드시 천한 것은 아닙니다. 귀하고 천한 것의 구분은 행동의 좋고 나쁨에 있는 것입니다."

만구득이 말했다.

"작게 도둑질한 자는 구속되지만, 크게 도둑질한 자는 제후가 되니, 제후의 문에는 의로운 선비가 모입니다. 옛날 [제나라] 환공인 소백은 형을 죽여 그 형수를 아내로 삼았으나 관중이 [그의] 신하가 되었고, 전성자상田成子常은 군주를 죽이고 나라를 훔쳤는데도 공자는 [그의] 폐백을 받았습니다.[22]

말로는 그들을 천하다고 하지만 행동으로는 그들에게 낮춥니다.

---

21) 원문의 '구기천호拘其天乎'를 번역한 것으로, '구拘'는 '지키다[守]'의 뜻이고, '천天'은 '자연自然'을 말한다(성현영 설).

22) 이 이야기는 〈거협〉 편 10.1의 "전성자田成子가 하루아침에 제나라 군주를 죽이고 그 나라를 훔쳤다[田成子一旦殺齊君而盜其國]."라고 한 내용과 비슷한데, 마쉬룬과 완육숭 등의 해석에 의하면 공자가 폐백을 받은 고사는 다른 문헌에서 찾을 수 없다(안병주·전호근 설).

이는 말과 행동의 실정이 가슴속에서 어긋나고 싸우는 것이니, 또한 [정서에] 어긋나지 않습니까! 그러므로 옛글에 '누가 악하고 누가 선한가? 성공한 자는 머리가 되고, 성공하지 못한 자는 꼬리가 된다.'라고 말한 것입니다."

자장이 말했다.

"그대가 수행하지 않으면 곧장 멀고 가까움에 차례가 없게 되고, 귀함과 천함의 도리가 없게 되며, 나이의 순서가 없게 될 것이니, 오기五紀와 육위六位[23]를 장차 어떻게 구별하겠습니까?"

만구득이 말했다.

"요임금이 맏아들을 죽였고, 순임금은 친동생[상]을 쫓아냈는데도 멀고 가까움에 차례가 있겠습니까? [또] 탕왕이 걸을 내치고 무왕이 주를 살해했는데도 귀함과 천함의 도리가 있겠습니까? 왕계는 적자가 되었고, 주공은 형을 죽였는데도 나이의 순서가 있겠습니까? 유자는 거짓된 말을 하고 묵자는 두루 박애를 내세웠는데도 오기와 육위가 장차 구별이 있겠습니까?

또 그대가 바로 명예를 추구하고 나는 바로 이익을 추구한다면, 명예와 이익의 실상은 이치에 맞지 않고, 도에 본보기가 되지 못합니다.

내가 이전에 그대와 함께 무약無約 선생에게 [이 일을] 의논하니, [선생은] '소인은 재물에 따라 죽고, 군자는 명예에 따라 죽는다. 그들이 자신의 성정을 변화시키고 본성을 바꾸는 것은 다르지만, 곧

23) '오기五紀'는 다섯 가지 근본 윤리를 말하고, '육위六位'는 여섯 가지의 관계 윤리를 가리킨다.

자신이 할 일을 버리고 자신이 하지 않아야 할 일을 따라 죽음에 이르러서는 하나인 것이다.'라고 말씀하셨습니다.

그러므로 '소인이 되지 말고 돌이켜 자연을 따르며, 군자가 되지 말고 자연의 도리를 따르라. 굽었든 곧았든 하늘의 궁극을 살피고, 사방을 향해 마주 보면서 때와 함께 변화하라. 옳았든 그릇되었든 도의 고리 한가운데를 잡고[24] 홀로 [그대의] 뜻을 이루어서 도와 함께 소요하라. 고정하여 행동하지 말고 이루는 것을 도의로 여기지 말 것이니, 장차 해야 할 것을 잃게 될 것이다. 부에 따라 가지 말고 성공에 몸을 따르지 말 것이니, 장차 천성을 잃어버리게 될 것이다.'라고 말하는 것입니다.

비간은 심장이 도려졌고, 오자서는 눈알이 도려졌으니, 충성의 화근이고, 직궁直躬[25]은 아버지를 증언했고, 미생은 물에 빠져 죽었으니, 신임의 환난이며, 포자는 서 있는 채로 말라 죽고, 신자는 까닭을 말하지 않고 자결했으니, 청렴으로 인한 해침이며, 공자는 어

---

24) 원문의 '집이원기執而圓機'를 번역한 것으로, '원기圓機'는 〈제물론〉 편 2.7의 '도의 지도리[道樞]'와 같은 개념이다(안병주·전호근 설). 안병주·전호근은 덧붙여 '도추道樞'를 '환중環中'과도 같다고 보았는데, 성현영이 "'원기'는 '환중'과 같다[圓機, 猶環中也]."라고 풀이한 견해를 참조할 만하다. '환중'에 대해서는 〈제물론〉 편 2.7에 자세히 나온다.

25) 《논어》〈자로〉 편 13.18에 다음과 같은 일화가 있다. "섭공이 공자에게 말했다. '우리 마을에 몸가짐이 바른 자가 있으니, 그 아버지가 양을 훔치자 아들이 그것을 고발했습니다.' 공자께서 말씀하셨다. '우리 마을의 정직한 사람은 그와 다릅니다. 아버지는 아들을 위해 숨기고, 아들은 아버지를 위해 숨겨주지만, 정직은 그 가운데 있습니다'[葉公語孔子曰: '吾黨有直躬者, 其父攘羊, 而子證之.' 孔子曰: '吾黨之直者異於是. 父爲子隱, 子爲父隱, 直在其中矣']."라고 하여 '직궁直躬'을 '몸가짐이 바른'이라는 의미로 보았는데, 《여씨춘추》에서는 '직궁'을 사람 이름으로 보아 "초나라에 '직궁'이라는 사람"으로 기록하고 있다. 역자는 통설을 참조하여 여기서는 '직궁'을 인명으로 번역했다.

머니의 임종을 보지 못했고, 광자는 아버지를 평생 보지 못했으니, 의로움의 잘못입니다.[26] 이는 윗세대로부터 전해오는 것이며 뒷세대에도 이야기하는 것입니다.

생각해보면, 선비라는 자는 자기의 말을 바르다 하고 자기의 행동을 말한 대로 꼭 실천했는데, 이 때문에 그런 재앙을 입고 그런 환난을 만난 것입니다."

子張問於滿苟得曰: "盍不爲行? 无行則不信, 不信則不任, 不任則不利. 故觀之名, 計之利, 而義眞是也. 若棄名利, 反之於心, 則夫士之爲行, 不可一日不爲乎!"

滿苟得曰: "无恥者富, 多信者顯. 夫名利之大者, 幾在无恥而信. 故觀之名, 計之利, 而信眞是也. 若棄名利, 反之於心, 則夫士之爲行, 抱其天乎!"

子張曰: "昔者桀紂貴爲天子, 富有天下, 今謂臧聚曰: 汝行如桀紂, 則有怍色, 有不服之心者, 小人所賤也. 仲尼墨翟, 窮爲匹夫, 今謂宰相曰: 子行如仲尼墨翟, 則變容易色稱不足者, 士誠貴也. 故勢爲天子, 未必貴也. 窮爲匹夫, 未必賤也. 貴賤之分, 在行之美惡."

滿苟得曰: "小盜者拘, 大盜者爲諸侯, 諸侯之門, 仁義存焉. 昔者桓公小白殺兄入嫂而管仲爲臣. 田成子常殺君竊國而孔子受幣. 論則賤之, 行則下之, 則是言行之情悖戰於胸中也, 不亦拂乎! 故書曰: '孰惡孰美? 成者爲首, 不成者爲尾.'"

26) 포자는 춘추시대의 은자인 포초이며, 신자는 신도적으로 〈외물〉 편 26.11에 나온다. 광자는 광장匡章으로《맹자》〈이루 하〉 편에 자세히 나온다.

子將曰:“子不爲行, 卽將疏戚无倫, 貴賤无義, 長幼无序. 五紀六位, 將何以爲別乎?”

滿苟得曰:“堯殺長子, 舜流母弟, 疏戚有倫乎? 湯放桀, 武王殺紂, 貴賤有義乎? 王季爲適, 周公殺兄, 長幼有序乎? 儒者僞辭, 墨者兼愛, 五紀六位將有別乎?

且子正爲名, 我正爲利. 名利之實, 不順於理, 不監於道. 吾日與子訟於无約曰:‘小人殉財, 君子殉名. 其所以變其情, 易其性, 則異矣. 乃至於棄其所爲而殉其所不爲, 則一也.’ 故曰: 无爲小人, 反殉而天. 无爲君子, 從天之理. 若枉若直, 相而天極. 面觀四方, 與時消息. 若是若非, 執而圓機. 獨成而意, 與道徘徊. 无轉而行, 无成而義, 將失而所爲. 无赴而富, 无殉而成, 將棄而天.

比干剖心, 子胥抉眼, 忠之禍也. 直躬證父, 尾生溺死, 信之患也. 鮑子立乾, 申子不自理廉之害也. 孔子不見母, 匡子不見父, 義之失也. 此上世之所傳, 下世之所語, 以爲士者正其言, 必其行, 故服其殃, 利其患也.”

부유한 자와 존귀한 자에게 부족한 무엇 29.3

무족无足이 지화知和에게 물었다.

“사람은 끝내 명예를 일으키고 이익을 [위해] 나아가지 않는 자가 없다. 그런 자들이 부유해지면 사람들이 그에게 모이고, 모여서 그에게 낮추고, 낮추고서는 그를 존귀하게 여긴다. 무릇 [남에게] 고개 숙임을 받고 존귀하게 여겨지는 것은 장수하고 육체를 편안히 하고 뜻을 즐겁게 하는 방법이다.

지금 그대는 전혀 거기에 뜻이 없으니, 지혜가 부족한 것인가? 지혜는 있지만 행동할 능력이 없는 것인가? 일부러 바른 것을 추구하여 잊지 않는 것인가?"

지화가 말했다.

"지금 [명예를 일으키고 이익을 위해 나아가는] 이런 사람들은 [부유한 자를] 자기와 같은 시대에 태어나서 같은 고향에 사는 자라고 생각하여 무릇 세속을 초월하고 세상을 뛰어넘는 선비라고 생각한다.

이것은 오롯이 주체적인 바름이 없어서 예나 지금의 시대와 옳고 그름의 구분을 보기 때문이다. [그들은] 세속과 변화하고, 세상 사람들은 지극히 소중한 것을 없애고 지극히 높은 것을 버리고는 자신이 할 일이라고 생각한다. 이것은 오래 살고 몸을 편안히 하고 뜻을 즐겁게 하는 방법을 논하는 데에 있어 또한 멀지 않은가!

참담하고 고통스러운 병[27)]과 즐겁고 편안함[28)]을 몸에 비추어보지 않고, 놀라고 두려운 공포와 흔쾌하고 느긋한 기쁨을 마음에 비추어보지 않으며, 해야 할 일을 할 줄은 알지만 해야 하는 까닭을 알지 못하니, 이 때문에 존귀함으로는 천자가 되고 부유함으로는 천하를 차지한다 해도 환난을 피하지 못하는 것이다."

---

27) 원문의 '참달지질慘怛之疾'을 번역한 것으로, '참달慘怛'에 대해 성현영은 '슬픔[悲]'이라고 보았다.

28) 원문의 '염유지안恬愉之安'을 번역한 것으로, '염유恬愉'에 대해 성현영은 '즐거움[樂]'이라고 보았다.

무족이 말했다.

"무릇 부유함이란 사람에게 이롭지 않은 바가 없다. 아름다움을 누리고 세력을 아우르니, 지인至人도 미치지 못하는 바이고, 현인賢人도 미치지 못하는 바이다. [부유함은] 남의 용기와 힘을 제멋대로 하여 위엄과 강함으로 여기고, 남의 지혜와 모략을 가지고 분명하게 살핌으로 여기며, 남의 덕을 의지해서 현명함과 어짊으로 여겨서, 나라를 차지하지 않더라도 위엄이 마치 군주와 아버지 같다.

또한 무릇 사람에게 있어 아름다운 소리와 여색, 맛 좋은 음식, 권세는 마음으로 배우려고 기다리지 않아도 그것을 즐기고, 몸으로 본받는 것을 기다리지 않고도 그것을 편안히 여긴다. 무릇 탐내고 싫어하고 피하고 나아가는 것은 본래 스승[의 가르침]을 기다리지 않으니, 이것이 사람의 본성이다. 천하 사람들이 비록 나를 비난하더라도 누가 이 부유함을 사양할 수 있겠는가!"

지화가 말했다.

"지혜로운 자의 행위는 진실로 백성의 마음을 마음으로 삼고 자신의 법도를 어기지 않으니, 이 때문에 만족하여 다투지 않고 [억지로] 하려는 생각이 없기에 추구하지 않는다. 만족하지 않기 때문에 그것을 추구하고, 사방에서 다투는데도 스스로 탐낸다고 여기지 않으며, 여유가 있기에 사양하니, 천하를 버리고도 스스로 청렴하다고 여기지 않는다.

청렴과 탐욕의 실질은 밖에서 겁박하는 것이 아니고, 돌이켜 [자신의] 법도에 거울삼는 것이다. 권세가 천자가 되었어도 귀함으로 남에게 교만하지 않고, 부유함이 천하를 소유해도 재물로 남을 희롱하지 않는다. 그 근심을 헤아리고 그 어긋남을 생각하여 본성에 해로운 것이라고 여긴다. 이 때문에 사양하고 받지 않는 것이지, 명예를 요구하려는 것이 아니다.

요임금과 순임금이 제왕이 되어 [천하가] 화합한 것은 천하에 인하게 한 것이 아니라 아름다움으로 생명을 해치지 않았기 때문이다. 선권과 허유는 임금 자리를 얻었어도 받지 않은 것은 헛되이 양보한 것이 아니고 세상사로 자신을 해롭게 하지 않은 것이다.

이들은 모두 자신의 이익으로 나아가고 자신의 해로움을 마다한 것인데도 천하 사람들은 [그들을] 어질다고 일컬었으니, 그런 것이 있을 수 있지만, 그것은 명예를 일으키려 한 것은 아니다."

무족이 말했다.

"반드시 자신의 명예를 지키려고 몸을 수고롭게 하고 단맛을 끊고 보양을 검약하게 하여 생명을 유지하기만 한다면 또한 오랫동안 병으로 장기간 고생하면서 죽지 않는 자와 같지 않겠는가?"

지화가 말했다.

"평이함이 복이 되고 여유로움이 있는 것이 해가 되는 것은 사물 중에 그렇지 않은 것이 없지만, 그중에서 재물이 [가장] 심하다. 지금 부자는 귀로는 종소리와 북소리, 피리 소리를 즐기고, 입으로는 육류와 탁주와 감주의 맛으로 만족하여 자기의 뜻이 움직이고 자기의 일을 잊게 되니, '어지러움[亂]'이라고 이를 만하다.

혈기가 왕성하여[29] 깊이 빠져 있어[30] 마치 무거운 짐을 지고 비탈길을 오르는 것과 같으니, '괴로움[苦]'이라고 이를 만하다.

재물을 탐하여 근심을 얻고, 권세를 탐하여 목마름을 얻으며, 고요히 있으면 탐닉하고, 몸이 윤택하여 남아도니, '병듦[病]'이라고 이를 만하다.

부유함을 바라고 이익에 나아가기 때문에 장애가 마치 [담장에] 담쌓는 것 같은데도 피할 줄 모르고, 또한 [기가] 가득히 성하여 그치지 않으니, '욕됨[辱]'이라고 이를 만하다.

재물이 쌓이지만 쓰지 않고, 가슴에 품고 그치지 않으며, 마음이 시달리고 꾀죄죄해졌는데도[31] 이익을 추구하여 그치지 않으니, '근심[憂]'이라고 이를 만하다.

안에서는 겁탈하려는 도적을 의심하고, 밖에서는 강도의 해를 두려워하여, 안으로는 망루와 창[32]을 두르고, 밖으로는 감히 홀로 다니지 않으니, '두려움[畏]'이라고 이를 만하다.

이 여섯 가지는 천하의 지극한 해로움인데도 모두 잊어버리고

---

29) 원문의 '풍기馮氣'를 번역한 것으로 '풍馮'은 '왕성하다[憑]'와 뜻이 같다. 성현영은 "분한 마음이 가득함[憤滿]"이라고 풀이했고, 왕염손은 "왕성한 기운[盛氣]"이라고 보았다. 즉, 혈기가 왕성한 것을 말한다. 일설에는 "분노하여 화가 치밀어 오름[憤懣]"으로 풀이한 경우도 있다.

30) 원문의 '해닉侅溺'을 번역한 것으로, 성현영은 "가라앉아 빠짐[沈溺]"으로 보았고, 곽숭도郭嵩燾는 "가라앉아 빠진 것이 심함[沈溺之深]"이라고 했다. '해侅'에 대해 육덕명은 "밥을 먹고 목구멍에 차오르는 것[飯食至咽]"이라고 풀이했다.

31) 원문의 '척초戚醮'를 번역한 것으로 '마음이 시달리고 꾀죄죄한 모습'을 말한다.

32) 원문의 '누소樓疏'를 번역한 것으로 '누樓'는 '망루'를 말하고, '소疏'는 '도둑을 막기 위해 활을 쏘는 창문'이다(안동림 설).

살피는 것을 알지 못한다. 이에 그 환난이 이르게 되면 본성을 다하고 재물을 다 써서 다만 하루라도 아무 일 없던 때로 돌아가기를 구하지만 가능하지 않다.

그러므로 명예를 보더라도 보이지 않고 이익을 추구하더라도 얻을 수 없는데, 뜻과 몸을 묶어두면서도 이것을 다투고 있으니 또한 미혹된 것이 아닌가!"

无足問於知和曰: "人卒未有不興名就利者. 彼富則人歸之, 歸則下之, 下則貴之. 夫見下貴者, 所以長生安體樂意之道也. 今子獨无意焉, 知不足邪, 意知而力不能行邪, 故推正不忘邪?"

知和曰: "今夫此人以爲興己同時而生, 同鄕而處者, 以爲夫絶俗過世之士焉. 是專无主正, 所以覽古今之時, 是非之分也, 與俗化. 世去至重, 棄至尊, 以爲其所爲也. 此其所以論長生安體樂意之道, 不亦遠乎! 慘怛之疾, 恬愉之安, 不監於體. 怵惕之恐, 欣懽之喜, 不監於心. 知爲爲而不知所以爲, 是以貴爲天子, 富有天下, 而不免於患也."

无足曰: "富貴之於人, 无所不利, 窮美究埶, 至人之所不得逮, 賢人之所不能及, 俠人之勇力而以爲威强, 秉人之知謀以爲明察, 因人之德以爲賢良, 非享國而嚴若君父. 且夫聲色滋味權勢之於人, 心不待學而樂之, 體不待象而安之. 夫欲惡避就, 固不待師, 此人之性也. 天下雖非我, 孰能辭之!"

知和曰: "知者之爲, 故動以百姓, 不違其度, 是以足而不爭, 无以爲故不求. 不足故求之, 爭四處而不自以爲貪. 有餘故辭之, 棄天下而不自以爲廉. 廉貪之實, 非以迫外也, 反監之度. 勢爲天子而不以貴驕人, 富有天下而不以財戲人. 計其患, 慮其反, 以爲害於性, 故辭而不受也, 非以要名譽也. 堯舜爲帝而雍, 非仁天下也, 不以美害生也. 善卷許由得帝而不受, 非虛辭讓也, 不以事害己. 此皆就其利, 辭其害, 而天下稱賢焉, 則可以有之, 彼非以興名譽也."

无足曰: "必持其名, 苦體絶甘, 約養以持生, 則亦久病長阨而不死者也."

知和曰: "平爲福, 有餘爲害者, 物莫不然, 而財其甚者也. 今富人, 耳營於鐘鼓管籥之聲, 口嗛於芻豢醪醴之味, 以感其意, 遺忘其業, 可謂亂矣. 侅溺於馮氣, 若負重行而上坂, 可謂苦矣. 貪財而取慰, 貪權而取竭, 靜居則溺, 體澤則馮, 可謂疾矣. 爲欲富就利, 故滿若堵耳而不知避, 且憑而不舍, 可謂辱矣. 財積而无用, 服膺而不舍, 滿心戚醮, 求益而不止, 可謂憂矣, 內則疑刦請之賊, 外則畏寇盜之害, 內周樓疏, 外不敢獨行, 可謂畏矣. 此六者, 天下之至害也, 皆遺忘而不知察, 及其患至, 求盡性竭財, 單以反一日之无故而不可得也. 故觀之名則不見, 求之利則不得, 繚意體而爭此, 不亦惑乎!"

제30편

설검說劍

검을 말하다

【해설】

매우 짧은 편폭의 이 편은 장자가 검술을 좋아하는 조나라 문왕文王에게 검劍을 통해 설득하여 스스로 깨달음을 얻게 하는 내용이다. 편 전체가 하나의 장으로 이루어져 있다고 해도 과언이 아니다. 천자天子의 검, 제후諸侯의 검, 필부匹夫의 검 등 세 등급으로 설명하는 방식이 인상적이다. 기본적인 논지는 한 나라의 군주는 국가와 천하를 그 중심에 삼아야 하는 데에 있다.

이 편은 전국시대 말기의 종횡가縱橫家의 면모도 있고, 《전국책戰國策》과 비슷한 문장구조를 띠고 있으며, 문장의 논리나 힘이 부족하고 내용도 장자 사상과 거리가 있어서 당연히 장자의 저작으로 보지 않는 설이 설득력이 있다. 검술만 좋아하는 문왕에게 왜 제대로 된 정치가 필요한지 이 편은 역설적으로 말해준다.

이 편의 맨 마지막에 장자의 발언이 있기는 하나 왜 이 편에 장자라는 인물이 들어가 있는지, 내용이나 구성, 문체, 짜임새가 기존 형식과 어떤 괴리가 있는지 등도 눈여겨봐야 한다.

천자의 검, 제후의 검, 서인의 검 30.1

옛날에 조趙나라 문왕[1]이 검술을 좋아했는데, 검사劍士 중에 문을 끼고 [객으로] 머무는 자가 삼천여 명이었다. 밤낮으로 [문왕의] 앞에서 서로 공격하여 죽거나 다치는 자가 일 년에 백여 명이 되는데도, [문왕은] 그것을 좋아하여 싫증 내지 않았다.

이와 같이 하기를 삼 년이 지나자, 나라가 쇠락해져서 제후들이 [공격하려고] 도모하니, 태자 회悝[2]가 이것을 염려하여 좌우 측근들을 모아놓고 말했다.

"누가 왕의 뜻을 설득하여 검사들 칼싸움을 그치게 할 수 있을 것인가? 그자에게 천금을 내릴 것이다."

좌우 측근들이 말했다.

"장자莊子라면 감당할 수 있을 것입니다."

태자가 바로 사람을 시켜 천금을 갖고 가 장자에게 바치게 했으나, 장자는 받지는 않고 사신과 함께 와서 태자를 만나 말했다.

"태자께서는 무엇을 제게 가르치려고 제게 천금을 내리십니까?"

태자가 말했다.

"선생이 밝으시고 성스럽다는 말을 듣고 삼가 천금을 받들어 [선

1) 조趙나라 혜문왕惠文王을 말한다. 사마표가 "혜문왕이며, 이름은 하何이다. 무령왕의 아들이고, 장자보다 삼백오십 년 뒤[의 사람이]다[惠文王也, 名何, 武靈王子, 後莊子三百五十年]."라고 한 것을 보면, 이 이야기의 작자는 장자의 후학이라는 설이 일리가 있다. 성현영은 조문왕에 대해 "칼 다루는 검사劍士를 좋아하여 삼천 명의 검객을 길렀다[好擊劍之士, 養客三千]."라고 풀이했다.

2) 실존 인물이 아닌 가공인물로 보인다. 《사기》 〈조세가〉에는 "[혜문왕] 22년, 역질이 대유행이었다. 공자 단을 책립하여 태자로 삼았다[二十二年, 大疫. 置公子丹爲太子]."라고 했는데, 태자 회에 관한 기록은 보이지 않는다(방용·육영품 설).

생의] 시종에게 예물로 드린 것인데 선생께서 받지 않으시니 제가 그 이상 무엇을 감히 말할 수 있겠습니까!"

장자가 말했다.

"듣기로, 태자께서 저를 등용하고자 하는 바는 오히려 왕께서 좋아하는 바를 단절하게 하려는 것이라고 하는데, 설사 저를 시켜 위로는 대왕을 설득하다 왕의 뜻을 거스르고 아래로는 태자의 뜻에 부합되지 않으면 몸은 형벌을 받고 죽게 될 것이니, 제가 오히려 어디에 금을 사용할 곳이 있겠습니까? 가령 신이 위로는 대왕을 설득하고 아래로는 태자의 뜻에 부합되면 조나라에서 무엇을 구한다고 해서 얻지 못하겠습니까!"

태자가 말했다.

"그렇습니다. 우리 왕께서 만나는[3] 바는 오직 검사劍士일 뿐입니다."

장자가 말했다.

"알겠습니다. 저도 검을 잘 씁니다."

태자가 말했다.

"그렇습니다만, 우리 왕께서 만나시는 검사들은 모두 쑥대머리와 치솟은 구레나룻에 관을 눌러쓰고, 무늬 없는 거친 갓끈과 뒤가 짧은 옷을 입고 눈을 부릅뜨고 거친 말을 내지르는데[4], 왕께서 바로 그것을 좋아하십니다. 지금 선생께서 반드시[5] 유생의 복장을 하고

---

3) 원문의 '견見'을 번역한 것으로 '호好'로 쓰인 판본도 있다(왕수민 설).

4) 원문의 '어난語難'을 번역한 것으로 이를 직역하면 '말로 어렵게 하다'인데, 즉 거친 말로 상대를 어렵게 한다는 의미다. 육덕명은 "이미 화를 내고서 말하면 사람들이 두렵고 어려워하는 바가 된다[旣怒而語, 爲人所畏難]."라고 했는데, 참조할 만하다.

서 왕을 뵙는다면 일이 반드시 크게 어긋날 것입니다."

장자가 말했다.

"청컨대 검복을 마련해주십시오."

검복을 사흘 걸려 마련하여 이에 태자를 만나니, 태자는 곧장 [장자와] 함께 왕을 뵈었다. 왕이 흰 칼날을 뽑아 들고 그들을 기다리고 있었다. 장자는 궁전의 문에 들어가 종종걸음으로 걷지 않고 왕을 뵙고도 절하지 않았다.

왕이 말했다.

"그대는 무엇으로써 과인을 가르치려 태자에게 앞장서게 했소?"

[장자가] 말했다.

"신이 듣기로 대왕께서 검술을 좋아하신다고 하여 그런 이유로 검술을 가지고 왕을 뵙습니다."

왕이 말했다.

"그대의 검은 어떻게 제압할 수 있소?"

[장자가] 말했다.

"신의 검은 열 걸음에 한 사람을 [죽이고], 천 리를 가더라도 멈출 수가 없습니다."

왕이 크게 기뻐하면서 말했다.

"천하에 대적할 자가 없겠구려!"

장자가 말했다.

"무릇 검을 다루는 자는 상대에게 빈틈을 보이고, 상대를 이롭게

5) 원문의 '필必'을 번역한 것으로 왕수민은 '여如'와 같다고 보았는데, 참조할 만하다.

하도록 길을 열어주고, 상대보다 늦게 [검을] 뽑지만, 상대보다 먼저 공격합니다. 원컨대 그것을 시험할 수 있게 해주십시오."

왕이 말했다.

"선생은 잠시 쉬고, 숙소에 가서 명령을 기다리시오. 시합[6]을 준비해서 선생에게 청하리다."

왕이 이에 이레 동안 검사를 시험하여 죽거나 다친 자가 육십 여 명이었다. 대여섯 명을 선발하여 대궐 아래 검을 받들게 하고서 이윽고 장자를 불렀다. 왕이 말했다.

"오늘 시험 삼아 검사들에게 검술을 겨루도록 하겠소."

장자가 말했다.

"[이날을] 바라온 지 오래되었습니다."

왕이 말했다.

"선생이 다루려는 검은 길고 짧기가 어떻습니까?"

[장자가] 말했다.

"제가 받들 검[7]은 [어느 것이든] 모두 좋습니다. 그러나 제게는 세 가지 검이 있는데 오직 왕께서 쓰시는 바를 따를 것이니, 청컨대 우선 말씀을 드린 후에 시합하고자 합니다."

왕이 말했다.

---

6) 원문의 '희戲'를 번역한 것으로 "검을 시험해보려고 무술을 겨루는 것이다[試劍比武]".(차오추지 설)

7) 원문의 '소봉所奉'을 번역한 것으로, '봉奉'은 '받들다[捧]'와 통한다(방용·육영품 설). 한편 '주奏'로 쓰인 판본도 있는데(육덕명 설), 안병주·전호근의 풀이를 참조해보면, 〈양생주養生主〉 편 3.2의 "칼을 움직이면 쏵쏵 소리가 나는데 음률에 맞지 않는 것이 없다[奏刀騞然, 莫不中音]."라는 내용으로 보아 '주도奏刀'는 포정庖丁이 칼 쓰는 행위의 일종으로 '주奏'로 쓰인 것도 일리가 있다. 여기서 '소所'는 검을 지칭한다.

"세 가지 검에 대해 듣고 싶소."

[장자가] 말했다.

"천자의 검이 있고, 제후의 검이 있고, 서인의 검이 있습니다."

昔趙文王喜劍, 劍士夾門而客三千餘人, 日夜相擊於前, 死傷者歲百餘人, 好之不厭. 如是三年, 國衰, 諸侯謀之.

太子悝患之, 募左右曰: "孰能說王之意止劍士者, 賜之千金." 左右曰: "莊子當能."

太子乃使人以千金奉莊子. 莊子弗受, 與使者俱, 往見太子曰: "太子何以教周, 賜周千金?"

太子曰: "聞夫子明聖, 謹奉千金以幣從者. 夫子弗受, 悝尙何敢言!"

莊子曰: "聞太子所欲用周者, 欲絶王之喜好也. 使臣上說大王而逆王意, 下不當太子, 則身刑而死, 周尙安所事金乎? 使臣上說大王, 下當太子, 趙國何求而不得也!"

太子曰: "然, 吾王所見, 唯劍士也."

莊子曰: "諾. 周善爲劍."

太子曰: "然吾王所見劍士, 皆蓬頭突鬢垂冠, 曼胡之纓, 短後之衣, 瞋目而語難, 王乃說之. 今夫子必儒服而見王, 事必大逆."

莊子曰: "請治劍服." 治劍服三日, 乃見太子. 太子乃與見王, 王脫白刃待之. 莊子入殿門不趨, 見王不拜. 王曰: "子欲何以教寡人, 使太子先焉?"

曰: "臣聞大王喜劍, 故以劍見王."

王曰: "子之劍何能禁制?"

曰: "臣之劍, 十步一人, 千里不留行."

王大悅之, 曰: "天下无敵矣!"

莊子曰: "夫爲劍者, 示之以虛, 開之以利, 後之以發, 先之以至. 願得試之."

王曰: "夫子休就舍, 待命設戲請夫子."

王乃校劍士七日, 死傷者六十餘人, 得五六人, 使奉劍於殿下, 乃召莊子. 王曰: "今日試使士敦劍."

莊子曰: "望之久矣."

王曰: "夫子所御杖, 長短何如?"

曰: "臣之所奉皆可. 然臣有三劍, 唯王所用, 請先言而後試."

王曰: "願聞三劍."

曰: "有天子之劍, 有諸侯之劍, 有庶人之劍."

세 종류의 검의 다른 기능들 30.2

왕이 말했다.

"천자의 검은 어떤 것이오?"

장자가 말했다.

"천자의 검은 연계燕谿와 석성石城을 칼끝으로 여기고, 제나라와 대산岱山을 칼날로 여기며, 진晉나라와 위衛나라를 칼등으로 여기고, 주周나라와 송宋나라를 칼 날밑[8]으로 여기며, 한韓나라와 위魏나라를 칼자루로 여깁니다.

사방의 오랑캐를 둘러싸고, 사계절로 감싸며, 발해渤海로 휘감고, 상산常山[9]으로 띠를 두릅니다. 오행으로 제어하고, 형벌과 덕으로 논하며, 음양으로 뽑고, 봄과 여름으로 잡으며, 가을과 겨울로 시행합니다.

이 검은 곧게 뻗으면 앞에서 막을 수 없고, 들어내면 위에서 누를 수 없으며, 내리치면 아래로 받을 수 없고, 휘두르면 옆에서 막을 수 없습니다. 위로는 뜬구름을 가르고, 아래로는 대지를 묶은 끈[10]을 끊습니다. 이 검은 한번 쓰면 제후들을 바로잡게 되고, 천하가 복종하니, 이것이 천자의 검입니다."

문왕이 멍하니[11] 넋을 잃고 있다가 말했다.

"제후의 검은 어떤 것이오?"

[장자가] 말했다.

---

8) 원문의 '심鐔'을 번역한 것으로, 사마표가 "칼 날밑[劍珥]"이라고 한 것을 따랐다. 육덕명은 "칼 입구[劍口]"라고 풀이했고, 안병주·전호근은 "칼자루의 테"라고 번역했다.

9) '발해'는 창주滄洲이고, '상산'은 북악北岳이다(성현영 설). 창주는 '물 가장자리에 있는 곳'으로 옛날 은자들의 거처이다(이강수 설).

10) 원문의 '지기地紀'를 번역한 것으로, 고대에 하늘은 둥글고 땅은 네모지다고 여겼다. 그리하여 전설에는 하늘을 아홉 개의 기둥으로 받쳐 아래로 함몰되지 않게 했고, 땅에는 큰 끈으로 네 귀퉁이를 매어서 땅을 고정했다고 한다. 한편, '지기'에 대해 "신화 속에 나오는데 대지를 묶어 유지하는 그물이다[神話中維系大地的網]."라고 풀이한 차오추지의 설이 참조할 만하다.

11) 원문의 '망연芒然'을 번역한 것으로 '망연茫然'과 같다(왕수민 설). '실의에 빠져 멍한 모습'이다.

"제후의 검은 지혜와 용기 있는 선비를 칼끝으로 여기고, 청렴한 선비를 칼날로 여기며, 현명하고 어진 선비를 칼등으로 삼고, 충심과 훌륭한 선비를 칼 날밑으로 여기며, 호걸스러운 선비를 칼자루로 여깁니다.

이 검은 곧게 뻗으면 역시 앞에서 막을 수 없고, 들어내면 역시 위에서 누를 수 없으며, 내리치면 역시 아래로 받을 수 없고, 휘두르면 역시 옆에서 막을 수 없습니다. 위로는 둥근 하늘을 본받아 해와 달과 별[12]의 빛을 따르고, 아래로는 네모난 땅을 본받아 사계절을 따르고, 가운데에서는 백성들의 뜻을 조화롭게 하여 사방[13]을 편안하게 합니다.

이 검을 한번 쓰면 마치 천둥 번개가 진동하는 것 같아서 사방 나라 안이 복종하여 군왕[君]의 명에 따르지 않는 자가 없으니, 이것이 제후의 검입니다."

왕이 말했다.

"서인의 검은 어떤 것이오?"

[장자가] 말했다.

"서인의 검은 쑥대머리와 치솟은 구레나룻에 관을 눌러쓰고, 무늬 없는 거친 갓끈과 뒤가 짧은 옷을 입고 눈을 부릅뜨고 분격한 말투를 내지르는데, [왕] 앞에서 서로 다투어 위로는 목을 베고 아래로는 간과 폐를 가릅니다. 이것이 서인의 검이니 닭싸움과 다를 것이 없습니다. 하루아침에 목숨이 이미 끊어지게 되니, 나랏일에

---

12) 원문의 '삼광三光'을 번역한 것으로, '세 개의 빛[三光]'이란 해[日]·달[月]·별[星]을 가리킨다.

13) 원문의 '사향四鄕'을 번역한 것으로 '사방四方'과 같은 뜻이다(성현영 설).

는 쓸모가 없습니다.

지금 대왕께서 천자의 자리에서 서인의 검을 좋아하시니, 신은 남몰래 대왕을 경멸하고[14] 있습니다."

왕은 이에 [장자를] 이끌어 궁전 위로 올라갔다. 요리사가 음식을 올렸는데 왕은 [먹지 않고 그 주변을] 세 번이나 맴돌기만 했다.

장자가 말했다.

"대왕께서는 편히 앉아 기분을 안정시키십시오. 검에 대한 일은 이미 아뢰기를 마쳤습니다."

이에 문왕이 궁에서 나오지 않은 지 석 달 만에 검사들은 모두 [검술하던] 그곳에서 [서로 칼로 찔러] 엎어져 죽었다[15].

王曰: "天子之劍何如?"

曰: "天子之劍, 以燕谿石城爲鋒, 齊岱爲鍔, 晉衛爲脊, 周宋爲鐔, 韓魏爲夾. 包以四夷, 裹以四時, 繞以渤海, 帶以常山. 制以五行, 論以刑德. 開以陰陽, 持以春夏, 行以秋冬. 此劍, 直之无前, 擧之无上, 案之无下, 運之无旁, 上決浮雲, 下絶地紀. 此劍一用, 匡諸侯, 天下服矣. 此天子之劍也."

文王芒然自失, 曰: "諸侯之劍何如?"

曰: "諸侯之劍, 以知勇士爲鋒, 以淸廉士爲鍔, 以賢良士爲脊, 以忠聖士爲鐔, 以豪桀士爲夾. 此劍, 直之亦无前, 擧之亦无上, 案之亦无下,

14) 원문의 '박薄'을 번역한 것으로, 차오추지는 '비열하고 각박한 것[鄙薄]'이라고 풀이했다.

15) 원문의 '복폐服斃'를 번역한 것으로, '복服'은 "옛적에 '복伏'과 통했다."(왕수민 설). '폐斃'는 '죽다', '자빠지다' 등의 뜻으로, 사마표는 "분노하여 예의를 보이지 않고 모두 스스로 죽은 것이다[忿不見禮, 皆自殺也]."라고 풀이했다.

運之亦无旁. 上法圓天以順三光, 下法方地以順四時, 中和民意以安四鄕. 此劍一用, 如雷霆之震也, 四封之內, 無不賓服而聽從君命者矣. 此諸侯之劍也."

王曰: "庶人之劍何如?"

曰: "庶人之劍, 蓬頭突鬢垂冠, 曼胡之纓, 短後之衣, 瞋目而語難. 相擊於前, 上斬頸領, 下決肝肺. 此庶人之劍, 无異於鬪雞, 一旦命已絶矣, 无所用於國事. 今大王有天子之位而好庶人之劍, 臣竊爲大王薄之."

王乃牽而上殿. 宰人上食, 王三環之. 莊子曰: "大王安坐定氣, 劍事已畢奏矣."

於是文王不出宮三月, 劍士皆服斃其處也[16].

16) 원문의 '야也'는 '의矣'와 같다(왕수민 설).

제31편

어부 漁父

어부, 공자와 문답하다

【해설】

사람을 편명으로 삼은 아주 짧은 편폭의 이 편은 득도자라고 할 수 있는 '어부漁父'의 입을 빌려 공자를 가르치고 비판한다. 무관의 제왕인 공자가 자연을 거스르고 예악과 인륜을 제창하며 쓸데없이 사람들을 교화하려 한다는 데 대한 비판 의식이 깔려 있다.

1장에서 공자가 살구나무 언덕에서 제자들과 거문고를 타고 노래하는 모습은《논어論語》〈선진先進〉 편에 제자 증점과 거문고를 타며 문답하는 것과 비슷하고, 어부와 제자들이 문답하는 모습은 〈미자微子〉 편에 나루터를 물어보는 공자와 은자 장저, 걸익의 대화 내용과 비슷하다. 어부는 공자를 향해 "마음을 괴롭히고 몸을 수고롭게 해서 자신의 참된 품성을 위태롭게 한다."라고 한탄한다. 그런 말을 자공에게 전해 들은 공자는 어부를 '성인'이라 하고는 이내 그에게 가르침을 청한다. 어부의 말은 '네 가지의 걱정'과 '여덟 가지의 결점'을 논리적으로 거론하면서 정연한 논리로 공자의 폐부를 파고든다. 2장에서 계속되듯이 어부의 가르침을 받는 모습은 호학을 최고의 가치로 삼는 공문孔門의 장점이면서도 한계이기도 하다. 물론 어부는 공자가 자신과 함께 길을 갈 수 없는 자로 규정하고 공자는 오히려 어부를 칭송하면서 자기를 따르는 제자들을 달랜다.

이 편은 대화체 문장이면서 특히 어부와 공자의 대화에는 생동감과 상세한 묘사가 일품이다. 그러므로 논지가 순정醇正하다는 평가가 있기도 한데, 이 편의 기본적인 설정 의도를 수신을 추구하는 공자와 삶의 진정한 자유를 추구하는 어부의 관점 차이로 보기도 한다.

제자들의 만류를 무릅쓰고 어부에게 가르침을 받는 공자 31.1

공자가 우거진 숲[1]에서 노닐다가 살구나무 언덕[2] 위에 앉아 쉬고 있었는데, 제자들은 책을 읽고, 공자는 노래하며 거문고를 타고 있었다. 연주하던 곡이 절반도 되지 않았는데, 어떤 어부가 배에서 내려 왔다. 수염과 눈썹은 모두 하얗고, 머리를 풀어 헤치고 소매를 잡아당기며[3] 들판으로 걷다가 올라가 언덕 꼭대기에 이르러[4] 멈추고서 왼손은 무릎에 얹고 오른손으로는 턱을 괴고 [공자가 연주하며 부르는 노랫소리를] 들었다. 곡이 끝나자 자공과 자로를 불렀다. 두 사람이 함께 [어부를] 응대했는데, 어부[客]는 공자를 가리키면서 말했다.

"저 사람은 무엇을 하는 자요?"

자로가 대답했다.

---

1) 원문의 '치유지림緇帷之林'을 번역한 것으로, '치유緇帷'는 직역하면 '검은 장막'이다. 숲이 울창하여 햇빛도 잘 들지 않아 검은 장막과 같다는 의미로, 우거진 숲을 비유적으로 한 말이다. 사마표는 "검은 숲의 이름이다[黑林名也]."라고 풀이했으며, 차오추지는 "'치'는 '검은 것'이다. 우거진 숲이 어둡고 캄캄하며 빽빽하고 무성하여 마치 장막 같기 때문에 '치유지림'이라고 말하는 듯하다[緇, 黑. 或因叢林幽暗密茂如帷幕, 故稱爲緇帷之林]."라고 보았다. 한편 '유帷'는 '유惟', '유維' 등으로 쓰인 판본도 있는데, 모두 '유帷'의 가차자로 보면 무리가 없다.

2) 원문의 '행단杏壇'을 번역한 것으로 공자가 제자들을 가르쳤던 곳인데, 공자의 후손이 그곳에 언덕[壇]을 만들어서 살구나무를 심고 비석을 세웠다는 견해가 있다(안병주·전호근 설).

3) 원문의 '유메揄袂'를 번역한 것으로, '유揄'는 '당기다[引]'의 뜻이다(해동 설). '유메'란 소매를 잡아당기는 것을 말한다. 한편 성현영은 '유揄'를 '휘두르다[揮]'라고 보았고, 육덕명은 "손을 옷 안쪽으로 드리우고 걸어가는 것을 말한다[謂垂手衣內而行也]."라고 풀이했는데, 참조할 만하다.

4) 원문의 '거距'를 번역한 것으로 '이르다[至]'와 뜻이 같다(이이 설).

"노나라의 군자입니다."

어부가 그의 성씨를 물었더니, 자로가 대답했다.

"성은 공씨입니다."

어부가 말했다.

"공씨라는 자는 무슨 일을 하오?"

자로가 응대하지 못하자[5], 자공이 대답했다.

"공씨라는 분은 품성은 충성과 믿음을 따르고 몸소 인과 의를 행하며 예악을 장식하고[6] 인륜을 [바르게] 갖추며[7] 위로는 군주에게 충성하고 아래로는 온 백성을 교화하여 장차 천하를 이롭게 하려고 하니, 이런 것들이 공씨가 하시는 일입니다."

[어부가] 또 물었다.

"땅을 가지고 있는 군주요?"

자공이 말했다.

"아닙니다."

[어부가 말했다.]

"제후나 왕을 보좌하오?"

자공이 말했다.

5) 원문의 '자로미응子路未應'을 번역한 것으로 《논어》 〈술이〉 편 7.18에 "섭공이 자로에게 공자에 대해 물었는데, 자로는 대답하지 않았다. 공자께서 말씀하셨다. '너는 어찌하여 「그분은 사람됨이 분이 일어나면 먹는 것도 잊어버리고 [도를] 즐거워하며 근심을 잊어, 늙음이 장차 다가오는 것마저 알지 못한다」라고 말하지 않았느냐?'[葉公問孔子於子路, 子路不對. 子曰: '女奚不曰 「其爲人也, 發憤忘食, 樂以忘憂, 不知老之將至云爾」']"라고 한 대목과 비교해서 읽으면 좋다.

6) 원문의 '식飾'을 번역한 것으로 '칙飭' 자와 통한다(왕수민 설).

7) 원문의 '선選'을 번역한 것으로, '선選'은 가차하여 '손巽'이 되며 뜻은 '갖추다'이다.

"아닙니다."

어부가 이에 웃으며 뒤돌아서 걸어가면서 이렇게 말했다.

"인仁하다고 하면 인하지만, 아마도 그 자신은 [화를] 벗어나지 못할 것이요. 마음을 괴롭히고 몸을 수고롭게 해서 자신의 참된 품성을 위태롭게 하니, 아아, 멀어졌구나, 그가 도에서 떨어져간[8] 것이!"

자공이 돌아와 공자에게 보고드리니, 공자는 거문고를 밀어두고 일어나 말했다.

"[그는] 아마도 성인일 것이다!"

이윽고 내려와서 그를 찾았는데, 연못가에 이르자 [어부는] 막 노를 잡아서[9] 자기의 배를 끌어가다가[10] 돌아서 공자를 보고는 몸을 돌려서 향해[11] 섰다. 공자는 빠르게 뒷걸음치며 두 번 절하고는 나아갔다.

어부가 말했다.

"그대는 장차 무엇을 구하려고 하오?"

공자가 말했다.

"조금 전에 선생께서는 다하지 못한 말[12]이 있으신 채 떠나셨는데, 저는 어리석어 말씀하신 바를 아직 알지 못하고 있습니다. 남몰

---

8) 원문의 '분分'을 번역한 것으로 '이離'와 뜻이 같다(왕수민 설).

9) 원문의 '장라杖拏'를 번역한 것으로, "'나拏'는 '나挐'와 통하기도 하고, 쓰이기도 한다. 배의 노이다[拏, 通挐, 亦作挐, 船槳]."(차오추지 설).

10) 원문의 '인引'을 번역한 것으로, "'인引'은 '이끌어서 가다'이며 장대를 펼쳐 노질하는 것이다[引, 引去, 指撑開]."(차오추지 설).

11) 원문의 '향鄕'을 번역한 것으로, 이 글자는 '향向' 자와 통한다(차오추지 설).

12) 원문의 '서언緖言'을 번역한 것인데, '여언餘言'의 뜻과 같다(유월 설).

래 [선생의] 아래의 바람[13]에서 기다리니, 다행히 기침 소리라도 듣게 하여 부디 저를 도와주십시오."

어부가 말했다.

"아! 심하군요, 그대의 배우기를 좋아하는 것이!"

공자는 두 번 절하고 일어나서 말했다.

"저는 젊어서부터 학문을 닦아 지금에 이르러 예순아홉이 되었으나 지극한 가르침을 들을 수 없었는데, 감히 마음을 비워야 하지 않겠습니까!"

어부가 말했다.

"같은 부류는 서로 좇고 같은 소리는 서로 호응하는 것은 본래 하늘의 이치요. 나는 내가 가진 것은 제쳐두고 그대가 하는 일을 말해보겠소.[14] 그대가 하는 일은 사람의 일이오. 천자, 제후, 대부, 서인 이 넷이 스스로 바르게 하는 것이 다스림 중에서 아름다운 것이고, 넷이 자리를 떠나면 어지러움이 이보다 큰 것이 없소. 벼슬에서는 그 직무를 다스리고, 사람들이 자기의 일을 걱정하면 곧 [남을] 업신여기는[15] 바가 없을 것이오.

따라서 논밭이 황폐해지고, 집이 허물어져 입고 먹는 것이 풍족하지 않고, 세금을 거두는 것이 만족스럽지 못하고[16], 아내와 첩이 화목하지 못하고, 어른과 아이의 질서가 없는 것은 서인의 걱정이오.

---

13) 원문의 '하풍下風'을 번역한 것으로 '굽신거리며 공손한 것'을 뜻한다.

14) 성현영은 "내가 지닌 바의 방외方外의 도를 놓아두고 그대가 가진 바의 방내方內의 일을 경영하는 것이다[釋吾之所有方外之道, 經營子之所以方內之業也]."라고 보았다. 어부[客]가 유가의 방식에 의거하여 대화해보겠다는 의미다.

15) 원문의 '능陵'을 번역한 것으로, 성현영은 '난亂'과 통한다고 보았다.

능력이 임무를 이겨내지 못하여 관청의 일은 다스려지지 않고, 행동이 청렴결백하지 못하며, 부하들이 거칠고 게으르고, 공적의 훌륭함도 있지 않으며, 벼슬과 녹봉을 유지하지 못하는 것은 대부의 걱정이오.

조정에는 충신이 없고, 국가가 어지러우며, 장인의 기술도 정교하지 못하고, 조정에 바치는 공물도 좋지 못하며, 봄가을의 조근朝覲에 다른 제후들보다 서열이 뒤처지고 천자의 명령을 잘 따르지 못하게 되는 것은 제후의 걱정이오.

음과 양이 조화롭지 못하고, 추위와 더위가 때에 맞지 않아 만물을 상하게 하며, 제후들은 난폭하고 어지러워 제멋대로 침략하고 빼앗으며 서로 싸워서[17] 백성들을 해치고, 예악이 절도가 없고, 재정이 궁핍해지며, 인륜이 갖춰지지 않고, 백성들이 음란해지는 것은 천자나 유사有司의 걱정이오.

이제 그대는 이미 위로는 군주나 제후, 공경公卿의 세력이 없고, 아래로는 대신과 직무를 맡은 관직이 없는데도 멋대로 예악을 장식하고, 인륜을 [바르게] 갖추어 온 백성을 교화하려고 하니, 지나치게 일이 많은 것 아니겠소!

또한 사람에게는 여덟 가지의 결점이 있고, 일에는 네 가지의 걱정이 있으니, 살펴보지 않을 수 없소. 본인의 일이 아닌데도 그것

16) 원문의 '불속不屬'을 번역한 것인데, '속屬'에 대해 왕수민은 "'족足'과 '속屬'은 호문이니 '속屬'도 '족足'이다."라고 풀이했다. 즉, 바로 앞에 나오는 '부족不足'의 뜻과 통한다고 보면 무방한데, 원문대로 '이어지지 않다[不屬]'로 직역해도 맥락은 통한다.

17) 원문의 '양벌攘伐'을 번역한 것으로 '침략하고 빼앗으며 서로 싸우는 것'을 말한다.

을 일삼는 것을 '총괄[摠][18]'이라고 말하고, 군주가 돌아보지 않는데도 진언하는 것을 '말재간[佞]'이라고 말하고, 남의 뜻에 맞추려고 애쓰며[19] 말하는 것을 '아첨[諂]'이라고 말하고, 옳고 그름을 가리지 않고 말하는 것을 '알랑거림[諛]'이라고 말하고, 다른 사람의 잘못을 말하기 좋아하는 것을 '참소[讒]'라고 말하고, 교제를 끊고 친함을 이간하는 것을 '해침[賊]'이라고 말하고, 칭찬하는 것이 거짓되며 남을 망치는 것을 '사악[慝]'이라고 말하고, 좋고 나쁨을 가리지 않고 양쪽을 받아들여 상냥한 얼굴로 자기가 바라는 것을 몰래 훔치는 것을 '음험[險]'이라고 말합니다.

이 여덟 가지의 결점은 밖으로는 남을 어지럽게 하고, 안으로는 자신을 상하게 하니, 군자는 벗으로 사귀지 않고, 명철한 군주는 신하로 삼지 않습니다.

이른바 네 가지 걱정이라는 것은 큰일을 다루기를 좋아하고, 고친 것을 [다시 새것으로] 바꾸고 일정함을 바꾸어 공명을 내세우는 것을 '외람됨[叨]'이라고 말하고[20], 지혜를 독단하고 일을 제멋대로 하여 남을 침범하여 자행하는 것을 '탐욕[貪]'이라고 말하며, 잘못을 알면서도 고치지 않고 충고를 듣고서도 더 심해지는 것을 '거스름[很]'이라고 말하고, 남이 자기와 [의견이] 같으면 괜찮다고 하고 자

18) 원문의 '총摠'에 대해 성현영은 "'총'은 넘치는 것이다. 자기 일이 아닌데도 억지로 안다고 하는 것을 '함부로 넘침[叨濫]'이라고 말한다[摠, 濫也. 非是己事而强知之, 謂之叨濫也]."라고 풀이했다.

19) 원문의 '희의希意'를 번역한 것으로 '다른 사람의 뜻에 맞추려고 애쓰는 것'을 말한다.

20) 성현영은 "편안함과 위태로움을 엿보고 살펴서 큰일을 경영하고, 변하고 고치는 사이에 공적과 명예를 세우는 것을 '지나치게 탐내는 것[叨濫]'이라고 한다[伺候安危, 經營大事, 變改之際, 建立功名, 謂叨濫之人也]."라고 풀이했다.

기와 같지 않으면 훌륭해도 훌륭하다고 하지 않는 것을 '자긍[矜]'이라 말하니, 이것이 네 가지 걱정입니다.

여덟 가지의 결점을 없앨 수 있고, 네 가지의 걱정을 행하지 않으면 비로소 가르칠 수 있을 따름입니다."

孔子遊乎緇帷之林, 休坐乎杏壇之上. 弟子讀書, 孔子絃歌鼓琴, 奏曲未半.

有漁父者, 下船而來, 須眉交白, 被髮揄袂, 行原以上, 距陸而止, 左手據膝, 右手持頤以聽. 曲終而招子貢子路, 二人俱對.

客指孔子曰: "彼何爲者也?"

子路對曰: "魯之君子也."

客問其族. 子路對曰: "族孔氏."

客曰: "孔氏者何治也?"

子路未應, 子貢對曰: "孔氏者, 性服忠信, 身行仁義, 飾禮樂, 選人倫, 上以忠於世主, 下以化於齊民, 將以利天下. 此孔氏之所治也."

又問曰: "有土之君與?"

子貢曰: "非也."

"侯王之佐與?"

子貢曰: "非也."

客乃笑而還, 行言曰: "仁則仁矣, 恐不免其身. 苦心勞形以危其眞. 嗚呼, 遠哉其分於道也!"

子貢還, 報孔子. 孔子推琴而起曰: "其聖人與!" 乃下求之, 至於澤畔, 方將杖拏而引其船, 顧見孔子, 還鄉而立. 孔子反走, 再拜而進.

客曰: "子將何求?"

孔子曰: "曩者先生有緒言而去, 丘不肖, 未知所謂, 竊待於下風, 幸聞咳唾之音以卒相丘也!"

客曰: "嘻! 甚矣子之好學也!"

孔子再拜而起曰: "丘少而修學, 以至於今, 六十九歲矣, 无所得聞至教, 敢不虛心!"

客曰: "同類相從, 同聲相應, 故天之理也. 吾請釋吾之所有而經子之所以[21]. 子之所以者, 人事也. 天子諸侯大夫庶人, 此四者自正, 治之美也, 四者離位而亂莫大焉. 官治其職, 人處其事, 乃无所陵. 故田荒室露, 衣食不足, 徵賦不屬, 妻妾不和, 長少无序, 庶人之憂也. 能不勝任, 官事不治, 行不清白, 群下荒怠, 功美不有, 爵祿不持, 大夫之憂也. 廷无忠臣, 國家昏亂, 工技不巧, 貢職不美, 春秋後倫, 不順天子, 諸侯之憂也. 陰陽不和, 寒暑不時, 以傷庶物, 諸侯暴亂, 擅相攘伐, 而殘民人, 禮樂不節, 財用窮匱, 人倫不飭, 百姓淫亂, 天子之憂也. 今子既上无君侯有司之勢而下无大臣職事之官, 而擅飾禮樂, 選人倫, 以化齊民, 不亦泰多事乎!

且人有八疵, 事有四患, 不可不察也. 非其事而事之, 謂之摠. 莫之顧而進之, 謂之佞. 希意道言, 謂之諂. 不擇是非而言, 謂之諛. 好言人之惡, 謂之讒. 析交離親, 謂之賊. 稱譽詐僞以敗惡人, 謂之慝. 不擇善

21) 원문의 '오청석오지소유이경자지소이吾請釋吾之所有而經子之所以'에서 앞에 나오는 '소유所有'와 뒤의 '소이所以'에 대해 왕수민은 "'유有'와 '이以'는 호문이니 '이以'도 '유有'이다."라고 고증했다.

否, 兩容頰適, 偷拔其所欲, 謂之險. 此八疵者, 外以亂人, 內以傷身, 君子不友, 明君不臣. 所謂四患者, 好經大事, 變更易常, 以挂功名, 謂之叨. 專知擅事, 侵人自用, 謂之貪. 見過不更, 聞諫愈甚, 謂之很. 人同於己則可, 不同於己, 雖善不善, 謂之矜. 此四患也. 能去八疵, 无行四患, 而始可教已."

공자가 얼굴빛이 변하고 탄식한 진정한 이유 31.2

공자는 부끄럽고 두려워하면서[22] 한탄하고는 두 번 절하며 일어나 말했다.

"저는 노나라에서 두 번 쫓겨났고, 위나라에서는 발자취마저 끊겼으며, 송나라에서는 [죽을 뻔한 고비로] 나무가 잘렸고, 진나라와 채나라 사이에서는 포위당했는데, 저는 잘못한 바를 알지 못하겠으니, 이렇게 네 번이나 곤란을 당한[23] 것은 어째서입니까?"

어부가 처량하게 여기며 얼굴을 바꾸어 말했다.

"심하군요, 그대가 깨닫는 것의 어려움이여! [어떤] 사람이 그림자를 두려워하고 발자국을 싫어하여 그것을 떨치려고 달아난 자가 있었는데, 발 드는 것을 더 자주 하면[24] 할수록 발자국도 더 많아지고, 달리기를 더 빨리 하면 할수록 그림자가 몸에서 떨어지지 않자

---

22) 원문의 '초연愀然'을 번역한 것으로 '부끄럽고 두려워하는 모양[慙竦貌]'이다(성현영 설).

23) 원문의 '이離'를 번역한 것으로 '이罹'와 같다(성현영 설). 즉, '곤란을 당하는 것'을 가리킨다.

24) 원문의 '삭數'을 번역한 것으로, "'삭數'은 '속速'이라고 읽으니 '삭'과 '속'은 통한다."(왕수민 설).

스스로 오히려 느리다고 생각해서 빨리 달리는 것을 쉬지 않고 하다가 힘이 다해 죽었습니다.

그늘에서 머물면서 그림자를 쉬게 하고 조용한 곳에 머물면서 발자국을 쉬게 하는 것을 알지 못했으니, 어리석음이 또한 심한 것이오!

그대는 인의의 사이에서 살피고[25], 같고 다름의 분별을 관찰하며, 움직임과 고요함의 변화를 자세히 보고, 주고받는 정도를 알맞게 하며, 좋고 싫음의 감정을 다스리고, 기쁘고 성냄의 절도를 조화하려 하지만 거의 [화를] 피하지 못했습니다.

[그대의] 몸을 삼가고 수양하며 신중히 참됨[眞]을 지켜서 사물을 남에게 되돌아가게 한다면 얽매이는 바가 없을 것이오. 지금 [스스로] 몸을 닦지 않고 남에게 구하려 드니 또한 벗어난 것이 아니겠소!"

공자가 두려워하면서 얼굴빛이 변하여 말했다.

"청컨대 무엇을 일컬어 참됨[眞]이라고 하는지 묻겠습니다."

어부가 말했다.

"참됨이란 정밀함과 성실함의 지극함이니, 정밀하지 않고 성실하지 않으면 사람을 감동시킬 수 없소. 그래서 억지로 곡하는 자는 슬퍼하는 체해도 슬픈 것이 아니고, 억지로 화내는 자는 엄격해도 위엄이 없으며, 억지로 친하게 하는 자는 웃어도 화합하지 못하오.

참된 슬픔은 소리 없이도 슬프고, 참된 화냄은 드러나지 않아도

---

25) 원문의 '심審'을 번역한 것으로, 원문의 '심인의지간審仁義之間'의 '심審'은 왕수민의 풀이에 따르면 뒤에 나오는 '찰동이지제察同異之際'에서의 '찰察'과 호문이다.

위엄이 있으며, 참된 친함은 웃지 않아도 화합합니다. 참됨이 안에 존재하면 정신이 바깥으로 움직이니, 이것이 참됨을 귀하게 여기는 까닭이오.

그것이 사람의 도리에 작용할 때는 어버이를 섬기면 자애와 효행이 되고, 군주를 섬기면 충성과 곧음이 되며, 술을 마시면 기쁨과 즐거움이 되고, 상을 당하면 슬픔이 되오. 충성과 곧음은 공적을 으뜸으로 하고, 술을 마시는 것은 즐거움을 으뜸으로 하며, 상을 치를 때는 슬퍼함을 으뜸으로 하고, 어버이를 섬길 때는 [어버이의 뜻에] 맞추는 것을 으뜸으로 하오.

공적을 이루는 훌륭함은 그 자취가 일정하지 않소. 어버이를 섬길 때는 [어버이에게] 맞추고 그 방법은 따지지 않으며, 술을 마실 때는 즐겁게 하고 그 도구를 가리지 않으며, 상을 치를 때는 슬퍼하기만 하고 그 예법은 문제 삼지 않소. 예라는 것은 세속에서 만든 것이고, 참됨이라는 것은 하늘로부터 받은 것이니 자연스러워 바꿀 수 없는 것이오.

따라서 성인은 하늘을 본받고 참됨을 귀하게 여겨 세속에 구애받지 않소. 아둔한 자는 이와 반대로 하여 하늘을 본받을 수 없고, 사람 일에 근심하며[26], 참됨을 귀하게 여길 줄 모르고 평범하여 보잘것없이[27] 세속에 변화됩니다. 그 때문에 [참됨이] 부족하게 됩니다. 애석하오, 그대는 일찍이[28] 인위人僞에 깊이 빠져[29] 늦어서야 대

26) 원문의 '휼恤'을 번역한 것으로 '근심하다[憂]'의 뜻이다(성현영 설).

27) 원문의 '녹록祿祿'을 번역한 것으로 '평범하여 보잘것없는' 것이다. '녹록錄錄'과 같은 말이다.

28) 원문의 '조蚤'를 번역한 것으로 '조早'와 통한다.

도를 듣게 되었다오!"

공자가 다시 두 번 절하고 일어나 말했다.

"지금 제가 [선생을] 마주칠 수 있는 것은 마치 하늘이 준 행운 같습니다. 선생은 부끄럽게 생각하지 않으시고 제자의 대열에 두고 친히 가르쳐주셨습니다. 감히 [선생의] 댁이 있는 곳을 여쭙겠습니다. 이어서 가르침을 받아 끝내 대도를 배우고자 청합니다."

어부가 말했다.

"나는 이런 말을 들었으니, '더불어 갈 수 있는 자와 더불어 하면 묘한 도에 이를 수 있고, 더불어 갈 수 없는 자와는 그런 도를 알 수 없으니 신중하게 더불어 하지 말아야 자신이 허물이 없게 된다.'라고 하오. 그대는 힘쓰시오! 나는 그대를 떠날 것이오. 나는 그대를 떠날 것이오!"

[어부는] 이에 노를 저어 갈대 사이로 느릿느릿 가버렸다[30].

안연顔淵이 수레를 돌리고서 자로가 수레 끈을 내주었는데, 공자는 돌아보지도 않고 물결이 가라앉고[31] 노 젓는 소리가 들리지 않기를 기다리고 나서야 감히 수레에 올라탔다. 자로가 수레 옆에서 여쭈었다.

"저는 제자로 있은 지 오래되었습니다만, 선생님께서 다른 사람을 마주하면서 이와 같이 공경스러워하신[32] 것을 뵌 적이 없습니다. 만 대의 수레를 내는 군주와 천 대의 수레를 내는 군왕도 선생

---

29) 원문의 '침湛'을 번역한 것인데 '탐耽'과 통하는 자로, 즉 '깊이 빠지다'라는 의미다.

30) 원문의 '연연延緣'을 번역한 것으로 '느릿느릿하게 옮겨가는 것'을 말한다.

31) "배가 가기 때문에 물결이 생겼다가 멀리 떠나면 물결이 잔잔해지는 것을 말한다[謂船行故水波, 去遠則波定]."(육덕명 설)

님을 뵈면 일찍이 뜰에 서로 엇비슷한 예를 나누지 않은 적이 없었고, 선생님께서는 오히려 오만한 모습을 지니셨는데, 지금 어부가 노를 잡고 마주 섰는데도 선생님께서는 허리를 구부리고 몸을 수그리고 꺾어서[33] 말마다 절을 하고 대답하시니 너무 심하지 않습니까? 제자들이 모두 선생님을 이상하게 생각하고 있으니, [저] 어부가 무엇으로써 이렇게 할 수 있는 것입니까?"

공자는 수레의 가로나무에 엎드려 한탄하며 말했다.

"심하도다, 너를 교화하기가 어렵구나! 예의에 빠져 지낸 지 오랜 시간이 되었건만 거칠고 비루한 마음이 지금까지도 없어지지 않고 있구나. 앞으로 오너라. 내가 네게 말하겠다!

무릇 어른을 만나 공경하지 않는 것은 예의를 잃은 것이고, 현인을 보고 존경하지 않는 것은 인하지 않은 것이다. 그분이 지인至人이 아니면 남에게 낮출 수 없고, 남에게 낮추려는 데에 정성이 없으면 그 참됨을 얻지 못하는 것이다.

그 때문에 오래도록 몸을 상하게 하니, 애석하구나! 인하지 못한 것이 사람에게 있어서 [미치는] 화가 이보다 더 큰 것이 없는데 너는 홀로 이것을 멋대로 생각하고 있구나.

게다가 도道는 만물이 연유하는 바이니, 모든 사물은 이것을 잃으면 죽고 이것을 얻으면 살며, 일함에 있어서도 이것을 거스르면 실패하고 이것을 따르면 성공한다.

32) 원문의 '위威'를 번역한 것으로, 왕수민이 '경敬'의 의미라고 한 것에 따라 번역했다.

33) 원문의 '경절磬折'을 번역한 것인데, '경쇠처럼 몸을 꺾어 공경함을 표하는 것'을 말한다.

따라서 도가 존재하는 바를 성인은 존중한다. 지금 어부는 도에 있어서 [그것을] 가지고 있다고 말할 수 있으니, 내가 감히 공경하지 않을 수 있겠는가!"

孔子愀然而歎, 再拜而起曰: "丘再逐於魯, 削迹於衛, 伐樹於宋, 圍於陳蔡. 丘不知所失, 而離此四謗者何也?"

客悽然變容曰: "甚矣子之難悟也! 人有畏影惡迹而去之走者, 擧足愈數而迹愈多, 走愈疾而影不離身, 自以爲尙遲, 疾走不休, 絶力而死. 不知處陰以休影, 處靜以息迹, 愚亦甚矣! 子審仁義之間, 察同異之際, 觀動靜之變, 適受與之度, 理好惡之情, 和喜怒之節, 而幾於不免矣. 謹修而身, 愼守其眞, 還以物與人, 則无所累矣. 今不修之身而求之人, 不亦外乎!"

孔子愀然曰: "請問何謂眞?"

客曰: "眞者, 精誠之至也. 不精不誠, 不能動人. 故强哭者雖悲不哀, 强怒者雖嚴不威, 强親者雖笑不和. 眞悲无聲而哀, 眞怒未發而威, 眞親未笑而和. 眞在內者, 神動於外, 是所以貴眞也. 其用於人理也, 事親則慈孝, 事君則忠貞, 飮酒則歡樂, 處喪則悲哀. 忠貞以功爲主, 飮酒以樂爲主, 處喪以哀爲主, 事親以適爲主, 功成之美, 无一其迹矣. 事親以適, 不論所以矣. 飮酒以樂, 不選其具矣. 處喪以哀, 无問其禮矣. 禮者, 世俗之所爲也. 眞者, 所以受於天也, 自然不可易也. 故聖人法天貴眞, 不拘於俗. 愚者反此. 不能法天而恤於人, 不知貴眞, 祿祿而受變於俗, 故不足. 惜哉, 子之蚤湛於人僞而晚聞大道也!"

孔子又再拜而起曰: "今者丘得遇也, 若天幸然. 先生不羞而比之服役, 而身敎之. 敢問舍所在, 請因受業而卒學大道."

客曰: "吾聞之, 可與往者與之, 至於妙道. 不可與往者, 不知其道, 愼勿與之, 身乃无咎. 子勉之! 吾去子矣, 吾去子矣!" 乃刺船而去, 延緣葦間.

顔淵還車, 子路授綏, 孔子不顧, 待水波定, 不聞拏音而後敢乘.

子路旁車而問曰: "由得爲役久矣, 未嘗見夫子遇人如此其威也. 萬乘之主, 千乘之君, 見夫子未嘗不分庭伉禮, 夫子猶有倨傲之容. 今漁父杖拏逆立, 而夫子曲要磬折, 言拜而應, 得无太甚乎? 門人皆怪夫子矣, 漁人何以得此乎?"

孔子伏軾而歎曰: "甚矣由之難化也! 湛於禮義有間矣, 而樸鄙之心至今未去. 進, 吾語汝! 夫遇長不敬, 失禮也. 見賢不尊, 不仁也. 彼非至人, 不能下人, 下人不精, 不得其眞, 故長傷身. 惜哉! 不仁之於人也, 禍莫大焉, 而由獨擅之. 且道者, 萬物之所由也, 庶物失之者死, 得之者生, 爲事逆之則敗, 順之則成. 故道之所在, 聖人尊之. 今漁父之於道, 可謂有矣, 吾敢不敬乎!"

제32편

열어구列禦寇

사람들이 열어구를 따르다

【해설】

이 편도 앞 편과 같이 사람을 편명으로 삼아서 첫 장의 맨 앞에 나오는 '열어구列禦寇'가 제목인데, 열어구는 열자列子로서 도가 계열에 속하는 사상가이다.

이 장에 수록된 짧은 대화체 문장을 중심으로 보면 1장에서 처음에는 열자의 생각에 우호적이었다가 나중에 집에 신발이 가득한 열자를 비판적으로 대하는 백혼무인의 대화가 나오고, 2장은 정나라의 완이라는 사람을 통해 능력과 재능을 과시하고 자신이 옳다고 고집을 부리는 자는 덕이 있거나 도를 깨달은 자가 아니라고 말하고 있으며, 3장에는 용 잡는 기술이 왜 쓸모가 없는지 장자의 발언이 소개되어 있고, 4장에 치질 치료하면서 수레나 받아먹는 조상이란 자를 질책하는 장자의 날카로운 말에는 부를 추구하기 위해 비열한 행위를 일삼는 속물근성을 비판하려는 것이다. 5장은 애공이 공자를 벼슬에 앉히려고 하자, 오히려 이를 안합이 비판하는 내용도 있다. 6장은 어떤 사람이 수레 열 대를 받은 일을 자랑하자 구슬 이야기에 빗대어 그 일을 경계한다. 7장은 벼슬하지 않으려는 장자의 일침이 소개되어 있는데, 이미 앞의 편명에서 나온 내용이기도 하다. 맨 마지막 8장에 나오는 장자가 죽게 될 무렵에 장례 문제를 둘러싸고 제자들과 벌이는 논쟁을 통해 결국 허례를 초월한 장자의 모습이 다가온다.

이 편을 읽어보면 유가와 법가를 합쳐놓은 면도 보이는데, 장자의 후학들에 의해 쓰인 것은 분명해 보이며, 그만큼 이 편의 논점의 일관성과 그 기본적인 취지가 상당 부분 다르다는 점을 볼 수 있다.

열자의 집에 신발이 가득한 이유 32.1

열어구列禦寇가 제齊나라로 가는데 도중에 돌아와서 백혼무인伯昏瞀人[1]을 만났다. 백혼무인이 말했다.

"무슨 일로 돌아왔는가?[2]"

[열어구가] 말했다.

"제가 놀랐기 때문입니다."

[백혼무인이] 말했다.

"무엇에 놀랐는가?"

[열어구가] 말했다.

"제가 일찍이 열 군데에서 마실 것[3]을 먹었는데, 다섯 군데에서 [제게] 먼저 마실 것을 내주었습니다[4]."

백혼무인이 말했다.

"이와 같다면 그대는 무엇 때문에 놀랐는가[5]?"

[열어구가] 말했다.

---

1) 가공의 인물로, 〈덕충부〉 편 5.2와 〈전자방〉 편 21.9에 '백혼무인伯昏无人'으로 나왔다. 열어구의 스승이다. 성현영은 "백혼은 초나라의 어진 선비로 호는 백혼무인이며, 은자의 무리다[伯昏, 楚之賢士, 號曰伯昏瞀人, 隱者之徒也]."라고 했다.

2) 원문의 '방이반方而反'을 번역한 것으로 '방方'은 '일[事]'이고, '반反'은 '돌이키다[反]'와 통한다(차오추지 설). '방方'에 대해 선영은 '고故'로 풀이했다. 성현영은 '도道'라고 보았는데, 안동림은 이 설을 취하여 "어째서 길을 가다 돌아오느냐?"라고 번역했다.

3) 원문의 '장漿'을 번역한 것으로, 곽상은 "마실 것을 파는 집[賣漿之家]"으로 풀이하기도 했으나 여기서는 취하지 않는다.

4) 원문의 '궤饋'를 번역한 것으로 '견遣'과 같은 의미다(성현영 설).

5) 원문의 '이已'는 '호乎'와 같다(왕수민 설).

"무릇 내면의 성실함이 풀려지지 않고 외형으로 [그것이] 드러나 빛을 이루어 밖으로 사람들의 마음을 짓눌러서 사람들에게 노인을 공경하는 것을 소홀히 여기게 하여 그 근심할 바가 어지럽게 생겨날[6] 것입니다.

무릇 음식점 주인은 단지 먹고 마실 것을 팔아 이익을 남길 뿐입니다. 그 이익도 적고 그 권세도 별 볼 일 없는데도 여전히 이와 같이 하니, 하물며 만승의 군주는 어떻겠습니까! 몸은 나라에 힘쓰고 지혜는 일에 [온 힘을] 다하는데도 그는 장차 제게 일을 맡기고서 제게 공적을 바치게[7] 할 것입니다. 제가 이 때문에 놀란 것입니다."

백혼무인이 말했다.

"좋구나, [그대의] 생각이여! 그대가 처신해 나가면 사람들이 장차 그대에게 붙어 따르게 될 것이다!"

얼마 지나지 않아 [백혼무인이] 갔더니, [열어구의 집에] 신발이 가득했다. 백혼무인이 들어가 북쪽을 향해 지팡이를 꼿꼿이 세워 턱을 바싹 붙이고[8] 서서 잠깐 있다가 말없이 나왔다. 손님을 안내하는 자[9]가 열자에게 알리자, 열자는 신발을 들고 맨발로 달려가 문에 이르러 말했다.

---

6) 원문의 '제鼈'를 번역한 것으로 본래 '나물', '뒤섞다', '공격하다' 등의 뜻이 있는데, 여기서는 '어지럽게 생기다[亂生]'라고 풀이한 곽상을 따랐다. 성현영과 육덕명 등은 '어지럽다[亂]'로 보았으며, 안병주·전호근은 '불러 이르게 하다[招致]'의 의미로 보았다.

7) 원문의 '효效'를 번역한 것으로, 왕수민은 '교教'의 가차자로 보았다.

8) 원문의 '돈장축지호이敦杖蹙之乎頤'를 번역한 것으로, '돈敦'은 '꼿꼿이 세우는 것[竪立]'이고, '축蹙'은 '바싹 붙이는 것'이다.

9) 원문의 '빈賓'을 번역한 것으로 '빈儐'으로 쓰인 판본도 있는데, 뜻은 같다. '손님을 안내하는 사람[通客之人]'을 말한다(육덕명 설).

"선생님께서 기왕에 오셨는데, 어찌하여 약이 될 만한 말씀을 해 주지 않으십니까?"

[백혼무인이] 말했다.

"그만둬라. 내가 이미 그대에게 '사람들이 장차 그대에게 붙어 따르게 될 것이다.'라고 알려주었는데, 과연 그대에게 붙었다. 그대가 사람들에게 그대에게 붙어 따르도록 한 것은 아니겠지만, 그대는 사람들로 하여금 그대에게 붙어 따르지 않게 하지는 못한 것이니, 그대는 어찌 그들에게 감동하고 기뻐하게 하여 기이한 것을 드러냈는가!

반드시 또 감동이 있게 한다면 그대의 본성을 흔들어놓을 것이니 또한 말할 것이 없다. 그대와 함께 노니는 자는 또 그대에게 알려주지 않고, 그들이 소소하게 하는 말은 모두 사람에게 독이 되는 것이다.[10)]

[본인이] 깨닫는 것도 없고 [다른 사람을] 깨닫게 하는 것도 없으니 어찌 서로 자세히 살피겠는가[11)]! 재주가 있는 자는 수고롭고 지식이 있는 자는 근심이 있지만, 무능한 자는 추구하는 것이 없어서 배

10) 원문의 '피소소언彼所小言, 진인독야盡人毒也'를 번역한 것으로 '소언小言'에 대해 설명이 필요하다. 왕선겸은《열자》장담張湛의 주석을 인용하여 "'소언小言'은 세심하고 정교하여 쉽게 사람을 감동시킨다. 그러므로 사람에게 해독을 입힌다[小言細巧, 易以感人, 故爲人毒害也]."라고 풀이했다. 육덕명은 "말 중에서 도에 들어가지 않은 것[言不入道]"이라고 보았다. 안병주·전호근은 "쓸데없는 말"로 풀이했다.

11) 원문의 '상숙相孰'을 번역한 것으로 '숙孰'에 대한 이설이 분분한데, 왕선겸의 고증을 참고해보면, 곽숭도郭嵩燾는《한서漢書》〈가의전賈誼傳〉에 안사고顔師古 주석을 인용해서 '자세히 살피다[審詳]'의 뜻으로 보았다. 성현영은 '누구[誰]'의 뜻으로 보았는데, 안동림은 이 설을 따라서 '서로 상대가 되어 교제함'으로 풀이했다. 한편 '숙熟' 자로 보는 견해도 있는데, 도홍경과 이케다 도모히사 등이 이설을 취했고, 안병주·전호근은 '성숙成熟'의 뜻으로 보았다.

불리 먹고 만족스럽게 노니니, 떠다니는 것이 마치 매여 있지 않은 배와 같아서 비우고 무심하게 노니는 자인 것이다."

列禦寇之齊, 中道而反. 遇伯昏瞀人. 伯昏瞀人曰: "奚方而反?"

曰: "吾驚焉."

曰: "惡乎驚?"

曰: "吾嘗食於十漿, 而五漿先饋."

伯昏瞀人曰: "若是, 則汝何爲驚已?"

曰: "夫內誠不解, 形諜成光, 以外鎭人心, 使人輕乎貴老, 而螫其所患. 夫漿人特爲食羹之貨, 無多餘之贏, 其爲利也薄, 其爲權也輕, 而猶若是, 而況於萬乘之主乎! 身勞於國而知盡於事, 彼將任我以事而效我以功, 吾是以驚."

伯昏瞀人曰: "善哉觀乎! 汝處已, 人將保女矣!"

無幾何而往, 則戶外之屨滿矣. 伯昏瞀人北面而立, 敦杖蹙之乎頤, 立有間, 不言而出.

賓者以告列子, 列子提屨, 跣而走, 暨乎門, 曰: "先生旣來, 曾不發藥乎?"

曰: "已矣, 吾固告汝曰人將保汝, 果保汝矣. 非汝能使人保汝, 而汝不能使人无保汝也, 而焉用之感豫出異也! 必且有感, 搖而本才, 又无謂也. 與汝遊者又莫汝告也, 彼所小言, 盡人毒也. 莫覺莫悟, 何相孰也! 巧者勞而知者憂, 无能者无所求, 飽食而敖遊, 汎若不繫之舟, 虛而敖遊者也."

무덤에 측백나무 열매가 열려도 찾아가지 않은 자가 들은 말 32.2

정鄭나라 사람 완緩이 구씨裘氏라는 지역에서 글을 읽었더니, 마침[12] 삼 년이 지나자 완은 유자儒者가 되었다. 황하가 [주변] 아홉 리의 땅을 적시듯이 이로운 은택이 삼족三族[13]까지 미쳤다.

[완은] 그의 동생에게 묵가墨家를 배우게 했는데, 유가와 묵가에 대해 서로 논하자, 그 아버지는 [동생인] 적翟의 편을 들었더니 십 년이 지나고 완이 자살했다. 그의 아버지가 꿈을 꿨는데 [완이] 말했다.

"당신의 아들로 하여금 묵자가 되게 한 것은 접니다. 제 무덤[14]에는 이미 측백나무 열매가 맺혔는데도 어찌하여[15] 시험 삼아 와보지도 않으십니까?"

무릇 조물자造物者가 사람에게 보답하는 것은 그 사람에게 보답하지 않고 그 사람의 천성에 보답하는 것이다. 그(동생)가 천성대로 그 자신을 묵자가 되게 한 것이다. 저 [완이란] 사람은 자기를 다른 사람과 다르다고 생각하여 그 어버이를 경멸한 것이다. [이것은] 제나라 사람 중에 우물을 파서 마시려는 자가 [우물을 독차지하려고] 상대의 머리채를 잡고 싸우려는 것과 같은 것이다.[16] 그러므로 '지금의

12) 원문의 '지祇'를 번역한 것으로 '마침[適]'의 뜻이다(곽상 설). 한편 '지祇'를 '기'로 읽고 '땅의 귀신'으로 보기도 한다(사마표 설).

13) 친가와 처가를 통칭하여 말한다.

14) 원문의 '양良'을 번역한 것으로 완이 죽고 난 뒤에 자신을 지칭해서 한 말이다. '양인良人'이라고 풀이한 경우도 있으나, 여기서는 유월이 '무덤[垠]'으로 보는 설이 원뜻에 가깝다고 풀이한 견해를 따랐다.

15) 원문의 '합闔'을 번역한 것으로 '어찌 ~하지 않습니까[何不]?'의 뜻이다(성현영 설).

세상 사람들은 모두 완과 같다.'라고 말하는 것이다.

'스스로를 옳다고 여기는 것[自是]'은 덕이 있는 자도 알지 못한다고 생각하는데 하물며 도가 있는 자는 어떻겠는가! 옛날에는 이것을 '하늘에서 도망치는 형벌'이라고 말했다. 성인은 그 편안한 바를 편안히 여기고 그 편안하지 않은 바를 편안해하지 않는데[17], 평범한 사람들은 그 편안하지 않은 바를 편안해하고 그 편안해야 할 바를 편안해하지 않는다.

鄭人緩也呻吟於裘氏之地. 祇三年而緩爲儒, 河潤九里, 澤及三族, 使其弟墨. 儒墨相與辯, 其父助翟. 十年而緩自殺. 其父夢之曰: "使而子爲墨者予也. 闔胡[18]嘗視其良, 旣爲秋柏之實矣?"

夫造物者之報人也, 不報其人而報其人之天. 彼故使彼. 夫人以己爲有以異於人以賤其親, 齊人之井飮者相捽也. 故曰今之世皆緩也. 自是, 有德者以不知也, 而況有道者乎! 古者謂之遁天之刑.

聖人安其所安, 不安其所不安. 衆人安其所不安. 不安其所安.

16) 육덕명은 "우물을 판 사람이 자기가 우물을 만든 공이 있다고 생각해서 [우물물을] 마시려는 자의 머리채를 잡는 것은 샘이 천성으로 그러한 것을 알지 못한 것을 말한 것이니, 완緩이 적翟에게 천성으로 묵자의 본성이 있다는 것을 알지 못하고 분노한 것을 비유한 것이다[言穿井之人, 爲己有造泉之功而捽飮者, 不知泉之天然也, 喩緩不知翟天然之墨而忿之]."라고 풀이했다.

17) 곽상은 "무릇 성인은 편안한 바도 없고 편안하지 않은 바도 없으니, 백성의 마음을 따른다[夫聖人無安無不安, 順百姓之心也]."라고 보았다.

18) 원문의 '호胡'에 대해 곽경번은 'ㅁ'로 쓰인 판본도 있다고 교열했다. 육덕명은 "'합闔'은 어조사이고, '호胡'는 '어찌[何]'의 뜻이다[闔, 語助也, 胡, 何也]."라고 풀이했다.

용을 잡는 기술이 소용없는 이유 32.3

장자가 말했다.

"도를 알기는 쉬우나 말하지 않기는 어렵다. [도를] 알면서도 말하지 않는 것은 하늘에 가는 방법이고, [도를] 알면서 말하는 것은 인위人爲에 가는 방법이다. 옛날의 지인至人[19]은 하늘을 좇고 인위로 가지 않았다.

주평만朱泙漫[20]이 지리익支離益[21]에게서 용을 잡는 방법을 배웠는데[22], 천금의 가산을 다 써서 삼 년 만에 그 재주를 이루었지만 그 기교를 쓸 곳이 없었다.

성인은 필요한 것을 필요하다고 생각하지 않기 때문에 다툼이 없고, 평범한 사람은 필요하지 않은 것을 필요하다고 생각하기 때문에 [마음에] 다툼이 많다. 다툼에 따르기 때문에 행동하면 [밖에서] 추구하는 것이 있다. 다툼이란 그것을 의지하면 파멸한다.

소인의 지식은 선물이나 편지 같은 [사소한] 것에서 벗어나지 못하고[23] 하찮고 천박한 일[24]에 정신을 지치게 하면서도 도와 사물을 아울러 두루 구제하여[25] [도와 사물이] 하나가 되는 허상의 경지에

19) 원문의 '고지인古之人'을 번역한 것인데, 곽경번은 장군방 본을 인용하여 '인人' 자 앞에 '지至'가 쓰여 있다고 교열했다. 역자도 이 견해를 따라 번역했다.

20) 곽상은 주평을 성으로 보았는데, 사마표는 성이 주이고, 이름이 평만이라고 보았다. 유월은 "주평은 또한 복성이다[朱泙, 亦複姓]."라고 했는데, 이 설이 타당한 듯하다.

21) 지리익支離益의 '지리支離'는 복성이다(유월 설).

22) '도룡기屠龍技'라는 고사성어가 유래한 대목이다. '도룡기'란 직역하면 '용을 죽이는 기술'이라는 말인데, "세상에서 쓸모없는 명기名技를 의미하기도 하고, 쓸데없는 일로 몸을 소모한다는 뜻이기도 하다."(김원중, 《한마디의 인문학 고사성어 사전》, 휴머니스트, 2020, 250쪽 참조)

이르려고 한다.

이와 같은 자는 우주에서 갈피를 잡지 못하고, 형체에 얽매여서 태초를 알지 못한다. 저 지인이란 자는 시작도 없던 상태로 정신을 되돌려 무하유無何有의 경지에서 단잠을 자고, 무형의 상태로 물처럼 흘러가서 태청太淸에서 새어 나온다.[26)]

슬프구나! 그대들은 지식이 터럭같이 작은 것에 있으면서 큰 편안함을 알지 못하는구나!"

莊子曰: "知道易, 勿言難. 知而不言, 所以之天也. 知而言之, 所以之人也. 古之人, 天而不人.

朱泙漫學屠龍於支離益, 單千金之家, 三年技成而无所用其巧.

聖人以必不必, 故无兵. 衆人以不必必之, 故多兵. 順於兵, 故行有求. 兵, 恃之則亡.

小夫之知, 不離苞苴竿牘, 敝精神乎蹇淺, 而欲兼濟道物, 太一形虛. 若是者, 迷惑於宇宙, 形累不知太初. 彼至人者, 歸精神乎无始而甘冥乎无何有之鄕. 水流乎无形, 發泄乎太淸. 悲哉乎! 汝爲知在毫毛, 而不知大寧!"

23) 곽상은 "물건을 싸서 선물을 보내고 편지를 써서 [안부를] 물으니, 보내고 묻는 도구는 '작은 지혜[小知]'가 추구하는 것이다[苞苴以遺, 簡牘以問, 遺問之具, 小知所殉]."라고 했다.

24) 원문의 '건천蹇淺'을 번역한 것으로 "온전하지 못하고 노둔하며 천박한 일[跛蹇淺薄之事]"이다(성현영 설).

25) 원문의 '겸제兼濟'를 번역한 것으로, "두루 구제하여"라는 의미는 '천하의 모든 백성이 만물의 혜택과 이익을 받는 것'을 말한다.

26) 왕선겸은 "지인至人이 자연스럽게 흘러 다니는 것을 비유한 것이다[以喩至人之自然流行也]."라고 했다.

왕에게 수레 백 대를 얻은 자가 들은 말 32.4

송나라 사람 가운데 조상曹商이란 자가 있었는데 송나라 왕[27]을 위해 진秦나라에 사신으로 갔다[28]. 그가 갈 때 수레 몇 대를 얻었는데, [진나라] 왕이 그를 좋아하여 수레 백 대를 더 주었다. 송나라로 돌아와 장자를 보고 말했다.

"무릇 가난하고 누추한 좁은 골목[29]에 살면서 곤궁하여 짚신을 삼고, 꾀죄죄하게 여위고 누렇게 뜬 얼굴을 하고 사는 것에 나는 서툴다. [반면] 한번 만승의 군주를 깨닫게 하여 따르는 수레가 백 대나 되게 하는 것에 나는 능숙하다."

장자가 말했다.

"진秦나라 왕이 병이 나서 의사를 불렀는데, 종기를 터뜨려 고름을 없애주는 자는 수레 한 대를 얻고, 치질을 핥아 고쳐주는 자[30]는 수레 다섯 대를 얻으며, 치료하는 곳이 아래로 내려갈수록 수레를 더욱 많이 얻는다는군. 그대는 아마도 그(왕)의 치질을 고쳐준 것인가, 어찌하여 수레를 그렇게 많이 얻은 것인가? 그대는 가버리시게!"

27) 원문의 '송왕宋王'에 대해 송宋나라 언왕偃王으로 보는 견해가 있다.

28) 원문의 '사使'는 '사신으로 가다'의 뜻으로 여기서는 '시'로 읽는다.

29) 원문의 '애항阨巷'을 번역한 것으로 '좁은 골목'을 의미한다.

30) 원문의 '지치자舐痔者'를 번역한 것으로, '치痔'에 대해 성현영은 "아래가 새는 병[下漏病]"이라고 풀이했다. 또한 곽상의 "하는 일이 낮은 뒤에 공적이 높아지고, 공적이 높아진 뒤에 녹봉이 무거워지므로, 높고 원대하며 염담하는 자는 영예로움을 내버려둔다[夫事下然後功高 功高然後祿重 故高遠恬淡者遺榮也]."라는 풀이가 인상적이다.

宋人有曹商者, 爲宋王使秦. 其往也, 得車數乘. 王說之, 益車百乘. 反語宋, 見莊子曰: "夫處窮閭阨巷, 困窘織屨, 槁項黃馘者, 商之所短也. 一悟萬乘之主而從車百乘者, 商之所長也."

莊子曰: "秦王有病召醫, 破癰潰痤者得車一乘, 舐痔者得車五乘, 所治愈下, 得車愈多. 子豈治其痔邪, 何得車之多也? 子行矣!"

중니가 애공에게 등용되지 못한 이유 32.5

노魯나라 애공哀公이 안합顔闔에게 물었다.

"내가 중니를 등용해서 중요한 일을 맡게 하면 나라가 아마도 나아질 수 있겠지요?"

[안합이] 말했다.

"위태롭고도 위태로운[31] 것입니다! 중니는 이제 막 깃을 꾸미는 데다 그림으로 장식하고 화려한 말을 일삼아 지엽을 중요한 것으로 삼으며, [교만한] 본성을 억눌러[32] 백성들에게 보이면서도 신실함을 잃고 있음을 알지 못합니다.

[그런데도] 마음에 받아들이고 정신을 주재하니 어찌 족히 백성 위에 설 수 있겠습니까! 그가 군왕과 친할 수 있겠습니까? 저 안합이 봉양할 수 있겠습니까?[33] 오해라면 괜찮습니다.[34]

지금 백성들로 하여금 진실을 떨어뜨리고 거짓을 배우게 하는

31) 원문의 '태재급호殆哉圾乎'를 번역한 것으로, '태殆'와 '급圾'은 모두 '위태롭다'는 뜻으로 〈천지〉 편 12.5에도 보인다.

32) 원문의 '인성忍性'을 번역한 것으로 임운명은 "교만한 본성[矯性]"으로 보았고, 임희일은 "교만이 넘치다[矯激]"로 풀이했다.

것은 백성들에게 보일 방법이 아닙니다. 후세를 위해서 생각해본다면 그만두는 것이 낫습니다. [공자가] 다스리기 어렵습니다."

다른 사람에게 베풀고 잊지 않는 것은 무심히 베푸는 것이 아니니 장사꾼들도 함께하지 않는다[35]. 비록 일로써 그와 함께하는 경우가 있더라도 정신은 함께하지 않는다.

외적으로 받는 형벌은 쇠나 나무로 만든 것이고[36], 내적으로 받는 형벌은 동요와 과도함이니, 소인으로서 외적으로 형벌을 받는 자는 쇠와 나무로 만든 것으로 신문 당하고, 내적으로 형벌을 받는 자는 음양의 부조화가 좀먹는 것이다. 무릇 안과 밖의 형벌에서 벗어날 수 있는 것은 오직 진인眞人만이 할 수 있다.

공자가 말했다.

"무릇 사람의 마음은 산천보다도 험하고 하늘을 알기보다도 어려우니, 하늘은 오히려 봄·여름·가을·겨울과 아침·저녁이라는 주기가 있지만, 사람은 외모를 두껍게 하고 감정을 깊이 숨기고 있다. 그러므로 용모는 성실해 보여도 교만한[37] 자가 있고, 뛰어난데 어

---

33) 원문의 '여이여予頤與'를 번역한 것으로 '여予'는 '나[我]'로, 즉 안합 자신을 가리킨다. '이頤'는 '봉양하다[養]'의 뜻이다(성현영 설). '이頤'는 가차하여 '이怡'가 된다(왕수민 설).

34) 원문의 '오이가의誤而可矣'를 번역한 것으로, 한편 왕수민은 "중니가 이에 네게 맞지 않고, 또한 내게도 즐겁지 않다."라고 풀이했다.

35) 원문의 '불치不齒'를 번역한 것으로, 여기서 '치齒'는 '함께하다'의 의미다.

36) 원문의 '위외형자爲外刑者, 금여목야金與木也'을 번역한 것으로 "'금金'은 칼과 톱, 작은 도끼, 큰 도끼를 말하고, '목木'은 회초리로 매질하는 것과 차꼬와 수갑을 말한다[金, 謂刀鋸斧鉞, 木, 謂捶楚桎梏.]."(곽상 설) 모두 예전에 형벌에 쓰인 도구를 말한다.

37) 원문의 '익益'을 번역한 것으로 유월은 "'익益'은 '일溢'로 쓰여야 한다. '일'이라는 말은 '교만하고 지나침'이다[益當作溢, 溢之言驕溢也]."라고 보았다.

리석은 듯한 자가 있으며[38], 유순하거나 성급한 것 같으면서도 통달한 자가 있고, 견고한 것 같으면서도 느슨한 자가 있으며, 느릿하면서도 조급한 자가 있다.[39]

그러므로 의로운 데로 나아감이 목마른 듯한 자는 의로움을 버리기를 뜨거운 것 버리듯 한다. 따라서 군자는 멀리 [심부름] 보내서 그의 충성스러움을 살피고, 가까운 데를 보내서 그의 공경함을 살피고, 번거로운 일을 시켜 그의 능력을 살피고, 갑자기 물어서 그의 지혜를 살피고, 급하게 그와 약속하여 그의 신의를 살피고, 그에게 재물을 맡겨서 그의 어짊을 살피고, 그에게 위급함을 알려서 그의 절의를 살피고, 그에게 술로 취하게 하여 그의 법도를 살피고, 남녀가 섞여서 살게 하여[40] 그의 색色을 살핀다. 아홉 가지 징험이 이르면 어리석은 사람을 알아볼 수 있을 것이다."

정고보正考父는 처음 [사士로] 임명되자 등을 굽혔고, 두 번째 [대부大夫로] 임명되자 허리를 굽혔으며, 세 번째 [경卿에] 임명되자 고개를 숙이고 담장을 따라 달리듯 걸었으니, 누가 감히 [그를] 모범으로 여기지 않겠는가!

보통 사람은 처음 임명되면 허리가 뻣뻣하고[41], 두 번째 임명되

---

38) 임희일은 "가슴속에 또한 뛰어난 것을 품고 있지만 외면이 유능한 것과 비슷하지 않은 자가 있으니, '불초'란 '비슷하지 않은 것'이다[有胸中亦抱所長, 而外不似有能者, 不肖, 不似也.]."라고 풀이했다.

39) 원문의 '유견이만有堅而縵, 유완이한有緩而釬'을 번역한 것으로, 성현영은 "'만縵'은 느린 것이고 '한釬'은 조급한 것이다. 스스로 모습이 마치 견고한 것 같으나 실제로 산만한 경우가 있고, 또 외형은 너그럽고 느긋해 보이지만 내면의 마음은 조급한 경우가 있다[縵, 緩也, 釬, 急也, 自有形如堅固而實散縵, 亦有外形寬緩心內躁急也]."라고 주석한 의미가 참고된다.

40) 원문의 '잡지이처雜之以處'를 번역한 것으로 '남녀가 섞여 사는 것[男女雜居]'이다(차오추지 설).

면 수레 위에서 춤을 추며, 세 번째 임명되면 백부나 숙부의 이름을 불러대니, 누가 요임금이나 허유[의 겸손함]에 따를 수 있겠는가!

덕에 사심이 있는 것보다 큰 해로움이 없으니, 마음에 눈이 있게 된다[42]. 그 [마음에] 눈이 있게 되면 안으로 [바깥을] 보고, 안으로 [바깥을] 보면 실패하게 된다. 악덕惡德에는 다섯 가지가 있는데, 중덕中德이 으뜸이 된다. 무엇을 중덕이라고 말하는가? 중덕은 스스로를 훌륭하게 여김이 있어 자신이 그렇게 하지 않는 바를 헐뜯는다[43].

곤궁함에는 여덟 가지 원인이 있고, 영달함에는 세 가지 필연이 있으며, 형벌에는 여섯 가지 요소[44]가 있다. 아름다움, 멋진 수염, 큰 키, 좋은 체격, 씩씩함, 수려함, 용맹함, 과감함이라는 여덟 가지가 모두 남보다 뛰어나면 이것들 때문에 [스스로 과신하여] 곤궁해진다.[45]

사물에 따르고[46] 굽어보고 우러러보며[47], 겁을 먹고 기가 죽어 다른 사람만 못한 것, 이 세 가지는 모두 통달하는 것이다.

41) 원문의 '여거呂鉅'를 번역한 것으로 "허리가 뻣뻣하다[腰板硬]."라는 뜻으로 지나치게 교만한 것을 말한다.

42) 원문의 '유첩有睫'을 번역한 것으로, '첩睫'이 '안眼'으로 쓰인 판본도 있다. '안목'이라는 의미에서는 두 글자가 통하지만, 안병주·전호근은 '첩睫' 자를 '속눈썹' 또는 '속눈썹처럼 움직이다'라는 뜻으로 보아 마쉬룬의 주장을 따라 의미상 적당하지 않다고 지적하고, 《회남자》와 《문자文子》 등에 '목目' 또는 '안眼'으로 되어 있음을 덧붙였는데, 참조할 만하다.

43) 원문의 '비吡'를 번역한 것으로, 여기서는 '헐뜯다[訾]'의 의미로(곽상 설), 음은 '비'로 읽는다. 왕염손의 "'비諀'는 헐뜯는 것이다[諀, 訾也]."라는 풀이도 참고된다. '비吡'를 '필'로 독음하기도 한다.

44) 원문의 '형유육부形有六府'를 번역한 것인데, '형形'은 '형벌[刑]'의 가차다(유문전劉文典 설). '여섯 가지 요소[六府]'란 '지知'·'혜慧'·'용勇'·'동動'·'인仁'·'의義'를 말한다(방용·육영품 설)

45) 곽상은 "천하에 단점으로 곤궁한 적은 없으나, 언제나 장점 때문에 스스로 곤란해진다[天下未曾窮於所短, 而恒以所長自困]."라고 했다. 자기를 과신하기 때문이다.

지혜와 슬기는 외물과 통하고, 용기와 행동은 원망이 많아지며, 인의는 책망이 많아진다. 삶의 실정에 통달한 자는 위대하고, 지혜에 통달한 자는 쇠약하며, 천명天命에 통달한 자는 [자연에] 순응하고, [사람의] 작은 운명[48]에 통달한 자는 [불운을] 맞딱뜨리게 된다[49].

魯哀公問乎顏闔曰: "吾以仲尼爲貞幹, 國其有瘳乎?"

曰: "殆哉圾乎仲尼! 方且飾羽而畫, 從事華辭, 以支爲旨, 忍性以視民而不知不信, 受乎心, 宰乎神, 夫何足以上民! 彼且女與? 予頤與? 誤而可矣. 今使民離實學僞, 非所以視民也, 爲後世慮, 不若休之. 難治也."

施于人而不忘, 非天布也. 商賈不齒, 雖以事齒之, 神者弗齒.

爲外刑者, 金與木也. 爲內刑者, 動與過也. 宵人之離外刑者, 金木訊之. 離內刑者, 陰陽食之. 夫免乎外內之刑者, 唯眞人能之.

孔子曰: "凡人心險於山川, 難於知天. 川猶有春秋冬夏旦暮之期, 人者厚貌深情. 故有貌愿而益, 有長若不肖, 有順懁而達, 有堅而縵, 有緩而釬. 故其就義若渴者, 其去義若熱. 故君子遠使之而觀其忠, 近使之

46) 원문의 '연순緣循'을 번역한 것으로, 곽상이 "사물에 의지해서 행하는 것이다[杖物而行者也]."라고 주석한 것이 참고할 만하다. 〈전자방〉 편 21.1의 "[만물의 변화에] 순응하지만 참모습을 보전하며[緣而葆眞]"라는 구절과 비교해서 읽어야 한다.

47) 원문의 '언앙偃佒'을 번역한 것으로, '앙佒'은 '앙仰' 자와 같다(곽숭도 설). 안병주·전호근은 '굽어보고 우러러보기를 다른 사람을 따라 한다'는 뜻이라고 보았는데, 참조할 만하다.

48) 원문의 '소명小命'을 번역한 것으로 사람의 운명이다(차오추지 설).

49) 원문의 '조遭' 자를 번역한 것인데, '조' 자는 '우遇', 즉 '마주치다', '맞닥뜨리다'라는 뜻이다. 안동림은 "자기 입장에만 편히 머문다."라고 번역했으나 긍정적인 의미보다는 "부조리한 일을 만나 좌절하게 된다."(안병주·전호근 설)라는 의미가 더 원의를 살린 것이다.

而觀其敬, 煩使之而觀其能, 卒然問焉而觀其知, 急與之期而觀其信, 委之以財而觀其仁, 告之以危而觀其節, 醉之以酒而觀其側, 雜之以處而觀其色. 九徵至, 不肖人得矣."

正考父一命而僂, 再命而傴, 三命而俯, 循牆而走, 孰敢不軌! 如而夫者, 一命而呂鉅, 再命而於車上儛, 三命而名諸父, 孰協唐許!

賊莫大乎德有心而心有睫, 及其有睫也而內視, 內視而敗矣. 凶德有五, 中德爲首. 何謂中德? 中德也者, 有以自好也而吡其所不爲者也. 窮有八極, 達有三必, 形有六府. 美髯長大壯麗勇敢, 八者俱過人也, 因以是窮. 緣循, 偃佒, 困畏不若人, 三者俱通達. 智慧外通, 勇動多怨, 仁義多責. 達生之情者傀, 達於知者肖. 達大命者隨, 達小命者遭.

수레 열 대를 얻고 자랑하는 자가 들은 말 32.6

어떤 사람이 송나라 왕을 알현했는데, [그에게] 수레 열 대를 내렸다. 그 열 대를 가지고서 장자에게 교만하고 유치하게 뒤따르게 하자[50], 장자가 말했다.

"황하 가에 집이 가난해서 갈대와 쑥대를 짜서 발을 만들어 먹고 사는 자가 있었는데, 그의 아들이 연못에 들어가서 천금이나 되는 구슬을 얻으니, 그 아버지가 자식에게 일러 말했다. '돌을 가져와서

---

50) 원문의 '치穉'를 번역한 것으로 '뒤따르다[後]'의 뜻이다(성현영 설). 성현영은 덧붙여 "송나라 양왕 때, 어떤 용렬하고 탐욕이 많은 사람이 송나라에 놀러 가서 송나라 왕에게 망언하고는 수레 열 대를 하사받았는데, 이것을 가지고 교만하게 자랑하다가 장주를 자기 뒤로 밀치고 스스로 다른 사람보다 앞선다고 내세웠다[宋襄王時, 有庸瑣之人游宋, 妄說宋王, 錫車十乘, 用此驕炫, 排莊周於己後, 自矜物先也]."라고 풀이했다.

이것(구슬)을 깨버려라! 천금의 구슬은 틀림없이 아홉 길의 깊은 연못의 검은 용[51]의 턱밑에 있을 것인데, 네가 그 구슬을 얻을 수 있었던 것은 틀림없이 그 용이 자고 있을 때를 만난 것이다. 가령 검은 용이 깨어난다면 네가 어찌 잠시나마 살아남아 있겠는가!' 지금 송나라의 깊이는 단지 아홉 길의 연못일 뿐만이 아니고, 송나라 왕의 사나움은 단지 검은 용일 뿐만이 아니다. 그대가 수레를 얻을 수 있었던 것은 틀림없이 송나라 왕이 잠든 때를 만났기 때문이다. 가령 송나라 왕이 깨어있었다면 그대는 잘게 부서져 가루가 되었을 것이다!"

人有見宋王者, 錫車十乘, 以其十乘驕穉莊子.
莊子曰: "河上有家貧恃緯蕭而食者, 其子沒於淵, 得千金之珠. 其父謂其子曰: '取石來鍛之! 夫千金之珠, 必在九重之淵而驪龍頷下, 子能得珠者, 必遭其睡也. 使驪龍而寤, 子尙奚微之有哉!' 今宋國之深, 非直九重之淵也. 宋王之猛, 非直驪龍也. 子能得車者, 必遭其睡也. 使宋王而寤, 子爲虀粉矣!"

벼슬하지 않으려는 장자의 일침 32.7

어떤 사람[52]이 장자를 초빙하려 하자, 장자는 그 사신에게 응대하여 말했다.

---

51) 원문의 '여용驪龍'을 번역한 것으로, '여驪'는 '검은 용[黑龍]'이다(성현영 설).
52) 원문의 '혹或'을 번역한 것으로, 임희일은 《사기》에 의거하여 '초나라 왕[楚王]'으로 추정했는데 취하지 않는다.

"그대는 희생에 쓸 소를 보았는가? 화려하게 수놓은 비단옷을 입히고 꼴과 콩을 먹이지만, 그것이 끌려가 태묘에 들어갈 때가 되면 비록 외로운 송아지가 되고자 한다고 해서 아마 [그렇게] 할 수 있겠는가!"

或聘於莊子. 莊子應其使曰: "子見夫犧牛乎? 衣以文繡, 食以芻菽, 及其牽而入於大廟, 雖欲爲孤犢, 其可得乎!"

장사를 후하게 치르지 말라는 장자 32.8

장자가 막 죽으려 할 때 제자들이 그를 후하게 장사 지내려고 하자, 장자가 말했다.

"나는 하늘과 땅을 널과 덧널로 생각하고, 해와 달을 한 쌍의 옥으로 생각하며, 별들을 주옥으로 생각하고, 만물을 부장품으로 생각할 것이니, 내 장례 도구가 갖추어지지 않았는가? 무엇을 여기에 더 보태겠는가!"

제자들이 말했다.

"저희는 까마귀와 솔개가 선생님을 쪼아 먹을까 두렵습니다."

장자가 말했다.

"땅 위에 있으면 까마귀와 솔개의 밥이 되고, 땅 아래에 있으면 땅강아지와 개미의 밥이 될 것인데, 저쪽에서 빼앗아 이쪽에 주는 것이니 어찌 이리도 치우친 것인가!

공평하지 않은 것으로서 공평하다고 한다면 그 공평은 [참된] 공평이 되지 못하고, 징험이 아닌 것으로 징험하다고 한다면 그 징험은 징험이 아닌 것이다.[53] 밝은 자는 [사물에] 부려지게 되고, 정신을 지닌 자는 징험으로 삼으니, 무릇 밝은 자가 정신을 지닌 자를 이기지 못한 것이 오래되었는데도 어리석은 자들은 그가 본 것만을 믿고 인위적인 데에 빠져서 그 공적은 외물이 되는 것이니, 또한 슬프지 않은가!"

莊子將死, 弟子欲厚葬之. 莊子曰: "吾以天地爲棺槨, 以日月爲連璧, 星辰爲珠璣, 萬物爲齎送. 吾葬具豈不備邪? 何以加此!"

弟子曰: "吾恐烏鳶之食夫子也."

莊子曰: "在上爲烏鳶食, 在下爲螻蟻食, 奪彼與此, 何其偏也!

以不平平, 其平也不平. 以不徵徵, 其徵也不徵. 明者唯爲之使, 神者徵之. 夫明之不勝神也久矣, 而愚者恃其所見入於人, 其功外也, 不亦悲乎!"

53) 성현영은 "성인은 무심하여 감정이 있으면 대응하니 이것이 참된 대응이다. 만약 [어떤] 마음이 있는 것으로 사물에 대응하면 대응할 수 없다[聖人無心, 有感則應, 此眞應也. 若有心應物, 不能應也]."라고 했다.

제33편

천하天下

천하의 도

【해설】

이 편은 다른 편들과 달리 우언이 없으며, 장자의 말로 요약되어 있다. 첫 장의 단어에서 취한 제목이면서 천하의 도에 관한 총괄적 결론을 내리고 있는데, 《장자》의 후서後序라고 보면 무방하다. 크게 두 단락으로 구성되어 있으며 선진시대 도술의 원류와 유파, 즉 고금의 학술 흐름의 사승 관계를 맥으로 짚으면서 요약정리하고 있다. 말하자면 무위의 이상적 시대에서 학술이 다양하게 생겨나면서 학술의 분화가 시작됨을 설명한다. 아울러 도道에 관한 주요 사상가들의 사상의 특징을 논술하고 있으니, 묵가인 묵적과 금골희, 명가인 송견과 윤문, 법가인 신도와 전병, 도가인 관윤과 노담 등 네 개 학파의 학설을 다루고 있다.

이 편은 장자가 지은 것은 아니므로 단순한 후서라고만 평가하면 안 된다. 유가와 법가 등 당시 주요 학파에 대한 언급이 있기도 하며, 기본적인 도술道術의 구현이라는 입장에서 출발하고 있기 때문이다. 즉, 이 편은 다양한 여러 학파의 자료를 소개하면서 장자와 후기 학파의 견해를 보여주는 편으로 평가할 만한데, 춘추전국시대까지의 학술의 한 흐름을 엿볼 수 있는 자료인 동시에 명가 등의 논리 전개 방식 등에 관한 내용도 엿볼 수 있다.

유가 경전의 긍정적인 측면을 본 부분도 있으며, 제자백가가 등장하면서 천하의 학문이 어지러워졌다는 논지도 펼쳐지고 있는데, 묵자의 사상에 관한 긍정과 비판을 겸하는 부분도 눈에 띄는 대목이다. 명가인 송견과 윤문의 사상에 관해서는 비판적 태도를 보여주고 있고, 신도와 전병 등 도가 사상과 공통분모가 있는 법가들에 대해서도 비판적이다.

뒷부분에서는 노자의 사상에 관해서는 올바른 학문이라고 호평하면서 장자에게 이어졌다는 논지를 피력하고 있으며, 맨 마지막에서는 궤변론자 혜시의 논리가 전혀 소용없는 것임을 비판하면서 마무리된다.

전체적인 문장은 유려한 문체로, 조목조목 세밀한 논리로 깔끔하게 정리되어 있다는 느낌이 들며, 이런 면에서 한 편의 학술 문체의 한 단면을 보여준다고도 볼 수 있겠다. 따라서 이 편을 읽으면 지금까지 32편에 달하는 방대한《장자》의 본령을 이해하는 데 결정적인 도움이 될 수 있다. 역설적으로 이 편을 먼저 읽고 나머지 32편을 읽어보아야 한다는 말도 일리가 있다.

천하에 도를 배우려는 자들이 왜 이리 많은가 33.1

천하에서 방술[道術][1]을 배우는 자들이 많은데, 모두가 자기가 배운 것에 더할 것이 없다고 생각한다. 옛날의 이른바 도술이라는 것은 과연 어디에 있는가? 말하자면 '존재하지 않은 곳이 없다.[2]'라고 하겠다. [또] '신묘함[神]은 어디에서 말미암아 내려오는가? 밝음[明]은 어디에서 말미암아 나오는가?[3] 성덕聖德은 생겨나는 곳이 있고, 왕도는 이루어지는 곳이 있으니 모두가 하나로 근원한다.'라고 하겠다.

도의 근원에서 떠나지 않으니 그를 '천인天人'이라 말하고, 도의 정수에서 떠나지 않으니 그를 '신인神人'이라 말하며, 도의 진리에서 떠나지 않으니 그를 '지인至人'이라 말한다.[4] 하늘을 도의 근원으로 삼고, 덕을 근본으로 삼으며, 도를 문으로 삼고 변화하여 조짐을 살피니, 그를 '성인聖人'이라 말한다.[5] 인을 은혜로 삼고, 의를 도리로 삼으며, 예를 행실로 삼고, 악을 조화로 삼으며, 온화하게[6] 자애

---

1) 원문의 '방술方術'을 번역한 것으로, 성현영의 "'방方'은 '도道'이다[方, 道也]."라고 한 해석을 따랐다. '방술'과 '도술'은 혼용되었다.

2) 〈지북유〉 22.6의 "동곽자東郭子가 장자에게 물었다. '이른바 도는 어디에 있습니까?' 장자가 대답했다. '있지 않은 곳이 없다.'[東郭子問於莊子曰: '所謂道, 惡乎在?' 莊子曰: '無所不在.']"라는 구절의 '무소부재無所不在'와 같은 개념이다.

3) 원문의 '신하유강神何由降, 명하유출明何由出'을 번역한 것으로, "'신명神明'은 일에 감동한 이후에 내려오거나 나온다[神明由事感而後降出]."(곽상 설).

4) 원문의 '종宗'은 '대종大宗', '정精'은 '정수精髓', '진眞'은 '진수眞髓'를 말한다(안병주·전호근 설).

5) "무릇 여기 네 명은 한 사람일 뿐이니, 스스로 이름하는 바가 다른 것이 있다[凡此四名, 一人耳, 所自言之異]."라는 곽상의 풀이가 참고된다.

롭고 인仁하니, 그를 '군자君子'라 말한다.

법을 구분으로 삼고, 명칭을 표본으로 삼으며[7], 참고를 효험으로 삼고, 상고를 결정으로 삼으니, 그 숫자의 1, 2, 3, 4와 같은 [분명한] 것이다. 백관은 이것으로 서로의 차례를 정하고, 날마다의 쓰임[8]으로써 일상으로 삼으며, 입고 먹는 것을 주체로 삼으니, 가축을 번식하고 재물을 저장하여 노인과 어린이, [그리고] 고아와 과부에게 마음에 두어 모두 부양함이 있는 것이 백성의 [사는] 도리다.

옛사람은 [본성을] 아마도 갖추고 있을 것이다! 신묘함에 합치하고, 천지를 순수하게 하며, 만물을 기르고, 천하를 조화롭게 하여 은택이 백성에게 미치고, 근본의 수數[도道]에 밝으면서도 말단의 제도로 이어졌다.[9]

여섯 방향으로 통하고 사계절로 열어[10] 작거나 크거나 정밀하거나 거칠거나 그 운행이 있지 않은 곳이 없다. [근본의] 수와 [말단의] 제도[數度]에 분명한 것은 옛 법도가 대대로 전하는 역사에 아직도

6) 원문의 '훈연薰然'을 번역한 것으로 '온화한 모습[溫和貌]'이다(육덕명 설).

7) 원문의 '이법위분以法爲分, 이명위표以名爲表'를 번역한 것으로, 성현영은 "법은 그 구분을 정하고, 명칭은 그 실상을 표본으로 한다[法定其分, 名表其實]."라고 했다.

8) 원문의 '사事'를 번역한 것으로 '일용日用'으로 풀이한 왕선겸의 설을 따라 번역했다.

9) 원문의 '명어본수明於本數, 계어말도係於末度'를 번역한 것으로, '본수本數', 즉 근본의 수는 '기본적인 등급의 차례[基本的等級次序]'이고, '말도末度', 즉 말단의 제도는 '구체적인 대책'을 말한다. 곽상은 "본수가 밝으므로 말도가 떨어지지 않는다[本數明, 故末度不離]."라고 했고, 성현영은 "본수는 인仁과 의義이고 말도는 이름과 법도이다[本數, 仁義也, 末度, 名法也]."라고 풀이했다.

10) 원문의 '육통사벽六通四辟'을 번역한 것으로, '육六'은 '육합六合'이고, '사四'는 '사시四時'이다. '육합'은 동서남북 사방과 상하를 말한다(성현영 설). 〈천도〉 편 13.1에도 '육통사벽'이란 단어가 나온다.

많이 있고, 그것이 《시》·《서》·《예》·《악》에 남아 있는 것은 추나라와 노나라[11]의 선비들과 벼슬하던 선생들이 충분히 밝혀놓았다.

《시》는 뜻을 말했고, 《서》는 일을 말했으며, 《예》는 행동을 말했고, 《악》은 조화를 말했으며, 《역》은 음양을 말했고, 《춘추》는 명분을 말했다. 그 [근본의] 수가 천하에 흩어져 중원에 베풀어진 것을 제자백가의 학파 중에 때때로 일컬어 말하는 자가 있었다.

천하가 크게 어지러워지고 현인과 성인이 드러나지 않자, 도와 덕이 하나로 되지 않고, 천하 사람들은 한쪽만 살피고 스스로 터득하여 스스로 훌륭하다고 여기는 자들이 많아졌으니, 비유하자면 귀나 눈, 코와 입이 모두 [각각] 밝은 바가 있지만 서로 통할 수 없는 것과 같고, 제자백가의 여러 학술이 모두 뛰어난 바가 있어서 때때로 쓸데가 있는 것과 같다.

비록 그렇지만 포괄하지 못하고 두루 미치지 못하니 한쪽으로 치우친 선비들이다. 천지의 아름다움을 [임의로] 분별하고 만물의 이치를 [제멋대로] 억지로 쪼갠다. 옛사람의 온전함을 살펴서[12] 천지의 아름다움을 갖추고 신명의 모습에 맞출 수 있는 자가 적다.

이 때문에 안으로는 성덕을 갖추고 밖으로는 왕도를 펼치는 도道가 어두워져서 밝혀지지 않고 막혀서 드러나지 않는다. 천하의 사람들은 각각 자신이 바라는 대로 해서 그것을 스스로 방술[13]이라고

---

11) 원문의 '추로鄒魯'를 번역한 것으로, '추鄒'는 맹자의 고국이고, '로魯'는 공자의 고국을 지칭한다. '추鄒'는 맹자가 태어난 고을이다. 맹자와 장자는 시대가 같은데 사로를 일컬은 적은 없다. 이 편에서 '추로鄒魯'로써 유가의 학업을 말하니 그것이 늦게 나왔다는 것을 알 수 있다(이강수 설).

12) 원문의 '찰察'을 번역한 것으로 '산산조각 내다'라는 뜻의 '살䊝'의 가차자이다(마쉬룬 설).

여기니 슬프도다. 제자백가들은 가고서 되돌아오지 않으니, 틀림없이 [도와] 합쳐지지 않을 것이다. 후세의 학자들은 불행하게도 천지의 순수함과 옛사람의 대체大體[14]를 보지 못하니, 도술이 장차 천하 사람들 때문에 찢어지게 될 것이다.

天下之治方術者多矣, 皆以其有爲不可加矣. 古之所謂道術者, 果惡乎在? 曰: "无乎不在." 曰: "神何由降? 明何由出?" "聖有所生, 王有所成, 皆原於一."

不離於宗, 謂之天人. 不離於精, 謂之神人. 不離於眞, 謂之至人, 以天爲宗, 以德爲本, 以道爲門, 兆於變化, 謂之聖人. 以仁爲恩, 以義爲理, 以禮爲行, 以樂爲和, 薰然慈仁, 謂之君子. 以法爲分, 以名爲表, 以參爲驗, 以稽爲決, 其數一二三四是也, 百官以此相齒, 以事爲常, 以衣食爲主, 以蕃息畜藏, 老弱孤寡爲意, 皆有以養, 民之理也.

古之人其備乎! 配神明, 醇天地, 育萬物, 和天下, 澤及百姓, 明於本數, 係於末度, 六通四辟, 小大精粗, 其運无乎不在. 其明而在數度者, 舊法世傳之史尙多有之. 其在於詩書禮樂者, 鄒魯之士搢紳先生多能明之. 詩以道志, 書以道事, 禮以道行, 樂以道和, 易以道陰陽, 春秋以道名分. 其數散於天下而設於中國者, 百家之學時或稱而道之.

天下大亂, 賢聖不明, 道德不一, 天下多得一察焉以自好. 譬如耳目口鼻, 皆有所明, 不能相通. 猶百家衆技也, 皆有所長, 時有所用. 雖然, 不該不徧, 一曲之士也. 判天地之美, 析萬物之理, 察古人之全, 寡能

13) 원문의 '방方'을 번역한 것으로 '술術'을 의미한다.

14) '순박한 덕'을 말한다.

備於天地之美, 稱神明之容. 是故內聖外王之道, 闇而不明, 鬱而不發, 天下之人各爲其所欲焉以自爲方. 悲夫, 百家往而不反, 必不合矣! 後世之學者, 不幸不見天地之純, 古人之大體, 道術將爲天下裂.

묵적이 말하는 도 33.2

뒷세대 사람들에게 사치[15]하지 않도록 하고, 만물을 꾸미려[16] 하지 않게 하며, [근본의] 수數와 [말단의] 제도를 빛나게[17] 하지 않게 하고, [인의의] 규율[18]로 스스로를 바로잡아서[19] 세상의 다급한 일에 대비하게 했으니, 옛날의 도술에는 이런 것[을 추구하는 것]이 있었다.

묵적이나 금골리禽滑釐[20]는 그 학풍을 듣고 기뻐했으나 그것을 실천하는데 너무 지나치게 했고 금하는 것도 너무 지나치게 따랐으니, '음악은 잘못이라는 이론[非樂]'을 만들어 〈절용節用〉이라는 편명을 붙였으며, 살아서는 [기뻐도] 노래하지 않고 죽어서는 상복을 입

15) 원문의 '치侈'를 번역한 것으로 '사奢'와 같은 뜻이다(성현영 설).

16) 원문의 '미靡'를 번역한 것으로 '여麗'와 같은 뜻이다(성현영 설).

17) 원문의 '휘暉'를 번역한 것으로 '명明'으로 풀이한 성현영을 따랐는데, 최선본에 '혼渾'이라 쓰여 있고, '어지럽다[亂]'라는 의미로 풀이하는 마기창의 설도 참조할 만하다.

18) 원문의 '승묵繩墨'을 번역한 것으로 '규율', '법칙' 등의 뜻으로 보면 무리가 없다.

19) 원문의 '자교自矯'를 번역한 것으로, '교矯'는 '힘쓰다[厲]'와 같다고 풀이한 곽상의 설을 참조했다. 즉, 자기 스스로를 엄격하게 바로잡는 것을 의미한다.

20) '금골리'에 대해 성현영은 "성이 금이고, 자가 골리이며, 묵적의 제자이다[姓禽, 字滑釐, 墨翟弟子也]."라고 했다. '금골리'에 대해 안병주·전호근의 풀이가 상세한데, "금골리는 전국 초기의 사람으로 공자의 제자 자하에게 배우다가 묵적의 제자가 되었는데, 초나라가 송나라를 칠 때 묵적의 명을 따라 제자 삼백 명을 거느리고 가서 송나라를 도왔다고 하는데, 《묵자墨子》〈비제備梯〉 편에 그 활약상이 보인다."라고 했다.

지 않았다.

묵자는 널리 사랑하고 두루 이롭게 하면서 투쟁은 잘못이라고 했다.[21] 그의 도는 노하지 않고 또 학문을 좋아하여 널리 배우며 차별하지 않았으나[22], 선왕과는 같지 않았고 옛날의 예와 악을 비난했다.

[옛날의 음악에는] 황제에게는 〈함지咸池〉가 있었고, 요임금에게는 〈대장大章〉이 있었으며, 순임금에게는 〈대소大韶〉가 있었고, 우임금에게는 〈대하大夏〉가 있었으며, 탕왕에게는 〈대호大濩〉가 있었고, 문왕에게는 〈벽옹辟雍〉이라는 음악이 있었으며, 무왕과 주공은 〈무武〉라는 음악을 지었다.

옛날의 상례에는 귀하고 천한 것에 따라 의례가 있었고, 상하에 등급이 있었다. 천자의 널과 겉널은 일곱 겹이고, 제후는 다섯 겹이고, 대부는 세 겹이고, 사士는 두 겹이었는데, 지금 묵자는 유독 살아서는 노래하지 않고 죽어서도 상복을 입지 않고, 오동나무로 된 널을 세 치로 만들고, 겉널이 없는 것을 법식으로 삼았다.

이것을 가지고 사람들을 가르치니 사람을 사랑하지 않을까 두렵고, 이것을 가지고 실행하니 진실로 자기조차 스스로를 사랑하지 않는 것이다.[23] [그러나] 아직 묵자의 도를 공격하려는 것은 아니다. 비록 그렇지만 노래하고 싶은데 노래하는 것을 잘못이라 하고, 곡하고 싶은데 곡하는 것을 잘못이라 하며, 음악을 연주하여 즐거워

21) 《묵자》〈겸애兼愛〉 편에서는 '겸애교리兼愛交利'를 말했는데, 모두 '범애氾愛'에 관한 내용이다(방용·육영품 설).

22) 곽상은 "이미 스스로 옳다고 여긴다면 만물이 모두 자기와 같게 되기를 바란다[旣自以爲是, 則欲令萬物皆同乎己也]."라고 했다.

하는 것을 잘못이라 하는 것이, 이것이 과연 가까운[24] 것인가?

그는 살아서는 수고롭고 죽어서는 야박하니, 그 도는 너무 초라하다. 사람들을 걱정하게 하고, 사람들을 슬프게 하며, 그것을 실행하기는 어렵게 하니, 아마도 그것은 성인의 도라고 할 수 없을 것이다.

천하 사람들의 마음에 어긋나고 천하 사람들이 감당하지 못할 것이니, 묵자가 비록 홀로 맡아 할 수 있다고 해도 천하 사람들을 어찌하겠는가! 천하 사람들과 떨어져 있으니, 그것은 왕도에서 멀리 떨어진 것이다.

묵자가 도에 대해, "옛날 우임금이 홍수를 막고[25] 장강과 황하를 터서 사방의 이적과 구주를 통하게 했는데, 큰 하천[26]이 삼백 개였고, 지류가 삼천 개였으며, 작은 것은 셀 수 없었다. 우임금이 손수 삼태기와 보습[27]을 들고 천하의 하천을 합했는데[28], 장딴지에는 살이 없어졌고, 정강이에는 털이 없어졌으며, 장맛비에 목욕하고 세

23) 곽상은 "사람들을 모두 [각자의] 힘에 임하고 정에 어울리게 하는 것을 사랑이라고 하는데, 이제 근검을 본보기로 삼으라고 하니 그렇게 하는 것은 너무 지나치다. 비록 천하 사람들을 넉넉하게 해주고 싶은 것이어도 사랑하는 것은 아니기 때문이다[物皆以任力稱情爲愛, 今以勤儉爲法而爲之大過, 雖欲饒天下, 更非所以爲愛也]."라고 했다.

24) 원문의 '류類' 번역한 것으로 '가깝다[近]'의 의미다(임희일 설). 안병주·전호근은 '유사類似', '근사近似'의 뜻으로 보아 '인정人情에 가까운'으로 번역했는데, 참조할 만하다.

25) 원문의 '인湮'을 번역한 것으로 '색塞'의 뜻과 같다(성현영 설).

26) 원문의 '명천名川'을 번역한 것으로 '대천大川'으로 풀이한 곽경번의 설을 따랐다. 마쉬룬에 의하면 '명천'은 '명산名山'으로 된 판본도 있다.

27) 원문의 '탁사橐耜'를 번역한 것으로 "'탁橐'은 흙을 담는 그릇이고, '사耜'는 흙을 파는 도구이다[橐, 盛土器也, 耜, 掘土具也]."(성현영 설).

28) 원문의 '구잡九雜'을 번역한 것으로 '규잡糾雜'과 같은데, "수많은 지천支川의 물을 대천大川의 흐름에 합하는 치수 사업"이다(안병주·전호근 설).

찬 바람에 [머리] 빗질하면서 온 나라를 건립했다. 우임금은 대성인인데도 천하를 위해 몸을 힘쓰는 것이 이와 같았다.[29]"라고 말했다.

후세의 묵자[학파]로 하여금 거친 가죽과 칡베 옷을 입게 하고, 나막신이나 짚신을 신게 하며, 밤낮으로 쉬지 않고 스스로를 고통스럽게 하는 것을 극치로 삼게 하면서 "이와 같이 하지 못한다면 우임금의 도가 아니니, 묵가라 말하기에 부족하다."라고 말했다.

상리근相里勤[30]의 제자들과 오후五侯의 무리와 남방의 묵가와 고획苦獲, 기치已齒[31], 등릉자鄧陵子의 무리는 모두 묵가의 경전을 외웠는데도 서로 갈리고 같지 않으니, 서로 '별묵別墨'이라 한다. 견백론[32]과 동이론의 변론으로 서로 헐뜯고, 홀로 또는 모여서 수작을 주고받고 서로 대응하며, 거자巨子를 성인이라고 여기며 모두 [스스로] 중심[33]이 되기를 원하여 그[묵자]의 후계자가 될 수 있기를 바라지만 지금까지 결정하지 못하고 있으니, 묵적과 금골리의 뜻은 옳지만 그들의 실행은 잘못이다.

장차 후세의 묵가로 하여금 반드시 스스로를 괴롭힘으로써 장딴

29) 《맹자》〈등문공 상〉, 〈이루 하〉 등에서 우임금의 치수治水에 관한 일화가 자세히 나와 있다.

30) 묵가의 후학자이다. 《한비자》〈현학〉 편에 "상리씨相里氏의 묵가가 있었고, 상부씨相夫氏의 묵가가 있었으며, 등릉씨鄧陵氏의 묵가가 있었다."라고 했다. '상리씨'는 '상리근'이고, '등릉씨'는 '등릉자'를 말한다. '상부씨'에 대해서는 정확한 이름이 전해지지 않는다. 한편 이와 정반대로 성현영은 "성은 상리이고 이름은 근이다. 남쪽 지역의 묵가 스승이다[姓相里, 名勤, 南方之墨師也]."라고 보았다.

31) 이 두 사람은 모두 초나라 사람으로 추정된다.

32) 견백론은 중국 전국 시기 논변의 하나로, 돌의 속성을 두고 단단함과 흰색이 분리될 수 있다고 주장하는 공손룡 중심의 '이견백離堅白'파와 분리될 수 없다고 주장하는 묵자 중심의 '영견백盈堅白'파가 있다.

33) 원문의 '시尸'를 번역한 것으로 '주主'의 의미와 통한다(곽상 설).

지에 살이 없어지고 정강이에 털이 없어지도록 서로 다할[34] 뿐이니, 어지러움에는 상책이지만 다스림에는 하책이다. 비록 그렇지만 묵자는 진실로 천하를 좋아하여 장차 [도道를] 구하는 것을 얻지 못하면 비록 마르고 야위더라도 저버리지 않았으니 뛰어난 선비인 것이다!

不侈於後世, 不靡於萬物, 不暉於數度, 以繩墨自矯而備世之急, 古之道術有在於是者. 墨翟禽滑釐聞其風而說之, 爲之大過, 已之大循. 作爲非樂, 命之曰節用. 生不歌, 死无服. 墨子氾愛兼利而非鬪, 其道不怒. 又好學而博, 不異, 不與先王同, 毁古之禮樂.

黃帝有咸池, 堯有大章, 舜有大韶, 禹有大夏, 湯有大濩, 文王有辟雍之樂, 武王周公作武. 古之喪禮, 貴賤有儀, 上下有等, 天子棺槨七重, 諸侯五重, 大夫三重, 士再重. 今墨子獨生不歌, 死不服, 桐棺三寸而无槨, 以爲法式. 以此教人, 恐不愛人. 以此自行, 固不愛己. 未敗墨子道, 雖然, 歌而非歌, 哭而非哭, 樂而非樂, 是果類乎? 其生也勤, 其死也薄, 其道大觳. 使人憂, 使人悲, 其行難爲也, 恐其不可以爲聖人之道, 反天下之心, 天下不堪. 墨子雖獨能任, 奈天下何! 離於天下, 其去王也遠矣.

墨子稱道曰: "昔禹之湮洪水, 決江河而通四夷九州也, 名川三百, 支川三千, 小者无數. 禹親自操橐耜而九雜天下之川, 腓无胈, 脛无毛, 沐甚雨, 櫛疾風, 置萬國. 禹大聖也, 而形勞天下也如此." 使後世之墨子,

34) 원문의 '진進'을 번역한 것으로 '진盡'의 뜻과 같다(마쉬룬 설). 그런데 성현영의 해석은 다르다. 그는 "'진'은 '지나다[過]'로, 뜻이 다른 사람을 지나감에 있다는 것이다[進, 過也, 意在過人也]."라고 했다. 즉, 서로 앞다투어 남보다 뛰어넘는다는 의미로 볼 수 있는데, 참조할 만하다.

多以裘褐爲衣, 以跂蹻爲服, 日夜不休, 以自苦爲極, 曰: "不能如此. 非禹之道也, 不足謂墨."

相里勤之弟子五侯之徒, 南方之墨子苦獲, 已齒, 鄧陵子之屬, 俱誦墨經, 而倍譎不同, 相謂別墨. 以堅白同異之辯相訾, 以觭偶不仵之辭相應, 以巨子爲聖人, 皆願爲之尸, 冀得爲其後世, 至今不決.

墨翟.禽滑釐之意則是, 其行則非也. 將使後世之墨者, 必自苦以腓无胈脛无毛相進而已矣. 亂之上也, 治之下也. 雖然, 墨子眞天下之好也, 將求之不得也, 雖枯槁不舍也, 才士也夫!

송견과 윤문의 학풍 33.3

세속에 연루되지 않고, 사물을 [거짓으로] 꾸미지 않으며[35], 다른 사람에게 구차하지 않고, 여러 사람을 해치지[36] 않으며, 천하가 편안하여 백성들이 살아갈 수 있고, 다른 사람과 자신의 생활이 모두 만족하기를 바랄 뿐이다. 이로써 마음을 분명하게 한다.

옛날의 도술에는 이런 것[을 추구하는 것]이 있었다. 송견宋鈃[37]과

35) 원문의 '불루어속不累於俗, 불식어물不飾於物'을 번역한 것으로, 성현영은 "세속에서 근심하거나 폐를 끼치는 일이 없고, 사물에 대해 거짓으로 꾸미는 일이 없다[於俗無患累, 於物無矯飾]."라고 했다.

36) 원문의 '기忮'를 번역한 것으로 '해치다[害]'로 풀이한 사마표의 설을 따랐다. 한편 성현영은 '거스르다[逆]'의 뜻으로 풀이했으며, 안동림과 김학주가 이 설을 취했는데, 일리가 없는 것은 아니다.

37) 송견은 〈소요유〉 편 1.6에 '송영자宋榮子'로 나오며, 《한비자韓非子》 〈현학顯學〉 편에서도 '송영자宋榮子'로 나온다. 《맹자》 〈고자 하〉 편에서는 '송경宋牼'으로 나오고, 《순자荀子》 〈천론天論〉 편에서는 '송자宋子', 〈정론正論〉 편에서는 '자송자子宋子'로 나온다(안병주·전호근 설). 송나라의 반전주의자이자 과욕설寡欲說 등을 주장했다.

윤문尹文은 그 학풍을 듣고서 기뻐했으니, [그들은] 화산관華山冠을 만들어서 자신을 드러냈고, 만물을 접해서 뚜렷하게 구분 짓는 것을 우선으로 삼았다.

마음의 모습을 말하여 '마음의 행동'이라고 이름 짓고[38], 온화한 태도[39]로 함께 기뻐하여 온 세상의 사람들을 조화롭게 해서 그런 마음을 지니는 것을 주체로 삼기를 바랐다[40]. 모욕을 받아도 욕되게 여기지 않고 백성들의 싸움을 말리며, 공격을 금하고 다툼을 그치게 하여 세상의 전쟁을 구원하려고 했다.

이 학설로써 천하를 두루 다니며 위로는 [군주를] 달래고[41] 아래로는 [백성을] 가르쳤으니, 비록 천하 사람들이 따르지 않더라도 힘껏 떠들어대기[42]를 그치지 않는 자들이다. 그러므로 말하기를 "위아래가 싫증 내는데도 억지로 설득하려 한다."라고 하는 것이다.

비록 그렇지만 그들이 다른 사람을 위하는 것이 너무 많았고, 그 자신들을 위하는 것은 너무 적었으니, 그들은 "진실로 다섯 되의 밥만 있으면 만족하려고 한다."라고 말했다. 선생도 아마 배부를 수가 없고, 제자[43]는 비록 굶주릴지라도 천하를 잊지 않고 밤낮으로 쉬

---

38) 원문의 '명命'을 번역한 것으로 '이름 짓다[名]'라고 한 성현영의 풀이를 따랐다.

39) 원문의 '이聏'를 번역한 것으로 '화和'와 뜻이 같다(곽상 설).

40) 원문의 '청욕請欲'을 번역한 것으로, 곽숭도가 "곧 지금의 '청원請願'을 말한다[卽今請願之謂]."라고 풀이한 설을 따랐다. 한편 양계초梁啓超는 '청욕'에 대해 '정욕情欲'으로 오인했다.

41) 원문의 '상세上說'를 번역한 것으로, '세說'는 '달래다'의 의미로 '세'로 읽는다.

42) 원문의 '괄聒'을 번역한 것으로 '떠들어대다'라는 의미인데, 육덕명이 "그 귀에 힘껏 떠들어대면서 말하는 것을 이른다[謂强聒其耳而語之也]."라는 주석이 참고할 만하다.

지 않으며 "우리는 반드시 살아갈 수 있을 것이다!"라고 말하니 도모함이 대단하구나. 세상을 구제하는 선비로다!

[그들은] "군자는 구차하게 살피지[44] 않고 자신 때문에 사물에 이끌리지 않는다."라고 말하면서 천하에 이익되지 않는 것은 밝히는 것보다 그만두는 것이 낫다고 생각한다. 공격을 금하고 다툼을 그치게 하는 것을 외적인 것으로 여기고, 욕망을 적게 하는 것을 내적인 것으로 여겼으니, 그 작고 큼과 정밀하고 거침에 있어 그 행실은 마침 여기에 그칠 뿐이다.

不累於俗, 不飾於物, 不苛於人, 不忮於衆, 願天下之安寧以活民命, 人我之養畢足而止, 以此白心, 古之道術有在於是者. 宋鈃尹文聞其風而悅之. 作爲華山之冠以自表, 接萬物以別宥爲始. 語心之容, 命之曰心之行, 以聏合驩, 以調海內, 請欲置之以爲主. 見侮不辱, 救民之鬪, 禁攻寢兵, 救世之戰. 以此周行天下, 上說下教, 雖天下不取, 强聒而不舍者也, 故曰: "上下見厭而强見也."

雖然, 其爲人太多, 其自爲太少. 曰: "請欲固置五升之飯足矣." 先生恐不得飽, 弟子雖飢, 不忘天下. 日夜不休, 曰: "我必得活哉!" 圖傲乎救世之士哉! 曰: "君子不爲苛察, 不以身假物," 以爲无益於天下者, 明之不如已也. 以禁攻寢兵爲外, 以情欲寡淺爲內, 其小大精粗, 紀行適至是而止.

---

43) 곽상은 "송견과 윤문은 천하 사람들을 선생이라 여기고 말했으며, 스스로를 제자라 여기고 말했다[宋鈃尹文稱天下爲先生, 自稱爲弟子也]."라고 했다.

44) 원문의 '가찰苛察'을 번역한 것으로, '구차하게 살핀다'라는 것은 꼬치꼬치 따지는 것을 말한다.

공정하되 치우치지 않고, 평등하되 사사로움이 없으며, 결단하되 주관함이 없고[45], 만물을 향해[46] 양분[하여 차별]하지 않으며, 이리저리 염려하여 돌아보지 않고, 지혜를 도모하지 않으며, 사물에 대해 가리지 않고, 그것(사물)과 함께 간다.

옛날의 도술에는 이런 것[을 추구하는 것]이 있었다. 팽몽彭蒙[47], 전병田駢, 신도愼到는 그 학풍을 듣고 기뻐했으며, 만물을 같게 보는 것을 으뜸으로 삼았다. [그들은] "하늘은 만물을 덮을 수 있지만 그것을 실을 수는 없고, 땅은 만물을 실을 수 있지만 그것을 덮을 수는 없다. 위대한 도는 만물을 감싸 안을 수는 있으나 그것을 변별할 수는 없다."라고 했는데, 그로써 만물이 모두 옳은 바가 있고 옳지 않은 바가 있음을 알겠다. 그러므로 [그들은] "선택하면 두루 미치지 못하고 가르치면 지극하지 못하지만, 도는 남김이라는 게 없다."라고 말했다.

45) 원문의 '결연무주決然无主'을 번역한 것으로, 성현영은 "도리에 따라서 판단하고 결정하는 것[依理斷決]"이라고 보았고, 〈천하편강소天下篇講疏〉에는 '결決'을 '결缺'과 같고 '공허空虛'의 뜻이라고 보았다. 안병주·전호근은 "마음을 비워 주장이 없다는 뜻으로 여기서는 아집이 없다는 의미다."라고 보았으며, 안동림은 "얽매인 것을 떠나 주되게 내세움이 없고"라고 번역했다. 김학주는 "분명히 자기를 내세우는 것이 없으며"라고 번역했다.

46) 원문의 '취趣'를 번역한 것으로 '향하다'의 의미와 같다. 안병주·전호근이 '대對'와 같은 뜻으로 풀이한 설이 적절하다.

47) '팽몽'에 대해 문헌에서 자세히 전해지지 않는데, 《윤문자尹文子》에 의하면 전병의 스승이라고 한다. 《윤문자》에 다음과 같은 기록이 있다. "전병은 팽몽으로부터 [학문을] 공부했고, 가르치지 않는 법을 터득했다[田駢學於彭蒙, 得不敎焉]."

이 때문에 신도는 지혜를 버리고 자기를 떠나 부득이함을 따라 사물에 내맡기는 것을 '도리道理'라고 하며, "알지 못하는 것을 알려고 하면 장차 알려고 하는 것에 내몰려서[48] 손상을 입히는 것이다."라고 말한 것이다.

바르지 않게 행동하고 책임지지 않으면서 천하 사람들이 현인을 높이는 것을 비웃으며, 방종하여 [바르게] 행동하지 않고 천하 사람들이 성인을 크다고 여기는 것을 비난한다. 치고 두드리고[49] 둥글게 깎아서[50] 사물과 함께 완만하게 변화하고, 옳고 그름을 버리고 진실로 [환난을] 면할 수 있다. 지혜와 사려를 본받지 않고, 앞뒤도 알지 못하며 우두커니 있을 뿐이다.

떠밀린 후에 나아가고 당긴 뒤에 가니, 회오리바람이 도는 것 같고, 새의 깃털이 돌며 떨어지는 것 같기도 하며, 맷돌이 돌아가는 것 같으니, 온전히 하여 그릇됨이 없고, 움직이든 가만히 있든 허물이 없어 일찍이 죄가 있던 적이 없다.

이것은 무슨 까닭인가? 무릇 무지한 자는 자기를 내세우는 근심이 없고, 지혜를 쓰는 폐해가 없으며, 움직이든 가만히 있든 이치를 벗어나지 않는다. 이 때문에 죽을 때까지 명예가 없다. 그러므로

---

48) 원문의 '박薄'을 번역한 것으로 '박迫'의 뜻과 같다(임희일 설). 이와 달리 곽상은 "지력이 얕아서 자연에 맡기는 것을 알지 못함을 말한다[謂知力淺, 不知任其自然]."라고 했고, 성현영은 '천박淺薄'의 뜻으로 보아 "지知를 천박하게 하는 것[薄淺其知]"이라고 풀이하기도 했다.

49) 원문의 '추박椎拍'을 번역한 것으로, 성현영은 "치고 때림[笞撻]"으로 보았다. 《설문》에 '추'는 '치다[擊]'라고 했고, '박'은 '두드리다[拊]'라고 보았는데, 뜻은 대동소이하다.

50) 원문의 '완단輐斷'을 번역한 것으로, 곽상은 "모난 뿔이 없는 것이다[無圭角也]."라고 보았고, 성현영은 "형벌을 행하는 것[行刑]"이라고 풀이했다.

"무지한 사물에 이를 뿐이며, 현인과 성인을 쓸 필요가 없다. 저 흙덩이는 도를 잃지 않을 것이다."라고 말한 것이다. 호걸들이 서로 함께 그를 비웃으면서 "신도의 도는 살아 있는 사람의 행동이 아니고 죽은 이의 이치에 이르니[51], 마침 괴이함을 얻을 뿐이다."라고 말했다.

전병도 또한 그러했다. [그는] 팽몽에게 배웠는데, 그에게 가르치지 않는 것을 터득했다. 팽몽의 스승은 "옛날의 도인道人은 옳다고 하는 것이 없고, 그르다고 하는 것도 없는 경지에 이르렀을 뿐이다. 그 학풍은 종잡을 수가 없었으니 어떻게 말로 표현할 수 있겠는가?"라고 말했다.

항상 남들과 반대되고 관심을 받으려 하지 않았지만 자기 생각으로 판단한다는 점은 벗어나지 못했다. 그들이 말하는 도는 [참된] 도가 아니고, 그가 말하는 옳음[韙]은 그릇됨을 벗어나지 못했다. 팽몽, 전병, 신도는 도를 알지 못했다. 비록 그러하나 대체로는 모두 일찍이 [도에 대해] 들은 것이 있었던 자들이다.

公而不黨, 易而无私, 決然无主, 趣物而不兩, 不顧於慮, 不謀於知, 於物无擇, 與之俱往, 古之道術有在於是者. 彭蒙田駢愼到聞其風而悅之. 齊萬物以爲首, 曰: "天能覆之而不能載之, 地能載之而不能覆之, 大道能包之而不能辯之." 知萬物皆有所可, 有所不可, 故曰: "選則不徧, 教則不至, 道則无遺者矣."

---

51) 원문의 '비생인지행이지사인지리非生人之行而至死人之理'를 번역한 것으로, 참고로 왕수민은 '지之'는 '소所'와, '지至'는 '실實'과 같다고 했다.

是故愼到棄知去己而緣不得已, 冷汰於物以爲道理, 曰: "知不知, 將薄知而後隣傷之者也." 謑髁无任而笑天下之尙賢也, 縱脫无行而非天下之大聖, 椎拍輐斷, 與物宛轉, 舍是與非, 苟可以免. 不師知慮, 不知前後, 魏然而已矣. 推而後行, 曳而後往, 若飄風之還, 若落羽之旋, 若磨石之隧, 全而无非, 動靜无過, 未詳有罪. 是何故? 夫无知之物, 无建己之患. 无用知之累, 動靜不離於理, 是以終身无譽. 故曰: "至於若无知之物而已, 无用賢聖, 夫塊不失道." 豪桀相與笑之曰: "愼到之道, 非生人之行而至死人之理, 適得怪焉."

田駢亦然, 學於彭蒙, 得不敎焉. 彭蒙之師曰: "古之道人, 至於莫之是莫之非而已矣. 其風窢然, 惡可而言?" 常反人, 不見觀, 而不免於鯇斷. 其所謂道非道, 而所言之韙不免於非. 彭蒙田駢愼到不知道. 雖然, 概乎皆嘗有聞者也.

관윤과 노담의 학풍 33.5

근본을 정묘함으로 여기고, 사물을 조잡함으로 여기며[52], 축적을 부족함으로 여기고, 담담히 홀로 신명과 더불어 지냈으니, 옛날의 도술에는 이런 것[을 추구하는 것]이 있었다. 관윤關尹[53]과 노담은 그 학풍을 듣고 기뻐했다. [그들은] 상무常無와 상유常有[54]를 건립하고,

---

52) 원문의 '이본위정以本爲精, 이물위조以物爲粗'를 번역한 것으로 성현영은 "'본本'은 '무無'이고, '물物'은 '유有'이다. '무'를 쓰면 '묘妙'가 되고, '도'는 '정精'이 되며. '유'를 쓰면 '사事'가 되니 '물'은 '조粗'가 된다[本, 無也. 物, 有也. 用無爲妙, 道爲精, 用有爲事, 物爲粗]."라고 했다.

53) 〈달생〉 19.2에도 나오는 인물로 노자의 제자이다. 안병주·전호근의 풀이를 참조해보면 《관령자關令子》 9편이 있는데, 망실되어 현재 전해지는 판본은 위작이라고 한다.

큰 도를 중심으로 삼았다. 부드러움과 겸손함을 표명으로 삼고, 텅 비어 만물을 훼손하지 않는 것을 실질로 삼았다. 관윤이 말했다.

"자기에게 있는 것을 집착하지 않으면 형체가 있는 사물은 저절로 드러낸다. 그 움직임은 물과 같고, 그 고요함은 거울과 같으며, 그 응함은 메아리와 같으니, 흐릿하여 없는 것 같기도 하고, 고요하여 맑은 것 같기도 하다. 여기에 동화되면 조화롭고, 여기에 터득하려 하면 잃는다." [그들은] 일찍이 남보다 앞서지 않았고 항상 남을 뒤따랐다.

노담이 말했다.

"그 굳셈을 알면서 그 부드러움을 지키면 천하의 골짜기가 되고, 그 결백함을 알면서 그 욕됨을 지키면 천하의 골짜기가 된다.[55)]"

사람들은 모두 앞서기를 취하지만 자기 홀로 뒤를 취한다. [노담이] 말했다.

"천하의 더러움을 받아들인다.[56)]"

사람들은 모두 가득함을 취하지만 자기는 홀로 비움을 취한다. 감춤이 없기에 여유가 있고, 우뚝 솟아[57)] 여유가 있으며, 자기 몸을 움직이는 것은 느긋하여 [힘을] 소비하지 않고, 인위 없이 교묘함을

54) 《노자》 1장에 '상무'와 '상유'에 대한 내용을 소개하면 이렇다. "영원한 없음으로 그 미묘함을 보고자 하고, 영원한 있음으로 그 귀결점을 보려고 한다. 이 둘은 같은 곳에서 나왔으나 이름을 달리하므로 그것을 함께 현묘함이라고 일컫는다. [따라서] 현묘하고 또 현묘하여 온갖 미묘한 것들이 드나드는 문이다[故常無, 欲以觀其妙, 常有, 欲以觀其徼. 此兩者, 同出而異名, 同謂之玄, 玄之又玄, 衆妙之門]."

55) 《노자》 28장에 보인다.

56) 《노자》 78장에 보인다.

57) 원문의 '규연巋然'을 번역한 것으로 '산처럼 우뚝 솟은 모습'을 뜻한다. 성현영은 "홀로 선다[獨立]."라고 보았다.

비웃는다. 사람들은 모두 행복을 구하는데 자기는 홀로 곡진하여 온전하니[58], [노담이] 말했다.

"진실로 화를 면할 것이다.[59]"

깊은 것을 뿌리로 삼고[60] 간략함을 벼리로 삼아서 말했다.

"견고하면 훼손되고[61] 날카로우면 꺾인다[62]."

항상 사물에 너그럽고 남에게 삭막하지 않으니 '지극至極'이라고 할 만하다. 관윤과 노담이여! 옛날의 넓고 큰 진인眞人이로다!

以本爲精, 以物爲粗, 以有積爲不足, 澹然獨與神明居, 古之道術有在於是者. 關尹老聃聞其風而悅之, 建之以常无有, 主之以太一, 以濡弱謙下爲表, 以空虛不毁萬物爲實.

58) 원문의 '곡전曲全'을 번역한 것으로, 《노자》 22장에 "굽으면 [도리어] 온전해지고 구부리면 곧아지며, 움푹하게 되면 채워지고 해어지면 새로워지며, [지식이] 적으면 얻게 되고 많아지면 미혹된다[曲則全, 枉則直, 窪則盈, 敝則新, 少則得, 多則惑]."라는 내용과 비교해서 읽으면 좋다.

59) 원문의 '구면어구苟免於咎'를 번역한 것으로, 《노자》 46장의 "화는 만족할 줄 모르는 것보다 큰 것이 없고, 허물은 얻으려고 욕심내는 것보다 큰 것이 없다[禍莫大於不知足, 咎莫大於欲得]."라는 대목과 연계된다.

60) 원문의 '이심위근以深爲根'을 번역한 것으로, 《노자》 59장에는 "이것이 뿌리를 깊이 박되 튼튼하게 하며, 사는 것이 길며 오랫동안 보는 이치라고 하는 것이다[是謂深根固柢, 長生久視之道]."라고 하여 '심근고저深根固柢'라고 했다. '심근고저'는 뿌리를 깊이 내리고 꽃받침을 단단하게 하는 것이니, 뿌리에 해당하는 기를 깊이 뿌리 내리게 하고 꽃받침에 해당하는 정을 튼튼하게 하는 것이다(이강수 설).

61) 원문의 '견칙훼의堅則毁矣'를 번역한 것으로, 《노자》 76장의 "딱딱하고 굳어버린 것은 죽음의 무리이고, 부드럽고 연약한 것은 삶의 무리다[堅強者死之徒, 柔弱者生之徒]."라는 문장과 비슷한 맥락이다.

62) 원문의 '예칙좌의銳則挫矣'를 번역한 것으로, 《도덕경》 9장의 "[날을] 다듬으면서 그것을 뾰족하게 하면 오래 보존할 수 없다[揣而銳之, 不可長保]."라는 내용과 비슷한 맥락이다.

關尹曰: "在己无居, 形物自著. 其動若水, 其靜若鏡, 其應若響. 芴乎若亡, 寂乎若淸, 同焉者[63]和, 得焉者失." 未嘗先人而常隨人.

老聃曰: "知其雄, 守其雌, 爲天下谿. 知其白, 守其辱, 爲天下谷." 人皆取先, 己獨取後, 曰: "受天下之垢." 人皆取實, 己獨取虛. 无藏也故有餘, 巋然而有餘. 其行身也, 徐而不費, 无爲也而笑巧. 人皆求福, 己獨曲全, 曰: "苟免於咎." 以深爲根, 以約爲紀. 曰: "堅則毁矣, 銳則挫矣." 常寬於物, 不削於人, 可謂至極.

關尹老聃乎! 古之博大眞人哉!

도의 근원을 찾아서 33.6

황홀하고 적막하여 형체가 없고, 변화하여 일정함이 없으며, 죽음과 삶에 천지가 나란히 함께하고, 신명이 함께 가는도다! 황홀하여 어디로 가며, 아득하여 어디로 가는가. 만물이 모두 망라되어 있으나 족히 돌아갈 곳은 없다.

옛날의 도술에는 이런 것[을 추구하는 것]이 있었다. 장주가 그 학풍을 듣고 기뻐했으니, 공허한 이야기, 황당한 말, 밑도 끝도 없는 글로 때때로 제멋대로이면서도 치우치지 않고, 기이함을 보이지 않았다. 천하 사람들이 혼탁함에 빠져 함께 정론을 이야기[64] 할 수 없다고 여겨, 치언卮言으로 [만물의 끝없는] 변화[65]를 삼고, 중언重言으로 진리를 삼고, 우언寓言으로 광대함을 삼았다.

---

63) 원문의 '자者'는 어조사로 쓰였다. 뒤에 나오는 '득언자실得焉者失'의 '자者'도 마찬가지다.

홀로 천지의 정신과 오가면서 만물을 교만하게 뽐내지[66] 않으며, 시비를 따지지 않고 세속과 함께 살았다. 그 저서는 비록 진기하지만 완만하여 [사물을] 손상하지 않고, 그 말은 비록 어긋남[67]이 있으나 기발하여[68] 볼 만함이 있다.

그는 그렇게 충실하여 그만둘[69] 수 없었으니, 위로는 조물자와 함께 노닐고, 아래로는 삶과 죽음을 외면하여 처음과 끝이 없는 자와 벗이 되었다. 그는 근본에 대해 넓고 크게 열고 깊고 크게 펼쳤으며[70], 그는 [도의] 근원에 대해 조화해서 나아가 위로 통달했다고 말할 수 있을 것이다.

비록 그렇지만 그는 변화에 호응하여 사물에서 풀어질 때는 그 이치를 다하지 못했고, 사물이 올 때는 벗어나지 못했으니, 황홀하고 아득하여 그것을 아직 다하지는 못한 자이다.

---

64) 원문의 '장어莊語'를 번역한 것으로, '장莊'은 '정正'의 뜻이다(육덕명 설). 곽상은 '장자의 말'로 보아 "장자의 말을 미쳤다고 생각하여 믿지 않았기 때문에 함께하지 않은 것이다[以莊語爲狂而不信, 故不與也]."라고 했다. 성현영은 '대언大言'의 의미로 보아 "세상 사람들이 어둡고 혼탁함에 깊이 빠져 모두 소소한 이야기에 빠졌으니 함께 큰 이야기를 할 수 없는 것이다[宇內黔黎, 沈滯闇濁, 咸溺於小辯, 未可與說大言也]."라고 풀이했다.

65) 원문의 '만연曼衍'을 번역한 것으로 '만물의 끝없는 변화'를 말한다.

66) 원문의 '오예敖倪'를 번역한 것으로, 성현영은 "교만하게 뽐내는 것[驕矜]"이라고 보았다.

67) 원문의 '참치參差'를 번역한 것으로 '들쭉날쭉하게 어긋난 모양'이다.

68) 원문의 '숙궤諔詭'를 번역한 것으로 〈제물론〉 편 2.15의 '적궤弔詭'와 유사한 개념이다. 성현영은 '골계滑稽'와 같다고 보았다.

69) 원문의 '이已'를 번역한 것으로 성현영이 '지止'와 같다고 한 것을 따랐다.

70) 원문의 '홍대이벽弘大而辟, 심굉이사深閎而肆'를 번역한 것으로 '벽辟'은 '여는 것[開]'이고, '홍弘'은 '큰 것[大]'이고, '굉閎'도 '큰 것[大]'이다. '사肆'는 '펴는 것[申]'이다(성현영 설).

芴漠无形, 變化无常, 死與生與, 天地竝與, 神明往與! 芒乎何之, 忽乎何適, 萬物畢羅, 莫足以歸, 古之道術有在於是者. 莊周聞其風而悅之. 以謬悠之說, 荒唐之言, 无端崖之辭, 時恣縱而不儻, 不以觭見之也. 以天下爲沈濁, 不可與莊語, 以巵言爲曼衍, 以重言爲眞, 以寓言爲廣. 獨與天地精神往來而不敖倪於萬物, 不譴是非, 以與世俗處. 其書雖瓌瑋而連犿无傷也. 其辭雖參差而諔詭可觀. 彼其充實不可以已, 上與造物者遊, 而下與外死生无終始者爲友. 其於本也, 弘大而辟, 深閎而肆, 其於宗也, 可謂稠適而上遂矣. 雖然, 其應於化而解於物也, 其理不竭, 其來不蛻, 芒乎昧乎, 未之盡者.

혜시가 변론에 결국 실패한 이유 33.7

혜시惠施[71]는 다방면으로 박식하여 그 지닌 책이 수레 다섯 대나 되지만, 그의 도는 잡다하고 그 말은 맞지 않았는데, 사물의 의미를 차례로 자세히 검토하여 이렇게 말했다.

"지극히 커 바깥이 없는 것을 '대일大一'이라 말하고, 지극히 작아 안이 없는 것을 '소일小一'이라 말한다. 두께가 없어서 쌓을 수는 없지만, 그 크기는 천 리나 된다. 하늘은 땅과 함께 낮고, 산과 못은 함께 평평하다. 해는 막 중천에 떠오르면서 바로 기울고[72], 사물은 막 생겨나면서 바로 죽어간다. 크게 같으면서 작게 같은 것과는 다르니 이것을 '조금 다름[小同異]'이라고 말하고, 만물이 모두 같기도

71) 혜시의 생몰년은 기원전 370년에서 기원전 310년으로 알려져 있다.

72) 원문의 '예睨'를 번역한 것으로 '경傾'의 뜻으로 본 고형 설을 따랐다. 이와 달리 '옆으로 보는 모양[側視貌]'이라고 풀이한 경우가 있다(이이 설).

하고 모두 다르기도 하니 이것을 일러 '크게 다름[大同異]'이라고 말한다. 남쪽은 끝이 없으면서 끝이 있다. 오늘 월나라에 간 것은 어제 [월나라에] 온 것이다. 이어진 고리는 풀 수 있다. 나는 천하의 중앙을 안다. 연나라의 북쪽이고, 월나라의 남쪽이 이것이다. 만물을 두루 사랑하면 천지는 하나가 된다.[73]"

혜시는 이것을 크게 여겨 천하를 살피면서 변론하는 자를 깨우쳤다. 천하의 변론하는 자들이 서로 함께 이것을 즐거워했다.

알에는 털이 있다. 닭에는 세 개의 발이 있다.[74] [초나라] 영에는 천하가 있다. 개가 양이 될 수 있다. 말도 알이 있다.[75] 개구리에는 꼬리가 있다.[76] 불은 뜨겁지 않다.[77] 산은 입이 있다.[78] 수레바퀴는 땅에 닿지 않는다.[79] 눈은 보지 못한다. [손가락으로] 가리키는 것

73) 이 문장은 〈제물론〉 편 2.12의 "천지는 나와 함께 생겨나고, 만물은 나와 하나가 된다[天地與我竝生, 而萬物與我爲一]."라는 문장과 비교해서 읽으면 좋다.

74) 원문의 '계삼족鷄三足'을 번역한 것으로 공손룡자는 "닭의 발이라면 하나이고, 발을 세면 둘인데, 둘이면서 하나가 있으니, 그러므로 셋이다[謂之雞足則一, 數足則二, 二而一, 故三]."(《공손룡자公孫龍子》〈명편名實〉)라고 했는데, 닭의 발은 본래 두 개이나 그 말을 더하면 셋이 된다는 주장이다.

75) 말은 포유류로 태생胎生하지만, 태생胎生 동물이나 난생卵生 동물 모두 동물이라는 것은 같다는 개념이다. 〈덕충부〉 편 5.1의 "[서로] 다른 점으로 보면 간과 쓸개도 초나라와 월나라[처럼 먼 것] 같고, 같은 점으로 보면 만물이 모두 하나인 것이다[自其異者視之, 肝膽楚越也. 自其同者視之, 萬物皆一也]."라는 내용을 참조하면 좋다.

76) 원문의 '정자유미丁子有尾'를 번역한 것으로, '정자丁子'는 '개구리'다. 성현영은 "초나라 사람들은 개구리를 '정자丁子'라고 부른다[楚人呼蝦蟆爲丁子也]."라고 풀이했다.

77) 불을 뜨겁다고 느끼는 것은 사람의 감각 작용에서 오는 느낌일 뿐이다. 불 자체는 뜨겁지 않다는 의미를 내포하고 있다.

78) 이 명제는《순자荀子》〈불구不苟〉 편에도 보이는데, 혜시의 궤변 중 하나이다. "거대한 산도 사람의 작은 입에서 나올 수 있다는 주장이다."(안병주·전호근 설)

은 이르지 않고, 이르는 것은 끊어지지 않는다.[80)] 거북이 뱀보다 길다.[81)] 네모 자로 네모를 그릴 수 없고 둥근 자로 원을 만들 수 없다.[82)] 구멍[83)]은 장부[枘]를 둘러싸지 못한다. 나는 새의 그림자는 일찍이 움직이지 않는다.[84)] 화살[85)]은 빠르지만 나아가지 않거나 멈추지 않는 때가 있다. 강아지는 개가 아니다.[86)] 황색 말과 검은 소는 [합하면] 셋이다. 흰 개는 검다.[87)] 어미 없는 망아지는 일찍이 어미가

---

79) 수레바퀴가 땅에 붙어있으면 제대로 굴러가지 않을 것이라는 주장인데, 성현영은 "무릇 수레가 움직이면 수레바퀴가 굴러가는 것은 멈추지 않는다[夫車之運動, 輪轉不停]."라고 보았고, 사마표는 "땅은 평평하고 수레바퀴는 둥글면 수레바퀴가 지나가는 것이 흔적이 된다[地平輪圓, 則輪之所行者跡也]."라고 풀이했다. 즉, 수레바퀴는 굴러가서 흔적이 되고 땅에 붙어있지 않다는 의미다.

80) 손가락으로 가리키는 것은 그 끝에 도달할 수 없고, 어느 한 방향으로 지정된 것도 아니다. 그렇기에 도달하는 지점도 방향도 정해진 것이 없는 무한함을 주장한 것이다.

81) 사물의 '길고 짧음[長短]'은 '무한'이라는 점에서 볼 때 상대적이다. 〈제물론〉편 2.12에서 "천하에는 가을의 짐승 털끝보다 큰 것이 없고, [모두가 크다고 여기는] 태산은 작다고 여기며, 아주 일찍 죽은 자식보다 장수한 사람이 없고, [모두가 장수했다고 여기는] 팽조는 일찍 죽은 사람이라고 여길 수 있다[天下莫大於秋毫之末, 而大山爲小. 莫壽於殤子, 而彭祖爲夭]."라고 한 것과 연계된다.

82) 원문의 '구불방矩不方, 규불가이위원規不可以爲圓'을 번역한 것으로, 사마표는 "'구矩'는 각진 것을 재기 위한 것일지라도 각지지 않고, '규規'는 둥근 것을 재기 위한 것일지라도 둥글지 않으며, 비유하면 먹줄은 곧은 것을 재기 위한 것이지만 곧지 않은 것이다[矩雖爲方而非方, 規雖爲圓而非圓, 譬繩爲直而非直也]."라고 했다. 안병주·전호근은 '상대적 불확실성을 논한 것'이라고 풀이했고, "실재하는 사각과 원은 결코 완전할 수 없다."라는 뜻을 덧붙였다.

83) 원문의 '착鑿'을 번역한 것으로 파고 뚫어서 구멍을 만드는 것이다. 즉, '구멍'이란 뜻인데, 구체적으로 여기서는 장부의 구멍을 말한다.

84) 그림자는 혼자서는 움직일 수 없는 의존적인 존재일 뿐이니 움직임이란 애초에 없기에 새가 나는 것과 그림자가 움직이는 것은 같지 않다는 주장이다.

85) 원문의 '족시鏃矢'를 번역한 것으로, '족鏃'은 가볍고 날카로운 화살을 말한다.

86) 이 주장은 묵가의 "'강아지[狗]'는 '개[犬]'다."라는 명제를 반박한 것이라는 복영광사福永光司의 견해가 일리가 있다.

있지 않다.[88] 한 자의 채찍을 매일 그 반씩 자르면 만 년이 되어도 끝나지 않는다.[89] 변론하는 자들은 이것을 가지고 혜시와 서로 응답하면서 죽을 때까지 끝이 없었다.

환단과 공손룡[90]은 변론하는 자의 무리로, 사람의 마음을 꾸미고 사람의 뜻을 바꾸게 하여 사람의 입을 이길 수 있었지만, 사람의 마음을 승복시킬 수는 없었으니, 변론하는 자의 한계이다. 혜시는 날마다 그 지혜로 사람들과 변론했지만, 홀로 천하의 변론하는 자들과 괴이한 설을 만들었을 뿐이니[91], 이것이 그 대략이다.

그러나 혜시는 자신의 언변을 스스로 가장 뛰어나다고 생각하며 말했다.

"천지는 그토록 장대하구나!"

혜시는 [뜻은] 굳세지만 도술은 없었다. 남쪽에 기인이 있었는데 이름이 황료黃繚이다. [그가 혜시에게] 하늘과 땅이 추락하지 않고 꺼지지도 않는 이유와 비·바람·우레·천둥이 일어나는 까닭을 묻자, 혜시는 사양하지 않고 응수했고, 생각하지도 않고 대답하면서 두루

---

87) 원문의 '백구흑白狗黑'을 번역한 것으로, '흰 것[白]'과 '검은 것[黑]'은 색이라는 것에서는 모두 같다는 주장인데, 검은 개가 흰 개이고, 흰 개가 검은 개다. 즉, 흰 개와 검은 개는 개라는 점에서 모두 같다는 의미로도 볼 수 있다.

88) 이이는 "망아지가 태어났을 때 어미가 있는데, 외롭다고 말하면 어미가 없는 것이다. 외롭다는 일컬음이 세워지면 어미라는 이름이 없어지는 것이다. 어미는 일찍이 망아지의 어미가 되었으므로 외로운 망아지는 일찍이 어미가 있지 않다고 하는 것이다[駒生有母, 言孤則無母, 孤稱立則母名去也. 母嘗爲駒之母, 故孤駒未嘗有母也]."라고 했다.

89) 만물의 무한함을 말한 것인데, 일종의 궤변이다.

90) 성현영은 "성이 환桓이고, 이름이 단團이며, 성이 공손公孫이고 이름이 룡龍이니, 모두 조나라 사람이고 모두 변자辯者이다."라고 풀이했다.

91) 원문의 '특여천하지변자위괴特與天下之辯者爲怪'를 번역한 것으로, '특特'은 '독獨'이고, '괴怪'는 '이異'이다(성현영 설).

만물을 설명했는데, 설명이 그치지를 않았다.

오히려 적다고 여겨서 거기에 괴이한 말을 더했다. 인위에 어긋나는 것을 진실로 삼았고, 남을 이겨내는 것을 명예로 삼으려 했다. 이 때문에 사람들과 잘 맞지 않았는데, 덕에는 약하고 사물에는 강했으니, 그 길은 좁고 구불구불했다.

천지의 도를 따라서 혜시의 재능을 살펴본다면 그것은 마치 한 마리 모기나 한 마리 등에가 [공연히] 수고로운 것과 같으니, 그것이 사물에 무슨 소용이 있겠는가! 무릇 [학설] 하나를 채우는 것[充一]은 그래도 괜찮지만, [그 학설을] 더욱 귀하게 말한다면 거의 [도술은] 가까울 것인저!

혜시는 이런 것으로 스스로 편안할 수 없어서 만물에 흩뜨리며 만족하지 않고 끝내 말 잘하는 것으로 명예를 삼았으니, 애석하구나! 혜시의 재주는 끝없이 방종하여[92] 터득하지 못했고, 만물을 좇아 돌아오지 않았으니, 이는 메아리를 없애려고 소리를 내는 것이고[93], 형체가 [그림자를 없애려고] 그림자와 경쟁하며 달리는 것이니 슬프구나!

惠施多方, 其書五車, 其道舛駁, 其言也不中, 歷物之意, 曰: "至大無外, 謂之大一. 至小无內, 謂之小一. 无厚, 不可積也, 其大千里, 天與地卑, 山與澤平. 日方中方睨, 物方生方死. 大同而與小同異, 此之謂

92) 원문의 '태탕駘蕩'을 번역한 것으로, '탕蕩'은 '방종함[放]'이다(성현영 설).

93) 원문의 '시궁향이성是窮響以聲'을 번역한 것으로, 이 구절의 의미에 대해 안동림은 "울림은 소리에 따라 생기는 것인데, 울림이 있는 곳을 찾아 소리를 내면 점점 더 울림이 커져서 이를 찾을 수 없음"이라고 부연하기도 했다. 김학주도 유사한 의견을 냈다.

小同異. 萬物畢同畢異, 此之謂大同異. 南方無窮而有窮, 今日適越而昔來. 連環可解也. 我知天下之中央, 燕之北越之南是也. 氾愛萬物, 天地一體也."

惠施以此爲大, 觀於天下而曉辯者, 天下之辯者相與樂之. 卵有毛. 鷄三足, 郢有天下, 犬可以爲羊, 馬有卵, 丁子有尾, 火不熱, 山出口, 輪不碾地, 目不見, 指不至, 至不絶, 龜長於蛇, 矩不方, 規不可以爲圓, 鑿不圍枘, 飛鳥之景未嘗動也, 鏃矢之疾而有不行不止之時, 狗非犬, 黃馬驪牛三, 白狗黑, 孤駒未嘗有母, 一尺之捶, 日取其半, 萬世不竭. 辯者以此與惠施相應, 終身无窮.

桓團公孫龍辯者之徒, 飾人之心, 易人之意, 能勝人之口, 不能服人之心, 辯者之囿也. 惠施日以其知與人之辯, 特與天下之辯者爲怪, 此其柢也.

然惠施之口談, 自以爲最賢, 曰: "天地其壯乎!" 施存雄而无術. 南方有倚人焉曰黃繚, 問天地所以不墜不陷, 風雨雷霆之故. 惠施不辭而應, 不慮而對, 徧爲萬物說, 說而不休, 多而无已, 猶以爲寡, 益之以怪. 以反人爲實而欲以勝人爲名, 是以與衆不適也. 弱於德, 强於物, 其塗隩矣. 由天地之道觀惠施之能, 其猶一蚊一䖟之勞者也. 其於物也何庸! 夫充一尙可, 曰愈貴道幾矣. 惠施不能以此自寧, 散於萬物而不厭, 卒以善辯爲名. 惜乎! 惠施之才, 駘蕩而不得, 逐萬物而不反, 是窮響以聲, 形與影競走也. 悲夫!

참고문헌

곽경번郭慶藩,《장자집석莊子集釋》, 東陸美術印刷有限公司, 1991.

마쉬룬馬敍倫,《장자의증莊子義證》, 上海書店, 1996.

선영宣穎,《남화경해南華經解》, 中國: 尙古山房, 1914.

안세안顏世安,《장자평전莊子評傳》, 南京大學出版社, 2004.

왕념손王念孫,《독서잡지讀書雜志》, 上海: 上海古籍出版社, 1995.

왕선겸王先謙,《장자집해莊子集解》, 三民書局, 1985.

왕수민王叔岷,《장자교전莊子校詮》, 臺北 商務印書館.1990

유월兪樾,《장자평의莊子平議》, 韓美書籍, 2004.

육서성陸西星,《장자익莊子翼》, 臺北: 商務印書館, 1990.

이케다 도모히사池田知久,《도가사상의 신연구道家思想の新研究》, 汲古書院, 2009.

임운명林雲銘,《장자인莊子因》, 臺北: 藝文印書館, 1972.

임희일林希逸,《남화진경구의南華眞經口義》, 臺灣: 藝文印書館, 1972.

전목錢穆,《장자찬전莊子纂箋》, 九州出版社, 2016

장주莊周　곽상郭象 注,《장자莊子》, 上海古籍出版社, 1989.

적총충赤塚忠,《장자莊子》, 東京: 集英社, 1983.

진수창陳壽昌,《장자정의莊子正義》, 臺北: [刊寫者未詳], 1887.

차오추지曹礎基,《장자천주莊子淺注》, 北京: 中華書局, 1982.

천구잉陳鼓應 註譯, 왕운오王雲五 主編,《장자금고금역莊子今註今譯》, 臺北: 臺灣商務印書館, 1984.

Burton Watson, The Complete Work of Chuang-Tzu, Columbia University Press, 1968.

공자孔子 저, 김원중 역,《논어》, 휴머니스트, 2019.
노자老子 저, 김원중 역,《노자도덕경》, 휴머니스트, 2018.
사마천司馬遷 저, 김원중 역,《사기》(전 6권), 민음사, 2015.
장자莊子 저, 김학주 역,《장자》, 연암서가, 2010.
———, 김창환 역,《장자》, 을유문화사, 2012.
———, 안동림 역,《장자》, 현암사, 2004.
———, 안병주·전호근 역,《역주 장자》(전 4권), 전통문화연구회, 2018.
———, 오강남 역,《장자》, 현암사, 1999-2009.
———, 이강수·이권 역,《장자》, 길, 2005-2019.
한비자韓非子 저, 김원중 역,《한비자》, 휴머니스트, 2016.

김충열 저,《(김충열 교수의) 중국철학사 1:중국철학의 원류》, 예문서원, 1994-2006.
리우샤오간 저, 최진석 역,《장자철학》, 소나무, 2019.
전호근 저,《장자강의 : 혼돈의 시대에 장자를 읽다》, 동녘, 2015.
정세근 저,《노장철학》, 철학과 현실사, 2002.

찾아보기

ㄱ

ㄴ

ㄷ

ㅁ

ㅂ

ㅇ

ㅈ

ㅊ

지은이 **장자**莊子

이름은 주周, 자는 자휴子休이다. 생몰 연도에 대해 여러 설이 있으나 기원전 369년에 태어나 기원전 286년까지 살았다고 추정되며, 중원의 약소국 송나라에서 태어난 것으로 알려졌다. 춘추전국시대 사상의 한 축을 담당하는 도가의 중심인물로, 노자를 계승하면서도 독자적인 사상을 구축하려 했다. 탁월한 비유와 해학, 풍자와 대비를 통해 끊임없이 질문을 던지는 그의 글에는 상식을 뛰어넘는 촌철살인의 힘이 있다고 평가받는다.

옮긴이 **김원중**金元中

성균관대학교 중문과에서 문학박사 학위를 받았다. 대만 중앙연구원과 중국 문철연구소 방문학자 및 대만사범대학교 국문연구소 방문교수, 중국 푸단대학교 중문과 방문학자, 건양대학교 중문과 교수, 대통령 직속 인문정신문화특별위원, 한국학진흥사업위원장을 역임했다. 현재 단국대학교 사범대학 한문교육과 교수로 재직 중이며, 대통령 직속 국가교육위원회 전문위원과 중국인문학회 부회장을 맡고 있다.
동양의 고전을 우리 시대의 보편적 언어로 섬세히 복원하는 작업에 매진하여, 고전 한문의 응축미를 담아내면서도 아름다운 우리말의 결을 살려 원전의 품격을 잃지 않는 번역으로 정평 나 있다. 《교수신문》이 선정한 최고의 번역서인 《사기 열전》을 비롯해 《사기 본기》, 《사기 표》, 《사기 서》, 《사기 세가》 등 개인으로서는 세계 최초로 《사기》 전체를 완역했으며, 그 외에도 MBC 〈느낌표〉 선정도서인 《삼국유사》를 비롯해 《논어》, 《맹자》, 《대학 · 중용》, 《노자 도덕경》, 《장자》, 《한비자》, 《손자병법》, 《명심보감》, 《채근담》, 《정관정요》, 《정사 삼국지》(전 4권), 《당시》, 《송시》, 《격몽요결》 등 20여 권의 고전을 번역했다. 또한 《고사성어 사전: 한마디의 인문학》(편저), 《한문 해석 사전》(편저), 《중국 문화사》, 《중국 문학 이론의 세계》 등의 저서를 출간했고 40여 편의 논문을 발표했다. 2011년 환경재단 '2011 세상을 밝게 만든 사람들'(학계 부문)에 선정되었다. 삼성사장단과 LG사장단 강연, SERICEO 강연 등 이 시대의 오피니언 리더들을 위한 대표적인 인문학 강연자로도 널리 알려져 있다.

장자 자유로운 삶을 위한 고전

1판 1쇄 발행일 2023년 1월 2일
1판 2쇄 발행일 2024년 4월 22일

지은이 장자
옮긴이 김원중

발행인 김학원
발행처 (주)휴머니스트출판그룹
출판등록 제313-2007-000007호(2007년 1월 5일)
주소 (03991) 서울시 마포구 동교로23길 76(연남동)
전화 02-335-4422 **팩스** 02-334-3427
저자·독자 서비스 humanist@humanistbooks.com
홈페이지 www.humanistbooks.com
유튜브 youtube.com/user/humanistma **포스트** post.naver.com/hmcv
페이스북 facebook.com/hmcv2001 **인스타그램** @humanist_insta

편집주간 황서현 **기획** 전두현 **편집** 임미영 **디자인** 김태형 **표지글씨·전각** 강병인 **지도** 임근선
조판 홍영사 **용지** 화인페이퍼 **인쇄** 삼조인쇄 **제본** 경일제책

ISBN 979-11-6080-949-7 04140
ISBN 978-89-5862-322-9(세트)

전국 시대

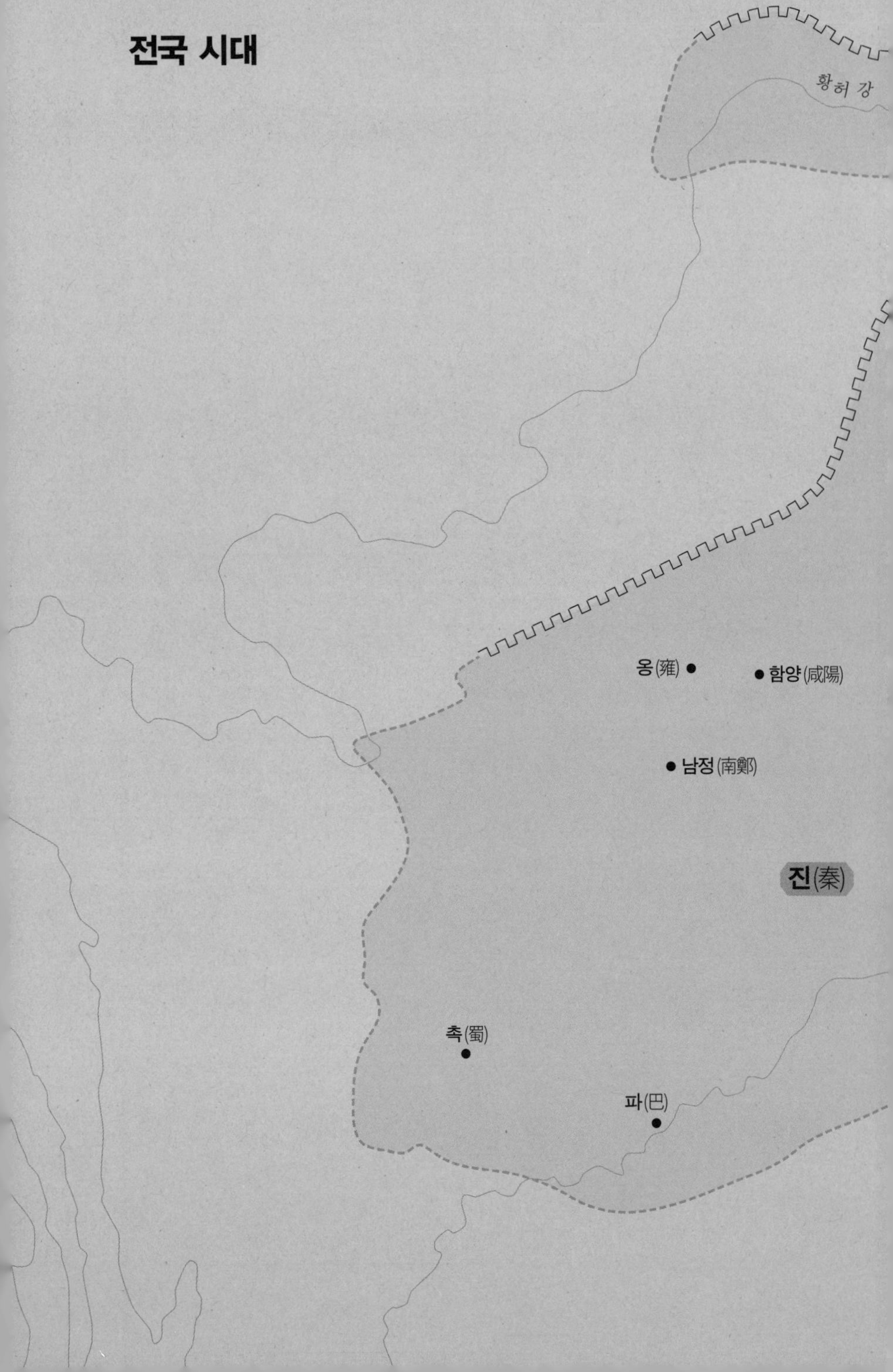